Caliban
dargestellt von dem Schauspieler H. Beerbohm Tree
(Gemälde von Charles A. Buchel, 1904)

Schimpanse
ausgewachsener Mann, Tansania
(Foto von Geza Teleki)

Für Dwight («Pete») Peterson
D. P.

Für Grégoire und all die anderen Schimpansen,
die unter der Knute des Menschen schmachten
J. G.

Dale Peterson und Jane Goodall
Von Schimpansen und Menschen

Wir lieben und wir töten sie

Deutsch von Kurt Neff

Rowohlt

Die Originalausgabe erschien 1993 unter dem Titel
«Visions of Caliban: On Chimpanzees and People» im Verlag
Houghton Mifflin Company, Boston / New York.

Umschlag- und Einbandgestaltung Susanne Heeder
(Foto: IFA-Bilderteam-BCI)

1. Auflage September 1994
Copyright © 1994 by Rowohlt Verlag GmbH,
Reinbek bei Hamburg
«Visions of Caliban» Copyright © 1993
by Dale Peterson and Jane Goodall
Alle deutschen Rechte vorbehalten
Satz aus der Aldus (Linotronic 500)
Gesamtherstellung Clausen & Bosse, Leck
Printed in Germany
ISBN 3 498 05287 x

Inhalt

Einleitung

PROSPERO:

        Damals [ehrte] –
Bis auf ein scheckig Wechselbalg, den Sohn,
Den sie hier warf – noch [keine] menschliche Gestalt
Die Insel [mit ihrer Anwesenheit].*
William Shakespeare, «Der Sturm»

Im Winter 1610/11 schuf William Shakespeare sein Bild von Caliban. Caliban ist ein «Ungeheuer», Mensch und wildes Tier in einem; als Bühnenfigur erfüllt er eine zentrale Funktion in Shakespeares letztem zur Gänze von dem Dichter allein verfaßten Stück, einer erstmals im Herbst 1611 aufgeführten Komödie mit dem Titel *Der Sturm*.

In *Der Sturm* liefern sich mehrere Europäer auf einer tropischen Insel einen sozialen und moralischen Kampf. Auf der Insel beheimatet ist ein einzelner Ureinwohner – Caliban –, ein höchst ungemütlicher Zeitgenosse, der von dem mächtigsten der Europäer, einem Mann namens Prospero, als Sklave gehalten wird.

Wer oder was ist Caliban? Wir wissen von ihm, daß er wie ein Mensch gestaltet ist. Vor dem Eintreffen der Europäer, so erklärt Prospero bei einer bestimmten Gelegenheit, «ehrte [...] noch keine

---

* Im Originaltext von *Der Sturm* lautet die zitierte Stelle: «*Then was this island – / Safe for the son that she did litter here, / A freckl'd whelp, hag-born – not honour'd with / A human shape.*» A. W. Schlegel übersetzt: «Damals zierte – / Bis auf ein scheckig Wechselbalg, den Sohn, / Den sie hier warf – noch menschliche Gestalt / Die Insel nicht.» Da Dale Petersons Gedankengang an die unbildliche Bedeutungskomponente von Shakespeares *honour'd* anknüpft, mußte hier in der Übersetzung hilfsweise der buchstäbliche Wortsinn restituiert werden. – Anm. d. Übers.

menschliche Gestalt die Insel mit ihrer Anwesenheit» – keine, fügt er
sogleich hinzu, außer Caliban, dem «scheckig Wechselbalg» und un-
glückseligen Sohn einer Hexe und eines Teufels. Caliban befand sich
auf der verzauberten Insel und ehrte sie mit seiner Anwesenheit. Er
besaß eine Gestalt, deren Anwesenheit dem Ort zur Ehre gereichte,
eine ehrenvolle, ihrem Besitzer seinerseits zur Ehre gereichende Gestalt.

Jede neue Inszenierung von *Der Sturm* kreiert ein neues Bild von
Caliban. Bald wird er als Urmensch dargestellt, bald als das fehlende
Glied in der Evolutionskette oder als edler Wilder, als Primitiver, als
Vertreter der unterdrückten Dritte-Welt-Völker und so weiter und
so fort. Im Personenverzeichnis des Bühnentexts figuriert er als «wilder und mißgestalter Sklave», was besagen könnte, daß Shakespeare
sich sein «Ungeheuer» (das Wort fällt in dem Stück knapp vierzig-
mal) als – möglicherweise durch unmenschliche Behandlung seitens
der Europäer pervertiertes – au fond menschliches Wesen dachte. Die
Europäer behandeln Caliban wie ein Tier, keine Frage, aber er kann
reden genau wie ein Mensch. Und er hat Träume und Visionen genau
wie ein Mensch. Unser Bild von Caliban beruht denn auch gemeiniglich auf der Annahme, daß er ein Mensch *ist*. Aber natürlich ist es
möglich, Menschengestalt zu besitzen, ohne deswegen schon wirklich Mensch zu sein, und der Text des Stücks trifft letztlich keine
eindeutige Aussage darüber, ob Caliban ein vertierter Mensch oder
ein vermenschlichtes Tier ist.

Auf der sozialen Geschehensebene von Shakespeares Drama domi-
nieren die Neuankömmlinge aus Europa, auf der moralischen dagegen der «scheckig Wechselbalg» Caliban. Caliban besitzt zwar die ehrenvolle Gestalt, aber von der Menschheit über den Rand der Insel
ihrer Sittlichkeit abgedrängt, durchleidet er nichtsdestoweniger,
mißbraucht und verachtet, die Passion eines vergessenen Geschwi-
sters des Menschengeschlechts.

Erstmals kreuzten sich Jane Goodalls und meine Wege flüchtig An-
fang der siebziger Jahre an der Stanford University, wo sie damals
Professorin und ich Doktorand war. Sie führten in ganz verschiedene
Richtungen, diese Wege. Sie unterrichtete Ethologie. Ich studierte

Literaturwissenschaft. Unter normalen Umständen hätten wir uns wohl niemals kennengelernt.

Aber dann las ich 1984 einen Zeitungsartikel über die drohende Auslöschung eines hinreißend schönen südamerikanischen Affen, des Miriki (oder Spinnenaffen, *Brachyteles arachnoides*). Früher in den einstmals riesigen Wäldern an der brasilianischen Atlantikküste weit verbreitet, waren die Mirikis, die größten Affen Mittel- und Südamerikas, zu der Zeit, als ich jenen Artikel las, auf rund 350 Individuen zusammengeschmolzen. Bis dahin hatte ich mir über das Artensterben nie groß den Kopf zerbrochen, war nie auf den Gedanken gekommen, daß der Bestand einer Spezies auf eine so geringe Zahl und bis zu solcher Existenzbedrohtheit schrumpfen könnte. Ich war entsetzt, und dieses erste Entsetzen bewirkte, daß ich mit Leib und Seele und Geist zu neuen Ufern aufbrach, indem ich mich in wissenschaftlichen Bibliotheken auf das Studium der Primaten und der Tropenwälder stürzte und allein durch die Welt reiste, um in ihren Waldhabitaten bedrohte Primaten zu suchen. Ich fand Meerkatzen in Südostbrasilien und Amazonas, Meerkatzen in West- und Ostafrika und Indien, Gorillas in Ostafrika, Lemuren auf Madagaskar, Gibbons in Südostasien, Orang-Utans auf Borneo, und ich widmete diesem Gegenstand ein Buch mit dem Titel *The Deluge and the Ark* (Die Sintflut und die Arche). Durch diese Studien und diese Reisen lernte ich eine simple und zugleich schreckliche Wahrheit kennen: Wir morden unseren Planeten, und wir vernichten die bewundernswertesten Formen des Lebens und des Bewußtseins, mit denen wir den Planeten teilen.

Die Schimpansen sind eine bedrohte Spezies aus der Gruppe der Primaten, und während der Arbeit an *The Deluge and the Ark* dachte ich kurz daran, sie mit auf die Themenliste meines Buches zu setzen. Aber die so vielschichtigen, so gründlich erforschten, so unheimlich menschenartigen Schimpansen benötigten nun wirklich ein Buch für sich allein, und zum Schreiben dieses Buches benötigte ich nun wirklich die Mitarbeit eines ausgewiesenen Experten. Also kreuzten sich abermals Jane Goodalls und meine Wege, und diesmal führten sie in dieselbe Richtung. Wir beschlossen, gemeinsam ein Buch über das menschliche Verhältnis zum Schimpansen zu schreiben, ein Buch, in dem es sowohl um Sicherheit oder Bedrohtheit von Schimpansen in freier Wildbahn in Afrika als auch um die ethischen Fragen im Zusammenhang mit unserer Behandlung der Tiere in Gefangenschaft gehen sollte.

Ich wußte ein paar Dinge über Menschen, denn ich bin selbst einer, aber was wußte ich über Schimpansen? Um einige grundlegende Recherchen würde ich nicht herumkommen. Ich verbrachte drei Monate in Afrika mit dem Ausloten von Fragen und Problemen um Menschen und Schimpansen und legte auf dieser Reise durch nahezu ein Dutzend Länder des Kontinents Tausende von Meilen zurück, und mindestens ebensoviel Zeit wandte ich an eine arbeitsintensive, flächendeckende Erkundung der spezifischen Lage der Dinge in Sachen Menschen und Schimpansen in den USA. In Afrika stürzte ich einmal in panischer Flucht vor einer mit Krachen und Donnergepolter einherstürmenden Herde verschreckter Waldelefanten davon, ein andermal bewahrte mich der Warnschrei wilder Schimpansen gerade noch davor, auf eine hochgiftige Schlange zu treten, und die Heimreise trat ich mit Malariaplasmodien im Blut an. Aber mir ging auf, daß die wahren Gefahren hier in der gemäßigten Zone lauern. Was die Menschen den Schimpansen und den anderen großen Menschenaffen in der Gefangenschaft antun, das kann einem schon das Blut zum Kochen bringen, und obendrein stecken hinter dieser Behandlung unter anderem auch massive kommerzielle Interessen. Ich kann nicht ausschließen, daß einige marginale Facetten meines Berichts mit dem Gesetz kollidieren. Jedenfalls sind schon mehrmals Leute mit aufwendigen Gerichtsverfahren eingedeckt worden, die bestimmte Partien der Geschichte, die ich hier erzählen möchte, an die Öffentlichkeit zu bringen versuchten. Ich habe mir jedoch schon in einer sehr frühen Phase meines Tuns vorgenommen, mich schlicht und einfach nur um die Wahrheit zu kümmern und sie exakt so wiederzugeben, wie sie sich mir darstellt. Ich habe mir vorgenommen, jede Frage so vorurteilslos wie nur möglich zu behandeln, und ich habe mir vorgenommen, mit dem gebotenen Respekt und Takt auch über jedermann zu sprechen, der in die betreffende Frage verwickelt ist, gleichgültig, wer er ist und ob es ihm paßt oder nicht. Zugegeben, ich habe in diesem Buch zum Schutz der Betroffenen einige Male die

Namen von Menschen, über die ich schreibe, verschwiegen und in einigen wenigen Fällen auf andere Weise ihre Identität verschleiert, und ein-, zweimal habe ich den Schauplatz des Geschehens verfremdet, doch abgesehen von gelegentlichen kosmetischen Eingriffen dieser Art habe ich mein Bild der Wahrheit nach bestem Wissen und Gewissen wiedergegeben.

Die Gedankenverbindung zu Shakespeare ergab sich, als ich nach einem passenden Konzept für die Geschichte der Begegnungen von Menschen abendländischer Kulturen mit Schimpansen zu suchen begann. Schon lange vor der Shakespearezeit hatten die Europäer in ihrer zoologischen Literatur über «Affen» gehandelt, wobei allerdings «Affe» nicht das gleiche bedeutete wie heute. Mit «Affen» waren damals einfach nur einige menschenähnlichere Spezies der Meerkatzenartigen gemeint, speziell der stummelschwänzige Magot («Berberaffe»). Die Kunde von den großen Menschenaffen dürfte erstmals in der Spätrenaissance nach Europa gedrungen sein, genau gesagt im Jahr 1607, als ein englischer Seemann namens Andrew Battell in sein Heimatland zurückkehrte und hier erstaunliche Geschichten zum besten zu geben begann. Battell hatte mehrere Jahre als portugiesischer Gefangener in Afrika verbracht; endlich wieder daheim, schilderte er seinen Landsleuten, was er in jener neuen Welt alles gesehen und erlebt hatte. Dabei zeichnete er auch überaus prägnante Konterfeis von zweierlei halb menschlichen, halb tierischen «Ungeheuern». Kein Zweifel: Battell sprach von Schimpansen und Gorillas, wie wir heute sagen können.

Das Jahr von Battells Heimkehr nach England ist nicht zuletzt deswegen interessant, weil es auf der historischen Zeitachse zwischen Kopernikus' Proklamation eines neuen Weltbilds (1543) und Galileis berühmtem Nachweis der Richtigkeit dieser Vision (1632) situiert ist. Wie die Astronomie und namentlich die Großtaten Kopernikus' und Galileis die Menschheit aus ihrer glanzvollen isolierten Zentralstellung in der Himmelswelt katapultierten, so sollten die Biologie und namentlich die Entdeckung der großen Menschenaffen schließlich und endlich für die Menschheit den Verlust ihrer glanzvollen isolierten Zentralstellung im Naturreich einläuten. Aber 1607 ist auch deswegen ein interessantes Datum, weil es so knapp vor der

Abfassungszeit – Winter 1610/11 – von Shakespeares wundervoller Komödie *Der Sturm* liegt, deren Motivkatalog die Erkundungsreise in die neuen Welten und deren Personal in zentraler Position ein halb menschliches, halb tierisches «Ungeheuer» namens Caliban mit einschließt. War Shakespeares Bild von Caliban womöglich von Andrew Battells Berichten über die großen afrikanischen Menschenaffen inspiriert? Ich neige mehr und mehr zu der Überzeugung, daß es sich so verhält, wenngleich ich bezweifle, daß die Frage jemals abschließend zu beantworten sein wird, ja, daß sie überhaupt besonders wichtig ist. Wichtig ist vielmehr, daß Shakespeare mit erstaunlichem Scharf- und Weitblick ein anschauliches Bild davon entwarf, wie Menschen sich möglicherweise gegen ein Wesen betragen würden, das in ihren Augen weder ganz Tier noch ganz Mensch war. Schließlich kam ich darauf, daß das Drum und Dran von Shakespeares *Sturm* ein ideales Sinngerüst für dieses Buch abgeben würde. Mir ist klar, daß viele meiner Leser nicht in der glücklichen Lage sind, in jüngerer Zeit den Text von *Der Sturm* gelesen oder eine Aufführung des Stücks gesehen zu haben, darum habe ich mich bemüht, sämtliche Bezugnahmen auf das Drama so zu gestalten, daß sie für sich selbst sprechen und ohne derartige Vorkenntnisse zu verstehen sind.

Vom ersten Moment an, als Jane Goodall und ich den Plan zu diesem Buch faßten, schwebte es uns als Gemeinschaftswerk zweier Personen mit sehr unterschiedlichem Hintergrund und Blickwinkel vor, zum einen als Produkt Dale Petersons, der auf noch nicht lange zurückliegenden Reisen durch nahezu ein Dutzend afrikanische Länder sowie im Zuge ausgedehnter Reisen und Recherchen in den USA einige Fragen ausgelotet hat, und zum anderen als Produkt Jane Goodalls, die im Lauf von drei Jahrzehnten Feldforschung an wilden Schimpansen in Afrika zu einigen Schlußfolgerungen gekommen ist. Statt dem Leser vorzumachen – wie Autorengespanne es so häufig tun –, wir hätten *de facto* in ein und demselben Zimmer gesessen und vierhändig auf ein und dieselbe Tastatur eingedroschen, wollten wir klarstellen, daß unsere Zusammenarbeit über räumliche Entfernung hinweg und zeitversetzt vonstatten ging und daß wir *de facto* in mindestens zwei Zimmern saßen und auf mindestens zwei Tastaturen eindroschen – und wichtiger noch: daß wir uns mit dem Thema aus unterschiedlicher Perspektive und in unterschiedlichem Ton auseinandersetzten. Deshalb entschlossen wir uns, in diesem Buch durch die Verwendung unterschiedlicher Schriftarten kenntlich zu machen, wer was geschrieben hat und wer wo das Wort führt: Dale Petersons Beitrag ist in dieser Schrift gesetzt, Jane Goodalls Beitrag sieht so aus. Wir hoffen, daß der erfahrene Leser sich binnen kurzem an diese etwas ausgefallene Verfahrensweise gewöhnt haben und zu dem Befund kommen wird, daß die verschiedenen Zutaten sich zu einem Ganzen verbunden haben, das an Einheitlichkeit und Geschlossenheit nichts zu wünschen übrigläßt.

Das Buch verdankt ohne Frage Dale Peterson mehr als mir. Er hat sich die viele Arbeit gemacht und die weiten Reisen unternommen und dabei seine Schriftstelleraugen offengehalten, Seite um Seite seines Notizbüchleins vollgekritzelt und all den Schwierigkeiten getrotzt, die auf den Alleinreisenden in Afrika so häufig von überallher eindringen. Er hat die erforderliche Sichtung der Literatur vorgenommen und die notwendigen Recherchen durchgeführt, hat Stunden und Stunden damit zugebracht, seine Eindrücke und Überlegungen zu Papier zu bringen. Und er hat die glänzende Idee gehabt, die einzelnen Stränge dieses Buches mit Shakespeares Bild von Caliban zu verweben. Ich habe in unser joint venture meine Erfahrungen aus langjähriger Arbeit mit Schimpansen eingebracht, dazu meinen Kummer über ihr Elend in der Gefangenschaft, der mich so oft in Zoos und medizinische Foschungslabors trieb, und meine – auf noch nicht lange zurückliegenden Reisen durch Ost- und Zentralafrika gewonnene – wachsende Einsicht in ihr Elend in Afrika. Was das Wichtigste von allem ist: während der gemeinsam verbrachten Zeit, in der wir das Buch durchdiskutierten, wurde mir klar, wie eng verwandt unser beider Gedankenwelten sind. Es gab zwischen uns keinerlei ernstliche Meinungsverschiedenheit – und somit geben die folgenden Seiten, gleichgültig ob in Peterson-Schrift oder in Goodall-Schrift, unser beider gemeinsame Meinung wieder.

Aber zuletzt ist das Buch für uns beide ein Aufbruch zu neuen Ufern, eine Verschmelzung von Interessen und Perspektiven, von der wir hoffen, daß sie einen noch nie dagewesenen Ausblick auf Menschen und Schimpansen eröffnet und sich in einer fesselnden Untersuchung der Beziehung zwischen den beiden verschwisterten Spezies ausmünzt.

Cambridge, Massachusetts   Dale Peterson
Daressalam, Tansania   Jane Goodall

1 Tön' und süße Lieder

CALIBAN:
Sei nicht in Angst: Die Insel ist voll Klänge,
Voll Tön' und süßer Lieder, die ergötzen.

Über Nacht hatte es in Uganda geregnet, und im Morgengrauen waberte ein feiner Nebel über die Grasniederung und sickerte am Waldrand zwischen die Bäume. Gestern hatten wir mehrere Schimpansen in einem Baum beim Sumpf fressen sehen. Heute morgen wollte Kevin woanders Ausschau halten. In dem Wald, in den wir hineinwanderten, troff Wasser vom Blattwerk, und Stämme und Äste waren mit Moos und Farnen bewachsen.

Beim Gehen lauschte ich auf das Klatschen der Wassertropfen im Blattwerk und die lässigen, regelmäßigen Rufe zweier mir unbekannter Vögel: Der eine pfiff ein kurzes, sauber gestuftes Do-re-mi, der zweite produzierte einen fünf Töne umspannenden Triller. Von etwas weiter weg war eine Unmenge von Lauten zu hören, Rufe und Antwortrufe versteckter Insekten, dazu gurrende und kreischende, piepsende und zwitschernde Vögel.

Wir gingen ein Stück, setzten uns hin, um zu lauschen, gingen wieder ein Stück. Kevin stieß einen Laut aus, und im Nu segelten Körper durch die Luft und landeten krachend zwischen Blättern: Meerkatzen. Er rief ein zweites Mal. Wir hielten schweigend inne und spitzten die Ohren auf den Antwortruf der Ugander B. J. und Peter, die ebenfalls nach Schimpansen suchten. Nichts. Eine Stunde verging, vielleicht auch zwei. Der Nebel verdampfte, und in der aufkommenden Tageshitze näherten wir uns der Stelle, wo B. J. und Peter den Wald betreten hatten.

Als wir die Ugander endlich fanden, standen sie auf einem Trampelpfad und starrten in die Krone eines niedrigen Baums hinauf. In knapp vier Meter Höhe lagerte dort oben auf einem Nest aus zusammengebogenen und -geflochtenen belaubten Zweigen ein großer Schimpanse, sybaritisch-lässig hingestreckt auf seinem weichen Pfühl. Er wandte den Kopf und blickte in unsere Richtung. Wenige Augenblicke später setzte er sich auf, flankte über den Nestrand und baumelte einen Moment lang an einem Arm in der Luft, ließ sich dann zu Boden fallen und machte sich mit heftig schwankendem Rumpf auf allen vieren den Pfad hinunter davon. Wir folgten ihm auf dem Trampelpfad und bekamen binnen kurzem zwei weitere Schimpansen zu Gesicht, beides Männchen. Langsam und schwankend trotteten sie ein kurzes Stück vor dem Verfolgten auf dem Pfad in derselben Richtung. Auf einmal bogen alle drei von dem Trampelpfad ab und drangen in das Dornengestrüpp ein. Wir versuchten ihnen auf den Fersen zu bleiben, aber sie kauerten sich zusammen, um sich klein zu machen, und wälzten sich geradewegs in das Gestrüpp hinein und durch es hindurch, während wir mühselig und von Dornen zerstochen mit unseren Macheten um uns hieben.

Dann hörten wir einen gewaltigen Knall – BUM! –, gefolgt von schauerlichem Kreischen und Wimmern und tremolierenden Stöhnen. Ein zweites BUM! Neuerliches Gekreische, Gewimmer und Gestöhne. Jetzt ein Doppelknall: BUM-BUM! Und wieder Gekreische, dann jäh ein wüstes Gejohle – huuuuuuuh, huuuuuuh, huuuuuuh –, immer höher und lauter und schneller, zu einem furchterregenden Höllenkonzert von Schreien anschwellend, darauf neues Knallen und neues Gekreische und Gejohle. Ein kleines Sortiment von Möglichkeiten schoß mir durch den Kopf. Das Knallen hatte nicht den todverheißenden peitschenden Klang von Gewehrschüssen, sondern hörte sich eher so an, wie wenn zwei feste Gegenstände zusammenstoßen, etwa wie bei einem Autounfall. Oder wie das Bum-bum einer Trommel, so als würde jemand mitten im Wald eine mächtige Schlitztrommel bearbeiten. Schließlich gewann der Verstand die Oberhand über eine wilde Ideenflucht, und ich wußte auf einmal, was wir gehört hatten: Schimpansen, die Baumwurzeln mit Faustschlägen und Fußtritten traktierten.

(Manche Tropenbäume treiben noch ein Stück über dem Boden kräftige Wurzeln, riesige schräg bodenwärts verlaufende Auswüchse

um den Fuß, die den Steuerflossen einer Rakete oder den Strebepfei-
lern einer Kathedrale ähneln. Einen Tag nach dem Vorfall nahm ich
an einigen Bäumen diese Strebepfeiler näher in Augenschein und
stellte fest, daß sie massives lebendiges Holz waren, mit einem
Durchmesser von zehn bis vierzig Zentimetern. Ich versetzte einer
Wurzel einen Faustschlag, der ihr kaum ein Geräusch entlockte. Ich
machte mir klar, daß ich mindestens einen Vorschlaghammer brauchen würde, um diese Brettwurzeln in Vibration zu versetzen wie
eine Schlitztrommel, und staunte über die Kraft dieser Tiere.)

Das Bum-bum und Gekreische ging weiter, und wir lavierten
durch den Wald auf die Geräusche zu, bis wir an einem Baum mit drei
stillen Schimpansen ankamen – genauer mit vieren, wie ich mir sagte,
als ich das winzige Baby bemerkte, das sich an seine Mutter klam-
merte. Die Mutter saß auf einem Ast, pflückte Blätter ab und verzehrte sie. Ebenfalls in dem Baum mit Blätterverzehren beschäftigt
war ein noch nicht im Heranwachsendenalter befindliches Jungtier.
Mit von der Partie war auch ein heranwachsendes Männchen, das
allerdings schon im Aufbruch begriffen war. Kletternd, gehend und
einen Zweig als Schwingseil benutzend trollte er sich aus diesem
Baum in den nächsten hinüber.

Während wir diese vier beobachteten, ging irgendwo hinter uns im
Wald das Knallen und Kreischen weiter. Gleichzeitig vernahmen wir
aus den Bäumen und dem Strauchwerk dicht hinter unserem Rücken
eine Bewegung, ein Knacken und Rascheln durch das Laub und die
Zweige, und dann sahen wir seitlich droben in den Bäumen hinter
dem Blättervorhang eine dunkle Gestalt auftauchen: ein ausgewachsenes Schimpansenmännchen von beachtlicher Größe, das etwa sieben Meter über dem Erdboden in aufrechter Stellung auf einem Ast
Posto faßte und zu uns hinuntersah. Binnen kurzem tauchte direkt
hinter dem ersten ein zweites ausgewachsenes Männchen auf, enterte
denselben Baum und stellte sich dort auf. Die zwei nahmen sich Zeit,
uns mit düsterer Miene von ihrer höheren Warte aus zu mustern,
und setzten sich dann in Richtung des Baumes mit den fressenden
Tieren in Bewegung. Der Nahrungsbaum stand drei Bäume weiter,
und viele Äste auf der Strecke wirkten ziemlich mickrig, aber die beiden Hünen ließen sich davon nicht weiter aufhalten.

Der erste wanderte so weit, wie es nur gehen wollte, auf einen dünnen, unter seinem Gewicht nachgebenden Ast hinaus, wobei er sich mit gekrümmten Füßen und festem Zehengriff an seinem unsicheren Untergrund festklammerte und sich zugleich mit beiden Händen an einem höheren Ast zusätzlichen Halt verschaffte. Dann langte er, das Bein gestreckt, mit einem Fuß weit, weit hinaus und krallte ein paar Zehen um einen dünnen Ast des Nachbarbaums, zog – erst mit dem einen Fuß, dann mit beiden Füßen – den Baum zu sich heran und ließ sich dabei gleichzeitig zu dem Baum hinüberziehen, so daß sein Körper jetzt in Schräglage kam, bis er zuletzt, die Füße voran, wie ein Wimpel von dem ersten Baum wegstand, den er in diesem Moment losließ, um zugleich sein ganzes Gewicht auf den schwachen Ast des zweiten Baums zu schnellen. Der sackte jählings so weit nach unten, daß er wahrscheinlich gebrochen wäre oder seine Last abgeworfen hätte, meine ich, wenn der Schimpanse nicht binnen Sekundenbruchteilen sein Gewicht noch weiter zur Baummitte hin geschnellt hätte und in einem Gewoge von Zweigen und einem Schauer von Blättern aufwärts geklettert wäre. Das zweite Männchen folgte lässig in gleicher Füße-voran-Manier, und von dem zweiten Baum setzten die beiden dann unaufhaltsam ihren Weg bis zum Nahrungsbaum fort.

Hoch droben in der Baumkrone tauchten jetzt immer mehr Schimpansen zwischen den Blättern auf, so daß ich mich nach einer Weile unter einem Baum voll Schimpansen niederlassen konnte, mit einem zweiten Baum voll Schimpansen ein Stück weiter weg im Gesichtsfeld. Mit der Zeit verebbte das Bum-bum und Gekreische aus dem Waldversteck hinter uns, im Wald wurde es still bis auf das unaufdringliche Flöten und Zwitschern der Vögel und die leisen Geräusche blätterpflückender und -fressender Schimpansen, dann und wann herabfallender Blätter, Schalen oder sonstiger Abfälle, dann und wann mit dem verträumten Wispern einer fernen Meeresbrandung raschelnden Laubs.

2 Mensch oder Fisch?

TRINCULO (der Spaßmacher, als er
zum erstenmal Caliban erblickt):
Was gibt's hier? Ein Mensch oder ein Fisch?

Ein andermal beobachtete ich in Uganda eine Horde Schimpansen in der mächtigen kuppelartigen Krone eines riesigen Feigenbaums und in benachbarten Bäumen. Eines der Weibchen befand sich
im Brunststadium, mit dem typischen geschwollenen und blaßrosa
gefärbten Hinterteil, und mindestens drei Männchen hatten sich mit
deutlich sichtbarer Erektion in den Freierstand begeben. Offensichtlich hatte das Weibchen mit einem der Männchen bereits den Paa-
rungsakt vollzogen, und die beiden anderen schienen jetzt stumm
ihre Bewerbung anzumelden.

In diesem Moment tauchte von irgendwo hinter den Blättern weit
draußen im Wipfelgeäst des Feigenbaums ein hünenhaftes viertes
Männchen auf. Es kletterte meerkatzenartig auf allen vieren über die
Nebenäste, um sich, auf einem Hauptast angekommen, auf die Hinterbeine zu erheben und in seiner ganzen furchteinflößenden Größe
zu zeigen. Mit gesträubtem Schulter-, Nacken- und Rückenfell
wirkte es noch größer und kräftiger, als es ohnehin schon war, und
während es jetzt in beinahe menschlicher Haltung auf zwei Beinen,
mit den Händen im höheren Geäst Halt suchend, den Hauptast ent-
langwanderte, brach es in ein Stakkato von *pant-hoots* aus: erst ge-
räuschvolles Einziehen der Atemluft, dann Ausstoßen mit weittra-
gendem «Huuh», und dieses «Japs-Tuten» wurde immer schneller,
höher und lauter, bis es sich zur rasenden Folge schmetternder Fanfa-
renstöße gesteigert hatte und auf diesem Höhepunkt in Gekreische
überging. Während er diese langanhaltende Tonfolge produzierte,
wanderte der Schimpanse etwa zwölf Meter über dem Boden auf dem

Hauptast bis zum Stamm, wo er kehrtmachte und auf einen anderen
Hauptast überwechselte, auf dem er wieder auswärts wanderte, bis er
zuletzt mit einem einzigen Satz jäh in einen Nachbarbaum hinüber-
schnellte, wo ein junges Weibchen es sich gemütlich gemacht hatte.
Das Weibchen stob kreischend davon, um sich in sicherer Entfernung
in einem anderen Baum niederzulassen. Andere Schimpansen verstärkten den Tumult mit einem Heul-, Grunz- und Kreischkonzert,
während der imponierende Hüne nun in eine Baumregion kletterte,
wo einer der erwartungsvollen Freier Posto gefaßt hatte. Es kam zu
keinem Kampf, ja überhaupt zu keinem Körperkontakt zwischen den
beiden, aber der erwartungsvolle Freier trollte sich beiseite, während
gleichzeitig die Schwellung zwischen seinen Beinen erschlaffte. Der
hünenhafte Neuankömmling machte daraufhin wieder kehrt und
wandte sich dem brünstigen Weibchen zu. Sein Werben wurde er-
hört.

1

Schimpansen können zwar zuzeiten einen Höllenlärm voll-
führen, im Normalfall verhalten sie sich jedoch sehr still. Demgegenüber sind Menschen, wenn sie zu mehreren sind, kaum in der Lage,
sich des Gebrauchs ihrer Sprechwerkzeuge zu enthalten, und so ist es
mir schon mehrmals passiert, daß ich, wenn ich mit einem oder zwei
Begleitern im Wald unterwegs war, von der Unterhaltung absorbiert,
nur durch einen glücklichen Zufall oder dank der Wachsamkeit eines
Gefährten auf die hinter einem Vorhang von Blatt- oder Rankenwerk
verschwimmende dunkle Masse eines reg- und lautlosen Menschenaffen aufmerksam wurde. Schimpansen sind Meister im Versteck-
spiel. Es kann dir passieren, daß du direkt unter ihnen durch oder an
ihnen vorbei läufst, ohne von ihrer Gegenwart auch nur das mindeste
zu ahnen. Und wenn sie meinen, der schnellste Weg, sich vor dir zu
verdrücken, sei, durch Dornengestrüpp und Rankengewirr ins Unterholz wegtauchen, dann bekommst du allenfalls rasch entschwindende
dunkle Silhouetten zu sehen und ein schwaches, bald erstorbenes
Knacken zu hören.

Einmal folgten wir in Tansania einem jungen Schimpansenweib-

chen auf einem Zickzackpfad über einen Steilhang hinauf. Meine beiden Begleiter, die ein Stück vor mir gingen, waren erfahrene *ape
trackers* (spezialisierte Fährtensucher). Der eine, seines Zeichens ein
Zoologe, hatte in ebendem Wald, in dem wir uns gerade befanden,
Monate mit dem Studium der Schimpansen verbracht. Trotzdem gelang es der jungen Schimpansin auf halber Höhe des Hangs, sich kurz
nach einer Kehre unbemerkt seitwärts in die Büsche zu schlagen; die
zwei ihr nächsten Verfolger, inzwischen schon ins Schwitzen und
Keuchen geraten, liefen glatt an ihr vorbei. Als ich bei der Kehre
ankam, war die Fintiererin schon wieder aus ihrem Versteck hervor-
gekommen; sie stand aufrecht auf dem Pfad und äugte mucksmäuschenstill ihren davonziehenden Verfolgern hinterher, wahrscheinlich drauf und dran, dachte ich, nun ihrerseits die Verfolgung
aufzunehmen.

In den Bäumen sind Schimpansen hervorragende Turner. Jedesmal, wenn ich ihnen zuschaue, komme ich aus dem Staunen nicht
heraus. Wie Meerkatzen können sie auf allen vieren auf einem Ast
entlangsausen und Hechtsprünge machen. Wie Gibbons können sie
sich an Ästen entlanghangeln und im Flug von Ast zu Ast schwingen.
Sie können, mit leicht eingeknickten Beinen, wie ein Mensch aufrecht gehen und aufrecht auf einen niedrigeren Ast oder in niedrige-
res Blattwerk hinabhüpfen. Sie können dicke Baumstämme hinauf-
und hinabklettern, indem sie sich in Bärenmanier, Arme und Beine
weit ausgespannt, mit Händen und Füßen seitlich am Stamm an-
klammern, und können schon im nächsten Moment auf einen steil
ansteigenden Ast hinauskraxeln, unter Umständen auf allen vieren,
indem sie sich mit den Füßen Rückhalt schaffen und sich mit den
Händen hochziehen. Sie können blitzartig die Richtung wechseln,
indem sie sich an einer Hand um einen senkrecht wachsenden Ast
oder einen Baumstamm schwingen wie um eine Stange. Sie hängen
kopfunter, wenn es sein muß, oder baumeln an einem Arm, wenn es
angebracht ist. Sie schwingen tarzangleich an Lianen, benutzen auch
geeignete Äste oder kleine Bäume als Schwingseile, vereinigen drei,
vier Zweige, die einzeln zu benutzen viel zu riskant wäre, zu einer
provisorischen Brücke, treffen blitzartig die richtige Entscheidung,
was als nächstes zu tun ist, wenn hoch über dem Boden unversehens

ein schwacher Ast bricht. Intuitive Physiker, die sie sind, können sie mit aller erforderlichen Genauigkeit vorhersagen, um wieviel ein bestimmter Ast nachgeben und wie er schaukeln wird, sobald er in dem und dem Abstand von der Gabel mit ihrem Gewicht belastet wird. Mag sein, daß ein menschlicher Turner von olympischem Format auch viele turnerische Übungen der Schimpansen meistern würde – allerdings mit zwei bedeutsamen Unterschieden: Menschliche Turner ermüden innerhalb weniger Minuten, und sie führen ihre Übungen in festgelegter Folge aus. Schimpansen dagegen entscheiden immer wieder neu und mit Blitzesschnelle aus dem Augenblick heraus, was als nächstes zu tun ist, und sie führen ihre Übungen auch über eine längere Zeitspanne mit nie erlahmender Meisterschaft aus.

Habe ich die Nervenstärke schon erwähnt? Schimpansen begeben sich ohne nennenswertes Zögern in schwierigste Situationen, Situationen mit unabsehbaren Folgen, etwa wenn sie in schwindelnden Höhen auf dünnen Ästen herumturnen. Ich erinnere mich an folgenden Vorfall: Ein erwachsenes Schimpansenweibchen – eine Mutter mit Baby, das sich an ihrem Bauch festgeklammert hielt – hatte einige Zeit auf dem Wipfel einer Palme zugebracht und sich jetzt zum Weiterziehen entschlossen; also kletterte es über den federnden Wipfel abwärts, bis es zuletzt, mit beiden Händen zwei glatte Palmwedelenden umklammernd, neun Meter über dem Boden frei in der Luft hing. Der Nachbarbaum reichte bis etwa in die Höhe der waghalsigen Abenteurerin hinauf, allerdings ein gutes Stück links von ihr. Sie setzte den eingeschlagenen Weg zu diesem Baum fort, indem sie sich durch geschickte Gewichtsverlagerung zum Pendeln brachte, hin und her... und hin... und her... – bis der Pendelschlag schließlich so weit war, daß sie mit einem Fuß einen Zweig des Nachbarbaums pakken und den Baum näher zu sich heranziehen konnte. Für sie war der ganze Vorgang nichts Außergewöhnliches, aber mir ist dieser mit den Händen an zwei rutschige Palmwedel geklammerte, frei in der Luft hängende massige Körper als eine Demonstration von bisher nie gekannter Nervenstärke in Erinnerung geblieben.

Was Schimpansen zu derartigen Husarenstückchen befähigt, sind zum einen die Körperkräfte, mit denen die Natur sie ausgestattet hat, zum anderen ihre Fertigkeit, Äste und Zweige gleichermaßen mit den

Füßen wie mit den Händen zu packen. Daß Schimpansen über enorme Muskelkraft verfügen, dürfte bekannt gewesen sein, seit das erste Exemplar der Spezies gefangen wurde, aber erst in den zwanziger Jahren dieses Jahrhunderts machte sich jemand die Mühe einer quantitativen Analyse: Am Augustana College in Sioux Falls, South Dakota, besorgte sich John E. Bauman in Gefangenschaft lebende Tiere, denen er dann beizubringen suchte, an einem mit einem Dynamometer verbundenen Seil zu ziehen. Suzette, ein erwachsenes Weibchen mit einem Körpergewicht von etwas über 61 Kilogramm, trieb die Anzeige mit einem beidhändigen Zug beim erstenmal auf 571,5 Kilogramm und beim zweitenmal – «ersichtlich ohne sich groß anzustrengen» – auf 410,5 Kilogramm. Boma, ein etwas über 70 Kilogramm wiegendes erwachsenes Männchen, erzielte mit einem einzigen einhändigen Zug ein Ergebnis von 384 Kilogramm! Zum Vergleich testete Professor Bauman dann an derselben Apparatur sieben männliche Collegestudenten, die meisten von ihnen Topathleten im Footballteam des College. Die sieben kamen auf einen Durchschnittswert von 170 Kilogramm beim Zug mit beiden Händen. Fünf versuchten sich dann noch an Einhandzügen und brachten es dabei auf ein Durchschnittsergebnis von etwas über 79 Kilogramm pro Versuch. Das nach dem Durchschnittsgewicht von Schimpansen und Studenten abgeglichene Ergebnis lautete, daß die verfettete und alles andere als sportlich gestählte Schimpansendame Suzette im beidhändigen Ziehen Kilo für Kilo Körpergewicht reichlich dreimal so stark war wie die männlichen Vertreter der Spezies Homo sapiens und daß der untrainierte Schimpansenmann Boma sich beim einhändigen Ziehen pro Kilo Körpergewicht beinahe viereinhalbmal so stark gezeigt hatte wie die durchtrainierten menschlichen Sportsmänner.

Kraft erfordert das Leben im Wald für vielerlei Zwecke. Ich bin jedesmal wieder beeindruckt, wenn ich sehe, wie ein erwachsener Schimpanse den Arm ausstreckt und mit nur einer Hand einen großen Zweig heranbiegt oder knickt, um ihn in seinen Nestbau einzubeziehen oder die Früchte, Blüten oder Knospen vorn an der Spitze abzufressen. Im Zuge einer Einschüchterungsveranstaltung liest ein erwachsenes Männchen unter Umständen einen über zwei Kilo schweren Gesteinsbrocken auf und schleudert ihn durch die Gegend, oder es reißt einen mächtigen Ast ab und schwenkt ihn herum oder wirft ihn in die Luft.

Bäume erkletternd und von Ast zu Ast wandernd, gebrauchen und stärken Schimpansen tagtäglich ihre Muskeln, und deswegen nehme ich an, daß ein wildes Schimpansenmännchen in der Blüte seiner Jahre in der Regel pro Kilogramm Körpergewicht erheblich mehr Kraft mitbringt als ein hinter Gittern gehaltenes Individuum von gleichem Gewicht. Doch selbst als Käfigtiere besitzen Schimpansen erstaunliche Körperkräfte.

In einer Beziehung freilich sind die Menschen ihnen physisch überlegen: Schimpansen haben zwar extrem lange und kräftige Finger, aber kleine und schwache Daumen – packt einen ein Schimpanse am Handgelenk, kann man sich unter Umständen aus seinem Griff befreien, indem man den Unterarm mitsamt Gelenk zu diesem kleinen, schwachen Daumen hin verdreht. Ansonsten sind ihre Hände den unsrigen sehr ähnlich. Ich kann mich daran erinnern, wie die Bewohner eines Dorfes an der Nordgrenze des Gombe-Nationalparks einmal den Kadaver eines kürzlich verendeten heranwachsenden Schimpansenmännchens fanden. Sie waren von den Ähnlichkeiten in der Anatomie des Schimpansen und des menschlichen Körpers dermaßen beeindruckt, daß sie, wiewohl praktizierende Muslime, es für ihre Pflicht hielten, den Leichnam in aller Form zu bestatten. Augenwimpern und Ohren, Hände und Füße, Finger- und Zehennägel des Tieres – das alles hatte sie in höchstes Erstaunen versetzt.

An Händen und Füßen gibt es bei aller Ähnlichkeit natürlich auch Unterschiede. Ihre Nägel sind rauher als unsere und überdies schwarz. Der große Zeh des Schimpansen funktioniert wie ein menschlicher Daumen: Er ist opponierbar, und das bedeutet, daß der Fuß wie eine Hand zum Ergreifen von Zweigen und Halten von Gegenständen benutzt werden kann. Beim Gehen treten die Schimpansen wie wir mit der ganzen Sohle auf, und dazu setzen sie noch – mit dem Rücken – das Mittelglied der ersten drei Finger auf. Sie werden deswegen auch als «Knöchelgänger» bezeichnet, und die Fingerrükken tragen an den entsprechenden Stellen schwielige Verdickungen. Die – außer bei Kleinkindern gewöhnlich schwarze – Haut des Handtellers erweist sich bei der Berührung als überraschend zart und warm.

Ungeachtet ihrer Kleinheit sind Schimpansendaumen wie die unsrigen opponierbar, und die Tiere können mit hoher Präzision kleine Gegenstände greifen. Bei der sozialen Fellpflege können sie einander winzige Schuppen von der Haut lesen. Sie können mit Halmen nach Termiten angeln, indem sie diese empfindlichen Werkzeuge feinfühlig in die Eingangslöcher des Baus hineinschieben. Und in Gefangenschaft können sie fast all die Dinge handhaben lernen, die wir selbst handhaben – von Schlüsseln bis hin zu Zeichenstiften. Beim Fassen und Handhaben schwerer Gegenstände sind die Schimpansen allerdings ausschließlich auf die Kraft ihrer Finger angewiesen.

2

Das Menschliche im Äußeren der Schimpansen tritt am augenfälligsten hervor, wenn sie sich auf zwei Beine erheben (wie sie es in aller Regel beim Drohen tun, um ihre Körpergröße zu unterstreichen, und ebenso, wenn sie über ein Sichthindernis – hohes Gras oder Buschwerk – hinwegspähen oder Nahrung in den Händen forttragen wollen). Wenn sie so, etwa um über hohes Gras hinwegzuspähen, auf leicht geknickten Beinen aufrecht stehen, entdecken wir in diesen Menschenaffen unser eigenes Spiegelbild. Wir erblicken ein Gesicht: flache Stirn, große Ohren, vorgewölbter Mund, platte Nase, starke Überaugenwülste. Unser Blick trifft auf Augen, die ihn mit einem festen, forschenden Blick erwidern. «Meerkatzen fühlen sich durch einen fremden Blick bedroht», schreiben David und Ann Premack in ihrem Buch *The Mind of an Ape* (Die Seele des Menschenaffen). «Menschenaffen und Menschen dagegen genießen es, Gegenstand von Aufmerksamkeit zu sein. Beachtet zu werden betrachten Menschen als eine Ehre, als Beweis dafür, daß sie es für ihre Person zu etwas gebracht haben. Weit entfernt davon, seinen Blick abzuwenden, scheint der Schimpanse in ihn genau die gleichen Fragen in bezug auf uns hineinzulegen, die wir uns, während wir ihn ansehen, in bezug auf ihn stellen.»

Die Fragen, die wir uns stellen, zielen meistenteils auf Grundsätzliches. Ich erinnere mich an jenes hünenhafte Schimpansenmännchen in Uganda, das aus irgendeinem verborgenen Schlupfwinkel im Wipfelblattwerk des riesigen Feigenbaums auftauchte und mit ge-

sträubtem Fell, wiegend und schaukelnd vor Kraft, eine Eruption von
Tönen entbindend, aufrecht wie ein Mensch den mächtigen Ast hin-
unterwanderte.

Wer oder was ist dieses Wesen auf der Grenze zwischen zwei Welten, erkennbar wildes Tier und dennoch irgendwie
dem Menschlichen nahe – ein sonderbares Mischwesen, das gleich
Caliban, dem verachteten Sklaven in Shakespeares *Sturm*, abstößt
und dennoch fasziniert?

In einer der gelungensten komischen Szenen des Bühnenstücks
stolpert der «Spaßmacher» Trinculo über den «wilden und mißgestal-
ten Sklaven» Caliban, der sich auf den Boden geworfen hat und tot
stellt. Nach kurzem Grübeln kommt Trinculo zu einer Erleuchtung:
«Was gibt's hier? Mensch oder Fisch? Tot oder lebendig? Ein Fisch!»
Ein Fisch, so Trinculo, weil er stinkt wie ein Fisch. Indes bei näherem
Hinsehen bemerkt Trinculo, daß dieser sonderbare «Fisch» «Floßfe-
dern» hat, die wie Arme aussehen. Und ganz ohne Zweifel hat das
«Ungeheuer» Beine wie ein Mensch. Also überlegt sich Trinculo, daß
er vielleicht doch keinen Fisch vor sich hat, sondern einen Eingeborenen dieser Insel, «den ein Blitz eben erschlagen hat». Am Ende ist es
vielleicht doch ein Mensch?

Mensch oder Fisch? Diese anatomische und verhaltenstheoretische
Streitfrage bleibt das ganze Stück hindurch virulent. Caliban wird
zuweilen in (sei's auch wenig schmeichelhaften) menschlichen Kategorien charakterisiert: Er ist ein «Bösewicht», ein «Diener-Unge-
heuer», ein «mißgeschaffner Schurke» und ähnliches mehr. Aber daneben ist er auch eine «Schildkröte», ein «moosköpfiges Ungeheuer»,
ein «heulendes Ungeheuer», ein «Mondkalb» und «völlig Fisch und
ohne Zweifel marktbar». Menschen, die einen anderen beleidigen
wollen, stellen diesen nicht selten als Tier hin, indes im Fall Caliban
werden die schmückenden Beiwörter dem Opfer so gezielt und ausdauernd an den Kopf geworfen und sind so innig in das Sinngeflecht
des ganzen Stücks verwoben, daß sie die schlichte Beleidigung über-
steigen und in den Bereich der Grundsatzproblematik hineinspielen.
Die Frage, um die es geht, könnte man in die Form bringen: Ist Caliban Mensch oder Tier?

Ein Lösungsansatz für das Caliban-Problem wäre, Shakespeares
Stück als eine in sinnbildlicher Form vorgetragene Kritik des europäi-

schen Imperialismus zu interpretieren. Die «schöne neue Welt» der Zauberinsel ist dann ein romantisiertes Abbild der neuen Welt beziehungsweise Welten, deren Ausbeutung in der Shakespearezeit bereits in vollem Gang war. Die Europäer in dem Stück werden auf eine Insel verschlagen, auf der sie eine fruchtbare Wildnis vorfinden; sie erobern das Eiland mit Hilfe ihrer überlegenen Technik und versklaven die Ureinwohner. Die Leistungspotentiale von Technik und Sklavenwirtschaft paarend, verwandeln sie die fruchtbare Wildnis in einen ertragreichen Garten. Was Caliban angeht (dessen Name ein Anagramm von *cannibal*, «Kannibale» ist), so verkörpert er den verachteten, ausgenutzten Sklaven und versinnbildlicht damit die Sklaverei als solche – Kauf und Verkauf und schonungslose Ausbeutung von Nichteuropäern durch Europäer. Im Umgang mit anderen beweist Caliban diplomatisches Geschick und Wortgewandtheit, Eigenschaften, die ihn für jedes Publikum zum Bühnenhelden gehobenen Formats machen, für die Europäer auf der Bühne indessen ist er ein «höchst viehisch» Wesen, das stinkt wie ein Fisch und dem man nicht über den Weg trauen kann. Zu den moralischen und psychologischen Voraussetzungen der Sklaverei gehört, daß der Sklavenhalter den Versklavten dehumanisiert – zu deutsch: ihn zum Un-Menschen stempelt –, und Caliban ist die Verbildlichung dieses seinerzeit in Gang kommenden Dehumanisierungsprozesses.*

Ohne die Berechtigung dieser speziellen Lesart leugnen zu wollen, möchte ich ihr hier ein anderes Bild von Caliban entgegenstellen. Ich

---

* Im Wandel der Zeiten wandelte sich auch das Regiekonzept von Caliban. Wurde er einst als stumpfsinniger Unhold gespielt, so späterhin (in der romantischen Epoche) als edler Wilder und (in der darwinistischen Phase des neunzehnten und noch zu Anfang des zwanzigsten Jahrhunderts) als *missing link* in der Evolutionskette vom Tier zum Menschen. Im Gefolge jüngerer intellektueller Trends porträtiert man Caliban als prähistorischen Urmensch oder als verkörperte Sexualität. In seiner *Sturm*-Inszenierung von 1974 – mit Sir John Gielgud als eindrucksvollem Prospero – stattete Peter Hall Caliban mit einer Doppelnatur aus: halb Ungeheuer und halb edle Seele. Das Bild von Caliban als einem Opfer der kolonialen Unterjochung der Dritten durch die Erste Welt scheint eine Spezialität unserer eigenen, nachkolonialen Epoche zu sein. Es spricht für die Sinnfülle und den Beziehungsreichtum der Bühnengestalt, wie Shakespeare sie ursprünglich schuf, daß sie vielerlei legitime Interpretationen zuläßt.

möchte Caliban als das menschgewordene Nichtmenschenwesen begreifen, als den verachteten Abgesandten des Tierreichs ins Menschenreich, das augenfällige, aber verkannte Zwischenglied der Evolution.

Gewiß, Caliban teilt sein sturmumtostes Eiland mit «Affen», und er befürchtet, von Prospero in einen «Affen mit schändlich kleiner Stirn» verwandelt zu werden. Diese Primaten sind jedoch Mitglieder einer aristotelischen Zoologie, die ihre Pforten schloß, bevor der Zugang nach Schwarzafrika geöffnet wurde, eines zusammengeschusterten, altbackenen Systems, das nicht den Schatten einer Ahnung von den großen Menschenaffen jenes Erdteils enthielt: den Schimpansen, Bonobos (die zuweilen auch als Zwergschimpansen bezeichnet werden) und Gorillas. Mit den bei Aristoteles erwähnten «Affen» waren aller Wahrscheinlichkeit nach die im nordwestlichen Afrika verbreiteten Magots («Berberaffen») gemeint, eine Art der Makaken. Die aristotelische Zoologie blieb noch bis weit ins Renaissancealter in Geltung, und auch Shakespeare ist ihr in seinem Stück verpflichtet. Doch schon knapp zwei Jahrhunderte, bevor er *Der Sturm* schrieb, hatten portugiesische Schiffe die ersten Erkundungsfahrten längs der westafrikanischen Küste unternommen, und im Lauf der Zeit waren dann auf einer Strecke von mehr als dreieinhalbtausend Kilometern entlang dieser Küste befestigte Niederlassungen und Handelsposten der Portugiesen entstanden, die vornehmlich als Operationsbasen für Raubzüge ins Landesinnere – und das heißt auch: in die Wohngebiete der großen afrikanischen Menschenaffen – dienten. Die Portugiesen interessierten sich allerdings weniger für Menschenaffen als für Elfenbein, Gold und schwarze Sklaven; aber als 1607 ein bisher von den Portugiesen in Westafrika gefangengehaltener englischer Seemann namens Andrew Battell freigelassen wurde und in seine Heimat zurückkehrte, konnte er seinen Landsleuten zu Hause eine ausführliche Schilderung von Gorillas und Schimpansen geben – sie wurde 1625 (in einer Anthologie) gedruckt und war wohl die erste, die in ein europäisches Land gelangte. Battell berichtete von «zweierlei Ungeheuern», die daselbst sehr verbreitet [...] und überaus gefährlich sind. Das große von diesen zwei Ungeheuern heißt in ihrer Sprache Pongo, und das kleinere heißt Engeko. Dieser Pongo gleicht aber in allen

Stücken einem Menschen, nur daß er von Gestalt mehr ein Riese ist denn ein Mensch: Denn er ist sehr groß und trägt ein menschlich Antlitz, mit Augen, die tief in ihren Höhlen liegen, und lang behaart bis tief in die Stirn. Sein Leib ist ganz behaart, freilich nicht sehr dicht, und ist selbiges Haar von gräulich-bräunlicher Farbe. [...] Sie schlafen in den Bäumen, und bauen sich jeder einen Unterschlupf gegen den Regen. Sie ernähren sich von Früchten, welche sie im Wald finden, und von Nüssen, denn sie fressen keinerlei Fleisch. Sie haben keine Sprache und nicht mehr Verstand als ein wildes Tier.»

Waren Andrew Battells «zwei Ungeheuer» vielleicht die realen Vorbilder für Shakespeares «heulendes Ungeheuer»? Das ist durchaus möglich. Wir wissen, daß Battell drei Jahre, bevor Shakespeare im Winter 1610/11 mit der Arbeit an *Der Sturm* begann, wieder in England eintraf. Battells spektakuläre Heimkehr aus der Gefangenschaft bei einem exotischen Landesfeind in einer noch exotischeren Weltgegend dürfte in der Öffentlichkeit einigen Staub aufgewirbelt haben. Wir wissen ferner, daß Shakespeare bei der Arbeit an seinem Stück zeitgenössische Reisebeschreibungen zu Rate zog, denn 1610 in England veröffentlichte Berichte und Briefe über einen aufsehenerregenden Schiffbruch bei den Bermudas – um nur dieses eine Beispiel zu nennen – haben nachweislich Sprache und Metaphorik von *Der Sturm* beeinflußt. Die neueste und bisher gründlichste wissenschaftliche Studie über die möglichen Quellen der Caliban-Figur, *Shakespeare's Caliban. A Cultural History* von Alden T. Vaughan und Virginia Mason Vaughan, ignoriert Battells Erzählung vollkommen (obwohl diese Caliban in prägnanterer Form präfiguriert als jeder andere vergleichbare Bericht), was möglicherweise darin seinen Grund hat, daß die einzige erhaltene Fassung von Battells Geschichte anscheinend erst um 1625 in Band 6 von Samuel Purchas' zwanzigbändigem Thesaurus von Reise- und Entdeckungsbeschreibungen veröffentlicht wurde. Dieses späte Publikationsdatum sagt jedoch wenig darüber aus, wie bekannt und verbreitet Battells Bericht in der Zeit davor gewesen war. Tatsächlich stoppelte Samuel Purchas seinen Thesaurus aus einem Wust von Dokumenten zusammen, den ein anderer Liebhaber des Genres der Reisebeschreibung, ein Mann namens Richard Hakluyt, lange vor ihm zusammengetragen, aber zu seiner Zeit

nur teilweise veröffentlicht hatte. Man darf davon ausgehen, daß Hakluyt im Jahr 1607 im besten Zuge mit seinem Sammeln von Reisebe-
richten war. Hakluyt pflegte regelmäßig bei Seeleuten und Schiffska-
pitänen vorstellig zu werden, die ungewöhnliche Fahrten hinter sich
hatten, und sie nach ihren Erlebnissen zu befragen. Man darf es als
gesichert ansehen, daß er entweder schon 1607 oder allenfalls nur
wenig später mit dem heimgekehrten Andrew Battell sprach und über
dessen Auskünfte ein schriftliches Protokoll anlegte.
Wie könnte Shakespeare an eine Abschrift dieses Berichts gekommen sein? Hakluyt hatte sich zur fraglichen Zeit als Sammler und
Herausgeber einschlägigen Materials in England bereits einen Namen gemacht. Shakespeare, «allem Anschein nach ein eifriger Leser
von Erlebnisberichten und Reisebeschreibungen», dürfte einen großen Teil der von Hakluyt publizierten Sammelwerke bereits gekannt
haben. Da alle beide Zelebritäten auf der literarischen Szene des damals noch relativ kleinstädtischen London waren und da sie sich beide
für Reisebeschreibungen interessierten, ist die Wahrscheinlichkeit
groß, daß Shakespeare und Hakluyt – sei's direkt, sei's über einen
gemeinsamen Freund – miteinander bekannt waren. Es gibt ausreichend Grund zu der Annahme, daß von Hakluyt gesammeltes Material, auch wenn er es nicht publizierte, dennoch für wert befunden
wurde, an einen berühmten Dramatiker weitergegeben zu werden,
der sich für Erlebnisberichte über Entdeckungsreisen in exotische
Weltgegenden interessierte.

Einerlei, ob wir Caliban letztlich für einen vertierten Menschen
oder für ein vermenschlichtes Tier halten – für die Dramenfiguren,
die mit ihm zusammen auf der Bühne stehen, ist er nach seiner Anatomie und seinem Verhalten irgendein Zwischending, eine irritie-
rende Exemplifizierung des fließenden Übergangs zwischen Mensch
und Tier. Die Kunstfigur Caliban gibt uns zu bedenken, daß wir nicht
die einzigen unseresgleichen auf der Welt sind, daß wir als Gäste auf
einem insularen Planeten weilen, wo uns das Phantom eines Doppel-
gängers in Tiergestalt verfolgt und verunsichert. Und der Schimpanse, so werde ich im folgenden zu beweisen suchen, stellt uns mit
seiner Anatomie und seinem Verhalten vor ganz ähnliche Zweifels-
fragen wie Caliban die anderen Figuren in *Der Sturm*.

3

1640 traf erstmals ein lebender Schimpanse in Europa ein, ein Geschenk für den Prinzen von Oranien. Nach England gelangte ein lebender Schimpanse erstmals Ende des Jahrhunderts, 1698, mit einer Schiffsfracht aus Angola. Er verendete bald und wurde 1699 von dem Londoner Arzt Edward Tyson seziert; in seinem Bericht sprach Tyson von einer «Art von *Tier*, die so stark dem *Menschen* ähnelt, daß sowohl die Alten als auch die Neueren sie für eine tieferstehende Menschenrasse erachtet haben». 1758 zollte dann der große schwedische Naturforscher Carl von Linné der starken Ähnlichkeit der menschlichen Anatomie mit der Anatomie der Menschenaffen wie übrigens auch mit der der Meerkatzenartigen, Lemurenartigen und Fledermäuse Anerkennung, indem er all diese Lebewesen zu einer Gruppe, der Gruppe der *Primaten*, zusammenfaßte. Abgesehen von den Fledermäusen, die in der Zwischenzeit zu einem anderen Platz im System der Natur davongeflattert sind, hat Linnés Zusammenstellung in ihrer ursprünglichen Form bis heute nichts von ihrer Gültigkeit verloren. Und ein Jahrhundert nach Linné bekräftigte Charles Darwin die prinzipielle Triftigkeit von dessen Clanbildung, indem er zeigte, daß Anatomie gleich Geschichte ist, insofern körperliche Ähnlichkeit für eine gemeinsame Abstammung spricht.

Unter Biologen herrscht heute Einhelligkeit darüber, daß in Darwins *On the Origin of Species* (1859) ein Prinzip genetischer Kontinuität beschrieben ist, das alle Lebewesen miteinander verbindet. Nicht ganz so unumstritten indessen ist Darwins später, in *The Descent of Man* (1871), vorgetragene These, derzufolge «zwischen dem Menschen und den höheren Säugern in den geistigen Fähigkeiten kein grundlegender Unterschied besteht». Die anatomische Kontinuität zwischen dem Menschen und den großen Menschenaffen ist eine unbezweifelbare Tatsache, und das seit geraumer Zeit. Sogar die Gehirne von Menschen und Menschenaffen sind kaum zu unterscheiden (sieht man ab von dem Umstand, daß Affengehirne kleiner sind). Doch erst seit kurzem öffnen wir uns allmählich der Einsicht, daß die Kontinuität zwischen Mensch und Schimpanse über den Körperbau entschieden hinausgeht und bis weit in die Verhaltens- und mentalen Strukturen hineinreicht.

Dem inzwischen verstorbenen Paläontologen und Anthropologen Louis S. B. Leakey verdanke ich die Erfüllung meines Lebenstraums, in Afrika mit Wildtieren arbeiten zu können, und er war es auch, der mir die Möglichkeit verschaffte, nicht *irgendwelche*, sondern die menschenähnlichsten Tiere zu studieren. Als ich 1960 zum Gombe-Nationalpark (damals noch das *Gombe Stream Game* Reserve, «Gombe-Strom-Wildreservat») aufbrach, wußten die Paläontologen schon eine ganze Menge über das Auftauchen der ersten Menschen. Man hatte Schädel und Gliederknochen, ganz oder in Stücken, mit denen heutiger Menschen verglichen, und die Experten auf dem Gebiet der vergleichenden Anatomie waren in der Lage, die «ehrenvolle Gestalt», die Umrisse der Muskeln und Sehnen, die einst diese fossilen Gebeine umhüllten, nachzuzeichnen. Die Zähne unserer ältesten bekannten Vorfahren und die charakteristische Abnutzungsform dieser Zähne waren mit den Zähnen heutiger Tiere verglichen worden. Dieser Vergleich hatte Aufschluß darüber gegeben, wovon die ersten Menschen sich ernährten. Und natürlich hatte man zahlreiche Werkzeuge und andere Artefakte aus Stein gefunden, die verschiedene Aspekte ihrer Lebensweise erhellten.

Aber Sozialverhalten fossiliert nicht. Jahrelang hatte Louis sich den Kopf zerbrochen über das Verhalten der Menschen, auf der Suche nach deren Skeletten er auf endlos langer Strecke unermüdlich den Boden ihrer afrikanischen Heimat umgrub. Und er zählte zu den großen Bahnbrechern innovativen Denkens auf dem Gebiet der vergleichenden Ethologie. Seiner Überzeugung nach würden die Kenntnis und das Verständnis der Verhaltensformen heutiger Menschenaffen ihn in die Lage versetzen, wissensbasierte Mutmaßungen über das wahrscheinliche Verhalten von Steinzeitmenschen anzustellen. Wenn wir bei heutigen Schimpansen und heutigen Menschen gemeinsame Verhaltensmuster entdecken – so seine Überlegung –, dann dürfen wir annehmen, daß diese Muster bereits dem gemeinsamen Vorfahren der beiden Spezies und ergo natürlich auch den ersten echten Menschen eigen waren.

Daß Louis Leakey dem *mainstream* des wissenschaftlichen Denkens weit voraus war, ging mir auf, als ich mein Universitätsstudium begann. Sprach ich beispielsweise von Verhaltensweisen wie Betteln oder Einander-Umarmen, die ich an Gombe-Schimpansen beobachtet hatte, wurde ich mit Worten, die an Deutlichkeit und Nachdruck nichts zu wünschen übrigließen, dahingehend belehrt, daß diese Verhaltensmuster zwar durchaus so *aussahen* wie Betteln oder Einander-Umarmen beim Menschen, daß jedoch die Schimpansen nichts anderes taten, als eine durch spezifische Situationsreize ausgelöste Folge mechanischer Bewegungen auszuagieren. Die Motivation hinter dem Betteln und den Umarmungen der Schimpansen auch nur im entferntesten mit menschlichen Motivationen vergleichen zu wollen, war reinster Anthropomorphismus. Und die Sünde des Anthropomorphismus mußte um jeden Preis vermieden werden. Damals – und das ist nicht länger als dreißig Jahre her – wäre es undenkbar gewesen, daß ich eine Doktorarbeit über Geist und Seele des Schimpansen schrieb. Tiere, so die damals herrschende Meinung, hatten weder Geist noch Seele. So etwas hatte nur der Mensch. Und keinen Deut besser fuhr ich, wenn ich über die Persönlichkeit der verschiedenen Schimpansen sprechen wollte, die ich studierte. Tiere hatten keine Persönlichkeit. Nun ja, von einem Individuum zum anderen traten wechselnde Verhaltenseigentümlichkeiten auf, soviel war zuzugeben, aber dergleichen hatte in den seltensten Fällen irgendwelche Bedeutung für das Hauptanliegen der Tierverhaltensforschung – am besten, man ignorierte es.

Ich kann mir nur schwer vorstellen, daß diejenigen, die solche Konzepte und Programme im Munde führten, wirklich an das glaubten, was sie da sagten. Aber die Ethologen bemühten sich eben auf Teufel komm raus, ihrem Fach den Nimbus der «harten» Wissenschaft – zum Unterschied von den «weichen» Sozialwissenschaften – zu verleihen. Soweit das methodenbewußtere Beobachtungsverfahren mit dem Einsatz von *check sheets* und *time sampling* an Stelle von naiv und aufs Geratewohl getätigten Aufzeichnungen bedeutete – schön und gut. Bedauerlicherweise gingen und gehen bis heute die Bemühungen der Verhaltensforscher, das Image ihres Fachs aufzupolieren, großenteils zu Lasten der Tiere. In viel zu vielen Fällen waren wissenschaftliche Experimente bisher invasiv und schmerzhaft. Wissenschaftler haben völlig freie Hand, Tieren Dinge anzutun, die in anderem Zusammenhang als unvertretbare Grausamkeiten verurteilt würden. So hat man zum Beispiel im Rahmen eines Forschungsprojekts mit dem Ziel, die

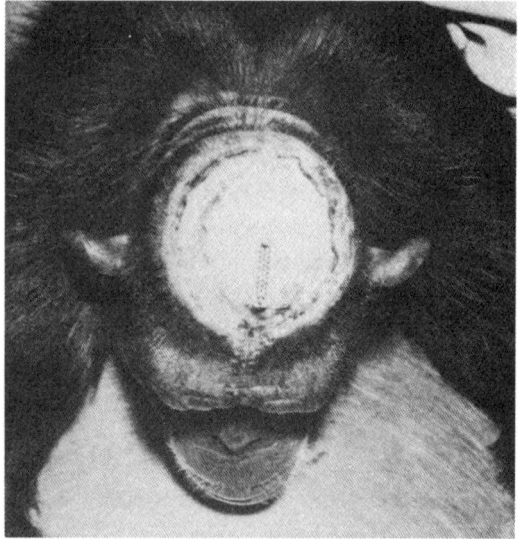

Wir benutzen sie in der medizinischen Forschung, wo
sie für uns leiden, weil sie dem Menschen so
nahestehen. Sie gleichzeitig als bloße Tiere abzutun,
verschafft uns ein ruhiges Gewissen. Wenn Menschen
sich dem Laborkäfig nähern, zeigt der gefesselte
Schimpanse kein Willkommenslächeln, sondern eine
Angstgrimasse. *(Jane Goodall Institute)*

angeborenen von den erlernten Komponenten im Gesang von Vögeln zu unterscheiden, Hunderte von Singvögeln im Labor auf chirurgischem Weg ihres Gehörs beraubt. Zur Gewinnung von Daten über das Sexualverhalten hat man Männchen und Weibchen zahlreicher Tierarten von Ratten bis zu Affen mit allen möglichen Hormonen vollgespritzt, kastriert, ovarektomiert, in sozialer Isolation unterschiedlichen Grades aufgezogen und so weiter und so fort. In vielen Fällen haben derartige Experimente herzlich wenig an nennenswerter Information erbracht. So zum Beispiel hielt Henry Nissen, ein angesehener Wissenschaftler aus dem Yerkes-Labor in Orange Park, Florida, Anfang der zwanziger Jahre bei einem Schimpansenkind zwei Jahre lang beide Arme im Gipsverband. Mit diesem Versuch wollte er herausfinden, ob bestimmte Bewegungsmuster und motorische Reaktionen, wie Sich-Kratzen, nach einem fallenden Gegenstand greifen und so weiter, angeboren oder erlernt waren – nach Nissens Überzeugung schaltete seine Versuchsanordnung für das Tier die Möglichkeit des Erlernens der fraglichen Verhaltensmuster aus. Als dann nach Zweijahresfrist die Arme des Schimpansen aus den Gipsröhren befreit wurden, war, wie nicht anders zu erwarten, eine ansehnliche Muskelatrophie eingetreten, und das Tier unterließ es in der ersten Zeit, Dinge, mit denen man auf es einstieß, mit den Händen wegzustoßen. Aber lag in dieser Ausfallerscheinung ein auch nur halbwegs brauchbares Kriterium dafür, ob die fraglichen Bewegungen erlernt oder angeboren waren? Ich meine nein. Selbstverständlich hätte es sein können, daß Nissens Schimpanse die Bewegungen unterließ, weil er sie nicht erlernt hatte (was zu der Theorie gepaßt hätte, daß sie im Normalfall erlernt, nicht angeboren waren), und ebenso selbstverständlich hätte das Tier auch gelernt haben können, daß ihm derartiges Verhalten unter den gegebenen Umständen nichts nützte (was mit der Möglichkeit von dessen genetischer Verankerung zusammengestimmt hätte).

Die Aufzählung der Torturen, denen Millionen Tiere einer ganzen Mannigfaltigkeit von Arten im Namen des Erkenntnisfortschritts unterworfen werden, würde viele Seiten füllen und wäre keine schöne Lektüre. Es überrascht nicht im mindesten, daß Verhaltenswissenschaftler, die solche Experimente durchführen, es genau wie ihre Kollegen in den biomedizinischen Laboratorien für das Bequemste, wenn nicht sogar für unverzichtbar halten, in ihren Versuchsobjekten nichts weiter als ein seelen- und auch ziemlich gefühlloses Konglomerat von Reizen und Reaktionen zu sehen. Zum Leidwesen der heutzutage mit solchen Tierversuchen befaßten Wissenschaftler wird es immer schwieriger, die Tatsache zu leugnen, daß Tiere – und zumal die höheren Tiere – eine Psyche und ein Gefühlsleben haben. Und in ganz besonderem Maß gilt dies, wie ich aufgrund meiner Lebensarbeit aus erster Quelle weiß, für Schimpansen.

Wenn ich richtig sehe, hat in der «harten» Haltung der Ethologen inzwischen eine Abmilderung eingesetzt – eine Reaktion auf die von Feldforschern bei der Beobachtung einer Vielfalt von Primatenspezies im Lauf der sechziger Jahre zusammengetragenen Informationen. Die extreme Komplexität der Primatengesellschaften trat zunehmend ans Licht, und je mehr wir dazulernten, desto unabweislicher wurde die Einsicht, daß mechanistische Erklärungen hochentwickelter sozialer Interaktionen ihrem Gegenstand häufig nicht gerecht wurden. Immer deutlicher zeigte sich, daß nicht nur der Mensch, sondern alle höheren Primaten hohe Grade sozialer Intelligenz ausgebildet haben.

Die ersten Beobachtungen von Werkzeuggebrauch – Zurichtung und Verwendung von Zweigen zum Termitenangeln am Gombe – lösten einigen Widerspruch aus, weil sie einen Sachverhalt in Frage stellten, der lange als ein Hauptkriterium für die Unterscheidung zwischen «Mensch» und «Tier» gegolten hatte: Wir konnten Werkzeuge verwenden und herstellen, sie nicht. Als ich Louis Leakey telegrafisch über meine ersten zufälligen Wahrnehmungen derartiger Aktivitäten unterrichtete, erhielt ich die inzwischen berühmt gewordene Antwort: «Oho! Jetzt müssen wir ‹Mensch› neu definieren oder ‹Werkzeug› neu definieren – oder Schimpansen als Menschen anerkennen.» Kein Wunder, daß mancher in derlei einen Angriff auf die Vorrangstellung des Menschen als Krone der Schöpfung erblickte. Die Verhaltensformen im Umfeld des Termitenangelns brachten mich schließlich auf die Spur weiterer intellektueller Fertigkeiten. So konnte es beispielsweise vorkommen, daß ein Schimpanse nach Beendigung einer Ruhepause erst einmal in die Runde blickte, hierhin und dorthin spähte (als überlege er sich, was er als nächstes anfangen solle), dann zu einem Grasbüschel ging, einen Halm auszupfte, ihn auf passende Länge stutzte und ihn dann zu einem Termitenhügel trug. Und dieser Hügel lag womöglich hundert Meter oder noch weiter weg. Und er hatte sich unter Umständen völlig außer Sichtweite befunden, als der Schimpanse sein Werkzeug aussuchte und es zurechtstutzte. Diese weitergehenden Beobachtungen ließen den Schluß zu, daß Schimpansen in der Lage waren, sich einen Begriff von einer Sachlage außerhalb ihres Gesichtsfelds zu machen und einfache Vorausplanungen für die unmittelbare Zukunft zu treffen.

Es war kaum zu verwundern, daß einige ungläubige oder abwertende wissenschaftliche Gegenstimmen laut wurden, als Anfang der sechziger Jahre die Berichte über diese und andere Beispiele intelligenten Verhaltens erschienen. Doch das «Establishment» reagierte längst nicht so ergrimmt wie damals in den zwanziger Jahren, als Robert Yerkes und Wolfgang Köhler unabhängig voneinander die Ergebnisse ihrer Studien zu den geistigen Fähigkeiten von Schimpansen veröffentlichten. Beide Forscher vertraten die Ansicht, daß Schimpansen zu schlußfolgerndem Denken befähigt seien, zu Problemlösungen nicht bloß anhand von Versuch und Irrtum, sondern mittels Einsicht oder «Ideation», wie Yerkes es nannte. Köhler schilderte, wie sein berühmter Schimpanse Sultan, als außerhalb seiner Reichweite, aber für ihn gut sichtbar eine Frucht vor die Stangen seines Käfigs plaziert wurde, zunächst eine Weile dasaß und sie ansah, sich umblickte wie nach einem griffbereit herumliegenden Werkzeug, mit dem er seinen Arm verlängern könnte, dann in einen Nebenraum lief, um einen Stock herbeizuholen, den er offenbar früher am Tag dort bemerkt hatte.

Große Teile der Gelehrtenwelt waren entsetzt über die Deutung, die Yerkes und Köhler derartigen Beobachtungen gaben. Ja, der berühmte russische Physiologe Iwan Pawlow tat Köhlers Interpretation des Schimpansenverhaltens *coram publico* als «widerlich» ab. Ähnlich publikumswirksam echauffierten sich viele Mitglieder der Wissenschaftsgemeinde anfangs über die ersten publizierten Ergebnisse von Experimenten mit Schimpansen in Sachen Spracherwerb. Der allererste Versuch, einen Schimpansen Sprache zu lehren, endete als Fehlschlag. Das war Ende der vierziger Jahre, als Keith und Catherine Hayes einem Schimpansenbaby namens Viki das Sprechen beizubringen suchten. Auch nach dreijährigem Unterricht konnte die Schülerin nicht mehr als vier Wörter hervorbringen, jedes nur ein nahezu unverständliches Hauchen – was nicht weiter verwunderlich ist, wenn man bedenkt, daß die anatomischen Gegebenheiten seines Stimmapparats es einem Schimpansen unmöglich machen, Konsonanten zu artikulieren. Mitte der sechziger Jahre überlegte sich ein anderes Forscherehepaar, R. Allen und Beatrix Gardner, daß es vielleicht einfacher wäre, einem Schimpansen den Gebrauch von Zeichen beizubringen, als ihn sprechen zu lehren (zumal unter den natürlichen Kommunikationsmitteln des Schimpansen Körperhaltungen und Gesten eine so große Rolle spielen).* Und daraufhin starteten die Gardners mit ihrer Schimpansin Washoe ein glanzvolles und ertragreiches Forschungsprojekt in Sachen Schimpansenkommunikation mittels menschlicher Zeichensprache (unter Verwendung der amerikanischen Taubstummensprache ASL oder American Sign Language).

Aus diesen Spracherziehungsexperimenten haben wir ganz ohne Frage eine Menge über das Innenleben des Schimpansen gelernt. Und nicht nur der methodische Unterricht und die mit ihm verbundenen Tests haben uns in dieser Hinsicht Erkenntnisse gebracht. Einmal ergab sich die Situation, daß ein für Washoe zuständiger wissenschaftlicher Mitarbeiter an einem kalten Tag seinen Sessel an den Kamin gerückt hatte und in aller Gemütlichkeit in einem Buch las, während Washoe offenbar Lust hatte, im Garten spazierenzugehen. Sie machte wiederholt die Zeichen, die man ihr für diesen Fall als Ausdruck ihres Wunsches beigebracht hatte. Ihr Betreuer nahm keine Notiz davon. Aufgebracht durch soviel Trägheit, ging die Schimpansin schließlich zu ihrem menschlichen Partner hin, griff sich den Schürhaken von der Feuerstelle und machte sich daran, mit Hilfe dieses Geräts die Füße des Faulpelzes einen nach dem andern vom Boden zu lupfen.

Um dieselbe Zeit begannen sich andere Wissenschaftler für die Frage zu interessieren, ob Schimpansen in der Lage wären, sich im Spiegel zu erkennen, und zwar nicht als Exemplare ihrer Spezies, sondern als dieses bestimmte Individuum – mit anderen Worten, ob

---

* Robert Yerkes hatte ebenfalls an diese Möglichkeit gedacht, den Gedanken jedoch nicht weiterverfolgt.

Schimpansen so etwas wie Selbstbewußtsein besaßen. Washoe hatte diese Fähigkeit übrigens schon einige Jahre zuvor bewiesen, als sie sich spontan im Spiegel erkannte, ihr Bild anstarrte und dann ihr Namenszeichen formte. Der Bericht über diesen Vorfall hatte freilich nur anekdotischen Wert. Aber in der zweiten Hälfte der sechziger Jahre unterwarf der Psychologe Gordon Gallup, die Fähigkeit der Primaten zur Ich-Identifikation einem aus einer Serie ausgeklügelter Spiegelexperimente bestehenden Test. Er begann mit Schimpansen und Meerkatzen, die in Laborkäfigen aufgewachsen waren, ohne jemals Bekanntschaft mit Spiegeln oder anderen reflektierenden Flächen gemacht zu haben. Diese Tiere konfrontierte er nun jedes für sich in totaler Isolation mit einem außerhalb des Käfigs – in während des Versuchs mehrfach wechselnder Entfernung – aufgestellten Spiegel, während er gemeinsam mit einigen Assistenten von einem versteckten Beobachtungsposten aus das Verhalten des jeweiligen Probanden überwachte. Die ersten Probanden waren vier junge Schimpansen, zwei Männchen und zwei Weibchen; jedes Tier wurde im Lauf einer Zehn-Tage-Periode insgesamt achtzig Stunden lang dem Spiegel exponiert. Gallup stellte fest, daß die einzelnen Individuen in den ersten paar Tagen auf die Begegnung mit ihrem Spiegelbild fast ausschließlich mit *Sozial*verhalten – Hüpfen, Vokalisieren, Drohen – reagierten. Die Schimpansen benahmen sich, als sei das Wesen im Spiegel zwar ein Artgenosse, aber nicht der Betrachter oder die Betrachterin selbst. Nach diesen ersten paar Tagen jedoch trat eine erstaunliche Veränderung ein. Das Sozialverhalten schwand rapide und wurde von eindeutig auf das eigene Selbst gerichtetem Verhalten abgelöst. Die Schimpansen begannen sich an Körperpartien zu groomen, die sie ohne Spiegel nicht hätten sehen können. Sie begannen mit Unterstützung durch den Spiegel den eigenen Genital-Anal-Bereich zu untersuchen, Nahrungsreste aus den Zähnen zu entfernen, in der Nase zu popeln, Grimassen zu schneiden, Speichelblasen zu formen, Nahrungsklumpen zwischen den vorgestülpten Lippen hin und her zu rollen – alles auf das eigene Selbst bezogene Handlungen, freilich mit Hilfe eines vom Selbst räumlich getrennten Abbilds ausgeführt.

Nachdem Gallup seine Schimpansen achtzig Stunden lang einem Spiegel exponiert hatte, betäubte er sie mit einem Anästhetikum und

malte jedem mit geruch- und geschmackloser Farbe Kleckse auf die
Stirn und ein Ohr. Ebenso verfuhr er mit sechs Tieraffen (Meerkatzenartigen) – je zwei Schweinsaffenmännchen und -weibchen sowie
zwei Rhesusaffenmännchen –, die vorher ebenfalls alle tagelang mit
einem Spiegel konfrontiert gewesen waren. Diese zehn Primaten –
die vier Schimpansen und die sechs Tieraffen – ließ man isoliert voneinander wieder zu sich kommen, jeden allein in einem Käfig, vor
dem wiederum ein Spiegel aufgestellt war. Und wiederum erfolgte
die Beobachtung aus einem Versteck. Was geschah? Tatsächlich be-
trachteten die sechs Tieraffen ihre mit Farbklecksen geschmückten
Spiegelbilder, setzten jedoch ihr Sozialverhalten fort, als ob sie irgendwelche bekleksten Artgenossen vor sich hätten. Die vier Schimpansen dagegen waren kaum aufgewacht und hatten ihr Spiegelbild
entdeckt, als sie auch schon die roten Kleckse auf Stirn und Ohr zu
betasten anfingen. Sie fühlten mehrmals nach den Klecksen und untersuchten zwischendurch ihre Finger, ja, einer roch sogar an den
Fingern.

Gallup resümierte, er habe «einen entscheidenden Unterschied zwischen Schimpansen und Tieraffen» aufgezeigt, und «diese Befunde
dürften wohl als erstmaliger experimenteller Nachweis eines Selbst-
bilds (*self-concept*) auf subhumaner Stufe angesprochen werden».
Wir sind so sehr an den Umgang mit Spiegeln und das Erkennen
unseres eigenen Abbilds gewöhnt, daß uns diese Ich-Identifikations-
leistung als etwas ziemlich Gewöhnliches und Banales vorkommen
mag. Dennoch kann man mit guten Gründen behaupten, daß die
Ich-Identifikation im Spiegel Zeichen einer sehr hochentwickelten
Geistesform ist. Denn schließlich beweist die Fähigkeit zur Ich-
Identifikation das Vorhandensein eines «Selbst» jenes eigenartigen
«Ich»-Gefühls, das auf so machtvolle und eigentümliche Weise als
Triebkraft im Menschen wirksam ist.

Wenn wir das Gefühlsleben des Schimpansen mit dem des Menschen
vergleichen, bewegen wir uns wohl auf etwas schwankendem Boden.
Gefühle sind schwer zu erforschen, selbst beim Menschen. Wenn ich
Ihnen erzähle, daß ich überglücklich bin, wie können Sie wissen, daß
dieses Gefühl das gleiche ist wie das Ihre, wenn Sie überglücklich

sind? Und was berechtigt mich, wenn Sie mir sagen, Sie sind traurig, zu der Annahme, daß Sie in diesem Moment genauso empfinden wie ich, wenn ich traurig bin? Natürlich kommt es vor, daß jemand äußere Anzeichen seines inneren Befindens von sich gibt. Wenn Sie lächeln, lachen, mich spontan in die Arme schließen, Luftsprünge machen, nehme ich an, daß Sie überglücklich sind, weil ich meinerseits, wenn ich überglücklich bin, mich unter Umständen ähnlich aufführe. Das bedeutet zwar trotzdem nicht, daß Sie *haargenau* so empfinden wie ich, aber immerhin ist die Annahme gerechtfertigt, daß Affektzustände, die ähnliche Reaktionen auslösen, einander ähneln. Und dies zumal, wenn jene Verhaltensweisen unter ähnlichen Umständen auftreten – wenn wir uns beispielsweise beide beim Erhalt eines Briefs mit einer freudigen Nachricht so gebärden. Wenn nun ein Schimpansenjunges lächelt, lacht, dich in die Arme schließt, Luftsprünge macht, dann vermittelt es den Eindruck, als sei es überglücklich. Und zu dergleichen kommt es in Situationen, die mit großer Wahrscheinlichkeit menschliche Kinder zu ähnlichem Verhalten bringen würden. Ist es da nicht logisch, davon auszugehen, daß die dahinterstehenden Emotionen einander ähneln? Es ist nicht auszuschließen, daß sie einander vollkommen gleichen. Ähnlich treten bei Menschen wie Schimpansen übereinstimmend Gebarungen auf, die auf Betrübnis schließen lassen: weinerliche Laute, herabgezogener Mund oder Schmollmund, ein bestimmter Augenausdruck. Und auch die Bekundungen von Furcht sind bei Menschen und Schimpansen sehr ähnlich: weit aufgerissene Augen, Grinsen, das Bedürfnis, sich an einen Gefährten zu klammern. Werden sie heftig erschreckt, sträubt sich den Schimpansen das Fell, und es kann vorkommen, daß sie unkontrolliert koten. Und bei Menschen spricht man ja auch davon, daß sich jemandem vor panischer Angst die Nackenhaare sträuben oder daß er «sich in die Hose macht». In Anbetracht der verblüffenden Ähnlichkeiten zwischen Mensch und Schimpanse in der physiologischen Ausstattung, insbesondere beim Gehirn und Zentralnervensystem, wäre es ziemlich hanebüchen, annehmen zu wollen, daß die hinter übereinstimmenden Verhaltensformen stehenden Affekte nicht ihrerseits übereinstimmen.

4

Kultur, Kleidung und Zivilisation verschleiern unseren Platz im Reich der Natur. Die Geschichte ist gekennzeichnet durch eine Amnesie in bezug auf den natürlichen Ursprung und die natürliche Bedingtheit des Menschen. Diese Große Amnesie ist vergleichbar jener massiven sogenannten «infantilen» Amnesie, die dem Erwachsenen die Ereignisse seiner ersten Lebensjahre verdeckt. Gäbe es keine Erinnerungsfotos, keine nostalgisch aufbewahrten Babyschuhe, und wären da nicht die Anekdoten, die Eltern und Geschwister gelegentlich zum besten geben – wären wir heute wirklich restlos überzeugt davon, wer damals in jener Wiege lag?

Das Heraustreten des Menschen aus der übrigen Natur ist im erdgeschichtlichen Kalender ein Ereignis relativ neuen Datums, das heißt, daß wir ziemlich schnell im Vergessen und ziemlich langsam im Erinnern sind. Nach mehreren zehntausend Jahren gesprochener Sprache, annähernd fünftausend Jahren Schrift, fünfhundert Jahren Buchdruck, einem Jahrhundert elektronischer Kommunikation und einem Menschenalter Computerisierung nehmen wir das Schauspiel unserer eigenen Geschichte über die Maßen wichtig. Erst seit kurzem beginnen wir zu begreifen, daß dieses Schauspiel auf der kosmischen Bühne nur ein kleiner Ausschnitt aus der Geschichte des Lebens ist. Bis vor kurzem galt gemeinhin ein ziemlich simpler Sachverhalt als selbstverständlich: Die Schranke, die den Menschen noch von den interessantesten übrigen Lebewesen trennt, ist unübersteiglich. Neuere Erkenntnisse widersprechen dem auf breiter Front. Wir wissen heute, daß der Mensch in sehr vielem ein Stück Natur und sein Verhältnis zur Welt der Organismen ein sowohl konvergentes als auch divergentes ist. Wir haben so unendlich viel mit den Naturwesen gemein – haben insbesondere mit unseren nächsten biologischen Verwandten, den Schimpansen, mehr gemein, als uns noch vor einem Vierteljahrhundert überhaupt vorstellbar erschienen wäre. Die Große Amnesie wird durch eine Neuausrichtung unserer Begriffswelt durchlöchert.

Nach heutigem Kenntnisstand – der einesteils auf der wissenschaftlichen Auswertung Hunderter von «Zwischenglieder»-Knochen und -Schädeln, andernteils auf Erkenntnissen der vergleichenden Genetik basiert – bezeichnet das Aufkommen der Gorillas die erste Verzweigung in der Ahnenreihe der afrikanischen Menschenaffen. Nach diesem frühen Geschehen verzweigte sich die Ahnenreihe der Menschenaffen vor sechs bis acht Millionen Jahren abermals in zwei signifikant verschiedenen Populationen. Eine Hauptgruppe entwickelte sich zu den heutigen Schimpansen und Bonobos (Zwergschimpansen), aus der zweiten ging schließlich der Homo sapiens hervor. Die trennenden Faktoren dürften zunächst geographischer Natur gewesen sein. Ein Fluß, eine Gebirgskette oder vielleicht irgendeine andere landschaftliche Schranke spaltete expandierende Gruppen von Ur-Menschenaffen und unterband als physikalisches Hindernis die Fortsetzung des Genaustauschs. Fortfall des Genaustauschs bedeutete allmähliche genetische Auseinanderentwicklung der Gruppen; zum genetischen Wandel gesellte sich Umweltdruck, und vereint sollten diese Faktoren für zunehmend verschiedenartige Populationen sorgen.

Die Familie der afrikanischen Menschenaffen besteht heute aus drei überlebenden Arten: den Gorillas, den Bonobos (Zwergschimpansen) und den Schimpansen. Ältere Formen aus der menschlichen Stammesgeschichte sind ausgestorben, doch vor ungefähr zweihunderttausend Jahren standen einige von ihnen dem heutigen Menschen anatomisch bereits nahe genug, um heute als Homo sapiens klassifiziert werden zu können. Aber ungeachtet seines beeindrukkend großen Gehirns dürfte der Homo sapiens von vor zweihunderttausend Jahren unter phylogenetischem Aspekt nicht bedeutsamer als seine zeitgenössischen äffischen Verwandten gewesen sein. Aus archäologischen Funden wissen wir, daß diese Frühmenschen zwar, wie ihre Vorfahren es schon seit Jahrmillionen getan hatten, sehr primitive Steinwerkzeuge benutzten, aber weder ihre Steinwerkzeuge mit Handgriffen versahen noch Pfeil und Bogen, Angelhaken, Fischnetze und dergleichen kannten. Zu den kulturellen und technologischen Errungenschaften, die das Erscheinen des neuen Menschen markieren, dürfte es erst später gekommen sein, wahrscheinlich im Zusammenhang mit der Evolution eines Kehlkopfs, der die körperliche Grundlage für eine artikulierte Sprache bot. Der Beginn des artikulierten Sprechens – der Ausbildung einer immensen Welt von

Symbolen, die unser geistiges Potential für sich beanspruchte – bezeichnet möglicherweise zugleich den Beginn unserer Amnesie. *Mother became Other.*

Die mindestens sechs Millionen Jahre, vor denen die Deszendenzlinie unseres nächsten überlebenden phylogenetischen Verwandten, des Schimpansen, von unserer eigenen Ahnenreihe abzweigte, mögen uns zwar als eine gewaltige Zeitspanne vorkommen, in entwicklungsgeschichtlicher Perspektive sind sie jedoch ein Klacks. Nach neuesten genetischen Erkenntnissen unterscheidet sich das menschliche Erbgut in weniger als 2 (in Worten: zwei) Prozent von dem des Schimpansen: Noch immer haben wir mit dieser Spezies mehr als 98 (in Worten: achtundneunzig) Prozent der genetischen Ausstattung gemein – das heißt, Schimpansen sind mit uns enger verwandt als die Zebras mit den Pferden. Ist es unter diesen Umständen nicht mehr als kurios, daß wir sie faktisch noch immer als eine Art drolliger Hunde behandeln und ihnen noch immer denselben Rechtsstatus zuerkennen wie etwa den Mäusen?

Ein guter Maßstab für die Macht einer Idee ist der Widerspruch, den sie hervorruft. Martin Luther zeigte sich mächtig verärgert über Kopernikus und seine neuen Theorien: «Der Narr wird uns noch die ganze Astronomie auf den Kopf stellen.» Beinahe zur selben Zeit, als Shakespeare sein Bild von Caliban (das ihm womöglich die erstaunlichen neuen Berichte aus Afrika eingegeben hatten) in dramatische Form goß, spähte Galileo Galilei durch sein Teleskop zu den Mondkratern hinauf und noch tiefer in das All hinein. Das Sanctum Officium zu Rom war über sein später veröffentlichtes astronomisches Hauptwerk, den *Dialogo* (1632), so aufgebracht, daß es dem Verfasser trotz des päpstlichen Imprimaturs für sein Werk den Prozeß machte, ihn inhaftierte und unter Androhung der Folter zwang, dem heliozentrischen Weltbild abzuschwören – weil es den Menschen um seinen erhabenen Platz im Mittelpunkt des gottgeschaffenen Universums brachte. Und ganz ähnlich, so stelle ich mir gern vor, erregt Caliban einen der heiligen Inquisition würdigen Groll bei den menschlichen Besuchern seiner sturmumtosten Insel, denn als diese Mischung aus höchster Intelligenz und Monstrosität, die er ist, droht er die Schranke zwischen Mensch und Tier niederzureißen.

Wenn ich an Caliban denke, denke ich ihn mir gern als monströsen Engeko, der hinter einem Blättervorhang langsam Gestalt annimmt oder hoch oben in einem riesigen Feigenbaum in aufrechter Haltung kraftstrotzend einen Ast entlangstolziert oder dem dunklen Abgrund von Urzeiten entsteigend uns wie ein fremdvertrautes Traumbild gegenübertritt.

3 Die hurt'ge Meerkatz' fangen

CALIBAN:
Ich zeig' dir jeden fruchtbaren Fleck der Insel.
[...]
Will dir die Quellen zeigen, Beeren pflücken,
Will fischen und dir Holz genugsam schaffen.
[...]
Laß mich dir weisen, wo die Holzbirn' wächst,
Mit meinen langen Nägeln grab' ich Trüffeln;
Zeig' dir des Hähers Nest, ich lehre dich
Die hurt'ge Meerkatz' fangen.

Als ich mich seinerzeit in Afrika an das Studium der Schimpansen machte, wußte man über ihr Verhalten in freier Wildbahn noch wenig. Eine Pionierstunde auf diesem Gebiet, bis dahin die einzige, hatte Henry Nissen in Westafrika unternommen, freilich mit magerem Ergebnis – teils weil er die Tiere noch nicht einmal ganz drei Monate lang in ihrer natürlichen Umgebung beobachtete, teils weil er bei seiner Arbeit auf Schritt und Tritt eine Karawane von Trägern im Schlepptau führte. Man kannte einige Anekdoten über werkzeugbenutzende und fleischfressende Schimpansen. Aber die Wissenschaft maß solchem anekdotischen Material keinen Wert bei. Natürlich müssen Afrikaner, insbesondere Jäger, schon seit langer Zeit eine Menge über Schimpansen gewußt haben. Aber auch für ihre Geschichten interessierte sich die Wissenschaft nicht. Nach Meinung der meisten Menschen waren wilde Schimpansen überaus gefährlich, und die ersten wissenschaftlichen Feldforscher waren niemals ohne Gewehr unterwegs. Ein Forscher des neunzehnten Jahrhunderts ließ sich sogar einen Käfig bauen, in den er sich verkroch, um von diesem sicheren Plätzchen aus all die Menschenaffen zu beobachten, denen es beliebte, sich seinem Ausguck zu nähern.

Was ich vorhatte, galt als so gefährlich, daß die zuständige britische Regierungsstelle im damaligen Tanganjika es einer jungen Engländerin nicht gestatten zu können glaubte, allein in den Wald zu ziehen. Ich müsse unbedingt eine europäische Begleitperson haben, hieß es. Daraufhin erklärte sich meine Mutter bereit, diese Rolle zu übernehmen, und blieb für die Dauer der ersten vier Monate meines Unternehmens bei mir im Camp.

Tatsache ist, daß ich mich während jener Anfangsmonate am ärgsten davor fürchtete, die mageren Geldmittel, die Louis Leakey hatte für mich loseisen können, wären am Ende aufgebraucht, bevor ich irgendwelche nennenswerten Beobachtungen hatte machen können. Jedesmal, wenn ich auch nur auf halbwegs zweckentsprechende Distanz an Schimpansen herankam, ergriffen sie, erschrocken über die fremdartige Erscheinung in ihrem Urwaldrevier, die Flucht. Ich schrieb eine Menge verzagter Briefe an Louis. Und er schrieb jedesmal zurück: «Sie werden es schon schaffen, davon bin ich fest überzeugt.» Dann fühlte ich mich noch elender. Angenommen, ich scheiterte – was dann? Dann war nicht nur mein Lebenstraum in Scherben gegangen, sondern ich hatte auch noch die Erwartungen meines Mentors enttäuscht.

Daß ich nicht scheiterte, war zum Teil eine Frucht von Ausdauer und Geduld – ich bezog Posten auf unbewaldeten Bergrücken und benutzte zum Beobachten den Feldstecher, stets darauf bedacht, den Schimpansen nicht zu nahe zu kommen, damit sie sich nach und nach an meinen Anblick gewöhnen könnten. Allerdings war mir ein bestimmtes Schimpansenmännchen – seines silbrigen Bartes wegen taufte ich es auf den Namen David Greybeard – eine große Hilfe dabei, die Tür zur Welt der Schimpansen aufzustoßen. David Greybeard besaß ein ausgesprochen ruhiges Naturell und akzeptierte aus irgendeinem Grund meine Gegenwart viel früher als irgendein anderes Tier der Gruppe. Fast jedesmal, wenn es mir im ersten Jahr meiner Freilandstudien gelang, auf kurzen Abstand an Schimpansen heranzukommen, war David Greybeard mit von der Partie. Manchmal war er allein. Manchmal hatte er einen oder mehrere Gefährten bei sich, die er mit seiner gelassenen Reaktion auf meine Gegenwart beruhigte und von der Flucht abhielt.

David war es auch, der mir zwei eminent wichtige Beobachtungen bescherte – Material, das Louis in die Lage versetzte, den für die Fortsetzung meiner Arbeit so dringend benötigten Geldgeber zu gewinnen. Jetzt erklärte sich die amerikanische National Geographic Society bereit, mir ein weiteres Jahr Feldforschung zu finanzieren. Jene beiden Beobachtungen liegen nun schon ein Menschenalter zurück, dennoch sind sie in meiner Erinnerung bis heute frisch wie am ersten Tag geblieben.

Eines Tages stand ich auf einem Gipfel im Gombe-Reservat und blickte ostwärts über eine Hügelkette hin, die sich am Horizont verlor. Da bemerkte ich in etwa vierzig bis fünfzig Meter Entfernung in den oberen Ästen eines mächtigen Mbula-Baums eine Dreiergruppe Schimpansen, ein Männchen, ein Weibchen, beide erwachsen, und ein Junges. Das Männchen war David, wie ich bald feststellte. Mein Standort lag den dreien in dem Baum gegenüber etwas erhöht, so daß ich das unglaubliche Schauspiel, das sich während der folgenden drei Stunden vor meinen Augen entfaltete, wie von einem Logenplatz aus durch mein Glas verfolgen konnte. Das Schimpansenmännchen hielt einen blaßrosa Gegenstand in den Händen und fingerte daran herum – mir ging bald auf, daß es ein Stück frisches Fleisch war, das die drei unter gelegentlichem Gezänk verzehrten. Das Männchen, David, behielt den Löwenanteil für sich, doch dann und wann ließ er auch das Weibchen von dem Kadaver abbeißen, und mindestens einmal reichte er seiner Gefährtin sogar einen Fleischbrocken mit der Hand. Bei dem – zum Teil schon verzehrten – Kadaver handelte es sich wahrscheinlich um einen Buschschweinfrischling, denn um den Fuß des Baums mit den drei Schimpansen wuselten zwei aufgebrachte erwachsene Buschschweine und drei kleine gestreifte Frischlinge herum. Während unten die Schweine – schnaubend und wie zum Angriff auf den Baum zustürmend – einen Mordswirbel veranstalteten, blieben oben die Schimpansen die meiste Zeit seelenruhig, schlugen immer wieder ihre Zähne in das Beutestück, um einen Fetzen Fleisch abzureißen, und pflückten anschließend mit den Lippen Blätter ab, um dann beides, Fleisch und Blätter, mit vollen Backen zu kauen – etwa so, wie wir uns zu einem saftigen Bissen ein Stückchen Brot in den Mund schieben. Von Zeit zu Zeit fiel ein Endchen Fleisch auf den Boden hinunter, und dann kraxelte das Schimpansenjunge den Stamm hinab, um sich das herrenlose Besitztum zu holen. Und jedesmal kam dann schnaubend und angriffslustig eines der erwachsenen Buschschweine angeprescht, woraufhin der kleine Schimpanse sich laut kreischend wieder in eine sichere Höhe hinaufflüchtete. Eine erstaunliche Szene – man hatte unwillkürlich das Gefühl, daß die Buschschweine deswegen so aufgebracht waren, weil die Schimpansen gerade einen von ihren Frischlingen geraubt hatten.

Nicht lange danach wurde ich Augenzeugin eines weiteren aufregenden Vorfalls. Und wieder war es der Schimpanse David Greybeard, dem ich es nach meinem Dafürhalten zu verdanken hatte, daß ich die Sache aus der Nähe beobachten konnte. Das Ganze trug sich im Monat Oktober zu, als nach langer Trockenperiode anhaltende Regenfälle den knochenharten ausgedörrten Boden mit einem köstlichen, satten Geruch durchdrangen. Die Bäume begannen zu knospen, und die frischen Knospen überhauchten die ferner gelegenen Berghöhen mit einem rotgoldenen Schimmer. Aus der Erde sprossen Blumen in wachsender Zahl und Vielfalt. Wo in der Trockenzeit Buschbrände stattgefunden hatten, war der Boden geschwärzt, aber aus der schwarzen Aschenschicht lugte jetzt schon wieder grün das frische Gras hervor.

Diesmal war ich von einem Gipfel in eines der Täler hinab unterwegs und bewegte mich gerade durch eine relativ ebene, mit niedrigen Büschen und Bäumen bewachsenen Zone. Mein Blick fiel auf einen von diesen großen Termitenbauten, einen hohen rötlichen Erdhügel mit ziemlich glatter Oberfläche, und etwas Schwarzes daneben. Wenn man durch Wald und Flur des Gombe-Reservats unterwegs ist, sieht man vielerlei Schwarzes, das man auf den ersten Blick für einen Schimpansen zu halten versucht ist – Baumstümpfe, Höhlungen, Spalte und anderes mehr. Aber zur damaligen Zeit blieb ich bei solchen Gelegenheiten jedesmal wie angewurzelt stehen und besah mir die Sache durch den Feldstecher. Tatsächlich, das schwarze Ding war ein Schimpanse – und wieder David Greybeard. Ich brauchte ziemlich lange, um mich heimlich, still und leise zu einem günstigeren und, wie ich meinte, vor Einblick gesicherten Aussichtspunkt hinter einem Busch vorzuarbeiten. Heute bin ich überzeugt, daß David sich über meine

Anwesenheit von Anfang an völlig im klaren war, aber damals ahnte ich nichts davon. Ich spähte durch die Blättergardine vor mir und hatte ihn direkt im Visier. Ich sah ihn die Hand mit einem Grashalm darin bewegen. Die Termiten, die sich, wie es ihre Art ist, an dem Grashalm festgebissen hatten, sah ich nicht und konnte ich nicht sehen, dazu war ich nicht nahe genug. Ich sah, wie er den einen Grashalm wegwarf und mit der Hand nach einem anderen fischte, den er dann in den Hügel hineinschob. Nachdem er sich davongemacht hatte, ging ich zum Ort des Geschehens hinüber. Auf dem Boden lagen drei Grashalme, und auf der ganzen Oberfläche des Baus wimmelten Termiten durcheinander. Ich schob einen Halm in einen der Eingänge, und als ich ihn wieder herauszog, kam eine Anzahl Termiten zum Vorschein, die ihre Mandibeln in den Halm geschlagen hatten und sich mit aller Macht an ihm festklammerten.

Bei dieser ersten Beobachtung hatte ich zu keinem Zeitpunkt ein wirklich klares Bild von dem, was gerade vorging. Erst als ich die nächste Episode dieser Art beobachtete – wieder mit David Greybeard in der Hauptrolle, diesmal allerdings zusammen mit seinem gewohnten Begleiter Goliath –, sah ich, wie die benutzten Werkzeuge hergerichtet wurden, sah das Abstreifen der Blätter, das Abbeißen der Spitzen.

Nach etwa viermonatigem Aufenthalt im Gombe-Reservat hatte ich den Feldbiologen George Schaller zu Besuch, der gerade seine bahnbrechende Untersuchung der Berggorillas abgeschlossen hatte. Kurz bevor er sich verabschiedete, meinte er: «Tja, Jane, wilde Gorillas benutzen keine Werkzeuge, und sie fressen kein Fleisch. Für die Leute, die sich mit der Evolution der Menschen beschäftigen, sind das interessante Fakten. Wenn Sie jemals beobachten sollten, daß Ihre Chimps das eine oder das andere tun, dann hat sich ihre ganze Arbeit schon gelohnt.» Als ich dann beobachtete, daß sie *nicht nur* das eine, *sondern auch* das andere tun, konnte ich es kaum glauben! Überflüssig zu sagen, daß meine Beobachtungen von damals inzwischen hundertfach bestätigt wurden, aber trotzdem bin ich David Greybeard noch heute grenzenlos dankbar, denn *er* hat mir damals die ersten Einblicke in die bemerkenswerte Welt, in der er lebt, verschafft.

1

In dem verzweifelten Bemühen, eine Meuterei gegen seinen mächtigen Gebieter Prospero anzuzetteln, dient sich Caliban dem betrunkenen Kellermeister Stephano als Knecht und Vasall an. Er gelobt, ihm den Fuß zu küssen, schwört ihm Hörigkeit. Wichtiger noch: Er verspricht dem Kellermeister nicht nur, ihm Holz herbeizuschaffen, soviel er haben will, sondern ihm auch «jeden fruchtbaren Fleck» der Insel zu zeigen. Kurz, Caliban macht sich erbötig, das zum Überleben auf der Insel erforderliche Wissen zu liefern. Er wird den Weg zu den besten Wasserquellen weisen, wird Beeren pflücken, Fische fangen, die Standorte von Holzapfelbäumen («wo die Holzbirn' wächst») angeben, Trüffeln ausgraben, Hähernester ausfindig machen; er wird zeigen, wie man Tieraffen («die hurt'ge Meerkatz'» *) fängt, und anderes mehr.

Caliban ist auf der Insel sozusagen der Fachmann für praktische Botanik und Zoologie. Er verfügt unzweifelhaft über Expertenwissen, und was dieses Wissen wert ist, könnte sich später einmal in um so durchschlagenderer Form erweisen, als die Europäer es mitsamt seinem Träger jetzt noch achtlos übergehen. Stephano, der betrunkene Kellermeister, raunzt Caliban bloß an, er solle mit seinem Geschwätz aufhören und eine Station weiterziehen. In einer späteren Szene bemerkt Prospero in einem kurzen Selbstgespräch über Caliban wegwerfend: «Ein Teufel, ein geborner Teufel ist's, an dessen Art die Pflege nimmer haftet.» So in der Übersetzung A. W. Schlegels. Bei Shakespeare selbst lautet die Stelle: *A devil, a born devil, on whose nature nurture can never stick*, zu deutsch also eigentlich: «... dessen Natur gegen jegliche ‹gute Kinderstube›, jegliche (gute) Erziehung,

---

* Über die Herkunft des Wortes «Meerkatze» sind sich die Gelehrten nicht einig. Man begegnet in der Literatur sowohl der Meinung, der Name sei aus dem altindischen *markata*, «Affe», abgeleitet, als auch der entgegengesetzten Ansicht, derzufolge zum altindischen *markata* jede Brücke fehlt und der Anklang lediglich auf Zufall beruht: Der sprechende Name bedeute soviel wie «von Afrika über das Meer gebrachtes Tier, langgeschwänzt und kletterfreudig wie die Katze». Zur Zeit Shakespeares hießen so die damals meistenteils aus Südamerika importierten Tieraffen, heute dient das Wort als volkssprachliche Bezeichnung der Gattung *Cercopithecus*. ... Anm. d. Übers.

jegliche Bildung resistent ist». Und mir scheint, daß diese simple Formel *nature without nurture*, «unkultivierte Natur», in denkbar knapper Form auf den Punkt bringt, was die Europäer in Caliban sehen. Für sie ist er durch und durch Instinktwesen. Mag sein, daß er auf einer primitiven, mechanischen Ebene lernfähig ist, aber zum Erwerb komplexen Wissens, gar einer Kultur ist dieses «moosköpfige Ungeheuer» mit Sicherheit nicht in der Lage.

Unkultivierte Natur. Die Formel erinnert an die traditionelle Platonische Grenzziehung zwischen Mensch und Tier. Im Tier, so Platon, wirken die «begehrliche» und die «mutartige» Seele als Lebensprinzip, nur der Mensch hat das Glück, obendrein noch eine «erkennende» Seele zu besitzen. Mitte des zwanzigsten Jahrhunderts hatte man dann Labortiere soweit, daß sie in ihren Käfigen allerhand interessante Sachen vorführen konnten. Freilich, Laborstudien sind eine künstliche Situation; für «reale» Tiere – Tiere, wie sie real in der Natur existieren – schien die Platonische Abgrenzung nach wie vor zu gelten. Tiere, so dachte man, reagieren auf ihre Umwelt instinktiv; zu intelligenter Interaktion sind sie nicht in der Lage. Tiere, so dachte man, benutzen keine Werkzeuge und stellen erst recht keine her. Tiere erwerben kein Wissen irgendwelcher höherentwickelten Art, und ganz gewiß besitzen sie keine Kultur in irgendeinem ernstzunehmenden Sinn des Wortes. Wir hatten uns als Wesen verstehen gelernt, die sich von den übrigen Naturwesen durch den Alleinbesitz von «Erziehung» unterscheiden: von in der Großhirnrinde gespeicherten Steuerungsfunktionen und Gewohnheiten, von Erkenntnisfähigkeit und Kultur.

Jane Goodalls dreißig Jahre zurückliegende Entdeckung, daß Schimpansen zum Termitenangeln Werkzeuge herrichten und benutzen, ist Glied einer ganzen Kette von neueren Erkenntnissen, die unsere Einsicht in die Komplexität des Verhaltens und der Intelligenz von Tieren enorm vertieft haben. So wissen wir heute beispielsweise, daß Eisbären Gegenstände auflesen und als Wurfgeschosse benutzen. Man hat Eisbären bei dem Versuch beobachtet, ruhende Robben mittels gezielt geworfener Eisbrocken zu erlegen beziehungsweise fluchtunfähig zu machen. Man hat herausgefunden, daß Seeottern beim Schwimmen und Tauchen unter die Gliedmaßen geklemmte Steine mit sich führen. Finden sie dann an Felsen festsitzende und schwer abzulösende Seeohren, benutzen sie die Steine unter Umständen zum Loshämmern der Muscheln; stellen sie nach der Rückkehr an die Wasseroberfläche fest, daß es Schwierigkeiten macht, die Muschelschale aufzubekommen, schwimmen sie in Rückenlage, pressen mit einer Pfote die Muschel gegen die Brust und schmettern mit der anderen Pfote gegen die Schale.

Selbst Vögel gebrauchen Gegenstände als Werkzeuge. Aasgeier brechen die Schalen kleiner Eier auf, indem sie diese mit dem Schnabel hochheben und zu Boden fallen lassen; Straußeneier knacken sie, indem sie mit dem Schnabel kleine Steine gegen die harte Schale schleudern. Krähen und Silbermöwen pflegen Muscheln aufzubrechen, indem sie sie aus entsprechender Höhe auf steinigen Boden fallen lassen. Manche Spechtfinkenarten auf den Galapagos-Inseln stochern mit Kaktusstacheln oder Zweigen, die sie im Schnabel halten, in Rissen und Spalten nach Insekten; mitunter richten sie sich das Werkzeug vorher zu, indem sie es verkürzen oder störende Auswüchse abbrechen. Selbst bei Vogelarten, die im allgemeinen keine Gegenstände als Werkzeuge einsetzen, hat man gelegentlich kreative Individuen beobachtet, die in diesem Punkt aus der Reihe tanzten. Als Steward James Mitte der siebziger Jahre zusammen mit einem Begleiter im Nordwesten der USA in Felswänden herumkraxelte, um Rabennestlinge zu beobachten, passierte es ihm einmal, daß er von einem verschreckten Elternteil mit Steinen bombardiert wurde. H. B. Lovell berichtete 1958 über seine denkwürdige Beobachtung eines Grünreihers, der Brotstückchen auf eine Wasserfläche fallen ließ und sich anschließend die Fische schnappte, die sich von dem schwimmenden Köder hatten anlocken lassen. Der Vogel transportierte das Brot aus beträchtlicher Entfernung herbei und warf es genau über einer Stelle ab, wo sich Fische aufhielten; trieb der Köder von der Abwurfstelle ab, holte der Reiher ihn wieder zurück. Einen ähnlichen Fall berichtete unlängst der Ornithologe Greg Roberts. Ein von ihm beobachteter Fischadler ließ einen Brocken Brot auf das Wasser eines Flusses fallen, rüttelte dann darüber und stieß zu, wenn sich ein Krebs an dem schwimmenden Köder zu schaffen machte.

Einsiedlerkrebse suchen sich als Schutz ein leeres Schneckenhaus, dessen Außenseite sie vor dem Einzug gründlich auf Eignung für den vorgesehenen Zweck untersuchen.

Aktinien (Seeanemonen, Seerosen: trotz der botanisch klingenden Namen handelt es sich um Korallentiere) besitzen schützende Nesselkapseln; Einsiedlerkrebse suchen sich manchmal Aktinien, mit denen sie ihre Schneckenschalen besetzen. Wenn die Schale sich auflöst – wie es wegen des hohen Kohlensäuregehalts am Meeresboden nicht selten vorkommt –, gewähren die Aktinien dem weichhäutigen Abdomen des Krebses mit ihren Nesselkapseln noch genügend Schutz gegen Freßfeinde. Eine bestimmte Meereskrebsart, *Melia tessallata*, pflückt Aktinien vom Meeresboden und trägt zur Abschreckung von Freßfeinden in jeder Schere eine vor sich her.

Die Entomologin Elizabeth McMahan schilderte unlängst die mit Werkzeuggebrauch einhergehende Taktik einer im mittel- und südamerikanischen Regenwald heimischen Raubinsektenart namens *Salyavata variegata* oder Mordkäfer. Der Mordkäfer frißt mit besonderer Vorliebe eine bestimmte Termitenart. Doch sind die Soldaten dieser Termitenart zwar blind, erkennen aber die meisten Freßfeinde ohne weiteres an deren charakteristischem Eigengeruch sowie an der spezifischen Art, wie sie sich anfühlen; einem erkannten Feind rücken sie sofort aufs energischste zu Leibe, um ihn mit einem klebrigen Giftstoff aus den Drüsen in ihrem Kopf zu bespritzen. Zur Irreführung ihrer Wachsamkeit verbirgt der Mordkäfer seine verräterischen olfaktorischen und taktilen Charakteristika, indem er sich über und über mit Krümeln des Nestmaterials bedeckt, die er von dem Termitenbau schabt und die an seiner klebrigen Körperbehaarung haften. Von den normalerweise angriffslustigen Soldaten dank seiner Tarnung nicht erkannt und nicht gehindert, postiert der Mordkäfer sich alsdann an einem der Eingänge des Baus, greift hinein und holt sich in aller Ruhe einen Arbeiter heraus. Mit einem stechend ausgebildeten Mundteil injiziert der Räuber seinem Opfer ein Enzym, das sämtliche Innereien der Arbeitertermite verflüssigt. Anschließend saugt er die Flüssigkeit aus; das Ektoskelett der Termite bleibt bei dem Vorgang unversehrt. So weit, so gut. Aber für den Mordkäfer war das erst der Anfang. Nun nimmt er das leere Ektoskelett, schiebt es direkt vor das Eingangsloch und rüttelt es ein bißchen. Normalerweise fressen Arbeitertermiten die Leichen von Geschwistern, damit die darin enthaltenen Nährstoffe nicht verlorengehen; die Körperhülse, die da auf einmal vor dem Eingang baumelt, wirkt also als Köder. Ein Arbeiter packt sie, um sie ins Nestinnere zu zerren – aber mit einem blitzschnellen Ruck zieht der Mordkäfer das Ektoskelett mit der darangeklammerten lebenden Termite wieder heraus und verschlingt nun – mit Verflüssigen und Aussaugen der Innereien wie gehabt – das nächste Opfer. Diese Angeltaktik setzt der Räuber unter Umständen eine ganze Weile fort, wobei er jedesmal das Ektoskelett seines jüngsten Opfers als Köder für das nächste benutzt. McMahan beobachtete einmal einen Mordkäfer, der auf diese Weise 31 Termiten hintereinander verspeiste, wenngleich das Durchschnittsquantum pro Mahlzeit eher bei sieben oder acht Termiten liegt.

Erst seit kurzem akzeptiert die westliche Wissenschaft allmählich, wie differenziert das Verhalten nichtmenschlicher Lebewesen, selbst solcher sogenannt «niederer Stufe», sein kann. Mit Begriffen wie «Bewußtheit» oder «Intelligenz» sollten wir allerdings vorsichtig umgehen. Für die meisten von uns schließt Intelligenz rationales Denken, die Fähigkeit, neue Situationen zu bewältigen, Probleme zu lösen, mit ein. Zwischen dem Termitenangelverhalten des Mordkäfers und dem des Schimpansen liegen Welten. Sosehr die Leistung des Insekts auch beeindruckt, gegenüber der des Menschenaffen ist sie inflexibler, starrer, in höherem Grad vorprogrammiert. Was kaum verwundert, wenn man Größe und Komplexität der Gehirne beider Spezies vergleicht.

Was das wohl eindrucksvollste Moment an der Leistung des Schimpansen ist, habe ich bereits erwähnt: die sorgfältige Auswahl, ja sogar Zurichtung eines Werkzeugs zum Gebrauch an einem ein gutes Stück weit entfernt und außer Sichtweite liegenden Termitenhügels. Nicht immer müssen die als Instrumente ausgewählten Gegenstände – ein Grashalm zum Beispiel – eigens zugerichtet werden. In anderen Fällen wiederum müssen die Blätter von einem Zweig abgestreift, muß die Rinde von einem Aststück abgeschält, müssen die Kanten eines breiten Grasblatts gestutzt werden. Manche Schimpansen verhalten sich beim Aussuchen der Gegenstände, die sie als Werkzeuge verwenden werden, sehr wählerisch – wobei sie die Kriterien von Fall zu Fall wechseln, vermutlich je nach der aktuellen Problemlage. Nicht alle Eingänge eines Termitenbaus sind gleich weit; mal halten sich die Termiten näher an der Oberfläche, mal sehr viel tiefer drinnen im Bau auf. Wenn es sein muß, begeben sich einzelne Schimpansen, um sich ein spezielles Instrument zu besorgen, ziemlich weit weg vom Ort ihrer eigentlichen Tätigkeit – selbst wenn das bedeutet, daß sie um einiger Stücke Kletterpflanzenranken willen auf einen nahen Baum klettern müssen. Unter solchen Umständen suchen sie sich gewöhnlich mehrere Stücke des Werkzeugs aus, damit sie «Ersatzteile» haben für den Fall, daß ihr Instrument beim Gebrauch knickt oder ausfranst.

Nicht alle Schimpansen zeigen beim Termitenangeln den gleichen Grad der Vollendung, vielmehr gibt es in dieser Hinsicht von Individuum zu Individuum markante Unterschiede. Die Könner verwenden sehr viel mehr Sorgfalt auf die Auswahl und Zurichtung ihrer Werkzeuge. Und sie beweisen sehr viel mehr Geduld bei der Arbeit: Es macht ihnen nichts aus, an einem Termitenhügel bis zu zehn Minuten lang und länger nach der Öffnung zu einem besonders ergiebigen Gang zu suchen, die andere bei ihrer flüchtigen Untersuchung der Gegebenheiten glatt übersehen. Als die besten Termitenangler im Gombe-Reservat haben sich im Lauf der Jahre die beiden Weibchen Pom und Gremlin erwiesen. Ich kann mich noch erinnern, wie ich Gremlin einmal bei der Arbeit an einer besonders harten Nuß von Termitenbau zusah. Die Bewohner steckten tief im Inneren, so daß, wenn überhaupt, nur mit ganz langen Werkzeugen etwas auszurichten war. Gremlin harrte eine gute Stunde bei ihrer Beschäftigung aus, und ihre Werkzeuge wurden immer beachtlicher. Zuletzt benutzte sie ein mindestens anderthalb Meter langes Stück Kletterpflanzenranke, das sie sorgfältig von allen Auswüchsen befreit hatte. Mit geschickten Drehungen des Handgelenks und unendlicher Konzentration gelang es ihr, das Rankenstück bis auf mindestens zwei Drittel seiner Länge in den Gang hineinzubugsieren – der Lohn dafür war ein reichlich bemessener knuspriger Happen. Nachdem sie sich davongetrollt hatte, blieb ich noch eine Weile am Ort des Geschehens. Ich griff mir dasselbe lange Werkzeug und versuchte es unter Anwendung möglichst derselben Technik in denselben Gang hineinzupraktizieren. Aber sosehr ich mich auch anstrengte, weiter als bis auf halbe Länge bekam ich die Ranke nicht hinein!

Es ist faszinierend mitanzusehen, wie das Schimpansenjunge nach und nach die Fertigkeit des Termitenangelns erwirbt. Wir wissen heute, daß kleine Schimpansenkinder genau wie kleine Menschenkinder neue Verhaltensformen erlernen können, indem sie das Beispiel anderer beobachten, das betreffende Verhalten nachahmen und in der Folge einüben. Anfangs ist es einfach so, daß das Junge sich spielend in der Nähe der in ihre Beschäftigung vertieften Mutter herumtreibt – und diese nicht selten stört, so daß es mit sanfter Gewalt beiseite geschoben werden muß. Dann tauchen isolierte Elemente der Aktion im stetig wachsenden Verhaltensrepertoire des Jungen auf: Blätter werden von Zweigen abgestreift; Stöcke (viel zu dick) werden in Löcher im Termitenhügel (nicht unbedingt Eingänge) gesteckt; der Haufen wird untersucht, indem mit dem Zeigefinger sichtbar kleine Löcher aufgebohrt werden und durch Beschnüffeln des Fingers festgestellt wird, ob es sich um Eingänge handelt; nach dem Beispiel der Mutter, die so von ihrem Werkzeug abgefallene Termiten aufsammelt, wird an der Oberfläche des Hügels mit dem Handrücken «aufgewischt»; und etwa vom achtzehnten Lebensmonat an wird dann gelegentlich auch einmal ein kleineres Arbeiterinsekt verspeist, gewöhnlich ein von der Mutter verschmähtes Exemplar. Nicht selten verbringt das Junge auch einen Großteil seiner Zeit damit, das Tun der Mutter eingehend zu beobachten.

Wenn das Junge ungefähr zwei Jahre alt ist, sind dann die ersten ernsthaften Angelversuche zu erkennen. Ein korrektes – in der Regel freilich sehr kurzes – Werkzeug wird in die korrekte Öffnung gesteckt. Und wenn die Termiten sich dicht bei der Oberfläche aufhalten, kann es vorkommen, daß das Jagdglück dem Schimpansenjungen lächelt und es einen von den Soldaten mit den großen roten Köpfen fängt. Das ist die Sorte Termiten, nach der die erwachsenen Schimpansen eigentlich angeln. Anfangs fürchtet sich das Junge vor dieser Art Beute – die Soldaten haben lange, scharfe Kiefer, mit denen sie schmerzhaft zubeißen. Manchmal läßt der kleine Angler seine Angelrute mitsamt dem dranhängenden Insekt fallen und stößt sie heftig von sich. Einmal streckte ein weibliches Schimpansenkind seiner neben ihm angelnden

Mutter hilflos seinen Fang hin. Die Mutter senkte den Kopf, schnappte sich mit den Lippen die Termite und fuhr in ihrer Beschäftigung fort. Die Kleine machte ebenfalls weiter und hatte binnen kurzem einen zweiten Soldaten gefangen. Diesmal schnappte sie sich den Fang von der Angel und zerkaute ihn energisch – das Gesicht vor Anspannung verzerrt und die empfindlichen Lippen in ängstlichem Grinsen von den Zähnen zurückgezogen.

Mich fasziniert im Zusammenhang mit dem Termitenangeln am meisten zu wissen, daß es sich um ein tradiertes oder, anders gesagt, ein kulturelles Verhalten handelt. Klar, daß diese «Kultur» sich von menschlicher «Kultur» in vielem unterscheidet – und sei's bloß, weil wilde Schimpansen keine Sprache besitzen –; nichtsdestoweniger ist dieses Verhalten nicht Sache von *nature*, sondern von *nurture*: kein Ausfluß der natürlichen Veranlagung, sondern ein Resultat von Erziehung. Es ist keine instinktive, sondern eine erlernte Aktivität, die als solche von einer Generation an die nächste tradiert wird. Wie Caliban sein Wissen und Können – zum einen Informationen über die Fundorte von Früchten und Nüssen und Vogelnestern, zum anderen die Kunst des Meerkatzenfangens – weitergeben will, so wird die ungeheure Vielfalt überlebenswichtiger Aktionen im Verhaltenskatalog einer Schimpansengemeinschaft sowie das komplexe Wissen dieser Gemeinschaft über ihre natürliche Umgebung nach der neuerdings unter Feldforschern um sich greifenden Einsicht großenteils als kollektive Tradition oder, anders gesagt, als kulturelles Erbe weitergegeben. Schimpansen sind Lebewesen mit Kultur.

Wenn es wahr ist, daß Schimpansen eine – in der Generationenfolge durch Beobachtungslernen übertragene – Kulturtradition besitzen, dann dürfen wir erwarten, daß wir bei Schimpansenpopulationen in unterschiedlichen Regionen Afrikas auf unterschiedliche Techniken des Werkzeuggebrauchs stoßen. Den Hintergrund hat man sich so vorzustellen, daß Verhaltensanpassungen – geboren vielleicht aus einer durch spezifische Umweltanforderungen (und diese variieren von Biotoptyp zu Biotoptyp) provozierten Zufallsleistung eines einzelnen Individuums – in den Aktionskatalog der Gemeinschaft aufge-

nommen werden, der das Individuum angehört. Und das erwartete
Bild wird von den Tatsachen voll und ganz bestätigt.

Die Schimpansen im tansanischen Mahalegebirge verfahren beim
Termitenangeln ganz ähnlich wie ihre Artgenossen im Gombe-Reservat. Das gleicht gilt für die Schimpansen der senegalesischen Asserik-
Region im fernen Westafrika. Dagegen bedienen sich die Schimpansen von Mbini (Río Muni) in Äquatorialguinea kräftiger Stöcke, um an
eine Termitenmahlzeit zu kommen, und sie benutzen die Stöcke nicht
als Angelruten, sondern zum Aufbrechen der Termitenhügel. In der
Bossou-Region von Guinea fangen Schimpansen zuweilen Termiten,
indem sie Stöckchen in kleine Baumlöcher einführen und sie darin betätigen wie der Apotheker einen Stößel im Mörser. Manchmal ergat-
tern sie so ein paar zermatschte Insekten – keine besonders effiziente
Methode, wie man ohne weiteres zugeben wird, aber eine, die sich
hervorragend bewährt, wenn es darum geht, das klebrige (und mut-
maßlich wohlschmeckende) Harz aus den Höhlungen in *Carapa-pro-*
cora-Bäumen herauszuholen, um sich daran zu laben.

Eine ähnliche Technik wie zum Termitenangeln benutzen die Ma-
hale-Schimpansen zur Jagd auf die in morschen Bäumen nistenden
Holzameisen. Ein dünner Zweig wird behutsam in den engen Eingang
zu einem Nest eingeführt und sacht vor und zurück bewegt. Die daraufhin ausschwärmenden Ameisen werden mit den Lippen aufgelesen
oder mit dem Handrücken «aufgewischt». Ein Weibchen wurde dabei
beobachtet, wie es die Ameisen mit einer Handvoll Blätter aufwischte
– genau wie es einmal ein Gombe-Weibchen mit Bienen machte, die
es spätabends von seinem Schlafnest entfernen wollte. Die Mahale-
Schimpansen stochern mit Zweigen in den Nestern baumbewohnen-
der Bienen nach Honig, und in Kamerun wurden einmal Schimpansen
dabei beobachtet, wie sie Stöcke in Bienennester schoben. Das Interessante ist, daß es in der Gombe-Region zwar eine Unmenge von in
Bäumen nistenden Holzameisen gibt, daß man hier aber noch niemals
Schimpansen – sei's mit, sei's ohne Werkzeug – auf der Beutejagd
nach Holzameisen gesichtet hat. Ebensowenig hat man die Gombe-
Schimpansen jemals nach Honig fischen sehen, wenngleich sie große
Stöcke dazu benutzen, die Eingänge unterirdischer Bienennester auf-
zubohren. Mit den langen, von der Rinde befreiten Stöcken angeln die

Gombe-Schimpansen üblicherweise nach den giftstachelbewehrten Insekten selber oder nach *Siafu*, den scheußlich beißenden Treiber- oder Wanderameisen, die für sie offenbar eine besondere Delikatesse sind. Letztere gibt es hundert Meilen südlich des Gombe, in der Mahale-Region, in rauhen Mengen, trotzdem hat man dort noch nie einen Treiberameisen fressenden Schimpansen gesehen. Die Schimpansen in Sierra Leone, im weit entfernten Westafrika, dagegen fressen Treiberameisen mit demselben Gusto wie ihre Artgenossen am Gombe und erbeuten sie auch nach fast derselben Methode. Die ebenfalls Treiberameisen fressenden Schimpansen im Tai-Wald in Elfenbeinküste wiederum benutzen zum Angeln sehr viel kürzere, ungeschälte Stöcke.

2

Auch bei der Jagd auf fleischliefernde Beutetiere variieren die Gepflogenheiten von Ort zu Ort – ein weiterer Beweis für die wichtige Rolle kultureller Tradition im Verhaltensrepertoire der Schimpansen (wenngleich die Tiere natürlich auch auf unterschiedliche Umweltbedingungen reagieren). Besonders interessant ist der Unterschied zwischen dem Jagdverhalten in Gombe und dem im Tai-Wald. Der Schweizer Ethologe Christophe Boesch, der viele Jahre bei den Tai-Schimpansen verbrachte, hat auch in Gombe Beobachtungen angestellt.

Wie es scheint, sind überall, wo bis jetzt Schimpansenverhalten studiert wurde, Tieraffen der einen oder anderen Spezies das bevorzugte Jagdwild. Sowohl die Gombe- als auch die Tai-Schimpansen machen Jagd auf Rote Kolobusaffen, allerdings in ganz verschiedenartiger Weise. Die Tai-Schimpansen bilden gut organisierte Jagdgesellschaften, in denen die einzelnen Teilnehmer arbeitsteilige Funktionen ausüben. Einige scheuchen das Wild auf und treiben es, andere verlegen mögliche Fluchtwege, wieder andere legen sich auf die Lauer und fangen das flüchtende Wild ab. Die Tai-Schimpansen stellen gezielt erwachsenen Tieraffen nach und haben nach erfolgreicher Hatz keinerlei Mühe damit, ihre Beute zu töten und in Stücke zu reißen. In Gombe, wo der Wald einen ganz anderen Charakter hat, wo das Unterholz sehr viel dichter ist, macht die Jagd einen planloseren Eindruck. Reichlich chaotisch wirkt die Anfangsphase, während welcher eine Vielzahl von Schimpansen in allen möglichen Richtungen hinter einzelnen Affen herhetzt; zwar läßt sich dabei auch ausgesprochen kooperatives Verhalten beobachten, das in den meisten Fällen jedoch nur zwischen erwachsenen Brüdern stattfindet. Die Gombe-Schimpansen stellen Kindern und Jugendlichen nach. Anders als den Jägern im Tai-Wald macht es ihnen große Mühe, einen erwachsenen Affen zu töten. Tai-Schimpansen erbeuten daher auf der einzelnen Jagdunternehmung eine größere Menge Fleisch, und das erklärt vielleicht, weshalb großzügiges Teilen bei ihnen häufiger ist.

Am meisten verblüfft, daß die Gombe-Schimpansen, erwachsene Männchen nicht ausgenommen, nicht selten kreischend die Flucht ergreifen, wenn sich ein angriffslustiges erwachsenes Kolobusmännchen nähert. Diese Reaktion ist ihren Artgenossen im Tai-Wald fremd – Christophe Boesch fand sie kaum glaublich, solange er sie nicht mit eigenen Augen in Gombe beobachtet hatte. Die Jagdmethode der Gombe-Schimpansen mit der chaotischen Anfangsphase ist so gesehen eine Anpassungsleistung, denn sie verhindert in vielen Fällen, daß die Kolobusmännchen sich zu einem Verteidigungstrupp zusammenrotten. Die Pavianjagd läuft bei den Gombe-Schimpansen übrigens in derselben Form von konzertierter Aktion ab, wie sie bei den Jägern im Tai-Wald beobachtet wurde.

Wie Caliban sind Schimpansen Experten in praktischer Botanik, aber auch auf botanischem Gebiet ist es wieder so, daß Kenntnisse und Gebräuche von einer Gemeinschaft zur anderen variieren. Die Schimpansen im Gombe-Reservat identifizieren und fressen nach wissenschaftlicher Feststellung mindestens 201 verschiedene Pflanzensorten. Die Schimpansen im Mahale-Gebirge, rund hundert Meilen südlich des Gombe, haben es mit einem anderen Vegetationstyp zu tun, und auf ihrem vegetarischen Speisezettel wechseln sich mindestens 328 verschiedene Pflanzenarten und -unterarten ab. Aber das einschlägige Traditionswissen der Schimpansen geht weit hinaus über das bloße Unterscheidungsvermögen zwischen Genießbarem und Ungenießbarem.

Beim Studium der Freßgewohnheiten der Gombe-Schimpansen entdeckte der Anthropologe Richard Wrangham Anfang der siebziger Jahre am Schimpansenbrauchtum eine Dimension, die bis dahin als ausschließlich dem Menschen vorbehaltene Domäne gegolten hatte. Wranghams Neugier erwachte, als ihm auffiel, daß sich einzelne Schimpansen, wenn sie bei Tagesanbruch ihr Schlafnest verließen, zuweilen schnurstracks auf die Suche nach bestimmten Pflanzen machten. Die gesuchten Pflanzen gehörten immer der nämlichen Spezies an, der Spezies *Aspilia pluriseta*, die in bis zu knapp zwei Meter hohen Sträuchern mit lanzenspitzenförmigen borstigen Blättern und gelben Blüten wächst. Und fast immer fahndeten die Tiere bei Tagesanbruch, in der Zeit vor acht Uhr fünfzehn, nach den borstigen Blättern dieser Pflanzenart.

Die allem Anschein nach zielbewußte Suche nach der Pflanze war an sich ungewöhnlich. Aber noch merkwürdiger war die Art, wie die Tiere die borstigen *Aspilia*-Blätter aussuchten und zu sich nahmen. Die Auswahl wurde mit peinlichster Sorgfalt ausschließlich unter jungen Blättern einer bestimmten Länge getroffen, die gründlich in Augenschein genommen und manchmal auch betastet, ja sogar einer – nicht immer von Verzehr gefolgten – Geschmacksprüfung unterzogen wurden. (Wrangham beobachtete Schimpansen, die die Lippen um ein noch am Strauch hängendes Blatt schlossen, es, wie um seinen Geschmack zu prüfen, ein Weilchen im Mund behielten und sich dann zuweilen desinteressiert von dem Blatt abwandten, ohne es abzupflücken.) War die Entscheidung für ein *Aspilia*-Blatt gefallen, erfolgte der Verzehr wiederum auf ungewöhnliche Weise. «Sie pflückten jedes Blatt einzeln», erzählte mir Wrangham an einem regnerischen Nachmittag in Uganda, «und nahmen es auf der Zunge in den Mund und ließen dann bei geschlossenem Mund den Unterkiefer locker herabhängen und wälzten dann das Blatt im Mund hin und her und schluckten es schließlich hinunter. Also können Sie sich das vorstellen, diese behaarten Blätter – und einfach hinunterschlucken?» Normalerweise – und wie man es auch nicht anders erwarten würde – kauen Schimpansen die Blätter, die sie fressen. In diesem Fall jedoch kauten die Tiere überhaupt nicht, sondern schluckten, einigermaßen bedachtsam, die ganzen Blätter. Üblicherweise schlagen Gombe-

Schimpansen beim Blätterfressen ein ganz schönes Tempo an (von gleich großen Blättern anderer Sorte schaffen sie ungefähr 37 in der Minute), beim Verzehr der *Aspilia*-Blätter dagegen ließen sie sich nach Wranghams Feststellung außerordentlich viel Zeit (5 pro Minute). Daß sie dabei nicht kauten, sondern die Blätter ganz hinunterschluckten, wurde noch deutlicher, als Wrangham im Kot der Tiere ganze *Aspilia*-Blätter fand, die sogar noch ihre ursprüngliche Farbe hatten und lediglich insofern ein wenig gelitten hatten, als die Oberfläche kleine Kniffe aufwies. Im Zuge der weiteren Untersuchung zeigte sich, daß es im Gombe-Biotop insgesamt fünf *Aspilia*-Arten gab, von denen die Schimpansen allem Anschein nach zwei bei ihrer Auswahl- und Verzehrprozedur berücksichtigten. (Als Wrangham später Kontakt mit Forschern im tansanischen Mahale-Gebirge aufnahm, erfuhr er, daß die Schimpansen dort ebenfalls ganze *Aspilia*-Blätter zu sich nahmen, darunter auch die mindestens einer Spezies, die am Gombe nicht vorkam.)

Der Umstand, daß die Blätter, anders als gewöhnliche Nahrung, nicht gekaut wurden, sprach dafür, daß sie nicht unbedingt Ernährungszwecken dienten. Daß die Blätter gekniffen wurden – ein Vorgang, bei dem Zellen der Blattaußenfläche stark genug gequetscht wurden, um in ihnen enthaltene Substanzen auszuschütten –, legte die Vermutung nahe, daß die Schimpansen sie ihrer medizinischen oder euphorisierenden Wirkungen wegen konsumierten – mit anderen Worten, als Arzneimittel oder als Rauschdroge. Wir wissen heute, in welch erstaunlicher Weise viele Tiere sich chemische Eigenschaften ihrer Umwelt zunutze machen, die absolut nichts mit ihrer Ernährung zu tun haben. Chrysippusfalter fressen Herzglykoside und werden so schädlich für potentielle Freßfeinde. Der amerikanische Stärling baut in sein Nest frische Pflanzenblätter ein, die hochkonzentrierte Karbolsäure enthalten und infolgedessen diverse Krankheitserreger abhalten. Derartige Aktivitäten setzen allerdings nicht unbedingt Reflexion, Selbstbewußtheit oder eine Selbstdiagnose voraus. In den von Wrangham beobachteten Fällen verhielt sich die Sache jedoch so, daß die vereinzelten Schimpansen, die bei seltenen Gelegenheiten von ihrem üblichen Tageslauf abwichen, um nach einer ausgefallenen Blattsorte zu suchen und sie sich auf gleichermaßen ausgefallene Weise einzuverleiben, dabei allem Anschein nach höchst überlegt zu Werke gingen. Das alles sah ganz nach «Selbstmedikation» aus: als würden sie sich selbst eine Diagnose stellen und sich selbst «verarzten».

Erst 1985 lernte Wrangham in Eloy Rodriguez von der UCD (University of California at Davis) einen Spezialisten für Pflanzenchemie kennen, der ihm eine Analyse von *Aspilia*-Proben liefern konnte. Rodriguez entdeckte in den Blättern ein schwefelhaltiges Öl. Dieses rote Öl entband eine Substanz, die er als «Thiarubrin-a» identifizierte. Thiarubrin-a war bis dahin zwar in Pflanzenwurzeln, aber noch nie in Blättern festgestellt worden. Rodriguez staunte nicht schlecht. «Das war so, als hätte man auf dem Mond Wasser gefunden», erklärte er später einem Journalisten.

Er hatte das Thiarubrin-a an einem Freitag, dem 1. April, isoliert. Am darauffolgenden Wochenende hatte er den Biochemiker Neil Towers, einen befreundeten Kollegen von der University of British Columbia, bei sich zu Besuch. Irgendwann im Lauf der Unterhaltung wollte Rodriguez von Towers wissen, woran er gerade arbeite. Towers bedauerte, aber das dürfe er nicht verraten. In seinem Labor sei man gerade einer so aufregenden Sache auf die Spur gekommen, daß sich alle mit ihrer Unterschrift zur Verschwiegenheit hätten verpflichten müssen. Aber was denn eigentlich er, Rodriguez, mache, fragte Towers dann zurück. Nun ja, meinte Rodriguez, mir hat dieser Wrangham da ein paar Pflanzen geschickt. Er glaubt, es steckt irgendwas Interessantes drin. Ich habe gerade dieses rote Öl da extrahiert – hier ist die Formel.

Towers konnte es nicht fassen. Rodriguez' Thiarubrin-a war identisch mit der Substanz, die Towers' Forschungsgruppe soeben aus den Wurzeln einer von den kanadischen Ureinwohnern als Arzneimittel gebrauchten Pflanze, der *Chaenactis douglasii*, extrahiert hatte. *Aspilia* und *Chaenactis* gehörten ganz verschiedenen Gattungen und Familien an, aber die Chemikalie war in beiden Pflanzen die gleiche. Towers hatte die pharmazeutischen Eigenschaften der Substanz zu untersuchen begonnen und war sich bereits im klaren darüber, daß er hier einem möglicherweise überaus wichtigen pharmazeutischen Wirkstoff auf der Spur war.

Am Montagmorgen gab Rodriguez die Neuigkeit telefonisch nach Ann Arbor an Wrangham weiter. Noch vor Ablauf der nächsten Stunde war Wrangham in der Bibliothek und kämmte die Literatur über ostafrikanische Heilkräuter durch. Und da stand es schwarz auf weiß: Insgesamt sieben *Aspilia*-Arten wurden von den Einheimischen in Ostafrika als Arzneimittel verwendet. In der Pharmakopöe der Eingeborenen spielte die *Aspilia* eine bemerkenswerte Rolle. Was die Häufigkeit ihres therapeutischen Einsatzes bei allen möglichen Anlässen betraf, zählte sie mit zu dem einen Prozent der Spitzenreiter-Medikamente; alles in allem war die Verabreichung von *Aspilia*-Blättern Bestandteil von neunzehn verschiedenen Behandlungsprogrammen – zumeist solchen für Oberflächen- und Magenbeschwerden (wie z. B. Wunden, Verbrennungen, Hautausschläge, Hautpilzerkrankungen, Bindehautentzündungen, Wurmbefall und allgemeine Magenschmerzen). Bei zusätzlichen zwölf Lokalbehandlungen, die nicht auf Oberflächen- oder Magenbeschwerden zielten, kamen zusätzlich *Aspilia*-Wurzeln zum Einsatz (u. a. bei Schlangenbiß, Keuchhusten, Rückenschmerzen, Blasenentzündung, Tripper und mangelhafter Milchproduktion bei stillenden Müttern). Vier der sieben von den Einheimischen in Tansania therapeutisch eingesetzten *Aspilia*-Arten wuchsen nach Wranghams Feststellung in Schimpansen-Wohngebieten am Gombe und im Mahale-Gebirge, und mindestens drei von diesen vier wurden unzerkaut – wie Pillen! – bereits von den Schimpansen eingenommen. *

Rodriguez und Towers kehrten jeder in sein Labor zurück, um fortan bei ihrer Thiarubrin-a-Forschung zusammenzuarbeiten; bis-

---

* Möglich, daß es bei der ganzen Sache weniger darauf ankommt, die Blätter unzerkaut hinunterzuschlucken, als vielmehr darauf, sie vor dem Schlucken kurze Zeit unzerkaut im Mund hin und her zu wälzen. Es könnte sein, daß die Schimpansen auf diese Weise wichtige pharmazeutische Wirkstoffe über die Mundschleimhäute resorbieren, ehe die betreffenden Substanzen durch irgendeinen Vorgang oder das Milieu (z. B. einen niedrigen pH-Wert) im Magen neutralisiert werden können. Das Verfahren würde sich decken mit einer in der Humanmedizin beliebten Methode der Verabreichung bestimmter Arzneimittel (wie z. B. Nitroglycerin) und ebenso mit einer beim Laienpublikum beliebten Methode der Einnahme von Nikotin (nämlich dem Tabakkauen).

her stellten sie fest, daß die Chemikalie außerordentlich wirksam ist
bei der Abtötung von Pilzen, Fadenwürmern, Bakterien und bestimmten Viren (darunter einige dem Aidsvirus verwandte). Es ist
nicht auszuschließen, daß man mit Thiarubrin-a eines Tages ein lei-
stungsfähiges Mittel zur Krebsbekämpfung in der Hand hat. Wrangham reiste wieder nach Afrika, wo er in Zusammenarbeit mit Kevin
Hunt, einem anderen Anthropologen, kürzlich entdeckte, daß die
Schimpansen im ugandischen Kibale-Urwald die unzerkauten Blätter
zweier distinkter Pflanzenarten schlucken, von denen keine mit der
heilkräftigen tansanischen *Aspilia* verwandt ist. Bisher konnte erst
eine der ugandischen Pflanzenarten zweifelsfrei identifiziert werden,
die *Rubia cordifolia*, deren Blätter sich bei den einheimischen BaToro
solcher Wertschätzung erfreuen, daß diese die Pflanze in ihren Gärten ziehen, um jederzeit einen Vorrat von *Rubia*-Blättern bei der
Hand zu haben. Unterdessen haben andere Forscher im Mahale-Gebirge mit der Suche nach weiteren Artikeln im Arzneischrank der
Schimpansen begonnen. Die bisher vorliegenden Ergebnisse sind
hochinteressant. Zwei Wissenschaftler berichteten über ein offenbar
krankes Schimpansenweibchen, das Saft aus dem Mark der *Vernonia
amygdalina* zu lutschen begann, einer Pflanze, die von Schimpansen
normalerweise als Nahrung verschmäht, von den Bewohnern der
Region jedoch als Arzneimittel verwendet wird. Dasselbe Schimpansenweibchen wurde ein andermal beim Verzehr von *Lippia plicata*
beobachtet, einer Pflanze, die bei den Einheimischen als Mittel gegen
Magenschmerzen beliebt ist.

Bis heute wurden erst drei Schimpansengemeinschaften hinsichtlich ihrer Verwendung von Pflanzen als Arneimittel untersucht. Bei
allen dreien entdeckten die Forscher mindestens je zwei *neue* Pflanzenarten in pharmazeutischer Funktion. Die Schimpansen in Afrika steu-
ern auf die Ausrottung zu, aber vorläufig überleben sie noch an vielen
verschiedenen Standorten in Afrika in enorm unterschiedlichen Bio-
topen; eine sehr große Zahl von Schimpansengemeinschaften ist bis
heute noch niemals Gegenstand wissenschaftlicher Untersuchung gewesen. «Über die afrikanischen Urwälder verstreut», meint Wrangham, «dürften Mengen von Schimpansengemeinschaften mit jeweils
eigener Pharmakultur zu finden sein.»

3

Die Schimpansen westlich des Sassandra-Flusses im westafrikanischen Elfenbeinküste benutzen flache Stein- und Holzstücke
als Ambosse und zum Hämmern darauf ausgewählte große, nicht
selten gerundete Steine oder auch Holztrümmer. Diese Steinwerkzeugkultur ist Gemeingut der Schimpansengemeinschaften vom Sas-
sandra in westlicher Richtung über Liberia und Guinea bis hin zum
Moa-Fluß in Sierra Leone. In Einzelheiten freilich variiert dieses
Brauchtum von einem Standort zum nächsten. Insgesamt gesehen
verwenden die nüsseknackenden westafrikanischen Schimpansen
ihre Hämmer und Ambosse zum Aufbrechen von harten Nüssen
sechserlei Sorte – aber in jeder der bisher untersuchten Regionen
scheinen die Tiere eine andere Auswahl von Nüssen auf ihrem Speisezettel zu favorisieren.* Warum? Die Unterschiede könnten sehr
wohl rein umweltbedingt sein – in Abhängigkeit von Faktoren wie
dem Vorhandensein bestimmter Nußbäume, der Qualität der verfügbaren Nüsse und so weiter. Wir wissen noch nicht, wie es sich damit
verhält. Freilich könnten die unterschiedlichen Vorlieben für Nüsse,
die die Schimpansen an unterschiedlichen Standorten in Westafrika
an den Tag legen, wenigstens zum Teil auch kulturbedingt – ein
brauchtümliches Kunstprodukt – sein.

Unter den Afrikanern am Rand des großen Tai-Walds an der Elfenbeinküste, nahe der Grenze zu Liberia, ging früher die Sage, in dem
Wald lebe ein Pygmäenstamm. Die Pygmäen knackten mit besonderer Vorliebe Nüsse, hieß es, und wer sich tief in das Urwaldinnere
wage, könne ihnen unter Umständen begegnen. Die französische Kolonialregierung, die Wert darauf legte, kein Gerücht unüberprüft und

---

* Meine Ausführungen über die Steinwerkzeugkultur der Schimpansen gründen
auf der neuesten einschlägigen Arbeit von Paul Marchesi und Christophe Boesch
(im Druck). Die Schimpansen im Tai-Wald in Elfenbeinküste knacken und fressen *Coula edolis*, die «afrikanische Walnuß», sowie die Nüsse *Panda oleosa* und
Parinari, «graue Pflaume». *Panda*-Nüsse sind, nebenbei bemerkt, sehr hart, här-
ter als alle gegenwärtig von menschlichen Wildbeutern geernteten Nüsse; zum
Aufbrechen von *Panda*-Nüssen benutzen die Tai-Schimpansen niemals Holz-,
sondern ausschließlich Steinhämmer, die bis zu zwanzig Kilogramm wiegen.

keinen Stamm ununterworfen zu lassen, schickte ein Militärkommando in den Wald mit dem Auftrag, die nüsseknackenden Pygmäen zu «zivilisieren». Die Soldaten begegneten auf ihrer Expedition keiner Menschenseele.

Während meines Aufenthaltes im Tai-Wald besuchte ich das Camp des Schweizer Forscherehepaars Christophe und Hedwige Boesch. Am Abend, nachdem ich mein Nachtlager aufgesucht hatte, lauschte ich den vorwiegend rhythmischen Geräuschen dort draußen – Zehntausenden von Insekten auf allen Seiten – und glitt in den Schlaf hinüber mit dem Gefühl, mich im Inneren eines riesigen lebenden und atmenden Organismus zu befinden. Alle paar Minuten wurde ich aufgeschreckt durch irgendeine beziehungslose, rätselhafte Bewegung im Laubwerk oder einen Ruf oder eine Serie von heulenden oder kreischenden oder Todesqualen signalisierenden und jäh abgewürgten Lauten.

Noch bei Dunkelheit brachen Christophe Boesch und ich am anderen Morgen vom Camp auf. Wir wanderten in einen stockfinsteren Wald hinein. Von Zeit zu Zeit mit unseren Taschenlampen kurz den Boden vor uns ableuchtend, stolperten wir ungefähr eine halbe Stunde lang auf dunklen Pfaden vorwärts, ehe wir haltmachten und uns auf einem am Boden liegenden Baumstamm niederließen. In den Baumkronen über uns hatten Schimpansen ihre Schlafnester, und wir wurden jetzt Ohrenzeugen ihres Erwachens. Sie gaben ein paar kurze, verschlafene, halbherzige *hoots* («Huptöne») – u-huuh, u-huuh, u-huuh – und ein paar leise Rufe und Keuchlaute von sich. Wir vernahmen das Regenschauergeräusch aus großer Höhe heraburinierender Schimpansen, dann war da und dort das kurze Branden im Blattwerk zu hören, das verriet, daß einige Tiere springend den Baum gewechselt hatten. Nach einer Weile bekamen wir erste richtige *hoots* zu hören, gefolgt von Rascheln und Knacken im Laub und Geäst über uns. Während langsam die Morgendämmerung Einzug in den Wald hielt und während uns abgebrochene Blätter und Zweigstückchen in Gesichter und Haare segelten, saßen wir auf unserem Baumstamm und spähten in die Kronen der hoch über uns aufragenden Bäume hinauf, wo die schwarzen Silhouetten der Menschenaffen sich bewegten und wo die Tiere mit ihrem Gewicht Stämme und Äste zum Schaukeln brachten. Wieder hörten wir es im Laub branden, gleich darauf ein Husten, dann ein Stück weit entfernt ein schwaches und kurzes Schreien: wraaa, wraaaaa, wraaaaa! In etwa fünfundzwanzig Meter Höhe über uns nahm ich hinter einem Blättervorhang einen einzelnen Schimpansen wahr, der sich auf einen Ast gehockt hatte und Blätter fraß, die er mit den Händen abpflückte. Aber zumeist bekam ich hoch dort oben nicht mehr zu Gesicht als schwankendes Blattwerk und ab und an eine schwarze, menschenähnliche Silhouette, die sich im blaßgrünen Laub vor einigen Tupfern fahlen Himmels abzeichnete.

Sie begannen ihre Nester zu verlassen und zum Boden abzusteigen. Die schwarze Silhouette eines Weibchens sprang von einem Baum in den Nachbarbaum und machte sich dort an den Abstieg. Ein junges Männchen erklomm einen stangenartig dünnen Baum bis zum Wipfel, der sich unter seinem Gewicht nach unten bog – und der Schimpanse ritt seelenruhig auf ihm abwärts, als sei das sein privater Fahrstuhl. Ich hörte Schreie, einen bald wieder abbrechenden Chor von Rufen, Grunzer und Rascheln und herabfallende Zweige. Hoch droben war, wie ich jetzt sah, eine Verfolgungsjagd im Gange: Ein Schimpanse sprang in achtzehn Meter Höhe über dem Waldboden von einem Baum in den Nachbarbaum und kletterte dort wie der Blitz abwärts, dichtauf gefolgt von einem zweiten Tier. Wir hörten Hände und Füße auf den Ästen trommeln, während die Verfolgungsjagd weiterging und sich aus unserem Gesichtskreis verlor. Ein paar Minuten später sahen wir zwei große Männchen nebeneinander auf dem Boden sitzen. «Das ist das Alpha-Männchen», sagte Christophe, auf den größeren von den beiden Burschen deutend, und der begann alsbald, sich langsam erhebend, den Rumpf hin und her zu schaukeln, dann keuchend ein- und auszuatmen, um sich in der Folge in laute *pant-hoots* hineinzusteigern; er richtete sich zu voller Größe auf, durchbrach krachend ein Stück Unterholz und warf sich gegen einen morschen Baum, der in hundert durch die Luft fliegende Fetzen zerbarst und zerspellte, aber da war dieses imponierende Männchen schon mit Karacho in einen grünen Berg von Laub- und Rankenwerk hineingeschossen und dann genau über uns in eine Baumkrone hinaufgeentert.

Unter weiteren Verfolgungsjagden, noch mehr Geschrei und Gezänk und lautstarken Imponierveranstaltungen, ja sogar vereinzelten
kurzen «Groomen» begann das runde Dutzend Schimpansen, das ich
in unserem Waldbezirk ausmachen konnte, allmählich seinen Tag.
Laut Chistophe bestand die Gemeinschaft aus an die fünfzig Tieren,
aber die hatte er noch nie alle beisammen gesehen. Schimpansen leben in einer sogenannten *fission-fusion*-(Spaltung-Verschmelzung)-
Sozietät. Die Mitglieder jedes solchen Sozialverbands schließen sich
genauso reibungslos zu Großgruppen zusammen, wie diese sich wiederum in Klein -, um nicht zu sagen Minigruppen von nur drei, zwei,
ja sogar einem einzigen Individuum aufzuspalten. Und in der Tat
verfolgten wir an diesem Tag zu manchen Zeiten (soweit ich sehen
konnte) nur eine Zweiergruppe der Menschenaffen, während wir zu
anderen Zeiten hinter einer ungefähr zwanzigköpfigen herumzie-
henden Horde her waren – oder besser gesagt: in diese Horde regelrecht mit eingegliedert waren.

Die Wirrnis des Aufbruchs in diesen Tagen steigerte sich noch, als
einer von mehreren Schimpansen, die auf dem Boden dahinwander-
ten, plötzlich anhielt, einen Satz rückwärts machte und sonderbare
Laute auszustoßen begann. Die anderen Mitglieder der Gruppe blieben ebenfalls stehen und brachen in Geschrei aus. Offenbar hatte eine
ganz bestimmte Stelle im Unterholz es den Tieren angetan. Einige
kletterten der bessen Aussicht zuliebe sogar auf benachbarte Bäume.
Schließlich stellten sie jedoch ihr Geschrei ein, hörten auf, zu jener
Stelle hinzustarren, und setzten ihren Weg fort, so daß Christophe
und ich, die im Abstand von einigen Schritten hinter der Schimpansengruppe her marschierten, nun unsererseits zu der Stelle hingehen
und sie in Augenschein nehmen konnten. Ich sah nichts als den grün-
braunen Wirrwarr von dürrem Holz, Gras und vertrocknetem Laub.
Mindestens eine halbe Minute lang konnte ich nichts anderes erkennen, bis sich der Wirrwarr vor meinen Augen schließlich zu einem
neuen Bild ordnete: einem mattschimmernden flachen Geschlängel
mit geflecktem Schuppenkleid zwischen Laub und Gras. «Eine Nas-
hornviper», sagte Christophe. Absolut tödlich.

In den heraufziehenden Morgen und die rundherum zunehmende
Wärme und Helligkeit hinein zogen wir durch den Wald von Futter-

platz zu Futterplatz, mit regelmäßigen Unterbrechungen durch Rastpausen, Imponierveranstaltungen und infantiles Herumtollen. Die Rastpausen der zwei Menschen und des groben Halbdutzends bis Dutzends Schimpansen, die sich da gemeinsam zum Sitzen oder Liegen auf dem Boden lagerten, waren wirklich ein reines Vergnügen. Von Zeit zu Zeit wandte ein Tier sich seinem Nachbarn zu und begann ihn zu «groomen», indem er ihm heftig im Rückenfell herumkratzte, mit den Fingerspitzen hineinfaßte, wenn er etwas gefunden hatte, und den winzigen Fund hochhielt, um ihn prüfend in Augenschein zu nehmen, das Ganze gelegentlich mit Schmatzen oder Zähneklappern untermalend, wie um zu signalisieren, mit welchem Eifer er sein Geschäft betrieb. Währenddessen war aus anderen Gegenden regelmäßig das Tuten und Trommeln auf Baumwurzeln anderer Mitglieder der Gemeinschaft zu hören, die mit anderen Gefährten durch den Wald zogen.

Wenn unsere Schimpansen Rast machten, dann mit Hingabe: Ich erinnere mich an einen, der sich rücklings auf dem Waldboden ausstreckte und beide Arme hochwarf, die Unterarme einwärts gebogen, so daß die Hände sich genau über seinem Schädeldach trafen – am Ende war es eine tänzerische Pose, aber in vollkommener Rückenlage. Ein Weibchen in unserer Nähe legte sich auf den Rücken, gähnte herzhaft, warf die Arme über den Kopf und reckte die Beine kerzengerade in die Höhe, um die Füße gegen einen Ast zu stemmen, der sich genau über ihr befand. Ein Stück weit weg richtete sich ein liegender Schimpanse plötzlich auf, um uns beide, Christophe und mich, mit einigem Nachdruck ins Auge zu fassen. Kann sein, daß er sich fragte: Was haben *die* zwei Primaten hier zu suchen? Wenn dem so war, dürfte er schnell zu dem Schluß gekommen sein, daß es nicht lohnte, sich länger den Kopf darüber zu zerbrechen, denn er legte sich umgehend wieder hin. Einmal lag ein Männchen unserer Gruppe mit ausgebreiteten Armen da, mucksmäuschenstill wie ein Schlafender – aber ein einziger Schimpansenruf in der Ferne schien den Burschen aus dem Schlaf zu scheuchen, und er raste kreischend auf allen vieren in die Büsche. Er sprang über einen umgestürzten Baum hinweg und setzte sich dann wieder hin und begann sich langsam, wie nachdenklich, den Kopf zu kratzen.

Man konnte rasante Stimmungsumschwünge miterleben. Es schien, als bräuchte einer der Schimpansen bloß das falsche Männchen mit dem falschen Gesichtsausdruck anzusehen, und schon schaukelte der Rumpf, sträubte sich das Fell, wurde geräuschvoll ein- und ausgeatmet, der Stimmapparat immer lauter und lauter aufgedreht bis zu den heftigsten Tönen, einer wahren Lärmorgie, die Hand in Hand ging mit einer Orgie demonstrativer Kraftentfaltung – aber nach relativ kurzer Zeit war dann auch schon wieder Ruhe eingekehrt.

Manchmal machten sie sich unvermittelt auf in die Bäume. Das sah dann vielleicht so aus, daß ein großer Schimpanse sich einen dreißig Meter hohen Baum vornahm und in zehn oder fünfzehn Sekunden oben war, ein anderer kletterte an einer herunterhängenden Liane hoch und sprang erst in zehn, zwölf Meter Höhe in einen Baum hinüber, wir blieben unten allein zurück und blickten, die Gesichter nach oben gewandt, dorthin, von wo abgerissene Blätter herunter – und gelegentlich uns ins Gesicht – trudelten und mitunter auch ein großer Ast zu Boden krachte.

Am späteren Morgen hörte ich ein ungewohntes Geräusch, ein Klopfen oder leichtes Hämmern, und als ich einen kleinen Abhang hinuntersah, bemerkte ich unten ein erwachsenes Weibchen, das am Fuß eines großen Baums hockte und ein längliches Stück Holz als Hammer benutzte, indem es das eine Ende mit beiden Händen hochhob und es dann abwärts sausen ließ. Sie hörte auf zu hämmern, und ich sah, wie sie irgendwelche weißen Bröckchen auflas, in den Mund steckte und fraß. Sie war beim Nüsseknacken. Sie legte sich auf einer Baumwurzel die nächste Nuß zurecht und begann erneut zu hämmern. Sie saß in der Hocke vor ihrem Wurzelamboß, hielt mit beiden Händen das eine Ende eines etwa einen Meter langen Stücks Holz gepackt und hämmerte aus Leibeskräften. Das Holzstück wirkte wie ein Hebel: Das eine Ende ruhte auf dem Boden, das andere fuhr in den Händen des hämmernden Schimpansenweibchens auf und nieder. Dabei entstand ein Geräusch mit einem charakteristischen Muster – eine Folge von dumpfen Schlägen, die bis zum Aufbrechen der Nuß anhielt: bong... donk... donk... donk... donk... donk... knack! An dieser Stelle unterbrach das Weibchen das Hämmern. Es legte das

Werkzeug hin, filzte die zerdrückte Masse, steckte die Nußbrocken in den Mund, plazierte eine neue Nuß auf dem Amboß und legte wieder los: donk... donk... donk... donk... donk... donk... knack!

Nicht lange, und ich hörte ein weiteres Hämmern und entdeckte bei genauerem Hinsehn auf der anderen Seite des Baums ein zweites Schimpansenweibchen, ein Kleinkind an der Brust, aus Leibeskräften bei der Sache. An einer dritten Stelle, unter einem anderen Baum, wurde ebenso eifrig gearbeitet – wie ich zwar nicht sehen, aber hören konnte: donk... donk... donk... donk... donk... donk... knack! Und noch von einer vierten Stelle drang Hämmern zu mir, dort hockte, mir den Rücken zuwendend und ganz in sein Geschäft vertieft, ein großer Schimpanse vor seinem Wurzelamboß wie die anderen, die ich gesehen hatte, und schwang den Holzhammer, von Zeit zu Zeit pausierend, um Nußkernbrocken aufzulesen und zu fressen, ehe er im selben Tempo und Rhythmus wie seine Genossen fortfuhr: donk... donk... donk... donk... donk... donk... knack! Dann und wann erhob sich eines der Tiere von seinem Arbeitsplatz, streifte um den Baum herum, sammelte zwei Handvoll neuer Nüsse auf und trug den frischen Vorrat zum Amboß zurück. Aber schließlich waren die Nüsse dort unten alle, so daß Christophe und ich zuletzt alleingelassen oben an dem Abhang standen.

Die Nüsse waren *Coula*, erklärte mir Christophe; zum Aufbrechen von *Coula* benutzten sie in etwa 85 Prozent der Fälle Holzhämmer. Er zog drei von den grünen, golfballgroßen Nüssen aus der Tasche und reichte sie mir mit den Worten: «Jetzt sind Sie dran.» Wir gingen den Abhang hinunter an eine Stelle, wo wir zuvor einen Schimpansen arbeiten gesehen hatten; ich hockte mich unter einem Baum hin und griff nach dem Holzhammer. Es war ein längliches, unregelmäßig geformtes Stück Hartholz, etwa einen Meter lang und ziemlich schwer. Ich bemerkte eine Wurzel mit einer ausgehauenen Vertiefung auf dem Rücken, legte die Nuß hinein, hob mit beiden Händen das eine Stück des schweren Holzstücks hoch und hämmerte drauflos, genauso wie ich es bei den Schimpansen beobachtet hatte: Ich machte «donk»... «donk»... «donk»... – und so etwa nach dem sechsten Hammerschlag macht die Nuß «knack», und die Schale war zerbrochen. Ich griff in die Masse, pickte mir ein Bröckchen von dem weißen

In Westafrika benutzen Schimpansen flache Steine und Holzstücke als Amboß. Sie schlagen darauf mit sorgfältig ausgesuchten, großen, oft rundlichen Steinhämmern. Im einzelnen gibt es lokale Varianten dieser Kultur der Steinwerkzeugbenutzung. Auf diesem Bild knackt eine Schimpansenfrau (links) mit einem Steinhammer Pandanüsse, während der erwachsene Mann rechts ein Holzstäbchen benutzt, um aus einer aufgebrochenen Nußschale das «Fleisch» herauszupulen, wobei ihm ein Junges aufmerksam zuschaut. *(Christophe und Hedwige Boesch)*

Fruchtfleisch heraus und aß es. Es schmeckte ungefähr wie trockene Kokosnuß, leicht süßlich, aber ausgesprochen aromatisch und lekker.

Dann probierte ich mein Geschick an der zweiten Nuß aus, aber sie wollte und wollte nicht knacken, so daß ich sie nach einer Reihe vergeblicher Versuche schließlich enttäuscht wegwarf und die dritte in die Vertiefung auf der Wurzel legte. «Typisches Kleinkindverhalten», meinte Christophe trocken. «Genauso machen es die Schimpansenkinder anfangs beim Lernen. Wenn es nicht klappt, ist die Nuß schuld, und eine andere kommt dran. Die Nuß ist nicht das Problem. Das Problem ist Ihre Technik. Man muß genau treffen, das ist wichtig.»

Unterdessen hatten sich unsere Schimpansen wieder in Marsch gesetzt, also ließen wir Holzhämmer Holzhämmer und Ambosse Ambosse sein und beeilten uns, sie einzuholen. Sie zogen eine Zeitlang in
gleichbleibendem Tempo weiter, mit einem kleinen Aufenthalt dann
und wann, um auf den Baum hier zu klettern, von den Blättern da zu
fressen, von dem Wasser dort zu trinken. Und wenn sie das Mar-
schieren satt hatten, rasteten sie. An einem Rastplatz beobachtete ich
einmal einen heftig wogenden und wackelnden Busch, aus dem vielleicht zwanzig Minuten lang in unregelmäßigen Abständen keuchen-
des, ansteckendes Gelächter drang. Ein Vogel pfiff irgendwo in den
Zweigen, im Laub herrschte ein endloses Gerüttel und Geraschel, und
zwei Schimpansen – Jungtiere, nahm ich an – lachten und lachten.
Lachten immer toller und toller. Es hörte sich an, als würde in ra-
schem Tempo ein Holzstamm durchgesägt: hüüüh, hüüüh, hüüüh.
Große Partien von Blättern und Zweigen wogten stürmisch, der
ganze Busch wackelte wie wild, während das Gelächter drinnen immer toller wurde und mal ein Arm, mal ein Kopf, mal ein Ohr, mal
ein Rumpf aus dem Grün auftauchte, um sofort wieder zu verschwinden.

Wir zogen weiter, die Jungen huckepack auf ihren Müttern rei-
tend. Wir kamen durch ein kleines Sumpfgebiet, wo die Schimpansen
tranken und sich anschließend über das Mark in den Blattstengeln
einer kniehohen Pflanze mit ovalen grünen Bättern hermachten. Ein
etwa einen Meter großes Männchen hatte sich aufgerichtet und verschlang Blätter. Wir wurden Zeugen eines kurzen Paarungsakts, bei
dem das Weibchen auf allen vieren auf dem Boden kauerte, während
das Männchen sich still hinter ihr zu schaffen machte. Ein Vogel wiederholte eifrig sein Dreiklang-Arpeggio. Irgendwo spielte ein Keu-
lenhornvogel das Trumscheit und flog dann mit rauschendem Gefie-
der davon.

Ein Schimpansenmännchen, das aufrecht auf zwei Beinen lief und
dabei eine nach sofortiger Abhilfe verlangende Erektion enthüllte,
hetzte hinter einem Weibchen her – das sich aus dem Staub machte.

Die nächste Rast machten wir an einer Stelle im Wald, wo ein
mächtiger Baum umgestürzt war, dessen Krone eine Lücke in dem
ansonsten geschlossenen Blätterdach hinterlassen hatte. Hier fiel das

Sonnenlicht ein, und der umgestürzte Stamm bot einer Reihe der Tiere ein gemütliches Plätzchen zum Sitzen, Sich-Hinfläzen, Sich-Rekeln, Schlummern, «Groomen» und Sich-«groomen»-Lassen, während andere sich in der Nähe des liegenden Stamms teils auf dem Waldboden, teils in den Bäumen ein Fleckchen zum Sich-Hinlümmeln suchten. Einmal zählte ich zehn Schimpansen auf dem Stamm und vielleicht weitere zehn oder noch mehr in den Bäumen darum herum. Die Erwachsenen schienen meistenteils ein Nickerchen zu machen. Zwei Jungtiere veranstalteten auf einer freien Fläche bei dem liegenden Stamm unter Gezerre und Gelächter eine Balgerei. Und ein wenig später sah ich ein großes erwachsenes Männchen mit einem grauen Fleck im Rückenfell sich mit einem Kleinkind balgen und anderes Allotria mit ihm treiben; der Große hetzte den etwa Einjährigen immer wieder um einen Baum herum, dann kitzelte er ihn, daß dem Kleinen vor Lachen fast die Luft wegblieb. Auf dem umgestürzten Baumstamm hatte sich ein junges Männchen mit angezogenen Knien und geschlossenen Augen, die über den Kopf gestreckten Arme mit der Paßgenauigkeit einer Klammer an den großen Stamm geschmiegt, zu wonnevollem Schlaf drapiert – es lag im vollen Sonnenlicht und schien der Sonne sein Gesicht entgegenzustrecken wie um braun zu werden. Und natürlich wurde auf dem Stamm auch gegroomt – ein Männchen hatte sich im Sitzen zu einem tiefen Kotau vornübergebeugt und verweilte, das Gesicht in beiden Händen, geduldig in dieser Haltung, während sein Nachbar ihm den hochgewölbten Rücken bearbeitete. Eine Mutter spazierte auf dem Stamm zu ihrem Kleinen hin, schnappte es sich, klemmte es gegen ihre Brust und begann in aller Gemütsruhe seinen Kopf zu groomen.

Nach ungefähr einer Stunde war die Siesta zu Ende – sehr abrupt, wie mir schien –, und die Gruppe setzte sich einigermaßen einmütig und geschlossen wieder in Marsch. Das Fortbewegungstempo war hoch, und wenn wir durch verhältnismäßig lichte Zonen mit wenig Unterholz zogen, sah ich mit Erstaunen, wie viele Tiere unsere Gruppe umfaßte. Wir überquerten eine unsichtbare Grenze. «Sie sind in das Territorium der Nachbarn eingedrungen», bemerkte Christophe. Und bald langten wir an einem gigantischen Baum an, einem hoch aufragenden Stamm mit gewaltiger Krone, aus der vielleicht zwanzig, dreißig dicke Lianen wie Entertaue herabhingen. Unter Rufen und Gekreische kletterten die Schimpansen schnurstracks an den Lianen hoch und drangen in etwa fünfundzwanzig Meter Höhe in die Baumkrone ein, wo sie unserer Sicht entzogen waren. Alles, was ich noch sah, waren herabfallende abgestorbene Blätter und in den Strahlen der Spätnachmittagssonne tanzende Staubpartikel.

Einige Zeit verstrich. Wir zogen weiter. Wie es schien, stießen zu irgendeinem Zeitpunkt weitere Mitglieder zu der Gruppe, und schließlich hatte ich den Eindruck, mich mitten in einer Massenwanderung zu befinden: Rings um uns waren Schimpansen auf dem Marsch – erwachsene Männchen und Weibchen, Jungtiere, Kleinkinder. Schließlich kamen wir zu einem großen Gebiet mit mehreren Nußbäumen, und umgehend begann die Hälfte der Tiere, mit Holzhämmern auf Holzambossen Nüsse zu knacken. Bald wurde ringsherum gehämmert; aus allen Himmelsrichtungen gleichzeitig schlug das Donk-donk-donk an unsere Ohren. Zehn Meter weit weg zu unserer Rechten riß ein Schwerarbeiter, der ein kurzes Schlagwerkzeug erwischt hatte, jedesmal seinen ganzen Hammer in die Luft, ehe er ihn auf Nuß und Amboß niederkrachen ließ: Beide Hände hielten das Holzstück in der Mitte umklammert – hoch und wumm, hoch und wumm. Und unter dem Baum direkt vor unseren Augen schufteten gleich drei Schimpansen auf einmal, jeder aus Leibeskräften auf einen eigenen Amboß loshämmernd. Zur Linken noch einmal das gleiche Bild. Und auch hinter uns war einer mit dem Holzhammer nach der Hebelmethode zugange.

Ein Jungtier versuchte sich mit einem umgestürzten Baumstamm als Amboß im Nüsseknacken, haute aber immer wieder die Nuß von ihrer Unterlage – er kriegte einfach den Bogen nicht raus. Ein zweiter Jugendlicher gesellte sich dazu und drängte den ersten beiseite. Auch er kriegte den Bogen nicht raus.

Der ganze Wald hallte wider von eifrigem Gehämmer. Inzwischen war es später Nachmittag geworden, und das Tageslicht begann abzunehmen. Ich drehte mich um und sah eine Mutter mit ihrem Baby spielen; sie knabberte an seinen Zehen, balgte sich mit ihm herum, strahlte mit einem Ausdruck törichter Glückseligkeit in das kleine Gesicht. Ein Stück weiter entfernt hatten drei junge erwachsene Weibchen ein Kleinkind in ihre Mitte genommen und spielten mit ihm. Das Quartett hing in einem Konglomerat aus tiefwachsenden Ästen und Kletterpflanzenranken, eines der erwachsenen Tiere oben, zwei unten, das Junge dazwischen, und jedes Weibchen kitzelte und küßte das Kleine, wie wenn es ihres wäre. Und das Mienenspiel der drei kam mir sehr, ja in höchstem Grade bekannt vor. Ich sah menschliches Mienenspiel, die Madonnenmienen schierer Anbetung. Es war erstaunlich!

Bis zu diesem Augenblick waren alle meine Erfahrungen mit Schimpansen Stückwerk gewesen, Blicke von sehr begrenzter Dauer, die ich von meiner Welt aus in die ihre getan hatte. Aber jetzt war mir für denkbar kurze Zeit das Glück zuteil geworden, daß sich das Tor zu einem fremden Universum vor mir aufgetan hatte und ich hatte eintreten dürfen. Christophe und ich wurden als Gattungsgenossen akzeptiert und toleriert – als zwar sonderbare und wohl auch ein bißchen schmarotzerhafte, aber im Grunde genommen harmlose Menschenaffen, weder Freßfeinde noch Beutetiere – und durften infolgedessen, sei's auch nur zeitweilig, bei dem Kommen und Gehen, den Spaltungen und Verschmelzungen, den Märschen und Rasten und Spielen und gelegentlichen Raufereien und Händeln mit dabeisein, aus denen die Schimpansenwelt besteht. Eine Welt, in der das Leben vielgestaltiger und beglückender war, als ich es mir je hatte träumen lassen.

Meine Co-Autorin hätte mir das gleich sagen können. Und eigentlich hätte mir auch schon bei meiner Beschäftigung mit der einschlägigen Literatur ein Licht aufgehen müssen. Aber es war wohl nötig, daß ich von selbst darauf kam. Mit einemmal begriff ich, warum mir, warum uns allen das Schicksal der großen Menschenaffen Afrikas nicht gleichgültig sein sollte. Letztlich nicht, weil die Schimpansen in Anatomie und Verhalten soviel Ähnlichkeit mit uns haben. Nicht weil sie Probleme lösen, Sprache erlernen, sich als Individuum im Spiegel erkennen können. Nicht weil sie ihre eigene Urwaldmedizin und Urwaldkultur besitzen, und auch nicht weil sie Werkzeuge gebrauchen und wissen, wie man die hurt'ge Meerkatz' fängt. Auch nicht weil sie verständige Wesen sind. Sondern weil sie fühlende Wesen sind wie wir, und weil ihr Gefühlsleben dem unseren so offenkundig ähnlich ist. Ich hatte im Lauf jenes Tages Zorn, Furcht und Gereiztheit miterlebt, aber, wie ich meinte, auch echte Kameradschaft, Zuneigung und Liebe.

Gewiß hatte meine Reaktion zum Teil auch mit der Schönheit und Ungekünsteltheit des Urwalds zu tun, was mich jedoch am meisten rührte, waren die Spielereien, das unglaubliche Gelächter in jenem Busch, das erwachsene Männchen, das unermüdlich ein Kleines um einen Baum herumhetzte, die Mutter, die an den Zehen ihres Babys knabberte und die törichte Miene vollkommener Seligkeit zur Schau trug, die drei Weibchen, die mit einem einzelnen Kind spielten und es anhimmelten. Diese bemerkenswerten Wesen besitzen dieselben Affekte wie wir. Sie fühlen! Das war mir an jenem Tag aufgegangen.

4 Calibans Insel

CALIBAN:
                    Dieses Eiland
Ist mein, von meiner Mutter Sycorax,
Das du mir wegnimmst. [...]
                    [...] und stallt mich hier
In diesen harten Fels, derweil Ihr mir
Den Rest des Eilands wehrt.

Die blaugrauen Wasser des Sees wiegten sich sanft unterm blauen Himmel, und das kleine Boot machte schnelle Fahrt. Vom burundischen Grenzland am nördlichen Ende des Tanganjikasees kommend, fuhren wir längs des Ostufers zu meinem Zuhause am Gombe.

Es war das erste Mal seit zehn Jahren, daß ich die Reise mit dem Boot machte, und ich war entsetzt, welcher Wandel in dieser doch sehr, sehr kurzen Zeit eingetreten war. Wo waren die üppigen Wälder, die tiefgrün bewaldeten Hügel, die sich bis zum See herabsenkten? Ich sah nur noch kahle, von der Erosion angefressene Berge, eine Wüstenei, da und dort schon mit einer roten Narbe, wo ein Bergrutsch den Mutterboden fortgerissen hatte, und von tiefen roten Wasserrinnen durchschnitten. Selbst auf den steilsten Hängen war der Wald verschwunden, und jetzt mühten sich dort Bauern mit kläglichen Versuchen ab, Cassava (Maniok) und Bohnen anzubauen. Aber ohne Baumbewuchs fiel die Krume rasch der Erosion zum Opfer, denn jeder schwere Regen spülte mehr des kostbaren Mutterbodens von den steilen Hängen hinab in den See. Ich erinnerte mich noch lebhaft daran, daß der See beim letztenmal, als ich das Gebiet überflogen hatte – es war auf dem Höhepunkt der Regenzeit gewesen –, am Rand mit einem rötlichbraunen Streifen konturiert war. Wenn diese entsetzliche Verstümmelung so weitergeht, werden die Berge sich binnen kurzem nur mehr als nacktes und praktisch unfruchtbares Felsgestein aus dem See

erheben. Schon sind hier die Schimpansen wie auch der größte Teil
der anderen Tiere verschwunden bis auf wenige dem Untergang ge-
weihte Gruppen, die auf winzigem noch bewaldeten Gebiet in den
rings von Bauern und Landwirtschaft eingekesselten am schwersten
zugänglichen Urwaldenklaven ausharren. Schon wird es für die Bauern schwieriger und schwieriger, dem erodierten Grund den Lebensunterhalt abzuringen.

Auf den weißen Uferstreifen zwischen den in den See hineinragen-
den Gebirgsausläufern trockneten die Fischer auf sonnengewärmtem
Kies den silbrigen Fang der letzten Nacht, sardinengroße Dagaa. Da
und dort sah man einige silberglänzende Flächen. Was für ein Unterschied zu den gewaltigen Fängen, die im Jahr 1960, als ich zum erstenmal in diese Region kam, den ganzen Strand mit einer Silberschicht
überzogen hatten! Damals wurden zum Fischen langstielige Kescher
benutzt – sie sahen aus wie riesige Schmetterlingsnetze –, und gefischt
wurde nur während der Trockenzeit, von Mai oder Juni bis November,
und auch dann nur während der zwei Wochen des Monats, in denen
der Mond nicht zu hell schien. (Die Fische werden mit dem starken
Licht von Paraffinlampen angelockt, das in mondhellen Nächten keine
Wirkung hat.) Doch inzwischen haben die Fischer Treibnetze verwenden gelernt, und sie fahren fast jede Nacht hinaus, in der Regen- wie in
der Trockenzeit, ausgenommen während der Neumondwoche jeden
Monats. Nicht nur ist der See überfischt, sondern durch den in immer
größeren Mengen von den ausgeplünderten Berghängen herabge-
spülten Boden werden auch die Laichgründe der verbliebenen Fische
rapide verschlammt, so daß es um den Fischnachwuchs zunehmend
schlecht bestellt ist.

Was wird aus diesen Menschen? Sie können nicht wegziehen und
sich neues Land suchen – es gibt keinen Ort, wo sie hinziehen könnten.
Denn nicht nur hat, wie überall in Afrika, auch hier die einheimische
Bevölkerung an Zahl zugenommen, sondern dazu kommen auch noch
die Flüchtlinge von jenseits der Landesgrenzen, aus Burundi und vom
Westufer des Tanganjikasees, aus Zaire. Mich dauerten diese Menschen, die in ihrem verzweifelten Überlebenskampf, in dem aussichts-
losen Bemühen, sich selbst und ihre ständig wachsende Familie mit
Nahrung und Brennstoff zu versorgen, die Bäume fällten und eben

damit ihre Lebensgrundlage vernichteten. Wenn nichts geschieht, um die Erosion zu stoppen, und wenn nicht ein Sanierungsprogramm großen Stils in die Wege geleitet wird, ist es um die Menschen hier geschehen.

Eineinhalb Stunden, nachdem wir von Burundi abgefahren waren, wechselte die Landschaftskulisse. Mit einemmal fuhr unser kleines Boot an dichten Waldungen vorbei. Der wilde, hochgemute Schrei eines Fischadlers schlug von oben an unser Ohr, und der Duft der Bäume und des weichen Waldbodens kam in Schwällen über das Wasser. Gombe – ich war zu Hause.

Aber das Gombe von heute ist wie eine verwunschene Oase, landeinwärts auf allen drei Seiten von kahlen, so gut wie baumlosen Bergen umgeben. Anfang der sechziger Jahre dehnten sich nördlich und südlich von Gombe und ostwärts bis weit ins Landesinnere Wälder und Dickicht. Dort draußen lebten Schimpansen. Aber eine wuchernde menschliche Population hat die dreißig Quadratmeilen des Gombe-Nationalparks mit Wohnhäusern und bewirtschafteten Feldern umringt, die sich bis an die Grenzen herandrängen. Mit jedem Jahr, das der Kahlschlag währte, scheint der Regen abgenommen zu haben, und die Jahreszeiten sind unberechenbar geworden. Einstmals setzten die schweren Regenfälle Mitte Januar ein und dauerten bis Mai – und im Februar und März schüttete es fast täglich. Aber diese zuverlässige Regelmäßigkeit im jahreszeitlichen Rhythmus gehört der Vergangenheit an. «Weil die Bäume weg sind, haben wir weniger Regen», sagte mir einer meiner Helfer. Er war gerade dabei, in seinem *Shamba*, seinem Gärtchen, Baumsämlinge auszusetzen.

Als ich vor rund dreißig Jahren nach Tansania kam, dürfte die Zahl der über das ganze Land verteilt in Wildbiotopen lebenden Schimpansen zehntausend betragen haben. Heute ist davon vielleicht ein Viertel übrig. Es stimmt mich traurig, einen Verlust solchen Ausmaßes miterlebt haben zu müssen und zu wissen, daß dieser rapide Vernichtungsprozeß quer durch Afrika stattgefunden hat und bis heute andauert. In vier afrikanischen Ländern sind die Schimpansen bereits ausgestorben, in fünf weiteren steht ihr Aussterben möglicherweise kurz bevor. Nur vier Länder beherbergen heute noch Schimpansen in signifikanter Zahl, und in allen vieren sind die wilden Menschenaffen auf dem Rückzug vor dem erbarmungslosen Vorrücken einer ständig expandierenden Menschenwelt.

Es wäre ein schöner Trost, wenn man sich sagen könnte, daß dies nun mal der Preis des «Fortschritts» ist und daß es den menschlichen Bewohnern Afrikas in dieser oder jener Hinsicht besser geht als zu der noch nicht weit zurückliegenden Zeit, als der Schimpanse eine weitverbreitete Spezies war – aber dem ist nicht so. Der Vernichtungsprozeß findet in allen Bereichen statt, und er macht uns alle zu Verlierern, Mensch und Tier gleichermaßen.

1

Vertreibung ist das Problem Nummer eins. «Dieses Eiland ist mein», beklagt sich Caliban gegenüber Prospero, der ihn mit Hilfe seiner Zauberkräfte von allen Plätzen der Insel außer «diese[m] harten Fels» vertrieben hat. Prospero indessen ist offenkundig der Meinung, daß die Vertreibung eine ganz normale Manifestation des kosmischen Ordnungsprinzips war, eine unumgängliche Maßnahme auf dem Weg zu dem Ziel, die Inselwildnis in einen fruchtbaren Garten zu verwandeln.

Prosperos Haß auf Caliban gilt zum Teil Calibans Insel. In Prosperos Augen ist die Insel, genau wie Caliban, ein Stück *nature without nurture*, «unkultivierte Natur». Sie ist ein fluchbeladener Ort, an den er und seine Tochter verbannt wurden, ein Chaos, das nach Ordnung, eine Wüste, die nach Bewässerung, eine Wildnis, die nach dem Gärtner verlangt, ein geiles Gewucher nutzlosen Pflanzenbewuchses, das mittels Magie, soviel er ihrer aus seinen Büchern herauszuquetschen vermag, bezwungen werden muß. Nach Prosperos Auffassung wäre wohl «Dschungel» der richtige Name für die Flora der Insel gewesen – hätte es das Wort zu seiner Zeit schon gegeben und wäre es nicht erst in einer späteren Epoche von den britischen Kolonialherren in Indien und Persien als Lehnbildung zur Bezeichnung undurchdringlichen Tropendickichts geschaffen worden (nach dem – von dem altindischen *jangala* abgeleiteten – Hindi-Wort *dschängäl*, «unbebauter Boden», «unfruchtbares Land», «Wüste»). Nicht zuletzt die Bücher Rudyard Kiplings und Edgar Rice Burroughs' trugen zur Popularisierung der Vorstellung bei, daß die tropischen Feuchtwälder «Dschungel» sind, humide, von Wildwuchs überwucherte Wüsten, undurchdringlich und voller Gefahren – Wüsten, die mittels Magie, soviel wir ihrer aus Wissenschaft und Technik des zwanzigsten Jahrhunderts herauszuquetschen vermögen, bezwungen werden muß: mit der Magie des Bulldozers, der Kettensäge und des Zündholzes.

Caliban, so stelle ich mir gern vor, wäre nie darauf verfallen, die Insel als einen «Dschungel» in dem durch den kolonialistischen Wortgebrauch geprägten Sinn zu betrachten. Er verfügte über die klarere Sicht, die intimere Kenntnis der Insel. Er kannte sie als eine fruchtbare Wildnis, die nicht in Ordnung gebracht, bewässert, in einen Garten verwandelt, bezwungen zu werden brauchte. Für ihn war sie bereits ein Füllhorn guter Dinge, jeder Fleck strotzend von Beeren oder Fischen, Holzäpfeln oder Trüffeln, eßbaren Vögeln oder hurt'gen Meerkatzen. Wäre seine Sprache nicht so poetisch gewesen, hätte Caliban seinen Lebensraum wohl eher als «tropischen Regenwald» bezeichnet, wäre sie polemischer gewesen, hätte er dafür agitiert, die insulare Urwaldwildnis ganz und unversehrt in ihrem Urzustand zu belassen.

Wir begreifen heute, daß Caliban in gewissem Sinn recht hatte. Die Tropenwälder sind keine Wüsten, sondern planetarische Gärten, voller Schönheiten und außerordentlich reich an vielgestaltigem und nutzbringendem Leben. Neben ihren entscheidend wichtigen ökonomischen Funktionen – Abmilderung der Auswirkungen der in den stürme- und gewitterreichen Tropen durch Regen und Sonne und Wind geschaffenen extremen Witterungsbedingungen; Verhinderung der Erosion in einer Zone, wo diese verheerende Folgen nach sich ziehen würde; Reinigung der Atmosphäre von Kohlensäure; Rückführung von Feuchtigkeit in die Luft mit dem Zwanzigfachen der Verdunstungsgeschwindigkeit der Meeresoberfläche – dienen die Tropenwälder als unsere wichtigste Genbank, denn auf sechs Prozent der festen Erdoberfläche beherbergen sie rund neunzig Prozent aller Pflanzen- und Tierspezies der Erde. Und dennoch betrachten und behandeln wir diese Wälder nach Prospero-Manier. Zu der Zeit, als Shakespeare *Der Sturm* schrieb, waren in den Tropen fast zehn Millionen Quadratmeilen Boden von Wäldern bedeckt. Übriggeblieben sind uns heute weniger als vier Millionen, von denen sich etwa ein Fünftel in Afrika befindet. Nach vorsichtigen Schätzungen vernichten wir derzeit ständig fünfzigtausend Quadratmeilen tropischen Regenwald pro Jahr und löschen dabei zahllose Erscheinungsformen des Lebens aus: Bis zum Ende des Jahrhunderts wird die Zahl der dergestalt ausgerotteten Arten voraussichtlich auf eine Million angestiegen sein.

Eine Million Spezies, die im ganzen Universum nirgendwo sonst anzutreffen sind, auf Dauer vernichtet! Das ist ein katastrophaler Verlust für die zukünftigen Generationen, ein Defizit, das die natürliche Evolution womöglich in Milliarden von Jahren nicht ausgeglichen haben wird. Durch Abholzen, Niederbrennen und Niederwalzen der Tropenwälder vernichten wir zudem nicht nur Arten, sondern auch, um den Botaniker William Rodriguez vom Institut für Amazonasforschung in Brasilien zu zitieren, «die Quelle der Artenvielfalt selbst, den Mechanismus, der sie in Gang setzt und uns letzten Endes vor Unheil bewahrt». Täglich werden neunzehn Millionen Tropenbäume gefällt, und die Brandrodung geht weiter – was Wunder also, daß andere Wissenschaftler für die Krise ähnlich apokalyptische Worte finden: «das Problem des zwanzigsten Jahrhunderts, das alle anderen unversehens überrundet hat», «die größte jemals vom Menschen langfristig bewirkte biologische Katastrophe», «eine Bedrohung der Zivilisation, die nur noch durch den thermonuklearen Krieg zu übertreffen ist».

Bei uns in den Vereinigten Staaten verbannen die Zeitungen Meldungen über Anstrengungen zum Schutz der Tropen noch viel zu oft auf die hinteren Seiten. Anscheinend ist die Krise zu groß, als daß wir sie in klare Gedanken fassen könnten. Doch in Afrika sind die Auswirkungen der Entwaldung mit Händen zu greifen. Man kann sie im Lauf eines Menschenlebens sehen, spüren, kennenlernen. «Vor zehn Jahren...», mit diesen Worten beginnt so manche wehmütige Unterhaltung. Brennholz, in Afrika die Hauptenergiequelle, schwindet dahin. 1980 konnte eine Gesamtzahl von 180 Millionen Afrikanern den täglichen Brennholzbedarf, wenn überhaupt, nur noch mühsam decken; im Jahr 2000 wird die Zahl der Bewohner des Kontinents auf mehr als das Zweieinhalbfache angestiegen sein und 464 Millionen betragen. Nutzholz schwindet dahin. 1964 zählte Nigeria noch zu den weltweit bedeutendsten Exportländern für tropische Nutzhölzer; in jenem Jahr verkaufte es 773 000 Raummeter Nutzholz auf dem Weltmarkt. Das Exportvolumen ist seitdem auf ein Zehntel dieser Menge zusammengeschrumpft. 1985 nahm Nigeria lediglich sechs Millionen US-Dollar aus dem Export von Forstprodukten ein, mußte dagegen für 160 Millionen US-Dollar Forstprodukte importieren. Mit anderen Worten, Nigeria ist bilanzmäßig zum Nutzholzimportland geworden, und ebenso wird es bis zum Jahr 2000 einem Drittel der heutigen Exportländer gehen. Der Mutterboden schwindet dahin. In Äthiopien, wo die Waldfläche im Lauf dieses Jahrhunderts von fünfzig Prozent auf drei Prozent der gesamten Bodenfläche zurückgegangen ist, gehen derzeit alljährlich schätzungsweise 1,6 Milliarden Tonnen bestellbaren Ackerbodens durch Erosion der entwaldeten Areale verloren.

Es ist wahrlich nicht einfach, Verallgemeinerungen zu treffen in bezug auf einen Kontinent, auf dem 660 Millionen Menschen leben, die Bürger von fünfzig modernen Staatswesen sind, rund achthundert Sprachen sprechen und ihr Leben nach dem Brauchtum von mindestens ebensovielen traditionsreichen Ethnien gestalten. Aber wenn denn Verallgemeinerung sein muß, dann sollten wir mit der Kenntnisnahme zweier Grundtatsachen der menschlichen Lebenswelt in Afrika beginnen: Armut und Übervölkerung. Mit einem jährlichen Pro-Kopf-Bruttosozialprodukt von sechshundert US-Dollar – was einem Zwanzigstel des europäischen und einem Dreißigstel des amerikanischen entspricht – ist Afrika der ärmste Kontinent des Planeten. Nicht von ungefähr besitzt Afrika zugleich die Bevölkerung mit der höchsten Zuwachsrate des Planeten: Derzeit verdoppelt sich die Zahl der Afrikaner alle 24 Jahre (dagegen die der Europäer alle 266 und die der Nordamerikaner alle 93 Jahre). Ihr großer Reichtum erzeugt bei den Völkern der gemäßigten Zone, bei Europäern und Nordamerikanern, eine zombiehafte Konsumidiotie: Unsere Volkswirtschaften zielen darauf, den Konsumhunger mit neuen Anreizen und Befriedigungsmöglichkeiten ständig zu steigern. Und unser langsames Bevölkerungswachstum nährt eine verträumte Selbstzufriedenheit.

Wir sehen das Problem nicht. Wir haben die Sorgenfreiheit, die Zeit und das Geld, um uns Gedanken über den Zusammenhang zwischen Bevölkerungswachstum und Kupferpreisen machen oder die moralischen Feinheiten der Familienplanung erörtern zu können und so weiter. In Afrika erzeugt die unselige Paarung von tiefster Armut und explosivem Bevölkerungswachstum unter anderem politisches Chaos und individuelle Verzweiflung.

Beim Eintritt der Menschheitsgeschichte in das neue Jahrtausend wird die Belastbarkeit des Planeten nicht nur durch das Wachstum der Erdbevölkerung, sondern auch durch deren wachsende Bedürfnisse und Hoffnungen auf eine harte Probe gestellt werden. Die Lösung des Problems kann nicht darin liegen, die Menschen in den Entwicklungsländern ihrer Armut zu überlassen, und sie wird sich auch nicht aus unüberlegter und verschwenderischer Ausbeutung der natürlichen Ressourcen ergeben. Eine Weltgesellschaft ohne Versorgungsnöte ist nur auf der Grundlage stabiler Bevölkerungszahlen und stabiler Konsumbedürfnisse möglich. Freilich wird man mit allen Maßnahmen, die man ergreift, keinen dauerhaften oder auch nur irgendwie ins Gewicht fallenden Erfolg erzielen, solange das Bevölkerungswachstum nicht stabilisiert ist. In Westafrika, wo sich die Zahl der hier lebenden Menschen alle dreiundzwanzig Jahre verdoppelt, geht es mit den Urwäldern und der Wildfauna allenthalben bergab. Wild ist für Westafrikaner die Hauptproteinquelle und als solche unverzichtbar; in vielen Regionen wird sie in der nächsten Generation versiegt sein, dann werden die Westafrikaner noch ärger als heute unter Hunger zu leiden haben. In Ruanda fristen zwei Drittel der noch erhaltenen Berggorillas ihr Leben auf einer winzigen Insel von Vulkanbergen und Waldland, rings umgeben von bestelltem Ackerland, das derzeit noch den Lebensunterhalt für die hier lebenden 780 Bewohner pro Quadratmeile abwirft. Aber was wird in zwanzig Jahren, wenn die Zahl der hier Ansässigen sich verdoppelt haben wird? Auf Madagaskar verdoppeln die Bewohner ihre Zahl alle zweiundzwanzig Jahre, und ungefähr in demselben Tempo halbieren sie ihren phänomenal üppigen Regenwaldbestand; das jährliche Pro-Kopf-Einkommen der Madagassen ist seit fünfzehn Jahren rückläufig.

Bekanntlich haben wir in der gemäßigten Zone unsere eigenen Urwälder längst vernichtet. Bis auf ein paar letzte Bestände in Polen haben die Europäer ihre alten Wälder vor Jahrhunderten abgeholzt. Wir in Nordamerika haben bereits neun Zehntel unserer Urwälder umgehauen und zersägt und schmieden eifrig Pläne, wie wir auch noch das restliche Zehntel beseitigen können. Wir haben nicht den geringsten Grund, uns aufs hohe Roß zu setzen. Afrika freilich ist ein Füllhorn des Lebens wie wenige andere Regionen der Erde, und die Zerstörung dieses Reichtums geht uns alle an.

Die Zerstörung trifft mit ihrer Plötzlichkeit den Betrachter doppelt schmerzlich. Massenauslöschungen sind auf unserem Planeten nichts Neues – denken wir an das Beispiel der Dinosaurier. Aber diese Wandlungen sind als «plötzliche» nur im Rahmen der biologischen Chronologie zu bezeichnen, in dem «Plötzlichkeit» unter Umständen die Erstreckung über einen Zeitraum von Zehntausenden oder sogar einer Million Jahre bedeutet. In krassem Gegensatz dazu vollzogen und vollziehen sich die Zerstörung der Urwälder und anderer Wildbiotope und die Vertreibung der Wildfauna überall in den Tropen innerhalb der Spanne eines einzigen Menschenlebens beziehungsweise im Lauf weniger Generationen nach menschlichem Zeitmaß. Als Shakespeare sich in der Phantasie das Leben Calibans auf seiner Insel ausmalte, lebten in Afrika auf einem Areal, das größer war als Europa und die Vereinigten Staaten zusammen, Millionen Schimpansen. Heute haben sich in rapide zusammenschmelzenden Lebensräumen vielleicht noch ein-, zweihunderttausend dieser großen Menschenaffen erhalten. Mag sein, daß es schon bald, nachdem die ersten Europäer auf dem afrikanischen Kontinent ihre spezielle Form von Ausbeutung eingeleitet hatten, mit den Schimpansen bergab zu gehen begann, doch dieser Niedergang hat sich ohne Frage seit Mitte dieses Jahrhunderts sprunghaft beschleunigt.

Und so tritt jetzt der Fall ein, daß Jane Goodall vom Boot aus über die Wasser des Tanganjikasees hinüberblickt zu dem, was im Gombe-Nationalpark vom Urwald noch geblieben ist, und sich sagen muß, daß im Lauf der vergangenen dreißig Jahre der Lebensraum der Schimpansen in Tansania dezimiert wurde und daß drei Viertel des bei ihrer Ankunft hier vorhandenen Schimpansenbestands heute verschwunden sind.

In einem der afrikanischen Länder, wo die Schimpansen rapide am Aussterben sind, folgte ich einer holprigen Straße durch Urwaldstücke, die zu den besterhaltenen der ganzen Region zählen. Diese «Straße» war eigentlich mehr eine zweispurige Piste, und jede Brücke, zu der wir kamen, mußten wir erst einmal reparieren, bevor wir sie überqueren konnten. Aber der Wald war großenteils noch unberührt, und die Bewohner der Dörfer längs unserer Route lebten von den nachwachsenden Schätzen dieses Waldes.

Unversehens ging die Piste in einen fünfundzwanzig bis dreißig Meter breiten Streifen blanken roten Lehm über, und dann waren da auf einmal überall um uns herum Bulldozer und der Terpentinölgeruch von austretendem Baumsaft. Die orangefarbenen gelben Ungetüme von Baumaschinen verrichteten reißend und brechend ihr Geschäft. Hinten hatten sie riesige Greifer und vorn riesige Schiebeblätter, und dem Bulldozer, der uns jetzt einen Weg durch die Baumtrümmer bahnte, folgten wir unter einer Begleitmusik von Diesellärm und dem Quietschen und Jaulen und Scheppern von Metall auf Metall. Wie kamen diese Bulldozer hierher? Kraft eines Beschlusses der Afrikanischen Entwicklungsbank. Warum legten sie die breite Autostraßentrasse nicht fünf Meilen weiter nördlich durch einen bereits entwaldeten und ruinierten Landstrich, sondern schlugen eine Schneise quer durch ein Stück des letzten Bestands von unberührtem Küstenwald in dieser Weltgegend – einem Wald, der den Ortsansässigen heilig und letzte Zuflucht der wenigen in der Region noch erhaltenen Elefanten, Zwergflußpferde, Büffel und Exemplare zehn verschiedener Primatenarten war, einem Wald, dessen Schutz die Weltbank soeben mit einem Achtzig-Millionen-Dollar-Kredit sicherzustellen geglaubt hatte? Warum hatte die Afrikanische Entwicklungsbank grünes Licht für die Fortsetzung der Bauarbeiten gegeben, obwohl sie zuvor eine formelle Verpflichtung eingegangen war, bis auf weiteres zu warten? Warum diese anscheinend heimliche Trassierung anscheinend in größter Eile? «Was ich wirklich befürchte», meinte mein Gastgeber, «ist, daß die neue Straße dafür sorgen wird, daß vom Rest des Walds binnen ein paar Jahren nichts mehr übrig ist. Entwicklung muß sein, aber wir sollten Rücksicht nehmen auf das, was uns noch geblieben ist.»

Tatsächlich fuhren wir durch den letzten Rest von Schimpansen-Lebensraum in der ganzen Region, und am nächsten Tag kamen wir an sein Ende: ein Stück Land, das aussah, als sei es mit einer Bombe gerodet worden. Eine sengende Sonne brannte auf Gestrüpp, Unkraut, Gras, nackte Erde und mächtige silbrige und verdorrte Baumskelette herab. «Vor zehn Jahren», sagte mein Gastgeber, «gab es hier auf Hunderte von Meilen nichts als Urwald. Heute kaufen die Leute im Norden sogar schon Holz.»

Etwa eine Woche später fuhren wir durch eine ausgedehnte Zone künstlicher Savanne, die zwanzig Jahre zuvor Urwald gewesen und jetzt mit Kolonien einer schnellwachsenden Wildpflanze aus Mittelamerika bepflanzt war. Soweit ich feststellen konnte, frißt kein Tier – weder wilde Elefanten noch Stallhasen – diese Pflanze, die zu zweieinhalb bis drei Meter hohen, praktisch undurchdringlichen Buschmauern heranwächst. Die Büsche treiben Dolden von kleinen bläulichweißen Blüten und dünne, weiche Blätter, die in ihrer papierähnlichen Materialstruktur an Kleenextücher erinnern. Bei trockener Witterung vertrocknet ein Teil der Blätter und färbt sich braun, so daß der ausgewachsene Busch ein schmutzfarbenes Aussehen annimmt. Die Vermehrung scheint über Ausläufer zu erfolgen und in so fürchterlichem Tempo vonstatten zu gehen, daß der botanische Eindringling praktisch unausrottbar ist – gleichsam das i-Tüpfelchen auf der heutigen Misere dieser riesigen Kahlschlag- und Ödlandfläche.

Ich bereiste auch Gambia, ein westafrikanisches Land, in dem die Schimpansen heute ausgestorben sind. Es *gibt* durchaus Schimpansen in Gambia: Auf dreien der fünf Pavianinseln im Gambia-Nationalpark leben insgesamt etwa vierundvierzig Exemplare. Aber keines dieser Tiere stammt aus Gambia selbst; sie wurden auf die Inseln verbracht im Rahmen eines Rehabilitationsprojekts für Schimpansen, die in benachbarten und manchmal auch in europäischen Ländern aus den verschiedensten Gründen konfisziert worden waren. Das hervorragend geleitete Projekt ist ein Beispiel für afrikanischen Naturschutz in optimaler Form und ein Ruhmestitel des Landes.

Ich wurde vom Flughafen abgeholt und ein paar Tage später in

mehrstündiger Fahrt nach Osten zum Schimpansen-Rehabilitationsprojekt chauffiert. Wir folgten einer schnurgeraden Straße
durch semiarides Gelände, vorbei an Moscheen und kubischen Lehm-
ziegelkaten mit kegelförmigen Strohdächern, vorbei an vereinzelten
Kapok- und Affenbrotbäumen und strichweisem Dickicht, hinein
in ein Gewölk, in dem die Sicht nicht weiter als vier-, fünfhundert
Meter reichte. Ich sah überholende Autos weiter vorn in dem omi-
nösen trübweißen Dunst verschwinden, und meine Cicerone durch
dieses Land der Sahelzone murmelte ein *harmattan* vor sich hin.
«Harmattan», wiederholte sie dann lauter. «So heißt hier der Nord-
ostwind. Das Wort kann aber auch den Staub bezeichnen, den er
mitbringt. Als ich vor fünfzehn Jahren hierherkam, dauerte der Harmattan nur drei Tage im Jahr. Heute sind es mehrere Wochen.»

Ich logierte in einem Camp am Flußufer gegenüber den Pavian-
insel-Schimpansen und hatte Gelegenheit, mich mit einigen verantwortlichen Mitarbeitern des Rehabilitationsprojekts zu unterhalten,
so zum Beispiel mit Janis Carter, der Leiterin, Boiro Samba, einem
Fulani, der hier den staatlichen Naturschutz vertrat, und Jim Zinn,
einem Helfer vom American Peace Corps. Eines Abends fuhren
Boiro, Jim und ich mit dem Boot etwa eine halbe Stunde flußaufwärts, machten das Boot fest und marschierten mit Dias, einem Dia-
projektor, einem Kanister Benzin, einem tragbaren Generator und
einem Bettlaken bepackt ins nächste Dorf. Beim Dorfoberhaupt aßen
wir zu Abend, und nach dem Abendessen, über dem es Nacht geworden war, pinnten wir das Bettlaken an die Wand, warfen den Generator an, schalteten den Projektor ein und begannen Dias vorzuführen.

Ein sternenübersäter Himmel wölbte sich stumm über dem unge-
fähren Halbkreis von sechzig stehenden oder sitzenden Dorfbewoh-
nern, die gekommen waren, um zu verfolgen, wie der Projektor sein
gebündeltes Licht auf das Laken an der Wand warf, wo es zu Farben
und Konturen zerging. Die Ledermütze auf dem Kopf, schritt der
schlaksige, zartgesichtige Boiro vor den Zuschauern auf und ab und
dozierte wie ein Professor in rhythmischen Schwällen von Man-
dingo, jeden Absatz-Schwall mit dem Mandingo-Äquivalent für
«nicht wahr»? oder «gelt?» beendend, wobei seine Stimme in puncto
Lautstärke immer im Wettstreit mit dem Tuck-tuck-tuck des Genera-

tors und dem Protestgezeter der Ziegen, Schafe und Hühner des Dorfes lag. Jim Zinn flüsterte mir eine Simultanübersetzung des Vortrags zu. Auf dem Laken präsentierten sich im Abbild die größten und bekanntesten Tiere Afrikas: Giraffen, Löwen, Leoparden, Büffel – und Schimpansen. «Das sind Tiere, die einmal in Gambia zu Hause waren, aber hier inzwischen ausgestorben sind», übersetzte Jim. Und als nächstes: «Boiro fragt euch: ‹Habt ihr jemals so ein Tier im Busch gesehen?›» In diesem Stil ging der Vortrag weiter. Boiro erklärte, was Schimpansen sind, worin sie dem Menschen ähneln, wie sie in Gambia ausgerottet wurden, daß sie in ganz Afrika auszusterben im Begriff sind, auf welchem Weg der Vorgang rückgängig gemacht werden könnte und was es mit dem Schimpansen-Rehabilitationsprojekt auf den Pavianinseln auf sich hatte.

Nach dem Diavortrag entschuldigte sich das Dorfoberhaupt für die Frugalität des aufgetischten Mahls und überreichte uns als Abschiedsgeschenk ein Huhn. Begleitet von einem Viertel der Dorfbewohner, die teils unsere Ausrüstung trugen, teils uns einfach nur Gesellschaft leisten wollten, marschierten wir in der Dunkelheit durch Reisfelder zum Anlegeplatz zurück. Wir kletterten ins Boot und glitten auf der vom Sternenlicht erhellten Mittelströmung des Flusses durch schwarze und dräuende Wälder.

Auf dem Rückweg ins Camp erzählte mir Boiro, daß die Afrikaner, bevor sie mit Europäern in Berührung kamen, in dem überlieferten Glauben lebten, die Schimpansen seien einst Menschen gewesen. Der Sage nach wurde ein Trupp Menschen, weil er am Feiertag zum Fischfang hinausgefahren war, von Allah verflucht und in die Wälder verbannt – das war die Ursprungsgeschichte der Schimpansen. Für Afrikaner waren Schimpansen als Jagdtiere tabu, bis die Europäer kamen und ihnen beibrachten, daß sie Geld verdienen konnten, indem sie Schimpansenmütter umbrachten und ihre Jungen verkauften.

Jim Zinn erzählte mir, daß er gemeinsam mit Boiro unter den Einheimischen eine Umfrage betreffend ihre Einstellung zu wilden Tieren in Gambia durchgeführt hatte. Die Älteren, von denen sich viele an die Zeiten erinnern konnten, als es noch andere Tiere gab als nur diejenigen, die heute allgemein als Ernteschädlinge gelten, haben laut Jim «große Hochachtung vor Tieren. Man kann von ihnen

Sachen hören wie beispielsweise: ‹Gott verrichtet sein Werk durch die Tiere, und wenn keine Tiere da sind, kann Gott uns nicht helfen.› Aber die Jüngeren, die niemals eines der heute in Gambia ausgestorbenen Tiere zu Gesicht bekommen haben, die glauben, daß diese Tiere, wenn sie jemals wiederkommen sollten, samt und sonders Schädlinge wären. Weil sie nämlich noch niemals andere Tiere gesehen haben als Paviane, Meerkatzen, Buschschweine und Flußpferde, die hier herum allesamt Schädlinge sind.»

Giraffe, Löwe, Leopard, Büffel und Schimpanse. Sie alle sind aus dieser Gegend Afrikas verschwunden. Die gambische Regierung hat sich vorbehaltlos an die allgemeinen Prinzipien des Naturschutzes gebunden, aber vorläufig wird von Jahr zu Jahr die Dauer des Harmattans länger, die Regenperiode kürzer, der Brennholzvorrat weniger, die Hauptwasserader des Landes salziger. Die anhaltende Entwurzelung und Vertreibung der Schimpansen in Afrika ist Teil einer kontinentalen Tragödie, einer plötzlichen massiven Auflösung von Ökosystemen, die bis vor kurzem Mensch und Tier gleichermaßen Schutz boten.

2

Problem Nummer zwei ist die Jagd. In manchen Gegenden des frankophonen Westafrika ist die Sammelbezeichnung für Wildtiere *viande*, «Fleisch». In westafrikanischen Gebieten mit Englisch als Amtssprache oder lingua franca lautet das entsprechende Wort *beef*. Nun sind Französisch und Englisch in Afrika bekanntlich Zwei- oder Drittsprachen, und ich bin mir nicht schlüssig, ob dieser sonderbare Sprachgebrauch die Lehnübersetzung einer historischen Eigentümlichkeit afrikanischer Sprachen oder eine kuriose Hinterlassenschaft der Kolonialherren ist.* Keinesfalls ist er ein Zeichen mangelnder Sachkenntnis. Afrikaner, die sich im Busch auskennen, wissen hervorragend und in allen Einzelheiten Bescheid über die Formen der Pflanzen- und Tierwelt. Wie dem auch sei – wer sich in Afrika über Tiere unterhalten will, sieht sich häufig genötigt, über *viande*

---

* Im Kisuaheli hat das Wort *njama* die Doppelbedeutung «Fleisch» und «Tier».

oder *beef* zu sprechen, und diese sprachliche Eigentümlichkeit führt mitunter zu Konstruktionen, die für das Ohr des Europäers nicht einer gewissen Komik entbehren. «Horch!» sagte ein Afrikaner einmal zu einem Europäer aus meiner Bekanntschaft mit Blick auf einen wunderschön singenden Vogel. «Das Fleisch singt.» Mir erscheint das als vorauseilende Denkweise. Die Europäer apostrophieren Tiere erst, wenn sie tot sind, als «Fleisch». Die Afrikaner tun das schon vorher.

Zudem spiegelt der Sachverhalt die Tatsache wider, daß viele afrikanische Kulturen nach uralter, bis heute virulenter Tradition Jägerkulturen sind. Es ist zwar durchaus richtig, daß in Regionen des Schimpansenterritoriums, wo für gewöhnlich Schlachttierfleisch und Fisch zur Verfügung stehen, die afrikanischen Bewohner kein Schimpansenfleisch essen. Doch die Jagd zum Nahrungerwerb ist so alt wie Afrika. Man kann Menschen keinen Vorwurf daraus machen, daß sie für ihre Ernährung sorgen, und der Geschmack an Wildbret ist weit älter – und insofern natürlicher – als jede zivilisatorisch gezüchtete Vorliebe für Schlachttierfleisch.* Im Zuge der für das Afrika dieses Jahrhunderts kennzeichnenden Bevölkerungsexplosion wurde freilich aus dem Jagen eine Überexploitation der Wildfauna durch Jäger. Jagten einst wenige Menschen mit primitiven Gerätschaften in

---

* So wie nach meinem Dafürhalten die Jagd zum Nahrungserwerb ein honorigeres Geschäft ist als der Jagdsport. Europäer, die nur so aus Spaß an der Freud' auf Borneo Orang-Utans und in Afrika Gorillas und Schimpansen erlegten, haben in manchen Fällen die lokalen Populationen dezimiert. Der Engländer Fred Merfield erlegte 115 Gorillas zum Zeitvertreib (und spendete die Kadaver europäischen Museen). Der amerikanische Forschungsreisende und Gorillajäger Paul du Chaillu äußerte sich über sein Tun mit interessanter Zweideutigkeit: «Zum Glück stirbt der Gorilla genauso schnell wie der Mensch; ein halbwegs ordentlich plazierter Schuß in die Brust bringt ihn mit Sicherheit zur Strecke. Die muskulösen langen Arme von sich gestreckt, fällt er nach vorn auf das Gesicht und stößt mit seinem letzten Schnaufer einen gräßlichen Todesschrei aus, halb Brüllen, halb Kreischen, einen Laut, der dem Jäger zwar signalisiert, daß er seine Sicherheit zurückhat, zugleich aber auch sein Ohr mit einem schrecklichen Beiklang von menschlichem Todeskampf reizt. Tatsächlich ist dieser untergründige Einschlag von Menschentum ein Hauptbestandteil des Nervenkitzels, den der Jäger beim Angriff auf den Gorilla empfindet.»

endlos weiter Wildnis, so stellen heute in kleiner gewordenen und aufgesplitterten Waldgebieten unzählige Jäger den Tieren mit modernsten Waffen und anderen Hilfsmitteln nach. In einer Reihe west- und zentralafrikanischer Länder werden Schimpansen in bedenklichem Umfang zur Fleischgewinnung gejagt, so in Guinea, Liberia, Elfenbeinküste, Ghana, Kamerun, Äquatorialguinea, Gabun, Kongo und Zaire.*

Als der deutsche Naturforscher Johann Büttikofer vor einem Jahrhundert nach Liberia segelte, um Musterexemplare von Spezies für das Leidener Naturkundliche Museum zu sammeln, fand er am Ziel seiner Reise eine so ungezähmte Wildnis vor, daß er seine Suche auf den Küstenbereich und den schiffbaren Unterlauf der Flüsse beschränken mußte, und in dieser Wildnis einen solchen Artenreichtum, daß es ihm gelang, auf einer Fläche von geringerer Ausdehung als der Staat Pennsylvania 125 Säugetier-, 310 Vogel- und 74 Reptilienspezies aufzutreiben. Aus der Jagd zum Nahrungserwerb beziehen Liberianer seit Jahrhunderten ihren Lebensunterhalt, doch die Speere, Schlingen aus Kletterpflanzenranken, Reusen und Netze, wie sie einmal Tradition waren, sind heute durch Gewehre und Büchsen, Stahlfallen, Drahtschlingen und – beim Fischen – durch Dynamit ersetzt. Die großen liberianischen Wälder sind jetzt aufgesplittert, und die restliche Wildfauna schwindet unter dem Ansturm der Jäger dahin. In Liberia dürfte es mehr Handfeuerwaffen pro Kopf der Bevölkerung geben als in irgendeinem anderen äquatorialafrikanischen Land. Der Tatsache zum Trotz, daß die Liberianer diese Waffen kürzlich in einem grausamen und blutigen Bürgerkrieg aufeinander gerichtet haben, können wir davon ausgehen, daß im Lande die Jagd mit Schußwaffen weitergeht – Tag und Nacht, ungeregelt und ungebremst, ohne Rücksicht auf Seltenheit, Alter, Geschlecht und Fort-

---

* Es ist zwar praktisch, für Angaben zu topographischen Verhältnissen in Afrika die vorhandene Ländereinteilung als Bezugssystem zu nehmen, doch sollte der Leser dabei im Auge behalten, daß die politischen Grenzen auf dem Kontinent aus der Kolonialzeit stammende aufgezwungene Kunstgebilde sind. Nicht auf der Länderebene, sondern auf der Stammesebene variieren die afrikanischen Traditionen. Tatsächlich existiert in jedem Land ein breitgefächertes Spektrum von Einstellungen zur Wildtierjagd.

pflanzungsperiode des Wilds. Gejagt werden ausnahmslos alle Tiere, einschließlich so seltener Arten wie die Manati-Seekuh in den Flüssen und Buchten der Küste, der Leopard, der Waldelefant und der Schimpanse.

Die liberianische Wildfauna ist durch Jagd so überausgebeutet, daß Jäger im westlichen Landesteil lieber die Grenzposten bestechen und ins benachbarte Sierra Leone überwechseln, um dort mit Gewehren, Drahtschlingen, Fanggruben, Ranken- und Holzfallen ausgewählte Areale auszuplündern. Ihre Spezialität ist die nächtliche Jagd unter Einsatz von Karbid-Helmlampen und Scheinwerfern. Nachdem die Liberianer einen Teil der Beute an die lokalen Bonzen abgeführt haben, transportieren sie das Gros auf Lastwagen über die Grenze und weiter auf die Fleischmärkte bis hin zur Hauptstadt Monrovia. Die Liberianer schätzen vor allem Primatenfleisch – mit einem erlegten ausgewachsenen Schimpansen sind in Liberia bis zu sechzig US-Dollar zu erlösen –, aber sie essen auch alles andere, was da kreucht und fleucht. Noch liegen keine verläßlichen Schätzungen vor, wieviel erlegtes Fleisch regelmäßig die Grenze überquert, doch dürfte es sich um beachtliche Mengen handeln. Dem Vernehmen nach verlassen in Sierra Leone wöchentlich zwei volle Wagenladungen Wildbret (etwa zwei- bis dreitausend geräucherte Tieraffen beziehungsweise das Äquivalent in anderem Fleisch) den Grenzort Zimi in Richtung Liberia.

Im heute in Inseln zersprengten westafrikanischen Urwald ist fast die gesamte Wildfauna Jagdobjekt, die Schimpansen häufig mit eingeschlossen. Die Zerstörung der Wälder hat im Verein mit der Jagd die Zahl der hier lebenden Schimpansen bereits stark dezimiert: von bis vor kurzem noch etwa 800 000 auf die geschätzten 18 000 – 25 000 Individuen der heutigen Schimpansenpopulation in Westafrika. Gewiß, die Jagd- und Eßgewohnheiten unterliegen von Ort zu Ort beträchtlichen Schwankungen. So ist beispielsweise in dem Dorf Yaélé an der Elfenbeinküste der Schimpanse für die gesamte Dorfgemeinde ein sakrosanktes Totemtier, das nicht gegessen werden darf. Wie es dazu kam, erklärt eine Lokalsage etwa folgendermaßen: Einst gab es in einer Familie in Yaélé nur männliche Kinder. Dann kam doch noch eine Tochter. Leider ging sie eines Tages in den Wald, um Nüsse zu sammeln, und blieb verschollen. Später sah man sie einmal im Wald in Begleitung einer Horde Schimpansen; sie war selbst eine halbe Schimpansin geworden. Die Schimpansen hatten ihr das Leben gerettet, hieß es, und daraufhin wurde der Schimpanse zum Totemtier der Dorfgemeinde. Tatsächlich scheinen noch allerlei andere totemistische Traditionen in über die ganze Region verteilten Enklaven viele Tierarten vor den Nachstellungen menschlicher Räuber zu schützen. Ich erinnere mich an einen Zwischenstop, den ich in dem Dorf Zagné an der Elfenbeinküste machte, und wie ich dort von einer Brücke einen braunen Wasserlauf hinunterstarrte. Man legte mir nahe, ein Stück Brot in das Wasser hinunterzuwerfen, und kaum hatte ich das getan, begann die Wasseroberfläche zu brodeln und verfestigte sich dann zu einer Fischfläche: einer Masse von grauen und bebarteten großen Welsen, die förmlich übereinanderkletterten, um an das Brot heranzukommen. Die Fische in diesem Flußabschnitt waren Totemtiere, erklärte mir ein Dorfbewohner, genau wie die Affen da drüben in dem Waldstück auf der anderen Straßenseite. Die Regierung der Elfenbeinküste möchte ihr Erbe an Wildfauna und -flora gern erhalten, aber dem Zoologen Adriaan Kortlandt zufolge rottet die vielerorts an der Elfenbeinküste ausgeübte Schimpansenjagd die Tiere in den ihnen hier verbliebenen Lebensräumen vollends aus.

Ich hatte das Glück, mehrere westafrikanische Wälder in Begleitung eines afrikanischen Regierungsbeamten zu besuchen, dem der Naturschutz am Herzen lag. Nennen wir ihn Abu. Einmal marschierten wir, mit Kompaß und Machete ausgerüstet und assistiert von einem Halbwüchsigen aus der Gegend, der nach eigenem Bekunden Weg und Steg in dem Wald kannte, in einen bestimmten Nationalpark hinein. Es war in der Tat ein riesiger Urwald, aber von einer sonderbaren Stille erfüllt, weil es weit und breit keine Affen gab. Wir fanden Duckerlosung, Elefantendung und Schimpansennester. Wir fanden auch eine Menge von leeren Patronenhülsen und Tierfallen, die offenbar die Erklärung für das Fehlen der Affen waren.

Die Fallen waren ingeniöse Konstruktionen von ausgesprochen wirkungsvoller und geschickter, aber dennoch äußerst einfacher Machart. Sie setzten sich aus drei Grundelementen zusammen: einer

Spannfeder (in diesem Fall ein umgebogener Baumschößling), einer
Schlinge (aus dünnem Drahtseil) und einem Auslöser. Der aus sorgfältig zusammengesteckten Zweigen konstruierte Auslöser fiel bei
Berührung auseinander und gab die gespannte Feder frei, die zurück-
schnellend die Schlinge zuzog, so daß die Beute zwar gefangen war,
aber am Leben blieb. Eine der gefundenen Fallen arbeitete mit einer
aus Stöcken und Reisig geflochtenen künstlichen Hecke mit einem
kreisrunden Loch in der Mitte, die als Wegsperre auf einem umgestürzten Baumstamm aufgestellt war. Jedes kleinere Tier, wie zum
Beispiel ein Äffchen, das auf dem Baumstamm entlanggehuscht kam,
mußte durch das Loch in der Hecke kriechen und damit den Auslöser
betätigen. Ich nahm einen Stock und polkte damit das Loch. Im Nu
befand sich mein Polkstock im Würgegriff einer Drahtschlinge, die
ihn mir mit einem kräftigen Ruck aus der Hand und in die Luft em-
porriß.

Da wir uns in einem Nationalpark und nicht in einem Jagdrevier
befanden, verspürten Abu und ich keine sonderlich großen Gewis-
sensbisse, als wir jetzt die Fallen unschädlich machten, die Schößlinge
durchhieben und die Drahtschlingen in die Büsche warfen. Aber unser Helfer, der Dorfjunge, meinte warnend: «Der Jäger wird einen
bösen Zauber auf euch werfen. Ihr werdet von einem Unheil heimge-
sucht werden.» Und damit erreichte er, daß nach dem Zwischenfall
nicht nur ein ungutes Gefühl in mir zurückblieb, sondern auch eine
unbehagliche Vision, wie wenn ich ein Fisch wäre, der droben über
der Wasserfläche einen Fischer ein großes kreisrundes Netz auswer-
fen sieht.

Ein paar Tage später reisten wir in das nördliche Randgebiet jenes
Nationalparks, wo der Feuchtwald in Trockenwald und dieser seinerseits in Savanne überging. Wir hatten uns auf Felsbrocken niederge-
lassen, die eine Hügelkuppe krönten, lauschten dem Rascheln der wenigen braunen und grünen Blätter an einigen kümmerlichen Bäumen
in der Nähe, blickten auf einen Strich Savanne und Dickicht hin, at-
meten genießerisch den Geruch des Grases ein und tranken die lau-
tere Schönheit des Graslands in uns hinein – vereinzeltes Wellenge-
kräusel und breites Gewoge von Oliv- und Hellgrün, Gelb, Bernstein,
Gold, Ocker und Braun, auf einer Seite mit dem Dunkelgrün des

Waldes kontrastierend und weiter in der Ferne mit dem bläulich ge-
tönten Fahlgrau der bewaldeten Berge. Während wir noch die Blicke
über das Grasland schweifen ließen, kamen etwa zwei Dutzend Wald-
büffel ins Offene getrottet; daraufhin gingen Abu und ich den Hang
zum Fuß des Hügels hinunter, um sie uns aus größerer Nähe anzu-
schauen. Tatsächlich jedoch waren sie aus gleicher Höhe in dem hohen Gras viel schwerer zu sehen. Meist konnten wir nur bewegte
braune Silhouetten im groben braunen Schutzmantel der Vegetation
ausmachen, und manchmal war überhaupt nichts weiter zu sehen als
die weißen Wimpel der Kuhreiher, die die Herde begleiteten. Dann
trat ein Hartebeestbock in ein Gestrüpp nicht weit von meinem
Standort, hielt inne, reckte den Kopf und glotzte, glotzte, glotzte,
glotzte, machte dann kehrt und tänzelte hocherhobenen Kopfes – auf
dem die Hörner ein aufrecht stehendes schwarzes U bildeten – und
höchst eleganten Schrittes davon, was die Büffel als Alarmsignal nahmen, das sie veranlaßte, nun ihrerseits mit dumpfem Donnergepolter
und ihre Eskorte von Kuhreihern aufscheuchend die Flucht zu ergreifen.

Als die Büffel weg waren, kehrten Abu und ich zu unserem steinernen Hochsitz auf der Hügelkette zurück. Wir rüsteten uns eben zum
Aufbrechen, als wir irgendwo rechter Hand einen Schuß fallen hörten: Wilderer. «Es ist noch hellichter Tag», sagte Abu. «Aber das
kümmert die einen Dreck.»

Es war sicher eine Dummheit, die Wilderer aufzuspüren, denn
schließlich waren sie mit Gewehren bewaffnet, aber zum Glück hatten sie unser Herannahen nicht bemerkt, als wir sie entdeckten. Ich
sah ein Stück roten Hemdenstoff, das sich bewegte. Dann hörten wir
Stimmen. Es waren mindestens zwei. «Ich bin sicher, das sind Pro-
fis», flüsterte Abu. «Die besorgen hier im Nationalpark das Fleisch
für irgendein Restaurant in der Umgebung.» Wir bemühten uns, so
zu tun, wie wenn wir unserer Sache sicher wären. Langsam und unter
Aufbietung äußerster Vorsicht schlichen wir jeder auf eine andere
Seite des Gehölzes. Auf ein verabredetes Signal hin ließ Abu einen
Pfiff im Stil einer Polizeipfeife hören und brüllte: «Vorwärts! Alles
festnehmen!», während ich Steine in die Bäume und das Unterholz
warf und mich anstrengte, das Geräusch von mehreren hastenden

Männern zu erzeugen. Die vollkommen überraschten Wilderer wetzten so schnell sie konnten davon. Nachdem sich das Krachen im Unterholz in der Ferne verloren hatte, kehrten Abu und ich wieder zu unserem Platz auf dem Hügel zurück. Es dauerte allerdings nur wenige Minuten, bis erneut geschossen wurde, diesmal linker Hand: andere Wilderer. Dann hörten wir Schüsse aus einer dritten Richtung, und auf dem Weg in eine andere Zone des Naturparks sahen wir später die Rauchfahne vom Feuer eines Wilderers, der wahrscheinlich seine Beute räucherte. In diesem «Nationalpark» traf man keine Touristen und keine Wildhüter. Er steckte voller Jäger, die hier Tabula rasa machten.

Tatsächlich stießen Abu und ich fast überall, wohin wir fuhren, auf Jäger – in Waldgebieten, die unter Naturschutz standen, National-parks, Wildreservaten, wo auch immer. Einmal hatten wir einen solchen Jäger – in seinem Dorf war er als «Peter der kleine Jäger» bekannt – zum Abendessen zu Besuch. Es war ein junger Mann, Jahr-gang 1967, von geradezu verboten gutem Aussehen, klein (daher sein Spitzname), aber mit der Figur eines Mister Universum, ein Mann von prachtvoll athletischem Körperbau, der in der Unterhaltung mit uns größte Gelassenheit und Selbstsicherheit an den Tag legte, wäh-rend des Redens gestikulierend mit einem Finger in der Luft stocherte und dies und das mit einem Rucken der Hände unterstrich.

Wie er uns erzählte, ist Peter der einzige Jäger in seinem Dorf, einer Gemeinde, die achtzehn erwachsene Mitglieder zählt, und wenn er auf Jagd geht, bringt er hinterher die Beute heim zu seiner Familie, aber er beliefert auch andere Mitglieder der Dorfgemein-schaft mit Fleisch. Wenn er mehr als genug für die Dorfbewohner erlegt hat, verkauft er den Überschuß an andere Leute. Er geht vier-mal die Woche auf die Jagd und zieht nebenbei auf einer kleinen An-pflanzung Reis, Maniok und Bananen.

Ducker und andere kleine Säugetiere, so Peter, jagt er bei Nacht, und dabei bedient er sich eines Scheinwerfers. Einmal hat er einen Leoparden geschossen. Bei Tag jagt er Primaten – Meerkatzen und Schimpansen. Was er zuerst erlegt (mit «zuerst» meint er, glaube ich, «am häufigsten»), sind Meerkatzen – Diana-Affen und Mangaben. Rote Kolobusaffen weniger. Die sind sehr selten, erklärte er, weil sie so leicht zu erlegen sind. Man braucht sich nur unter einem Baum aufzustellen, auf dem sie fressen; hat man einen geschossen, flüchten die anderen nicht weit, so daß man mehrere auf einmal erwischt. Die Schimpansenjagd kann allerdings gefährlich werden. Einmal schoß er eine Mutter mit einem Jungen, die tot vom Baum fielen, da erschien plötzlich ein schreiendes Männchen auf der Bildfläche, also mußte er auch das Männchen abschießen. Alles in allem, so Peter, erlegt er rund zehn Schimpansen im Jahr. Vergangenes Jahr waren es sieben. Gelegentlich kommt es vor, daß er ein lebendes Baby von der toten Mutter abliest, und in solchen Fällen versucht er dann, das Baby zu verkaufen. Schon zweimal hat er ein Schimpansenbaby an französische Touristen verkauft – aber nicht bloß die Weißen richten sich kleine Schimpansen als Haustiere ab. In der nächsten Stadt gibt es einen Automobilwerkstattbesitzer, einen Afrikaner, der hält sich zwei Schimpansen als Arbeitskräfte. Sie schleppen für ihn Sachen hin und her, Dosen und Kanister und so weiter.

In Westafrika gibt es offenbar drei Kategorien von Jägern. Fast alle Landbewohner, so habe ich mir sagen lassen, sind Gelegenheitsjäger, die beispielsweise mit einfachen Fallen Ratten und Hörnchen nachstellen. Und Dorfgemeinden haben gewöhnlich ihre Spezialisten für die Jagd, einen oder zwei gute Jäger, die das Dorf mit Fleisch versorgen; Peter der kleine Jäger gehört zu dieser Kategorie. Aber es gibt auch Berufsjäger, Leute, die das Jagen gewerbsmäßig betreiben; sie beliefern Restaurants oder Unternehmer, die das erlegte Wild per Lkw in die Großstädte befördern.

Abu und ich stoppten an einem Umschlagplatz für Wildtierfleisch. Genauer gesagt, wir wurden gestoppt – von einer Frau, die uns Rohrrattenfleisch zum Kauf anbot. Wir parkten unser Auto und folgten ihr in ein Budendorf von kleinen Fleischläden und Speiselokalen – Ketten verandaartiger Vorbauten an langgestreckten Betongebäuden. Die Vorbauten dienten als Gaststuben für Esser; hinter ihnen befand sich jeweils eine Küche und hinter den Küchen ein langer Verbindungsgang, auf dem in langer Reihe tote Tiere lagen und Menschen saßen, die damit beschäftigt waren, die Kadaver zu zerlegen. Da gewildertes Fleisch gewöhnlich unverschleiert zerlegt und weiterverarbeitet wird – will sagen, ohne daß Fell, Füße und Kopf entfernt werden –, konnten Abu und ich hier unauffällig eine inoffizielle Zählung der augenblicklich im Angebot befindlichen Tierarten vornehmen: zwei kleine Antilopen, eine Anzahl Ducker, etliche Rohrratten und Riesenratten, ein stachelschweinähnliches Tier und etliche Tieraffen. Ein Schlachthof in Kansas City bietet gewiß keinen schöneren Anblick, aber jemand, der an die trügerischen Fassaden der Supermärkte und der Verpackungsmittelindustrie gewöhnt war, sah sich hier einer kraß realistischen Szene gegenüber: Ducker, denen die Augen aus den Höhlen geplatzt waren und der halbverdaute Mageninhalt grün aus dem Maul hing, zerstückelte Antilopen, eine Rohrratte mit aufgeschlitzter Kehle, ein auf dem Rost garender ausgeweideter Kolobusaffe, den man so weit nach hinten zusammengebogen hatte, daß der Kopf den Rumpf berührte, ja daß der Schwanzstummel ins Maul zu stecken gekommen war, und der in einer wie im Todeskampf erstarrten Fratze die Zähne bleckte.

Eine Frau bot mir den Affen zum Gegenwert von sechzehn US-Dollar an. Ich fand den Preis überhöht, Abu erinnerte mich jedoch daran, daß dies lediglich die Verhandlungsbasis für das erwartete Feilschen war.

Wir fragten mehrere Leute, ob Schimpansenfleisch zu haben sei. Eine Frau antwortete uns: «Ah, davon kriegen wir nicht oft was 'rein. Vielleicht zweimal im Jahr.» Eine andere meinte lachend: «Schimpansen haben wir nie. Es gibt ja hier keinen Urwald mehr.»

Selbst in Zentralafrika, wo die Urwälder noch verhältnismäßig intakt sind, gewinnt allmählich moderne Maßlosigkeit die Oberhand über die traditionelle Selbstbescheidung. Lange Zeit jagten die BaAka-Pygmäen des Dzanga-Sanga-Urwalds in der Zentralafrikanischen Republik Wildtiere mit Pfeil und Bogen und aus Baumrinde und Ranken geflochtenen Netzen. Doch seitdem hier vor zwei Jahrzehnten die jugoslawische Firma Slovenia Bois Holz zu schlagen begann, haben sich unter dem Einfluß von rund eintausendfünfhundert Sägemühlenarbeitern und anderen Außenstehenden Wesen und Form des Jagens grundlegend verändert. An die Stelle des traditionellen Jagdgeräts treten nun Feuerwaffen, Fallen und Gift. Aus den Holzarbeitercamps werden schwere Stahltrossen entwendet und zu

Elefantenfallen umfunktioniert; wohlhabende Ortsfremde leihen den Pygmäen leistungsfähige Präzisionsgewehre und entlohnen sie für ihre Jagdbeute mit einem Päckchen Zigaretten, einem halben Liter *Bako* oder einem abgetragenen Kleidungsstück. Ähnlich haben die Mbuti-Pygmäen des Ituri-Urwalds in Zaire neuerdings ihre ursprünglich nur auf den Eigenbedarf abgestellte Jagd so intensiviert, daß sie nun auch an gewerbliche Fleischhändler liefern.

Die BaAka und die Mbuti haben sich indessen nie auf die Schimpansenjagd spezialisiert; wieweit die seit neuestem in Gang gekommene Intensivierung der Jagd im Dzanga-Sanga- und Ituri-Urwald die großen Menschenaffen berührt, ist ungeklärt. In Gabun dagegen ist Wildtierfleisch seit langem eine Hauptquelle diätetischer Proteine, wobei Schimpansen und Gorillas zu den besonders begehrten Leckerbissen zählen. Einem 1980 veröffentlichten Bericht zufolge gelten Schimpansen und Gorillas zudem als gefährliches Raubzeug und verderbliche Ernteschädlinge, so daß man gleich mehrfach Grund hat, ihnen nachzustellen. Die Nachfrage nach Wildtierfleisch scheint bisher enorm gewachsen zu sein – die Arbeiter einer kleinen Versuchserzgrube im gabunischen Belinga sollen jährlich vierundzwanzig Tonnen verbraucht haben. Eine neuere Studie über das Jagen zum Nahrungserwerb in bestimmten Regionen Gabuns kam zu der Feststellung, daß auch nur wenig intensives Jagen die Zahl der Schimpansen um ein Viertel reduzierte und intensive Jagd sie halbierte. Ungeachtet dessen ist das Land nach wie vor ein großes Reservoir biologischer Vielfalt. Das noch immer dicht bewaldete und dünn besiedelte Gabun wird gelegentlich angeführt, wenn es darum geht, exemplarisch zu veranschaulichen, wie es in ganz Afrika vor fünfzig Jahren aussah. Und als ich dieser zentralafrikanischen Region 1991 einen Besuch abstattete, erzählte mir die Schimpansenexpertin Caroline Tutin, daß die Gabuner heute, was zahmes Geflügel betrifft, Selbstversorger sind und überdies wohlhabend genug, um sich importiertes Rindfleisch leisten zu können; außerdem essen sie bevorzugt Schlachttierfleisch, so daß Wildtierfleisch als Ergänzung ihres Küchenzettels eher die Ausnahme als die Regel ist. Das ändert freilich nichts daran, daß durch die Fertigstellung der transgabunischen Eisenbahn und die damit einhergehende Erschließung des Landesinneren für den Holzeinschlag großen Stils in diesem zentralafrikanischen Land die großen Menschenaffen weiterhin gefährdet sind.

Wo man Schimpansen nicht zur Fleischgewinnung jagt, tötet man sie unter Umständen aus anderen Gründen. Ein Angehöriger eines der Stämme im Süden des Kongo klärte mich auf, daß die Südkongolesen kein Schimpansenfleisch essen, selbst dann nicht, wenn sie Hunger leiden. Gorillafleisch ja, das essen sie. «Wo ist da der Unterschied?» wollte ich wissen. Er meinte, das könne er nicht erklären, aber da bestehe ein großer, ein gewaltiger Unterschied. Die Leute im Süden essen auch keine Haushunde und Hauskatzen, die weiter im Norden allerdings tun das.

Der Kongo ist ein durchaus hochentwickeltes und vergleichsweise urbanisiertes Land, aber selbst in den großen Städten gibt es noch viele Kongolesen mit einer Vorliebe für Wildtierfleisch. Entsprechend professionalisiert – «industrialisiert» lautet die Bezeichnung, die ein Beobachter benutzte – ist hier die Wildtierjagd, deren Ausbeute täglich in hohen Lkw-Ladungen in die größeren Städte wie Brazzaville und Pointe-Noire transportiert wird. Zwar fand ich auf den Märkten, die ich in Brazzaville aufsuchte, kein Gorilla- oder Schimpansenfleisch im Angebot – will sagen, keins in dem Marktabschnitt, wo sich die Stände der Wildhändler befanden. Sobald ich jedoch zu den Verkäufern von Wundermitteln, Fetischen und Zaubertränklein hinüberspazierte, sah die Sache anders aus. Einer von den Händlern hatte einen Gorillakopf ausgestellt, noch mit Haut und Fell dran, aber schon in Verwesung übergehend; die Lippen waren von den Zähnen zurückgezogen und die Augen in die Höhlen zurückgesunken. Der Händler hielt auch eine schwarzbehaarte Gorillahand feil, von der Daumen und Zeigefinger weggebrochen waren; an den Bruchstellen krabbelten Ameisen aus und ein. Den Kopf könne ich für den Gegenwert von vierzig US-Dollar haben, die Hand hätte komplett vierzehn US-Dollar gekostet, weil aber schon jemand ein Stück entfernt hatte, würde er sie mir für zwei Drittel des Preises lassen. Kopf und Hände verleihen Kraft, erklärte der Händler; deswegen werden sie gern von Sportlern gekauft. Die Gorillateile werden in Wasser gekocht, bis das Wasser verdampft ist, und der Rückstand wird zu Pulver zerkleinert; dann schneidet man sich die Haut auf, beispielsweise auf dem Handrücken, und reibt das Pulver in den Schnitt. Das gibt Kraft.

An dem Stand gegenüber entdeckte ich – zwischen Dutzenden und Aberdutzenden von Tierbälgen, Haufen von getrockneten Schlangenköpfen, getrockneten Eidechsen, Adler- und Falkenklauen, einem Elefantenschwanz, einem Krokodilkopf, Feder- und Fetischpuppen, schwarzen getrockneten Chamäleons und einem grünen lebenden Chamäleon, das in einem hermetisch verschlossenen Glasbehälter langsam erstickte – zwei Schimpansenhände im Angebot. Auch sie würden, wie die Gorillahände, gekocht, pulverisiert und unter die Haut gebracht, dem Zivilisationsmenschen etwas von der Kraft des wilden Menschenaffen vermitteln. An einem anderen Stand entdeckte ich vier Schimpansenhände im Angebot, und auf einem anderen Markt machte ich tags darauf ein halbes Dutzend Gorillahände ausfindig, teils mit unvollständiger Fingerzahl, allesamt großen Menschenhänden sehr ähnlich sehend.

Wo Schimpansen vertrieben und ihre Wohngebiete durch menschliches Eindringen zerstört werden, kann es vorkommen, daß sie sich auf landwirtschaftliche Anbauflächen vorwagen und am Erntegut vergreifen. Infolgedessen werden sie regelmäßig auch als Erntediebe gejagt. Einem Bericht zufolge wurden in Westuganda die Frucht plündernde Schimpansen in Fallen gefangen, mit Speeren umgebracht und anschließend zerhackt und an die Hunde verfüttert. Auch das Gehirn wurde den Hunden vorgeworfen, die ausgeschabten Schädel jedoch wurden an einen Zauberpriester verkauft. Der pulverisierte sie durch Verbrennen und stellte aus dem Pulver und anderen Zutaten eine Paste her, die, in Schnitte in der Haut eingerieben, laut seiner Theorie die Heilung von Knochenbrüchen beschleunigte.

Schimpansen stehen vielerorts unter dem Schutz der Gesetze, da und dort sind sie auch durch Brauchtum und Herkommen geschützt. Gesetze freilich, die keinen Rückhalt in Brauchtum und Herkommen finden, bleiben gewöhnlich wirkungslos, während Brauchtum und Herkommen ihrerseits ganz unterschiedliche Resultate zeitigen können. Bevor sie im Zuge von Stammeskriegen 1962 vertrieben wurden, jagten die Bakonjo und Bamba im ugandischen Kibale-Urwald (wo das Jagen verboten ist) Schimpansen und andere Primaten zum Nahrungserwerb. Die beiden Stämme wurden 1962 von den Batoro verjagt, bei denen nicht nur der Verzehr von Primatenfleisch strikt verpönt ist, sondern die sich unter Umständen sogar weigern, von einem Teller zu essen oder aus einem Becher zu trinken, die jemandem gehören, der nicht das gleiche strenge Speiseverbot befolgt. Die Batoro jagen zuweilen mit Netzen. Dabei treiben in der Regel Trupps von bis zu vierzig Treibern mit Hunden die größeren Tiere des Kibale – Buschböcke, Ducker, Buschschweine, Waldschweine, Wasserböcke, Büffel – in weit ausgespannte Netze, wo bereitstehende Speerträger sie mit ihren eisenbewehrten Waffen durchbohren. Tieraffen oder Schimpansen, die sich gelegentlich im Netz verfingen, ließen die Batoro wieder laufen. Ihre Drahtseilschlingen arbeiteten allerdings nicht so wählerisch. Als Michael Ghiglieri Ende der siebziger Jahre die Schimpansen des Kibale-Urwalds studierte, stellte er fest, daß in der annähernd sechzig Individuen zählenden Gruppe, die Gegenstand seiner Untersuchung war, drei Tiere durch Fallen verstümmelt waren. Bei der Beobachtung von Schimpansen in anderen Regionen des Waldes registrierte er an nahezu einem Viertel der Tiere solche Verstümmelungen. Die Beeinträchtigungen reichten von Narben und kleineren Verunstaltungen bis zu verkrüppelten oder fehlenden Fingern und Zehen, fehlenden Händen, verkümmerten Beinen und tiefen, eiternden Wunden. In einem Fall sichtete Ghiglieri ein Weibchen mit einer ins Fleisch eingewachsenen Drahtseilschlinge um den Fuß. Der unförmig geschwollene und brandige Fuß sah aus «wie ein zum Leib ausgeformter und in der Mitte mit einem Gummiband abgeschnürter Klumpen Brotteig». Bald danach blieb das Weibchen verschwunden, und Ghiglieri begriff, daß das Auszählen der lebenden Tiere mit Verstümmelungen nur sehr bedingt Aufschluß über die tatsächliche Zahl der Fallenunglücke gab, da ja dabei die Fälle mit tödlichem Ausgang nicht miterfaßt wurden.

Ähnliche Auswirkungen von offensichtlich für andere Tierarten gedachten Fallen stellte Ursula Rahm fest, als sie Mitte der sechziger Jahre an einer Schimpansen-Fangexpedition in einen vermeintlich menschenfernen Abschnitt Ostzaires teilnahm. Über die Hälfte der vierundvierzig von ihr untersuchten Schimpansen wiesen Verunstaltungen oder alte Verletzungen auf. Ziel der Fangexpedition war es, Schimpansen zu beschaffen, die noch nie «direkten Kontakt» mit Menschen gehabt hatten; diese sollten dann in französischen und amerikanischen Labors zu Versuchszwecken mit Hepatitis infiziert werden. Ein nicht unbedeutender Anteil der gefangenen Tiere ließ allerdings Anzeichen zumindest eines indirekten Kontakts erkennen. Sechs der vierundvierzig wiesen Verletzungen auf, die eindeutig von Drahtseilschlingen herrührten. Ein erwachsenes Männchen schleppte am rechten Knöchel eine ins Fleisch eingewachsene Drahtseilschlinge mit sich herum, die zur Ursache einer Muskelatrophie geworden war und eine lebensbedrohliche Nekrose auszulösen drohte. Das Tier mußte erschossen werden. Ein männliches Jungtier hatte ebenfalls eine eingewachsene Drahtseilschlinge um den Knöchel, die zu einer bereits bis zum Knie reichenden Nekrose und einem «total verkästen Fuß» geführt hatte. Das Tier mußte erschossen werden.

3

Als Kind hatte ich davon gehört, im afrikanischen Urwald zu leben, mich still von Baum zu Baum zu bewegen, umgeben von Tieren – Tieren, die vielleicht nicht immer zu sehen, aber mit Sicherheit immer da waren. Im Gombe-Nationalpark in Tansania gingen meine Träume in Erfüllung. Aber jetzt war ich eine Strecke, die die halbe Breite des Erdteils maß, weit weg von meinem geliebten Heim in Tansania, in dem zentralafrikanischen Land Kongo.

Ich ließ die Straße hinter mir, entfernte mich von den anderen. Von der Stille des Waldes umfangen, spazierte ich tiefer hinein in eine Welt, die für mich an Schönheit alles andere auf Erden übertrifft. Ich setzte mich unter einen Baum, lehnte mich an den mächtigen glatten Stamm und schaute hoch, hoch hinauf in das Gezweig und das Blattwerk des Baldachins dort oben. Jetzt, wo ich verstummt war, jetzt, wo die Stimmen meiner sich entfernenden Gefährten, zum denkbar schwachen Lautgewirr gedämpft, an den äußersten Rand meines Bewußtseins gerutscht waren, konnte ich der Musik des Waldes lau-

schen. Ein Summen, leise, lauter, leise, die Begleitmusik eines vorbei-
fliegenden und in den grünen Tiefen hinter dem Baum verschwinden-
den Insekts. Das Wispern der Blätter, von gesteigerter Lautstärke, als
ein Windstoß in die Baumwipfel fuhr und das Laubwerk rüttelte, so
daß das Sonnenlichtgesprenkel auf dem Waldboden wie wild zu tanzen begann. Der Wind zog weiter, und die zur Ruhe kommende
feuchte Luft wurde drückender. Ein leises Scharren oben am Stamm
eines Nachbarbaumes glitt rasch abwärts; langsam den Kopf wen-
dend, erspähte ich ein Baumhörnchen. Unter häufigem Rucken seines
stattlichen Schwanzes entfernte sich der kleine Nager in aller Gemütsruhe aus meinem Gesichtsfeld... Ein Flügelschwirren, direkt auf mich
zukommend, ein Laut des Erschreckens, ein jäher Richtungswechsel,
dann ein Ausbruch von Gezeter aus dem Schnabel eines kleinen Vo-
gels, der mir von seinem eben eingenommenen Sitz aus zornige Blicke
zuschleuderte und mir erregt klarzumachen versuchte, daß ich mich
von hinnen heben solle. Aber ich rührte mich nicht vom Fleck, und nach
kurzer Zeit räumte der Vogel das Feld, um sich ein ungestörteres Plätzchen zu suchen... Und dann ein unter die Haut gehendes Lied, dessen
klare Laute sanft in die schwüle Luft tropften. Es hörte sich an wie einer
der *Robin chats (Cossypha)*, die ich so gut aus den tansanischen Wäldern kannte, aber ich konnte den Sänger nicht sehen. Ich wandte mich
nach einem Rascheln im gefallenen Laub um in der Hoffnung, dort
etwas erkennen zu können, aber was immer sich da bewegte, es blieb
dem forschenden Blick verborgen. Wieder flog ein kleiner Vogel vorüber, wieder fuhr ein Windstoß in die Zweige droben.

Plötzlich ein Schuß! Weit weg – doch nahe genug, um meine friedvolle Beschaulichkeit zunichte zu machen. Für einige Augenblicke
hatte ich mir den Luxus geleistet zu vergessen, wie es mit dem Wald um
mich herum wirklich bestellt war, aber jetzt wurde ich wieder auf den
Boden der – mir nur zu gut bekannten – krassen Tatsachen zurückge-
holt. Man sieht keine Affen mehr durchs Gezweig springen, keine
scheuen Buschböcke, keine geräuschvoll im Boden wühlenden
Schweine mehr auf den Pfaden. Von den Elefanten ist nichts mehr übrig. Und auch die Schimpansen sind verschwunden. Man hört nicht
mehr ihre Rufe über die Bäume hinwegschallen – das streitbare Kreischen, das zufriedene Grunzen und Bellen, das gruselerregende

Alarmgebell, die Huuh-huuh-Chöre ihrer Abendgesänge. Alle größeren Tiere und Vögel sind aus dem Wald verschwunden, abgeschossen, auf dem Dorfmarkt verhökert und per Lkw auf die städtischen Märkte verfrachtet.

Der Zauber war verflogen, und ich machte mich auf den Weg zur Straße zurück und hinter meinen Gefährten her. Wir waren hierhergekommen, um nach einem geeigneten Gelände für ein geplantes Asyl für verwaiste Schimpansen zu suchen, eine Zufluchtstätte für Jungtiere, die bei Jägern, die ihre Mütter abgeschossen hatten, beschlagnahmt worden waren. Die Suche fortsetzend, steuerten wir unser Fahrzeug jetzt tiefer in den Wald hinein. Nach kurzer Zeit kam uns ein riesiger Laster entgegen, dem wir seitwärts an den Straßenrand auswichen. Mit blutendem Herzen sah ich ihn vorüberfahren, denn er war mit den Stämmen von sechs mächtigen Urwaldbäumen beladen. Von Bäumen wie dem, der mir im Wald Schatten und Behaglichkeit gespendet hatte. Von Bäumen, die über hundert Jahre gebraucht hatten, um diese Größe zu erreichen. Innerhalb einer einzigen Stunde begegneten uns auf der holprigen Straße drei solcher Laster, an denen vorbei wir unseren Weg in den geschändeten Wald hinein fortsetzten.

5 He, Sklave!

PROSPERO:
                        Doch wie's nun steht,
Ist er uns nötig; denn er macht uns Feuer,
Holt unser Holz, verrichtet mancherlei,
Das Nutzen schafft. He, Sklave! Caliban!
Du Erdkloß, sprich!

Peter der kleine Jäger hatte mir eine Autoreparaturwerkstatt in der nächsten Stadt genannt, deren Besitzer Schimpansen für sich arbeiten – sie beispielsweise Benzinkanister schleppen – ließ. In der Stadt angekommen, erblickte ich auf der Straße einen Mann in der Uniform der staatlichen Forstverwaltung – der Behörde, zu deren Obliegenheiten nicht zuletzt die Durchsetzung der Landesgesetze gegen das Erlegen, Fangen, Abtransportieren und Verkaufen bedrohter Tierarten, also unter anderem auch der Schimpansen, zählt. Ob er mir sagen könne, wo ich den Automechaniker mit den Schimpansen finde. Na klar könne er das, aber das seien nicht die einzigen Schimpansen in der Stadt, er wisse noch von zwei anderen. Wenn ich Schimpansen kaufen wolle – kein Problem. Ich würde allerdings ein, zwei Tage bleiben müssen; so lange würde es dauern, das Geschäft zu arrangieren.

Er gab mir eine klare Wegbeschreibung, und binnen kurzem parkte ich neben der Einfahrt zum Gelände eines Autoreparaturbetriebs, vor der etwa zwei Dutzend Menschen einen Auflauf bildeten. Ich drängte mich in die Menge und erblickte ein junges Schimpansenmännchen, das mit einer an seinem Hals befestigten mächtigen Eisenkette an das Fahrgestell eines alten Lasters gekettet war. Das aufrecht stehende Tier gab sich sehr gereizt; irgendwie hatte es einen Stock zu fassen bekommen, den es nun gegen die Menge schwang. Ich machte ein paar Fotos, und währenddessen grapschte sich der Schimpanse eine Handvoll Dreck vom Boden, mit der er – zum großen Gaudium der Umstehenden – nach mir warf.

Ein Stück weit hinter dem bedauernswerten Jungtier standen in der prallen Sonne zwei erwachsene Schimpansen, ein Männchen und ein Weibchen, beide mit einer schweren Eisenkette an ein großes, verrostetes Stück Alteisen gekettet. Sie boten ein Bild des Jammers. Das Männchen war groß und ziemlich hübsch, das Weibchen, ebenfalls von großer Statur, hatte eine lange, herabhängende Unterlippe und Schlappohren. Das Gebiet hier war erst vor kurzem entwaldet worden, und einen Moment lang sah ich vor meinem inneren Auge diese drei Kreaturen an derselben Stelle in dem grünen Dämmer eines hohen Waldes leben; ich sah, wie der Wald und wie alle Tiere in ihm vernichtet wurden bis auf diese drei traurigen Gestalten, die jetzt dazu verdammt waren, in der sengenden Sonne als Blickfänger an der Straße zu stehen.

Irgendwo auf dem Gelände trieb ich den Besitzer der Schimpansen auf. Die hatte er seit sieben Jahren, sagte er. Ursprünglich waren es vier gewesen, aber einer war eingegangen. Dann wollte er Geld von mir haben, weil ich Fotos gemacht hatte. Als ich ihm erklärte, das solle er sich aus dem Kopf schlagen, bot er mir die Schimpansen zum Kauf an, für zweihundert US-Dollar das Stück.

Das Luxushotel, vor dem ich vorfuhr, gehörte einem in Afrika lebenden Schweizer. Hinter dem Gebäude gab es ein betongepflastertes, von einem Lattenzaun umgrenztes Geviert mit einer Art überdimensionaler Hundehütte aus Beton darin, an die mit am Hals befestigten Ketten zwei Schimpansen angekettet waren. Die Hütte war mit einem Schild geziert, das bekanntgab, daß es sich bei den zweien um «Judy und Oscar» handelte. Judy konnte nach meinem Dafürhalten eine Heranwachsende sein. Oscar war anscheinend ein voll erwachsenes Männchen. Judy hatte ein helles, fleckiges Gesicht und war sehr still. Sie kam von der Hütte her auf mich zu, wobei die etwa dreieinhalb Meter lange Kette rasselnd auf dem Betonboden schleifte, bis sie straff gespannt war; dann erhob sie sich auf die Hinterbeine und schaute mich hoffnungsvoll an, ich nehme an, in Erwartung einer

Banane. Sie drehte sich um, beugte sich vornüber und streckte mir einen Fuß entgegen, als wolle sie sagen: «Hier bitte eine Banane hineintun.» Als das ohne Erfolg blieb, drehte sie sich nochmals um, las eine der herumliegenden Bananenschalen von dem Betonboden auf und warf sie mir zu. Ich fing sie auf, dachte mir: ‹Ich hab dich schon verstanden, aber das Gewünschte leider nicht bei mir› und warf die Schale zurück vor ihre Füße. Sie hob sie auf und roch daran. Währenddessen saß Oscar, das Männchen, fast ohne mich eines Blickes zu würdigen, im Schatten der Hütte, auf dem vorspringenden Unterbau, hatte den linken Fuß zu sich herangezogen und groomte sich mit dem Ausdruck höchster Konzentration im Gesicht sorgfältig die Zehen. Eine Hotelangestellte sagte mir, daß Oscar und Judy seit 1980 da waren; das Weibchen sei lieb, meinte sie, aber das Männchen werfe mit Steinen...

Ich machte die Bekanntschaft zweier Forstbeamter, die mit ihren Familien in Baracken lebten, wie sie der Staat denjenigen seiner Diener zur Verfügung stellt, deren Auftrag unter anderem darin besteht, Wilderern und Schleichhändlern mit lebender oder toter Konterbande – inklusive Schimpansen – das Handwerk zu legen. Die Familien hielten sich zwei Tieraffenjunge als Haustiere, eine noch winzig kleine grüne Meerkatze und eine junge Dianameerkatze, die an einem Pfosten angekettet war. Auch ein Schimpansenbaby hatte man, eine winzige Kreatur mit spinnenhaftem Körper, cremefarbenem Gesicht und einem verstörten Ausdruck in den hellbraunen Augen. Ich sah, wie eines der Kinder des einen Forstbeamten das Schimpansenbaby mit einem Stock knuffte. Der Vater des Kindes erzählte mir, sie hätten das Kleine von einem Wilderer geschenkt bekommen. Der andere Beamte sagte, sie hätten schon letztes Jahr ein Schimpansenbaby gehabt, aber das sei eingegangen. «Ich hab's dann wieder in den Wald zurückgebracht», meinte er treuherzig...

Ich ging durch einen abgeschieden liegenden Landflecken und entdeckte mitten in dem Dorf ein gebückt auf einem grob zusammengezimmerten hölzernen Podest sitzendes junges Schimpansenmännchen; es war mit Hilfe mehrerer doppelt gelegter, an seinem Hals befestigter und mit Vorhängeschlössern gesicherter Fahrradketten an das Podest gekettet. Die Ketten waren so kurz, daß das Tier, selbst wenn sie straff gespannt waren, nicht aufrecht sitzen konnte. Es war gezwungen, sich andauernd gebückt zu halten. Es blieb ihm nur soviel Bewegungsfreiheit, daß es sich, auf den Beinen hopsend, an seinen Ketten wie ein Karussell im Kreis herumdrehen konnte; im Kreis herumhopsen und in die Gesichter der Dorfjugend starren, die sich in Scharen eingefunden hatte, um es zu ärgern und mich in Augenschein zu nehmen; mit unverkennbarer Wut im Gesicht im Kreis herumhopsen. Der Schimpanse hieß Tolbert, wurde ich aufgeklärt.

Es dauerte nicht lange, bis Tolberts Besitzer auf dem Plan erschien, ein Mann in den mittleren Jahren, der auf mich zuging und nach der Begrüßung das sagte, was ich wohl seiner Meinung nach von ihm zu hören erwartete: «Das sind Menschen von geringer Intelligenz! Was die treiben, ist Tierquälerei!» In der Tat hatten die Kinder es darauf angelegt, Tolbert in Rage zu bringen, und waren entzückt, als er irgendwelche Steine, an die er mit den Fingern herankam, aufgriff und mit ihnen warf, dann wütend mit Bananenschalen warf und dabei in seiner Wut so heftig, wie er nur konnte, mit den Füßen trampelte. Sein Besitzer erklärte, die Kette sei deshalb so kurz, weil das Tier zu einer Gefahr geworden sei. Er sagte, er habe Tolberts Mutter bei der Jagd erlegt und Tolbert mit zu sich nach Hause genommen. Dann wiederum sagte er, nicht er, sondern ein anderer Jäger habe Tolberts Mutter erlegt, und der habe ihm das Schimpansenbaby geschenkt. Er sagte, er sei der Besitzer, dann wiederum, nicht er sei der Besitzer: Tolbert habe ihm einmal gehört, das ja, aber er habe ihn einem Cousin geschenkt, der in der Stadt wohne. Leider habe der Cousin es versäumt, Tolbert irgendwelche Tricks beizubringen, und jetzt sei nichts mehr mit ihm anzufangen. Er sei sehr stark und gefährlich geworden, und deshalb müsse er an einer so kurzen Kette gehalten werden, zum Schutz der Kinder. Ich sähe doch wohl selbst, wie tückisch er sei...

1

Daß verwaiste Schimpansenkinder in Afrika zuweilen im Dorf aufgezogen werden, gehört mit zu den Nebenerscheinungen des Jagens zum Nahrungserwerb. Manchmal bieten die Jäger sie auf den Märkten in Dörfern und Städten zum Kauf an, und so kommt es, daß die Kleinen mitunter in den Händen gutsituierter Afrikaner oder in Afrika lebender Europäer landen, für die der Preis von ein paar Dollar keine Affäre ist. Ich werde nie vergessen, wie ich zum erstenmal Little Jays ansichtig wurde. Eindeutig entkräftet, an Austrocknung leidend und völlig depressiv lag der zweijährige Schimpanse auf einem Drahtkäfig, der in Kinshasa, der Hauptstadt von Zaire, auf dem größten lokalen Markt für Touristen am Straßenrand aufgestellt war. Er war mit einer Schnur, die ihm um die Lenden geschlungen war, an den Käfig festgebunden. An anderen Käfigen oder an Tischbeinen festgebunden war eine Anzahl Tieraffen, die ebenfalls zu kaufen waren. Dann war da noch eine Galerie afrikanischer Graupapageien – Vögel mit erstaunlichen kognitiven Fähigkeiten, deren Flugkünste in freier Natur zu beobachten eine wahre Lust ist –, die in winzige Drahtkäfige gezwängt waren: ein übelkeiterregender Anblick. Zum fraglichen Zeitpunkt befand ich mich in Begleitung von Nick Nichols, einem Fotografen, der für das *National Geographic Magazine* arbeitete, und Chris Bane von der amerikanischen Botschaft in Zaire.

Als wir uns dem Schimpansen näherten, setzte er sich auf und schaute uns mit glasigem, fast völlig verzagtem Blick entgegen. Aber als ich mich dann neben ihm hinhockte und leise Begrüßungslaute von mir gab, legte er mir einen Arm um den Hals. Um den Gefangenen hatte sich eine lärmende Menschentraube gebildet, die sich jedoch rasch zerstreute, als Nick seine Kamera zückte und zu fotografieren begann. Am Ende war nur noch der verärgerte und ungehaltene Verkäufer da. Als wir später noch einmal zurückkamen, hatte der kleine Schimpanse sich wieder hingelegt; um die Lenden trug er noch immer die Fessel. Der filigrane Schatten einiger Akazien milderte die sengende Hitze der Mittagssonne nur wenig, so daß ihm der glänzende Schweiß im Gesicht stand. Dennoch wandte er den Kopf weg, als wir ihm zu trinken anboten. Ich sagte mir, daß der Kleine keine Chance hatte, noch lange zu überleben.

Die Bindung zwischen Müttern und Kindern ist bei Schimpansen so stark, daß die Kleinen vor Gram sterben, wenn sie ihre Mutter verlieren. Der kleine Robin war beim Tod seiner Mutter vier Jahre alt. Sein Verhalten erinnert in vielem an verwaiste Menschenkinder. Er hat seine Mutter nur um neun Monate überlebt. *(E. Koning)*

Was sollten wir tun? Wenn wir ihn kauften, retteten wir ihm möglicherweise das Leben, motivierten aber gleichzeitig den Jäger, das nächste Schimpansenkind zu fangen und in den Handel zu bringen. Traurig und ratlos fuhren wir davon.

Der Markt liegt genau gegenüber dem amerikanischen Kulturzentrum, wo ich am Abend jenes Tages einen Vortrag halten sollte. Für die Dauer unseres Aufenthalts in Kinshasa waren Nick und ich Gäste im Haus des amerikanischen Botschafters William C. Harrop und seiner Frau Janet. Der Rückweg zu unserem Logis führte uns noch einmal über den Marktplatz. Er war jetzt in Dunkelheit gehüllt und fast ausgestorben, die Menschen und die Käfige waren größtenteils verschwunden. Aber der kleine Schimpanse war immer noch da, eine winzige vereinsamte Gestalt im Licht der Scheinwerfer unseres Autos. Er setzte sich auf, als wir das Tempo verlangsamten, und während wir vorbeifuhren, streckte er einen seiner kleinen Arme in Richtung Auto aus. Das brachte das Faß zum Überlaufen! Keiner von uns würde heute nacht einschlafen können, wenn wir nicht zuvor eine Methode ausgetüftelt hatten, wir wir den Kleinen retten konnten. Also blieben wir auf, um im Wohnzimmer der Harrops gemeinsam mit unseren Gastgebern Pläne zu wälzen.

Ich war das erste Mal in Kinshasa, und mein Besuch hatte außer dem Vortrag, den ich im amerikanischen Kulturzentrum gehalten hatte, noch einen zweiten Anlaß. Seit Jahren erhielt ich Briefe von einer in Kinshasa lebenden belgischen Staatsbürgerin namens Graziella Cotman, die mich in ihren Zuschriften bestürmte, etwas gegen den fortgesetzten illegalen Handel mit Schimpansenkindern auf den Märkten und Straßen Kinshasas zu unternehmen. Sie hatte eines der unglücklichen Wesen gerettet und bei sich aufgezogen und war zutiefst bekümmert über diesen ganzen Geschäftszweig. Fünf Monate zuvor war ich zu einem Essen beim amerikanischen Außenminister James Baker eingeladen gewesen, und der Zufall hatte es gewollt, daß mein Gastgeber damals unmittelbar vor der Abreise zu einem Staatsbesuch in Zaire stand. Ich hatte ihn gebeten, gegenüber Präsident Mobutu auch die Situation der Schimpansen zur Sprache zu bringen. James Baker hatte nicht nur das getan, sondern obendrein für mich einen Besuchstermin bei Mobutu arrangiert.

Aber als ich dann schließlich nach Zaire reiste, war Mobutu leider unabkömmlich. Er hatte alle Hände voll damit zu tun, wieder einmal eine der so häufigen kleinen Kabinettskrisen zu bewältigen. Allerdings meinte Botschafter Harrop, in Anbetracht der Gespräche, die James Baker geführt hatte, dürfte es für ihn, Harrop, nicht allzu schwer sein, den Umweltminister zur Beschlagnahme des Schimpansenkinds zu bewegen. Gesagt, getan. Am nächsten Morgen, kurz vor meiner Abreise, holten wir den Minister ab und fuhren zum Markt. Wir wußten, daß wir Little Jay (den wir Gott weiß warum zuerst für ein Weibchen gehalten und deshalb auf den Namen Little Jane getauft hatten) dort antreffen würden, denn der Minister hatte bereits früher am Morgen einen Gendarm zum Markt abgeordnet. Ich schnitt eigenhändig die Fessel durch und nahm den verstörten Kleinen in die Arme. Es war ein tiefbewegender Augenblick, und ich glaube, wir waren alle den Tränen nahe, als er mir jetzt – zum zweitenmal – die Arme um den Hals legte. Anschließend fuhren wir zu Graziella, denn sie hatte sich bereit erklärt, Little Jay wieder gesund zu pflegen.

Der Vorgang war der Auftakt zu einer Reihe von Beschlagnahmen, die auf Betreiben der amerikanischen Botschaft auf den Märkten und Straßen Kinshasas vorgenommen wurden. Im Lauf der folgenden Monate wurden sechs weitere Schimpansenkinder konfisziert. Das erste davon erhielt den Namen Little Jim B – eine Reverenz vor dem amerikanischen Außenminister in Anerkennung seiner Verdienste in dieser Sache. Ein anderes – diesmal war es wirklich ein weibliches – wurde Little Jane getauft. Die älteren fanden Aufnahme im N'Sele-Zoo, in der Gesellschaft einer Vielzahl von Genossen, die zuvor als Haustiere gehalten worden waren, deren Besitzer sie aber im Zoo untergebracht hatten, als sie zu groß geworden waren, um noch länger in der Wohnung gehalten werden zu können. Auch Graziellas erstes Adoptivkind war dort, und weil das Zoobudget hinten und vorn nicht reichte, kam Graziella seit Jahren zweimal die Woche mit einer Ladung Extrafutter für fünfzehn bis zwanzig Schimpansen angefahren.

Im August 1991 besuchte ich Zaire zum drittenmal. Für den Augenblick sah dort alles bestens aus. Die im Vorjahr an der Amerikanischen Schule in Kinshasa ins Leben gerufene Arbeitsgruppe *Friends of the Chimps* funktionierte prächtig und war eine große Entlastung für

Graziella, denn an ihrer Stelle brachten jetzt die Jugendlichen regelmäßig Futter zum Zoo hinaus. Eine starke Naturschutzbewegung war im Entstehen, in der auch eine Anzahl Zairer begeistert mitarbeitete, und wir schmiedeten Pläne für ein Asyl, das zum Refugium aller ehemaligen Hausschimpansen und beschlagnahmten Schimpansenkinder werden sollte. Leider mußten diese Vorhaben – zumindest bis auf weiteres – eingestellt werden. An dem Tag, an dem ich nach dem auf der anderen Seite des Flusses, in Kongo, gelegenen Brazzaville hatte abreisen wollen, brachen in Kinshasa Unruhen aus. Teile von Präsident Mobutus Armee machten ihrem Unmut über die Tatsache, daß die Besoldung zwei Monate im Rückstand war, in Plünderungen Luft, und binnen kurzem hatte sich die Hälfte der Zivilbevölkerung den Soldaten angeschlossen. Ich logierte bei Dr. Cedric Dumont und dessen Frau Ruth, die zwei beschlagnahmte Schimpansenkinder in Pflege genommen hatten. Vom Balkon der Wohnung aus beobachteten Ruth und ich die Krawalle und Plünderungen in der Innenstadt. Jedesmal, wenn der Lärm der Schießereien sich zum Furioso steigerte, drängten sich die beiden Schimpansen Chris und Calamity auf dem Boden ihres Käfigs aneinander und suchten Trost in einer engen Umarmung.

Am nächsten Tag landete ein französisches Fallschirmjägerkommando in Kongo und setzte über den mächtigen Zaire-Fluß (Kongo), der die beiden Hauptstädte trennt, von dem auf dem Nordufer gelegenen Brazzaville auf das Südufer nach Kinshasa über. Während der Zeit, die die Truppen brauchten, um die Innenstadt in ihre Hand zu bringen, tobte die Schießerei noch heftiger. Eine Kugel durchschlug ein Fenster im Schlafzimmer der Dumonts mit einem solchen Knall, daß wir zuerst dachten, eine Granate wäre eingeschlagen. Von der Wohnung aus sahen wir, wie drunten auf der Straße genau gegenüber dem Haus ein französischer Soldat von einer Gewehrkugel getroffen wurde. Aber am dritten Tag herrschte dann in der gesamten Innenstadt Ruhe. Indessen machten viele Berichte über Plünderungen und Gewalttaten in den Außenbezirken die Runde, und wie es schien, verlagerte sich die Krise in andere Regionen des riesigen Landes. Schließlich konnte ich Kinshasa verlassen und mich dem ersten Kontingent evakuierter amerikanischer Staatsbürger anschließen, das mit der Fähre den Zaire-Fluß in Richtung Brazzaville überquerte.

Was würde aus den beschlagnahmten Schimpansen werden, die
wir in Obhut genommen hatten? Ruth mußte die Stadt verlassen,
zwangsevakuiert wie fast alle Ausländer, aber Cedric gehörte zu dem
Personalkader, der als «Stallwache» zurückblieb: So war für Chris
und Calamity wenigstens auf absehbare Zeit gesorgt. Doch was
wurde aus den Tieren im N'Sele-Zoo? Wieder war es Graziella Cotman, von der Hilfe kam. Sie war am Abend des Tages, an dem die
Krawalle ausbrachen, völlig aufgelöst bei den Dumonts eingetroffen
– sie war mit vorgehaltener Schußwaffe ausgeraubt und dabei um ihre
ganze bewegliche Habe erleichtert worden. Und nicht nur das: Die
Plünderer hatten in ihrer Wohnung sogar die Toilettenschüsseln und
Waschbecken aus ihren Verankerungen und die elektrischen Leitungen aus den Wänden gerissen. Doch Graziella ist eine Frau, die sich
nicht unterkriegen läßt. Sobald sich die Lage einigermaßen beruhigt
hatte, vollbrachte sie das Kunststück, sich durch drei militärische Stra
ßensperren durchzuschwatzen, um dann auf schnellstem Weg zum
Zoo zu eilen und Little Jay, Little Jim B, Little Jane und zwei kürzlich
beschlagnahmte andere Schimpansenkinder in sicheren Gewahrsam
zu nehmen. Verstärkt durch Chris und Calamity, wurden die Tiere
dann zu siebt über den Fluß nach Brazzaville in den dortigen Zoo evakuiert. Glücklicherweise hatten wir in Brazzaville Unterstützung von
seiten des amerikanischen Botschafters Dan Phillips und seiner Frau
Lucie, beide langjährige Freunde von mir, die sehr viel zum Zustandekommen des Arrangements beitrugen. Der Zoo der englischen Stadt
Chester lieh uns für ein paar Monate den Schimpansenwärter Vince
Smith aus. Und noch viele andere Menschen sprangen uns mit Rat und
Tat zur Seite.

Graziella verlor ihre Stellung in Zaire – das Büro, in dem sie arbeitete, wurde ganz geschlossen. Heute ist sie im Auftrag des *Jane
Goodall Institute for Research, Conservation and Education* in Brazzaville tätig und pflegt im dortigen Zoo die Schimpansen, einschließlich
der sieben Neuzugänge, jener Flüchtlinge, die sie aus Zaire mitbrachte. Zum Zeitpunkt der Niederschrift dieser Zeilen befinden sich
rund zwanzig Schimpansen in ihrer Obhut. Sie teilt sich die Verantwor

tung mit Jean Maboto und einem weiteren kongolesischen Wärter: alle jungen Schimpansen werden täglich in den Wald geführt. Cedric Dumonts Standort wurde nach Brazzaville verlegt, wo Ruth wieder bei ihm sein kann. Für den Moment ist alles in bester Ordnung. Aber die Schimpansenkinder werden größer und kräftiger, und wir werden irgendeine Lösung für ihren ferneren Verbleib im Zoo finden müssen.

Es überrascht nicht, daß gutherzige und mitfühlende Menschen erbarmungswürdige Waisenkinder wie Little Jay, um sie zu retten, kaufen. Im Prinzip wissen sie vielleicht, daß ein solcher Kauf den Handel nur perpetuieren kann: Hat er das Blutgeld in der Tasche, geht der Jäger hin und schießt die nächste Schimpansenmutter ab, um es zu mehren. Aber schaut man einem dieser Tiere erst einmal in die Augen, und hat man auch nur einen Funken Mitgefühl in der Brust, dann ist es unmöglich, sich dem Hilfeappell, der da an einen ergeht, zu verschließen. Und wenn jemand nicht über das nötige Insider-Wissen verfügt und sein Arm nicht weit genug reicht, um eine Beschlagnahme zu erzwingen, dann bleibt ihm – außer Diebstahl – nichts übrig, als zu kaufen.

Überflüssig zu sagen, daß nicht immer Mitgefühl das Motiv für den Kauf eines Schimpansenkindes ist. Es besteht durchaus Nachfrage nach diesen erbarmungswürdigen Waisen. Manche werden von Geschäftsleuten als Attraktion für Hotelgäste, Barbesucher oder andere Kunden angeschafft. Manche sollen ihrem Besitzer die Möglichkeit verschaffen, mit einem exotischen Tier anzugeben und so die Aufmerksamkeit anderer Menschen auf sich zu ziehen, und manche befriedigen einfach nur das Bedürfnis nach einem Ersatz für fehlende leibliche Kinder. Daher haben zwar alle in Afrika in private Hände verkauften Schimpansen letzten Endes das gleiche Schicksal, aber ihre frühen Erfahrungen unterscheiden sich enorm. Diejenigen, die an fürsorgliche Besitzer geraten, gewinnen zumindest für einige Zeit Vergnügen am Leben zurück – sei dieses Leben auch alles andere als ihrer Natur gemäß. Sie nehmen unter Umständen auf vielfältige Weise am menschlichen Familienleben teil: essen am Tisch mit, spielen mit den Kindern, streifen frei und ungehindert im Haus und im Garten herum. Aber nach einiger Zeit hat es mit dieser Freiheit ein Ende. Es ist nicht einfach, Schimpansen zu disziplinieren, ohne das Mittel der schweren körperlichen Züchtigung anzuwenden. Mit zunehmenden Jahren wachsen ihre Kräfte und ihre Behendigkeit. Wenn sie entwischen wollen, klettern sie unter Umständen an Vorhängen hoch oder schwingen sich an Zweigen davon. Sie sind neugierig und intelligent. Sie können versteckte Schlüssel ausfindig machen und Schränke oder den Kühlschrank plündern. Sie sind schwer zur Sauberkeit zu erziehen. Und sie werden immer widerspenstiger gegen die Art Disziplin, die Menschenkindern abverlangt wird, zeigen sich immer schneller bereit, in einen Wutausbruch zu verfallen – und zu beißen. Infolgedessen müssen sie im Alter von sechs bis acht Jahren ihrem vergleichsweise freien Leben Valet sagen. Sie verbringen mehr und mehr Zeit in einem winzigen Käfig oder, an die Kette gelegt, in einem Nebengebäude oder im Hof. Und wenn, wie es so häufig vorkommt, ihr Besitzer ein nur für wenige Jahre in Afrika stationierter ausländischer Staatsbürger ist – was soll der dann bei seiner Rückkehr in die Heimat mit seinem «Liebling» anfangen? Heutzutage gelten für die Ein- und Ausfuhr lebender Tiere weltweit schärfere Gesetze als früher. In die USA und die meisten europäischen Länder können Schimpansen rechtmäßig nur mit spezieller Genehmigung eingeführt werden, und diese Genehmigung zu erhalten, ist für Privatleute unmöglich. Also wird der «Liebling» an andere private «Tierliebhaber» oder den örtlichen Zoo (falls vorhanden) abgegeben. Oder getötet.

Das Problem stellt sich quer durch ganz Afrika, vom einen zum anderen Ende des Schimpansen-Verbreitungsgebiets, überall da, wo Menschen Jagd auf die Tiere machen. Daß die Jagd ungesetzlich ist – genauso wie in der Regel auch der Handel mit den Tieren –, hat in diesem Zusammenhang keine große Bedeutung, denn in vielen afrikanischen Ländern existieren die einschlägigen Gesetze nur auf dem Papier. Die Wildtierjäger in West- und Zentralafrika sind sich meistenteils absolut nicht bewußt, daß sie Gesetze brechen, wenn sie Schimpansen töten und die Jungen verkaufen. Infolgedessen besteht nur dann eine Aussicht, diesem herzzerreißenden Tierhandel ein Ende zu machen, wenn örtliche Gruppen von Naturschützern und Sozialhelfern bereitwillig in Regierungsprogrammen zur Beschlagnahme von

Tieren und zur Volkserziehung mitarbeiten. Und solange keine Vorkehrungen für die Pflege der beschlagnahmten Jungen getroffen sind,
können Regierungsvertreter auch keine Beschlagnahmen durchführen. Darum besteht quer durch Afrika Bedarf an Waisenheimen und
Asylen.

Gegenwärtig gibt es zwei rundum erfolgreich arbeitende Asyle.
Das erste wurde von Eddie Brewer und seiner Tochter Stella in Gambia eingerichtet. Dieses – heute von der gambischen Regierung getra-
gene und unter dem Namen «Schimpansen-Rehabilitationsprojekt»
bekannte – Unternehmen wurde von seinem ursprünglichen Standort
in Senegal auf drei der fünf Pavianinseln im Gambia-Nationalpark
umgesiedelt und steht jetzt auf gesicherter Basis. Gesichert ist auch die
Basis des «Chimfunshi Wildtier-Waisenheims» in Sambia, wo das britische Ehepaar Dave und Stella Siddle über vierzig Schimpansen aus
aller Welt betreut. Aber zwei Asyle sind bei weitem nicht genug.

Zusammen mit einem Partner richtete Aliette Jamart auf einer Insel
in Kongo, nahe der gabunischen Grenze, ein Asyl ein. In Guinea hat
eine fürsorgliche Frau mehrere junge Schimpansen in Pflege und bemüht sich verzweifelt, ein Refugium für sie zu schaffen. In Südnigeria
haben Peter und Liza Jenkins fünf junge Schimpansen in Obhut, und
ich weiß von mindestens dreißig Schimpansen in Kamerun, für die ein
Asyl benötigt wird. Die Aufzählung ließe sich fortsetzen. Erst gestern
erzählte mir Rosalind Alp, die mit einer Studie an Schimpansen in
Sierra Leone begonnen hat, von einem jungen Weibchen dort, das
noch nie aus dem kleinen Käfig herausgekommen ist, in den man sie
als Vierjährige hineinsteckte – das war vor drei Jahren. Sie kann in
ihrem Gefängnis nicht stehen, ja nicht einmal aufrecht sitzen. Ihr Ruhe-
lager ist eine fünfzig Zentimeter dicke Kotschicht.

Unter der Ägide des Jane Goodall Institute sind derzeit drei Asyle
im Entstehen: eines in Kongo (das von der texanischen Ölgesellschaft
Conoco gebaut wird), eines in Burundi und eines in Uganda. Der Plan,
in Burundi ein Refugium einzurichten, entstand, als der damalige amerikanische Botschafter, Dan Phillips, und dessen Frau Lucie die Entdeckung machten, daß über die Westgrenze junge Schimpansen aus
Zaire ins Land geschmuggelt und als Haustiere verkauft wurden.
Manche von ihnen wurden dann später, als sie dem Stadium des süßen

Knuddeltiers entwachsen waren, von ihren Besitzern, die schlicht nichts mehr mit ihnen anzufangen wußten, unter unangemessenen Bedingungen gehalten, die nicht selten auf schiere Tierquälerei hinausliefen. Sobald wir mit der Ausführung unserer Asylpläne begonnen hatten, waren die meisten dieser Schimpansenbesitzer hoch erfreut, ihre unlenksamen Lieblinge an eine Stelle abschieben zu können, wo sie besser aufgehoben waren. Zwei Schimpansenhalter allerdings sperrten sich – jedenfalls anfangs.

Einer von diesen zweien ist ein libanesischer Automobilwerkstattbesitzer. Sein Schimpanse Whiskey lebte früher im Haus wie ein Familienmitglied. Aber als Whiskeys Körperkräfte zu groß geworden waren, wurde er in eine finstere Kabuse hinterm Haus, direkt neben der Werkstatt, verbannt. Dieses Verließ mit Betonboden, Ziegelsteinwänden und einem Loch im Wellblechdach war unverkennbar ein altes Toilettenhäuschen, ein nicht mehr benutzter Abort. Hier saß Whiskey seit zwei Jahren gefangen – auf einer Fläche von 1,80 auf 2,10 Meter, mit einer etwas mehr als einen halben Meter langen Kette an einem Eisenpfosten in der Ecke angekettet. Ich hatte vorher schon Fotografien des Schimpansen gesehen, aber als ich ihm dann persönlich begegnete, wallte ein Gemisch machtvoller Gefühle in mir auf, das mir Tränen des Mitleids in die Augen trieb und meinen Puls vor Zorn zum Rasen brachte.

«Das ist Whiskey. Er ist für mich wie ein Sohn», sagte der «Vater» des Gefangenen mit freundlichem Lächeln. Meint er das wirklich ernst? fragte ich mich. Ein «Sohn» und in einem ausgedienten Abort angekettet? Und dennoch, auf seine eigene, verdrehte Weise mochte er das Tier: Die beiden begrüßten sich mit einer Umarmung. «Nachts wird die Kette verlängert», versicherte mir der «Vater». «Und manchmal wird er nachts im Hof ausgeführt.»

Whiskey umschlang mich, als ich leise Schimpansen-Begrüßungslaute in sein Ohr machte. Als ich mich zum Gehen anschickte, begann er sich am Ende der gespannten Kette hin und her zu werfen und mit Händen und Füßen die Wand zu bearbeiten. Er streckte eine Hand nach mir aus, dann drehte er sich um und streckte mir einen Fuß entgegen – so war seine Reichweite größer. Als ich nicht reagierte, hob er eine Bananenschale auf und warf sie in meine Richtung.

Der zweite Schimpansenbesitzer, der sich sperrte, war ein Belgier, Inhaber eines Hotels, des Club de Vacances in Bujumbura. Er war seit langem bekannt dafür, daß er Schimpansen und andere Tiere als Touristenattraktion ausbeutete und für die Unterhaltung seiner Gäste einspannte. Das erste Mal besuchte ich ihn in Begleitung von Geoff Cresswell, dem Repräsentanten des Jane Goodall Institute in Burundi. Ich lernte Safari kennen, ein junges Schimpansenmännchen, das allein in einem altersschwachen Käfig im Freien gehalten wurde. Nach meinem Eindruck mußte es für jeden Schimpansen mit ein bißchen Selbstachtung im Bauch ein Leichtes sein, durch das Käfigdach zu entkommen – und in der Tat machte sich Safari auch von Zeit zu Zeit davon, wie ich herausfand. Bisher war das eine Sache ohne Bedeutung gewesen, aber bald würde er in die Pubertät kommen und damit zu einer potentiellen Gefahr werden. Wir wußten, daß in der Vergangenheit in diesem Hotel Schimpansen, die für ihren Käfig zu groß geworden waren, auf rätselhafte Weise verschwunden waren. Im Haus gab es ein zweites Jungtier, wurde mir gesagt, ein Weibchen, das Akilla hieß. Aber es war krank, und wir konnten es nicht sehen.

Ein Jahr später besuchte ich Safari ein zweites Mal. In der Zwischenzeit hatte sich der Hotelier noch einen dritten Schimpansen zugelegt – ihn illegal gekauft, «um sein Leben zu retten». Wir folgten dem Belgier ins Haus. Dort machten wir Bekanntschaft mit Akilla, die ihren kleinen Käfig hatte verlassen dürfen und offenbar ein recht freundliches Tier war. Anschließend traten wir hinaus auf die Veranda, wo eine Gruppe laut redender und lachender Menschen beisammenstand. Das neue Schimpansenkind, Uruhara (das Kirundi-Wort für «kahl»), saß in einem winzigen Käfig, dessen Boden mit Resten von ganz und gar nicht altersgerechter Nahrung – rohem Gemüse und Früchten – übersät war. Er war erst sechs bis neun Monate alt und hätte Milch und Babyflocken haben müssen. Eine Hausangestellte trat an den Käfig, um den Kleinen herauszuheben, und sofort verkroch er sich verschreckt in die Ecke. Als er gepackt und hochgehoben wurde, begann er hysterisch zu kreischen. Er beruhigte sich, als der Belgier ihn auf den Arm nahm, und jetzt konnten wir sehen, daß er den größten Teil seines Fellhaars verloren hatte – eine Folge von Fehlernährung und Streß.

Der untere Rücken war vollkommen kahl, und ich sah den großen un-
verheilten Striemen, wo man ihm einen Ledergürtel von den Lenden
geschnitten hatte. Der breite Riemen, erklärte der Belgier, hatte, mit
Blut verkrustet und deshalb hart, wie er war, sich tief in das zarte
Fleisch gegraben.

Während der Unterhaltung saß Uruhara regungslos auf dem Arm
des Belgiers, starr vor Furcht oder äußerster Verzweiflung oder bei-
dem zusammen. Dann kam für uns die Zeit zum Aufbrechen. Der Hotelier setzte die erbarmungswürdige Waise auf den Boden, und Uruhara
begann erneut zu kreischen. Verstört und geängstigt wollte er hinter
dem Belgier herlaufen, aber die Hausangestellte stürzte sich auf ihn
und drückte ihn aus Furcht, sonst gebissen zu werden, fest zu Boden.
Dünnflüssiger Angstkot spritzte über den Teppich, während Uruhara
kreischte und kreischte. Mag sein, daß er noch immer Hilferufe an die
Mutter aussandte, die er nie mehr wiedersehen würde.

Zu guter Letzt wurden Whiskey, Safari, Akilla und Uruhara sämtlich Dean und Susanne Anderson, unseren neuen JGI-Repräsentanten in Burundi, übergeben. Es war nicht leicht gewesen, die Besitzer
soweit zu bringen, deshalb empfanden wir große Genugtuung, als
die vier Schimpansen sich zu den elf anderen in der – in der instituts-
internen Sprachregelung nur «die Zwischenstation» geheißenen –
provisorischen Käfiganlage gesellten, wo alle Waisen bis zur Fertigstellung des Asyls untergebracht sind. Welche Tragik, daß Whiskey,
endlich seiner Kette ledig, an einem inneren Infekt erkrankte, dem er
erlag.

2

Primaten als Haustiere oder dienstbare Geister zu halten, ist
ein ebenso alter Brauch wie, sagen wir, Wölfe zu halten und sie in
Hunde zu verwandeln. Archäologische Relikte in den Großen Höhlen
von Niah auf Borneo deuten darauf hin, daß die Bewohner der Insel vor
35 000 Jahren Orang-Utans aßen, und ein Kenner der Materie schließt
die Möglichkeit nicht aus, daß sie sich Orang-Babys als Haustiere
hielten. Die alten Ägypter verhätschelten in ihren Tempeln Mantel-
paviane mit gutem Fleisch und guten Weinen und verehrten sie als

Diener des Paviangottes Hez-ur, einer Erscheinungsform des Gottes Thot. Die für weniger heilig gehaltenen Paviane wurden im alten Ägypten dazu abgerichtet, auf Feigenbäume zu klettern und sie für ihre menschlichen Herren abzuernten. Ähnlich zähmen in neuerer Zeit die Malaien Schweinsaffen und richten sie zum Pflücken von Kokosnüssen ab. Südafrikaner setzen durstige Paviane zum Aufspüren von Wasseradern ein, andere Paviane richten sie, inspiriert durch das Beispiel der Franzosen mit ihren Trüffelschweinen, dazu ab, eßbare Knollenfrüchte aus dem Boden zu wühlen.

Ich war nicht überrascht, als die zwei Arbeitsschimpansen im Autoreparaturbetrieb, von denen Peter der kleine Jäger mir erzählt hatte, sich in der Realität als drei am Straßenrand an ein Lkw-Chassis und ein Stück Alteisen gekettete Tiere entpuppten. Manche Wildtiere können gezähmt und unter Gewaltanwendung dazu gebracht werden, für ihren menschlichen Herrn Routinearbeiten zu verrichten; aber Schimpansen sind wohl doch zu erfinderisch, zu stark und zu lebhaft, als daß sie sich umstandslos in eine solche Lage schicken würden. Gelegentlich auftauchende Berichte über Arbeitsschimpansen – wie zum Beispiel jene alte Zeitungsmeldung von drei Tieren, die in einer texanischen Möbelfabrik am Band arbeiteten – erweisen sich häufig als Märchen. Skepsis ist am Platze gegenüber Olaf Dappert, der einem 1670 veröffentlichten Bericht zufolge in Sierra Leone in Westafrika Schimpansen gesehen haben will, die von Kindheit an gezähmt waren und so gut dressiert, daß sie «beinah ebensolchen Dienst zu tun verstehen als wie Sklaven. Sie gehen gemeiniglich ganz aufrecht, wie die Menschen. Man läßt sie Hirse im Mörser zerstampfen oder schickt sie mit einem Krug zum Wasserholen. Wenn sie hinfallen, tun sie ihren Schmerz durch Schreien kund. Sie können den Bratspieß drehen und verstehen sich auf tausend Kunststücke und Gewandtheiten, durch welche sie ihre Herren über die Maßen erheitern.» Bezweifelt werden darf auch, was R. L. Garner, ein Naturforscher des neunzehnten Jahrhunderts, aus einem westafrikanischen Dorf berichtete, wo er einen jungen Schimpansen gesehen haben wollte, der gleich Caliban auf Befehl am Waldrand Brennholz sammelte. (Garner schrieb, er habe den Affen kaufen wollen, aber «der geforderte Preis war doppelt so hoch wie der Preis eines Sklaven,

und jedes Kind in dem Dorf hätte ich um ein Geringeres haben können».)

Indessen hat der Umstand, daß Schimpansen sich in Wahrheit
denkbar schlecht zum Sklaven eignen, die menschliche Phantasie
nicht daran gehindert, sich Bilder von Schimpansen als Arbeitsskla-
ven auszumalen. Als gegen Ende des neunzehnten Jahrhunderts Ein-
zelmenschen und Institutionen in aller Welt die Sklaverei als den
Übelstand, der sie war, zu begreifen begannen, veröffentlichte ein
Franzose namens Victor Meunier ein Buch mit dem Titel *Les singes
domestiques* (Die zahmen Affen), in dem er die Idee propagierte, die
Menschheit solle Menschen- und Tieraffen zähmen, um in ihnen
eine neue Sklavenkaste heranzuziehen – ein Reservoir von Arbeits-
kräften, die die gleiche Rolle wie menschliche Sklaven spielen könnten, deren Ausbeutung jedoch keinerlei Skrupel bedinge, da sie ja
bloß Tiere seien. Meuniers Plan sah vor, in den Tropen Zuchtstatio-
nen einzurichten und dort Primatensklaven mit höherer Intelligenz
und Moralität sowie von ansprechenderem Aussehen heranzuzüch-
ten. Das Aussehen war ein wichtiger Punkt, denn viele Primaten
«sind von Natur aus so gebaut, daß sie unseren Schönheitssinn auf
eine harte Probe stellen». Die Moralität spielte in dem Projekt eine
große Rolle, weil Meunier sehr besorgt war, die neuen Sklaven könnten unter Umständen ihre Herren attackieren; wie es scheint, dachte
er mit ganz besonderer Sorge an die Möglichkeit, daß Affenmänn-
chen ihr sexuelles Begehren auf Menschenfrauen richteten. Falls
Zuchtwahl und Dressur nicht ausreichten, um in dieser Beziehung
die erwünschten Ergebnisse hervorzubringen, würde man «Gewalttätigkeit, Wildheit und Bösartigkeit» durch Kastration aller nicht für
Zuchtzwecke benötigten Männchen ausmerzen und durch Ausreißen
der Eckzähne das Schadensrisiko noch weiter vermindern. Die neue
Sklavenkaste würde der Menschheit ungeahnte Entlastungen und
Freiräume bringen, denn niemand brauchte mehr eine schmutzige,
strapaziöse, langweilige oder gefährliche Arbeit zu verrichten. Fortan
würde kein Feuerwehrmann mehr unter Lebensgefahr über eine
hohe, steile Leiter in ein brennendes Haus einsteigen, kein Landar-
beiter mehr bis an den Rand der totalen Erschöpfung schuften, und
nie wieder würde die Hausfrau oder die Küchenhilfe heiße Tränen

über ihr langweiliges Dasein vergießen. Überall, wo es kritisch zuging, würden nun die Primatensklaven, «unsere armen Verwandten», als Ablösung einrücken: «Mit dem Hund haben wir die Natur
besiegt, mit dem Affen werden wir das Fundament für die glückliche
Gesellschaft legen.»

Auch ich bin dem in einem ausgedienten Abort an einem Eisenpfosten angeketteten Schimpansen Whiskey begegnet, von dem Jane im
vorigen Abschnitt erzählte. Er lag, wahrscheinlich schlafend, zusam-
mengerollt in einer Ecke seiner Gefängniszelle, machte dann die
Augen auf und sah mich geradeheraus an. Er hatte, dachte ich bei mir,
ein liebes, trauriges Gesicht, braun, mit breiter Nase und starken
Überaugenwülsten. Lethargisch nahm er die dargebotene Banane
entgegen, aß das Fruchtfleisch, aß den größten Teil der Schale und
warf mit dem restlichen Stück nach mir. Dann drehte er sich an der
straff gespannten kurzen Kette um die eigene Achse, stützte sich mit
den Händen an dem Eisenpfosten ab, streckte ein Bein nach hinten,
hielt mir den geöffneten Fuß hin und sah mich über die Schulter
hinweg an, als wolle er fragen, wo die nächste Banane bleibe. Die
Banane wurde gereicht, er packte sie mit dem Fuß, drehte sich um,
verzehrte sie und warf zum Abschluß wieder mit dem letzten Stückchen Schale nach mir.

Auf meinen Reisen durch Afrika sah ich weit über hundert verwaiste Schimpansenjunge, die teils in primitivsten und nicht selten
schändlichen Verhältnissen lebende Gefangene, teils Pfleglinge dieses oder jenes Asyls waren. Einige wurden wie Whiskey an einer um
den Hals befestigten Kette gehalten, und jedesmal, wenn ich solch
einer erbarmungswürdigen Kreatur Auge in Auge gegenüberstand,
konnte ich nicht umhin, mir die Frage zu stellen, was dieses Bild so
überaus peinlich machte. Legen wir denn nicht unseren Haushunden
immer wieder ohne Bedenken die Kette um den Hals – warum also für
eine andere Tierart eine andere Behandlung erwarten? Aus ästhe-
tischen Gründen? Oder weil für Wildtiere andere Maßstäbe gelten als
für Haustiere? Und wenn das Anketten im Fall von Whiskey
schlichte, reine Grausamkeit ist, könnten wir dann nicht die Grausamkeit verringern, indem wir die Kette verlängern?

Schimpansen gereicht die «ehrenvolle Gestalt» zu Segen oder

Fluch. Ihr Aussehen kann in so hohem Maß menschliche Züge annehmen, daß eine um ihren Hals befestigte Kette uns an eine Peinlichkeit erinnert, an die wir lieber nicht erinnert würden. Wenn ich
einen Schimpansen an der Kette sehe – egal ob in der prallen Sonne
am Straßenrand in Afrika oder als Insassen eines verdreckten Käfigs
in einem dunklen Keller irgendwo in den USA –, dann rüttelt mich
das manchmal auf, etwas zu imaginieren, das in der Wirklichkeit
nicht miterlebt zu haben ich mich glücklich schätze, nämlich das
Elend und Übel der Sklaverei. Ein Gedanke, der wahrscheinlich erst
die Zensur des trockenen Verstandes unterlaufen mußte, stiehlt sich
über die Bewußtseinsschwelle: *So also war das.* Über einer Kette oder
aus dem Inneren einer kleinen Holzkiste oder eines verrosteten Käfigs blickt einem ein erbarmungswürdiges Gesicht mit unleugbar
menschlichen Zügen entgegen, während der «Besitzer» munter über
Preise und Abstammung und Wesenszüge daherplappert.

Was ist ein Sklave? Wir könnten sagen, ein *Sklave* ist jemand, der
arbeitet, ohne die Wahl zu haben, ob er will oder nicht; und dabei
stellt sich in unserer Vorstellung das Bild eines Mannes ein, der in
Ketten Schwerarbeit verrichtet. Wenn dieser Mann in Ketten ruht
oder gezwungen wird, zum Amüsement der Passanten untätig am
Straßenrand zu stehen, ist er darum etwa weniger Sklave? Selbstverständlich nicht. Sklaverei definiert sich nicht als ein Tun, sondern als
ein Zustand. Einen *Sklaven* erkennen wir nicht an dem, was er tut,
sondern daran, unter welchen Bedingungen er tut, was er tut. Überdies sind wir gewohnt, *Sklaverei* als einen ausschließlich menschlichen Zustand zu betrachten. Sklaverei ist, so gesehen, die Behandlung von Menschen, als ob sie keine Menschen wären. Dahinter steht
natürlich der Gedanke, daß das Menschsein an sich gewisse Rechte
und legitime Schutzansprüche einschließt – daß wir aufgrund unserer Zugehörigkeit zur menschlichen Spezies oder vielleicht auch als
Besitzer eines menschlichen Bewußtseins automatisch (wenn auch
unzulänglich) geschützt sind durch bestimmte universale moralische
Standards oder Traditionen: die sogenannten *Menschenrechte*, deren
Ende des achtzehnten Jahrhunderts erfolgte Deklaration durch die
amerikanische und französische Revolution im Jahr 1948 von der
UNO erneuert wurde.

Menschen als Sklaven zu halten, ist heute bei allen Völkern und in allen Religionen der Welt verpönt; der Brauch gilt allgemein als ein alptraumhaft düsteres, beschämendes Kapitel in der vergangenen Geschichte der Menschheit. Doch höchst merkwürdigerweise war die Sklaverei die gesamte Menschheitsgeschichte hindurch bis ins vergangene Jahrhundert eine universell verbreitete und akzeptierte Praxis – und somit als menschliche Manier, mit anderen Menschen umzuspringen, je nachdem, wie man den Beginn der Geschichte datiert, während 98 Prozent der historischen Zeit im Schwange. Woher nun der Gesinnungswandel? Nach meinem Dafürhalten waren es mehrere Gründe, die auf diesem Terrain im neunzehnten Jahrhundert für einen abrupten Wechsel der ethischen Perspektive sorgten. Mit dem Entstehen einer effizienten industriellen Wirtschaftsweise schwand der ökonomische Wert der Sklaverei für die Sklavenhalter dahin. Das dürfte einer der Gründe gewesen sein. Ein anderer mag in der zunehmenden Offenkundigkeit der Tatsache gelegen haben, daß Sklaven Menschen waren und als solche gewisse Grundrechte genossen; in der Tat rechtfertigten im neunzehnten Jahrhundert Sklavenhalter und Verfechter der Sklaverei sich und ihr Tun zuweilen mit dem Argument, Sklaven seien keine Menschen und stünden daher nicht unter dem Schutz der Gesetze von Sitte und Moral. Es war zuletzt einfach nicht mehr möglich, die auf erschütternde Weise zutage liegende Menschennatur der Sklaven zu leugnen, und damit rückte die Sklaverei in die Sphäre krassester, unhaltbarer moralischer Antinomie.

Mehr als allem anderen verdankt sich die Wirkung von Shakespeares *Der Sturm* der Inszenierung dieser moralischen Antinomie. Caliban ist ein Sklave. Wenn wir Mitgefühl für ihn empfinden, dann nicht, weil er beschimpft, sondern weil er versklavt wird; wir möchten nicht seine Kette verlängert, sondern ihn vom Halsband befreit sehen. Gleichzeitig jedoch empfinden wir den Sklavenhalter Prospero als ungemein sympathische Gestalt – er ist der Edelmann, der seine rechtmäßige Position zurückerobern will, ein gütiger, wenn auch strenger Vater, jemand, der entschlossen und energisch die moralische Ordnung wiederherstellt und seine Sache außerordentlich beredt zu verteidigen weiß, ja manchmal sogar als Sprach-

rohr seines Autors zu fungieren scheint. Daß er Caliban als Sklaven
behandelt, kann Prospero auf vielfache Weise rechtfertigen. Da wäre
als erstes die Tatsache, daß Caliban versucht hat, seine Tochter zu
vergewaltigen. Die triftigste Rechtfertigung ist jedoch, daß Caliban
kaum als Mensch zu bezeichnen ist. Er ist ein «Erdkloß», ein Fisch,
ein Ungeheuer. Prospero spricht Caliban die Menschennatur ab,
leugnet die *Kontinuität* zwischen ihm und der sittlichen Welt des
Menschen.

Ich erinnere mich an eine Auseinandersetzung – eine sehr hitzige
Auseinandersetzung, wie mir schien –, die ich mit einem Bekannten
von mir hatte, der Herausgeber eines Fachjournals für vergleichende
Religionswissenschaft ist. Es ging um die Frage, ob Menschenaffen
uns gegenüber irgendein Anrecht auf ethische Rücksichtnahme haben. «Aber meinen Sie denn nicht, daß der Mensch ihnen gegenüber etwas Höheres ist?» sagte mein Bekannter. Etwas *Höheres?*
Das Wort wirkte in dem Augenblick sonderbar. Was meinte er mit
höher? Offensichtlich nicht *höher* gewachsen. Geistig höher? Denkbar. Sittlich höher? Möglicherweise. Obgleich, dachte ich, der
Mensch auf der Stufenleiter der Sittlichkeit, wenn schon höher, so
doch zugleich auch tiefer stand. Zwar sind Schimpansen, wie Jane
Goodall am Gombe miterlebte, zu unbestreitbar brutaler Gewalttätigkeit – Krieg zwischen den Gemeinschaften, Kannibalismus, Kin-
desmord – fähig, aber nur Menschen sind imstande, vollkommen
Fremde zu martern, nur Menschen sind zu eiskaltem Völkermord
und wüster Sklavenhaltung fähig, nur Menschen sind in der Lage,
alles, was sie anfassen, aus purem Daffke zu zerstören. Doch mein
Bekannter nannte mir als Beispiel dafür, was er mit «höher» meinte,
die Tatsache, daß nur Menschen sich zusammensetzen und über just
dieselben Fragen, die uns beide im Moment beschäftigten, unterhalten konnten. Vielleicht hatte er recht. Und dennoch konnte ich mir
auch eine Runde von Serienmördern vorstellen, die im Todeskandi-
datentrakt des Zuchthauses beisammensaß und sich über genau dieselben Fragen unterhielt. Tatsächlich bin ich mir bis heute nicht
recht schlüssig, ob ich dem Menschen eine «höhere» Stellung zubil-
ligen soll. Vielleicht klären sich meine Gedanken in diesem Punkt,
wenn ich eines Tages besser begreife, was mit jenem Ausdruck ge-

meint ist. Wenn «höher» allerdings eine Überlegenheit bedeuten soll, die bis zur Diskontinuität geht, dann glaube ich nicht an diese Höherstellung.

Man kann das Verhältnis, in dem der Mensch zur übrigen Natur steht, entweder als Kontinuitätsbeziehung oder als diskontinuierliches Verhältnis sehen. Wenn zwischen den Polen der Beziehung Diskontinuität besteht, wenn der Mensch vom Tier durch eine unüberbrückbare Kluft getrennt ist, wenn beispielsweise nur der Mensch Bewußtsein besitzt, die Tiere dagegen samt und sonders vollkommen bewußtlose Maschinen, Roboter aus Fleisch sind, dann mag einem der Vergleich des Schimpansen in Ketten mit dem Menschen in Ketten entweder als Gefühllosigkeit oder als Gefühlsduselei vorkommen (als ersteres, wenn man irrtümlich unterstellt, daß mit diesem Vergleich die bitter gekränkte Menschenwürde der Sklaven geleugnet wird, als letzteres, wenn man unterstellt, der Vergleich wolle den Seinsstatus der Schimpansen auf unangemessenes Niveau heben). Wenn jedoch der Mensch ein Teil des Naturreichs ist, nicht abseits und losgelöst von der Natur existiert, sondern in Kontinuitätsbeziehung zu ihr steht, dann erscheint es als legitim und aufschlußreich, im Bild des gefesselten Schimpansen das Bild des gefesselten Sklaven gespiegelt zu sehen, und daraus wiederum ergibt sich als logische Konsequenz für uns die Pflicht zur Überprüfung unserer ethischen Einstellung gegenüber jenen Tieren, deren Leidensgeschichte gleich hinterm Rand der Insel unserer Sittlichkeit abrollt: gegenüber den großen Menschenaffen – die lachen, vorausplanen, voneinander lernen, einander als Individuen erkennen, nachweislich ein Selbstkonzept besitzen, und so weiter.

Am selben Tag, an dem ich Whiskey kennenlernte, hörte ich von einem Vorfall, der sich nur zwei oder drei Wochen zuvor ein paar Meilen weiter nördlich zugetragen hatte und der mein Urteil über Schimpansen nachhaltig beeinflußte. Der Direktor einer Teeplantage im ostafrikanischen Burundi, ein Franzose, hatte bei zwei verschiedenen Gelegenheiten jeweils einen jungen Schimpansen gekauft. Der eine hieß Joli Cœur und war ein vier- oder fünfjähriges Männchen. Den zweiten, ein Weibchen, taufte er auf den Namen Cleopatra; Cleo, wie sie gerufen wurde, war ungefähr zwei Jahre alt. Beide waren Waisen, vom Leichnam ihrer Mutter direkt in die Hände von Jägern gewandert, und da Schimpansen bis zum Alter von etwa fünf Jahren dringend der mütterlichen Fürsorge bedürfen, entstand zwischen den zweien rasch eine starke Bindung. Joli Cœur, der ältere der beiden, übernahm die Mutterrolle. Er «adoptierte» die zweijährige Cleo. Joli Cœur kaute das Futter klein und ließ Cleo es von seiner Unterlippe fressen. Nachts hielt er Cleo umarmt und beschwichtigte so ihre Angst. Wenn ihm jemand Cleo wegzunehmen versuchte, drehte Joli Cœur völlig durch und ging zum Angriff über. Er holte sie zurück und hielt sie anschließend fest umklammert. Eines Tages, als der Besitzer der Schimpansen außer Haus war, störte Cleo versehentlich ein Bienenvolk auf; die Bienen schwärmten aus und attackierten die beiden Schimpansen. Joli Cœur war angekettet – er konnte nicht fliehen. Aber als die Bienen Cleo zu stechen begannen, umschlang Joli Cœur sie mit den Armen, ja bückte sich über sie, so daß er sie mit dem eigenen Körper gegen die Insektenstiche abschirmte. Cleo überlebte. Joli Cœur bekam über zweihundertfünfzig quälend schmerzhafte Bienenstiche ab, ehe er, noch immer seine kleine Freundin schützend, starb.

Man muß den Schutz, den Joli Cœur Cleo angedeihen ließ, nicht unbedingt in die Nähe der größten menschlichen Heldentaten rücken oder gar mit ihnen gleichsetzen. Es ist hier eher daran zu erinnern, daß Schimpansen unter Streß instinktiv einen vorhandenen Gefährten zu umarmen pflegen. Trotzdem bleibt das Ganze eine wunderbare und ergreifende Geschichte, und von Feldforschern wurden bei Schimpansen vielfach ähnliche Verhaltensweisen registriert, die man wohl am besten als Beispiele altruistischen Verhaltens interpretiert.

Das wohl schlagendste Beispiel altruistischen Verhaltens, das mir aus der Gombe-Population bekanntwurde, betrifft ein zwölfjähriges Männchen namens Spindle und einen verwaisten, kränklichen Dreijährigen namens Mel. Die Sache begann während einer Epidemie von einer Art Lungenentzündung. Damals starben insgesamt acht Schimpansen, darunter auch Miff, ein Weibchen, das ich schon als Kleinkind kennengelernt hatte. Wenn eine Schimpansenmutter bei ihrem Tod ein unselbständiges Kleinkind hinterläßt, wird dieses gewöhnlich von einem älteren Geschwister adoptiert. Doch Miffs Kind Mel hatte weder einen älteren Bruder noch eine ältere Schwester, die sich seiner hätten annehmen können. Einige Monate zuvor war er sehr krank gewesen, und als seine Mutter starb, war er noch immer stark abgemagert und für sein Alter zu klein. Wir rechneten alle damit, daß er nicht überleben würde.

In den ersten Wochen nach dem Tod seiner Mutter schloß sich Mel mal dem einen, mal dem anderen Erwachsenen an. Gewöhnlich waren es Männchen, hinter denen er herlief. Alle zeigten sich dem Kleinen gegenüber sehr tolerant, aber keiner kümmerte sich sonderlich um ihn. Und dann stellte sich eine eigenartige Bindung zwischen Mel und dem zwölf Jahre alten Spindle her. Mit den Wochen wurden die beiden unzertrennlich. Auf den Wanderungen wartete Spindle auf Mel und erlaubte ihm, auf seinen Rücken zu klettern; ja wenn es regnete oder Mel Angst hatte, erlaubte Spindle dem Kleinen sogar, sich in der Bauchposition anzuklammern, in der die Mütter ihre Kleinsten tragen. Spindle teilte sein Schlafnest und, wenn der Kleine winselnd seine Hand ausstreckte, auch seine Nahrung mit Mel. Und das Bemerkenswerteste von allem: Wenn Mel einem großen Männchen zu nahe kam, das gerade soziale Unruhe verbreitete (was zuweilen mit dem Abbau der natürlichen Hemmungen verbunden ist), eilte Spindle herbei, um seinen Schützling aus der Gefahrenzone zu retten – auch auf die Gefahr hin, dabei selbst in die Schußlinie zu geraten und einige Knüffe abzubekommen.

Diese enge Beziehung währte ein ganzes Jahr, und es unterliegt keinem Zweifel, daß Spindle Mel das Leben rettete. Warum tat er das? Wir werden es wohl nie erfahren, doch wissen wir folgendes: Spindles alte Mutter wurde von derselben Epidemie dahingerafft, die auch das Leben von Mels Mutter forderte. Auch wenn ein zwölfjähriges Männchen nicht mehr von seiner Mutter abhängt, pflegt es gleichwohl noch des öfteren friedvolle Stunden bei seiner Familie zu verbringen, insbesondere nach Wanderungen mit den erwachsenen Männchen, auf denen Spannungen aufgekommen sind. Möglich, daß der Verlust der Mutter in Spindles Leben ein Vakuum hinterließ, das der Umgang mit dem hilfsbedürftigen Kleinkind füllen half.

Nach Ablauf eines Jahres zerbröckelte die Beziehung zwischen den beiden Männchen. Mel schloß sich an das große unfruchtbare Weibchen Gigi an – «Tante» Gigi, die seit eh und je eine Kindernärrin ist und die man heute nie ohne ein bis vier kleine Waisen im Schlepptau durch den Wald von Gombe wandern sieht.

Wenn ein «wildes Tier» solcherart starke Bande menschengemäßer Zuneigung entwickelt und manchmal einen augenfälligen Altruismus beweist, der Gefahren und Schmerzen überdauert, können wir dann noch den Platz dieses Wesens in der Seinsordnung als ganz entschieden außerhalb unserer sittlichen Interessensphäre liegend betrachten? Wie die Europäer, die als Dramengestalten in *Der Sturm* auftreten, sind auch wir vollkommen überzeugt, daß einzig unser kleines Drama zählt und sonst keines, daß unsere kleine Insel nur für eine einzige Spezies Raum hat und daß unser kleines geistiges Universum die einzig wichtige Realität und ethische Sinnhaftigkeit in sich befaßt.

Caliban weiß es besser.

6 Ohne Zweifel marktbar

SEBASTIAN, ein Edelmann *(beim Anblick Cali-*
bans und zweier Personen aus dem gemeinen
Volk, alle drei betrunken und in gestohlenen
Kleidern):
                      Haha!
Was sind das da für Dinger, Prinz Antonio?
Sind sie für Geld zu Kauf?
ANTONIO, ein zweiter Edelmann:
                      Doch wohl! Der eine
Ist völlig Fisch und ohne Zweifel marktbar.

Kennen wir uns?» fragte der hochgewachsene einarmige
Weiße kurz angebunden, als ich auf seine Farm spaziert kam. Das
Anwesen in der Nähe von Freetown, der Hauptstadt von Sierra Leone
in Westafrika.

«Ich habe eine Nachricht für Sie», sagte ich. «Oben im Norden hat
jemand ein Zwergflußpferd gefangen.»

«Ich kaufe es – wenn es darum gehen sollte», sagte der Mann.

Damals, im Jahr 1987, hielt ich mich in Sierra Leone auf, um mir
gefährdete Schwarzweiße Kolobusaffen anzusehen. Während meines
Aufenthalts war in einem der nördlichen Stammesbezirke ein Zwergflußpferd – eine seltene und hochgefährdete Spezies – gefangen worden. Einige Leute sorgten sich, das Tier könnte eingehen oder getötet
werden, und jemand kam auf die Idee, daß man es vielleicht in ein
Schutzgebiet transportieren und dort aussetzen könne. Der Betreffende bat mich, den einarmigen Weißen, einen gewissen Franz Sitter,
über den Fang zu informieren («auch wenn das einen Handel mit dem
Teufel abschließen heißt»), denn der sei als einziger im ganzen Land
in der Lage, den Transport eines Flußpferds durchzuführen.

Wir standen am Rand der Terrasse neben seinem bescheidenen

Fachwerkhaus; hinter dem Haus war ein blitzender Sportwagen ge-
parkt, und durch eine offenstehende Tür dröhnte Rockmusik. Ein
europäisches junges Pärchen, beide sehr blond, hatte mit Sitter zusammen auf der Terrasse gesessen, war aber kurz nach meiner Ankunft ins Haus verschwunden. Sitter war dem Aussehen nach Mitte
sechzig, ein Mann mit grauem Haar, einem ziemlich langen Gesicht,
einer Nase wie ein Ruderblatt und fahlblauen Augen; an den Füßen
trug er Sandalen, die mir sonderbar fahl vorkamen. Er lud mich
freundlich zum Platznehmen ein. Ob ich Tee möchte. Wir tranken
Tee, aßen Gebäck dazu und unterhielten uns über das Zwergflußpferd. Sitter sprach mit Akzent, mit deutschem, wie mir schien.
«Wenn es sich um einen Säugling handelt, hat es Milchfett», meinte
er, «aber das reicht nur für drei, wenn es hochkommt, vier Tage. Es
wird magerer und magerer werden.» Wir verständigten uns darauf,
daß er meinen Bekannten anrufen werde.

Franz Sitter erkundigte sich, was mich nach Sierra Leone geführt
hatte. Als ich ihm sagte, daß ich wegen der Schwarzweißen Kolobusaffen hier war, begann er sich weitschweifig darüber auszulassen,
wie man diese Tiere behandeln mußte. Die kann man nicht in einen
kleinen Käfig stecken. Sie brauchen eine Menge Platz. Dann muß
jemand hin und sie scheuchen – nicht so, daß sie sich verletzten, nur
so, daß sie genügend Bewegung haben. Sie brauchen unbedingt
Platz! Der Schwarzweiße Kolobus ist im Grunde ein harmloses Tier,
meinte er. Er ist kein Erntedieb wie manche anderen Affenarten. Er
steigt nur auf Bäume und frißt Blätter, aber die Sierraleoner machen
keinen Unterschied zwischen den Affen. Für sie ist Affe gleich Affe,
und alle sind schlecht. Deswegen war er der Meinung, daß der Staat
den Leuten beibringen muß, oder besser: daß, egal wie, den Leuten
beigebracht werden muß, welche Affen harmlos sind. Das Problem
ist nur, daß die Sierraleoner gern Schwarzweißen Kolobus essen.

Aber das wahre Problem sind die Liberianer, die über die Grenze
kommen. Diese Leute schnappen sich ein Gewehr, und dann: bumm,
bumm, bumm. Ach – wie er dieses Abschlachten haßt! (Zornesblitze
flammten mir aus seinen Augen entgegen, als er jetzt wieder daran
dachte.) Einmal sah er Jäger mit einem Riesenstapel Zebraducker-
felle. Ach – diese herrlichen Tiere! Dahin für nichts und wieder

Dr. Franz Sitter, der Mann im Mittelpunkt des blühenden Geschäfts mit afrikanischen Schimpansen. *(Dick an den Hoorn)*

nichts! Das kann nicht mehr so weitergehen mit diesen Liberianern, da muß etwas geschehen! Sie kommen in dieses Land und lassen alles mitgehen! Er ist von Pontius zu Pilatus gelaufen, damit hier jemand etwas gegen den Fell- und Wildschmuggel von Sierra Leone nach Liberia unternimmt. Die Sierraleoner gehen leer aus bei der Sache; sie werden ihre Affen los, kriegen aber keine Devisen für sie. Seiner Meinung nach wäre es viel besser, die Regierung würde diesen Schwarzhandel unterbinden und dann vielleicht lediglich die nutzbringenden Tiere (er kniff die Augen zusammen und führte die Fingerkuppen zusammen, um anzudeuten, wie wenig das sein würden) zu bejagen, Tiere, die ein paar Devisen einbringen würden.

Wir kamen auf Schimpansen zu sprechen. Vor ein paar Wochen, nein, Monaten hatte er ein Anzahl Schimpansen, zwanzig Stück, nach Österreich geliefert. Daraufhin hatte es einen Mordswirbel gegeben. Ihm macht das natürlich nichts aus. Die Pressefritzen bewerfen ihn schon seit langem mit Dreck, aber das sind alles Lügen. So was tangiert ihn nicht mehr. Das ist er jetzt schon gewöhnt. Ein österreichischer Journalist schrieb sogar, er schmuggle mit den Schimpansen Heroin außer Landes. Ach du lieber Gott! Selbst Bekannte von ihm glaubten das! (Sein Gesicht produzierte einen zutiefst angewiderten Ausdruck.) Und dann noch all diese Leute – Amerikaner –, die vorgedruckte Protestkarten nach Sierra Leone schicken! Aber was soll er machen? Da stürzt ein Baum um und trifft so einen Schimpansen, oder ein freilaufender Hund hat ihn gehetzt und erwischt. Die Tiere sind dem sicheren Tod geweiht! Die Afrikaner bringen sie zu ihm, weil sie wissen, daß er sie wieder aufpäppeln kann. Also kauft er sie und füttert sie durch. Aber ewig kann er sie ja nun auch nicht füttern, oder? Was soll er nun mit ihnen machen? Er könnte sie freilassen, aber vielleicht haben sie sich irgendwelche Krankheiten eingefangen und stecken ihre wildlebenden Artgenossen an. Also was machen? Mit dem Zwergflußpferd ist es genau dasselbe. Er kann es verarzten, kann es aufpäppeln, aber hinterher hat er ein Flußpferd am Hals. Und was soll er mit dem machen?

1

Hier nun die Sage von den Weißen in Afrika und von ihrer Beziehung zu den Schimpansen via Lebendtierhandel. Es ist eine komplexe und verwickelte Geschichte, ein vielteiliges Puzzle, dessen Rekonstruktion uns zu Sprüngen rückwärts und vorwärts auf der Zeitachse nötigt und uns zuletzt hinausführt aus Afrika nach Amerika, Europa und Japan und wieder zurück nach Afrika.

Seit unzähligen Jahren – vielleicht schon seit die ersten echten Menschen (Euhominiden) im Urwald auftauchten und sich den Lebensraum mit Schimpansen und Gorillas teilten – werden Schimpansen zum Nahrungserwerb gejagt. Im großen und ganzen konzentrieren sich echte Jäger auf die männlichen Tiere, und zwar aus einem einfachen Grund: Wenn sie massenhaft Muttertiere erlegen, gefährden sie den Tierbestand und bringen sich auf lange Sicht selbst um ihr Wild. Klar, wenn einer auf dem Markt mit einem Mutter-Kind-Paar einen Extragewinn herauswirtschaften kann, weil die Mutter als Fleisch abgeht und sich dann noch ein Käufer für das lebende Kind findet, dann nimmt er es schon mal nicht so genau mit der Klugheitsregel. Nichtsdestoweniger ist Fleisch im allgemeinen das profitablere Geschäft. Aber wenn der Tiergroßhändler, dessen Ware lebende Schimpansen sind, auf der Bildfläche erscheint, sieht die Sache auf einmal anders, ganz anders aus. Der Tierhändler ist gewöhnlich ein Weißer; die Interessen, die er bedient, sind unweigerlich keine afrikanischen Interessen. Für den afrikanischen Jäger indessen stellt der Großhändler lediglich einen neuen Absatzmarkt dar, einen Käufer, der für das Schimpansenkind mehr bezahlt, als mit ihm auf dem Fleischmarkt im Dorf oder am Straßenrand zu erlösen wäre. Dem Jäger wird nicht klar, wie unverschämt er bei dem Handel übers Ohr gehauen wird – denn sobald der Tierhändler ihm den Rücken gekehrt und die Schimpansenkinder außer Landes expediert (was heutigentags meist soviel heißt wie geschmuggelt) hat, um sie dem internationalen Zoohandel, der Unterhaltungsindustrie und dem biomedizinischen Forschungsbetrieb zuzuführen, verlangt er von seinen Abnehmern in Übersee ein hohes Vielfaches des Einstandspreises.

Lebende Schimpansen wurden bis in unsere Tage über eine Reihe von Seehäfen aus Afrika exportiert – über keinen jedoch so regelmäßig und in so großen Zahlen wie über den Hafen von Freetown, der Hauptstadt des westafrikanischen Staats Sierra Leone. In den letzten Jahrzehnten ging der größte Teil der Schimpansen aus Sierra Leone durch die Hände eines einzelnen und nur dieses einen Händlers, des Dr. Franz Sitter. Mit anderen Worten: Franz Sitter ist in Afrika der Dreh- und Angelpunkt des Handels mit lebenden Schimpansen. Er verkörpert und exemplifiziert diesen Handel, der bis zu einem gewissen Grad seiner Alleinregie untersteht. Und damit wird aus unserer Saga von den Weißen in Afrika zum überwiegenden Teil die Geschichte von Franz Sitter und seiner Vermarktung fraglos marktbarer Schimpansen. Es ist darüber hinaus die Geschichte von zwei Männern namens Dr. Jan Moor-Jankowski und Dr. Geza Teleki, die am Ende nicht mehr umhin konnten, sich den Geschäften des Franz Sitter entgegenzustellen.

Im Rahmen eines Fernsehinterviews meinte Franz Sitter 1987, das amerikanische Volk müsse eigentlich höchst angetan von ihm sein, denn er habe für medizinische Forschungszwecke allein in die USA so zwischen eintausend und eintausendfünfhundert lebende Schimpansenkinder geliefert. (Er hat außerdem eine irgendwo in dem Bereich zwischen mehreren Dutzend und einigen Hundert angesiedelte Zahl von Schimpansenjungen in Europa und Japan vermarktet.) Der von Sitter angegebene Näherungswert ist nach meinem Dafürhalten korrekt und aus mindestens zwei Gründen interessant. Erstens werden nach den vorliegenden groben Schätzungen in amerikanischen biomedizinischen Laboratorien insgesamt nicht mehr als eintausendachthundert lebende Schimpansen gehalten. Es ist nicht zu übersehen, daß man von amerikanischer Seite in sehr hohem Ausmaß speziell diesen einen Händler als Bezugsquelle in Anspruch genommen hat. Zweitens existiert eine Schätzung, derzufolge für jedes Schimpansenkind, das in den Handel gelangt und das erste Jahr an seinem Zielort überlebt, zehn Schimpansen ihr Leben lassen müssen; demnach könnten Sitters Geschäfte allein mit den amerikanischen Laboratorien zehntausend bis fünfzehntausend Schimpansen das Leben gekostet haben. Nicht auszuschließen, daß Franz Sitter die

Populationsstärke der wilden Schimpansen in seiner kleinen Ecke von Westafrika enorm beeinflußt hat.*

Aber wenden wir uns von der Geschichte des Franz Sitter für einen Moment einer Frage allgemeinerer Natur zu. Sitter persönlich erzählte mir, daß seine Schimpansen Unfallopfer seien, von einem umstürzenden Baum getroffen oder von einem Hund gehetzt; ich will diese Behauptung vorläufig unwidersprochen lassen und sie hier lediglich mit dem Hinweis kommentieren, daß sie einigen möglichen kritischen Einwänden zuvorkommt und sie entschärft. Wieviel Unheil hat der Handel mit lebenden Schimpansen wirklich angerichtet? Welches Maß an Grausamkeit geht auf sein Konto? In welchem Umfang ist er tatsächlich verantwortlich für den Niedergang der afrikanischen Schimpansen, die heute gefährdet sind und eines Tages vielleicht ausgestorben sein werden? Viele Menschen, die in den letzten Jahrzehnten mitverantwortlich waren für die Ausfuhr von Schimpansen aus Afrika – Händler vor Ort, Importeure und Käufer in den Abnehmerländern –, hatten zumindest intuitiv begriffen, daß der Tierhandel eine Anzahl derartiger Fragen aufwirft, denen man, aus ihrer Sicht, am besten ausweicht.

In den USA wurde die Ausweichstrategie erstmals von Robert M.

---

* Sitter begann Ende der fünfziger oder Anfang der sechziger Jahre mit dem Export lebender Tiere. 1973–1979 führte er nach den Unterlagen des sierraleonischen Zollamts mindestens 824 Schimpansen aus; er bilanzierte also seine Lebensleistung auf diesem Gebiet mit geschätzten tausend bis eintausendfünfhundert Individuen durchaus realistisch. Er war nicht der einzige Tiergroßhändler seiner Art. Sein zeitweiliger Hauptkonkurrent Suleiman Mansaray führte in der genannten Zeitspanne mindestens 739 weitere Schimpansen aus, stellte allerdings bald darauf seine geschäftlichen Aktivitäten auf diesem Sektor ein. Zeitlich im großen und ganzen noch vor denen Sitters und Mansarays liegen die Operationen eines amerikanischen Importeurs namens Henry Trefflich, der im sierraleonischen Freetown eine «Fangstation» unterhielt, die rund viertausend Schimpansen an Abnehmer in den USA lieferte. Zwei unabhängig voneinander entstandene Reports (auf einen von ihnen werden wir später in diesem Kapitel noch zurückkommen) schätzten, daß Ende der siebziger Jahre in ganz Sierra Leone nur noch ungefähr zweitausend Schimpansen überlebt hatten. Wildlebende Schimpansen vermehren sich nur sehr langsam. Die Vermutung ist nicht von der Hand zu weisen, daß den Tierhandel Mitschuld trifft an der Dezimierung der wilden Schimpansen in Sierra Leone.

Yerkes durchdekliniert. Ein Menschenalter, nachdem Victor Meunier in seinen *Singes domestiques* dafür plädiert hatte, in den Tropen Menschen- und Tieraffen zu züchten, die dem Menschen auf vielfältige Weise als Sklaven dienen könnten, veröffentlichte Robert Yerkes, seines Zeichens Professor der Psychobiologie an der Yale-Universität und als solcher eine renommierte Koryphäe, im Jahrgang 1916 des Wissenschaftsmagazins *Science* einen Artikel, in dem er zur Schaffung einer Primatenzucht- und -forschungsstation in den Subtropen aufrief, die den Grund dazu legen sollte, daß Menschen- und Tieraffen sowie andere «subhumane Organismen» künftig «einen wichtigen Beitrag zum Wohlergehen der Menschheit leisten könnten». Diese Tiere, so schrieb derselbe Autor später, würden zu «Dienern der Wissenschaft» werden. Yerkes war ein enorm begabter und tatkräftiger Wissenschaftler – im Gedächtnis der Nachwelt hat er überlebt als der Pionier der amerikanischen Labor-Primatologie, der sich am weitesten vorwagte –, und er verfolgte die große Vision seines Lebens mit einer praktischen Orientierung von erdrückender Detailbesessenheit. In seinem ursprünglichen Manifest in *Science* benannte er in drei Gruppen von verschachtelten Listen die fünferlei allgemeinen Ziele eines Instituts des vorgeschlagenen Typs, die viererlei Kategorien möglicher Forschungsthemen und die sechserlei Klassen der benötigten fachlich geschulten Mitarbeiter. Ohne sie in regelrechte Listenform zu bringen, zählte er außerdem die Klassen von ungeschultem Personal auf, die benötigt wurden, sowie ferner die Weltgegenden, die die beste Lage für ein Institut der vorgeschlagenen Art boten, die aufgeschlüsselten voraussichtlichen Gesamtkosten für Einrichtung und Betrieb des Projekts und anderes mehr. Seine Gründlichkeit ist beeindruckend. Eigentlich hat Yerkes in seinem Manifest von 1916, wie es scheint, nur ein einziges praktisches Problem ausgelassen: Wo nimmt man die Primaten her?

Yerkes' Lieblinge unter den Primaten waren die Schimpansen, und in einem 1943 veröffentlichten Buch geht er auf das Beschaffungsproblem ein. Wo bekommt man Schimpansen her? Man kauft sie in New York. Im Lauf der ersten Jahrhunderthälfte, so schreibt er, gelangten Hunderte von Schimpansen in den New Yorker Zoohandel, und schon für lumpige hundert Dollar bekommt man einen Schim-

pansen, «von dem der Händler weiß, daß er dumm oder gesundheit-
lich labil ist oder in anderer Hinsicht mehr oder weniger zu wünschen
übrig läßt», aber der Preis für die besten Exemplare belief sich zu
damaliger Zeit unter Umständen auf bis zu 1200 Dollar. In der Vergangenheit war das Angebot an diesen Menschenaffen praktisch «unbegrenzt», merkt Yerkes an, aber im Lauf der letzten zwei Jahrzehnte
hat «die Agitation für den Wildtierschutz» dazu geführt, daß die großen Kolonialmächte in Afrika den Handel mit Menschenaffen ganz
auf die «Stillung des wissenschaftlichen und pädagogischen Bedarfs»
beschränkten. (Die letzte Feststellung war bestenfalls nur bedingt
richtig, denn in den Vereinigten Staaten war es für Zirkusse, Varietékünstler, Tierhändler und Tier«liebhaber» ganz ohne Zweifel noch
bis in die siebziger Jahre kein Problem, aus Afrika ausgeführte
Schimpansen zu kaufen.)

Yerkes räumt ein, daß «der Wechsel von der Freiheit in Afrika zum
Gefangenendasein in Europa und Amerika» wahrscheinlich verbunden sei mit «mehr oder weniger schweren und bleibenden Gesund-
heitsschäden, bedingt durch die Fangprozedur, durch grobe, unver-
ständige und unmenschliche Behandlung, durch Parasitenbefall,
durch Erkrankungen des Verdauungstrakts und der Atemwege infolge des Kontakts mit Menschen sowie durch Mangelernährung».
Aber wo dieser Wissenschaftler trocken über Fakten und Einzelheiten
des Schimpansenfangs in Afrika sprechen sollte, kommt er seinen
Lesern – für seine Profession einigermaßen untypisch – mit einem
Ausflug ins Reich der Phantasie: «Stellen Sie sich vor, Sie würden im
tiefsten Afrika von einer Horde gutartiger, aber zielbewußter
Menschenaffen gefangengenommen und auf unbegrenzte Zeit nach
deren Lust und Laune gehalten! Das wäre fraglos ein gefährliches
Abenteuer. Der Übertritt des Schimpansen aus seinem natürlichen
Lebensraum in den unsrigen muß eine gleichermaßen strapaziöse Sa-
che sein.»

Was spezifische Fangmethoden angeht, ist Yerkes der Ansicht, daß
es keine gibt, die man «als die beste oder allgemein gebräuchliche
einstufen» könnte. Ein zusätzliches Problem ergibt sich in diesem
Zusammenhang aus dem Umstand, daß «Jäger gewöhnlich keine
Schriftsteller» sind und daß wahrscheinlich die besten Fangmethoden
meistenteils «Berufsgeheimnisse» der Tierfängerzunft bleiben.

Möglich, daß Fallen und Schlingen benutzt werden; außerdem kennt Yerkes auch wenig glaubhafte Berichte, denen zufolge man Alkohol in die natürliche Nahrung und das Trinkwasser der Schimpansen schmuggeln könnte, um «die Affen zu betäuben». Doch von allen in der spärlichen «Literatur» zu diesem Thema beschriebenen Techniken ist nach Yerkes' Einschätzung nur eine einzige «der ausführlichen Darstellung wert»: der Einsatz von Netzen zum Absondern und Einfangen von Schimpansen. Er resümiert dann in knappen Worten den Bericht über eine Schimpansenfangaktion mit Netzen in Westafrika, den ein Tierfänger namens J. L. Buck 1927 in der Zeitschrift *Asia* veröffentlicht hatte. (Fast könnte man meinen, zur damaligen Zeit seien die Kontinentalplatten Asien und Afrika noch nicht auseinandergedriftet gewesen.) Da ist nun endlich ein Jäger gefunden, der auch Schriftsteller ist – oder wenigstens mit einem Schriftsteller zusammenarbeitet – und von dem man erwarten darf, daß er «Berufsgeheimnisse» preisgibt.

Zu Beginn seiner Geschichte erzählt Buck, wie er seinen «treuen afrikanischen Boy» Hector kennenlernte. Hector kommen eines Tages Nachrichten von einer Horde Schimpansen zu Ohren, die in einem Landstrich droben im Norden «die Waldungen unsicher machen»; also machen sich Buck, sein Sohn Warren und Hector auf die mehrtägige Reise zu dem Dorf Kamaro, wo sie von dem Dorfältesten in Empfang genommen werden. Buck bringt den Dorfältesten dazu, ihm «hundert Boys» als Jagdhelfer zur Verfügung zu stellen. Und um seine «hundert Boys» in die richtige Stimmung zu bringen, zieht Buck nach alter Manier ein Aufpeitschritual ab, bei dem er sich mimisch und gestisch als kolossaler Schimpanse gebärdet. «Wer kommt da mit seiner häßlichen Fresse unter lautem Geheil trapp, trapp, trapp ins Dorf gelaufen? Wer verschreckt die Weiber auf dem Maniokfeld? Wer zerwühlt an manchen Tagen die *Pikins*-Flächen und frißt uns den ganzen Reis weg? Los, fangen wir den Halunken! Schaffen wir uns einen Feind vom Hals, und verdienen wir uns dabei obendrein noch ein gutes Bakschisch!» In diesem Stil geht es weiter, bis der Tierfänger schließlich in allen Einzelheiten erklärt, wie sie die Bestie mit den aus Kletterpflanzenranken geflochtenen Netzen einfangen werden. «Umschlingt ihnen die Arme mit Netzen! Umschlingt ihnen die Beine mit Netzen! Haltet sie fest, bis Massa kommt. Er bringt seine Medizin mit. Er schickt große Halunken schlafen.» Medizin! Buck hält eine Flasche Chloroform in die Höhe, damit die Menge sie sehen kann. Dann verspricht er dem «Boy, der mächtig viel leistet bei der Jagd», eine Taschenlampe als Prämie.

Dergestalt aufgeputscht, setzt sich der Trupp von rund hundert Männern in Bewegung und marschiert zu einem Kapokbaumwäldchen, in dem die großen Halunken sich öfter sehen lassen sollen. Am Ziel angekommen, verstecken die Männer ihre diversen großen Netze im Unterholz, um sich anschließend selbst in Verstecke zu verkriechen und dort auf die abendliche Heimkehr der Schimpansen zu warten. Nach einiger Zeit zieht eine Familie von ungefähr zehn Tieren im Gänsemarsch in das Wäldchen ein; im Kielwasser eines «breitschultrigen alten Männchens mit dichtem schwarzbraunem Fellkleid» kommt die Gruppe genau auf dem Weg gezogen, den Buck zuvor berechnet hat.

Der Abend kommt; die Schimpansen verziehen sich auf die Bäume. Der alte Anführer und eine von seinen jüngeren Frauen klettern nach einigem Hin und Her in dasselbe Nest und paaren sich, dann versinken alle Tiere in schläfriger Bewußtlosigkeit. «Stille senkte sich auf den Dschungel.» Nun kommen Buck, sein Sohn, Hector und die hundert afrikanischen Helfer leise aus ihren Schlupfwinkeln gekrochen, ziehen die zahlreichen großen Netze aus ihren Verstecken und bringen sie rund um die sechs Bäume mit den schlafenden Tieren in Position. Alles wartet – Buck nicht ohne ein wachsames Auge sowohl auf seine zuverlässige Chloroformflasche gerichtet zu halten als auch auf die Schwämme, auf die er das Betäubungsmittel vor der Anwendung schüttet, und auf die Plane, die dem Affen über den Kopf geworfen wird, damit die Chloroformdämpfe um so besser wirken. Der Morgen graut. Endlich gibt Buck das verabredete Zeichen. Fünfzig Afrikaner veranstalten trommelnd und schreiend ein gewaltiges Getöse, und die unsanft aus dem Schlaf gerissenen Schimpansen schießen koppheister aus ihren Nestern und wollen sich holterdipolter davonmachen – und landen direkt in den Netzen.

Bucks Absicht war es gewesen, nur die jüngsten Tiere zu fangen, aber wie der Zufall so spielt – ausgerechnet das größte erwachsene

Männchen verhaspelte sich zuerst in den Netzen. Ein junger afrikanischen Boy kommt ihm zu nahe. «Zwei Arme schossen aus den Maschen hervor, fuhren bös und rachsüchtig in die Höhe, und bevor Hector und ich zu Hilfe eilen konnten, hatten sie den spindeldürren armen Teufel gepackt.» Um den Boy ist es geschehen. Die Afrikaner werfen dem wütenden Tier noch eine Anzahl Netze über, und Buck läuft seine Chloroformflasche holen. Aber als er eben den Inhalt der Flasche auf einen Schwamm schütten will, wälzt sich der hünenhafte Schimpanse zufällig herum und rempelt Buck, der sich daraufhin so unglücklich mit dem Betäubungsmittel bespritzt, daß er auf der Stelle die Besinnung verliert. Als er wieder zu sich kommt, ist das Handgemenge vorbei. Er erblickt seinen Sohn Warren mit dem rauchenden Revolver in der Hand, und sofort ist ihm klar, daß Warren das hünenhafte Männchen leider erschießen mußte. Glücklicherweise konnten die übriggebliebenen neunundneunzig Afrikaner unterdessen mit ihren Netzen zwei junge Schimpansen aus der Gruppe herausfischen.

Bucks Mär vom Schimpansenfang aus dem Jahre 1927 ist ein auf Anhieb als solches durchschaubares Stückchen Jägerlatein, und zwar eines der verflunkertsten, die mir je untergekommen sind. (Überdies steckt in ihr auch ein Stückchen Rassismus – Rassismus der seiner selbst nicht bewußten altertümlichen Sorte – mit dem sie uns daran erinnert, daß Afrika seinerzeit für amerikanische und europäische Kolonialisten als bequem verfügbare Traumkulisse fungierte, als eine leere Projektionsleinwand, die man mit der Selbstverklärung dienenden hochdramatischen Phantasieprodukten füllen konnte.) In Yerkes' Augen war Buck «ein erfahrener Tierfänger». Buck erhebt für sich den Anspruch, eine Reihe Gorillas erlegt und 127 Schimpansen lebend gefangen zu haben; von letzteren habe er einen nicht geringen Teil an Yerkes verkauft. Wir haben wenig Anlaß, Bucks Angaben darüber, *was* er tut, zu bezweifeln. Warum erzählt er dann Lügen darüber, *wie* er es tut?

Vielleicht hätten J. L. Bucks Kunden die Wahrheit einfach nicht verkraftet. Ich lebe seit über dreißig Jahren in Tansania. Meines Wissens hat es hier während des größten Teils dieser Zeitspanne keinen Handel mit Schimpansen gegeben, und sie werden auch nicht gegessen. Aber als es Mitte der achtziger Jahre in den USA zur Panik kam, weil für die Aids-Forschung vermeintlich zuwenig Schimpansen zur Verfügung standen (was jedoch zu keinem Zeitpunkt der Fall war), wurden aus der Gegend von Kigoma einige Fälle von illegaler Schimpansenjagd gemeldet. Meine tansanischen Hilfskräfte berichteten mir, daß sie gesehen hatten, wie zugeschnürte Säcke, in denen offensichtlich Schimpansenjunge steckten (das konnten sie an den Lauten erkennen, die aus dem Inneren drangen), in heimischen Booten des Typs, wie sie den Verkehr zwischen den Uferdörfern besorgen, auf dem See in Richtung Norden transportiert wurden. In Kigoma wurde ein Wildieb gefaßt und hinter Gitter gebracht. Unglücklicherweise wanderte sein Diebesgut, ein Schimpansenkleinkind, mit ihm ins Gefängnis und ging dort rasch ein. Wäre ich doch damals dort gewesen, um Bürgschaft leisten zu können!

In einem Fall konnte ein Schimpansenkind den Händen der Jäger gerade noch einmal entkommen. Die Mutter des Kleinen war von zwei Wilderern nach tagelanger erfolgloser Jagd in der Gegend von Kabogo, südlich von Kigoma, abgeschossen worden. Die beiden besaßen zusammen nur ein einziges, altertümliches Gewehr, und dem ersten Weibchen, auf das sie schossen, brachten sie lediglich eine Wunde bei. Sehr gut möglich, daß es hinterher dennoch verendet ist, aber tief im Wald, wo das Junge für die zwei nicht mehr aufzufinden war. Ein zweites Weibchen brachten sie zur Strecke, aber zu ihrem Pech verletzten sie dabei das Junge so schwer, daß es ebenfalls starb. Schließlich hatten die Jäger doch noch Erfolg. Die Schimpansenmutter lag sterbend auf dem Boden, und die zwei Männer legten ihr Gewehr beiseite und näherten sich ihr, um sich die frenetisch kreischende Jagdbeute zu holen. Plötzlich ein Krachen im Unterholz, und ein riesiges Schimpansenmännchen kam aus dem Dickicht hervorgebrochen. Die Jäger wandten sich zur Flucht, waren aber nicht schnell genug. Der Schimpanse packte den einen und schmetterte ihn so heftig zu Boden, daß er sich auf dem steinigen Untergrund mehrere Rippen brach. Mit einer weit ausholenden Bewegung eines seiner kräftigen Arme riß das Tier dem zweiten Jäger Haar und Kopfhaut vom Schädel, so daß der halb skalpiert war. Nachdem es den immer noch kreischenden Kleinen aufgelesen hatte, verschwand das Schimpansenmännchen im Wald.

Ich hörte von dem Vorfall, weil die beiden Jäger in einem Krankenhaus der Region erschienen, um sich verarzten zu lassen. Nach ihrer Genesung steckte man sie ins Gefängnis. Aber daß sich das Blatt wie in dieser Geschichte wendet, kommt selten vor. Nur allzuoft kommen erwachsene Schimpansen, die einem bedrängten Jungen zu Hilfe eilen, dabei um. Und anschließend muß das verschreckte Junge einen alptraumhaften Transport durchmachen, auf dem es gewöhnlich, an Händen und Füßen mit Schnur oder Draht gefesselt, in einer engen Kiste oder einem winzigen Korb oder einem stickigen Sack steckt. Ich bin aufgrund meiner Feldarbeit zu der Überzeugung gekommen, daß ein gefangenes Schimpansenkind die gleiche Marter durch Angst, Pein und Verzweiflung zu erdulden hat, die ein menschliches Kind unter solchen Umständen durchleiden würde. Als ich meine tansanischen Helfer in Gombe einmal über den Schwarzhandel mit jungen Schimpansen ins Bild setzte, meinte einer von ihnen – und zwar einer, dem, was Schimpansen angeht, keiner ein X für ein U vormachen kann –, nachdem er innerlich seinen Erinnerungsschatz an in der Kindheit gehörten Geschichten durchgemustert hatte: «Das ist wohl so, wie es für uns in den Zeiten des Sklavenhandels war, glaube ich.»

Es überrascht nicht, daß Schimpansen «marktbar» sind. Nach unseren Rechtsbegriffen – aber nicht nur nach unseren *Rechts*begriffen – sind Tiere Sachen, und Sachen sind ohne Frage «marktbar». Was allerdings im Zusammenhang mit den Schimpansen überrascht, ist, in welchem Ausmaß gewisse wesentliche Einzelheiten des Vermarktungsprozesses ignoriert oder geleugnet oder schöngeredet oder verhehlt werden. J. L. Buck, der 1927 dem lesenden Publikum sein Jägerlatein erzählte, wie er nördlich von Sierra Leone mit Chloroform und Schwamm Schimpansen gefangen haben wollte – dieser J. L. Buck war bloß die schlechte, humorlose Kopie eines Baron Münchhausen oder Tartarin aus Tarascon, ein kleiner Aufschneider und Tatsachenverdreher, ein primitiver Lügner. Aber wenn wir im folgenden tiefer eindringen in die Welt des Handels mit lebenden Schimpansen, der seine Basis in Afrika hat, begeben wir uns in eine Welt nicht der primitiven Lügen, sondern der ausgekochten und trickreichen Tatsachenverdrehungen, eine Welt, in der *der genaue Wortlaut* alles –

oder nichts – ist, eine Welt, in der (wie auf Shakespeares sturmum-
toster Insel) Bücher zur Quelle von Zauberei und Worte zu Waffen
werden, eine exotische und heikle Welt juristischer Spitzfindigkeit
und prozessualer Silbenstecherei, verbrämter Ironie und verbaler
Taschenspielerei.

2

Franz Sitter wurde am 6. Juni 1924 in Malikamen in Jugoslawien geboren. Dreiunddreißig oder vierunddreißig Jahre später
tauchte er mit einem Doktordiplom in Parasitologie der naturwissen-
schaftlichen Fakultät der Universität Wien in der Tasche im westafrikanischen Sierra Leone auf. Er kaufte eine zweihundert Morgen
große Hühnerfarm, heiratete eine Afrikanerin und zog einen landesweiten Eierhandel auf. Irgendwie erlangte er die sierraleonische
Staatsbürgerschaft – was ihn zum einzigen weißen Landeskind
machte –, und im Anschluß daran weitete er seine geschäftlichen Aktivitäten aus. Mit dem Schimpansenexport dürfte er schon kurz nach
seiner Ankunft im Land begonnen haben, aber jetzt dehnte Sitter sein
Exportgeschäft sowohl auf andere – lebende wie tote – Tiere als auch
auf afrikanische Kunst und afrikanisches Kunsthandwerk aus; daneben importierte er Tierfuttermittel und landwirtschaftliche Maschinen. An irgendeinem Punkt seiner Laufbahn soll er einem Ondit zufolge mit Siaka Stevens, dem damaligen Präsidenten von Sierra
Leone, als Teilhaber einen landesweiten Handel in Ärzte- und Kran-
kenhausbedarf betrieben haben. Er war zeitweilig Hauptteilhaber des
Cape Sierra Hotels in Freetown, und er hat auch einen primitiven
«Wildpark» für Touristen betrieben. Kurz, er war schon immer und
ist noch heute ein auf vielfältigen Gebieten erfolgreicher Geschäftsmann. Doch seine traurige Berühmtheit – und möglicherweise auch
seine besten Profite – verdankt er dem Schimpansengeschäft.

Einer von Franz Sitters besten Dauerkunden war seinerzeit Dr. Jan
Moor-Jankowski, der Direktor des *Laboratory for Experimental Medicine and Surgery in Primates* (LEMSIP) der New York University.
Dr. Moor-Jankowski – ein namhafter Forscher und Hochschullehrer
und überdies ein Weltbürger, der fließend fünf Sprachen spricht – ist

mit Sitter annähernd gleichaltrig. Und noch etwas haben beide Männer gemeinsam: Sie haben Europa letzten Endes aufgrund ihrer Erfahrungen während des Zweiten Weltkriegs den Rücken gekehrt. Aber während Sitter als junger Mann unter Feldmarschall Rommel im Afrikakorps der deutschen Wehrmacht gekämpft haben will, wurde Moor-Jankowski als Jugendlicher von den Nazis angeschossen und arbeitete unter wechselnden Decknamen im polnischen Widerstand mit, für den er 1944 / 45 Informationen aus Berlin besorgte. In Anerkennung dieser Verdienste wie auch seiner späteren wissenschaftlichen Leistungen wurde Moor-Jankowski vom französischen Staatspräsidenten Mitterrand 1984 das Kreuz der Ehrenlegion verliehen.

«1968 wollte ich meine Schimpansen nicht über amerikanische Händler beziehen», erzählte mir Moor-Jankowski vor kurzem. «Aus dem Zustand, in dem wir die Tiere übernahmen, war klar zu ersehen, daß sie sehr, sehr schlecht behandelt worden waren und scheußliche Dinge erlebt haben mußten. Darum stellte ich aus meinen eigenen Leuten zwei Fangtrupps zusammen und schickte sie nach Afrika; sie sollten die Schimpansen mit Bolzengewehren betäuben und dann einfangen. Aber das war ziemlich naiv gedacht, denn die angeschossenen Tiere liefen davon in den Dschungel und waren nicht mehr auffindbar, oder sie kletterten auf einen Baum, fielen betäubt herunter und landeten unten mit gebrochenen Knochen. Und wenn ich mich richtig erinnere, hatten wir einmal den Fall, daß die Ameisen sehr viel früher als meine Leute da waren. Kurz und gut, mir wurde klar, daß die Sache so nicht funktionierte.» Aber da sie schon einmal in Westafrika waren, nahmen seine Mitarbeiter die Gelegenheit wahr, sich die Geschäftslokale der zwei größten Tierhändler in dieser Weltgegend anzusehen: des Suleiman Mansaray und des Franz Sitter, beide in Sierra Leone ansässig. Die Hygienebedingungen im Betrieb Mansarays waren «grauenhaft», bei Sitter dagegen «sehr beeindruckend». Moor-Jankowski trat in Geschäftsbeziehung zu Franz Sitter.

«Und ich war sehr zufrieden mit dem Gesundheitszustand, in dem die Tiere von Sitter hier eintrafen» – nicht unterernährt oder mit Blessuren oder das Fell von Schrotkörnern durchsiebt, wie Moor-Jankowski nach seinen bisherigen Erfahrungen erwartet hatte. In den

Lieferungen anderer Händler hatten manchmal 30–40 Prozent der Schimpansen Verletzungen durch Schrotkörner aufgewiesen. «In keinem einzigen von Sitters Tieren haben wir je Schrotkörner gefunden.» Anfang 1975 bezog Moor-Jankowski 72 Schimpansen von Sitter – ohne Schrotkörner. Während nach Moor-Jankowskis Erfahrung normalerweise zwanzig Prozent aller frisch importierten Schimpansen innerhalb der ersten sechs Monate nach ihrem Eintreffen starben, blieben von jenen 72 bis auf zwei alle am Leben. Die Tiere waren im wesentlichen gesund. Aber was wohl das Wichtigste war: bei den wenigsten von Sitters Schimpansen erbrachte der Test auf Hepatitis B einen Befund. Da die Tiere seinerzeit in erster Linie für die Hepatitis-B-Forschung importiert wurden, war jeder bereits mit dem HB-Virus infizierte Schimpanse eigentlich wertlos und wurde dem Lieferanten zurückgegeben, der ihn dann an einen Zirkus, einen Zoo oder eine ähnliche Stelle verkaufte. Wie schaffte Sitter das? Wie brachte er es fertig, so durchweg gesunde, intakte junge Schimpansen zu liefern? Im Rahmen ihres ausgedehnten Briefwechsels gab Sitter Moor-Jankowski gegenüber als eine seiner Methoden an, daß er in einer Hütte einen Haufen Bananen aufschütten lasse. Sobald die Schimpansen in der Hütte verschwunden waren, wurde von außen die Tür hinter ihnen zugeschlagen. Eine andere Methode bestehe darin, die Tiere mit Hunden zu hetzen. Wenn die Schimpansenmütter ausgepumpt waren, entledigten sie sich ihrer Kleinen und Kleinsten und ließen sie zurück. Die Jungen konnten dann unversehrt aufgelesen werden. Rückblickend meint Moor-Jankowski heute: «Er brachte das so glaubhaft: ein vollendeter Künstler des Bluffs.»

Die Beziehung zwischen Schimpansenkäufer und -verkäufer, zwischen Jan Moor-Jankowski und Franz Sitter, sollte beeinflußt werden durch das Eingreifen eines Dritten namens Geza Teleki, der seine Prägung ebenfalls im Europa des Zweiten Weltkriegs erhalten hatte.

Geza Telekis früheste Kindheitserinnerung ist eine Szene, in der er im Budapester Stadthaus seiner Eltern allein in seinem Zimmer spielt – auf einmal kracht eine Bombe durch die Decke und landet auf dem Bett, wo ihr Fall von der Matratze und dem zusammenbrechenden Bettgestell gedämpft wird, so daß sie heil liegenbleibt. Die Russen bombardierten Budapest. Die Nazis hatten den Rückzug angetreten. Die Telekis hatten bereits den letzten Rest des Familienvermögens, einen Ranzen voller Maria-Theresien-Taler, für eine nächtliche Lkw-Fahrt von der letzten ihnen noch verbliebenen Familienbesitzung in Siebenbürgen nach Budapest hingegeben. Doch während des Kriegs wurde dann Gezas Großvater, Graf Paul Teleki, ungarischer Ministerpräsident und sein Vater Erziehungsminister. Beide Männer machten sich einen Namen als unverhohlene Antikommunisten, und als die Sowjets an die Konsolidierung der Verhältnisse in ihrem neu hinzugewonnenen osteuropäischen Machtbereich gingen, hielten sie es für angebracht, der Familie Teleki die mangelnde Linientreue mit Schikanen heimzuzahlen. Mit Unterstützung des ungarischen Untergrunds gelang den Telekis 1949 schließlich die Flucht aus Ungarn.

Neunzehn Jahre später traf der neutralisierte US-Bürger Geza Teleki mit einem brandneuen B.-A.-Diplom der George Washington University im Gepäck in Ostafrika ein, um künftig als Forschungsassistent Jane Goodalls im Gombe-Nationalpark in Tansania das Verhalten von Schimpansen zu studieren. Bei seiner ersten Begegnung mit Frau Goodall äußerte der junge Mann einige Besorgnis in bezug auf das, was ihn in Gombe erwartete, was man dort von ihm erwartete, und ähnliches mehr. «Ich erinnere mich noch daran, als ob es gestern gewesen wäre», erzählte er mir, «wie sie nach und nach ein bißchen genervt wurde durch meine Fragerei und dann schließlich zu mir sagte, in Gombe erwarte mich die Rolle des Gasts in einem Milieu, in dem Schimpansen und andere Tiere die erste Geige spielen.» Er wollte wissen, was das heißen solle. «Na zum Beispiel, wenn Sie einen Weg entlang gehen, und es kommt Ihnen ein Schimpanse entgegen, dann sind *Sie* derjenige, der den Weg freizumachen hat.» Er vergaß diesen Kommentar sein Leben lang nicht. «Damals wußte ich noch nicht, was das zu bedeuten hatte, aber hernach ist es mir bei vielem, was ich im Lauf von zwanzig Jahren in Sachen Artenschutz für Schimpansen unternommen habe, zur Richtschnur geworden.» Und noch eine andere Begebenheit wurde für Teleki zu einem Schlüsselerlebnis, das seine spätere Haltung prägen sollte. Es war im Jahr 1968. Gombe war gerade zum Nationalpark ernannt worden, und eine Delegation von Regierungsbeamten kam angereist, um die Wis-

senschaftler, die hier arbeiteten, kennenzulernen. «Das Ganze war
eine äußerst peinliche Geschichte, weil [...] diese Leute uns in einem
fort mit Fragen über den Park löcherten und davon ausgingen, wir als
Wissenschaftler müßten auf alles, was sie fragten, die Antwort wissen. Und wir wußten dann die Antwort nicht. Wir konnten ihnen alle
möglichen Einzelheiten über Brutpflege und Mutter-Kind-Verhält-
nis, über Familienleben und soziale Interaktionen erzählen, aber auf
Fragen wie zum Beispiel ‹Wie viele Chimps gibt es eigentlich im
Park?› oder ‹Wo sind Ihre bevorzugten Standorte?› und so weiter
mußten wir passen.» Es war eine einzige Peinlichkeit. «Meiner Ansicht treiben wir unsere Wissenschaft unter anderem auch, damit wir
in der Lage sind, die natürliche Umwelt besser zu gestalten und dafür
zu sorgen, daß unsere Forschungsobjekte, die die Basis für unsere
berufliche Laufbahn darstellen, wenn wir wieder nach Hause gehen,
den gebührenden Schutz erhalten. Und in dem Punkt hatten wir versagt, weil die Forschung in Gombe so stark auf die soziale Seite des
Schimpansenlebens konzentriert war, daß wir nicht in der Lage
waren, irgendwelche brauchbaren Ratschläge in Sachen Umweltge-
staltung zu geben.» Teleki faßte den Entschluß, sich fortan stets des
prinzipiellen Aspekts von Janes Rat betreffend «Triffst du einen
Schimpansen unterwegs» zu erinnern, und er faßte ferner den Entschluß, in seine wissenschaftliche Arbeit fortan stets eine Nützlich-
keitskomponente einzuschließen, mit der er seinen Forschungsobjek-
ten ihren verdienten Lohn zuteil werden ließ.

Teleki kehrte 1971 in die Vereinigten Staaten zurück und begann
an der Pennsylvania State University mit einer Doktorarbeit in An-
thropologie und Primatologie. 1977 suchten zwei amerikanische Körperschaften – das Pharma-Unternehmen Merck Sharpe and Dohme
und das Albany Medical College – bei der Regierung um Bewilligun-
gen zur Einfuhr von Schimpansen aus Westafrika nach. Der U. S.
Fish and Wildlife Service bat Geza Teleki als Schimpansenexperten
um Mithilfe bei der Begutachtung der Anträge. Teleki stellte fest, daß
Antragsgegenstand der Import von zusammen fast dreihundert jungen, wild gefangenen Schimpansen war. Beide Antragsteller nannten
dasselbe Ursprungsland, nämlich Sierra Leone. Und beide nannten
denselben Lieferanten, einen gewissen Dr. Franz Sitter. «Und jetzt»,

erinnert sich Teleki, «bemerkte ich noch etwas anderes, das in allem seither Vorgefallenen zu einem Fundamentalproblem geworden ist: Die Angaben der Antragsteller ensprachen nicht der Wahrheit.» In dem Antrag der Firma Merck hieß es, 125 Schimpansen seien zum Einsatz beim Hepatitis-Impfstoff-Test vorgesehen und würden hinterher «zwecks Verbreitung der Basis für die Fortpflanzung der Spezies» einer Nachzuchtanstalt in New Mexico geschenkt. Das Dumme dabei war nur, daß der Leiter der Zuchtanstalt von der hypothetischen Schenkung überhaupt nichts wußte. Der Antrag der Firma Merck wurde vom U. S. Fish and Wildlife Service schließlich abgelehnt, der Antrag des Albany Medical College scheiterte aus formalen Gründen.

Teleki begann sich in Washington die Unterlagen über die Importe der jüngeren Zeit anzusehen und Unterhaltungen mit Kontaktpersonen in diversen amerikanischen Labors zu führen und stellte bald fest, daß Sierra Leone mehr Schimpansen exportierte als alle anderen afrikanischen Ausfuhrländer zusammen. Des weiteren zeigte sich klar und deutlich, daß Dr. Franz Sitter der größte sierraleonische Exporteur war. Wie war es möglich, daß Sierra Leone, eines der kleinsten Länder Afrikas – mit seinen 71740 Quadratkilometern Bodenfläche ist es nur wenig größer als das Bundesland Bayern (70550 qkm) –, solche Mengen Schimpansen ausführen konnte? Aufgrund der damals verfügbaren Informationen war davon auszugehen, daß der überlebende Schimpansenbestand überall in diesem Teil Westafrikas vergleichsweise gering war und daß der Exporthandel zur völligen Auslöschung der noch verbliebenen Populationen mit beitrug. Eine Mitte der sechziger Jahre von Dr. Adriaan Kortlandt von der Universität Amsterdam kursorisch durchgeführte statistische Erfassung der Schimpansen von Sierra Leone erbrachte die Bestätigung dafür, «daß die derzeitige Exportquote weit höher liegt, als der vorhandene Tierbestand erlauben würde – ein Umstand, an dem nicht der geringste Zweifel möglich ist». Aber gleichzeitig erschien eine gründlichere Erhebung vonnöten.

Mehrere Tierschutzorganisationen stellten gemeinsam die Mittel für eine Zählung der sierraleonischen Schimpansenpopulation bereit. Und so flog Geza Teleki im November 1979 in ein Land, das die Pro-

bleme Westafrikas in sich zu bündeln schien: explosives Bevölkerungswachstum, massive Entwaldung und fortgesetzte Überausbeutung des Wildtierbestands durch Jagd. Seit Beginn des vorigen
Jahrhunderts waren etwa 97 Prozent des vorhandenen Walds verschwunden; von den verbliebenen fünfhundert Quadratmeilen
Waldgebiet wurden zwei Drittel entweder gerade abgeholzt oder waren zur baldigen Abholzung vorgesehen; die Bracheperioden im
Brandrodungsfeldbau *(slash-and-burn agriculture)* waren von zwanzig Jahren auf drei Jahre zusammengeschrumpft. Wo in den frisch
entwaldeten Gebieten weiterhin Affen wohnten, setzten die Behörden auf das Erlegen dieser «Schädlinge» eine Prämie aus, was zur
Folge hatte, daß binnen fünfzehn Jahren eine Viertelmillion dieser
Tiere umgebracht wurde.

Genaugenommen begannen viele Probleme, die Sierra Leone
heute hat, wohl schon im fünfzehnten Jahrhundert, nachdem portugiesische Seefahrer entlang der afrikanischen Atlantikküste eine Gebirgskette von grandioser Schönheit ausgemacht hatten und zu dem
Schluß gekommen waren, daß sie hier das «Löwengebirge», die
«Serra Lyona», vor sich hatten. Im achtzehnten Jahrhundert war
Sierra Leone für die Europäer Einzugsgebiet und Basis eines
schwunghaften Sklaven- und Elfenbeinhandels. Mitte des neunzehnten Jahrhunderts hatten europäische Holzfäller bereits mit dem Kahlschlag der üppigen sierraleonischen Urwälder begonnen, und am
Jahrhundertende waren dann schon europäische Bergleute dabei, die
Gold-, Chromit- und Eisenerzvorkommen des Landes bis zur Erschöpfung abzubauen. Als Teleki 1979 nach Sierra Leone kam, standen die meisten einheimischen Großtierarten bereits kurz vor der
Ausrottung, was freilich europäische und amerikanische Sportjäger
nicht daran hinderte, mit ihren Hochleistungsgewehren weiterhin
auf riesige Zielscheiben wie Schimpansen, Flußpferde und Elefanten
loszuballern, und das sogar, ohne die vorgeschriebenen Abschußge-
bühren – 15 US-Dollar pro Schimpanse, 20 US-Dollar pro Flußpferd,
200 US-Dollar pro Elefant – zu bezahlen. Sergio Bonara, ein Italiener,
der eine Abholzaktion im Gola-Wald leitete, rühmte sich der Helden-
tat, drei der extrem seltenen Goldkatzen erlegt zu haben. Ein libanesischer Popsänger tötete ganz allein zum reinen Vergnügen vierzig

Elefanten und hätte wahrscheinlich noch mehr umgebracht, wenn er nicht eines Tages von einer Elefantenherde zu Tode getrampelt worden wäre. In den Wara-Wara-Bergen, im Loma-Gebirge und an anderen Orten konnte man amerikanische Missionare bei der Jagd auf Elefanten und anderes Großwild beobachten. Gegen Wildbret versorgten Missionare auch einheimische Jäger mit Munition; und in der Makeni-Region lieferten Missionare Rohelfenbein an Elfenbeinschnitzer, die sich auf Jesus- und Muttergottesfiguren spezialisiert hatten.

Bald nach seiner Ankunft in Sierra Leone suchte Teleki Franz Sitter auf seiner Farm bei Freetown auf. In Sitters Briefkopf figurierte das Anwesen als «Dr. Franz Sitters Zoologische Station», auf Teleki machte es jedoch eher den Eindruck einer verfallenen Hühnerfarm mit allerhand größtenteils aus Metallblech und Maschendraht gefertigten Käfigen und Verschlägen, die eine Menagerie beherbergte. (Bei einer amtlichen Inspektion des Grundstücks sollten 1981 26 Schimpansenbabys, 15 Felsenpythons, 15 Königspythons, ein Sortiment von Tieraffen und Wildkatzen, ein Bongo sowie zahlreiche kleinere Antilopen registriert werden.) Wohl beeindruckt von der Begegnung mit einem Aristokraten vom Alten Kontinent, der einen berühmten Namen trug, begleitete Sitter den Begrüßungshändedruck preußisch-zackig mit einer tiefen Verbeugung und Hackenzusammenschlagen. Die Art, wie er sich gab, seine Gesten und seine Sprechweise schienen dem Besucher auf eine militärische Vergangenheit hinzudeuten, und obzwar Sitter österreichischer Herkunft zu sein behauptete, bemerkte Teleki, daß er ganz und gar nicht mit österreichischem, sondern mit hochdeutschem Akzent sprach.

Nachdem man Platz genommen hatte, wurde eine Landkarte entfaltet. Sitter beschrieb Teleki detailliert die für sein Vorhaben zweckmäßige Fahrtroute durch das Land und schilderte ihm in glühendsten Farben die vielen herrlichen Orte, wo seines Wissens Wildtiere in großer Zahl anzutreffen waren. «Ganz offensichtlich», so Telekis Eindruck, «wollte er mich glauben machen, daß die Schimpansen hierzulande in hellen Scharen herumliefen und daß er mit seinem Exportgeschäft gleichsam nur mit dem Eimer Wasser aus dem Ozean schöpfte.» Laut Sitter fingen die einheimischen Bauern die Schim-

pansen in Fallen und verkauften sie an ihn, weil sie sich gegen die
Tiere anders nicht zu helfen wußten; außerdem kam es vor, daß von
Hunderten gehetzte Schimpansenweibchen ihre Kleinen abwarfen
und sie im Stich ließen. Teleki wußte freilich, daß keine Schimpansenmutter ihr Kleines abwarf. Schimpansenmütter lassen ihre Jungen nicht im Stich.

Geza Teleki erhielt Verstärkung durch einen anderen amerikanischen Schimpansenexperten, Lori Baldwin von der Pennsylvania
State University. Die beiden wurden vom damaligen sierraleonischen
Staatspräsidenten Siaka Stevens zu einem offiziellen Besuch emp-
fangen und bekamen von ihm zur Erleichterung ihrer Arbeit einen
Dienstwagen des Präsidialamts zur Verfügung gestellt. Der Minister
für Landwirtschaft und Forsten sicherte ihnen seine volle Unterstützung zu. Begleitet von Ibrahim Bangura und Mohamed Mansaray,
zwei Spitzenbeamten im Naturschutzreferat des Landwirtschaftsministeriums, sowie mehreren Wildhütern, Forstaufsehern und anderen Staatsbeamten, legten Teleki und Baldwin innerhalb der nächsten
sechs Monate 5600 Meilen im Wagen und weitere 800 Meilen zu Fuß
zurück; sie inspizierten sechs Areale, die als mögliche Wildreservate
oder Nationalparks im Gespräch, und weitere sechs Areale, die als
Landschaftsschutzgebiete ausgewiesen waren, sowie mehrere Gebiete, auf die sie von Ortsansässigen oder aber von Franz Sitter hinge-
wiesen worden waren.

Die Inspektion führte zu dem Befund, daß im ganzen Land nur
noch 2000 ($\pm$ 500) Schimpansen lebten – entschieden weniger als die
von Sitter geschätzten 25 000–35 000. Außerdem brachten die Erhebungen einiges von dem massiven Einfluß des Tierhändlers ans Licht.
Auf seinen sechsmonatigen Kreuz- und Querzügen durch das Land
fand das Inspektionsteam keine einzige Ansiedlung, in der man den
«einarmigen Weißen» nicht gekannt hätte; so gut wie jeder Jäger,
den man interviewte, hatte schon einmal mit Sitter oder einem seiner
Agenten Geschäfte gemacht. Und Teleki stellte fest, daß der Händler
seinen Zulieferern nur einen winzigen Bruchteil dessen zahlte, was
die Tiere auf dem europäischen und amerikanischen Markt wert waren. Ein Exemplar des Kahlköpfigen Felsenhuhns – eines «ungemein
häßlichen, in bestimmten Gegenden von Sierra Leone endemischen

kleinen Federtiers» –, für das Sitter 10–15 US-Dollar bezahlte, brachte in Übersee womöglich bis zu 25 000 Dollar. Einen lebenden Bongo konnte man im Lande für 20–30 Dollar kaufen und auf dem Weltmarkt für 40 000–50 000 Dollar losschlagen. Der Einkaufspreis eines Leoparden betrug unter Umständen 10–20 Dollar, sein Wiederverkaufspreis 2000–3000 Dollar. Schimpansen, für die man in Sierra Leone vielleicht 30–40 Dollar bezahlte, wurden in Übersee für bis zu 5000 Dollar gehandelt.

Am nächtlichen Lagerfeuer hörte Teleki von Jägern, die für Sitter arbeiteten, wie das Fangen von lebenden Schimpansen wirklich vonstatten ging. Manchmal pirschten die Tierfänger auf einzelne Schimpansenmütter, schossen sie ab und rissen ihnen das klammernde Baby vom Leib. Manchmal setzten sie Treiber und Hunde ein, um eine Schimpansengruppe in die Bäume hinaufzujagen, wo die erwachsenen Tiere bequem abgeschossen werden konnten; hinterher las man dann die Jungen auf. Und manchmal legte man in einem Schimpansenhabitat vergiftete Früchte als Köder aus: Die erwachsenen Tiere kamen um, und die Säuglinge, die noch keine Früchte fraßen, brauchte man dann nur noch einzusammeln. Die gefangenen Tiere verkaufte man an Sitters Agenten – Leute libanesischer oder sierraleonischer Nationalität –, die in allen Städten des Landes operierten. Nach Telekis Überzeugung waren bei der Berechnung der Todesopfer nicht nur die gezielt getöteten Erwachsenen zu veranschlagen, sondern man mußte auch davon ausgehen, daß viele der gefangenen Jungen verendeten, ehe sie in Freetown von Sitter übernommen werden konnten. Manche starben wohl an Verwundungen, die sie bei der Gefangennahme erlitten hatten, andere an Nahrungs- und Wassermangel auf dem Transport, oder weil sie, mit Stricken oder Draht gefesselt und in enge Kisten gezwängt, der schieren körperlichen Strapaze nicht gewachsen waren.

In Sierra Leone allein waren allem Anschein nach nicht genügend Schimpansen aufzubringen, um die Nachfrage am Markt zu befriedigen, also wurden zusätzlich Tiere über die Nordgrenze aus Guinea und über die Ostgrenze aus Liberia ins Land geschmuggelt. Ahmed Haidar, Sitters Agent im nahe der guinesischen Grenze gelegenen Kamakwie, kaufte regelmäßig lebende Schimpansen und andere Tiere, die als Traglast über Fußpfade und per Lkw auf der Madina-Dula-Straße aus dem Nachbarland eingeführt wurden. Alhaji Seko, Sitters Agent in Zimi an der liberianischen Grenze, kaufte Schimpansenbabys, die von Jägern aus Liberia als Traglast über die Grenze gebracht wurden. Genaugenommen managte Seko einen bilateralen Handel zwischen Sierra Leone und Liberia. Viele Liberianer essen Schimpansenfleisch, Sierraleoner dagegen tun das aus kulturellen und religiösen Gründen im allgemeinen nicht. Ergo erlegten die liberianischen Jäger erwachsene Tiere zur Fleischgewinnung und verkauften eventuell erbeutete lebende Junge an Sitters Agenten in Sierra Leone; sierraleonische Jäger schossen erwachsene Schimpansen in erster Linie, um Junge für Sitter zu erbeuten, verkauften aber gelegentlich die erlegten Erwachsenen über Alhaji Seko als Wildbret nach Liberia.

Sitter hatte in Sierra Leone in jeder größeren Stadt in der Nähe eines Tierschutzgebiets seine Agenten im Einsatz, den Brennpunkt seiner Aktivitäten indessen bildete eines der reichhaltigsten noch verbliebenen Wildfaunabiotope des Landes, die Outamba-Kilimi-Region im Norden, deren offizielle Umwidmung in ein Naturschutzgebiet bereits in die Wege geleitet war. Später, im Jahr 1982, wurde Outamba-Kilima zum ersten sierraleonischen Nationalpark erklärt – aber Franz Sitter war schon vorher zur Stelle. Anfang der siebziger Jahre baute er am Ufer des Little-Scarcies-Flusses, direkt an der Grenze des prospektiven Wildreservats, eine kleine Touristenabsteige; dort ließ er regelmäßig Touristen hinkarren, die sich die Wildtierfauna ansehen wollten. Drei Jahre lang wurde dieser Betrieb von einem aus Kenia importierten «weißen Jäger», einem Jagdprofi namens David Brooke, gemanagt, der die Zeit, die er nicht benötigte, Touristen bei Laune zu halten, dazu nutzte, Pirsch- und Treibjagden zu veranstalten und ein- bis zweihundert Fallgruben zu überwachen. Unter Mithilfe von Sitters lokalem Agenten warb Brooke Jäger an, die er mit Gewehren und Munition ausrüstete. Und dann ballerten Brooke und seine Meute auf alles los, was ihnen vor die Flinte kam, Elefanten und Leoparden nicht ausgenommen. Zum Zwecke des Schimpansenfangs veranstaltete man allwöchentlich eine Treibjagd, bei der nicht weniger als zweihundert Mann eingesetzt wurden, um eine kleine Schimpansenherde einzukesseln. Die erwachsenen

Männchen jagte man davon. Die Mütter wurden abgeschossen, damit man sich bequem ihre Jungen holen konnte.

Die Konsequenzen von Sitters Unternehmungen im Outamba-Kilimi der frühen siebziger Jahre sind natürlich in ihrem vollen Umfang schwer abzuschätzen, müssen jedoch beträchtlich gewesen sein. Ortsansässige wußten zu berichten, daß mehrmals die Woche Wagenladungen von lebenden Tieren, Kadavern und Tierteilen das Gebiet verließen: Wagenladungen von Krokodilhäuten, Elefantenstoßzähnen, Pythons, Zwergbüffeln, Duckern, Buschböcken, Wasserböcken, Bongos, Leoparden, Servals, Grünen Meerkatzen, Schwarzweißen Kolobusaffen, Roten Kolobusaffen und Schimpansen – alle mit Fahrtziel «Dr. Franz Sitters Zoologische Station, Rokel bei Freetown».

3

Aber dann schien es, als sei der Ofen aus.

Zuallererst in den USA schien der Ofen aus zu sein. Am 1. Juli 1975 trat das erste internationale Übereinkommen über die Begrenzung des Handels mit lebenden Tieren und Tierprodukten in Kraft. Die *Convention on International Trade in Endangered Species of Wild Fauna and Flora* – kurz CITES – war von den USA und neun weiteren Ländern unterzeichnet worden. Und da die USA bei weitem der größte Abnehmer für lebende Primaten waren, war dies ein bedeutendes Ereignis. Bis heute sind dem Übereinkommen mehr als 110 Staaten beigetreten.

Die CITES stufte die Schimpansen und die drei anderen Spezies der großen Menschenaffen in die höchste Schutzbedürftigkeitsklasse ein: Sie rangieren in «Anhang 1» unter den «vom Aussterben bedrohten» Arten. Zwischen den Signatarstaaten des Übereinkommens darf keine «Anhang 1»-Spezies gehandelt werden, wenn dem Handel primär kommerzielle Motive zugrunde liegen oder die Entfernung der Tiere aus ihrer natürlichen Umgebung die Erhaltung der Art gefährden würde.

Da es sich allerdings lediglich um ein Übereinkommen handelt, hat die CITES in den Signatarstaaten nicht automatisch Gesetzeskraft.

Die Signatarstaaten verpflichten sich, die Ziele des Übereinkommens bei sich zu Hause durch nationale Gesetzgebung zu verwirklichen. Ein Staat, dem aus politischen oder Reklamegründen daran liegt, zu den Mitgliedern der Konvention zu zählen, der aber seine kommerziellen Interessen im Widerspruch zu den CITES-Forderungen stehen sieht, riskiert nichts, wenn er dem Übereinkommen beitritt: Er kann in das landesspezifische Gesetzgebungswerk so viele Ausnahmeregelungen hineinschreiben, wie er im eigenen Interesse für angebracht hält. In den USA wurden die Forderungen der CITES durch das 1973 erlassene «Gesetz über die gefährdeten Arten» in geltendes Recht umgesetzt. Den für die biomedizinische Industrie wichtigen Schimpansen und Bonobos freilich wurde der höchstmögliche Grad an Schutzbedürftigkeit vorenthalten: Man erklärte sie für «bedroht» und nicht für «gefährdet». Das Etikett «bedroht» machte es möglich, Schimpansen und Bonobos innerhalb der Landesgrenzen der USA weiterhin in mehr oder minder unverändertem Umfang zu exploitieren. Aber immerhin entfaltete das «Gesetz über die gefährdeten Arten» soviel Biß, daß es auf internationaler Ebene die Lieferung in Wildbiotopen gefangener Menschenaffen aus Afrika in die USA erschwerte. Wer solche «bedrohten» Tiere mit Bundesmitteln für wissenschaftliche oder pädagogische Zwecke erwerben wollte, hatte nun den Nachweis zu erbringen, daß sein Vorhaben nicht «den Fortbestand der Art gefährdete».[*]

Und auch in Sierra Leone, schien es, war der Ofen aus. Das Land wurde zwar nie CITES-Mitglied, leitete jedoch in Eigeninitiative eine nationale Naturschutzgesetzgebung ein – und für Importländer, die CITES-Mitglieder waren, bestand automatisch die Verpflichtung, deren Ergebnisse zu respektieren. 1978 ächtete der Staatspräsident von Sierra Leone, Siaka Stevens, per Präsidialdekret Schimpansenexporte jedweder Art, und 1982 wurde die Ausfuhr von Wildtieren und Wildtierprodukten aus Sierra Leone generell verboten.

Aber selbst in Kenntnis des Präsidialdekrets von 1978 fuhr Franz

---

[*] Der Import von Schimpansen und anderen Primaten für den Zoohandel der USA wurde damals mit einer simplen Änderung in den Bundesverordnungen zum Schutz der Volksgesundheit unterbunden.

Sitter mit dem Ankauf lebender Schimpansen fort, die er auf seiner Hühnerfarm in einer Käfiganlage mit gut zwei Meter hoher Außenmauer sozusagen auf Halde legte. Im Dezember 1978, Monate nach Inkrafttreten des Präsidialdekrets, versandte Sitter zehn Schimpansen nach Europa. Die Tiere waren vermutlich für Professor Witold Brzosko am Polnischen Institut für Infektionskrankheiten bestimmt. Der Weg des Frachtguts führte allerdings durch die Niederlande, einen CITES-Signatarstaat, und die niederländischen Behörden beschlagnahmten die Sendung.

Anfang der achtziger Jahre war Sitter in brieflichen Kontakt mit einem gewissen Gerhard Stehlik in Wien getreten. Österreich trat im April 1982 dem CITES-Übereinkommen bei. Aber noch im März 1982 teilte Sitter seinem Briefpartner Stehlik mit, daß er rund fünfzig Schimpansen vorrätig habe, darunter zehn, die für den sofortigen Export nach Österreich bereitstünden, «aber die Behörden verschleppen die Ausstellung der Exportpapiere von Woche zu Woche». Stehlik – der als Repräsentant der Immuno AG agierte, einer international tätigen, auf die Herstellung von Impfstoffen und medizinischen Präparaten aus menschlichem Blutplasma spezialisierten Firma mit Hauptsitz in Österreich – schien daran gelegen, auf irgendeine Weise mit Sitter ins Geschäft zu kommen. Zum fraglichen Zeitpunkt hatte der Immuno-Repräsentant Gerhard Stehlik allerdings auch schon Briefverbindung mit einem Mann namens Klaus Bieber aufgenommen, der als «österreichischer Konsul» in Sierra Leone firmierte.

Bieber berichtete aus Freetown brieflich nach Wien, daß die Ausfuhr von Schimpansen aus Sierra Leone ein «heißes Eisen» geworden sei. Zum einen, so erfuhr Stehlik aus dieser Quelle, stünden die Nachbarländer Liberia und Guinea voll und ganz hinter der sierraleonischen Ächtung des Schimpansenexports, weil von Sierra Leone aus auch aus jenen Ländern eingeschmuggelte Tiere verschifft worden seien; zum anderen habe der Naturschutzbund Sierra Leone im Land Stimmung gegen den Schimpansenexport gemacht, wodurch «weite Teile der Bevölkerung mit dem Thema vertraut» geworden seien. Bieber meinte, daß zum gegenwärtigen Zeitpunkt noch nicht einmal «eine offizielle Intervention Österreichs» zwecks Erlangung einer Ausfuhrgenehmigung «Aussicht auf Erfolg» habe. Aus Biebers Sicht die einzige Möglichkeit schien «Ihr [Stehliks] Vorschlag zu sein, hier [in Sierra Leone] eine Forschungsstätte einzurichten». Warum sollte man nicht, statt die Schimpansen in die Labors der Firma Immuno nach Österreich zu verfrachten, die Labors zu den Schimpansen verfrachten? In Gabun wurde mit dem Geld einer französischen Ölgesellschaft ein bedeutendes Schimpansen- und Gorilla-Forschungslabor finanziert; die Amerikaner erwarben seit 1975 Schimpansen für ein Labor in Liberia, direkt vor der Haustür von Sierra Leone, und bauten dort einen beachtlichen Forschungsbetrieb auf. Wenn die Amerikaner und die Franzosen das konnten, warum sollten dann die Österreicher es nicht auch können? Warum nicht ein Immuno-Forschungslabor, das Schimpansen einsetzte, in Sierra Leone einrichten? Bieber fügte noch hinzu, daß «als Lieferant der Schimpansen wohl nur Dr. Sitter, auf Grund der besseren Qualität seiner Tiere, in Frage käme».

Bieber nannte sich zwar manchmal «österreichischer Konsul», war aber in Wahrheit lediglich Honorarkonsul. Er stand nicht im Sold der österreichischen Regierung, sondern war selbständiger Geschäftsmann und Unternehmensberater. Er hatte über viele Jahre eine Teilhaberschaft in Dr. Franz Sitters Tierfang- und -exportgeschäft innegehabt. Und in der zweiten Jahreshälfte 1982 trat er mit der Immuno AG in Verhandlungen ein, was es kosten würde, wenn er für die Firma als Lobbyist in Sachen Gründung eines Forschungslabors in Sierra Leone tätig würde. Bieber erhielt schließlich einige tausend Dollar und ein formelles Einstellungsangebot.

In seinem Schreiben vom 15. September 1982 gab Bieber seinem Ansprechpartner bei der Immuno AG, Gerhard Stehlik, einen Wink mit dem Zaunpfahl: «Ich möchte Sie jetzt schon darauf aufmerksam machen, [...] daß außer den Gründungs- und Errichtungskosten noch gewisse außerordentliche Ausgaben nicht zu umgehen werden sein.» Er sei «diesbezüglich [...] etwas in Sorge», schrieb Bieber, «da ich ja praktisch im luftleeren Raum agiere, ohne zu wissen, wie weit Sie im Ende zu gehen bereit sind.» Dessenungeachtet gab es nichts daran zu rütteln, daß «man verschiedentlich gewisse Erwartungen hat». Anfang des folgenden Monats bat Stehlik Bieber, «uns mitzu-

teilen, welche Leistungen nunmehr von uns zu erbringen sind, damit
die in dem Brief vom 15. 9. 82 zitierten ‹gewissen außerordentlichen
Ausgaben› zur Beschleunigung der Angelegenheit beitragen können.
Eine möglichst präzise Mitteilung diesbezüglich z. B.: 4 Reifen für
Mercedes Type XY, Versandart, Versandadresse, Status wie: ‹personal gift›, etc., wäre uns sehr willkommen.» Vier Mercedesreifen lagen nicht unbedingt in dem Bereich, in dem Biebers Vorstellungen
sich bewegten; in seiner Antwort erklärte er, es sei «erforderlich,
insbesondere ein eindrucksvolles Geschenk für den Staatspräsidenten
in Betracht zu ziehen. Häufig werden ihm neue, hierzulande unbekannte Automodelle ‹zur Verfügung› gestellt.» Stehlik antwortete
im November 1982 mit der Nachricht, daß die zuständigen österreichischen Ministerien dabei seien, den Entwurf für ein Übereinkommen zwischen Sierra Leone und Österreich zu erarbeiten, sowie
mit Vorschlägen «bezüglich des eindrucksvollen Geschenks für Präsident Stevens». Stehlik dachte an die Übersendung eines «repräsen-
tativen Kristallkronleuchters Marke Lobmaier» oder eines Klaviers
oder von Augarten-Porzellan oder auch eines «Jagdgewehrs Marke
Steyr oder Ferlach (wunderbare Arbeit)». *

Unterdessen hatte Bieber auch einen Termin für ein Treffen mit
Geza Teleki in Freetown vereinbart. Teleki war damals wieder im
Land, um unter der Patenschaft des amerikanischen World Wildlife
Fund in Outamba-Kilimi den ersten sierraleonischen Nationalpark
aufzubauen. Als Direktor auf Zeit des Outamba-Kilimi-National-
parks hatte Teleki von Amts wegen Zugang zu allen Akten des Mini-
steriums für Landwirtschaft und Forsten; er war der einzige Weiße
im Land mit der amtlichen Befugnis, sierraleonische Bürger wegen
Verstoßes gegen die Gesetze zum Schutz der Wildfauna hinter
Schloß und Riegel zu bringen. Mit anderen Worten, er war in Sierra
Leone nicht irgendeine Randfigur, und Klaus Bieber dürfte begriffen

---

* Ich sehe mich genötigt, die Mahnung an den Leser auszusprechen, er möge sich
den Gegenstand dieser seinerzeit vertraulichen Korrespondenz nicht etwa als geplante Bestechung eines Regierungsvertreters durch ein Privatunternehmen denken. Ein Sprecher der Immuno AG stellte späterhin klar, daß es bei dem Gedankenaustausch um nichts als schlichte, ordinäre «Geschenke» zur Beförderung
des allgemeinen guten Willens ging.

haben, daß es für ihn wichtig war, für sein Vorhaben Geza Telekis Plazet einzuholen. Merkwürdigerweise kam Klaus Bieber bei dem Zusammentreffen nach Telekis Erinnerung mit keinem Wort auf eine in Sierra Leone geplante Forschungsstation zu sprechen. Vielmehr schien er daran interessiert zu erfahren, wie Teleki über den Export von Schimpansen aus Sierra Leone nach Österreich dachte.

Wie immer dem auch gewesen sein mag – des Honorarkonsuls Bieber eifriger Lobbyismus muß eine Reihe sierraleonischer Staatsbeamter zu der Überzeugung gebracht haben, daß die Firma Immuno ein berechtigtes Anliegen vertrete. Am 18. April 1983 (ein Jahr, nachdem Österreich das CITES-Übereinkommen unterzeichnet hatte) führten Bieber und ein Immuno-Manager namens Gerald Eder ein Gespräch mit mehreren hohen Tieren der sierraleonischen Ministerialbürokratie, darunter der Minister für Landwirtschaft und Forsten und der Amtierende Minister für natürliche Ressourcen, Dr. Abass Bundu. In seinem anschließenden Bericht an den Leiter des Präsidialamts schrieb Dr. Bundu, den Österreichern schwebe vor, in Sierra Leone ein Hepatitis-Forschungslabor einzurichten, «aus keinem anderen Grund als dem», daß sie infolge der durch die CITES eingeführten Handelsbeschränkungen für gefährdete Arten «sonst nicht in der Lage wären, Schimpansen in Österreich einzuführen». Die Österreicher, so Minister Bundu weiter, bäten die sierraleonische Regierung um Lieferung von rund 60–80 Schimpansen jährlich, er sei jedoch von anderer Seite «unterrichtet worden», daß die alljährliche Abgabe einer solch hohen Zahl von Schimpansen «den Wildschimpansenbestand des Landes ernstlich schwächen würde». Nach Ausführung der Forschungsexperimente an den jährlich 60–80 Schimpansen würden die Tiere «zum Zwecke der Rehabilitation» auf irgendeine unbewohnte Insel verbracht. Diesen Planungspunkt lehnte Bundu aus mehreren Gründen ab; so war er beispielsweise überzeugt, daß derlei «Rehabilitation» letztlich nur mit dem Tod der Tiere enden könne; Sorgen machte ihm auch das Risiko der «Verschleppung von im Zusammenhang mit den Experimenten erworbenen Viren».

Dessenungeachtet sprach sich Minister Bundu gegenüber Seiner Exzellenz dem Präsidenten letztes Endes doch dafür aus, auf den Immuno-Plan zur Gründung einer Forschungsstation einzugehen – mit gewissen Auflagen. Um die Gefahr der Dezimierung des nationalen Wildschimpansenbestands auszuschalten, hatte Bundu angeregt (und Eder hatte dem noch während der Besprechung zugestimmt), statt Jahr für Jahr effektiv 60–80 Schimpansen aus dem vorhandenen Wildtierbestand abzuziehen, solle Immuno eine Zuchtanlage einrichten, um auf dieser die benötigte Anzahl von Versuchstieren selbst zu produzieren. Der Staat Sierra Leone könne gegebenenfalls etwa 50–60 Schimpansen als Ausgangsmaterial für die Zucht bereitstellen, und «gleichzeitig» könne Immuno sofort im ersten Jahr von diesen Tieren profitieren, indem sie «in begrenztem Umfang zu Versuchen herangezogen» würden. In weiteren ein, zwei Jahren, so Bundu, wäre die Zuchtanstalt in der Lage, die Forschungsstation mit der benötigten Anzahl von Laborschimpansen zu versorgen.

Nun setzt es allerdings bei 50–60 Schimpansen eine sexuelle Leistungsbereitschaft heroischen Kalibers voraus, wenn man von ihnen erwartet, daß sie 60–80 Nachkommen pro Jahr erzeugen. Schimpansenweibchen tragen pro Schwangerschaft normalerweise nicht mehr als ein Junges aus. Und selbstverständlich könnten nicht all diese Zuchtschimpansen weiblichen Geschlechts sein – ein paar Männchen müßten schon mit dabei sein. Hinzu kommt, daß ein Schimpansenweibchen, selbst wenn man ihm ein Jahr nach der Geburt das Junge entreißt, um die Fortpflanzung anzukurbeln, trotzdem noch einmal acht Monate zum Austragen der Leibesfrucht braucht. Abgesehen von derlei rechnerischen Problemen, wäre es wohl für diese Schimpansen nachgerade zur Tortur geworden, sozusagen im Akkord als Zuchttiere roboten und «gleichzeitig» auch noch als Versuchstiere herhalten zu müssen. Doch dem offiziellen Besprechungsprotokoll zufolge erklärten die Leute von Immuno, daß «Zucht und Forschung gleichzeitig vonstatten gehen sollten, um zu verhindern, daß die Schimpansen in Sierra Leone zur gefährdeten Art werden».

Wo sollten die ersten Zuchttiere herkommen? Wo sollte man die Zuchtanlage ansiedeln? «Mein Ministerium», so Minister Bundu an den Leiter des Präsidialamts, «ist der festen Überzeugung, daß das Zentrum in der näheren Umgebung von Freetown angesiedelt sein sollte. Dr. Sitter ist bereits in einem Bereich tätig, in dem er unter anderem auch mit Wildfauna einschließlich Schimpansen zu tun hat. Statt die einschlägigen Aktivitäten auszuweiten – mit einer Schwächung des nationalen Schimpansenbestands als Folge –, könnte Dr. Sitter in die Sache eingeschaltet werden, und dieser hat auch schon sehr starkes Interesse bekundet. Seine Farm liegt in Rokel bei Freetown. Mit der Ansiedlung der Zuchtanlage und des Forschungszentrums in der näheren Umgebung von Freetown würden wir zudem eine Touristenattraktion schaffen.»

Meines Wissens wurde in Sierra Leone weder eine Schimpansenzuchtanstalt noch eine Forschungsstation eingerichtet, wenngleich der Plan in der Folgezeit immer mal wieder aus der Schublade geholt werden sollte. Aber noch während die Diskussion über das Projekt im Gange war, schien es mit Sitters langerwartetem Verkauf lebender Schimpansenbabys nach Österreich zum Klappen kommen zu wollen. Am selben Montag, dem 18. April, an dem Gerald Eder und Abass Bundu in Freetown miteinander konferierten, unterschrieb der Leiter des sierraleonischen Amts für den Schutz der Wälder, ein Mann namens M. B. D. Feika, eine Genehmigung, kraft deren Franz Sitter befugt war, «im oder um» Juni 1983 zwanzig Schimpansen aus dem Land auszuführen.*

Sitter dürfte seine Ausfuhrgenehmigung nicht lange nach dem 18. April 1983 zugestellt bekommen und daraufhin mit der Vorbereitung des Versands der zwanzig Schimpansen nach Wien begonnen haben. Aber am 11. Mai erhielt Bieber aus Wien ein in Englisch abgefaßtes Fernschreiben zur Weiterleitung an Dr. Sitter:

sehr geehrter herr dr. sitter,

wir haben schwierigkeiten, die einfuhrgenehmigung zu erhalten. die hiesigen behoerden berufen sich auf ein gutachten von dr. teleki des inhalts, in sierra leone gebe es 2000 in freiheit lebende schimpansen.

* Feika war, nebenbei bemerkt, nicht nur Abass Bundu direkt unterstellt, sondern auch unmittelbarer Vorgesetzter Geza Telekis der, hätte er von dem Vorgang gewußt, der Bewilligung der Ausfuhrgenehmigung energischen Widerstand entgegengesetzt hätte.

bitte uebersenden sie uns baldmoeglichst kopie des von dr. teleki
erstellten amtlichen berichts.

mit besten gruessen
dr. eder
134925 immuno a

Dem Telex folgte ein ausführliches Schreiben Eders an Sitter, das
dem Schimpansenhändler noch einmal bestätigte, daß die geplante
Einfuhraktion vorläufig aufgeschoben war, und aus dem er des weiteren erfuhr, daß er «in dieser Sache sehr behilflich sein» könne. Durch
das CITES-Übereinkommen, dem Österreich im Vorjahr beigetreten
war, sahen sich die österreichischen Behörden zur Klärung der Frage
verpflichtet, ob die zur Einfuhr vorgesehenen Schimpansen wissenschaftlichen oder kommerziellen Zwecken zugeführt werden sollten
und ob die geplante Transaktion Nachteile für den Bestand der Art
nach sich ziehen würde. Immuno-Manager Gerald Eder war Monate
zuvor von Bieber darüber unterrichtet worden, daß «Jungtiere bisher
fast nur durch Abschuß der Muttertiere beschafft» werden. Gleichwohl drängte Dr. Eder jetzt Franz Sitter, ihm ein positiveres Bild der
Dinge zu liefern: «Es wäre von beträchtlichem Vorteil für uns, wenn
Sie uns eine amtliche Stellungnahme zukommen lassen könnten, aus
der zu ersehen ist, daß sich in Ihrem Besitz in erster Linie Tiere befinden, die nicht für den Export gefangen wurden, sondern Jungtiere, die
Ihnen von den Eingeborenen zugeführt wurden, und so weiter.»

4

Sitters Stern war im Aufgehen. Nicht nur in Österreich,
auch in Japan gab es Leute, die darauf brannten, mit ihm Geschäfte zu
machen. Der Tierhändler schloß zum damaligen Zeitpunkt gerade
einen Vertrag mit der japanischen Firma Kasho über die Lieferung
von dreißig Schimpansenbabys ins Reich der aufgehenden Sonne;
Kasho fungierte allerdings bei dem Geschäft lediglich als Agentin des
Dr. Toshio Shikata, eines Mitglieds der Medizinischen Fakultät der
Nihon-Universität in Tokio. Natürlich war, als der Handel über die

Bühne ging, das Präsidialdekret zur Ächtung der Schimpansenaus-
fuhr längst in Kraft, aber in diesem Fall ließen die Sierraleoner sich
mit einer von der japanischen Regierung gelieferten Schiffsladung
Reis breitschlagen, ihre eigenen Exportbestimmungen zu ignorieren.
Mit anderen Worten, die Transaktion fand zwischen zwei Regierungen statt aufgrund einer – das CITES-Übereinkommen umgehenden
und vorübergehend außer Kraft setzenden – bilateralen Überein-
kunft, die durch Vermittlung und zu Nutz und Frommen des Privat-
und Geschäftsmannes Dr. Franz Sitter zustande gekommen war.

Japaner zählten zum fraglichen Zeitpunkt bereits seit einer Reihe
von Jahren zu Franz Sitters wichtigsten Kunden. 1973–1977 hatten
Abnehmer in Japan nahezu zweihundert Schimpansen aus Sierra
Leone bezogen, und selbst in der ersten Zeit nach Inkrafttreten von
Siaka Stevens' Präsidialdekret – 1979/1980 – kauften Japaner nicht
weniger als fünfundzwanzig Schimpansen bei Franz Sitter ein. Die
CITES wurde in Japan Ende 1980 ratifiziert. Trotzdem fertigten japanische Zollbeamte 1983 die von Sitter gelieferten dreißig Schimpan-
senbabys anstandslos ab. Ein Kritiker der Ausfuhrerlaubnis (der
Stellvertretende Generalsekretär im CITES-Sekretariat) erhielt von
M. B. D. Feika, dem Leiter des sierraleonischen Amts für den Schutz
der Wälder, die briefliche Belehrung: «Keine Regel ohne Ausnahme!» Einer Kritikerin der Einfuhrerlaubnis (Shirley McGreal von
der Internationalen Primatenschutz-Liga USA) wurde von Shigeo
Honjo vom japanischen Nationalen Gesundheitsinstitut in einem
Antwortbrief vorbuchstabiert, warum Japan, der CITES zum Trotz,
eine Menge guter Gründe – zum Teil von unauslotbarer mystischer
Tiefe – habe, Laborschimpansen zu importieren: «Wir Menschen
möchten immer gesund und in Frieden leben. Nur wenn wir gesund
und in Frieden leben, können wir auf den Schutz der Schimpansen
bedacht sein. Und der Schimpanse seinerseits vermag zur Beförderung der menschlichen Gesundheit beizutragen. Dies ist unsere, der
japanischen Naturwissenschaftler, Art zu denken. Wir nennen diese
Denkweise gewöhnlich den Kreislauf der Seele. Würden Sie dieser
Art zu denken nicht zustimmen?»

Die Handelsagentur Kasho, die das Importgeschäft abwickelte,
nannte ein etwas konventionelleres Motiv als Rechtfertigung für den

Erwerb von dreißig Exemplaren einer gefährdeten Tierart: «Nachzucht zwecks Vermehrung der Spezies.» Die Tiere sollten beim Aufbau einer Menschenaffen-Zuchtkolonie auf der südjapanischen Insel Kiuschu Verwendung finden. In Wirklichkeit jedoch wurden Sitters Tiere auf Labors im ganzen Land verteilt. Nach Zollakten aus späterer Zeit wurden elf Schimpansen – von denen zwei aus der 1983er Lieferung Franz Sitters stammten – aus Japan nach China ausgeführt, und ein Teil dieser Gruppe landete schließlich in einer chinesischen Zuchtanlage für seltene Tiere, zu deren Unterhalt nicht zuletzt die Mildtätigkeit eines amerikanischen Labors beitrug, das kurz zuvor mit dem Versuch gescheitert war, Schimpansen direkt von Franz Sitter zu übernehmen und in die USA zu importieren.

Hört sich das schon so ein bißchen nach einem Kreislauf der Seelen an?

5

Sitters Deal mit den Österreichern brauchte länger zum Reifen. Drei Jahre länger. Aber schließlich war es soweit: Am 30. Juli 1986, wenige Minuten vor Mitternacht, landete, nach einem Zwischenstopp in Lagos / Nigeria, ein in Freetown / Sierra Leone aufgestiegenes Charterflugzeug auf dem Flughafen Wien-Schwechat. Seine Fracht bestand zur Hauptsache aus zwanzig ganz jungen, in Lattenkisten untergebrachten Schimpansen. Die Fracht passierte unbeanstandet den Zoll, und in Null Komma nichts waren die Kisten mit den Schimpansen auf einem Lkw verstaut, der sie zu einem mit hohen Mauern und Stacheldraht bewehrten und von bewaffneten Wachposten gesicherten festungsartigen Gebäudekomplex brachte – dem Hauptquartier der Immuno AG, einer Firma mit zweitausend Beschäftigten in Österreich und Niederlassungen in weiteren dreißig Ländern überall auf dem Globus. Es war jene Lieferung, von der Franz Sitter mir dann erzählte, als ich ihn in Sierra Leone besuchte. Und in der Tat löste sie – um Sitters eigene Charakterisierung der Ereignisse zu wiederholen – einen Mordswirbel aus.

Die zwanzig Schimpansen trafen Ende Juli 1986 ein. Anfang August behauptete der World Wildlife Fund Österreich, die Firma Im-

muno habe die Tiere illegal eingeführt, und verlangte die Beschlagnahme. Immuno verwahrte sich nachdrücklich gegen den Vorwurf:
die Einfuhr sei vollkommen legal erfolgt; die Firma ersuchte um eine
offizielle Zusammenkunft mit Vertretern der zuständigen österreichischen Behörden, um bei dieser Gelegenheit die Richtigkeit des
eigenen Standpunkts darlegen zu können. Diese Konferenz wurde
am 21. August im Rathaus der Stadt Wien abgehalten. Jahrelang war
von seiten der Immuno AG ein dringender Bedarf an Schimpansen
für Zwecke der Hepatitisforschung und der Erprobung von Hepatitis-
Impfstoffen geltend gemacht worden; auf der Tagung im Rathaus
sprachen die Vertreter des Unternehmens nun auf einmal davon, wie
wichtig es sei, im Kampf gegen die Aids-Seuche Schimpansen als
Versuchstiere einsetzen zu können. Den Vorsitz der Konferenz
führte Helmut Braun, hohe Würdenträger der Immuno AG wie Dr.
Johann Eibl und Dr. Gerald Eder warfen ihr Ansehen in die Waag-
schale, damit die Erörterung in den vorgesehenen Bahnen lief. Die
umfassendste Rückendeckung erhielt Immuno jedoch von dem als
sachverständiger Gutachter geladenen Amerikaner Dr. Robert Gallo,
dem glänzendsten Stern am Firmament der amerikanischen Nationalen Gesundheitsinstitute. Laut dem von Geza Teleki – der ebenfalls
an der Tagung teilnahm – später angefertigten Gedächtnisprotokoll
erklärte Dr. Gallo, «daß sein Labor jederzeit juristisch unanfechtbar
Schimpansen zum Zwecke der Aidsforschung beziehen kann, ungeachtet aller bis dato von der amerikanischen Regierung festgesetzten
Einfuhrbeschränkungen, weil in Anbetracht der augenblicklich in der
Öffentlichkeit vorherrschenden Betroffenheit über die Aidsgefahr
keine Stelle in Washington gern auf ein entsprechendes Verlangen
ablehnend reagiert, und daß es nicht mehr als recht und billig wäre,
wenn die österreichische Regierung den Bestrebungen der Immuno
AG, Schimpansen für den gleichen Zweck zu erwerben, mit der gleichen Kulanz begegnete».

Zu der Zeit, als Immuno um diese Konferenz im Wiener Rathaus
nachsuchte, hatte sich Geza Teleki auf Urlaub in Budapest befunden.
Er laborierte an den Spätfolgen von Flußblindheit, einer kräftezeh-
renden Parasitose, die er sich sieben Jahre zuvor bei der Begutachtung
der Lage der Schimpansen in Sierra Leone zugezogen hatte; doch als

ihn jetzt jemand vom World Wildlife Fund Österreich anrief, um ihn über die bevorstehende Konferenz im Rathaus zu informieren, war er schnell bereit, nach Wien zu kommen, zumal es von Budapest dorthin nur ein Katzensprung ist. Kurz vor dem Tagungstermin (21. August) erhielt Teleki inoffiziell Einblick in die sierraleonischen Exportpapiere. Waren sie juristisch einwandfrei? Seiner Meinung nach nicht. Die Unterschrift auf der Ausfuhrgenehmigung war nicht die eines Zeichnungsberechtigten, stellte er fest. Zudem war das dazugehörige «CITES-Äquivalent-Formular» (die notwendige Ergänzung zur Ausfuhrgenehmigung eines Nicht-CITES-Signatarstaats wie Sierra Leone) in deutscher Sprache abgefaßt – für ein vorschriftsmäßiges CITES-Äquivalent-Formular wird Englisch verlangt. Obendrein verstand der Sierraleoner, der das deutschsprachige Dokument mit seiner Unterschrift versehen hatte, kein Wort Deutsch, wie Teleki erkannte.

Waren die Ausfuhrpapiere – zumindest aus der Sicht *eines* Beobachters – nichts wert, so waren die österreichischen Einfuhrpapiere erinnerungsträchtig. In Österreich gehört es zu den Obliegenheiten des Ministeriums für Handel und Verkehr, für die Einhaltung der CITES-Richtlinien zu sorgen. Vor Erteilung einer Einfuhrgenehmigung für solche Tiere wie Schimpansen zieht das Ministerium im Normalfall einen Sachverständigen zu Rate, der begutachtet, ob die Bestimmungen des Übereinkommens im gegebenen Fall erfüllt sind. Doch die für die Stadt Wien zuständige amtliche Wissenschaftliche Sachverständige für CITES-Angelegenheiten im Bereich des gesamten Primatenhandels, Dr. Ulrike Goldschmied, erfuhr von der Einfuhr der zwanzig Schimpansen nach Wien erst nach vollzogener Transaktion. Das Gutachten, auf das sich die Importgenehmigung stützte, stammte aus der Feder des für das Bundesland Niederösterreich (und eindeutig *nicht* für Wien) zuständigen Wissenschaftlichen Sachverständigen für CITES-Angelegenheiten Dr. M. Schweiger, eines Käferexperten.

Es war der pure Zufall, daß in der Folgezeit noch einiges Aufschlußreiche über diesen mysteriösen Käferexperten aus Niederösterreich ans Licht kam. Während der letzten zwei Septemberwochen 1986 kämmten Geza Teleki, einige Leute vom World Wildlife

Fund Österreich und Staatsbeamte zur Vorbereitung einer für den
2. Oktober anberaumten abschließenden Pressekonferenz annähernd
dreitausend Seiten Aktenmaterial zum Thema Schimpansenimport
der Immuno AG durch. «Wir betrieben die Sache in richtiggehend
konspirativer Manier», erzählte mir Teleki. «Wir waren dermaßen
besorgt, daß etwas durchsickern und jemand uns mit einer Klage bei
Gericht in die Parade fahren könnte, daß wir unseren Arbeitsplatz in
eine Privatwohnung verlegten und nur hinter verschlossenen Türen
tätig wurden. Und jede Abschrift, die sich wer auch immer von welchen Papieren auch immer angefertigt hatte, wurde im Ofen ver-
brannt, bevor wir abends den Schauplatz verließen; nichts gelangte
aus dem Zimmer hinaus als das Material, aus dem wir dann das offizielle Pressekommuniqué zusammenstellten.»

An den Wochenenden und manchmal auch nach Feierabend machte
Teleki «entspannungshalber», wie er sich ausdrückte, Ausflüge aufs
Land hinaus. Einmal besuchte er bei einer solchen Gelegenheit die
niederösterreichische Landgemeinde Bad Deutsch-Altenburg, weil er
gehört hatte, dort gebe es ein Afrika-Museum. Das gesuchte Museum
war klein und befand sich in Privatbesitz. Drinnen fand Teleki eine
Sammlung von Exponaten vor, die ihn maßlos verblüffte: Hunderte
von zivilisatorischen Artefakten und kulturgeschichtlichen Antiquitäten, dazu Leopardenfelle, Elefantenstoßzähne und ausgestopfte
Tiere – unter anderem ein Elefant, ein Zwergflußpferd und sogar ein
Schimpanse –, und ein Großteil von alldem stammte aus Sierra Leone,
und auf den dazugehörigen Schildchen prangte bei der Herkunfts-
angabe der Name Franz Sitters. Als Teleki sich unauffällig umhörte,
erfuhr er, daß der Museumsbesitzer in der Zeit unmittelbar nach
Kriegsende ein Schulkamerad von Franz Sitter gewesen war, daß er
in den letzten Jahrzehnten (unter anderem als Importeur afrikanischer Antiquitäten) Geschäftspartner von Franz Sitter gewesen war
und daß er noch heute öfter als Gast von Franz Sitter nach Sierra
Leone reiste. In Europa, oder sagen wir lieber: in Österreich, zumindest in Niederösterreich, hatte sich der Museumsbesitzer eine
wissenschaftliche Reputation als Käferexperte erworben. Sein
Name: Dr. M. Schweiger.

Der World Wildlife Fund Österreich hielt am 2. Oktober 1986

seine Pressekonferenz ab. Am 7. Oktober erklärte das österreichische
Ministerium für Handel und Verkehr die umstrittenen Einfuhr- und
Ausfuhrpapiere für gültig. Im Januar 1987 ließ sich ein hoher öster-
reichischer Regierungsbeamter mit dem Kommentar vernehmen, die
Ermittlungen in dieser Sache seien beendigt, der Fall insgesamt abge-
schlossen. Die Immuno AG behielt die zwanzig Schimpansen.

6

Unterdessen war Dr. Jan Moor-Jankowski, der in Polen geborene Inhaber einer Forschungsprofessur an der Medizinischen Fakultät der New York University und Direktor des dortigen Laboratory for Experimental Medicine and Surgery in Primates (LEMSIP),
nach Wien gekommen. Dr. Moor-Jankowski war, wie sich der Leser
sicher erinnert, viele Jahre lang einer von Franz Sitters besten Kunden in den USA: Allein im Jahr 1975 bezog er von Sitter über siebzig
junge Schimpansen. Und indem er sich anderen Labordirektoren gegenüber mit glühenden Worten für Franz Sitter stark machte, half
Moor-Jankowski seinem Lieferanten Geschäftsverbindungen nach
Europa und bis nach Japan anknüpfen.

Doch Anfang der achtziger Jahre kamen dem Labordirektor dann
Zweifel an dem Schimpansenhändler und seinen Methoden. Es begann damit, daß Geza Teleki sich mit einem Brief an den LEMSIP-
Direktor wandte. «Und Teleki war mir sympathisch», erinnert sich
Moor-Jankowski heute. «Was weniger mit Schimpansen zu tun hatte
als vielmehr damit, daß ich, wie sie ja wissen, aus Osteuropa stamme.
Sein Vater und sein Großvater waren sehr bekannte antikommunisti-
sche Politiker, und deshalb wußte ich, daß ein Geza Teleki nicht lügen
würde. Aber er sagte mir unschöne Dinge über Sitter, ich sagte ihm,
daß er nicht recht hätte, denn damals hatte ich schon eine ganze
Menge Briefe mit Sitter gewechselt und viel mit ihm telefoniert.»
Moor-Jankowski änderte schließlich doch noch seine Meinung über
Sitter, nachdem er Telekis ausführliches und peinlich genau doku-
mentiertes Gutachten über die Lage der Schimpansen in Sierra Leone
gelesen hatte, in dem Sitters Methoden dargestellt sind.

1983 stellten sich dann bei Moor-Jankowski auch Bedenken ein hinsichtlich der Bemühungen der Firma Immuno, in Sierra Leone ein Labor einzurichten und Schimpansen aus dem westafrikanischen Staat zu importieren. Moor-Jankowski ist ein international anerkannter Experte für den Einsatz von Primaten in der Forschung, und deshalb halte ich es nicht für ausgeschlossen, daß seine gelegentlich offen ausgesprochene Ablehnung dieser Pläne mit ein Grund dafür war, daß die Immuno AG so lange auf die Ausstellung der österreichischen Einfuhrgenehmigung warten mußte. Auf jeden Fall kam Dr. Moor-Jankowski in der zweiten Jahreshälfte 1986 – jener brisanten Zeit der Beschuldigungen und Gegenbeschuldigungen – nach Wien, und zwar nicht zuletzt deshalb, weil sein Name in der Presse aufzutauchen begann. Der Leiter der Rechtsabteilung der Immuno AG beschwerte sich über eine «unredliche» Kampagne mit dem Ziel, das saubere Firmenimage in den Dreck zu ziehen, einen «versuchten Rufmord», der offenbar großenteils von den USA und ganz besonders der Stadt New York aus gesteuert wurde. Ein Publizist verglich die Kritik an der Immuno AG mit den neuerdings zu hörenden Einwänden gegen den frischgekürten österreichischen Bundespräsidenten Kurt Waldheim, dem man draufgekommen war, daß er seine NS-Vergangenheit verschwiegen hatte: «Während des mörderischen Bundespräsidentenwahlkampfes versuchte eine gewisse Stimme aus dem so sehr demokratischen Amerika den späteren Sieger mit allen unerdenklichen, nur nicht zulänglichen oder sachlichen Mitteln, am Grund und Boden zu zerstören. Der Ausgang ist bekannt! Und wieder erschallt aus dem Musterland des wirtschaftlichen Liberalismus ein ähnliches Gezeter: J. Moor-Jankowski, Leiter eines Schimpansen-Zentrums in New York und nebenbei Auftragnehmer von Pharma-Konzernen, die an ähnlichen Produktlinien wie die österreichische IMMUNO AG arbeiten, droht den ‹bösen Buben› vom heimischen Konkurrenzunternehmen mit der Schimpansenklaue. Grund genug für viele gutgläubige Tierversuchsgegner, das österreichische Paradeunternehmen mit 80 Prozent Exportanteil zum Teufel zu wünschen.»

Außer derlei publizistischen Anrempelungen – die im Endeffekt wohl doch nur als zwar lästiges, aber zahnloses Gekläff zu verbuchen waren – wurde dem polnisch-amerikanischen Wissenschaftler und

Labordirektor noch etwas aufgetischt, das seine Aufmerksamkeit stärker in Anspruch nahm: Die Immuno AG verklagte ihn auf vier Millionen Dollar Schadenersatz. Genaugenommen klagte Immuno gegen eine Menge Leute. Die Anwälte der Firma rotierten, um Klagen gegen etwa vier Dutzend natürliche oder juristische Personen in Europa einzubringen – gegen Journalisten und Politiker, gegen Zeitungen und Zeitungsredakteure, kurz, gegen den größten Teil der ernst zu nehmenden Kritiker des Unternehmens, so hatte es den Anschein, bis hin zum Generalsekretär des World Wildlife Fund Österreich und den Direktor des österreichischen Zweigs von TRAFFIC (einer Organisation, die sich die Überwachung des internationalen Wildtierhandels zur Aufgabe gemacht hat). Prinz Philip, der Herzog von Edinburgh, der Präsident, und Prinz Sadruddin Aga Khan, der Vizepräsident des World Wildlife Fund International, setzten sich seinerzeit mit ihrer ganzen Autorität – einer Autorität beachtlichen Ausmaßes – zunächst gegen den Export der Schimpansen aus Sierra Leone ein und später dafür, daß die entfesselten juristischen Wadenbeißer der Immuno AG schleunigst wieder an die Kette gelegt würden. Doch die von Immuno in Europa losgetretene Prozeßlawine rollte weiter.

Das weithin sichtbarste Angriffsziel der Immuno AG in den Vereinigten Staaten war Dr. Moor-Jankowski. Damit wir uns ein Bild davon machen können, aus welchem Material die juristische Munition gefertigt war, die auf Moor-Jankowski abgefeuert wurde, sollten wir zunächst noch einmal zum 18. April 1983 zurückkehren, jenem Tag, an dem Klaus Bieber und Gerald Eder sich mit Abass Bundu und anderen sierraleonischen Regierungsvertretern in Freetown am Konferenztisch niederließen. Im Verlauf der Konferenz unterbreitete die Firma Immuno der sierraleonischen Regierung ihren Plan zur Einrichtung einer Hepatitisforschungsstation im Land – doch schon beinah ein Jahr früher hatte Klaus Bieber einen dahingehenden Planungsentwurf in Umlauf gesetzt. Eine Kopie dieses ersten Entwurfs war Ende 1982 einer in South Carolina beheimateten Frau in die Hände gefallen, die Shirley McGreal hieß und Vorsitzende der Internationalen Primatenschutz-Liga USA (International Primate Protection League, IPPL) war.

Zum überwiegenden Teil fixierte der Planungsentwurf die Sachverhalte, die wir bereits aus Abass Bundus 1983 vorgelegtem Bericht an Seine Exzellenz, den Präsidenten, kennen: daß die Immuno AG in Sierra Leone gern ein mit Schimpansen arbeitendes Forschungsinstitut gründen würde, und zwar offenbar, um so die durch die CITES gegebenen Beschränkungen des Handels mit gefährdeten Tierarten zu umgehen, und daß die Firma Immuno in diesem Zusammenhang jährlich 60–80 Schimpansen für Forschungs- und Versuchszwecke zu erwerben wünschte.

Shirley McGreal in South Carolina kannte zwar Bundus Bericht nicht – aus dem einfachen Grund, weil Bundus Bericht Ende 1982 noch gar nicht existierte –, ihre Beurteilung des Immuno-Vorhabens stimmte jedoch fast vollständig mit derjenigen Bundus überein. Ihrer Auffassung nach war der Plan in mehrfacher Hinsicht anfechtbar. Anfang 1983 fixierte sie ihre Kritikpunkte schriftlich und schickte die Aufstellung in Form eines Leserbriefs an das *Journal of Medical Primatology*, eine von Dr. Jan Moor-Jankowski herausgegebene Fachzeitschrift mit einer verkauften Auflage von ungefähr dreihundert Exemplaren. Da in dem Brief Kritik an Immuno geübt wurde, schickte Moor-Jankowski zunächst eine Kopie an Immuno-Manager Dr. Johann Eibl mit der Bitte, eine Erwiderung zu formulieren. Eibls Erwiderung war einfach. Er leitete das Schriftstück an die New Yorker Anwälte der Firma weiter. Diese verlangten Einsicht in die in McGreals Besitz befindlichen Unterlagen und drohten mit einer Klage für den Fall, daß der Brief veröffentlicht würde, ehe sie Gelegenheit gehabt hätten, die gebührende Erwiderung zu formulieren. Moor-Jankowski konnte sich nicht vorstellen, daß die Immuno AG auf seine Mithilfe angewiesen war, um Einblick in ihre eigenen Akten zu nehmen, fand sich jedoch entgegenkommenderweise bereit, die Veröffentlichung des Briefs um mehrere Monate hinauszuschieben und den Termin für die Einsendung der Erwiderung zu verlängern. Schließlich gab er sein Plazet zum Abdruck von Shirley McGreals Leserbrief im Dezemberheft 1983 der Zeitschrift. Die Immuno AG zog vor Gericht.

Immuno verklagte Shirley McGreal auf vier Millionen Dollar Schadenersatz. Immuno verklagte Jan Moor-Jankowski auf vier Millionen Dollar Schadenersatz. Immuno verklagte Verlag und Distributor des *Journal of Medical Primatology* auf je vier Millionen Dollar Schadenersatz. Da Moor-Jankowski selbst ungefähr um dieselbe Zeit eine knappe Kritik an den Schimpansenplänen der Immuno AG hatte verlauten lassen und diese von einem Journalisten in dem Magazin *New Scientist* kurz zitiert worden war, verklagte die Firma obendrein den Verfasser des Artikels und den Verleger des *New Scientist* auf je vier Millionen Dollar Schadenersatz. Und nur für alle Fälle hängte man auch noch dem Distributor des *New Scientist* eine Schadenersatzklage in gleicher Höhe an den Hals.

Hier nun der inkriminierte Brief im Wortlaut:

An den Herausgeber

Ein Projekt mit dem Risiko der Verschleppung von Hepatitis-Non-A-Non-B in Westafrika

Die Internationale Primatenschutz-Liga hat mit einiger Besorgnis von Plänen erfahren, die der Regierung von Sierra Leone / Westafrika von der österreichischen Firma IMMUNO AG unterbreitet wurden und das Vorhaben der Firma betreffen, in Sierra Leone / Westafrika eine Forschungsanlage für Schimpansenversuche einzurichten.

Laut einer vom 23. August 1983 datierten Erklärung, die der Regierung von Sierra Leone von Klaus Bieber, dem österreichischen Konsul in Sierra Leone, zugeleitet wurde, sollen die Tiere in der Hepatitis-Non-A-Non-B-Forschung und für die Erprobung eines Hepatitis-B-Impfstoffs eingesetzt werden. Die Einrichtung der Anlage in Afrika, so hieß es, bezwecke, «die mit der Einfuhr lebender Schimpansen verbundenen Probleme zu umgehen». Zu diesen «Problemen» zählen vermutlich unter anderen nationale wie internationale Gesetze und Vereinbarungen betreffend die Dislozierung von lebenden Individuen gefährdeter Tierarten. Der Schimpanse *Pan troglodytes* ist in Anhang 1 der *Convention on International Trade in Endangered Species* (Konvention über den Internationalen Handel mit bedrohten Arten) aufgeführt.

Ein weiterer Motivationsfaktor neben der Umgehung von Beschränkungen der internationalen Dislozierung von Schimpansen scheint für die Firma IMMUNO die Kostengünstigkeit wild gefangener Schimpansen zu sein. Laut der österreichischen Tageszeitung *Die Presse*

(3. Februar 1983) erklärte IMMUNO-Sprecher Johann Eibl die Nachzucht von Laborschimpansen für eine wirtschaftlich nicht tragbare Lösung.

Die geplante Anlage würde jährlich 60–80 Schimpansen erwerben, die aus Wildbiotopen beschafft werden müßten. Nach Bieber freilich «muß betont werden, daß der Forschungsbetrieb nicht zur Dezimierung der Schimpansen führen würde: ihre Zahl würde im Gegenteil konstant bleiben». Leser, die Bescheid wissen über die gewalttätig zerstörerische Art und Weise, wie Schimpansen gefangen werden (zumeist durch Erlegen der Muttertiere), dürften von dieser Behauptung überrascht sein. Bieber indessen erläutert den Punkt Schadlosigkeit frisch-fröhlich so: «Weil die Tiere nämlich, nachdem sie einen dreijährigen Forschungszyklus hinter sich haben, in tadellosem Zustand sind und per Rehabilitation problemlos wieder in die freie Wildbahn zurückkehren können.»

Die internationale Primatenschutz-Liga ist über die IMMUNO-Pläne aus vielen Gründen besorgt. Hier nur einige davon:

1. Schimpansen-«Veteranen» der Hepatitis-Non-A-Non-B-Forschung in die Freiheit zu entlassen, würde eine schwere Gefährdung der wildlebenden Populationen bedeuten, denn es existiert kein Nachweisverfahren, das uns die Gewißheit geben könnte, daß ein Tier definitiv kein Krankheitsüberträger ist. Sollte es passieren, daß Krankheitsüberträger freigelassen werden, könnte sich leicht in weiten Teilen Afrikas unter wilden Schimpansen Hepatitis ausbreiten. Auf diese Weise könnten Schimpansen leicht zu einem Reservoir von Hepatitisviren werden, so wie Fledermäuse heute schon ein Reservoir für Tollwutviren sind. Eine mögliche Folge wäre die verstärkte Ausrottung der Schimpansen durch die Menschen.

2. Schimpansenrehabilitation ist zwar heute eine einigermaßen «schicke» Sache geworden, aber andererseits ist auch bekannt, daß wilde Schimpansen in ihr Territorium eingeschleuste Neuankömmlinge angreifen. Deswegen mußten die Schimpansen des von Stella Brewer geleiteten Asserik-Projekts in Senegal wieder eingefangen und auf einer Insel im Gambia-Fluß, wo es keine ansässigen Schimpansen gab, freigelassen werden. Bis dato ist noch keine dauerhafte Bleibe für diese Tiere gefunden. Die Rehabilitationsprozedur dauert in jedem Einzelfall viele Jahre und verschlingt extreme Summen; Rehabilitation ist deshalb in dem Maßstab, wie ihn 60–80 Neuzugänge pro Jahr bedingen würden, nicht praktikabel. Nehmen wir an, das einzelne Tier braucht zur

Rehabilitation fünf Jahre Schulung: dann würden sich nach Ablauf einiger Jahre unter Umständen jederzeit bis zu vierhundert Tiere im Rehabilitationsverfahren befinden – bei jährlichen Kosten von Millionen Dollar. Es ist fraglich, ob ein rehabilitierter Schimpanse selbst bei hingebungsvollstem Bemühen je wieder völlig normal werden kann, da diese Tiere gewöhnlich im Alter von ein bis zwei Jahren aus ihrer natürlichen Umgebung herausgerissen werden und dadurch die entscheidenden Jahre des sozialen Entwicklungszyklus verpassen.

3. Das Fangen von wilden Schimpansen für Forschungszwecke ist ein klarer Verstoß gegen die 1982 von der Weltgesundheitsorganisation (World Health Organization, WHO) aufgestellten Richtlinien für die Beschaffung von Primaten für Zwecke der biomedizinischen Forschung. Schimpansen werden in der Roten Liste des Welttierschutzvereins als «exponiert» geführt. In den WHO-Richtlinien wird «nachdrücklich empfohlen», gefährdete, exponierte und seltene Arten nur dann für den Einsatz in biomedizinischen Forschungsprojekten ins Auge zu fassen, wenn die Versuchstiere aus *bereits vorhandenen* [Hervorhebung von mir – D. P.] Nachzuchtkolonien zu beschaffen sind (d. h. wenn alle zu Versuchszwecken rekrutierten Individuen mindestens der F-2-Generation in Gefangenschaft geborener Tiere angehören).

4. Laborschimpansen gibt es derzeit in den USA mehr als tausend, und es gibt sie ferner in großer Zahl in den Niederlanden, in Polen, Liberia und anderen Ländern. Dieser Bestand müßte ausreichen, jeden berechtigten Bedarf an Schimpansen zu decken.

Die internationale Primatenschutz-Liga teilt die Besorgnis der wissenschaftlichen Welt bezüglich Hepatitis. Wir sind jedoch der Ansicht, daß ein Weg zur Lösung des Problems gefunden werden kann und muß, der ohne Rückgriff auf die schrumpfenden Populationen wilder Schimpansen auskommt. Deshalb ergreifen wir in diesem Fall dankbar die Gelegenheit, die Lage der Dinge den interessierten Teilen der Öffentlichkeit zur Kenntnis zu bringen.

Shirley McGreal, MD
Chairwoman
International Primate Protection League
P. O. Draw, H
Summerville, S. C. 29483

Verglichen mit den meisten anderen Leserbriefen ist Shirley McGreals Sechzehn-Millionen-Dollar-Opus sorgfältig geschrieben. Die Verfasserin stellt keine marktschreierisch überzogenen Behauptungen auf, sie schwelgt nicht in marktschreierisch anzüglicher, blumiger oder vollmundiger Ausdrucksweise, und sie nennt keine Namen von einzelnen Firmenangestellten. Auf nicht ganz drei Schreibmaschinenseiten analysiert sie ein ganz bestimmtes Dokument, nämlich die von der Immuno AG an einem bestimmten Tag des Jahres 1982 vorgelegten Originalpläne, und leitet aus dem Analyseergebnis auf methodische Weise gewisse offenbar nicht unvernünftige Bedenken ab – dieselben Bedenken übrigens, die auch Abass Bundu vorbrachte, als er in Freetown mit den Plänen bekanntgemacht wurde. Bundu brachte die Besorgnis zum Ausdruck, daß der Entzug von 60–80 Schimpansen im Jahr «den Wildschimpansenbestand des Landes ernstlich schwächen würde», und er zeigte sich besorgt über die Möglichkeit der Verschleppung von Viren durch «rehabilitierte» Schimpansen. (In der Folgezeit sollte Dr. Alfred Prince, der Entdecker des Hepatitis-Non-A-Non-B-Virus, in einem Leserbrief zu den Immuno-Plänen im wesentlichen die gleichen Ansichten äußern.) Die einzige falsche Angabe, die ich für meinen Teil in dem Abdruck des Schriftstücks feststellen konnte, ist der Dr.-med.-Titel (MD) hinter dem Namen der Unterzeichnerin: Shirley McGreal hat in Pädagogik promoviert. Wenn ich richtig unterrichtet bin, sollte dieser Fehler später im Rahmen der gerichtlichen Auseinandersetzungen als Beweis für den gezielten Versuch zitiert werden, die Leser des *Journal of Medical Primatology* in bezug auf die Sachkompetenz der Briefschreiberin hinters Licht zu führen. Soweit ich der Sache auf den Grund kommen konnte, handelt es sich um ein reines Versehen, das veranlaßt war durch den Umstand, daß Shirley McGreal das Originalschreiben mit bloßem Namen, ohne jeglichen akademischen Titel, unterzeichnete – und diese titelmäßige Nacktheit dürfte dann einen von den Setzern oder Korrektoren des Fachjournals, dessen Leserschaft sich aus lauter Personen mit MD (Medicinae doctor) und Ph. D. (Philosophiae doctor, wozu auch Titel wie Dr. rer. nat. gehören) zusammensetzt, in solche inneren Nöte gestürzt haben, daß er schließlich in die Druckversion des Texts aus eigenem Entschluß ein «MD» einsetzte.

Die Nummer der Zeitschrift mit Shirley McGreals Leserbrief erschien im Dezember 1983. Im Dezember 1984 reichte Raymond S.
Fersko, der Topanwalt der Immuno AG in New York, Klage ein, und
daraufhin kam es am niedersten Zivilgericht im Stadtgebiet New
York – dem (meines Erachtens etwas irreführend so genannten) Supreme Court of the State of New York / New York County – zu einem
(der Eröffnung des eigentlichen Verfahrens vorgeschalteten) «Ausmittelungsverfahren», geleitet von «the Honorable» Beatrice Shainswit. Da im amerikanischen Rechtssystem jeder, der sich einen Anwalt leisten kann, verklagen kann, wen immer er will, und da ein
Verleumdungsprozeß sich leicht für beide Parteien zu einem recht
teuren Spaß auswachsen kann, möchte man meinen, es sei wichtig,
daß der Vorsitzende Richter bei dieser vorgeschalteten Ausmitte-
lungsverhandlung rasch zu einem Beschluß kommt: zu einem *Urteil
im abgekürzten Verfahren*, ob die Klage zum ordentlichen Verfahren
zuzulassen oder ob sie abzuweisen ist. Richterin Shainswit sah das
jedoch anders, und so entwickelte sich der Fall bereits in diesem Vor-
stadium zu einer höchst kostspieligen Angelegenheit. Überdies kamen persönliche Anfeindungen und Gehässigkeiten mit ins Spiel:
Immuno-Anwalt Raymond S. Fersko ging so weit, Moor-Jankowski
als «Lügner» und als einen «eitlen und bestechlichen» Menschen zu
bezeichnen; Shirley McGreal war für ihn eine «Verrückte», ein «Fall
für die Klapsmühle» und ähnliches. Sogar Richterin Shainswit
stimmte bei einer Gelegenheit in diesen Ton ein und apostrophierte
McGreal als «diese Närrin». Schließlich begann Raymond S. Fersko
Interesse für Shirley McGreals Sexualleben an den Tag zu legen – er
fragte sie vor Gericht in aller Form, ob sie sich schon einmal zur
Durchsetzung ihrer Interessen und Überzeugungen zum Ge-
schlechtsverkehr bereitgefunden habe. Die Akten schwollen auf Tausende von Seiten, es wurden Anträge gestellt, Ordnungsstrafen ver-
hängt, eidliche Aussagen zu Protokoll genommen, und nach etwa
einjähriger «Ausmittelung» waren die Kosten in solch astronomische
Höhen geklettert, daß bis auf Moor-Jankowski jeder Beklagte zum
Vergleich mit Immuno bereit war. Genaugenommen fand Shirley
McGreal selbst sich nie zum Vergleich mit Immuno bereit, doch ihre
Versicherung, die kein Licht am Ende des Tunnels erblickte, verglich

sich über ihren Kopf hinweg auf eine Schadensersatzsumme von einhunderttausend Dollar (nachdem sie bereits Prozeßkosten in Höhe von zweihundertfünfzigtausend Dollar getragen hatte).

Danach blieb von den Beklagten nur noch Jan Moor-Jankowski auf der forensischen Walstatt, ihm zur Seite sein Anwalt Philip Byler. Richterin Shainswit riet Byler zu einem bestimmten Zeitpunkt, mit Immuno einen Vergleich abzuschließen. Byler lehnte ab. Im September 1986, nach über eineinhalbjähriger Ausmittelung, stellte Philip Byler Antrag auf ein Urteil im abgekürzten Verfahren. Die Gegenseite stellte Antrag auf *summary judgment*. Der Beklagte replizierte. Die Klägerin duplizierte. Es folgten eine Erwiderung auf die Duplik, eine Erwiderung auf die Erwiderung und so weiter und so fort ... Am 1. April 1987, nach beinahe zweieinhalbjährigem Ausmittelungsverfahren, kam Richterin Beatrice Shainswit dann zu dem Schluß, daß nun genugsam ausgemittelt worden und die Streitsache «Immuno Inc. gegen Jan Moor-Jankowski» reif für ein reguläres Verfahren war. Den Antrag auf ein Urteil im abgekürzten Verfahren (*summary judgment*) lehnte sie ab.

Gegen diesen Beschluß legte Philip Byler nun allerdings Berufung ein, und so wanderte die Sache «Immuno Inc. gegen Jan Moor-Jankowski» vor die nächsthöhere Instanz (*Appelate Division*) des Obersten Gerichts des Staates New York. Nachdem sie ein inzwischen auf über viertausend Seiten angeschwollenes Verhandlungsprotokoll durchstudiert hatte, verwarf die Berufungskammer unter Vorsitz von «the Honorable» Francis T. Murphy einstimmig den Beschluß der unteren Instanz und wies die Klage ab. Der Beschluß war verbunden mit scharfer Kritik an Richterin Beatrice Shainswits Beurteilung des Falls, die für «mangelhaft in mehr als einer Hinsicht» befunden wurde. Zwar könne es durchaus sein, daß McGreals Leserbrief der Immuno AG geschadet habe, doch seien die behaupteten Tatsachen «offenkundig wahr». Der dem Unternehmen allenfalls entstandene Schaden sei bedingt durch eine wahrheitsgemäße Wiedergabe tatsächlichen Firmenverhaltens. Dieser Sachverhalt begründe keine Verleumdungsklage. Die Berufungsinstanz bekräftigte außerdem die besondere Wichtigkeit des abgekürzten Verfahrens bei Beleidigungsklagen, da deren «Abwehr bekanntermaßen mit hohen Kosten verbunden» sei, so daß jegliches «unnötige Hinauszögern der Erledigung eines Beleidigungsverfahrens darauf hinausläuft, [...] den Wert dieses Verfahrens als eines Instruments der Schikane und Nötigung zu erhöhen». Die Berufungskammer fand es überdies «bedenklich», daß die Immuno AG «es mit der Androhung juristischer Schritte erreicht hatte, die Veröffentlichung des McGreal-Briefs um fast ein volles Jahr zu verzögern, und daß es ihr gelungen ist, [...] mit einer einzigen Ausnahme sämtlichen beklagten Parteien offenkundig allein deshalb eine ihr ‹weitgehend entgegenkommende Vergleichsregelung› aufzuzwingen, weil die zu erwartenden Kosten einer Fortsetzung des Verfahrens auf Beklagtenseite prohibitiv wirkten».

Länger als vier Jahre hatte für Dr. Moor-Jankowski dieser Rechtsstreit um einen Brief gedauert, den er selbst nicht geschrieben hatte: kein Wunder also, daß er jetzt überglücklich war über die so einmütige wie eindeutige Entscheidung der Berufungsinstanz, die vom *New York Law Journal* in einem langen Kommentar als «Beschluß des Tages» gefeiert wurde. Aber die Immuno AG ging in die Revision, und die Sache wanderte abermals weiter vor die nächsthöhere Instanz, den New York State Court of Appeals in Albany. Zu diesem Zeitpunkt waren bereits allerhand *amici curiae*, wörtlich übersetzt: «Freunde des Gerichts», auf den Plan getreten: Organisationen und Verbände, die aus allen möglichen Gründen daran interessiert waren, ihre Sicht der Dinge in das Verfahren einzubringen. Moor-Jankowski und sein Anwalt Philip Byler hatten zu guter Letzt 34 Freunde des Gerichts hinter sich, hauptsächlich Organisationen, die sich den Naturschutz oder den Schutz der im Ersten Verfassungszusatz garantierten Presse- und Redefreiheit zur Aufgabe gemacht hatten. Und noch während die Immuno AG zu Ende 1989 Revision beantragte, reichte ein Interessenverband mit Namen National Association for Biomedical Research (NABR) einen Antrag ein, dem New York State Court of Appeals ein *amicus-curiae*-Memorandum vorlegen zu dürfen, das die Rechtsauffassung der Immuno stützte.

Das Schützenhilfe-Memorandum der NABR mag zwar im vorliegenden Zusammenhang eine Abschweifung darstellen, ist aber in meinen Augen zugleich so etwas wie ein Hauptbeweisstück, wenn es darum geht zu zeigen, wie weit sich die Streitsache «Immuno Inc.

gegen Moor-Jankowski» zum damaligen Zeitpunkt von den Realitäten entfernt hatte. Die NABR ist nach eigener Auskunft ein gemeinnütziger Verein, der die Interessen von über dreihundert mit biomedizinischer Forschung, Lehre, Erprobung und so weiter «engagiert befaßten» Institutionen vertritt. Der Verband, so wird in dem Memorandum beteuert, «tritt ohne Wenn und Aber für eine liberale Auslegung des Zusatzartikels Eins der Verfassung ein, damit unserem Volk die kostbare Freiheit der Rede und der Presse erhalten bleibt». Ferner engagiert sich die NABR für «Rückkehr zu den Prinzipien der Zivilität, der Moralität und zumal der Wahrhaftigkeit in der Darstellung der Forschungsaktivitäten unserer Mitgliedschaft und in der Berichterstattung über diesen Gegenstand».

Das NABR-Memorandum lenkt die Aufmerksamkeit des Gerichts auf die bedrohlich subversiven Tendenzen der Vivisektionsgegner – verrückter Tierschutzaktivisten, die ihre Ziele mittels «Brandstiftung, Morddrohungen, Bombendrohungen, Vandalismus, Diebstählen, Einbrüchen, obszönen Telefonanrufen, Besetzungen und Blockaden sowie der Drangsalierung einzelner Wissenschaftler mit Schmähungen und Herabwürdigungen» verfolgten. Diese Terroristen aus der aktivistischen Tierschützerszene haben überdies «einen tückischen Guerillafeldzug eröffnet, bei dem es unter anderem immer darum geht, glatte Lügen, Halbwahrheiten und Unterstellungen auszustreuen». Aus diesem Grund (um hier gleich die Quintessenz seiner hirnrissigen Logik herauszuklauben) sei der Professor der medizinischen Forschung an der New York University Medical School, Direktor des World Health Organization Collaborating Center for Hematology of Primate Animals, Hauptherausgeber des *Journal of Medical Primatology* und Direktor des Laboratory for Experimental Medicine and Surgery in Primates, das eine der weltweit größten Kolonien von Laborschimpansen beherbergt – aus diesem Grund, wie gesagt, sei der Inhaber all dieser Ämter, Dr. Jan Moor-Jankowski, strafbar. Insinuieren zu wollen – wie die NABR es in dieser Phase der Ereignisse tat –, daß Dr. Moor-Jankowski in irgendeiner Form mit irgendwelchen «Terroristen» aus irgendeiner «Szene» gemeinsame Sache mache: das war nun freilich schlichtweg eine Ohrfeige für den gesunden Menschenverstand und alle irdische Vernunft. Das NABR-

Memorandum nahm es auch mit den Fakten nicht so genau – ein Teil von dem, was in dem Papier als Tatsache ausgegeben wurde, stimmte nicht –, und es betete obendrein noch einmal die Standardausrede der Immuno AG herunter, daß kein sierraleonischer Schimpanse zu Schaden kommen würde, weil nämlich Fangaktionen geleitet würden von «einem erfahrenen und angesehenen Zoologen, der den Schimpansenfang ohne Tötung von Muttertieren durchführt» – womit natürlich kein anderer gemeint war als Dr. Franz Sitter.

Wie dem auch sei – der New York State Court of Appeals, das höchste Gericht des Staates, wies die Klage am 14. Dezember 1989 ab; in der Begründung war die Rede von dem «Abkühlungseffekt», den die Prozeßsucht in Beleidigungssachen auf das Klima der Redefreiheit im Land ausübe. Fünf volle Jahre lang hatte Dr. Moor-Jankowski von einem Gericht zum anderen laufen müssen, ehe ihm das Recht bescheinigt wurde, mit Vorwürfen wegen eines Briefs, den er nicht geschrieben hatte, unbehelligt zu bleiben.

Was konnte nun noch passieren?

Es passierte das folgende: Das Oberste Bundesgericht, United States Supreme Court, sprach letztinstanzlich Recht in der Beleidigungssache «Milkovitch gegen Lorain Journal». Unter dem Vorsitz von Chief Justice William Rehnquist erkannte die zuständige Kammer auf ein Urteil, das eine einschränkende Bestimmung der durch Zusatzartikel Eins der Verfassung geschützten Formen der Meinungsäußerung enthielt. Kaum hatten die Anwälte der Immuno AG Kenntnis vom Ausgang des Prozesses «Milkovitch gegen Lorain Journal», als sie auch schon ein Appellationsgesuch beim Obersten Bundesgericht einreichten, und in der Tat verwies dieses die Streitsache «Immuno Inc. gegen Moor-Jankowski» zu erneuter Verhandlung im Lichte des «Milkovitch-gegen-Lorain-Journal»-Urteils an den New York State Court of Appeals zurück. Und so fand Jan Moor-Jankowski sich alsbald erneut vor Gericht wieder, wo die Sache mit dem Brief, den er nicht geschrieben hatte, erneut in die Revision ging. Nach eingehendem Studium des Urteils im Fall «Milkovitch gegen Lorain Journal» begann die Kammer sich über die Gefahr der Aushöhlung von «Grundwerten der Verfassung» besorgt zu zeigen. Schließlich erkannte sie dahingehend, daß der Leserbrief für den einzelnen ein legitimes Mittel ist, seinen Kümmernissen Gehör zu verschaffen, daß Leserbriefe generell als Meinungsäußerungen aufzufassen sind, daß Meinungen in Sachen humane Behandlung von Tieren und internationale Artenschutzabkommen mit Recht ein öffentliches Interesse für sich in Anspruch nehmen dürfen, und so weiter und so fort. Kurzum, der New York State Court of Appeals entschied zum zweitenmal einmütig zugunsten Moor-Jankowskis. Gegen diesen Beschluß versuchten die Immuno-Anwälte mit einem 190 Seiten langen Appellationsgesuch an das Oberste Bundesgericht neuerlich Rechtsmittel einzulegen. Am 3. Juni 1991 wurde das Gesuch kommentarlos abgelehnt, und damit war der Beschluß rechtskräftig.

7

Geza Teleki ist einer der wenigen namhaften Kritiker der Immuno AG, die bisher von juristischen Nachstellungen verschont blieben. Über die Gründe dafür kann ich nur spekulieren. Auf jeden Fall steht außer Frage, daß Teleki als Gegner eingestuft ist. In einem Schreiben an den inzwischen verstorbenen Sir Walter Salomon (einen Immuno-Hauptaktionär in Großbritannien) zog Immuno-Anwalt Raymond S. Fersko 1991 gegen Teleki vom Leder: Er, Fersko, habe nicht vor, Teleki zu «erledigen» – aber der Mann sei ein «Fanatiker», der «nachweislich falsche Behauptungen aufgestellt» habe. Höchst großzügig unterstellte Fersko Teleki, daß der – wie die Leute vom World Wildlife Fund Österreich, die sierraleonisches Recht falsch dargestellt hätten, um der Immuno AG etwas anhängen zu können – in bester Absicht gehandelt habe. Aber, so fuhr er fort, «die Geschichte lehrt uns, daß der Zweck nicht immer die Mittel heiligt».

Es ist einfach, jemandem das Etikett «Fanatiker» anzuhängen, und es wurde bisher schon vielen Menschen angehängt, die als Einzelkämpfer zu Felde zogen gegen die Auffassung, Schimpansen seien eine ohne Zweifel vermarktbare Ressource. Aber vom November 1986 an war Geza Teleki kein Einzelkämpfer mehr. Zu dem genannten Zeitpunkt fand unter der Schirmherrschaft der Chicagoer Akademie der Wissenschaften der erste internationale Expertenkongreß zu dem Thema «Schimpansen verstehen» statt. Die meisten Teilnehmer waren zutiefst beunruhigt angesichts der in jüngster Zeit in Afrika vor sich gehenden Vernichtung von Wildschimpansenpopulationen, und im Verein mit Jane Goodall und anderen prominenten Schimpansenforschern – erwähnt seien nur Roger Fouts, William McGrew, Toshisada Nishida, Yukimaru Sugiyama, Frans de Waal und Richard Wrangham – gründete Geza Teleki eine Organisation, die sich für die Belange der Menschenaffen einsetzen sollte. Die neuentstandene Gruppierung, die sich – offenbar war unter den Gründungsmitgliedern jemand, der Spaß an Alliterationen hatte – Committee for the Conservation and Care of Chimpanzees nannte, wurde ursprünglich getragen von insgesamt dreißig Personen auf vier Erdteilen, die von Berufs wegen – als Forscher oder im praktischen Leben – mit Schimpansen zu tun hatten. Derzeit zählt das CCCC rund gerechnet 150 Mitglieder in 25 Ländern, allesamt anerkannte Schimpansenexperten. Teleki wurde zum Vorsitzenden gewählt.

Die Versuche, Geza Teleki zu diskreditieren, gingen weiter, aber vom November 1986 an war es nicht mehr so einfach, Wissenschaftler und Schimpansenexperten, die dem Thema Naturschutz einen Platz in der öffentlichen Diskussion zu verschaffen suchten, einen nach dem andern als Fanatiker abzutun. «November 1986, das war ein Meilenstein», erinnert sich Teleki heute. «Ein Meilenstein insofern, als jetzt das ganze öffentliche Szenario in Sachen Schimpansen in abgeänderter Form neu geschrieben wurde: worüber man sich sorgen muß, wie man sich verhalten soll, wo die Kämpfe stattfinden. Und das alles änderte sich aus dem ganz einfachen Grund, weil sich auf einmal Leute für die Sache engagierten, die man nicht als einen Haufen Tierfetischisten abtun konnte.»

Der Leser wird sich erinnern, daß auf der im Sommer 1986 im Wiener Rathaus abgehaltenen offiziellen Konferenz von Repräsentanten der Immuno AG und Behördenvertretern Dr. Robert Gallo von den Nationalen Gesundheitsinstituten der USA auftrat und sich mit seinem ganzen Prestige als Wissenschaftler und biomedizinischer Forscher für das Recht der Firma Immuno stark machte, wilde Schimpansen aus Afrika zu holen. Was seinerzeit von den Beteiligten abgestritten wurde, ist heute erwiesen: Die amerikanischen Nationalen

Gesundheitsinstitute (National Institutes of Health, NIH) hatten nur eine Woche vor der Einfuhr jener zwanzig Schimpansen einen Kooperationsvertrag mit der Immuno AG abgeschlossen. Bald darauf sollten die NIH noch einen zweiten Kooperationsvertrag abschließen, diesmal mit der als Immuno-U. S. firmierenden amerikanischen Dependance des österreichischen Unternehmens. Die vollständige Geschichte des Zusammenspiels zwischen den amerikanischen NIH und der Immuno AG ist wohl etwas zu komplex, als daß sie hier weiter vefolgt werden könnte. Doch diese sonderbare Sache mit Dr. Robert Gallo 1986 in Wien war vielleicht *das* Omen dafür – um so alarmierender, als es aus allererster Quelle kam –, daß ein – in bedeutendstem Umfang von der mächtigen biomedizinischen Forschungsindustrie in den USA ausgehender – errechneter oder realer Bedarf an Laborschimpansen drauf und dran war, die durch die CITES und das US-Artenschutzgesetz aufgerichteten, ohnehin schwachen Barrieren gegen den Lebendtierhandel wieder niederzuwalzen.

Folgerichtig bestand die erste Aktion des Committee for the Conservation and Care of Chimpanzees nach seiner Gründung im November 1986 darin, eine Petition auf den Weg zu bringen, die den Zweck verfolgte, eine Effizienzsteigerung der US-Gesetze zum Schutz der wilden Schimpansen Afrikas zu erwirken. Unter Mitarbeit Dutzender von Feldforschern, die in Schimpansenhabitaten quer durch Afrika gearbeitet hatten oder noch arbeiteten, erstellte das CCCC einen ausführlichen Bericht über den in jüngster Zeit eingetretenen dramatischen Schwund bei den Wildschimpansenpopulationen und leitete diesen zusammen mit einer (pro forma im Namen dreier anderer Tierschutzorganisationen eingereichten) Petition dem U. S. Fish and Wildlife Service zu. Die Petition enthielt die schlichte Bitte, der Fish and Wildlife Service möge den im «Gesetz über die gefährdeten Arten» von 1973 festgelegten Status der Schimpansen von «bedroht» auf die Stufe «gefährdet» anheben. Da das 1973er Artenschutzgesetz das US-interne Vollzugsinstrument für die CITES sei, käme die Einstufung der Schimpansen als «gefährdet» einer adäquateren Umsetzung der CITES-Richtlinien gleich und würde zugleich jegliche direkte wie indirekte amerikanische Beteiligung an der Ausfuhr lebender Tiere aus Afrika unterbinden.

Der Fish and Wildlife Service nahm Petition und Dokumentation am 4. November 1987 in Empfang und setzte eine Frist zur Abgabe von Stellungnahmen bis zum 21. Juli 1988. Bei Ablauf der Frist waren bei dem Amt vierzig Zuschriften bedeutender Autoritäten und Verbände sowie afrikanischer Staaten mit Wildschimpansenpopulationen eingegangen, die sich für die Annahme der Petition aussprachen; siebzehn dieser zustimmenden Schreiben stammten von Wissenschaftlern, die sich von Feldforschungen her mit Schimpansen auskannten. Das Amt erhielt ferner 54 212 Briefe und Postkarten aus dem Volk, in denen eine offizielle Neueinstufung der Schimpansen als «gefährdet» bejaht wurde.

Im Briefkasten des Fish and Wildlife Service landeten bis zum Ablauf der Frist allerdings auch sechs Stellungnahmen, deren Absender gegen die Umstufung votierten. Nun ist, das versteht sich von selbst, prinzipiell nichts gegen ein Minderheitsvotum in welcher Angelegenheit auch immer einzuwenden – und die sechs Experten, die sich gegen die Umstufung aussprachen, taten dies durch die Bank mit zwar knappen Worten, aber ehrenwerten Argumenten. Interessant ist freilich, *wer* diese sechs Experten waren. Zwei waren hohe Tiere bei den NIH. Zwei waren Mitarbeiter des Robert-M.-Yerkes-Primatenforschungszentrums in Georgia. Der fünfte hatte einen Großzirkus als Arbeitgeber. Und Arbeitgeber des sechsten war die Firma Immuno-U. S. Inc. (die in der Stellungahme als «neugegründete kleine Aktiengesellschaft» bezeichnet wurde, von der sich das amerikanische Volk aufgrund ihrer Verflechtung mit einer in Österreich ansässigen großen Schwester namens Immuno AG «enorme Vorteile im Bereich des Gesundheitswesens» erhoffen dürfe).

Das Stimmenverhältnis pro zu contra war 54 252 zu 6, doch zuletzt entschied sich der Fish and Wildlife Service mit aller ihm zu Gebote stehenden salomonischen Weisheit dafür, das Kind in zwei Stücke zu zerhauen. Nach amerikanischem Recht ist ein Schimpanse heute «gefährdet» (*endangered*), wenn er in der afrikanischen Wildnis oder sonstwo in Afrika lebt, «bedroht» (*threatened*) dagegen ist er, wenn sein Aufenthaltsort zufällig ein Käfig außerhalb von Afrika sein sollte.

Alle zwei Jahre entsenden die Staaten, die die CITES ratifiziert haben, Delegierte zu einer «Konferenz der Teilnehmerstaaten», auf der unter anderem die neuesten Entwicklungen in dem Bereich, der Gegenstand des Übereinkommens ist, Tricks und Strategien zur Umgehung des Übereinkommens diskutiert werden. Zur aktiven Teilnahme an der Konferenz sind auch die Vertreter nichtstaatlicher Körperschaften zugelassen, vorausgesetzt, letztere haben eine «fachliche Qualifikation auf dem Gebiet des Naturschutzes» vorzuweisen.

Das Committee for the Conservation and Care of Chimpanzees hatte nicht Geld genug, um seinem Vorsitzenden Geza Teleki die Teilnahme an der im Juli 1987 in Ottawa stattfindenden CITES-Konferenz finanzieren zu können, so daß das CCCC auf diesem Forum nicht vertreten war. Die Transaktion, durch die zwanzig Schimpansen von Franz Sitter an die Immuno AG gelangt waren, lieferte hier noch immer Stoff für hitzige Debatten, in deren Verlauf ein Mitglied der österreichischen Delegation den Standpunkt von Immuno verteidigte. Nach Auskunft der Österreicher «ergibt sich aus den Schilderungen des Dr. Franz Sitter, eines Mitglieds des technischen Komitees, dem die Eruierung geeigneter Maßnahmen zur Erhaltung des Wildtierbestands obliegt, ... daß Fallenstellen und Jagd ein landesübliches Gewohnheitsrecht sind und daß die Bauern zum Schutz der Ernte rund um das bebaute Land Fallen aufstellen. Falls die in den Fallen gefangenen Tiere nicht zufällig von Dr. Sitter oder jemand anderem in gleicher Position angekauft werden, landen sie in Liberia, wo sie gegessen und ihre Häute zu Schuhen verarbeitet werden.» Auf diese Ausführung der Österreicher reagierte die liberianische Delegation mit Empörung: «Es gibt in ganz Liberia keine Gerberei, und wir haben nie gehört oder gesehen, daß es in Liberia so etwas wie ‹Schimpansenlederschuhe› zu kaufen gäbe.» Am sonderbarsten jedoch nahm sich das Verhalten einer Organisation aus, die sich Committee for the Conservation of Chimpanzees nannte und als Konferenzteilnehmerin ein Pressebulletin herausgab, in dem Sachen standen wie: «Schimpansenschutz ist für die Menschheit lebenswichtig. Wir brauchen in der freien Natur lebende gesunde Schimpansenpopulationen, nicht nur weil sie ein unersetzlicher Bestandteil des natürlichen Systems der Erde sind, sondern auch wegen ihres ständig steigenden Werts für die Wissenschaft bei dringend gebotenen medizinischen Forschungen.»

Viele Konferenzteilnehmer waren mehr als verwirrt durch die wundersame Materialisation eines Committee for the Conservation of Chimpanzees (mit 3 C's). Da Jane Goodall als Mitglied und Förderin des Committee for the Conservation and Care of Chimpanzees (mit 4 C's) bekannt war, sah sich das Jane Goodall Institute auf der CITES-Konferenz zu der Klarstellung genötigt, daß Frau Goodall *nicht* zu den Förderern des Committee for the Conservation of Chimpanzees (mit 3 C's) gehöre. Daraufhin fühlte sich nun wiederum das Committee for the Conservation of Chimpanzees (mit 3 C's) bemüßigt, in aller Form klarzustellen, daß man niemals behauptet habe, Frau Goodall sei eine Förderin der Organisation.

Am 2. Juni 1989 wurde die amtliche Eintragung des Committee for the Conservation of Chimpanzees ins Vereinsregister mit der Ausstellung einer Urkunde besiegelt, in der als vorläufige Direktoren der gemeinnützigen Körperschaft der New Yorker Immuno-Topanwalt Raymond S. Fersko sowie zwei weitere Personen mit derselben Büroanschrift wie Fersko ausgewiesen waren. Um dieselbe Zeit flatterte dem Minister für Landwirtschaft, Forsten und natürliche Ressourcen des westafrikanischen Staats Sierra Leone ein Projektvorschlag des Committee for the Conservation of Chimpanzees auf den Schreibtisch.

Nach meiner Kopie des Vorschlags handelt es sich bei dem Committee for the Conservation of Chimpanzees um eine «internationale wohltätige Stiftung» und «eine gemeinnützige Stiftung, die sich dem Ziel verschrieben hat, die Erhaltung der Schimpansen (*Pan troglodytes*) zu sichern, um ihren Fortbestand als Spezies zu sichern, da unter anderem ihr Einsatz in der biomedizinischen Forschung auch weiterhin absolut unerläßlich ist für die Tests auf Unbedenklichkeit, Wirkungsweise und -stärke biologischer Erzeugnisse gemäß den unterschiedlichen amtlichen Bestimmungen in den Ländern der Welt». Das Committee for the Conservation of Chimpanzees stellt den Plan zur Diskussion, in Zusammenarbeit mit der Regierung von Sierra Leone ein «nationales Naturschutzgebiet» einzurichten, für dessen Ansiedlung sich die Loma-Berge anbieten.

Das Committee for the Conservation of Chimpanzees möchte in jener Region gern den Wilddieben das Handwerk gelegt und die Landesgesetze durchgesetzt sehen, denn das würde es «interessierten Touristen, Naturforschern und Naturschützern erleichtern, zum Zwecke der Beobachtung der unberührten Fauna und Flora ihre Zelte in dem Gebiet aufzuschlagen». Gewiß, man könne nicht erwarten, daß das Naturschutzgebiet «sofort Horden [sic] von Menschen anzieht», denn «der Aufenthalt hier wird eine harte Erfahrung werden». Doch mit der Förderung eines solchen vom Geist des Naturschutzes inspirierten Projekts würde das Land Sierra Leone mit Sicherheit seinen fraglos bereits ausgezeichneten «internationalen Ruf in Sachen Naturschutz und verantwortungsbewußte Nutzung der Wildfauna mehren». Kurzum, das Naturschutzgebiet würde für Sierra Leone zu einem «symbolischen Fokalpunkt» werden und gleichzeitig für die Ankurbelung des Tourismus sorgen und noch viele andere gute, wenn auch einigermaßen abstrakte Dinge bewirken, wie etwa «die Erweiterung unseres Begriffshorizonts in bezug auf Tierleben in ihrer [sic] natürlichen Umgebung».

Der Projektplan umfaßt noch eine, wie es dort heißt, «zweite Speerspitze», die zum erstenmal ungefähr in der Mitte von Seite 3 ins Auge sticht. Das Committee for the Conservation of Chimpanzees ist nämlich auch daran interessiert, in Sierra Leone Schimpansen zu züchten. Tatsächlich führt das Committee gegenwärtig bereits Verhandlungen über Bodennutzungsrechte in der Gegend von Freetown, wo es eine Zuchtanstalt ins Leben rufen will, und man hofft, schon bald mit den Bauarbeiten beginnen zu können. In dem Projektplan wird zugesichert, daß alle Schimpansen für die Anstalt «auf rechtmäßigem Wege und mit Verantwortungsbewußtsein» sowie «in völliger Übereinstimmung mit den einschlägigen Gesetzen, Verordnungen und amtlichen Bestimmungen erworben» werden würden. Nichtsdestoweniger schweigt sich das Papier darüber aus, wie die Beschaffung dieser Schimpansen konkret aussehen soll oder (falls an den Fang wildlebender Tiere gedacht ist) aus welcher Landesregion sie genommen werden sollen. Hat man vielleicht schon jenes Naturschutzgebiet in abgeschiedener Lage in den Loma-Bergen als mögliche Bezugsquelle in Aussicht genommen?

In dem Projektentwurf heißt es, daß die genannte «wohltätige Stiftung» in Sierra Leone Geld «investieren» will. Ja, es sind einige hunderttausend Dollar, die das Committee for the Conservation of Chimpanzees zu «investieren» gedenkt. In dem «zur Zeit in Arbeit befindlichen Kostenplan» werden «Gemeinkosten» einen «wesentlichen» Posten ausmachen, und bei diesen «Gemeinkosten» wird man wohl auch «Honorare für Berater» veranschlagen müssen, die «für die Kenntnisnahme und Berücksichtigung einheimischer Gegebenheiten, Gesetze und so weiter sorgen». Und für den Fall, daß man trotz soviel gemeinnütziger Wohltätigkeit in irgendwelche Konfliktsituationen – etwa juristischer oder politischer Natur – hineinschliddern sollte, wird man in Sierra Leone eine «ständige juristische Vertretung» einrichten, «um stets über alle Entwicklungen auf rechtlichem und politischem Gebiet auf dem laufenden zu sein».

Der Projektvorschlag ist im wesentlichen knapp gehalten und offenbar ein Rohentwurf. Das Papier nennt keinen Verfasser. Es nennt allerdings den Gründer des Committee for the Conservation of Chimpanzees: Dr. Gerald Eder von der Immuno AG, Wien.

Nach Auskunft eines der vorläufigen Direktoren des Committee for the Conservation of Chimpanzees ist die Immuno AG neuerdings im Besitz aller erforderlichen Genehmigungen der sierraleonischen Behörden für ihren «Betrieb» sowie auch des benötigten Grund und Bodens. Der bewußte vorläufige Direktor erklärte 1991 gegenüber einem Journalisten, daß der «Betrieb» nicht mit wild gefangenen Schimpansen arbeiten würde, und ebensowenig würden die Tiere jemals in die Wildnis entlassen werden, nachdem sie nach Gutdünken von Immuno ihr Beitragssoll zum Fortschritt des Gesundheitswesens geleistet hatten. Und wo würden die Schimpansen herkommen? Der Betrieb würde eng zusammenarbeiten mit einem in Sierra Leone ansässigen Tierhändler, der eine eigene Schimpansenkolonie unterhält und der Immuno AG vor Jahren von Dr. Jan Moor-Jankowski selbst empfohlen wurde; dieser Händler – wie es aussieht, ein exzentrisch praktizierender Tierfreund – kauft Schimpansen an, um sie vor der Gewalttätigkeit ihnen nicht unbedingt wohlgesinnter afrikanischer Bauern zu retten: Es handelt sich um den namhaften Zoologen und Lebendtierhändler Dr. Franz Sitter.

So standen die Dinge zumindest im Jahr 1991. Wenn ich richtig unterrichtet bin, hat die Immuno AG ihre wohltätigen Pläne für Sierra Leone neuerdings geändert oder sogar, wenn nicht ad acta, so zumindest auf Eis gelegt.

8

Besonders bemerkenswert an der ganzen Geschichte finde ich für meinen Teil, wie wenig manche Hauptakteure über Afrika wirklich wissen oder sich auch nur für Afrika zu interessieren scheinen, wie schnell sie alle Gesichtspunkte verwarfen, die nicht in ihre individuelle Vorstellungswelt paßten, und wie bedenkenlos sie auf die Integrität eines Mannes vertrauten, der aus ihrem Vertrauen auf seine Integrität einen netten Profit zu schlagen wußte.

Gewiß, Immuno-Manager Dr. Gerald Eder reiste von Wien nach Afrika – und hielt sich dort gerade lange genug auf, um in einer Landeshauptstadt mit Regierungsvertretern über eine beabsichtigte geschäftliche Transaktion verhandeln zu können. Gewiß, Immuno-Topanwalt Raymond S. Fersko reiste von New York nach Afrika – und hielt sich dort gerade lange genug auf, um mit einigen Leuten in und um Freetown ein paar Worte wechseln zu können. Aber keiner der beiden und auch niemand anderer, der in dieser Sache für Immuno als wohltätiger Tierschützer unterwegs war, kann den Anspruch erheben, was Wildtiere betrifft, über nennenswerte systematische Sachkenntnisse zu verfügen, und soviel ich weiß, hat sich kein Mitglied dieses Personenkreises jemals weiter als ein Dutzend Kilometer aus Freetown hinausbewegt. Als einziger Akteur in der Geschichte ist Geza Teleki schulmäßig ausgebildeter Schimpansenexperte und kennt zugleich die Verhältnisse in den ländlichen Gebieten Sierra Leones von nun in der Tat ausgedehnten Reisen her aus eigener Anschauung. Dennoch wurde er im Handumdrehen als «Fanatiker» abqualifiziert. Für seine Erhebung über die Schimpansen von Sierra Leone wandte er sechs Monate auf, während deren er auf einer zehntausend Kilometer langen Route das kleine Land viele Male kreuz und quer durchmaß. Die Inspektion erfolgte in Zusammenarbeit mit zwei anerkannten amerikanischen Wissenschaftlern, unter Mitwirkung eines vielköpfigen Stabs sierraleonischer Helfer und mit der Unterstützung hoher Regierungsvertreter einschließlich des Präsidenten selbst. Der abschließende Bericht ist nach wie vor *die* maßgebliche einzelne Materialsammlung zu dem Thema «Schimpansen in Sierra Leone». Aber auch den hat man hastig beiseite geschoben.

Der vielleicht erstaunlichste Vorgang in dieser Geschichte war der von der National Association of Biomedical Research (NABR) – jener Körperschaft, die den Anspruch erhebt, für die Interessen von «Wissenschaft» und «Wissenschaftlern» einzutreten, und dabei als Lobby für die biomedizinische Forschungsindustrie fungiert – unternommene Versuch, mit einem Memorandum zugunsten der Immuno AG in deren Prozeß gegen den Wissenschaftler Jan Moor-Jankowski einzugreifen. Kein Mitarbeiter dieser Organisation war meines Wissens jemals auch nur in der Nähe von Afrika. Nichtsdestoweniger fühlte sich auch dieser Verband in seiner speziellen Variante von wissenschaftlichem Forschergeist gedrängt, den Inspektionsbericht Telekis auf der Stelle als das Werk eines Fanatikers abzutun und sich für den lauteren, integren Charakter des Dr. Franz Sitter zu verbürgen.

Der wirkliche Charakter des Dr. Franz Sitter ist in ein geheimnisvolles Dunkel gehüllt, das nicht ganz leicht zu durchdringen ist. Erst Mitte der achtziger Jahre, bei seinem Wien-Besuch, glaube ich, kamen Dr. Jan Moor-Jankowski Gerüchte zu Ohren, laut denen es in der Vergangenheit eine Verbindung Franz Sitters zum Nazismus gegeben haben soll. Dr. Moor-Jankowski hat sich von den Folgen einer Schußwunde, die ihm in Jugendjahren von Nazis beigebracht wurde, nie ganz erholt. Die Gerüchte, die er da hörte, müssen ihn meiner Meinung nach aufs äußerste schockiert haben. Aber die Nazis hatten viele Talente, und eines davon war eine eindrucksvolle Akkuratesse beim Aktenführen. Ein großer Teil der NS-Akten ist unbeschädigt erhalten geblieben und heute teils in Berlin, teils in Washington, D. C., gelagert. Diese Papiere sind im allgemeinen der Öffentlichkeit nicht zugänglich, aber Moor-Jankowski verstand es, sich Zutritt zu dem Berliner Archiv zu verschaffen, und kehrte von seinem Ausflug mit der Kopie einer Akte zurück, auf deren Umschlag der Name Franz Sitters zu lesen war.

Sitter hatte Teleki gegenüber behauptet, er habe seinen Arm in

Nordafrika verloren – während seines Diensts bei der Deutschen Wehrmacht im Afrikakorps des Feldmarschalls Rommel. Er behauptete ferner, er sei gebürtiger Österreicher. Aber in dem Lebenslauf, den er für das Promotionsverfahren an der Universität Wien eingereicht hatte, ist als Geburtsland Jugoslawien angegeben, dazu ein bestimmter Ort und ein bestimmter Tag des Jahres 1924. Die Akte, die sich Moor-Jankowski beschaffte – sie trägt das Datum vom 13. Oktober 1941 und ist mit dem Reichsadler mit Hakenkreuz zwischen den Klauen gestempelt und mit einem zackigen «Heil Hitler!» unterschrieben –, befaßt sich mit einem am selben Tag am selben Ort geborenen Jugoslawen gleichen Namens, einem gewissen Franz Sitter, Hitlerjugend-Führer in der besetzten Tschechoslowakei. Das Papier hält fest, daß besagter Franz Sitter wegen erwiesenen Diebstahls aus der Hitlerjugend-Kasse zu einem Jahr Gefängnishaft verurteilt worden war.

Nun könnte man bei großmütiger Betrachtung der Akte sagen, daß es nicht gerecht wäre, jemandem sein Leben lang seine Jugendsünden nachzutragen. Bei großmütiger Betrachtung könnte man auch fragen, ob wir es denn unbedingt so verwerflich finden müssen, daß da seinerzeit einer die Hitlerjugend beklaut hat. Und bei jedweder Betrachtung, ob großmütig oder nicht, hat man sich zu sagen, daß Mitgliedschaft in der Hitlerjugend allein jemanden noch nicht zum Nazi-Kriegsverbrecher macht und daß eine Unzahl relativ schuldloser junger Männer Hitlers Krieg durch Eintritt in die Wehrmacht überlebte oder zu überleben suchte.

Indes Moor-Jankowski sieht keinen Grund, die Akte in möglichst großmütiger Lesart zu verstehen. In Deutschland, so meint er, hatten Jugendliche keine große Wahl, ob sie der HJ beitreten wollten oder nicht, aber in den besetzten Gebieten war das anders. In den besetzten Gebieten war niemand gezwungen, der HJ beizutreten. Und in einem besetzten Gebiet, so Moor-Jankowski, wurde niemand HJ-Führer, der nicht «ein fanatischer Nazi» gewesen wäre. Die HJ in Deutschland war nicht bewaffnet. Man trug zwar den «HJ-Dolch», aber der war mehr Abzeichen als Waffe. In den besetzten Gebieten dagegen war die HJ mit richtigen Feuerwaffen ausgerüstet und «wurde als Schlägertruppe eingesetzt, hauptsächlich für den Terror gegen Juden in

den Gettos und dergleichen». Demnach, so meinte Dr. Moor-Jankowski, leidet Dr. Sitter an der «Waldheimschen Krankheit».
Schlimmer noch: Er wurde aus der HJ ausgeschlossen und hinter Gitter gesteckt, weil er seine Kameraden beklaut hatte. «Also war er
nicht bloß ein Nazi, er war schlicht ein Krimineller.» Was den behaupteten Militärdienst Dr. Sitters im Afrikakorps des Feldmarschalls Rommel angeht, so merkt Moor-Jankowski dazu an, daß die
deutsche Wehrmacht keine Vorbestraften aufnahm – was freilich
nicht für andere, paramilitärische Kampfverbände mit spezielleren
Aufgaben galt.

7 Stoff zu Träumen

PROSPERO:
Wir sind solcher Stoff
Wie der zu Träumen, unser kleines Leben
Umfaßt ein Schlaf.

Und hier ist die *David Letterman Show*! Drei Millionen US-Bürger sind bis zu dieser späten Stunde aufgeblieben, um sich unsere Show anzusehen! Und heute, meine Damen und Herren, haben wir im Studio die superwinzige Sextherapeutin Frau Dr. Ruth – und natürlich auch Zippy mit seiner Mitternachtsaffenkamera!

Frau Dr. Ruth hat bereits auf der Sitzcouch Platz genommen. David Letterman steht an seinem Pult und ruft jetzt den dressierten Affen herein. «Hallo Zippy – komm raus, Kumpel!» Aber was ist das denn? Das Ganze halt! Da stimmt was nicht mit dem Bild. Nein, doch nicht, Kommando zurück! Das Bild ist okay! Ihr Gerät ist in Ordnung, meine Damen und Herren, nicht dran drehen, nicht mit der Fernbedienung spielen! Das ist der absolute Irrsinn, was hier abgeht! Irrrr-sinn, Irrrr-sinn! Die Mitternachtsaffenkamera-a-a-a!

Schimpanse Zippy kommt hereingeweht – in Turnschuhen, Kleinjungenhose und -hemd, die Hose von Hosenträgern gehalten, eine tragbare kleine Fernsehkamera auf den Rücken geschnallt –, trabt, fegt, fetzt um die Couch wie ein Wirbelwind, vor Energie schier berstend, hält keine Sekunde lang Ruhe und wirkt haargenau wie ein Lausbub, der es faustdick hinter den Ohren hat und den es in allen Fingern juckt, seinen nächsten Streich abzuziehen, oder wie ein hyperaktiver Zappelphilipp, der gerade ein Röhrchen Pervitin-Tabletten stibitzt und den Inhalt als Bonbons gelutscht hat. Die umgeschnallte Kamera ist so angebracht, daß die Linse über seine eine Schulter hinweglugt, so daß wir jedesmal, wenn der Bildingenieur am Mischpult einen Schalter umlegt, – klick – die Welt durch Zippys Augen sehen. Mann, das ist wirklich Irrsinn, was hier abgeht! O-Ton Letterman: «Zippy, du kannst tun, was du willst – meinen Segen hast du. Hast du gesehen, daß Frau Dr. Ruth da ist? Wie gefällt dir Frau Dr. Ruth?»

Wir sehen Zippys Gesicht in Großaufnahme: milchkaffeefarben mit dunkleren Flecken, ein Kleinjungengesicht, aus dem engelhafte Innigkeit hervorleuchtet. Frau Dr. Ruth lacht ihr irrwitziges Lachen und nimmt ihr wissenschaftliches Palaver über die Sexualität wieder auf, das Ulk und ernstgemeint zugleich ist. Aber Zippy stiehlt ihr die Schau. Der Racker kann einfach nicht stillsitzen! Jetzt hängt er an einem Strick und pendelt genau über Lettermans Pult hin und her – und da fängt diese bekloppte Frau Dr. Ruth doch tatsächlich an, von Zippy per «sie» daherzuquasseln. Zu wiederholten Malen sagt Frau Dr. Ruth «sie» und hört auch nicht auf damit, als Letterman sie verbessert. Also verbessert Letterman sie mit aufgesetzter Irritation und Ungehaltenheit noch mal: «Er ist ein junger Mann! Ein junger Mann! Ein männlicher Affe! Gerade *Sie* sollten das doch wissen!» Frau Dr. Ruth lacht ihr Lachen und schnattert weiter über Sex, aber der Mann am Mischpult schaltet jetzt auf die Mitternachtsaffenkameraperspektive um, und das bringt die Unterhaltung wieder zurück zum Thema Zippy, und peng! macht Frau Dr. Ruth wieder denselben Fehler – redet von Zippy per «sie». Letterman fährt aus der Haut (na, Sie verstehen, natürlich bloß so zum Spaß): «Zippy! Es ist ein *Er*! Ein *Er*! Ein *Männchen*! Nein – ein Affen*männchen*! Von Ihnen hätte ich angenommen, daß Sie das wissen!»

Ja, es ist wirklich so, und drei Millionen Zuschauer der *David Letterman Show* können es bestätigen: Affen sind urkomisch! Die sind ja *sooo was* von komisch – Mann, du ahnst es nicht! Besonders dieser Zippy! Zippy, du erinnerst dich doch an den – haben wir ihn nicht sogar vor fünf Jahren schon mal draußen im Einkaufszentrum gesehen? Meine Fresse, der sieht ja wirklich fast aus wie ein Mensch, vor allem, wenn er diese Klamotten anhat. Also ich finde, daß muß doch toll sein, wenn du so'n junger Affe bist und kannst da in der *Dave Letterman Show* auftreten!

Die ist Kulissenwelt und Bühnenzauber, der Stoff zu Träumen, bei denen wir *so richtig in Wohlgefühl baden* können, wenn uns mal danach ist. Die Wirklichkeit dahinter sieht folgendermaßen aus. Erstens hatte Frau Dr. Ruth recht. Der fragliche Schimpanse war ein Weibchen. Mehr noch: Von den annähernd dreißig Schimpansen, die im Lauf von dreieinhalb Jahrzehnten in dem Zippy-Spektakel den «Zippy» dargestellt haben, waren ungefähr zwanzig Weibchen. Zippy ist der Bühnenname einer Phantasiegestalt – einer Figur wie Mickey Mouse oder Bibo. Im konkreten Fall hieß der Schimpanse in Wirklichkeit Jade. Zweitens war Jade kein komischer Affe, sondern ein hochintelligenter und hochsensibler Anthropoide – ein Mitglied einer vom Aussterben bedrohten Tierfamilie, das hier als Spielzeug benutzt wurde. Drittens ist es zwar nicht prinzipiell auszuschließen, daß Jade trotz den Strapazen, die die Situation für sie mit sich brachte, Spaß bei der Sache hatte. Aber für den Fall, daß sie den Spaß verlor, ehe David Letterman und seine drei Millionen Zuschauer auf ihre Kosten gekommen waren, war vorgesorgt: Gleich hinter den Kameras und den Scheinwerfern stand Jades Dompteuse mit einem Sender in der Tasche und einer Sendeantenne im Hosenbein und hatte den Finger an dem Knopf, der bei Bedarf das Elektroschockgerät in Aktion setzte, das Jade unter ihrer Bubikleidung über dem Sonnengeflecht trug. Viertens hatte man auch an die Möglichkeit gedacht, daß Jade in momentaner Erregung David Letterman oder Frau Dr. Ruth oder irgend jemandem von den anderen Leuten im Studio, die sich hier zu Dutzenden auf komische Episoden spitzten, einen Finger abbeißen könnte, und hatte deshalb dem Schimpansen prophylaktisch alle Zähne gezogen (wie man es auch schon mit allen früheren Zippy-Darstellern gemacht hatte). Sie würde nie mehr normal essen und, wenn sie je wieder unter anderen Schimpansen leben müßte, sich nicht verteidigen können. Fünftens hatte man ihr das Gesicht rasiert, damit sie einem vorpubertären männlichen Vertreter des Menschengeschlechts ähnlicher sah. Sechstens war sie in unnatürlich frühem Alter von ihrer Mutter getrennt und von Menschen aufgezogen worden; danach würde sie sich wohl von sich aus nie zu einer wenigstens bis zur Fortpflanzungsfähigkeit normalen Erwachsenen entwickelt haben. Siebtens werden wir nie erfahren, was für eine Erwachsene sie hätte werden können. Wie alle früheren Zippy-Darsteller wurde auch Jade von ihren Dompteuren (die sie als ihre Eltern betrachtete und welche ihrerseits sie liebten, als wäre sie ihr Kind) gegen Ende ihrer Kindheit – aus vollkommen rationalen Gründen – aus dem Showgeschäft abgezogen. Der Kinderstar Jade wurde über Nacht zur Rentnerin. Fast alle ihre Vorgänger in dem Zippy-Spektakel waren bereits in private oder staatliche Hände übergewechselt beziehungsweise meines Wissens in mindestens einem Fall in einem Aids-Forschungslabor gelandet. Bei den meisten weiß ich nicht, wie es mit ihnen weitergegangen ist. Wie es mit Jade weitergegangen ist, weiß ich.

Noch bevor Jade das Alter von acht Jahren erreicht hatte, hatten sich die Besitzer entschlossen, ihre Adoptivtochter bei «Primarily Primates», einem wundervollen Heim für mißhandelte oder verstoßene Primaten in San Antonio, Texas, einzuliefern. Aber dann schaltete sich ein Tierschutzverein ein und überredete sie, Jade noch eine Weile in ihren unnatürlichen Lebensumständen, ihren unnatürlichen Kleidern ausharren zu lassen. Wozu das? Damit sie ihr Scherflein zu dem speziellen Stoff zu Träumen beisteuern konnte, an dem diese Vereinigung sich delektierte. Damit er sie als «Botschafterin» der Schimpansen einsetzen konnte. Damit er sie nach Washington transportieren konnte, wo sie bei Senatoren und Kongreßabgeordneten für die Sache der Schimpansen und anderer Tiere werben sollte. Jade trat bei Benefizveranstaltungen auf, und ihre Chance, wieder Schimpanse zu werden, wurde vertagt. Eine kleine Protestkampagne bewirkte, daß Jade wieder auf einen Weg gebracht wurde, der in Richtung «Primarily Primates» führte. Sie erhielt sogar ein künstliches Gebiß.

Am Ende gelangte Jade doch noch zu «Primarily Primates», und ich besuchte sie in einem geräumigen Käfig, wo üppige weiche Streu den Boden bedeckte und Spielsachen wie auch andere Dinge, die den Aufenthalt angenehmer machten, in Hülle und Fülle vorhanden waren. Es war noch früh am Morgen, und das Sonnenlicht sickerte durch das Grün rundum wie durch einen Filter herein. Ich hatte bereits eine Stunde mit den Schimpansen Willy und Henry verbracht (den Darstellern von «Virgil» und «Ginger» in dem Film *Project X*). Jetzt rollte die Schiebetür beiseite, und Jade kam herein – nicht die bemitleidenswerte pseudomenschliche Aktrice mit Kostüm über dem Fell, die man vordem als «Zippy» hatte erleben können, sondern eine echte Schimpansin trat durch die Tür. Und nachdem sie mich höflich begrüßt hatte, machte sie als nächstes auf ihre Weise den beiden anwesenden jungen Schimpansenherren unmißverständlich klar, daß sie am besten gar nicht erst versuchen würden, ihr dumm zu kommen.

Wally Swett, dem Leiter von «Primarily Primates», ist es zu danken, daß Jade eine Chance, vernünftig zu leben, erhielt, die Chance, Schimpanse unter Schimpansen zu sein. Daß sie erkrankte, war ein Fall von Tragik – und niemand hätte erbitterter um ihr Leben kämpfen können als das Team, das sich bei «Primarily Primates» zusammengefunden hatte: nicht nur Wally und sein Mitarbeiterstab, sondern auch Jades Besitzer und – rührenderweise – die Tierärzte eines nahegelegenen Primatenforschungszentrums. Während der Zeit, in der sie jenem Tierschutzverein den Stoff zu Träumen lieferte, war Jade einer Hormonbehandlung unterzogen worden, die das Auftreten störender Anzeichen der herannahenden Geschlechtsreife unterbinden sollte. Es ist nicht auszuschließen, daß sie durch die physiologischen Folgen der Absetzung dieser Behandlung geschwächt wurde und damit auch anfälliger für die Bakterien, die schließlich ihr Leben forderten.

Die normale Lebenserwartung von Schimpansen beträgt mehrere Jahrzehnte und in Gefangenschaft bis zu fünfundfünfzig Jahre, doch Jade erreichte gerade eben ein Alter von ungefähr zehn Jahren, ehe sie einer Infektionskrankheit erlag. Im Grunde ließ sie ihr Leben, um Millionen US-Bürger die Möglichkeit zu geben, im Stoff zu Träumen zu baden und sich in der Illusion zu wiegen, sie sähen einen drolligen «Affenjungen», der sich wie eine niedliche Range aufführte, oder sie hätten einen «Botschafter» der Tierwelt vor sich.

In der Behandlung, die Caliban in *Der Sturm* erfährt, mischen sich Scherz und Spaß mit Züchtigung und Disziplinierung. «Ich lache mich zu Tode über dies moosköpfige Ungeheuer», sagt Trinculo, der Spaßmacher, einmal und schließt dann die so begonnene Rede mit der Bemerkung ab: «Ich könnte über mich bringen, es zu prügeln.» Den europäischen Figuren in dem Stück dient Caliban als Zielscheibe für ein Konglomerat von Spott und Angriffslust.

Im Publikum könnte Erschrecken und in der Folge der Gedanke aufkommen, daß Caliban hier zum Objekt eines pathologischen Sadismus gemacht wird. Aber nein, im Publikum findet nichts dergleichen statt. Die Zuschauer fühlen sich sogar aufs köstlichste unterhalten – sie amüsieren sich genauso köstlich, wie die meisten der Figuren droben auf der Bühne es tun –, und die Köstlichkeit des Amüsements hat nicht zuletzt darin ihren Grund, daß Musik und illusionistische Effekte zusammen mit der kunstvoll instrumentierten traumhaften Atmosphäre, in der sich das Bühnengeschehen vollzieht, ein wohliges Unwirklichkeitsgefühl erzeugen. *Der Sturm* enthält ein Stück im Stück, das in diesem Fall vorgeblich von Geistern aufgeführt wird, die sich nach dem Abgang, um es mit Prosperos Worten zu sagen, «in Luft, in dünne Luft» auflösen. Nach dem die Spieler dergestalt spurlos verschwunden sind, belehrt uns Prospero, daß ihr Spiel eine ebenso flüchtige und vergängliche Angelegenheit ist wie «unser kleines Leben» selbst: ein «Stoff wie der zu Träumen». Natürlich ist Prospero seinerseits auch nur eine Dramenfigur, und deshalb beziehen sich die Worte «unser kleines Leben» zunächst auf die Realitätsebene des rahmengebenden Schauspiels. Aber wir begreifen auch, daß die Realität unseres eigenen kleinen Lebens, unserer eigenen Welt, die den Rahmen für die Bühnenwelt abgibt, gleichfalls von einem Schlaf umfaßt wird, gleichfalls der Stoff zu Träumen ist.

Ein Großteil der Disziplinierungsmaßnahmen, die Caliban von seiten Prosperos erdulden muß beziehungsweise noch erdulden zu müssen befürchtet, scheint unumgänglich zu sein (sofern wir die ethischen Prämissen des Schauspiels akzeptieren, in denen für die Frage, ob es denn grundsätzlich zulässig sei, Caliban zum Sklaven zu machen, wenig Raum ist). Caliban muß diszipliniert werden, weil er stark, intelligent und von Natur aus nicht eben fügsam ist. Mit anderen Worten, Caliban gibt nur dann einen guten Sklaven ab, wenn seine Wünsche und Triebe ständig gebremst und niedergehalten werden. Andernfalls wird er zur Gefahr. Prospero diszipliniert Caliban mit allen Mitteln, die ihm zu Gebote stehen – sie reichen von mündlicher Belehrung und Vernunftargumenten bis hin zu einer ganzen Anzahl einfallsreicher körperlicher Züchtigungen, die mittels Zauberei exekutiert werden und in höchst unangenehmem Gliederreißen,

Kneifen, Stechen und so weiter bestehen. Wir (die Zuschauer) dürfen zwar miterleben, wie Prospero mahnende oder drohende Worte an Caliban richtet, aber nie werden wir zu Zeugen der körperlichen Züchtigungen, die ja der wunderbaren Grazie der übrigen Spielhandlung Eintrag tun könnten.

Prosperos Herrschafts- und Manipulationsgewalt reicht weit über Caliban hinaus. An dieser oder jener Stelle der Handlung manipuliert er jede der anderen Dramenfiguren einmal und zwingt sie unter seinen Willen. Und wenn er zum Schluß aus dem Rahmen der Bühnenfiktion heraustritt – bis ganz vorn an die Rampe schreitet und das Wort unmittelbar an das reale Publikum richtet –, beginnen wir zu begreifen, daß er auch uns beherrscht und manipuliert, daß er auf gewisse, ohne Frage höchst verspielte Weise mit dem Schöpfer der ganzen Fiktion identifiziert wird – mit dem Dramatiker William Shakespeare selbst. Prospero ist der Prototyp einer langen Reihe energiegeladener und autoritativer Bühnenkünstler, die nach ihm kommen sollten: der Varietétheater-Hypnotiseure und -Zauberer, jener befrackten Herren, die sich auf erhöhter Plattform aufstellen, um zu unserer Unterhaltung unser ganzes Realitätsbewußtsein von dem, was sich da auf der glitzernden, leuchtenden Bühne abspielt, in ihre Gewalt zu bringen und zu manipulieren. Prospero ist, um die Wahrheit zu sagen, ein Meisterhypnotiseur, der es versteht, bei den anderen Figuren des Dramas alle möglichen hypnotischen Phänomene hervorzurufen: Bewußtseinsdämmer und hypnagogischen «Schlaf», Halluzinationen, hypnotische Lähmungen, Muskelschwäche, Amnesie, posthypnotische Suggestionen. (Den Ausdruck «Hypnose» gab es zu Shakespeares Zeiten noch nicht; er wurde im neunzehnten Jahrhundert erfunden als Ersatz für die Ausdrücke «Mesmerismus» oder «tierischer Magnetismus», denen zur fraglichen Zeit wohl schon etwas Altfränkisches angehaftet haben muß. Anton Mesmer erfand seinen «Mesmerismus» gegen Ende des achtzehnten Jahrhunderts. Allerdings tat er dabei nicht viel anderes, als den alten Wein bereits wohletablierter Techniken der energischen, autoritären suggestiven Beeinflussung in Übereinstimmung mit der geistigen Tagesmode der europäischen Aufklärung in die neuen Schläuche pseudowissenschaftlicher Begrifflichkeit umzufüllen.)

Es dürfte auf der Hand liegen, daß Prospero kein Schurke ist. Er ist eine komplexe Gestalt, deren Handlungsweise aus mehr als nur einer einzigen ethischen Perspektive beurteilt zu werden verlangt. In diesem Kapitel geht es nicht darum, Schurken zu stellen oder einzelne Individuen persönlich anzugreifen. Vielmehr soll hier sine ira et studio die ethische Frage untersucht werden, wie die Menschen mit ihren biologischen Geschwistern, den großen Menschenaffen, im Kontext des Stoffs zu Träumen umgehen.

1

Vielleicht sind alle Tierdressurakte Minidramen, jeder ein Schauspiel im Schauspiel, ein Binnendrama um ein Sujet, das ein verzerrtes Bild von dem wirklichen Tier in die Welt setzt. Dressurakte mit Großkatzen sind Minidramen um den Mut – nicht des Tiers, sondern des Dompteurs. Pferdenummern sind dramatische Inszenierungen von Liebe und Herrschaft – und zwar überwiegend Inszenierungen der Liebe des Abrichters zum Tier und seiner Herrschaft über es. Dressurakte mit großen Menschenaffen könnten, da die Anthropoiden Löwen und Tigern an Gefährlichkeit nicht nachstehen, den Mut des Dompteurs in Szene setzen. Menschenaffennummern könnten ein Herrschaftsverhältnis, ein freundschaftliches Liebesverhältnis, athletisches Können in Szene setzen. Tatsächlich sind die Vorführungen in einigen Fällen auf das ein oder andere dieser Themen abgestellt.* Aber im allgemeinen wird im Anthropoidentheater ein Stück um das Thema «Verwandtschaft» gegeben.

---

* Die Zugnummer von Bob und Mae Noells Gorillaschau, eines Wandertheaters im Jahrmarktbudenstil, das 1940–1971 durch den Süden der Vereinigten Staaten tingelte, waren boxende Schimpansen. Mit Boxershorts, stark wattierten Handschuhen und Ledermaulkorb angetan, präsentierten sich die Tiere als Champions, die bereit waren, auf Wettgebot hin gegen jeden Herausforderer aus dem Publikum anzutreten, der hirnverbrannt genug war, zu glauben, er könne einen Boxkampf gegen einen Schimpansen bestehen (da die Sache im Rahmen einer Gorillaschau stattfand, stellte man, um die Intelligenz des Publikums nicht zu überfordern, auch die Schimpansen als «Gorillas» vor). Die wattierten Boxhandschuhe waren in diesem Fall ganz bestimmt keine dekorativen Kinkerlitzchen zur Verstärkung des

Das Besondere an Caliban ist nicht, daß er anders, sondern daß er gleich ist; er weist starke Ähnlichkeit mit den anderen Dramenfiguren auf. In der Frage, ob er ein tiergleicher Mensch oder ein menschengleiches Tier ist, erhalten wir niemals Gewißheit; der Text des Stücks bleibt in dieser Beziehung immer doppeldeutig. Unverkennbar dagegen ist seine tiefreichende Menschenähnlichkeit. Mag Prospero noch so lautstark das Gegenteil behaupten – im Denken und selbst im Fühlen gleicht Caliban offenbar so ziemlich den anderen Figuren des Stücks, die eindeutig als Menschen zu erkennen sind. Diese erstaunliche Ähnlichkeit, diese Verwandtschaft zwischen Herr und Knecht ist in ihrer Beziehung vielleicht das wesentlichste Moment. Menschenaffen partizipieren an der ehrenvollen Gestalt, und viele Menschenaffen-Dressurakte betonen dieses Faktum bis zu krasser Überspitzung – und schaffen dabei Hanswurste, komisch unzulängliche Abbilder der menschlichen Gestalt. Etliche Dompteure, die ich kenne, werden dem energisch widersprechen: Ihre Rollendarsteller seien nicht «komisch unzulänglich», sondern «reizend und niedlich» und dazu angetan, in den Menschen stärkste Zuwendungsinstinkte anzusprechen. Wie dem auch sei, die von Menschenaffen verkörperten Phantasiegestalten – Bonzo und Zippy und J. Fred Muggs und Mr. Jiggs und Mr. Stubbs, und wie sie alle heißen – bringen nicht so sehr das reale Verwandtschaftsverhältnis zwischen zwei Spezies, Mensch und Schimpanse, zum Ausdruck, sondern vielmehr die menschlichen Phantasien, die sich um diese Verwandtschaft ranken. Direkt vor unseren Augen werden diese Geschöpfe zu zahmen und praktisch zivilisierten, geliebten und liebenden, unwiderstehlich niedlichen kleidertragenden Wesen mit demselben Reiz und derselben Realität wie Mickey Mouse persönlich.

Selbst auf der elementarsten Ebene – der Ebene der persönlichen Identität – sind die anthropoiden Rollendarsteller in den Stoff zu

anthropomorphen Effekts. Nur ihnen – und den Maulkörben – hatten es die von den Ereignissen im Ring dann völlig überrollten Herausforderer zu danken, daß sie nicht in Fetzen vom Kampfplatz geschafft werden mußten. Alle noch lebenden Akteure der Gorillaschau samt ihren Nachkommen sind heute in einem Touristentierpark am Rand einer Autostraße in Florida untergebracht, der sich Noell's Ark Chimp Farm nennt.

Träumen eingebunden. Diese Tatsache ging mir eines Tages auf, während ich einen Mann und seinen Menschenaffen in der Küche ihrer gemeinsamen Wohnung im Norden von New Jersey besuchte. Ron Winters ist seit beinahe dreißig Jahren im Besitz des Schimpansen, der die Gestalt des Mr. Jiggs (des «schlauesten Schimpansen der Welt») verkörpert. Jiggs ist mit seinen über 86 Kilo Körpergewicht einer der größten Schimpansen, die mir jemals vor Augen gekommen sind. Ich muß gestehen, daß ich anfangs ein leichtes Angstkribbeln in der Magengrube spürte, während ich da in einer Küche saß, wo ein Schimpanse frei herumlief, der etwas mehr an Körpergewicht als ich auf die Waage brachte und im Zeichen freundlich gemeinten Groomens als erstes an meinen Fingern herumpolkte und emsig einige von den Haaren auf meinem Arm wegmümmelte, dann, als ich am wenigsten damit rechnete, sich mir von hinten näherte und mir Haare vom Kopf zupfte, um sie zu verspeisen. Aber nach einer Weile hatte ich mich daran gewöhnt, und dann dauerte es auch nicht mehr lange, bis es Mr. Jiggs langweilig wurde, mir die Haare vom Kopf zu fressen, und er sich ins Zimmer nebenan zurückzog, um es sich dort auf einem Bett gemütlich zu machen, während Winters mit der Geschichte seines schauspielernden Schimpansen fortfuhr.

Ende der fünfziger / Anfang der sechziger Jahre war Ron Winters Wasserskilehrer in Florida; nebenbei verkaufte er am Strand südamerikanische Wollaffen an Touristen. 1964 bot man ihm in einer Tierhandlung in Miami für rund tausend Dollar einen frisch aus Afrika eingetroffenen einjährigen Schimpansen an; Winters kaufte das Tier und startete mit ihm eine neue Karriere. Mr. Jiggs war damals noch so klein, daß man ihn auf einer Hand tragen konnte, trotzdem «war er ein so gesundes Exemplar, daß er wie ein kleiner Gorilla aussah, als er noch klein war, und da dachte ich mir, [...] das wird mal ein schlauer Bursche». Mr. Jiggs entpuppte sich in der Tat als sehr schlau, und Ron Winters begann seinen Schimpansen für Kindergeburtstagsfeiern zu vermieten. Mr. Jiggs erschien in Babykleidung am Ort des Geschehens und trug zur Erheiterung der Gesellschaft bei, indem er Eiskrem mit dem Löffel aß.

Mr. Jiggs war schon sehr früh zur Sauberkeit erzogen worden. Winters wandte nach eigener Auskunft «das Belohnungssystem» an:

Jedesmal, wenn der Schimpanse sich wunschgemäß verhielt, bekam er einen Löffel Eiskrem. Mr. Jiggs lernte lächeln. Mr. Jiggs lernte Rollschuh laufen. Mr. Jiggs lernte Motorrad fahren. «Erst hab ich ihn auf ein Dreirad gesetzt», erklärt Winters, «dann auf ein Fahrrad.» Zuletzt ließ Winters «ein kleines Motorrad für ihn bauen, eine Sonderanfertigung – weil sie ja diesen ganz niedrigen Sitz haben müssen, weil ihre Beine so kurz sind. Also hab ich ihm dieses kleine Motorrad besorgt. Er wirft es an, läßt die Sirene heulen, dreht Runden, stellt den Motor ab, parkt es und bockt es auf, alles in der richtigen Reihenfolge.» Aber Mr. Jiggs kann nicht nur Motorrad fahren, sondern auch ein Feuerzeug bedienen und sich damit eine Zigarette anzünden, die er dann raucht. («Das Rauchen bei seinem Auftritt macht er, ohne zu inhalieren. Der ist schlau und weiß, daß er dann husten muß. Versehentlich zieht er schon mal ein bißchen Rauch rein, und dann hustet er auf Teufel komm raus.») Jiggs wurde das Cocktailmixen beigebracht und auch, sich heimlich einen hinter die Binde zu gießen, wenn Winters mal gerade nicht hinsieht; er kann Bilder mit einer Sofortbildkamera machen, eine Spielzeugpistole abfeuern wie ein Westernheld, mit einer echten Angel eine Fischattrappe angeln.

Zusätzlich zu diesen Kunststückchen, so Winters, ist der Schimpansenartist in der Lage, auf Hunderte von mündlichen Kommandos die passende Reaktion zu bringen; ich erhalte umgehend eine Kostprobe: «Zeig ihm ein Lächeln.» (Lächelt.) «Mach pfui.» (Bläst mit flappendem Geräusch durch die vorgestülpten Lippen.) «Was machst du, wenn einer ‹Affe› zu dir sagt?» (Stinkefinger.) «Sag ja.» (Nicken.) «Sag nein.» (Kopfschütteln.) «Zeig, wie du dich ranschmeißt, wenn du mit deiner Mieze ausgehst.» (Tanzt Shimmy.) «Zieh einen Flunsch.» (Läßt die Unterlippe hängen.) «Mach den Gorilla.» (Schlägt sich auf die Brust.) «Nichts Böses sehen.» (Hände über die Augen.) «Nichts Böses hören.» (Hände über die Ohren.) «Nichts Böses reden.» (Hände über den Mund.) Mr. Jiggs ist wahrlich eine außergewöhnliche Kreatur – ein dressierter Affe, der im Lauf einer langen und glanzvollen Karriere rollschuhlaufend, motorradfahrend und zigarettenrauchend in einer Unzahl von Shows aufgetreten ist: in der *Ed Sullivan Show*, der *Johnny Carson Show*, der *Mike Douglas Show*, in *That's Incredible*, *What's My Line?* und so weiter und so fort. 1975 wurde die Mr.-Jiggs-Nummer von der «Amerikanischen Varietékünstlergilde» zum *Animal Act of the Year* gekürt und im Rahmen eines von CBS in Las Vegas gedrehten Features im Fernsehen gezeigt.

Nachdem 1975 Ron Winters' Sohn auf die Welt gekommen war, wiegte Mr. Jiggs das Baby auf den Armen und fütterte es mit der Flasche. Das einzige Problem bei der Sache trat erst auf, als aus dem Baby ein kleiner Junge geworden war – da duldete nämlich Mr. Jiggs es nicht, daß seinem Schützling der Hintern versohlt wurde, wenn er etwas ausgefressen hatte. Mr. Winters wurde inzwischen von seiner Frau geschieden; er und Mr. Jiggs leben heute als halbe Ruheständler in einer gemeinsamen Wohnung, erledigen allenfalls noch ein, zwei Bar-Mizwa-Feiern oder Kindergeburtstagspartys die Woche und vertreiben sich ansonsten die Zeit zu Hause, oder indem sie mit Winters' Wohnmobil durch die Lande touren.

Partys sind für Mr. Jiggs ein reines Vergnügen, sagt Winters. Oder wie es in seinem Werbeprospekt heißt: «Er fühlt sich wohl bei Ihnen, er ist gern unter Damen, und Ihre Party ist für ihn seine Party, weil es hier Cocktails und Eiskrem für ihn gibt, Dinge, die er zu Hause niemals bekommt.» Mr. Jiggs erscheint bei den Partys in schwarzer Hose und weißem Hemd mit Smokingschleife und mit maßgefertigten Rollschuhen an den Füßen. Nachdem er die verschiedenen Kunststückchen seiner Routinenummer vorgeführt hat, darf dieser Schimpanse in der feiernden Runde Platz nehmen und sich's wohl sein lassen – bei Coca Cola oder Eiskrem, wenn es sich um eine Kinderparty handelt, oder indem er ungestraft nach und nach bis zu zehn alkoholische Drinks hinunterkippt, wenn er Gast auf einer Cocktailparty ist.

Ich war tief beeindruckt von Mr. Jiggs' Intelligenz und von Mr. Winters' Geduld und Talent. Ich war tief beeindruckt von der nicht zu übersehenden Tatsache, daß Mr. Winters für Mr. Jiggs die gleiche Liebe empfindet wie ein Vater für seinen Sohn. Aber wer beschreibt meine Überraschung, als ich entdeckte, daß Mr. Jiggs ein Weibchen ist. Bei seinen Auftritten ist Mr. Jiggs natürlich als Mann kostümiert und wird als männliches Wesen präsentiert – als männliche Phantasiegestalt. Aber bei sich zu Hause hat eigentlich kein Schimpanse gern Kleider an, und in der Zurückgezogenheit der Wohnküche hatte sich Mr. Jiggs immerhin so weit in den Naturzustand zurückbegeben, daß ich, ob ich wollte oder nicht, nicht umhin konnte zu bemerken, daß dieser «Er» doch wohl mehr eine «Sie» war. Die Situation wäre vielleicht nicht ganz so verworren gewesen, hätte Ron Winters seinerseits nicht eisern dabei beharrt, von dem Schimpansen per «er», «ihm», «ihn» und so weiter zu reden. Im Lauf unserer ausgedehnten Unterhaltung kam es deshalb zwischen uns zu einer Art verbalem Kleinkrieg: Ich stellte eine Frage zu einer «Sie», er antwortete, ohne mit der Wimper zu zucken, mit einer Auskunft über einen «Er». Es war ganz klar kein Täuschungsversuch, sondern schlicht Gewohnheit. Winters hat sich an die Phantasiegestalt, die er kreiert hat, offenbar so sehr gewöhnt, daß diese Kunstfigur für ihn ebenso real ist wie sein geliebter Schimpanse, der sie spielt.

Tatsache ist, daß nur ganz wenige Menschen in der Lage sind, ein Schimpansenmännchen als Männchen oder ein Schimpansenweibchen als Weibchen zu erkennen, sobald das Tier erst einmal in einem Kostüm steckt, und deshalb stimmt in vielen Fällen das Geschlecht des anthropoiden Darstellers nicht mit dem der dargestellten Figur überein. Und was noch wesentlicher ist: da nur ganz wenige Menschen in der Lage sind, einen Schimpansen vom anderen zu unterscheiden (obwohl zwischen Schimpansen in Aussehen und Charakter die gleichen individuellen Unterschiede bestehen wie zwischen Menschen), kann ein und dieselbe fiktive Figur immer wieder von neuen Darstellern verkörpert werden. «Mr. Jiggs» wurde stets von demselben Darsteller – einem Weibchen – gespielt. Aber in die Rolle des berühmten Schimpansenartisten «Zippy» schlüpften nacheinander an die dreißig Schimpansen, und zwar meistenteils Weibchen. «Cheeta», die in Dutzenden von Tarzanfilmen dem Helden zur Seite stand, wurde von wechselnden Schimpansen gespielt; an verschiedenen Orten in den USA leben noch heute etliche «Cheetas». Hinter den «Marquis Chimps», die als Familie – Vater, Mutter, Kinder – präsentiert wurden, verbarg sich eine Vielzahl von – männlichen wie weiblichen – Schimpansen, denen ihre jeweilige Rolle als Elternteil oder Kind ausschließlich nach dem Kriterium der Körpergröße zugewiesen wurde.

Kleider machen Affen. Rita Mae wird zu Mr. Smith, indem sie den

Rock mit Hosen und Hosenträgern vertauscht. Geschlecht, Persönlichkeit, Name – das Kostüm, das den anthropoiden Akteuren verpaßt wird, verschleiert diese und weitere Einzelheiten ihrer Identität. (Wie wir unsere Kleidung unter anderem auch zu dem Zweck tragen, die sexuelle Komponente unserer Natur zu verschleiern und unter Kontrolle zu halten, so erinnert uns die Kostümierung des in einer Rolle auftretenden Anthropoiden an seine Menschenähnlichkeit in dieser und jener Beziehung und erlaubt uns gleichzeitig, seine Menschenähnlichkeit in anderer Beziehung zu vergessen.) Aber das Kostüm ist nur ein Teil der Maskerade. Anthropoiden Rollendarstellern wird die Fähigkeit andressiert, auf Stichwort zu «lächeln». (Wilde Schimpansen entblößen die Zähne und schürzen die Lippen in ängstlicher Anspannung, nicht um freundliche Absichten kundzutun.) Sie lernen am Tisch sitzen, mit Messer, Gabel und Löffel essen, einen Revolver abfeuern und so weiter. Kurz, der ganze Witz der Dressur liegt in der Ausbildung eines anthropomorphen Verhaltensrepertoires, mithin in der Überbetonung ihrer ehrenvollen Gestalt.

Während Live-Shows mit Menschenaffen eher die physische Verwandtschaft zwischen Anthropoide und Mensch betonen, ermöglicht es die Zauberkunst des Films dem Filmemacher, die psychologische und intellektuelle Verwandtschaft hervorzuheben und zuweilen auch zu überzeichnen. *Gorillas im Nebel*, der 1988 gedrehte Universal-Warner-Brothers-Film mit Sigourney Weaver in der Rolle von Dian Fossey, illustriert die psychologische Kontinuität zwischen Mensch und wildem Gorilla. Bei den hünenhaften Gorillas, die in diesem Film zu sehen sind, handelt es sich zum Teil um echte wilde Gorillas, die in Ruanda aufgenommen wurden; in anderen Szenen jedoch werden die Tiere von fünf menschlichen Komparsen im Affenkostüm verkörpert, und in der Szene, wo die Hauptdarstellerin einen aus der Gewalt von Wilddieben befreiten winzigen «Gorilla» knuddelt, drückt Sigourney Weaver in Wirklichkeit ein von einem Hollywooder Tierverleih gestelltes Schimpansenbaby an sich, das vom Maskenbildner mit reichlich Schminke und Kunstpelz für die Rolle hergerichtet wurde.

Ein anderer teilweise in Afrika (Kamerun) gedrehter und halbwegs realistischer Film über Menschenaffen, *Greystoke – The Legend of Tarzan, Lord of the Apes* (Warner Brothers 1984), betont – im Rahmen einer zeitgemäßen Neuinterpretation der klassischen Tarzan-Phantasmagorie – ebenfalls die psychologische Kontinuität. Erwachsene Schimpansen sind ein gefährlicher Umgang und arbeiten nicht im selben Stil wie Gewerkschaftsmitglieder, also waren die *Greystoke*-Affen in Wirklichkeit größtenteils Menschen in behaarter Kunststoffhülle mit – teils ferngesteuerten – maschinell bewegten Einzelteilen (z. B. Augen), einer Kostümierung, die den Produktionsetat mit Millionen belastet hatte. Aber kein menschlicher Akteur spielte seine Rolle so überzeugend wie die echten Schimpansenbabys, die unter die künstlichen Anthropoiden gemischt waren.

Filmkomödien, in denen Menschenaffen als Darsteller auftreten, haben weniger Respekt vor der Realität. So zum Beispiel weiß in diesen Komödien niemand von der Existenz eines gravierenden Unterschieds zwischen Menschen- und Tieraffen. Und häufig werden die Anthropoiden hier bis zu solch haarsträubend überzogenem Grad vermenschlicht, daß sie den Hauptpart in einer Handlung übernehmen, die ohne sie ein rein menschliches Drama wäre. Der Universal-International-Streifen *Bedtime for Bonzo* aus dem Jahr 1951 gilt gemeinhin als Klassiker dieses Genres, und sei's auch nur deshalb, weil einer der Mitspieler späterhin auf eine bedeutendere Bühne und in ein anspruchsvolleres Rollenfach überwechselte. Peter Boyd, dargestellt von dem jungen Ronald Reagan, ist ein gutaussehender und charmanter Psychologieprofessor, den die Natur im Charakter etwas blaß und im Gefühl etwas kühl und detachiert geschaffen hat. Er ist verlobt mit Valerie Tillinghast, deren Vater Dekan an der Universität ist, wo Boyd lehrt. Als Dekan Tillinghast dahinterkommt, daß Professor Boyds Vater ein Krimineller ist, besteht er darauf, daß die Verlobung gelöst wird, weil er befürchtet, Boyd könne die kriminelle Neigung seines Vaters geerbt haben. Natürlich geraten sich der Dekan und der Psychologieprofessor in diesem Zusammenhang über die relative Bedeutung der Faktoren Veranlagung und Sozialisation in die Haare.

Nach diesem unangenehmen Auftritt mit dem Dekan sucht Professor Boyd einen Kollegen – einen Deutschstämmigen namens Hans Neumann – in dessen Labor auf. In Neumanns Labor steht ein Käfig, der von Bonzo, einem Schimpansen in einer Windelhose, bewohnt wird, und nach einer Weile glauben Boyd und Neumann zu bemerken, daß der Schimpanse unruhig wird.

«Was mag er wohl haben?»

«Ich weiß nicht. Er ist noch sehr jung. Ich hab ihn erst vor einem Monat direkt aus Afrika bekommen. Vielleicht vermißt er seine Mama.»

Boyd kommt auf den Gedanken, Bonzo sein Fläschchen zu geben. «Hol mir doch mal seine Flasche, Hans», sagt er. «Ich möchte was ausprobieren.» Der Käfig wird aufgemacht. Bonzo krabbelt heraus und klettert zu Professor Neumanns Verblüffung seelenruhig und mit allen Anzeichen der Zuneigung auf Boyds Arme.

«Das ist ja erstaunlich. Vielleicht hält er dich für seinen Papa», meint Neumann und bringt damit Boyd auf eine Idee.

«Sein Papa! Hans, du hast es getroffen!»

«Was meinst du damit? Was hab ich getroffen?» möchte Neumann wissen.

Boyd erklärt es ihm: «Ich möchte herausfinden, ob er sich in ein menschliches Milieu einleben kann.»

«Du lehrst ihn im Bett schlafen, mit dem Löffel essen und [...] Sandkuchen backen. Und was ist damit bewiesen?»

«Wenn ich es schaffen könnte, diesem Affen den Unterschied zwischen Gut und Böse beizubringen [...], indem ich ihn soweit bringe, daß er ohne Aussicht auf Belohnung tut, was er soll, und das, was er nicht soll, auch ohne Furcht vor Bestrafung unterläßt. Etwas, das mein Vater nie gelernt hat, weil er keine Chance dazu hatte. Begreifst du nicht, Hans? Wenn das klappt, wird Tillinghast zugeben müssen, daß das Milieu alles bedeutet und die Erbanlagen ziemlich wenig.»

Am Ende kommt es so, wie man erwarten durfte: Nicht Professor Boyd bringt Bonzo mehr Menschlichkeit bei, sondern Bonzo bringt Professor Boyd mehr Menschlichkeit bei – bringt ihm bei, vom hohen Roß seiner professoralen Kühle und Detachiertheit herunterzusteigen und zu begreifen, daß die Frau, die er in Wirklichkeit liebt, nicht die verzogene und ihre Mitmenschen manipulierende Valerie Tillinghast ist, sondern die hübsche junge Assistentin, die er engagiert hat, damit sie ihm die Ausführung der selbstgestellten Aufgabe erleichtert, für Bonzo den «Vater» zu spielen.

Eine weitere klassische Filmkomödie um einen Menschenaffen ist *Every Which Way But Loose* (Warner Brothers 1978) mit Clint Eastwood und einem Orang-Utan, der laut Vorspann «Manis» heißt, in den Hauptrollen. Der beinharte Wettboxer Philo Beddoe bringt Dutzenden von Kerlen, die sich für harte Männer hielten, bevor sie es mit ihm zu tun bekamen, mit bloßen Fäusten das Fürchten bei. Clint Eastwood spielt diese Rolle mit dem gewohnten mimischen Minimalaufwand: Zwei unterschiedliche Gesichtsausdrücke scheinen die ganze Bandbreite seines Gefühlslebens abzudecken; der eine Gesichtsausdruck besagt etwa soviel wie: «Au! Das tut weh!», und der zweite: «Das tut überhaupt nicht weh!» Bei Gelegenheit spricht Beddoe sogar richtig, und mit der Zeit erkennen wir, daß in seiner wie gemeißelten Eiszeitalter-Schale das empfindsame Herz eines New-Age-Mannes schlägt: Er hat Gefühle, die nach Ausdruck verlangen.

Bedauerlicherweise findet Beddoe unter seinen menschlichen Partnern in dem Film niemanden, dem er seine Gefühle offenbaren kann. Die Frau seiner Träume, eine Country-and-Western-Sängerin (gespielt von Sondra Locke), betrügt ihn in einem fort mit anderen, um etwas Farbe in die Handlung zu bringen. Orville, sein bester Kumpel, ist ein viel zu schlichtes Gemüt – herzlich, aber rauh und dämlich. Beddoe hätte den anderen Männern in dem Film vielleicht eine Menge tiefgefühlter Sachen zu sagen, aber die sind voll ausgelastet damit, sich das Fell gerben zu lassen. Und hier kommt der Orang-Utan Clyde ins Spiel. Irgend jemand, mit dem er sich unterhalten kann, muß Philo Beddoe schließlich haben, also avanciert Clyde – als Haustier, Partner und Spezi in einem – zum Vertrauten und als Kontrastfolie fungierenden zweiten Ich des Wettboxers. Eines Nachts sitzen Beddoe und Clyde im Freien unterm Sternenhimmel beisammen; der Wettboxer hat Gesichtsausdruck Nummer eins aufgesetzt und entblößt sein wundes Herz vor dem Menschenaffen: «Du hältst mich wahrscheinlich für verrückt, weil ich mir die Hacken schieflaufe nach einem Mädchen, das ich kaum kenne. Zum Teufel, ich bin eben nicht so einer wie Orville. Ich brauche lange, bis ich ein Mädchen richtig kenne. Und noch länger, bis ich soweit bin, daß sie mich ken-

nenlernen kann. Verstehst du, was ich meine? Der Mann, vor dem
ich Angst hätte, müßte erst noch geboren werden, aber wenn ich mit
einer Frau über meine Gefühle reden soll, wird mein Magen schlicht
zum Wackelpudding.» Beddoe nimmt Clyde sogar dann und wann
auf einen Drink ins Wirtshaus mit und kommt in einem Anfall von
geistiger Erleuchtung zu dem Schluß, daß Clyde, nicht anders als
jeder andere normale Mann, auch einmal der Wohltat eines sexuellen
Erlebnisses bedürfe (sich «mal flachlegen lassen» müsse), also brechen die beiden in einen Zoo ein, um ein Orang-Utan-Weibchen für
Clyde aufzutreiben. Wir sehen Clyde in den Käfig der Dame seiner
Wahl hineinschlüpfen, dann schließt sich langsam die Tür hinter ihm
und entzieht ihn diskret unseren Blicken. Er hat seinen eigenen Stoff
zu Träumen gefunden.

2

Ist der überzogene Anthropomorphismus – die Umstilisie-
rung gefangener Menschenaffen zu menschengleichen Phantasiegestalten – schon an und für sich ein Medium der Täuschung, so bedingt
er darüber hinaus zusätzliche Dimensionen der immer tiefer und tiefer reichenden Täuschung. Hat das Publikum erst einmal einen
Clyde, einen Bonzo oder einen Mr. Jiggs gesehen und sich dabei die
Überzeugung gebildet, es mit ganz und gar menschenähnlichen und
letztlich hochempfindlichen Wesen oder Personen zu tun zu haben,
dann ergibt sich das Risiko, daß von dieser Seite die folgende aufsäs-
sige Frage laut wird: Wenn dieses Lebewesen so sehr dem Menschen
gleicht, warum wird es dann so sehr wie ein Tier behandelt? Damit
diese Frage nicht allzuoft in allzu peinlicher Situation beantwortet
werden muß, wird die Behandlung von Menschenaffen in gewissem
Grad zum Betriebsgeheimnis und ihrerseits zum Stoff zu Träumen.

Am dichtesten ist der Schleier des Geheimnisses, der die Bändigung
umgibt. Erwachsene Schimpansen und andere große Menschenaffen
sind dem Menschen an Körperkräften um ein Vielfaches überlegen.
Sie sind schneller, behender und in ihren Affekten weniger bere-
chenbar. Wildlebende Schimpansen sind übrigens nicht sonderlich
gefährlich. Ich habe mich in Afrika schon sehr hautnah unter

Schimpansen bewegt, die, an Menschen gewöhnt, wie sie waren, meine leidige Anwesenheit meistenteils übersahen. An Menschen nicht gewöhnte wildlebende Schimpansen habe ich gelegentlich flüchten hören, aber nie gesehen beziehungsweise gesehen nur ein einziges Mal und da nur sekundenlang – eine Mutter, die ihr Junges trug, flüchtete in solch kopfloser Hast durch die höchsten Wipfel, daß ein Ast unter ihr brach und sie sechs Meter tief abstürzte, ehe ihre Hände in der Krone eines niedrigeren Baums wieder Halt fanden. Im Lauf von drei Jahrzehnten Forschungsarbeit in Afrika, während deren mehr als hundert Menschen zusammen Hunderttausende Stunden in allernächster Nähe von Schimpansen verbrachten, wurde kein Mensch jemals ernstlich von einem wilden Schimpansen verwundet. Aber unter den unnatürlichen Bedingungen der Gefangenschaft werden Schimpansen häufig zu gefährlichen Bestien und damit paradoxerweise unserem Klischeebild vom «wilden Tier» ähnlicher; einige mir bekannte Menschenaffenbändiger können das mit fehlenden Fingern, Rißwunden in der Kopfhaut und tiefen Narben bezeugen. Kurzum, nachdem wir Schimpansen in die hochgradig abnormale Situation des Inhaftiertseins versetzt haben, stellen wir fest, daß sie sich gegen das Inhaftiertsein sträuben. Sie werden gefährlich, und wir erkennen auf einmal, daß wir Schutz benötigen vor den Ungeheuern, die wir selbst geschaffen haben.

Schutz ist *eine* – die erste – Seite der Bändigung: Selbstschutz des Bändigers und Schutz des Publikums. Jan Wright, die sich mit ihrem inzwischen verstorbenen Ehemann Jean de Troy viele Jahre lang Besitz und Management der «Marquis-Chimps»-Truppe teilte, sagt: «Unter sich sind sie sehr angriffslustig, man darf sich also nicht der Täuschung hingeben, man hätte es mit so etwas wie Pudeln zu tun. Es sind keine Pudel. Es sind Tiere mit angeborener Angriffslust gegeneinander, und da beziehen sie auch einen selbst mit ein, wenn es soweit ist. Sie sind nicht die ganze Zeit angriffslustig. Die meiste Zeit sind sie extrem lieb. Aber man muß immer darauf gefaßt sein. Man muß mit dem Kopf da sein. Man muß die Augen offenhalten. Eigentlich hat man die Augen immerzu überall gleichzeitig. Und man muß andere Leute doch ziemlich weitgehend von ihnen fernhalten.»

Alle Schimpansen in Gefangenschaft, nicht nur die «darstellenden

Künstler» unter ihnen, werden teils unter Anwendung rüder Hand-
greiflichkeiten, teils unter Einsatz raffinierter technologischer Hilfsmittel gebändigt, und eines wie das andere zielt darauf ab, das Tier im
Interesse des Personenschutzes in die Schranken zu weisen. David
McKenna, der bis vor kurzem in seinem kleinen Tierpark, einem Fa-
milienbetrieb in Maine, einen Schimpansen namens Herbie hielt,
schilderte mir, wie das In-die-Schranken-Weisen bei ihm und Herbie
aussah: «Morgens zu ihm reingehen und saubermachen, das war eine
Sache, da gehörten normalerweise zwei dazu, mein Bruder und ich»,
erklärte mir McKenna. «Wir hatten nämlich keinen unterteilbaren
Käfig für ihn, deshalb mußten wir immer direkt zu ihm rein.» Eines
Morgens präsentierte sich Herbie mal wieder in der üblichen aggressiven Stimmung. «Und er hat meinem Bruder eine verpaßt und
wollte die Tür aufmachen [...], also hab ich ihm eins draufgegeben
und ihm gesagt, er soll das lassen. Tja, und da hat er sich umgedreht
und wollte mir ans Leder. Sobald er auf Beinlänge an mich rangekom-
men war, hab ich's ihm voll gegeben – ich hab ihm genau unters Kinn
getreten. Na ja, das hat ihn erst mal umgehauen. Er hat sich dann
wieder aufgerappelt und ging dann wieder auf mich los, aber ich hatte
die Schaufel in der Hand, und mit der hab ich ihm dann mordsmäßig
eins übergebraten, und zwar voll auf den Buckel. Ja, und das hat ihn
dann schlagartig wieder zur Besinnung gebracht. Und von dem Tag
an ist er nie wieder frech zu mir geworden. Aber [...] so machen das
die Männchen mit den Weibchen. Sie zeigen denen erst mal, wer der
Herr im Haus ist, und da bringen sie das Weibchen anfangs schier
um, und genauso war das da auch. Aber hinterher hat er sich nie
wieder mit mir angelegt. Wir waren richtig gute Freunde.»

Für die «darstellenden Künstler» unter den Menschenaffen hat die
Bändigung allerdings noch eine zweite Seite, und die heißt Dressur.
Der Dompteur muß das Tier auf irgendeine Weise dazu bringen,
etwas zu tun, was es unter normalen Umständen nicht tun würde.
Handelt es sich um eine Vorführung einfacher Art, die dem Tier kein
sonderlich weites Hinausgehen über sein übliches Verhaltensinven-
tar und seine gewohnte Weltorientierung abverlangt, ist das Dressur-
problem unter Umständen vergleichsweise einfach und verlangt womöglich nur einen einfachen Anreiz: das Zuckerbrot. Geht es um

eine anspruchsvolle oder unter strapaziösen Bedingungen zu absol-
vierende Dressurnummer, die regelmäßig ausgeführte präzise
Aktionen schwieriger Art verlangt, wird die Dressur freilich zu einer
komplexen Sache und wahrscheinlich auch einen komplexen Anreiz
erfordern: Zuckerbrot plus Peitsche.

Für viele Menschenaffendompteure besteht zwischen *Schutz* und
Dressur kein Unterschied. Alle Methoden, die sie zur Bändigung der
Tiere anwenden, fallen für sie unter das Rubrum *Schutz* und sind
damit automatisch sanktioniert. Und ein Teil der Dompteure zeigt
nicht die geringste Lust, über die von ihm bei der Bändigung benutzte
spezielle «Hardware» Auskunft zu geben. Man spricht viel lieber
über die eingesetzte «Software», das eher abstrakte, emotionale Ele-
ment der Bändigungsprozedur: ‹Ich liebe meine Tiere. Meine Tiere
lieben mich. Ich bin bloß der erwachsene Vater [die Mutter] in ihrer
Familie. Sie machen das, weil sie mich lieben und weil es ihnen Spaß
macht, in einer Show aufzutreten.› Daß viele Menschenaffendompteure starke Gefühlsbindungen zwischen sich und ihren Tieren auf-
bauen, steht außer Frage. Aber Gefühle allein sind nicht unbedingt
ausreichend; und wenn die Liebe die Muskelkraft zu Hilfe nimmt,
kann das leicht zur Mißhandlung führen. Im Gegensatz zu unseren
populären Haustieren sind die großen Menschenaffen nicht leicht zur
Unterordnung zu bewegen und zu dressieren. Darin ähneln sie den
Menschen, und wie die Menschen können sie, selbst wenn ihnen die
Unterordnung beigebracht wurde, später doch wieder gegen den
Zwang zur Fügsamkeit und die Dressurpraxis aufbegehen.

Sie sind stark. Sie sind intelligent und zu Täuschungsmanövern
fähig. Und sie mögen nicht sonderlich gern zur Unterordnung angehalten oder dressiert werden. Diese Faktorenkombination kann zum
Ursprung einer ins Extrem getriebenen Bändigungstechnologie werden. So amüsieren wir uns möglicherweise zwar von Herzen über
Zippy, Bonzo, Clyde & Co., aber unser Traumvergnügen ist zuweilen
um einen Preis erkauft, für den der Akteur mit realer Münze einzu-
stehen hat. Der Orang-Utan, der in der ursprünglichen Prügelor-
gienphantasie *Every Which Way But Loose* von 1978 neben Philo
Beddoe / Clint Eastwood die Rolle des Clyde spielte, ist heute vielleicht Mitglied einer Orang-Utan-Truppe, die sich – unter für das

Publikum unsichtbar geschwungener Zuchtrute – auf der Bühne eines Nachtclubs in Las Vegas in einem Varieté-Klamauk abrackert. Der Orang-Utan, der in dem Nachbrenner *Every Which Way You Can*, der 1981 in die Kinos kam, an der Seite Philo Beddoes als Clyde auftrat, wurde allem Anschein nach gegen Ende der Dreharbeiten zu Tode geprügelt.

Darin könnte die Erklärung dafür liegen, daß der die zweite Hauptrolle verkörpernde Orang-Utan im Vorspann von *Every Which Way You Can* nicht namentlich identifiziert wird; er ist hier lediglich mit dem Hinweis vertreten, daß er von «Gentle Jungle» zur Verfügung gestellt wurde, einem in Hollywood ansässigen Verleih für speziell im Unterhaltungsgeschäft einsetzbare lebende Exoten. Tatsache ist, daß der Orang-Utan ursprünglich Ichibad hieß und dann den Namen Buddha erhielt, bevor er schließlich zu Clyde wurde. Einem Augenzeugen zufolge wurde Buddha bei «Gentle Jungle» mit Hilfe einer «Mace»-Sprühdose (der sogenannten chemischen Keule) und eines in Zeitungspapier gewickelten Metallrohrs abgerichtet. Einem anderen Augenzeugen – dem Assistenzdresseur im Aufnahmestab Kenneth DeCroo – zufolge prügelte Buddhas Chefdresseur Boone Narr das junge Männchen am Tag vor Beginn der Dreharbeiten windelweich, um es gefügiger zu machen. «Er ließ [Buddha] sich niedersetzen und fing an, ihn ein paar von seinen Kunststücken vorführen zu lassen.» Aber als der Orang-Utan für einen Augenblick unkonzentriert wurde, «schlug» Narr ihn mit einem Rohrstock und dann mit einem Axtstiel. Buddha «schützte sich mit beiden Armen [. . .], wich aus und wälzte sich im Kreis herum». Das war vor Beginn der Dreharbeiten. Ein dritter Augenzeuge – Robert Porec, ein Tierdresseur, der zeitweilig bei «Gentle Jungle» arbeitete – berichtet, daß Buddha gegen Ende der Dreharbeiten zu *Every Which Way You Can* im Mai 1980 ertappt wurde, wie er am Drehort Schmalzkringel stahl, und sich zuvor auch schon in anderer Hinsicht als «disziplinarisches Problem» erwiesen hatte. Er wurde zu «Gentle Jungle» zurückgebracht und dort von seinen Abrichtern in eine Scheune geführt; die Abrichter nahmen einen Axtstiel von einem Meter Länge mit, der in der hausinternen Nomenklatur «Buddhaknüppel» hieß. «Die nächsten zwanzig Minuten lang», so Porec, «waren eine Menge knallende oder dumpfe Schläge

zu hören. Dazwischen Buddhas Stimme, mit tiefen Grunzen. Es hatte
den Anschein, als ob da drin ein Kampf im Gange war. Hinterher hat
man mir dann erzählt, daß Buddha sich zur Wehr gesetzt hat.» Buddha mag sich zwar zur Wehr gesetzt haben, aber er hatte keinen Axtstiel in der Hand; hinterher war er so übel zugerichtet, daß er sich in
der Stahltrommel, die in seinem Käfig lag, verkroch und tagelang
nicht herauskam. Anfang August fand man den Orang-Utan tot in
seinem Käfig; aus seinem Maul sickerte Blut, und bei der anschließenden Obduktion sollen Anzeichen einer Gehirnblutung festgestellt
worden sein. Der Film war gerade fertig geworden, und um in diesem
speziellen Fall den Stoff zu Träumen nicht zu ruinieren, wurde für die
Promotion des Streifens flugs ein anderer Orang-Utan aus seinem
Käfig hervorgezogen und von «Dallas», wie er eigentlich hieß, auf
den Namen «Clyde-Junior» alias «C. J.» umgetauft.

Theoretisch sind Tiere, die in Hollywood in Filmrollen eingesetzt
werden, seit fünfzig Jahren gegen Übergriffe von Abrichtern geschützt. Der Schutz tierischer Akteure in der Filmindustrie begann
im Jahr 1939, nachdem einige Leute ihr Mißfallen darüber kundgetan
hatten, daß bei den Dreharbeiten zu *Jesse James* ein tadelloses Pferd
zum Sprung von einer über zwanzig Meter hohen Steilwand gezwungen worden war. Der Skandal veranlaßte das Hays Office on Censor-
ship in seinen Allgemeinen Normen der Pflichtzensur auch Vorschriften für die Behandlung tierischer Akteure aufzunehmen. Indes
in den sechziger Jahren verfiel die Zensur selbst der Zensur und
wurde abgeschafft, das Hays Office aufgelöst.

Aber schon seit den dreißiger Jahren begutachtet eine private Organisation, die American Humane Association (AHA), jedes freiwillig eingereichte Filmdrehbuch. Die AHA entsendet zur Verhinderung
der Tierquälerei auf Wunsch auch Beobachter zur Produktionsstätte.
Die AHA nimmt regelmäßig Filme unter die Lupe, um festzustellen,
ob sie nach den von ihr aufgestellten Normen «akzeptabel» oder
«nicht akzeptabel» sind; in den vergangenen zehn Jahren bewertete
der Verein rund sechzig Filme als «nicht akzeptabel», weil bei den
Dreharbeiten Tiere zu Tode kamen oder verletzt oder auf andere
Weise mißhandelt wurden. Leider scheinen AHA-Beauftragte noch

niemals die Tierdressuranlagen in einiger Entfernung oder selbst in unmittelbarer Nachbarschaft von den Produktionsstätten besucht zu haben, und bemerkenswerterweise hat das Hollywooder Büro des Vereins in den letzten zwanzig Jahren nicht ein einziges Mal Anzeige wegen Tierquälerei erstattet. Dieser Sachverhalt zusammen mit Anhaltspunkten dafür, daß das AHA-Büro in Hollywood «als Arbeitsvermittlungsagentur für Tierausbilder fungiert», hat mancherorts den Vorwurf laut werden lassen, die American Humane Association pflege ein allzu inniges Verhältnis zu dem Industriezweig, den zu überwachen sie angetreten sei.

Jedenfalls behaupt die American Humane Association, während der gesamten einundachtzigtägigen Dauer der Dreharbeiten zu einem Streifen mit dem Titel *Project X* Ende 1985 / Anfang 1986 habe sich stets einer der geschulten Aufpasser aus ihrem Hollywooder Büro am jeweiligen Drehort in den Produktionsstudios der Twentieth Century-Fox aufgehalten. *Project X* ist, so könnte man sagen, ein auf einer tatsächlichen Begebenheit beruhendes Phantasiestück im Geist der Tierschutzbewegung. Die tatsächliche Begebenheit ist die folgende: Die amerikanische Luftwaffe führte eine Versuchsreihe durch, bei der ungefähr dreitausend aus Indien importierte Rhesusaffen Strahlungsstößen von bis zum Zweihundertfachen der tödlichen Standarddosis (der Dosis, die nach den vorliegenden Erkenntnissen ausgereicht hätte, um innerhalb von sechzig Tagen den Tod von 50 Prozent der Tiere herbeizuführen) ausgesetzt wurden; anschließend wurde beobachtet, wie lange und wie gut die Versuchstiere imstande waren, bestimmte Aufgaben zu bewältigen, während sie dem Strahlentod entgegengingen. Bei der Luftwaffe stellte man sich vor, daß diese todgeweihten Affen Aufschluß darüber geben könnten, wie effizient todgeweihte amerikanische Piloten bei der Bombardierung der Sowjetunion wären, wenn die Sowjets den Erstschlag geführt hätten. Nun stellen freilich Tieraffen ein entschieden unzulängliches Modell der menschlichen Physiologie dar; auf anderer Ebene ergab sich eine zusätzliche Problematik daraus, daß die Affen nicht wußten, warum sie litten und warum sie sterben mußten, wohingegen Menschen in dem angenommenen Fall über dieses Wissen verfügen würden und man damit rechnen durfte, daß es ihre Reaktionen mitbedingen würde: doch ungeachtet dessen wurde die Versuchsreihe jahrelang fortgesetzt – bis Shirley McGreal von der Internationalen Primatenschutz-Liga einige indische Journalisten darauf hinwies, daß die Vereinigten Staaten (die während einer bestimmten Phase des Geschehens jährlich bis zu zweihunderttausend Rhesusaffen aus Indien einführten) mit der Verwendung der Tiere gegen den Kaufvertrag verstießen, in dem als ausschließlicher Verwendungszweck die Partieprüfung von Polio-Impfstoffen beziehungsweise einigermaßen belangvolle medizinische Forschungen festgeschrieben waren.

Das Drehbuch zu *Project X*, einer Produktion von Walter Parkes und Lawrence Lasker, machte sich diese Geschichte in den Grundzügen zu eigen, ersetzte jedoch die Rhesusaffen durch Schimpansen – letzteres aus der zutreffenden Einsicht heraus, daß Persönlichkeit und Leidensfähigkeit von Menschenaffen das Publikum sehr viel stärker ansprechen würden. «Der Film handelt von Menschen, die sich der Tatsache stellen, daß nichtmenschliche Wesen Gefühle und Intelligenz besitzen und infolgedessen *wir* ihnen gegenüber eine Verantwortung haben», erklärte Produzent Parkes. Zentralgestalt auf Schimpansenseite ist ein bezaubernder jugendlicher Held, der in dem Film Virgil heißt. Virgil ist der Zeichensprache mächtig, die er in der Obhut einer schönen Wissenschaftlerin (dargestellt von Helen Hunt) erlernte, ehe ihn das Schicksal in einen Laborkäfig der Air Force verschlug, dessen Tür von einem wegen allzu großen Draufgängertums zu neuer Bewährung vom Dienst suspendierten Piloten (Matthew Broderick) mal auf-, mal zugemacht wird. Daß ein eingesperrter Schimpanse sich mit ihm in Zeichensprache zu verständigen vermag, bringt den draufgängerischen Piloten auf die Frage, wo das Tier wohl herkommen mag; das Bemühen um Antwort hat Bekanntschaft zwischen jungem Mann und junger Frau sowie beiderseitiges Liebes-Erwachen zur Folge, welch letzterer Vorgang wiederum bei dem menschlichen jugendlichen Helden die Bereitschaft fördert, «sich der Tatsache [zu] stellen, daß nichtmenschliche Wesen Gefühle und Intelligenz besitzen und infolgedessen *wir* ihnen gegenüber eine Verantwortung haben».

Bei den Dreharbeiten zu *Project X* kamen fünfzehn Schimpansen zum Einsatz. Die Produzenten bemühten sich, Roger Fouts, einen Fachmann für den Unterricht von Schimpansen in Zeichensprache, als Berater in Fragen der realistischen Schimpansendarstellung zu gewinnen. Der lehnte umgehend ab, als Parkes und Lasker ihn informierten, daß sie bereits Ron Oxley engagiert hatten, einen Dresseur aus Hollywood, der es für unumgänglich hielt, «die Schimpansen hart anzufassen» (um es mit den Worten der Produzenten zu sagen). Daß Oxley selbst die Schimpansen am Drehort tatsächlich hart angefaßt hätte, steht nicht fest (wie dem auch sei, er erlag während der Dreharbeiten einer Herzattacke und wurde durch den Tierausbilder Hubert Wells ersetzt); indes beobachtete Karl Mitchell – selbst Tierdresseur mit fünfzehnjähriger Berufserfahrung und Inhaber eines Hunde- und Katzen-Verleihs in Hollywood –, als er eines Tages Ron Oxley auf seinem Anwesen besuchte, wie dieser einen fünfjährigen Schimpansen auf seinen Auftritt vor der Kamera vorbereitete, indem er «wiederholt mit einem mit Sand und Steinen gefüllten Stück Gummischlauch» auf ihn einschlug. Mitchell weiter: «Oxley schlug mit solcher Wucht zu, daß der Schimpanse kotete und urinierte.» Und Paul Mueller – ein Mitarbeiter beim Trickaufnahmestab der *Project-X*-Produktion, der in einem in Aufnahmestudio 16 auf dem Fox-Gelände aufgebauten speziellen Schimpansen-«Schulungsraum» eine Air-Force-Flugsimulator-Attrappe bediente – berichtet: «Tagtäglich [...] sah ich, wie Abrichter die Schimpansen mit Knüppeln, Totschlägern und den Fäusten traktierten. [...] Die Abrichter zogen den Schimpansen Knüppel und Totschläger über den Rücken, die Schulterregion und den ganzen Brustkorb. Bei mehreren Gelegenheiten sah ich einen bestimmten Abrichter wiederholt mit der geballten Faust auf den ganzen Brustkorb seines Schimpansen einhämmern. An einem bestimmten Tag geriet dieser Abrichter in solche Wut über sein Tier, daß man meinen konnte, er habe durchgedreht. Er drosch mit beiden Fäusten so heftig auf den Schimpansen ein, daß ich den Motor [der Flugsimulator-Attrappe] abstellte.» Mindestens zwei weitere Personen, die zu anderen Zeiten und an anderen Orten bei den Dreharbeiten mit dabei waren, gaben ähnliche Beobachtungen zu Protokoll, zogen jedoch später ihre Aussage zurück, wobei sie Sorge um ihre Weiterbeschäftigung in der Filmindustrie durchblicken ließen.

Von den Schimpansen, die in dem Film mitgewirkt hatten, wurden schließlich fünf bei Primarily Primates, einem Heim für mißhandelte oder nicht mehr erwünschte Primaten in San Antonio, Texas, in Gewahrsam gegeben, und in diesem Zusammenhang hatte Heimleiter Wally Swett Gelegenheit, sich mit Mark Hardin und Julian Sylvester, zwei Assistenzdresseuren im Aufnahmestab der *Project-X*-Produktion, zu unterhalten. Swett zufolge sprachen die Dresseure von «wüsten Schlägereien» mit den Tieren. Als Swett sich erstaunt darüber zeigte, daß die frisch eingetroffenen Schimpansen nach ihrer Freisetzung auf dem Heimgelände keinerlei Anstalten zum Davonlaufen machten, erklärte ihm Sylvester, daß er ihnen das Davonlaufen abdressiert hatte, indem er ihnen bei jedem dahingehenden Versuch nachsetzte und sie mit Fußtritten traktierte. Swett stellte fest, daß zwei der Tiere extreme Angst vor schwarzen Gummistiefeln hatten, daß einem Tier im zweiten Gebiß die linke Zahnreihe in Ober- wie Unterkiefer vollständig fehlte – womöglich ausgeschlagen worden war – und daß alle fünf Schimpansen zusammenfuhren und sich furchtsam duckten, sobald ein Mensch in ihrer Nähe eine abrupte Bewegung machte.

Die zitierten Berichte und andere ähnlicher Art schienen auf Mißhandlungen hinzudeuten – zumindest in den Augen des Showmasters und Tierwohl-Aktivisten Bob Parker. Im Juni 1987 ging Parker mit dem Ergebnis seiner Recherchen an die Öffentlichkeit, und daraufhin sah sich die zuständige Behörde der Stadt Los Angeles, das Department of Animal Regulation, veranlaßt, Ermittlungen einzuleiten. Die Beamten ermittelten drei Monate lang und kamen – nach ausgedehnten Befragungen und der Begutachtung von Fotografien, auf denen unter anderem mit Totschlägern, abgesägten Billardstökken, Revolvern und in einem Fall mit Stachelstock ausgerüstete Tierabrichter an Drehorten zu sehen waren – zu der Überzeugung, ausreichend Beweismaterial für achtzehn Fälle von Tierquälerei in der Hand zu haben, und erstatteten Strafanzeige gegen sechs Tierabrichter, die bei den Dreharbeiten zu *Project X* mitgewirkt hatten. Die Staatsanwaltschaft von Los Angeles indessen lehnte die Anklageerhebung ab, und zwar, so scheint es, weil die gesetzlichen Bestimmungen betreffend den Straftatbestand der Tierquälerei nur für solche

Fälle gelten, in denen ein Mensch ein Tier quält, das fremdes Eigentum ist. Da nun aber die meisten Schimpansen, um die es ging, Eigentum der Twentieth Century-Fox waren, wie hätte da gegenüber der Twentieth Century-Fox oder jemand unmittelbar in ihren Diensten Stehendem der Vorwurf der Tierquälerei, begangen an Tieren, die ihnen gehörten und die zu quälen sie folglich das Recht hatten, begründet werden können?

Wie auch immer – auch durch den nicht justitiablen Vorwurf der Tierquälerei fühlten sich viele Leute gekränkt. Bei der Twentieth Century-Fox war man gekränkt. Die Produzenten Parkes und Lasker waren gekränkt – «schockiert», wie sie selbst es nannten. Die Dresseure waren gekränkt. Aber am allermeisten gekränkt fühlte man sich bei der American Humane Association, deren Repräsentanten in Hollywood bei den Dreharbeiten zu *Project X* von Anfang bis Ende als Aufpasser mit dabei gewesen waren; der Verein stellte auf eigene Faust eine «rückhaltlose Untersuchung» der Vorgänge während der Dreharbeiten an, konnte aber «keinen einzigen substantiierbaren Fall von Tierquälerei» entdecken.

Viele Menschenaffendresseure lieben ihre Schüler, dessen bin ich sicher, wenngleich ich nicht ausschließen möchte, daß sie unter «Liebe» etwas anderes verstehen als ich. Manche Anthropoiden dürften durchaus Gefallen finden an der Aufmerksamkeit, die sie mit ihren künstlerischen Auftritten erregen, sowie nicht zuletzt auch an der damit verbundenen Gymnastik. Trotzdem würde sich wohl kaum ein Menschenaffe freiwillig einer Lebensweise anbequemen, bei der Einkerkerung und nach Vorschrift eines anderen Primaten unter Zwang ausgeführte akrobatische Leistungen alternieren – auch wenn die Menschen diese erzwungene Akrobatik als «Familienunterhaltung» genießen. Mich wundert es daher nicht, daß jeder Menschenaffendresseur, mit dem ich bis dato Bekanntschaft geschlossen und / oder gesprochen habe, die Bändigung der Tiere mit Schwierigkeiten verbunden sieht.

Manche versichern, die Schwierigkeiten seien gar nicht so groß: In der Regel seien ihre Tiere mit psychologischen Mitteln zu lenken. Lima Hussey, Chefdresseuse einer Varieténummer mit jungen

Schimpansen bei «Marine World / Africa U. S. A.» in Nordkalifor-
nien, meint: «Die ganze Abrichtung der Chimps beruht im Grunde
genommen auf Positivbelohnungen mit Fressen. [...] Bestrafen kann
man die Chimps meistens damit, daß man sie eine Weile ins Aus
stellt, das heißt im Grunde genommen: sie ignoriert. Man kann ihnen auch dies und das von ihrem Lieblingsfressen entziehen.» Körperliche Züchtigung läßt sich gelegentlich nicht vermeiden, meint
Hussey. «Körperliche Züchtigung wenden wir ausschließlich dann
an, wenn die Tiere einen Abrichter oder das Publikum physisch be-
drohen.» Und wie sieht die körperliche Züchtigung aus? «Oh, sie
bekommen eins auf die Nuß. Da gibt es viele Möglichkeiten.» Eins
auf die Nuß mit der Hand? «Na klar – deswegen habe ich ja so ver-
schorfte Knöchel.» Ich glaube, daß «eins auf die Nuß» einen Schlag
auf den Kopf mit den Knöcheln der geballten Faust bedeutet, eine
durchaus nicht ungewöhnliche Form der Bestrafung, deren Exeku-
tion ich bei zwei verschiedenen Gelegenheiten mitansehen konnte –
das eine Mal bei einem jungen Schimpansen, das andre Mal bei einem
ganz jungen Gorilla.

Andere Dresseure, insbesondere solche, die mit heranwachsenden
oder erwachsenen Menschenaffen arbeiten, sehen sich gewöhnlich an
massivere Bändigungshilfen verwiesen. Jemand, den ich kenne, benutzt gelegentlich einen Stachelstock, wie er zum Handwerkszeug
von Viehtreibern gehört. («Du brauchst einfach irgendwas, womit du
sie das Fürchten lehren kannst.») Ein Dresseur, der bis vor kurzem
bei einer Schimpansenshow in Florida beschäftigt war, bediente sich
regelmäßig einer Holzkeule, um sich verständlich zu machen. Andere, mit denen ich zu tun hatte oder von denen ich gehört habe,
schnallen ihren Artisten manchmal fernbediente Elektroschockappa-
rate um. («Ja, wir haben so ein Ding. Aber benutzen tun wir es eigentlich nie. Bloß in ganz extremen Gefahrensituationen.») Ich habe
von einer Dresseuse gehört, die eine neunschwänzige Katze benutzt,
um Affen zu bändigen und zu bestrafen, die sie allesamt im Schoß
ihrer Familie aufgezogen, ja in einem Fall sogar an der eigenen Brust
gestillt hat.

Einem bestimmten Schimpansen-Showstar wurde dann und wann
mit Hilfe eines Baseballschlägers Benimm eingebleut, hat man mir

versichert. Drei Schimpansen, die man aus einer beliebten Fernsehshow kennt, wurden nach Aussage von Augenzeugen von ihren
Dresseuren geprügelt. Mickey Antalek, der die Besucher des Zirkus
«Ringling Brothers, Barnum and Bailey» mit seinen dressierten
Schimpansen jahrelang zu Begeisterungsstürmen hinriß, soll seine –
obendrein kastrierten – Tiere geprügelt haben. Nick Connell, Dresseur bei Ringling, erinnert sich: «Wie die vier Schimpansen trainiert
wurden, habe ich zum erstenmal im Winterquartier in Venice, Florida, mitgekriegt. Sie saßen auf dem langen Fahrrad mit vier Sitzen –
drei von den großen Schimpansen bloß als Fahrgäste, während der
größte, Louie, in die Pedale trat und lenkte. Das Gefährt wäre unter
diesen Bedingungen selbst für einen Menschen schwer unter Kontrolle zu halten gewesen, und Louie mußte sich ziemlich plagen und
schmiß mehrmals um, so daß die ganze Korona auf dem Boden her-
umrollte. Und mehrmals wurde er mit einem kräftigen Prügel bearbeitet. Die Schläge waren draußen vor dem Manegenbau und Louies
Geschrei sogar ein ganzes Stück weiter weg noch zu hören. Mir
kochte das Blut in den Adern. Ich schäme mich, sagen zu müssen, daß
ich nichts unternommen habe.» Übrigens sollten, als Antalek 1984
starb, seine vier dressierten Schimpansen dem Forschungszentrum in
White Sands, New Mexico, überlassen werden, wo sie vermutlich
Nummern verpaßt bekommen hätten und sozusagen im Akkord in
die Testverfahren für Insektizide, Kosmetika und Arzneimittel eingespannt worden wären, hätten nicht ein paar empfindsame Leute, darunter auch Shirley McGreal, dazwischengefunkt. Am Ende wurden
die Schimpansen in dem Wild Animal Retirement Village in Waldo,
Florida, untergebracht, dem hervorragenden privaten Tierheim und
Kleinzoo von Gene und Rusty Schuler, zwei ehemaligen Zirkusleuten.

Nicht weniger als einhundertfünfzig Schimpansenkinder sind derzeit an spanischen Stränden als Staffagefiguren für Touristenfotos im
Einsatz. Die Tiere stecken in putzigen kleinen Anzügen und sind natürlich mit Beruhigungsmitteln vollgepumpt, damit sie immer schön
artig sind. Die Zähne hat man ihnen gezogen. Sie werden geschlagen,
und mindestens einmal wurde der Bereitschaft zur Unterordnung mit
einer glühenden Zigarette nachgeholfen. (Anders als die Varieté-

schimpansen in den USA kommen die Schimpansen der spanischen Strandfotografen noch aus Afrika – vorwiegend aus Äquatorialguinea – und gelangen als Schmuggelgut zu den Endabnehmern. Die Staffagefigurenlaufbahn beginnt für die Tiere in frühester Kindheit und endet, wenn sie vier Jahre alt sind: Dann schafft man sie sich vom Hals – indem man sie umbringt oder auch, so könnte man sich vorstellen, zu anderweitiger Vermarktung weiterverkauft; das bedeutet, daß die Strandfotografen ständig Nachschub von Schimpansenbabys aus Afrika benötigen. Die davon ausgehende Belastung des Wildschimpansenbestands dürfte enorm sein, aber die spanischen Behörden haben für die andernorts in Europa verbreitete Besorgnis über diesen Tatbestand weiterhin nichts als ein müdes Lächeln übrig.)

Ich möchte mir vorstellen, daß manche Dresseure sich in ihrem Beruf nur höchst sympathischer «weicher» Methoden bedienen. Aber was ich im Zuge meiner Recherchen zu diesem Gegenstand mit eigenen Augen gesehen oder auf anderem Weg in Erfahrung gebracht habe, fügt sich zu einem ganz anderen Bild zusammen: Hinter den Kulissen ist die Zuhilfenahme höchst unsympathischer «harter» Bändigungstechnologie die allgemeine Regel. Wenn die Auftritte der Menschenaffen dem entsprechen sollen, was das Publikum sehen und denken und wovon es träumen will, dann muß die Bändigungstechnologie im dunkeln und verborgen bleiben, auf immer und ewig ein unidentifizierbarer Bestandteil des Stoffs zu Träumen.

3

Wo enden vertretbare Bändigungsmaßnahmen, und wo beginnt die Mißhandlung? Die meisten von uns werden wohl die Grenze zwischen ordnungsgemäßer Behandlung und nicht zu rechtfertigender Mißhandlung von Menschenaffen auf der Grundlage ihrer Erfahrungen und Beobachtungen im Umgang mit Hunden und Katzen und Kindern ziehen. Wir könnten zum Beispiel sagen, einem Hund oder einem Kind kräftig eins mit einem Stock überzuziehen, sei eine Mißhandlung, hingegen sei nichts einzuwenden gegen ein paar Klapse auf den Hosenboden oder einen einzelnen Klaps auf eine andere Körperstelle (mit Ausnahme des Gesichts) oder (bei unserem vierbeinigen Freund) einen Hieb mit der zusammengerollten Zeitung. Die wenigsten von uns machen sich klar, daß kraftvolle, intelligente, psychologisch komplexe Wildtiere ganz andere Wesen sind als kleine und psychisch vergleichsweise einfach strukturierte Haustiere. Aber wer von der *Mißhandlung* von Menschenaffen im Rahmen des Showgeschäfts redet, denkt dabei, daß es auch einen normalen Lauf der Dinge gibt, der eine *ordnungsgemäße Behandlung* der Tiere einschließt – denkt sich Mißhandlung lediglich als einen zeitweiligen Verstoß gegen die Norm, als unerfreuliches, aber begrenztes Abirren von einem ansonsten erfreulichen und zufriedenstellenden Geschehensverlauf. Ich finde, wir müssen die Norm selbst unter die Lupe nehmen.

In diese Richtung gingen meine Gedanken erstmals nach einigen aufschlußreichen Unterhaltungen mit Ron Winters, dem Besitzer und Dresseur von Mr. Jiggs. Die Beziehung zwischen Mr. Winters und Mr. Jiggs gründet fraglos in herzlicher Zuneigung und jener Art Gefühlsbindung, wie sie sich etwa zwischen einem Elternteil und einem Kind herstellen kann, auch wenn im gegebenen Fall das «Kind» den Elternteil in Sekundenschnelle zerreißen könnte. Und ich glaube Mr. Winters, wenn er sagt, daß es so gut gelaufen ist zwischen ihm und Mr. Jiggs, liege hauptsächlich daran, daß jeder den anderen liebt und daß Mr. Jiggs im Kern ein gutartiges und glückliches Tier ist. Aber nur für den Fall, daß diese 86-Kilo-Schimpansendame einmal – Gott bewahre! – auf einer Geburtstagsparty oder einer Bar Mizwa ihre gute Kinderstube vergessen sollte, wurden ihr die Vorderzähne gezogen und bekommt sie außerdem vor jedem Auftritt das Maul mit einer Nylonschnur zugebunden, die um eine Spezialarmatur in den Backenzähnen geschlungen wird. Sie kann dann noch immer Getränke und weiche Nahrung, zum Beispiel Eiskrem, zu sich nehmen – sie kann nur nicht mehr beißen.

Für die Situationen, in denen auf die Liebe kein Verlaß mehr ist und auch zusammengezurrte Kiefer nichts mehr nützen, hat Winters als zusätzliche Sicherheitsvorkehrung ein Hilfsmittel parat, das er als sein «Funkgerät» bezeichnet. Mr. Winters trägt tagsüber stets ein Miniatursendegerät mit zwei Bedienungsknöpfen am Gürtel. Mr. Jiggs trägt tagsüber stets ein Miniaturempfangsgerät sowie einen großen Akku mittels eines Nylongurts mit Sicherheitsverschluß auf den Rücken geschnallt und um den Hals eine größtenteils neopren-isolierte Edelstahlmanschette. Sollte Jiggs die Absicht erkennen lassen, sich über die Grenzen des guten Geschmacks hinwegzusetzen, nun, dann hat Winters es buchstäblich in der Hand, Knopf eins zu drücken. Der sorgt dafür, daß die Manschette einen leichten Stromstoß abgibt, den der Schimpanse als warnendes «Prickeln» am Hals verspürt. Wenn Mr. Jiggs allerdings auf gefährlichere Gewässer Kurs nimmt, kann Mr. Winters immer noch Knopf zwei drücken. Was bewirkt der dadurch ausgelöste elektrische Schlag? «Mein Chimp kann sich nicht mehr bewegen. Er ist paralysiert. Ende der Fahnenstange.»

Meines Erachtens benutzt Winters sein Funkgerät nicht als Dressurhilfe. Mr. Jiggs macht es Spaß, ihre Kunststücke vorzuführen. Ja, diese Schimpansendame beträgt sich so ausgeglichen und manierlich, daß Winters heutzutage so gut wie gar nicht mehr auf den Knopf zu drücken braucht. Es ist auch durchaus nicht so, daß Winters das Funkgerät grundsätzlich jedem Schimpansenbesitzer empfehlen würde, denn der Akku muß alle paar Tage neu aufgeladen werden – und das bedeutet, daß jemand dasein muß, der in der Lage ist, dem Tier die Apparatur abzunehmen und wieder anzulegen. «Wenn der Chimp total bösartig ist oder mißhandelt worden ist oder so was», dann funktioniert die ganze Kiste nicht. Aber wenn jemand einen Schimpansen hat, der so nett ist, sich anstandslos das Elektroschockteil plus Akku umschnallen zu lassen – samt Edelstahlmanschette um den Hals und Nylongurt mit Sicherheitsverschluß um die Hüften –, dann ist für den das Funkgerät eine tolle Sache. «Mit dem ein paarmal volles Rohr, und du hast einen ganz neuen Chimp», meint Winters. «Ein Unterschied wie Tag und Nacht.»

Natürlich bekommt bei einem Auftritt niemand die Elektronik zu sehen, denn Mr. Jiggs trägt zu allem eine frackartige Jacke, und nachts wird ihr die Apparatur abgenommen. Nach einem opulenten abendlichen Imbiß – Kohl und Kopfsalat und Tomaten und dergleichen –, einem letzten Gang zur Toilette und anschließendem Zähneputzen ist Mr. Jiggs fertig fürs Bett. Winters öffnet das Schloß am Nylongurt, entfernt Akku, Empfangsgerät und Elektroschockteil und legt Mr. Jiggs an eine Leine, deren anderes Ende mittels einer Rolle an einer Stahltrosse läuft; so kann sie ungehindert in ihrem Bett schlafen. Für den Brandfall hat die Schimpansin gelernt, ein Fenster zu öffnen und die draußen fest an der Hauswand angebrachte Leiter hinunterzuklettern; die Stahltrosse läuft nach draußen, so daß Mr. Jiggs ins Freie entkommen kann, aber trotzdem angeleint bleibt. Auch für andere denkbare Notfälle ist vorgesorgt. «Wenn er in der Nacht mal Pipi machen muß oder so, hat er dafür einen kleinen Nachttopf neben dem Bett», erläutert Winters, «aber er weiß genau, daß er da nicht sein großes Geschäft reinmachen darf, weil das nämlich morgens nach dem Aufstehen im WC erledigt wird, wo man nachspülen kann.»

Keine Frage, der große Akku und die übrige Apparatur wirken schon ein bißchen absonderlich, wenn man sie zum erstenmal zu Gesicht bekommt, aber Ron Winters hat mir die Logik hinter seinem Funkgerät ganz genau auseinandergesetzt: warum er die Apparatur für seinen Schimpansen konstruiert hat, warum er Nachbauten an andere Schimpansenbesitzer verkauft hat und warum er unter Umständen bereit wäre, für jedermann in gleicher Situation wie er eine maßgeschneiderte Spezialanfertigung des Geräts herzustellen – zum Preis von rund dreitausendfünfhundert Dollar. Aus der Sicht dessen, der einen erwachsenen Menschenaffen im Unterhaltungsgeschäft einsetzt, ist das Funkgerät ein wichtiges Utensil, weil es, so Winters, «mich zum dominanten Männchen macht». Und ununterbrochene Dominanz ist absolut unerläßlich. «Ein Schimpanse ist kein Hund. Hunde ordnen sich unter. Sie tanzen nach der Pfeife des Rudelführers. Ein Schimpanse ist frei und ungebunden. Der sagt sich: ‹Aha, du bist also nach nebenan gegangen und hast mich allein im Zimmer gelassen. Was könnte mich jetzt noch hindern, mir mal schnell die Schnapsflasche zu krallen?› Verstehen Sie, was ich meine?» Aber was noch wichtiger ist: dank dem Funkgerät brauchte Ron Winters Mr. Jiggs nie in einen Käfig zu sperren. Nach Winters' Überzeugung schwelgt in den USA kein zweiter erwachsener Schimpanse in dem Luxus, sein Leben vollständig außerhalb des Käfigs verbringen zu können. «Die übrigen [...] in den Käfigen [...] von denen bleibt man besser weg, weil die, wenn die ihr Leben lang im Käfig eingesperrt waren, einen Haß auf alles und jeden gekriegt haben. Ein Löwe, der verkraftet das Käfigleben, weil der nämlich dumm ist. Geben Sie dem ordentlich zu fressen, dann legt der sich schlafen. Aber Schimpansen sind clever. So ein Schimpanse weiß, daß er nicht in einen Käfig gehört. Die können das nicht verkraften, dafür sind die zu hell im Kopf. Die langweilen sich da zu Tode.»

Um mich über Käfigtiere etwas genauer zu informieren, buchte ich nach meinem Besuch bei Ron Winters und Mr. Jiggs in New Jersey einen Transkontinentalflug nach Hollywood. Um den Stoff zu Träumen richtig kennenzulernen, muß man sich manchmal mitten hineinstürzen, sagte ich mir, deshalb segelte ich in Hollywood unter falscher Flagge. Ich band mir eine Krawatte um den Hals und verwandelte mich dadurch auf magische Weise in den Zweiten Direktor einer Werbeagentur mit Sitz an der Ostküste, der demnächst mit einer Reihe von Spots um das Thema «Die Entdeckung des Feuers» die Ofenrohre der Firma Sugiyama im japanischen Fernsehen würde zu bewerben haben und der zu diesem Zweck nach dressierten Schimpansen suchte.

In dieser Rolle suchte ich im Raum Los Angeles eine Reihe von Leuten auf, die ihr Geld damit verdienen, daß sie Tiere – Hunde, Katzen, Pferde, Kamele, Löwen, Tiger, Schimpansen – an Film und Fernsehen vermieten. Ich machte die Bekanntschaft Greg Lilles, der, wie es scheint, über die zweitgrößte Kollektion von – größtenteils fürs Varieté abgerichteten – Schimpansen im Westen der USA verfügt. Lille ist eigentlich Nordkalifornier; seine Schimpansen posieren regelmäßig für Hallmark-Glückwunschpostkarten.

Ich besuchte ein Fernsehstudio und ließ die Pilotproduktion eines neuen Gameshow-Serienklamauks von CBS über mich ergehen; das Programm umfaßte unter anderem schlüpfrige Wortspiele und einen männlichen Stripper, einen schwitzenden Spaßmacher, der mich vor laufender Kamera fragte, ob es mir Spaß mache, Manager einer Werbeagentur zu sein, und einen zwei- oder dreijährigen Schimpansen, der an einem bestimmten Punkt dem Showmaster auf die Arme springen sollte, aber im entscheidenden Moment den Kopf verlor.

Ich schaute mich auf einer Exoten-Ranch um, wo ich etliche junge

Schimpansen vorfand, die man mieten konnte. Die Käfige auf dieser Ranch waren neu und sauber – Betonboden, Maschendrahtwände, Blechdach – und zu schnurgeraden Zeilen aufgereiht, ihre Insassen allerdings etwas regellos verteilt: hier ein Hund, da ein Schimpanse, dort ein Löwe... Aber offenbar waren die Käfige dazu da, möglichst viele Tiere unterzubringen: Noch heute verfolgt mich in der Erinnerung das Bild eines riesigen, von einer gewaltigen Mähne umwallten afrikanischen Löwen in einem Zwinger mit einem Betonboden, der mir nicht größer vorkam als meine Schreibtischplatte.

Die mit Abstand größte private Kollektion von Schimpansen im Raum Hollywood gehört einem Mann namens Bob Dunn. Zu der Zeit, als ich ihn besuchte, besaß Dunn einundzwanzig Schimpansen, die sämtlich in Käfigen gehalten wurden – in einem Hof hinterm Haus, der mir nicht größer vorkam als mein eigener. Michael Jacksons ehemaliges Ersatzbaby Bubbles war übrigens auch da; nachdem das Maskottchen lästigerweise aus dem fügsamen Babyalter herausgewachsen war, war es bei Dunn gelandet. («Er dachte, Bubbles würde ewig klein und süß und sein Spielkamerad bleiben», verriet jemand aus Michael Jacksons nächster Umgebung den Klatschreportern. Aber eines Tages packte der heranwachsende Schimpanse Michael am Arm und schickte ihn zu Boden, und daraufhin wurde Bubbles abserviert. «Michael ist völlig aufgelöst, daß es so gekommen ist. Er hat Bubbles geliebt wie einen Sohn.») Bubbles war bei meinem Besuch vielleicht sechs, sieben Jahre alt; Dunn holte ihn aus seinem Käfig, ließ ihn auf einen Tisch klettern und dort gleich neben dem Gewehr und der Sprühdose mit der chemischen Keule ein paar Kunststücke vorführen.

Dunns andere Schimpansen waren zum Teil ebenfalls Jungtiere, ebenfalls zu mieten und ebenfalls einigermaßen geschulte Varietékünstler. Doch bei den meisten schien es sich um Erwachsene im Ruhealter zu handeln – Dunn und ich sprachen zwar darüber, wie man ein, zwei von den Erwachsenen eventuell in die Sugiyama-Ofenrohr-Werbespots einbauen könnte, aber im großen und ganzen dienten diese massigen Schimpansensenioren der Menschheit im allgemeinen und der Unterhaltungsindustrie im besonderen als Zuchttiere, die wieder und wieder Schimpansenbabys produzierten; die

Babys gingen dann an solche handverlesenen Abnehmer, denen es nichts ausmachte, mal eben zwanzig- bis dreißigtausend Dollar auf den Tisch des Hauses zu blättern. Dunns Käfige sahen mir allerdings sehr nach dilettantisch gemachtem Eigenbau aus, und die mit den überstrichenen Hohlblockwänden fand ich düster und deprimierend. Die großen Kreaturen im Inneren zeigten sich aggressiv, was wohl auch ihrer Frustration zuzuschreiben war. Es war sehr heiß an dem Tag, und Dunn bedauerte, daß es wegen der Hitze nicht möglich gewesen war, die älteren Schimpansen außerhalb ihrer Käfige zu bewegen – damit indirekt zum Ausdruck bringend, sie würden regelmäßig ins Freie gelassen und bewegt, wenngleich ich mir nicht recht vorstellen konnte, wie und wo sich das hier abspielen sollte. Dennoch, die Käfige standen hier dicht beisammen, waren da und dort sogar aufeinandergestapelt, und ich dachte mir, daß diese Raumaufteilung im Endeffekt vielleicht besser wäre als die wie mit Zirkel und Lineal arrangierten, quasi als Massenaufnahmelager gedachten Zwinger in jenem Exotenverleih – besser insofern, als Schimpansen durch und durch soziale Wesen sind.

Dunn nimmt für sich in Anspruch, daß seine Tiere – zumindest solange sie noch jung genug sind, um als Artisten und Varietékünstler auftreten zu können – viel besser dran sind als die Schimpansen im Zoo. «Im Zoo langweilen sich die Tiere zu Tode», erklärte er einmal einem Journalisten der *Los Angeles Times*. «Dabei arbeiten diese Burschen gern – und werden auch immer schlauer dabei. Sie kommen überall herum und haben eine Menge Abwechslung.»

Am Ende blieb mir nur Kopfschütteln und die Einsicht: Wir haben uns alle so sehr an den Anblick von Tieren hinter Gittern gewöhnt, daß wir nicht mehr groß über ihre Situation nachdenken. Die jungen Schimpansen, die wir auf der Bühne so niedlich und reizend finden, verbringen vielleicht den größten Teil der Zeit, in der sie nicht im Rampenlicht stehen, in Käfigen. Schimpansen im Showgeschäft sind Kinderstars, und wenn sich dann ihre Kindheit dem Ende entgegenneigt, werden sie – bis auf wenige Ausnahmen – für den Rest ihres Lebens in einem Käfig zur Ruhe gesetzt. Haben sie zu allem Unglück auch noch einen Ausbeuter zum Besitzer, dann ist das Dasein im Käfig unter Umständen nur eine weitere Form von Schinderei und Kujonierung, nur ein neues Kapitel in einer endlosen Geschichte von Bändigung und Manipulation. Hat eine glückliche Fügung ihnen einen Besitzer mit wenigstens einem Funken Moral im Leib beschert, dürfen sie mit einem größeren und wohnlicheren Käfig rechnen. Lee Ecuyer, der Schöpfer und Besitzer des Showstars «Zippy der Schimpanse», erzählte mir einmal, daß er es als Tierquälerei empfunden hätte, Zippy in einen Käfig zu stecken. «Man konnte Zippy nicht einfach einsperren. Das wäre so gewesen, wie wenn man ein Kind in einen Käfig gesperrt hätte, ehrlich.» Natürlich wanderte jeder der dreißig Schimpansen, die im Lauf der Zeit den Zippy verkörperten, wenn er ein bestimmtes Alter erreicht hatte, in den Käfig, bevor er verkauft wurde – «aber das war ein sehr geräumiger Käfig, und außerdem hatte er da noch einen zweiten Schimpansen bei sich drin und schien sich ausgesprochen wohl zu fühlen.» Aber nach meinem Besuch bei Mr. Jiggs, dem Gespräch, das ich an jenem Morgen in einer Wohnküche in New Jersey mit Ron Winters führte, meinem Flug an die Westküste und meiner Besichtigungstour durch die Schimpansenverleihfirmen in Südkalifornien begann mir Winters' Standpunkt einzuleuchten. Tatsache ist, daß ich persönlich viel lieber mit einer fernbedienten elektronischen Apparatur auf dem Rücken und am Hals herumspazieren würde, als mein Leben in einem Käfig zu verbringen, wo ich etwa soviel Platz habe wie im Laderaum eines Kleintransporters.

Zu schade, daß es offenbar ohne entweder das eine oder das andere nicht geht, wenn wir verträumt, aber glücklich all diesen vom Aussterben bedrohten Tieren zusehen, wie sie sich in Smokings und Ballettröckchen als kleine Kinder und Possenreißer vor uns tummeln, damit wir noch eine kleine Weile länger in unserem Stoff zu Träumen schwelgen können.

8 Lachen, prügeln

TRINCULO:
Ich lache mich zu Tode über dies moosköpfige
Ungeheuer. Ein lausiges Ungeheuer! Ich
könnte es über mich gewinnen, es zu prügeln.

Bei der Einfahrt von der großen amerikanischen Sandwüste
her erblicke ich sein Bild auf mythisches Format vergrößert, so daß
der Kopf sogar halb über den Oberrand der Plakatfläche hinausragt:
schwarzgelocktes Haar, säuberlich gestutzte «Fliege» auf der Ober-
lippe, langer Kiefer, der Kopf mit «Was-sagt-man-dazu»-Miene seitwärts geneigt, die Augenbrauen ironisch hochgezogen. Die rechte
Hand ist erhoben und deutet mit dem Zeigefinger nach links hinüber.
Auf seiner rechten Schulter ruht eine behaarte Hand. Der Besitzer
der Hand steht links von dem Mann, dort, wo dessen Finger hinzeigt
– ein Wesen, das ein breites Grinsen im Gesicht trägt, ein Orang-
Utan, der grinsend das weiße Gehege seiner Zähne mitsamt dem um-
rahmenden Zahnfleisch entblößt. Mensch und Orang-Utan stehen
Seit an Seit, jeder einen Arm um die Schultern des anderen geschlungen, Primatenpartner, die mit ihrer Kumpelpose die halbe Plakat-
wand füllen. Auf die andere Hälfte ist ein Stück Sternenhimmel
aufgemalt, dazu eine Aufschrift, die bekannt gibt, daß im «Lido de
Paris», dem Nachtclub des Stardust Hotels, Bobby Berosini und seine
Orang-Utans die Zugnummer der allabendlich zweimal stattfindenden Revuevorstellung sind. Willkommen in Las Vegas!

Ich kam nach Las Vegas im Zuge meiner Recherchen zur Geschichte der Schimpansen im Showgeschäft und wollte hier ein Interview mit einer Frau machen, die zusammen mit ihrem inzwischen
verstorbenen Mann früher mit einer berühmten Schimpansennummer aufgetreten war und jetzt die Poststelle eines großen Hotels leitete. Ich hätte auch nichts dagegen gehabt, wenn mich der Zufall

Bobby Berosini über den Weg geführt hätte: In diesem Fall, dachte ich, würde ich ihn nach jenen zwei Schimpansen befragen, die vor ein paar Jahren in der «Halleluja-Hollywood»-Revue des MGM-Kasinos das akrobatische Finale seiner Orang-Utan-Show bestritten hatten. Es dauerte eine Weile, bis ich begriffen hatte, daß, was die Stadt zum fraglichen Zeitpunkt an echter Story zu bieten hatte, mir von Berosini und seinen Orang-Utans geboten wurde – und daß Berosinis dressierte Orang-Utans, dem Temperamentsunterschied zwischen den beiden Menschenaffenspezies zum Trotz (Schimpansen sind lebhafter), mich womöglich dies und das zu lehren hätten, was die generellen Realitäten in Sachen Menschenaffen im Showgeschäft betraf.

Also besuchte ich die «Lido-de-Paris»-Revue im Stardust Hotel. Die Revue insgesamt war, nach meinen dürftigen Kenntnissen in dieser Materie zu urteilen, nicht untypisch für Las Vegas: Federn und enormer Kopfputz, nackte Busen und Hinterbacken, gewaltige und komplizierte Tanzspektakel, die Biederkeit und Nuttigkeit nahtlos miteinander verbinden. Zum Teil fand ich die Show ganz unterhaltsam: die Tänzerinnen, die direkt vom Schnürboden herunterkamen, zum Beispiel oder die fliegende Untertasse oder die rote Kunsteisbahn, die auf der Bühne ausgerollt wurde, oder den donnernden künstlichen Wasserfall, der, ich weiß nicht wie, Tausende und Abertausende Liter echtes Wasser direkt auf die Bühne niederstürzen ließ. Einmal gab es eine Tanznummer mit afrikanischem Sujet. Ein weißes Jägerpaar, Mann und Frau, in Safarikluft trifft im Dschungel ein und hat plötzlich Frühlingsgefühle. Man reißt sich die Safarikluft vom Leib. Da erscheint eine ganze Horde afrikanischer Krieger auf dem Plan, die auf einmal auch Frühlingsgefühle haben, so daß eine wilde Hetzjagd auf die weiße Frau losgeht, die am Ende auf einem steinernen Götzenbild im Osterinselstil, aus dessen Augen Rauchwolken quellen, festgebunden wird.

Zur Ankündigung der Zugnummer dreht die Kapelle auf zu einem fetzigen, schmetternden Intermezzo, dann erscheinen fünf Orang-Utans auf der Bühne. Die Orang-Utans sind plötzlich einfach da, wie vom Himmel gefallen; sie tragen kurze Hosen, darüber farbenfroh gemusterte Buschhemden und auf dem Kopf ulkige Hütchen. Dann erscheint, vom Scheinwerferlicht überflutet, mit Applaus überschüttet, auch Bobby Berosini auf der Bühne, in schwarzem Frack und weißem Hemd, begleitet von einer Assistentin in einem blauen Umhang, die so gut wie nichts zu tun bekommt, und einem schwarzgewandeten Assistenten, der während der ganzen Vorführung nur mit auf dem Rücken gekreuzten Händen herumsteht. Doch Berosini mit seiner Edgar-Allan-Poe-Stirn und seinem Charlie-Chaplin-Bärtchen ist da und beherrscht – energiesprühend, vibrierend vor gespanntester Konzentration, mit schnellen Schritten mal hierhin, mal dorthin eilend – mit seiner quirligen Präsenz die Bühne. Kostümiert wie Houdini, kommandiert er und dominiert er und manipuliert er dieses im Scheinwerferlicht glitzernde kleine Bühneneiland mit der ganzen Macht und Gewieftheit eines echten Prospero. Die Orang-Utans stehen jetzt auf fünf trommelförmigen Metallpodesten und haben die Arme zu einer Art Wettkampfsiegerpose erhoben. Als Berosini sich vor den Tieren in der Bühnenmitte aufstellt, springt einer der Orang-Utans von seinem Podest, geht schwerfällig zu ihm hin und gibt ihm einen Kuß; ein zweiter folgt diesem Beispiel. Die Assistentin reicht Berosini ein Mikrophon, und er sagt: «Guten Abend, meine Damen und Herren. Mein Name ist Bobby Berosini – und was Sie gleich sehen werden, ist pico-bello Affentheater.»

Er stellt die «Affen» vor. Zuerst den auf der äußersten Linken. «Zu meiner Linken sehen Sie ganz außen Frau Orang-Utan Tiga. Mach einen Diener, Tiga!» Tiga dienert. Tä-tä-tä-täää, macht die Kapelle. «Zu meiner Rechten sehen Sie ganz außen Frau Orang-Utan Rusty. Mach einen Diener, Rusty!» Rusty dienert. Tä-tä-tä-täää, macht die Kapelle. Er stellt die beiden halblinks und halbrechts vor und will eben zu dem in der Mitte kommen – da packt dieser ihn mit festem Griff an der Schulter, schiebt sein Gesicht an das Berosinis heran, schürzt die Lippen und drückt ihm einen großen feuchten Schmatz auf den Mund. Die Zuschauer lachen. «Meine Herrschaften, das ist der, den Sie zusammen mit Clint Eastwood in *Every Which Way But Loose* gesehen haben. Dir gefällt's hier, hä? Mach einen Diener, Popi!» Aber statt dessen zeigt Popi Berosini den Stinkefinger und setzt sich hin. Die Zuschauer lachen und applaudieren, während Berosini beleidigt guckt. Popi verbirgt das Gesicht hinter einer Hand – *ich war's nicht* –, aber als Berosini sich abwendet, zeigt er ihm im selben Moment den Stinkefinger noch mal. Tä-tä-tä-täää, macht die Kapelle, und die Zuschauer lachen.

«Fangen wir an mit dem Affentheater! Auf geht's!» Mittlerweile haben alle Orang-Utans sitzend auf ihren Podesten Platz genommen, und Berosini sucht jetzt einen Freiwilligen. Die Tiere schütteln den Kopf und legen die Hände über die Augen. «He, du fetter Affe», sagt er zu einem. «Versuch mir nicht frech zu kommen! Heb die Hand!» Immer noch meldet sich keiner freiwillig. Die Orang-Utan-Dame links außen schüttelt sogar dermaßen heftig den Kopf, daß ihre Lippen schlackern. Schließlich erhebt sich Popi von seinem Podest und kommt vor. Er macht den Freiwilligen. Berosini legt den Arm um Popis Kopf; Popi grinst mächtig und läßt reichlich Zähne sehen, und Berosini kommentiert: «Jimmy Carter!» Die Zuschauer brechen in fröhliches Gelächter aus, applaudieren, pfeifen.

Ungefähr in der Mitte der Vorstellung legt Berosini einige Augenblicke der Besinnlichkeit ein und spricht ein ernstes Wort. «Meine Damen und Herren, der Orang-Utan – der nächste Verwandte des Menschen.» Orang-Utans, so erzählt er seinem Publikum, sind eine vom Aussterben bedrohte Art. Zu Hause sind sie in den «Dschungeln» Borneos und Sumatras, wo ihre Zahl auf weniger als fünftausend geschrumpft ist. Zum Glück ist die Nachzucht in der Gefangenschaft sehr erfolgreich. «Sie ermöglicht es uns, diese wunderbaren Tiere zu Nutz und Frommen künftiger Generationen zu erhalten.» An dieser Stelle erhebt eines der Tiere die Arme zur Triumphgeste des Wettkampfsiegers – und der Rest der Vorstellung verschafft uns ein klares Bild davon, welcherart Nutz und Frommen die künftigen Generationen gewärtig sein dürfen: der Segnungen der Radauposse nämlich. Mit derber Geräuschuntermalung von seiten der Kapelle – Trommelschlägen, Beckengeschepper, dem Töff-töff altmodischer Gummiball-Autohupen, dem an- und abschwellenden Geheul von Spielzeugsirenen – ohrfeigen die Orang-Utans Berosini und ohrfeigt er sie. Sie küssen ihn, zwicken und pieken ihn in den Hintern, zeigen ihm den Stinkefinger, zischen ihn aus, schneiden ihm Grimassen. Er seinerseits brüllt «dämlicher Esel» und «Rotzlöffel» und «blöder Affe». «Ich bin hier der Boß», sagt er, «und dieser Affe würde jetzt besser springen, wenn er weiß, was für ihn gut ist.» «Hör auf mit den Faxen, Freundchen», sagt er. «Du steckst im Affenkostüm, ich habe den pico-bello Hollywoodfrack an.» Und in einem gespielten Anfall von Rage zieht Berosini dann eine hölzerne Pistole aus der Tasche, macht *bäng-bäng*, und einer der Orang-Utans fällt zu Boden. Die Zuschauer sind begeistert. Sie johlen, pfeifen, klatschen frenetisch Beifall, dann intoniert die Kapelle eine Boogie-Woogie-Melodie, und Berosini und seine Orang-Utans legen alle zusammen einen total ausgeflippten Boogie-Woogie aufs Parkett.

Auch eine Portion schlüpfriger Humor wird uns kredenzt. Eine Orang-Utan-Dame hebt immer wieder ihr Röckchen hoch, so daß ihr Höschen darunter zum Vorschein kommt, zieht aber das Röckchen jedesmal, wenn Berosini zu ihr hinsieht, rasch wieder herunter. Schließlich langt sie mit ihrem außergewöhnlich langen Arm hinter sich, und dann taucht ihre Hand vorn zwischen den Beinen auf; sie läßt die Hand da in der Beingabelung stecken, wo sie wie ein Schmetterling flattert. «Ich wette, Tom Jones kann das nicht», meint Berosini. «Der bricht sich den Arsch ab, wenn er das versucht.» Die Zuschauer toben vor Begeisterung.

«Immer wieder werde ich von Leuten gefragt, wie ich meine Orang-Utans dressiere», erklärt Berosini gegen Ende der Vorstellung. «Je nun, ich trainiere sie mittels Hypnose.» Er wird jetzt mal vorführen, wie das geht. Er wendet sich Popi zu, der seine Lippen ganz weit vorstülpt; Berosini greift nach den Lippen und beginnt sie zu massieren. «Zuallererst, Herrschaften, muß man die Lippen walken.» Werden die Lippen richtig gewalkt, fließen bestimmte hypnotische Säfte von den Lippen zum Gehirn, erläutert Berosini, und dann... aber just in diesem Moment scheint das gewaltige Format von Popis Lippen ihn von seinem Thema abzulenken. Er stutzt, sinniert. Schließlich sagt er: «Ich weiß nicht, ob es Ihnen auch schon aufgefallen ist, Herrschaften, aber dieser Orang-Utan hat mächtig große Lippen. Es handelt sich hier um eine besondere Rasse, die von der Wissenschaft auf den Namen Großlippiger Orang-Utan, kurz Großlippe, getauft wurde. Die Edgar-Wallace-Leser unter Ihnen kennen sicher alle Großfuß – je nun, das hier ist sein Vetter Großlippe.» Die Zuschauer lachen, und Berosini harft auf dieser Saite weiter. «Große Lippen, großer Verstand», sagt er, erst auf die Lippen, dann

auf das Schädeldach des Orang-Utans deutend. Dann stutzt er, greift
nach einem Hautlappen unterm Kinn des Tiers (es ist ein «Kehlsack»)
und wiegt ihn in der Hand. Berosini scheint für einen Moment aus
dem Konzept gebracht. «Ja, und da hängt hier noch was. Was zum
Geier das sein soll, weiß ich nicht. Da ist, scheint's, ein Stück vom
Gesicht nach unten gerutscht.» Und dann fängt der Entertainer an zu
lachen. Er lacht und lacht, biegt sich zurück und will sich schier aus-
schütten vor Lachen. Als die Leute im Saal sehen, wie Popi mit aufgesetzter gekränkter Schmollmiene zu Berosini aufblickt, brüllen sie
vor Lachen. Berosini bemüht sich, die Kränkung ungeschehen zu machen: «He, keine Panik. Du siehst hinreißend aus. Das war doch bloß
'n Spaß von mir. Wir bringen das nach der Vorstellung in Ordnung –
mit 'nem bißchen Alleskleber. Nur keine Panik!» Darauf fällt dem
Entertainer wieder ein, daß er noch vor kurzem über ausladende Dimensionen sprach, und flugs kehrt er zu diesem Thema zurück.
«Große Lippen, großer Verstand, großer Magen, große Füße. Fehlt
noch was?» fragt er, woraufhin der Orang-Utan mit seinem Röckchen vor Berosinis Beingabelung wedelt. Die Zuschauer geraten völlig aus dem Häuschen. Sie lachen, johlen, pfeifen, jauchzen vor Entzücken. Sie sind ganz vernarrt in diese Show. Sie sind ganz vernarrt
in Bobby Berosini und seine Orang-Utans.

Nach der Vorstellung setzt sich Bobby Berosini mit mir zu einem
Plausch in die Snackbar des Stardust. Im gewöhnlichen Leben wirkte
er kleiner und (mit gelöster schwarzer Smokingschleife) weniger
förmlich, ein bißchen entspannter, vielleicht seinem (als Bohumil Berousek in der Tschechoslowakei geborenen) wahren Ich etwas ähnlicher. «Was kann ich für Sie tun?» erkundigte er sich.
   Ich äußerte meine Neugier in bezug auf die Schimpansen, die vor
Jahren im MGM-Kasino die Akrobatikeinlage bestritten hatten. Er
sagte, die habe er in Pension geschickt, als er sich entschlossen habe,
eine Klamauknummer aufzuziehen. «Schimpansen sind für Kla-
maukkomik nicht zu gebrauchen», meinte er, «weil sie keinen Sinn
für Maß und Ziel haben. Die drehen immer voll auf.» Trotzdem, er
hat die Schimpansen noch, bei sich zu Hause, und da seien sie bestens
versorgt, versicherte er mir. «Sie haben einen geräumigen Käfig, und

jeden Tag spiele ich mit ihnen und lasse sie jeden Tag mit den Orang-Utans spielen.» Aber Berosini zeigte keine große Lust, noch weiter über pensionierte Schimpansen zu sprechen. Seine Gedanken kamen, glaube ich, nicht von dem Skandal los, zu dem es kürzlich in Las Vegas gekommen war. Irgendwer hatte ihn heimlich hinter der Bühne mit der Videokamera gefilmt – angeblich, wie er seine Orang-Utans verprügelte. Zwei Tierschutzorganisationen hatten das Video per Post an die lokalen Fernsehsender geschickt.

Er begann über das Video zu sprechen, das demnächst zum Dreh- und Angelpunkt einer Millionen-Dollar-Klage gegen einige Privatleute und die beiden Tierschutzorganisationen werden würde. «Als ich dieses Video zum erstenmal gesehen habe», erzählte er mir, «war meine Reaktion bloß: ‹Wer ist dieser Mensch? Ich bin das nicht.› Die Leute, die das Video gemacht haben, haben das getürkt.» Da war mit Tonverstärkung, Helligkeitsverstärkung, möglicherweise sogar mit Bildmanipulation per Computer gearbeitet worden, erklärte er. Die Leute, die das Video fabriziert hatten, waren eine Bande von kokainsüchtigen Tänzern, die aus rein persönlichen Gründen einen Piek auf ihn hatten. Den Tierschutzaktivisten, die das Band an die Öffentlichkeit gebracht hatten und mit Transparenten gegen seine Auftritte demonstrierten, ging es doch hauptsächlich darum, Geld in ihre Kasse zu bekommen – und dieses Band hatte ihnen Millionen eingebracht. Das Abartige an denen war, daß die seiner Meinung nach weder was für Menschen noch für Tiere übrig hatten. Er wußte von einer Frau in der Tierschutzbewegung, die hatte sogar ein Dutzend Hamster euthanasieren lassen. Das waren alles Fanatiker, und mit Fanatikern hatten die USA es von jeher nicht einfach gehabt. Mit Hitler zum Beispiel.

Man hatte ihm eine Falle gestellt. Tänzer hatten hinter den Vorhängen Lärm veranstaltet, um seine Orang-Utans scheu zu machen, damit er gezwungen war, sie zu disziplinieren. «Klar diszipliniere ich meine Orang-Utans. Ich bin für sie der Vater, und ich diszipliniere sie genauso, wie man sein Kind disziplinieren würde. Man muß Liebe und Disziplin miteinander verbinden. Mit allzuviel Liebe wird das Kind verwöhnt, bei allzu strenger Disziplin wird es verängstigt. Sicher, ich wende Disziplinierungsmaßnahmen an – aber nur als Äußerstes. Und ich verlaß mich in erster Linie auf einen energischen Ton.» Er liebt seine Tiere. Zudem lieben sie ihn und lieben ihre Auftritte in der Show. Sie sind viel besser dran als andere in Gefangenschaft lebende Menschenaffen, die Menschenaffen im Zoo beispielsweise, die den ganzen Tag im Käfig herumhocken und sich langweilen müssen. Orang-Utans sind sehr intelligente Tiere, und sie brauchen die Stimulierung, die er ihnen mit seinem Dressurakt verschafft. «Alles braucht irgendeine Aufgabe, einen Lebenszweck, angefangen beim Wurm, bis hin zum Menschen – alles – einschließlich Primaten. Meine Orang-Utans sind glücklich, weil sie auf der Bühne eine Aufgabe haben.» Seine Tiere lieben die Auftritte und er desgleichen. Ja, selbst wenn er kein Geld damit verdienen könnte – er würde trotzdem auftreten, aus purem Spaß an der Freude, mit seinen Orang-Utans auf der Bühne zu stehen.

Er zeigte sich bestürzt, betrübt und verärgert über die Kritik von seiten sogenannter Experten. «Ich bin weltweit der Experte Nummer eins für Orang-Utans», gab er abschließend bekannt. «Aus der Arbeit mit gefangenen Tieren lernt man mehr, als wenn man draußen in freier Natur hinter ihnen herhetzt, wie man das von Dian Fossey und Jane Goodall kennt.» Er arbeitet mit Tieren seit seinem dritten Lebensjahr. Sein Vater hatte in der Tschechoslowakei einen Zirkus mit Pferden, Katzen, Bären, Vögeln und einem Menschenaffen. Sie emigrierten 1956 in die Vereinigten Staaten und begannen hier schon bald, mit einer Gruppe Menschenaffen zu arbeiten. In den sechziger Jahren konnte man noch problemlos Orang-Utans kaufen, in Holland, für etwa tausend Dollar das Stück. «Klar, heute sind sie in freier Wildbahn vom Aussterben bedroht – aber das ist nicht meine Schuld. In Indonesien holzen sie die Bäume ab. In Gefangenschaft gibt es sogar zu viele Orang-Utans. Meine haben noch keine Nachkommen, aber das liegt vielleicht daran, daß Orang-Utans so menschenähnlich sind: Je schlauer sie sind, desto weniger interessieren sie sich für Sex.»

Einen Tag nach meiner Unterhaltung mit Bobby Berosini im Stardust Hotel lernte ich den Mann kennen, der im Juli 1989 eine Woche lang allabendlich hinter der Bühne des «Lido de Paris» eine Videokamera versteckt und den «Aufnahme»-Knopf gedrückt hatte, so daß die Ereignisse im Vorfeld der Bobby-Berosini-Show aufgezeichnet wurden. Ottavio Gesmundo wirkte auf mich nicht unbedingt wie einer von den «kokainsüchtigen Tänzern», von denen Berosini gesprochen hatte, sondern in seinem nachlässigen Aufzug mit Tennisschuhen, Jeans und Sweatshirt eher wie ein mehr oder minder durchschnittlicher junger Mann; wie sich alsbald herausstellen sollte, stammte er aus einer Zirkusartistenfamilie – man konnte ihn also, was Tierdressurakte anging, kaum der Ignoranz zeihen.

Sein Großvater Ottavio Canestrelli emigrierte in den Nachkriegsjahren aus Italien in die Vereinigten Staaten und führte dabei auf dem Schiff einen mächtigen Python mit, von dem er dann später, während seines ersten Auftritts im Madison Square Garden, gebissen wurde. Großvater Canestrelli setzte seine Karriere als Tierdresseur beim Zirkus Ringling Brothers fort und landete schließlich in den sechziger Jahren mit einer Schimpansennummer im «Circus-Circus»-Spielkasino in Las Vegas. Seine Tochter, Ottavio Gesmundos Mutter, trat bei Ringling Brothers auf dem «Schlappseil» auf, einem langen, an beiden Enden gummigefederten Seil. Es war eine ausgesprochen schwierige Nummer, und nach Gesmundos Überzeugung war seine Mutter die einzige Artistin, die jemals einen doppelten Salto auf dem Schlappseil vorführte. Sie lernte seinen Vater in Südamerika kennen, wo er in einem Zirkus als Trapezkünstler arbeitete. Gesmundos Onkel und seine Cousins traten ebenfalls im Zirkus auf, mit einem Trampolinakt; Cousin Marco Canestrelli brachte es mit zwei Weltrekorden im geschraubten Salto rückwärts auf dem Trampolin zu einem Eintrag im *Guinness-Buch der Rekorde*. Marcos dramatischste Darbietung bei Ringling Brothers war wohl der Elefantensprung: Im Supermankostüm nahm er Anlauf, sprang aufs Trampolin und von dort im gehechteten Salto vorwärts quer über die Rücken einer Reihe nebeneinanderstehender Elefanten. Gesmundos Schwester Elisa hatte eine Nummer, bei der sie, sich nur mit den Zähnen festklammernd, von einem Trapez herabhängend um ihre Längsachse rotierte. Das Trapez hing seinerseits an einer am Plafond des «Circus-Circus»-Kasinos angebrachten Schiene, an der es hoch oben, über die Köpfe der Spieler an den Tischen und Automaten hinweg, langsam

eine ganze Runde um einen Spielsaal drehte. Nur von den eigenen
Zähnen gehalten, hoch über dem Boden rotierend wie ein Tiefbohrer
– so ist Elisa in dem James-Bond-Film *Diamantenfieber* zu sehen, von
dem einige Szenen im «Circus-Circus»-Kasino gedreht wurden.

Als kleiner Junge sah sich Ottavio Gesmundo oft die Schimpansennummer seines Großvaters an. Großvater Ottavio hatte drei oder vier
Schimpansen, die für ihren Auftritt als Soldaten aufgemacht waren.
Sie kamen in Helm und Uniform und mit geschultertem Gewehr auf
die Bühne marschiert und begannen mit ihren Akrobatikkunststük-
ken erst nach zackigem «Halt!», «Präsentiert das Gewehr!», «Gewehr ab!» und so weiter. Einmal, so erinnert sich der Enkel, sah der
Großvater, wie ein Kind die Bühnenrampe heraufgelaufen kam, und
stürzte ihm entgegen, um es aufzuhalten, bevor es den Schimpansen
zu nahe kam. Dabei glitt der alte Mann aus, schlug beim Hinfallen
mit dem Kopf auf und blieb bewußtlos liegen. Es war unmöglich, ihm
zu Hilfe zu kommen, denn die Schimpansen umstellten ihren gefallenen Führer und ließen niemand an ihn heran. Kurze Zeit nach dieser
Episode erlag Ottavio Canestrelli einem Schlaganfall.

Jahre später sollte Gesmundo selbst für einige Zeit eine Arbeit machen, bei der er mit dressierten Schimpansen zu tun hatte. Seine
Tante Chi Chi, die Schwester seiner Mutter, hatte in eine mexikani-
sche Familie eingeheiratet, die ein kleines Zirkusunternehmen besaß,
und als Dreizehnjähriger übersiedelte Gesmundo nach Mexiko, um
seinem Onkel, der Schimpansen, Kamele, Pferde und ein Flußpferd
dressierte, zur Hand zu gehen. Keinen nennenswerten Erfolg zeitig-
ten die Dressurkünste des Onkels bei dem Flußpferd, das ununterbrochen in einem Käfigwagen eingesperrt war, dessen Boden zur Hälfte
aus einem Wasserbecken und zur Hälfte aus Schlamm bestand. Mal
lag das Flußpferd träge im Wasser, mal stapfte es auf die Schlamm-
seite hinüber. («Bis auf den heutigen Tag», meint Gesmundo nachdenklich, «sage ich mir: ‹Tja, das war ja nun wohl an sich schon eine
regelrechte Tierquälerei.› Ich weiß nicht, wie weit wir uns damals
Rechenschaft davon gaben.») Die Kamele spuckten ihn bisweilen an,
so erinnert er sich, und die drei Schimpansen waren angekettet in
Käfige eingesperrt, aus denen sie nur zu den Vorstellungen herausge-
holt wurden. Der Umgang mit ihnen war alles andere als einfach.

Gesmundo hatte in seinem Job nichts weiter zu tun, als die Schimpansen zu versorgen, seinem Onkel zu helfen, sie vor den Auftritten an- und hinterher wieder auszuziehen und sie zum Schluß wieder wegzubringen.

Nach einjährigem Aufenthalt in Mexiko driftete er wieder nach Nevada zurück, jetzt nach Reno, wo er Bühnenarbeiter wurde. Als er neunzehn war, machte ihm seine Freundin überzeugend klar, daß er ein guter Tänzer war; daraufhin nahm er Tanzunterricht und erhielt schließlich ein Engagement als Tänzer in der Produktion des Musicals *A Chorus Line* in Reno. Im Sommer 1987 wurde seine Bewerbung um einen Platz im Tanzensemble der Revue des «Lido de Paris» in Las Vegas angenommen.

Nachdem er ungefähr acht Monate im «Lido» als Tänzer aufgetreten war, fiel Gesmundo immer öfter ein bumsendes Geräusch auf, das am Schluß der Afrika-Nummer hinter einem Vorhang hervordrang. Auf die Afrika-Nummer folgt das Wasserfall-Tableau, bei dem einige Tänzer mit Fackeln in der Hand auf den 220-Kubikmeter-pro-Minute-Wasserfall hinaufklettern, und danach erscheint Berosini mit seinen Orang-Utans auf der Bühne. Während der Wasserfall aufgebaut wurde, standen Gesmundo und die anderen Tänzer in der linken Seitenkulisse vor einem Vorhang, der ein – als «Requisitenkammer» bezeichnetes – Stück des Raums hinter der Bühne abgrenzte, wo Berosini mit seinen Assistenten und Orang-Utans auf das Zeichen zum Auftritt wartete. Wenn der Wasserfall soweit war, hoben Gesmundo und die anderen Tänzer ihre Fackeln, und ein Bühnenarbeiter namens Woody ging herum und zündete sie an. «Wenn er unsere Fackeln anzündet, das ist dann der Moment, wo Berosini mit seinen Tieren von hinten in den Bühnenraum kommt, und sehen Sie, man hört da [...] das Patsch-Patsch von ihren Füßen und so weiter, und dann ist da dieses ‹Bump! Bump!› Das ist ganz deutlich zu hören! Ich hatte keine Ahnung, was das sein könnte.» Gesmundo schätzt, daß er das Bumsen mindestens sechsmal in der Woche hörte. (Er wirkte in zwölf von den wöchentlich vierzehn Vorstellungen mit.)

Eines Abends wurde der Orang-Utan Popi aus irgendwelchen Gründen gegen ein jüngeres, noch nicht so perfekt dressiertes Tier mit Namen Bo ausgetauscht. Popi konnte auf Stichwort grinsen, bei

Bo saß der Reflex anscheinend noch nicht – so nimmt Gesmundo jedenfalls an, nachdem er beobachtet hat, wie Berosini Bo mit Rippenstößen traktierte, ihm mit den Händen ins Gesicht fuhr und seine Lippen mit Gewalt zu einem Grinsen auseinanderzuzerren versuchte. «Und das hat er jeden Abend so gemacht, kann man sagen, bis dieser Orang-Utan das kapiert hat. Und manchmal [. . .] da hat er den bloß noch geschüttelt, immer bloß so mit ‹Wird's bald! Wird's bald!› Und hat dem bloß noch das Gesicht breitgequetscht, um dem das Grinsen aufzuzwingen, und nach einer Weile, denke ich, wenn er das ruppig genug gemacht hat, brauchte er den bloß noch dann und wann mal sacht anzutippen, damit der [Orang-Utan] sich erinnert, wie das mit dem Rumzerren im Gesicht und dem Grinsen zugegangen ist. Und das hat mir doch zu denken gegeben. Da hab ich mir gesagt: ‹Na, Moment mal! Da ist doch ganz bestimmt was faul!›»

Gesmundo hatte sich kurz zuvor eine kleine, billige Videokamera gekauft. Die nahm er eines Tages im Juli mit, als er zur Arbeit ging. Im «Lido» schnitt er ein Loch in die Seitenwand einer Kostümschachtel. Bei Gelegenheit eines Kostümwechsels in der zweiten Hälfte der Afrika-Nummer, so erzählte er mir, nahm er den Deckel von der Schachtel, steckte die Kamera hinein, schaltete sie ein, stellte das Datum ein, drückte auf den «Aufnahme»-Knopf, nahm die Schutzkappe von der Linse, setzte den Deckel wieder auf die Schachtel, befestigte ihn mit Klebstreifen und trug die Schachtel in die «Requisitenkammer», wo er sie auf einem Regal deponierte und so hinrückte, daß Berosini mitsamt Anhang während des Zwischenstopps in diesem Wartezimmer gefilmt wurde. Nachdem Gesmundo das ein- oder zweimal gemacht hatte, kamen einige von seinen Kollegen dahinter, was er trieb, und halfen ihm von da an, indem sie beispielsweise Personen ablenkten, die in den Raum hinter der Bühne kamen, während er seine Kostümschachtel mit der Kamera darin in Anschlag brachte. Die Tänzer traten in ihrem Abschnitt der Afrika-Nummer auf und nahmen anschließend sofort wieder in der linken Seitenkulisse bei dem Vorhang vor der «Requisitenkammer» Aufstellung, um darauf zu warten, daß Woody ihre Fackeln anzünden kam.

Berosini behauptet, die Tänzer hätten sich in dieser Phase auf ihrer Seite des Vorhangs bewußt laut und lärmend verhalten, um seine

Orang-Utans in Unruhe zu versetzen, damit sie bockten und er gezwungen wäre, sie zu disziplinieren. Gesmundo berichtet das anders. «Wenn wir unser Verhalten überhaupt bewußt steuerten», erklärte er mir, «dann bestimmt so, daß wir ganz leise waren, um hören zu können, ob er seine Tiere schlug. Und das kam dann auch wie das Amen in der Kirche: ‹Bump! Bump! Bump!›» Woody zündete ihre Fackeln an, und sie kletterten den Wasserfall hoch. Nach der Vorstellung brachten Gesmundo und einige seiner Kollegen die Kamera in einen Raum des Hotels, wo ein Abspielgerät stand, und sahen sich die Videoaufnahme an. «Wir sahen uns das hinterher an, ich meine, unmittelbar danach. Und jeder, der das sah, reagierte in der Art: ‹Mein Gott! Der haut diese Tiere! Sieh dir das an! Warum tut der das?›»

Ottavio Gesmundo schickte das Videoband an die Ortsgruppe Las Vegas des Vereins PETA (People for the Ethical Treatment of Animals, «Menschen für die ethische Behandlung von Tieren»). Die PETA und eine zweite Organisation, die Performing Animals Welfare Society (etwa: «Gesellschaft für Tierwohl im Artistengewerbe») oder PAWS, begannen mit der Veröffentlichung der Aufnahmen. Gesmundo erzählte mir, daß er zu diesem Zeitpunkt weder jemanden von den PETA noch von der PAWS kannte. Aus Furcht vor Vergeltungsmaßnahmen hatte er die Videoaufnahmen anonym abgeschickt. Als jedoch Berosinis Anwalt Harold Gewerter die anonymen Kritiker des Entertainers als «Feiglinge» titulierte, meldete sich Gesmundo unter seinem Namen. Kurze Zeit nachdem er seine Identität preisgegeben hatte, erhielt er mitten in der Nacht einen anonymen Telefonanruf: «Paß bloß auf, daß du nicht mal plötzlich was von hinten zwischen die Rippen kriegst, du Scheißkerl!»

Im Zuge unserer Unterhaltung, die in seiner Wohnung stattfand, führte mir Gesmundo auf seinem Videogerät eine Kopie des Bandes vor. Die Vorstellung, die ich am Abend zuvor im Stardust Hotel gesehen hatte, hatte ein simples Konzept: Fünf Orang-Utans, die wie Menschen gekleidet waren und sich erstaunlich menschenähnlich benahmen, ergingen sich mit einer gewissen scheinbaren Spontaneität im Rollenspielen, Grinsen und Gesichterschneiden und mit einem gewissen scheinbaren Vergnügen im Tanzen und Kapriolenschlagen, und in guter alter Radaupossenmanier ohrfeigten, prügelten und boxten sie ihren wichtigtuerisch krakeelenden smokingtragenden Dompteur oder pisackten und verhohnepipelten ihn auf alle mögliche andere demonstrativ überzogene Weise. Aber wenn man dem Videofilm trauen darf, lief hinter den Kulissen eine Vorstellung ab, die auf groteske Weise das genaue Gegenteil von dem war, was vorn auf der Bühne gezeigt wurde: Der smokingtragende Dompteur ohrfeigte, prügelte und boxte seine fünf Orang-Utans oder piesackte sie auf alle mögliche andere Weise. Was ich damals noch nicht wußte: genau um diese Zeit war eine Kopie des Videobands per Post zu meiner Co-Autorin unterwegs, die es sich dann, in ihrer Eigenschaft als Expertin für Menschenaffen um eine Stellungnahme gebeten, mehrmals ansah.

Auf dem Video sah ich die nachstehend wiedergegebene Ereignisfolge. Eine Tür ging auf, und drei Männer, die fünf junge Orang-Utans führten, kamen einen kahlen Korridor entlang auf die (vermutlich versteckte) Kamera zu. Bei diesen acht Primaten befand sich noch ein vierter Mann, der einen Querbinder trug. Am Ende des Korridors blieb der ganze Trupp stehen. Die Orang-Utans, die immer noch aufrecht standen, machten einen ruhigen und manierlichen Eindruck. Zu keiner Zeit bemerkte ich an irgendeinem von ihnen ein Anzeichen von Widerspenstigkeit. Dennoch begann jetzt der Mann mit dem Querbinder die – offenbar in Erwartung ihres Auftritts – dastehenden Orang-Utans zu mißhandeln, etwa indem er unvermittelt ein Tier am Fell packte und es mit ruckartigen Bewegungen vor und zurück riß oder es, in einem anderen Fall, mit der flachen Hand schlug oder mit den Fäusten boxte. Die Mißhandlungen richteten sich überwiegend gegen die größeren Orang-Utans. Einmal drehte er ein Tier so, daß es ihm das Gesicht zuwandte, und schlug ihm dann fest mit der flachen Hand auf die Schnauze. Dann und wann versetzte er einem Tier mit einem Utensil von der Form eines Taktstocks, wie ihn Dirigenten benutzen, einen Schlag quer über die Schulter. Während dieser Tätlichkeiten, zu denen nicht die geringste Veranlassung bestand, hielten die Pfleger die Tiere an beiden Armen fest und aufrecht. Die Männer vermittelten den Eindruck, daß sie von vornherein mit der Mißhandlung rechneten und ihre Pflegebefohlenen dafür in Positur stellten. Dann verschwanden die neun Primaten – vermutlich auf ein Zeichen hin, das auf der Bühne gegeben wurde – aus dem Bild. Die ganze Sequenz beziehungsweise eine der soeben geschilderten ähnliche Sequenz wiederholte sich mehrere Male. Anscheinend wurden die Aufnahmen an verschiedenen Tagen gemacht, wie auch aus der automatischen Datumsanzeige am unteren Bildrand hervorgeht. Die ständige Wiederkehr des Gleichen – Tür geht auf, Orang-Utans und Pfleger bewegen sich in Richtung Kamera, das Ganze macht halt, der Mann mit dem Querbinder schlägt, boxt, rüttelt und schüttelt die Orang-Utans oder terrorisiert sie auf andere Weise – macht dieses Video zu einem besonders bedrückenden Seherlebnis. Was die Menschen auf diesem Filmstreifen tun, hat mich mit Entsetzen, Abscheu und Trauer erfüllt. Laut einem Artikel, der vor der Veröffentlichung des Videos in der *Las Vegas Sun* erschien, gebraucht Bobby Berosini bei der Dressur seiner Menschenaffen niemals Gewalt oder körperliche Züchtigungen. «Das würde nie funktionieren», wird er dort zitiert. «Orang-Utans sind der introvertierte Typ. Denen mit Gewalt zu kommen, würde sie nur noch introvertierter machen. Nur mit Liebe, Freundlichkeit und viel, viel Geduld kann man sie dazu bringen, aus sich herauszugehen.» Nach der Veröffentlichung der Videos brachte die *Las Vegas Sun* noch einmal einen Artikel über Bobby Berosini, in dem festgestellt wurde, daß der Dresseur doch Gewalt und körperliche Züchtigungen gebraucht – aber nur als ganz sporadische Disziplinierungsmaßnahmen. «Wo hört die Disziplinierung auf, und wo beginnt die Tierquälerei?» fragte der Entertainer rhetorisch. «Es sieht schlimm aus», räumte er in bezug auf die Videoszenen ein, «aber in Wirklichkeit ist es rein gar nichts. Es geht um zwei, drei [Schläge] auf die Schulterblätter.» Berosini rief die Fachleute zu Zeugen an: «Zeigen Sie das Video jemandem, der etwas von diesen Tieren versteht – der weiß sofort, was da läuft.»

Tatsache ist, daß man bei den PETA zu dieser Zeit schon dabei war, Berosinis Ratschlag in die Tat umzusetzen und an Experten, die etwas von den Tieren verstanden, Kopien des Videobands zu verschicken. Im Lauf des Sommers und des Frühherbsts gab von den Angesprochenen jeder seine schriftliche Stellungnahme ab, und die Bilanz dieser Stellungnahmen war, wie man sagen darf, ein überwältigendes Votum für den Befund, daß hier ein Fall von schwerer Mißhandlung vorlag. Roger Fouts, führender Experte für den Unterricht von Schimpansen in Zeichensprache, konstatierte «unverkennbare Marter und Pein» sowie «Fehlbehandlung und Tierquälerei». Robert Schumaker, Tierpfleger im National Zoo in Washington, D. C., mit damals siebenjähriger Erfahrung im Umgang mit Orang-Utans, bemerkte zu dem Schlagen, Prügeln, Treten und Mit-dem-Knie-Rammen, daß keine einzige dieser Attacken «aus erkennbarem Anlaß» oder «als Reaktion auf irgendeine, sei's auch noch so geringe Angriffsneigung oder sonstiges unkontrolliertes Verhalten auf seiten der Tiere erfolgt» war. H. Lyn Miles, Anthropologin und Expertin für den Unterricht von Schimpansen und Orang-Utans in Zeichensprache, kam bei ihrer Analyse der acht auf dem Video festgehaltenen Szenen aus der «Requisitenkammer» zu dem Befund, daß im Lauf der nicht ganz sieben Minuten, die all diese Episoden zusammen dauern, Berosini neunzehnmal am Fell reißt, siebenmal mit der flachen Hand, siebenmal in anderer Form mit der Hand und siebenmal mit der Rute zuschlägt; nach dieser Analyse begeht Berosini durchschnittlich alle zwanzig Sekunden mit der Hand oder der Rute eine Tätlichkeit an einem Orang-Utan. Ihren «Gesamteindruck» beschreibt Frau Professor Miles dahingehend, daß sie «einen nervösen und gereizten Dresseur [gesehen habe, der] wahllos auf seine Tiere einschlägt und sie grundlos prügelt, einzig um ihnen einzubleuen, daß er der Boß ist». Dr. Michael Pereira, Biologe und Primatologe an der Duke University, vertrat «in meiner Eigenschaft als Spezialist die Meinung», daß «die Heftigkeit des körperlichen Angriffs [...] ohne Frage unmäßig und ungerechtfertigt [war] und moralisch zu mißbilligen» ist. Stuart Altman, Ethologe mit dem Spezialgebiet Primaten, kam anhand des Videos zu dem Schluß, daß Berosinis Orang-Utans «offenbar wiederholt roher Behandlung unterworfen werden, die einen unannehmbaren Verstoß gegen alle vernünftigen Normen des Tierwohls darstellt». Der Anthropologe Jeffrey Schwartz, Experte für Orang-Utans, meinte, die Orang-Utans auf dem Video würden in einer Weise «geschlagen und mißhandelt», die er nur als «erschreckend und verwerflich» bezeichnen könne. Dr. Biruté Galdikas, die zu jener Zeit auf achtzehn den Orang-Utans gewidmete Studien- und Arbeitsjahre auf Borneo zurückblicken konnte und fraglos die weltweit mit Abstand führende Autorität in Sachen wilde Orang-Utans ist, sah Berosinis Tiere «zittern und beben vor Furcht». Sie vernahm das «Protestgeheul eines getroffenen Orang-Utans» und bemerkte, daß den Tieren die Furcht ins Gesicht geschrieben stand.

Die PETA holten nicht nur Expertengutachten zu dem Video ein, sondern ließen sich darüber hinaus eidesstattliche Erklärungen von Tänzern und anderen im Stardust Hotel oder wo auch immer Beschäftigten geben, die angaben, sie hätten mit eigenen Augen gesehen, wie Berosini seine Tiere schlug oder auf andere Weise mißhandelte. Die Tänzerin Robin Finn wollte gesehen haben, wie Berosini einen «Orang-Utan ins Gesicht boxte» und einen anderen bedrohte und mit dem Handrücken schlug. Der Tänzer Dean Stewart gab an, er habe gesehen, wie Berosini «den Orang-Utans mit dem Handrücken ungemein heftig über die Brust hieb». Der Tänzer Christopher Snow bezeugte in seiner eidesstattlichen Erklärung, er habe gesehen, wie «Mr. Berosini den Orang-Utan wiederholt ins Gesicht boxte und schlug», und das habe er sogar «bei vielen Gelegenheiten [...] beobachtet». Die Tänzerin Bernadette Bransch versicherte, sie habe einmal «mit eigenen Augen gesehen, wie Mr. Berosini den Orang-Utan wiederholt mit beiden Fäusten boxte». Die Tänzerin Deirdre Cline-De-Andrea gab in ihrer eidesstattlichen Erklärung zu Protokoll, daß sie einmal zugegen war, als Berosini «den Orang-Utan mit der rechten Faust ins Gesicht boxte». Die Tänzerin Jane Rawson gab an, sie habe gesehen, wie Berosini «den Orang-Utan grimmig unten am Hals packte, mit einer Art Klammergriff, der, wie es aussah, das Tier zwang, seinen Kopf nach oben zu recken. Es hatte den Anschein, wie wenn Mr. Berosini das Tier regelrecht würgte.» Der Bühnenarbeiter und Requisiteur Paul Faulkner (der früher im MGM-Kasino gearbeitet hatte und Berosinis Bühnenshow schon von dorther kannte) war bereit zu beeidigen, daß er «bei verschiedenen Gelegenheiten [...] mit eigenen Augen beobachtet [hatte], wie Mr. Berosini die Tiere schlug». Er hatte gesehen, wie Berosini ihnen mit den Händen ins Gesicht schlug, sie würgte und sie mit einer schwarzen Rute haute. Faulkner hatte diese Rute, wie er angab, sogar ein- oder zweimal untersucht und dabei festgestellt, daß es sich um «eine etwa vierzig Zen-

timeter lange Hochleistungsschweißelektrode» handelte. John Geremia, der auf eine Zeitungsanzeige hin als Abrichter zu Berosini gestoßen war, als dieser noch im MGM-Kasino arbeitete, beobachtete
einmal, wie der Entertainer einen seiner Menschenaffen auf einen
privaten Geländeabschnitt führte und dort «völlig unmotiviert blind-
lings mit einem großen Stück Bleirohr auf ihn einschlug», während
ein Helfer das Tier festhielt. Drei Orang-Utans, die Zeugen der Ab-
reibung waren, «duckten sich entsetzt zusammen»; sie «wirkten verschreckt und begannen zu wimmern». Geremia stellte dann noch
fest, daß die Kiefer der Orang-Utans mit Draht, der durch eigens zu
diesem Zweck in die Zähne gebohrte Löcher lief, zusammengezurrt
waren, so daß die Tiere das Maul nicht mehr öffnen konnten; ihre
Nahrung bestand in einer schleimigen Flüssigkeit, die ihnen zwischen die Lippen geflößt wurde. Die PETA-Leute erhielten außerdem
noch eine außerordentlich belastende eidesstattliche Versicherung
von einer Frau, die selbst lange Jahre als Dresseuse gearbeitet hatte
und die Berosinis Methoden als «Einschüchterungsdressur» charakterisierte.

Expertengutachten hin, eidesstattliche Versicherungen her – den
PETA-Leuten genügte das immer noch nicht: Gestützt auf einen
Gerichtsbeschluß, schickten sie ein drei Mann starkes eigenes Fach-
gutachterteam auf Berosinis Anwesen mit dem Auftrag, die Orang-
Utans an Ort und Stelle auf Spuren von Mißhandlung zu untersuchen. Die drei Experten – zwei Tierärzte (Michael Wolff und Robert
Stone) und ein Tierpfleger (Robert Shumaker vom National Zoo) –
erschienen am 12. September 1989 auf Berosinis Anwesen und inspizierten dort sieben Orang-Utans. Auf dem Rücken eines erwachsenen Orang-Utan-Weibchens namens Tiga stellten sie zwei Gewebeschädigungen fest, die «die für traumatisierende Gewalteinwirkung
kennzeichnende Schwellung und Entzündung» erkennen ließen.
Tiga blickte «nervös» über ihre Schulter nach hinten; sobald Berosini
sich in der Nähe zeigte, schrie sie wie in höchster Not und urinierte.
Bei einem erwachsenen Weibchen namens Popi registrierten die Gutachter, daß bereits eine leichte Berührung der Schulter «Zusammen-
zucken, gutturale Streßvokalisationen und eine Haltungsänderung
auslöste, worin sich Überempfindlichkeit und Überängstlichkeit ver-

rieten»; Popis Eckzähne waren alle vier operativ entfernt worden, und wenn Berosini sich ihr näherte, begann sie auf der Stelle zu urinieren. Auf dem Rücken eines erwachsenen Männchens namens Rusty entdeckten die Gutachter eine Hautschädigung mit ellipsenförmigem Umriß, die «übereinstimmte mit dem Bild der durch chronisches stumpfes Trauma hervorgerufenen Gewebestörung». Alle vier Eckzähne waren Rusty herausoperiert worden, und sobald Berosini ihm näherkam, stieß der Orang-Utan Angstschreie aus und urinierte. Bei der Untersuchung eines zehnjährigen Orang-Utan-Männchens namens Benny entdeckten die Gutachter Beeinträchtigungen des Gewebegefüges im Bereich der Backenknochen, «die als ausheilende Weichteilverletzungen gedeutet werden konnten», wie sie unter anderem «durch Faustschläge ins Gesicht» bewirkt wurden; sobald Berosini in seine Nähe kam, urinierte und kotete Benny und ließ «Unterwürfigkeits- / Notlage-Vokalisationen» hören. Außerdem stellten die Gutachter auf dem rechten Augenlid eines fünfjährigen Weibchens namens Nikki Anzeichen einer «traumatischen Hautläsion [...] unbestimmten Ursprungs» fest.

Nach diesem kurzen Überblick über die von den PETA-Leuten zur Ergänzung und Bestätigung des Videofilms zusammengetragenen Belastungszeugnisse könnte man die Überzeugung für gerechtfertigt halten, daß die Tierschutzorganisation damit den überwältigenden Beweis für die Richtigkeit ihrer Version des Tatbestands erbracht hatte. Aber wieso entschied dann im Sommer 1990 ein Geschworenengericht in Las Vegas, daß Berosinis Version des Tatbestands die zutreffende sei und daß der Entertainer seinen Kritikern gegenüber einen Anspruch auf über vier Millionen Dollar Schadenersatz habe? In die Motive, welche die Geschworenen damals bewegten, habe ich keinen Einblick, und ich will über sie nicht aus dem hohlen Bauch räsonieren. So bleibt mir als Erklärung für jene Entscheidung größtenteils nur, was ich Zeitungsberichten, den Gerichtsakten und vereinzelten Gesprächen mit Prozeßbeteiligten beziehungsweise -beobachtern entnehmen konnte.

Vom Zeitpunkt der Veröffentlichung des Videos bis zum Eröffnungstermin des Gerichtsverfahrens verstrich ein Jahr. Während dieser

Zeit dürften wohl viele, wenn nicht alle Geschworenen sich anhand der Lokalpresse über die Berosini-Affäre auf dem laufenden gehalten haben. Doch wenn ich richtig sehe, brachten die beiden großen Lokalzeitungen und die anderen Lokalperiodika nur seichte und voreingenommene Berichte über die Affäre, ja betätigten sich gelegentlich sogar als Stimmungsmacher und Claqueure für den Lokalmatador. Berosini ist der häusliche Typ Mann, der ganz für seine Familie lebt – wurde da entweder ausdrücklich gesagt oder zwischen den Zeilen suggeriert –, der kinderlieb ist und sein letztes Hemd hergeben würde, um Kindern helfen zu können, bei dem zu Hause die Orang-Utans mit zur Familie gehören, der, nicht zu vergessen, auch ein bedeutender wirtschaftlicher Erfolgsfaktor für die braven Bürger von Las Vegas und diesen von Herzen zugetan ist. In der *Las Vegas Sun* zum Beispiel eilte schon bald nach der Ausstrahlung der Videoaufnahmen im Fernsehen der für das Ressort Unterhaltung zuständige Redakteur, Dick Maurice, Berosini zu Hilfe: «Es kann keinem Zweifel unterliegen, daß die Orang-Utans Bobby genausosehr lieben, wie umgekehrt er sie liebt. Sie sehen in ihm einen Vater, und Bobby spricht häufig von ihnen als von seinen Kindern.» Aber vor allen Dingen, so der besorgte Chef des Ressorts Unterhaltung, «was ist mit den Kindern», die sich ohne Bobby und seine Orang-Utan-Show «eines erstrangigen Angebots in Familienunterhaltung beraubt finden würden»? Vierzehn Tage später sollte Maurice in seiner *Show-Biz-Today*-Kolumne bekanntgeben, daß «unser Mitbürger» Bobby Berosini, dieser «Tierfreund», «sich gezwungen sah, zur Wahrung seines guten Namens eine Klage anzustrengen». Berosini selbst kam mit der Bemerkung zu Wort: «Das kann ich nicht auf mir sitzen lassen. Meine Orang-Utans sind für mich wie Kinder.»

Wenige Monate später stellte das Magazin *Showbiz* Berosini in einem lobhudelnden Artikel einen «Persilschein» aus: An die sechseinhalb Millionen Menschen habe er schon mit seinen dressierten Orang-Utans erfreut, hieß es da, ehe die Leser daran erinnert wurden, daß der Entertainer regelmäßig auch bei zahlreichen Wohltätigkeitsveranstaltungen auftrat, unter anderem in der vom Saint-Jude-Hilfswerk für obdachlose und mißhandelte Kinder veranstalteten *Night of the Stars*. Pater Ward von der Saint Jude's Ranch for Children wurde als Zeuge für Berosinis guten Leumund zitiert: «Für die Stadt Las Vegas ist es ganz toll, daß sie Bobby hat.» Berosini und seine «Familie» (Frau, Sohn und drei Orang-Utans) posierten eng umschlungen für ein Weihnachtsgrußfoto, das im Dezember 1989 als bezahlte Anzeige in der *Las Vegas Sun* veröffentlicht wurde, zusammen mit einem Dankeschön und «Gott segne euch» an die Adresse der Bürger von Las Vegas für ihre «herzerfreuende» Anteilnahme in diesen schweren Tagen der «böswilligen Angriffe» gegen seine eigene Person, seine Familie und die «Rechtschaffenheit» seines beruflichen Wirkens. Begleitet von einem seiner Orang-Utans, klapperte Berosini die Schulen der Stadt ab, und wenige Monate vor Prozeßbeginn brachte die *Sun* mit Porträtfotos bebilderte Interviews mit rund zwanzig Grundschülern und -schülerinnen, die den Entertainer mit Lobeshymnen überschütteten. «Dank Bobby Berosini werden die Orang-Utans überleben», meinte ein bezauberndes Mädchen. Und eine Kameradin erklärte nicht weniger apodiktisch: «Ja, dank Bobby Berosini werden die Orang-Utans noch lange, lange nicht aussterben.»

Wenn in einer Stadt, die von der Unterhaltungsindustrie lebt, Publizisten im Unterhaltungsressort über einen Unterhaltungskünstler schreiben, ist es nicht mehr als natürlich, daß sie dies mit Wohlwollen und Sympathie tun. Doch der Vorwurf der Tierquälerei gab zu schwerwiegenden Fragen Anlaß, die in jenem Jahr vor Prozeßbeginn nach meinem Eindruck in den Gazetten selten bis nie die gebührende Beachtung fanden. Soweit ich feststellen konnte, wurde der eigentliche Inhalt des Videos in den journalistischen Printmedien niemals detailliert wiedergegeben oder analysiert. Berosinis Kritiker bekamen im Einzelfall für die Darlegung ihrer Vorwürfe nie mehr als einige Zoll Spaltenhöhe eingeräumt. Mit Ausnahme von Ottavio Gesmundo, der einige Male zitatweise zu Wort kam, wurde, wenn ich richtig sehe, von den Tänzern und den Bühnenangestellten, die beobachtet haben wollen, wie Berosini seine Tiere schlug, kein einziger interviewt oder zitiert. In den Zeitungsberichten blieben Berosinis Kritiker meist namenlose dunkle Gestalten, die bestenfalls als «Aktivisten» und «Protestler» qualifiziert und in den schlimmeren Fällen (teils mit, teils ohne Anführungszeichen) als «Militante» und «Radikale», als «Feiglinge», «Spinner» und «Fanatiker» etikettiert wurden.

Berosini selbst stellte sie nach Prozeßbeginn mit Kommunisten gleich, und einer seiner Anwälte, Harold Gewerter, bat den Richter um Erlaubnis, sie vor den Ohren der Geschworenen als «Terroristen» titulieren zu dürfen. Wie das *Las Vegas Review-Journal* über die Lage vor Ort zur Zeit des Prozesses berichtete, stand die Einwohnerschaft von Las Vegas «geschlossen hinter» dem Entertainer. «Zumindest eine Schlacht hat Berosini bereits gewonnen – den Kampf um die öffentliche Meinung», meinte der Artikelschreiber. Und dann berichtete er von drei – anscheinend offiziellen – Untersuchungen der Orang-Utans, die «keine Anzeichen von Mißhandlung zutage gefördert» hätten.

Keine Anzeichen von Mißhandlung?

Die erste Inspektion, bei der «keine Anzeichen von Mißhandlung» entdeckt wurden, wurde von einem Prüfungsbeamten des United States Department of Agriculture (USDA) – des amerikanischen Landwirtschaftsministeriums – namens Greg Wallen vorgenommen, der Berosinis Anwesen Ende Juli 1989 besuchte. Wallen war kein Veterinärmediziner und hatte sich offenbar auch in seiner bisherigen Laufbahn mehr mit agrarwirtschaftlichen als mit veterinärmedizinischen Fragen beschäftigt. Auf jeden Fall gab irgendein Sprecher des USDA irgendwann um diese Zeit bekannt, bei der laufenden Untersuchung seien bis dato noch «keine sichtbaren Spuren von Körperverletzung oder physischer Mißhandlung» zutage gekommen. Zutage kam bei der Inspektion im Juli 1989 freilich, daß Berosini seine Orang-Utans während der Zeit, in der sie keine Auftritte hatten, einzeln – gleichsam in Isolationshaft – in belüfteten Edelstahlcontainern in einem Omnibus verstaut hatte. Die Container bestanden aus sechs soliden Wänden, und lediglich die Seitenwände wiesen entlang der Oberkante Luftlöcher auf – Löcher, die gerade so groß waren, daß die Tiere ihre Finger durchstecken konnten, so daß sie es buchstäblich selbst in der Hand hatten, wann immer ihnen danach war, sich zu den Löchern hochzuziehen und durch sie aus ihrem Gefängnis hinauszulinsen, um sich das Innere des Busses, ja eventuell sogar die aus Luftlöchern hervorlugenden Finger oder durch Luftlöcher linsenden Augen eines anderen Orang-Utans besehen zu können. Berosini sollte diese Container später als «Nester» bezeichnen – womit er freilich auch nichts an der Tatsache änderte, daß die sogenannten Nester ihren Bewohnern noch nicht einmal Raum genug boten, um sich im Liegen der Länge nach ausstrecken zu können. Aber auch die Entdeckkung dieses Umstands brachte Berosini nicht in Verlegenheit, denn wie er umgehend klarstellte, müssen sich Orang-Utans, um eine Ruhelage einzunehmen, nicht unbedingt der Länge nach ausstrecken: «Sie haben sehr kurze Beine. Sie ziehen die Beine auf den Bauch hoch und halten sie mit den Händen fest. Das ist für sie sehr gemütlich.» Auf jeden Fall kam USDA-Prüfer Wallen zu dem Befund, daß die Container etwa ein Drittel der gesetzlich vorgeschriebenen Mindestkäfiggröße maßen. Der Entertainer wurde mit Frist bis zum 28. Februar 1990 angewiesen, für die Wesen, die er so häufig als seine Kinder bezeichnet hatte, eine den gesetzlichen Mindestanforderungen genügende Unterbringungsmöglichkeit zu schaffen. Das faktische Ergebnis dieser ersten Begehung und Untersuchung war also ein vielschichtiges – allerdings nicht unbedingt in den Augen des Journalisten, der mit den Vorbehalten der PETA im *Review-Journal* unter der Überschrift «USDA sagt: Keine Anzeichen für Orang-Utan-Mißhandlung» kurzen Prozeß machte.

Die zweite offizielle Inspektion, die mit dem Ergebnis «keine Anzeichen von Mißhandlung» endete, wurde von Dart Anthony und Keith Brink, dem Präsidenten und dem Vizepräsidenten der Humane Society of Southern Nevada, vorgenommen. Präsident Dart Anthony gab im Juli 1989 bekannt, daß seine bekannte Tierwohl-Organisation eine wichtige Untersuchung durchführe und dabei schon alle Orang-Utans in Augenschein genommen habe: «Wir konnten überhaupt keine Anzeichen irgendwelcher an diesen Orang-Utans begangenen körperlichen Mißhandlungen entdecken.» Vizepräsident Keith Brink betete den Befund nach: Bei ihrer offiziellen Überprüfung sei seine Organisation auf keinerlei äußere Anzeichen von Mißhandlung, keinerlei Male – «außer Pigmentflecken» – gestoßen. Diese frühe Serviceleistung der Humane Society of Southern Nevada sollte dann zu einer weiteren Stütze der Berosini-Tatbestandsversion werden. Aber wenn diese Ehrenrettung später in den Printmedien zitiert wurde, vergaß man in den meisten Fällen zu erwähnen, daß Dart Anthonys «Tierwohl»-Organisation zugleich als Tierverleih operiert, der die Unterhaltungsindustrie bedient, und daß Anthonys Qualifikation zum Ermittler in Sachen Tiermißhandlung nach seiner eigenen Auskunft auf zwei Eigenschaften beruht, von denen nur eine problemlos nachprüfbar ist: darauf, daß er «über einundzwanzig Jahre alt und intelligent» sei. In späteren Bezugnahmen auf die Ehrenrettung wurde es gemeiniglich auch nicht für erwähnenswert gehalten, daß Dart Anthony sich den letzten Schliff als Ermittler in Sachen Tiermißhandlung in einer Berufslaufbahn angeeignet hatte, die ihn durch die Metiers des Schnapsladenbesitzers, des Tänzers und des Lotterieveranstalters führte. In späteren Bezugnahmen auf die Ehrenrettung blieb auch unerwähnt, daß Berosinis Ehefrau Joan im Kontext eines anderen Gerichtsverfahrens (das nicht zusammenhing mit dem hier zur Rede stehenden) eine eidesstattliche Erklärung unterzeichnete, derzufolge Anthony für seine Aussage zugunsten Bobby Berosinis nie eine direkte Vergütung erhielt; vielmehr sei es, wie Mrs. Berosini an Eides Statt versicherte, ihre «Absicht, Dart Anthony bei der Beschaffung von Spendengeldern zu helfen, indem ich mich bemühe, Artisten dafür zu gewinnen, in seinem für Juni 1991 geplanten ‹Telethon› mitzuwirken».

Die dritte Untersuchung – meines Erachtens die einzige mit Ergebnissen, die halbwegs zwingend zugunsten Berosinis sprachen – fand am 12. September 1989 statt. Während an jenem Tag drei von den PETA-Leuten bestellte Experten bei Begutachtung der Orang-Utans verschiedene Spuren augenscheinlicher Mißhandlungen feststellten, konnten zwei im Auftrag Berosinis tätige Fachgutachter bei ihrer nahezu gleichzeitigen Untersuchung derselben Tiere keinerlei Anzeichen von Mißhandlung entdecken. Auch wenn Berosinis Gutachter andere ideologische Grundpositionen vertraten als die PETA-Inspektoren, waren sie auf jeden Fall Experten, die sich mit Recht so nennen durften. Einer von ihnen war Dr. Kenneth Gould, ein am Yerkes-Primatenforschungszentrum tätiger Veterinärmediziner. Der zweite war Dr. Richard Simmons, Veterinärmediziner am Labor für Tiermedizin der University of Nevada in Reno. Von den einigermaßen unauffälligen Vorgängen, die die PETA-Gutachter wahrgenommen hatten – zum Beispiel von dem Umstand, daß mehrere Tiere urinierten und in einem Fall zusätzlich koteten, daß sie Laute von sich gaben, die eine Notlage beziehungsweise Unterwürfigkeit signalisierten, sobald der Entertainer sich in ihrer Nähe zeigte –, hatten Berosinis Gutachter nichts bemerkt. Die von den PETA-Gutachtern bemängelte routinemäßige operative Entfernung der Eckzähne fanden die Berosini-Gutachter nicht zu beanstanden. Wo die PETA-Gutachter «Gewebeschädigungen» sowie entzündete und augenscheinlich empfindliche Hautzonen feststellten, entdeckten die Berosini-Gutachter nur in einem einzigen Fall auf dem Rücken eines Tiers eine «Hornschwiele», als deren mutmaßliche Ursache «Breakdance-Einlagen» während der Auftritte im Nachtclub namhaft gemacht wurden. (Die Orang-Utans haben bei ihren Auftritten noch nie einen Breakdance vorgeführt.) Einig waren sich alle fünf Fachleute darin, daß ein junges Orang-Utan-Weibchen auf einem Augenlid eine Schramme aufwies, doch während die PETA-Gutachter es ablehnten, Vermutungen über die Herkunft der Schramme anzustellen, spekulierten Berosinis Veterinärmediziner, daß sie die Folge einer «Balgerei» mit Artgenossen sein könnte. Berosini selbst ließ noch am selben Tag hochzufrieden verlauten, auch diese dritte Inspektion habe wieder bewiesen, daß er seine Orang-Utans nicht mißhandle. Und zu derselben Zeit, als die drei qualifizierten und ausgewiesenen Experten der PETA – von denen zwei approbierte Tierärzte waren – sich von Berosinis Anwesen zu ihren Schreibtischen begaben, um dort in ihren Gutachten mehrere Fälle von physischer und psychischer Beeinträchtigung festzuhalten, als deren Ursache Mißhandlung nicht auszuschließen war – zu derselben Zeit, wie gesagt, eilte ein Reporter des *Las Vegas Review-Journal* von Berosinis Anwesen an sein Texterfassungsgerät zurück und klopfte einen Artikel in die Tasten, dem er die knallige Überschrift gab: «Berosinis Orang-Utans gehen aus der veterinärmedizinischen Untersuchung mit Eins-a-Gesundheitsattest hervor».

Halten wir uns noch einmal vor Augen, daß es nicht Berosini war, der vor Gericht stand. Vor Gericht standen seine Kritiker. Dem Entertainer warf kein Staatsanwalt eine Straftat vor, niemand strengte eine Privatklage gegen ihn an. Was machte es, ob er seine Orang-Utans tatsächlich geschlagen hatte – die «körperliche Mißhandlung» von Tier-Artisten verstieß zur angenommenen Tatzeit nicht gegen das

Gesetz. Noch dazu hatte die Klage mehrere Vorwürfe zum Inhalt: außer übler Nachrede auch Hausfriedensbruch, Verletzung der Privatsphäre und anderes mehr.

Bobby Berosini ließ es also in der Privatklage gegen seine Kritiker nicht bei einem einzelnen Klagethema bewenden. Doch der zentrale Punkt seiner Argumentation vor Gericht, so scheint mir, war die These, daß die Leute von den PETA und der PAWS gegen ihn eine Verschwörung in dem Stil und der Manier terroristischer Tierschutz-Aktivisten angezettelt hätten. Ein ähnliches Vorbringen hatte, wie wir uns erinnern, die National Association for Biomedical Research in der Streitsache «Immuno Inc. gegen Moor-Jankowski» ins Treffen geführt und zu erhärten versucht; doch während ein derartiger Vorwurf, an die Adresse von Dr. Moor-Jankowski gerichtet, wohl von niemandem anders denn als ungereimtes Gefasel aufgefaßt werden konnte, hörte er sich den PETA-Aktivisten gegenüber für die allgemeine Öffentlichkeit nicht ganz abwegig an. Schließlich handelte es sich bei den PETA-Leuten um eine Vereinigung, die den Tierschutz auf ihr Panier geschrieben hatte. Schließlich waren es Vertreter der PETA gewesen, die in aller Stille für die Verbreitung eines heimlich aufgenommenen und ihnen anonym zugespielten Videos gesorgt hatten. Und das Belastendste von allem: von ebendiesen PETA-Mitgliedern schrieb das Magazin *Washingtonian* in seiner Februarnummer 1990, sie brächten mehr Mitgefühl für Laborkatzen und Laborratten als für todgeweihte Kinder auf; außerdem, so hieß es weiter in dem Artikel, seien ebendiese PETA der «oberirdische Arm» einer im Untergrund operierenden Gruppe von Labordemolierern und Bombenlegern, die sich Animal Liberation Front (ALF) nenne.* Wenn seine Kritiker «Terroristen» waren, dann war doch wohl Berosini logischerweise mehr Geschundener als Schinder.

Einige Tage nach der Veröffentlichung des Videos begann sich

---

* Die PETA-Mitglieder strengten gegen den Verfasser des Artikels und den *Washingtonian* eine Klage an und erreichten 1991 im außergerichtlichen Vergleich die sehr weitgehende «Zurücknahme und Richtigstellung» der inkriminierten Behauptungen. Es gibt keinerlei Anhaltspunkte für eine Verbindung zwischen den PETA und der ALF oder für eine illegale Betätigung der PETA.

Bobby Berosini über «Morddrohungen» zu beklagen. Diese Drohungen hielten, wie es schien, mit Unterbrechungen über einen längeren Zeitraum hinweg an und steigerten sich an einem bestimmten Punkt des Dramas zu einem richtiggehenden Feuerüberfall. Die Person (oder die Personen), die schwachsinnig genug war(en), um am hellichten Tag auf Berosini zu schießen, traf(en) weit daneben. Meines Wissens wurden die Geschosse nie sichergestellt, und offenbar war Berosini auch nicht so geistesgegenwärtig, sich das Kennzeichen des Wagens zu notieren, mit dem der (oder die) Attentäter türmte(n) – aber wenn ich die Sache richtig sehe, holte er oder jemand in seiner nächsten Nähe von irgendwoher eine Videokamera hervor, zog die Schutzabdeckung von der Linse, brachte die Kamera in Anschlag und bannte den davonbrausenden Wagen auf Videoband, nur für den Fall, daß irgendwann einmal in einem Gerichtssaal Videoaufnahmen irgendwelche Beweiskraft zugeschrieben werden sollte. Auch Berosinis Anwalt Harold Gewerter klagte über umherfliegende Kugeln und sogar über tote Vögel auf seiner Türschwelle. Am Ende hatte derlei Terrorismus zur Folge, daß Bobby Berosini im Zeugenstand in Tränen ausbrach und eine Jeremiade anstimmte über Leute, die mit ihren Autos mutwillig durch seinen Vorgarten fuhren, über Maskierte auf dem Dach seines Hauses und über anonyme Terroranrufe «von Leuten, die sagen, sie würden mir ein Messer in den Bauch rammen oder mir den Kopf wegpusten oder meine Orang-Utans zurück nach Borneo verfrachten oder die Orang-Utans vergiften [. . .] mir eine Bombe ins Haus legen.»

Ungefähr zur selben Zeit, als gewisse Terroristen es sich sehr angelegen sein ließen, die Berosinische Tatbestandsversion zu untermauern, waren andere Terroristen emsig damit beschäftigt, die Tatbestandsversion der PETA zu unterminieren. Außer einem einzelnen Terroranruf bei Ottavio Gesmundo, den regelmäßigen Terroranrufen bei Linda Levine, der Repräsentantin der PETA in Las Vegas, und einem Graffito auf dem Lack von Linda Levines neuem Wagen gab es noch einen Terroranruf bei der wichtigsten potentiellen Zeugin der PETA – einer älteren Dame, die seit kurzem in Scheidung lebte, in früheren Jahren selbst Dresseuse gewesen war, Berosini damals sehr gut gekannt und mit ihm zusammengearbeitet hatte und infolgedessen als Zeugin wohl einige außerordentlich interessante und autoritative Auskünfte hätte geben können. Aber sie büßte ihre Aussagebereitschaft ein und beschloß, sich aus der Sache ganz herauszuhalten, nachdem sie eines Nachts einen Anruf erhalten hatte, in dessen Verlauf ein Unbekannter ihr eindringlich klarmachte, daß ihre Scheune ebenso wie ihre Stallungen mitsamt den Tieren ein Raub der Flammen würden, sollte sie sich erfrechen, gegen Bobby Berosini auszusagen.

Im Prozeß selbst schwankte die Meinung des Klägers bezüglich der Motivationsgrundlage der beklagten Partei zwischen Terrorismus und Kapitalismus. In den ersten Verhandlungstagen wiederholte Berosinis Anwalt Harold Gewerter stereotyp das bekannte Vorbringen seines Mandanten, das Videoband sei technisch manipuliert worden. Nachdem freilich der von Berosini selbst benannte Gutachter erklärt hatte, an den Aufnahmen sei nichts manipuliert, wurde diese Behauptung stillschweigend fallengelassen. Aber ob das Videoband manipuliert worden war oder nicht, war jetzt schon gar nicht mehr die Frage. Inzwischen hatte die klagende Partei die Auffassung zum Beweisthema gemacht, daß die Tierschutzorganisationen PETA und PAWS sich für die Videoaufnahmen von Berosini aus gemeiner Habgier interessiert hätten, weil sie hier eine Möglichkeit sahen, sich die Taschen zu füllen. Sie «witterten eine Goldgrube, und die wollten sie ausbeuten», wie Gewerter es mit sententiöser Rhetorik formulierte; mit vielsagendem Nachdruck wies er darauf hin, daß die PETA im Vorjahr 8,3 Millionen Dollar Spendengelder eingenommen hatten.

Da unsere Geschichte nicht zuletzt auch von Las Vegas handelt, einer Stadt, die davon lebt, daß hier beständig sehr große Summen Geldes wie beiläufig den Besitzer wechseln, lohnt es vielleicht, einen oder zwei Absätze dem Thema Geld zu widmen, ehe wir uns wieder dem nicht ganz so aufregenden Thema Justiz zuwenden. Die Bruttoeinnahmen aus dem Glücksspiel beliefen sich in Las Vegas 1989 auf 2,8 Milliarden Dollar – eine Summe, die sich zum überwiegenden Teil aus den Einnahmen der zwölf größten Kasinos am Ort zusammensetzt. Die Boyd-Unternehmensgruppe – eine Körperschaft, die mir (vielleicht nicht ohne eine gewisse Übertreibung) als «die zweit-

mächtigste Körperschaft in Nevada» geschildert wurde – besitzt in
Las Vegas fünf Hotels mit Spielkasino, darunter auch (über ihre
Tochtergesellschaft California Hotel and Casino) das Stardust Hotel
and Casino, wo man Berosini fünfhunderttausend Dollar im Jahr dafür zahlte, daß er siebenmal in der Woche abends zweimal die Klamauknummer mit seinen Orang-Utans abzog und damit ein Geschäft
ankurbeln half, das, wie einmal geschätzt wurde, allabendlich zwanzigtausend Dollar (rund sieben Millionen Dollar im Jahr) einbrachte.
Die Verwaltung des Stardust Hotels erklärte sich in dem Rechtsstreit
am 17. August 1989 vor Gericht in aller Form für «befangen». Man
könnte sich sehr wohl vorstellen, daß der Ausgang von Berosinis Prozeß auch dem faktischen Eigentümer des Stardust Hotels, der Boyd-
Gruppe, nicht gleichgültig war.

Die Spatzen pfiffen es von den Dächern, daß Myron Leavitt, der
mit Berosinis Klage befaßte Richter, ungefähr zehn Jahre lang Justitiar Bill Boyds von der Boyd-Gruppe gewesen war. In dem löblichen
Bemühen, den Anschein der Unkorrektheit zu vermeiden, legte Richter Leavitt kurze Zeit, nachdem ihm der Fall zugewiesen worden war
– der Prozeß war noch längst nicht eröffnet –, diesen Umstand offen.
Hatte irgendwer etwas daran auszusetzen? erkundigte er sich. Niemand hatte etwas daran auszusetzen. Nach Prozeßbeginn kamen die
PETA-Anwälte allerdings zu ihrer Überraschung dahinter, daß Richter Leavitt zwei Jahre zuvor im Zusammenhang mit seiner (erfolglo-
sen) Kandidatur für einen Richterposten am Obersten Gerichtshof
des Staates Nevada von der Boyd-Gruppe eine Spende von fünfundzwanzigtausend Dollar zur Finanzierung seiner Wahlkampagne erhalten hatte – und daran fanden sie nun in der Tat etwas auszusetzen.
Den darauf gründenden Befangenheitsantrag lehnte Richter Leavitt
jedoch ab mit der Erklärung, die Spende sei eine öffentliche Angelegenheit gewesen, so daß ihm daraus kein Vorwurf gemacht werden
könne. Ein Leitartikel des *Las Vegas Review-Journal* drückte sich
unverblümter aus: Mit ihrer «dümmlichen» Beschwerde wirkten
diese PETA-Leute auf ihn «wie verzogene Kinder, die merken, daß es
jetzt bald was auf den Hintern geben wird». Klar hatte Richter Leavitt
fünfundzwanzigtausend Dollar für seine Wahlkampagne erhalten –
aber, so der Leitartikler des *Journal*, «vermutlich gibt es in unserer

Stadt keinen einzigen Amtsrichter, der nicht zu irgendeinem Zeitpunkt von der Boyd-Gruppe eine Spende für seine Wahlkampagne
erhalten hätte».

Mit Fortschreiten des Prozesses entstand allerdings der Eindruck
von noch engeren Beziehungen zwischen Richter Myron Leavitt
und bestimmten Leuten in der Vorstandsetage der Boyd-Gruppe.
Erst nachdem das Gerichtsverfahren in Gang gekommen war, fiel
dem Richter wieder ein, daß er und Bill Boyd während ihrer Studen-
tenzeit Zimmergenossen gewesen waren. Auch erwähnte Richter
Leavitt zu keinem Zeitpunkt vor oder während des Prozesses, daß er
an Immobilien- und Geldgeschäften beteiligt gewesen war, in die
auch Vorstände der Boyd-Gruppe verwickelt waren. Wer will, kann
unter diversen Urkunden über Immobilien- und Investmentge-
schäfte, auf denen untereinander aufgereiht die Namen von Richter
Leavitt, seiner Frau, Bill Boyd und Charles L. Ruthe (des Vorstands-
vorsitzenden der Boyd-Gruppe) prangen, eine von Boyd sowie Richter Leavitt und seiner Frau unterschriebene Urkunde mit dem Titel
«Einsetzung von Gläubigern» finden. In dem Dokument werden
diese drei Personen als Gläubiger einer Hypothek eingesetzt, die der
Sicherung einer Promesse der California Hotel and Casino Company in Höhe von 586 000 Dollar dient (die California Hotel and Casino ist, wie erinnerlich, die Eigentümerin des Stardust Hotels und
ihrerseits wiederum Eigentum der Boyd-Gruppe). Die bewußte Urkunde trägt das Datum vom 6. Juli 1990. Der Berosini-Prozeß
wurde am 9. Juli 1990 eröffnet.

Zu seiner Rechtfertigung hat Richter Leavitt inzwischen vorgebracht, die fraglichen Immobiliengeschäfte habe er vor Jahren getä-
tigt, als er noch Justitiar bei Bill Boyd war; er habe seinen Anteil aus
dem 586 000-Dollar-Grundstücksgeschäft im Jahr 1983 in bar erhalten und die Urkunde aus dem Jahr 1990 lediglich auf Wunsch einer
Liegenschaftsverwaltungsgesellschaft unterschrieben; im übrigen
sei er im Sommer 1990 keinem der Prozeßbeteiligten gegenüber
«faktisch befangen» gewesen. Auffallend nur, daß Richter Myron
Leavitt in dieser nach dem Prozeß vorgetragenen Apologie in eigener Sache mit keinem Wort die Frage berührt, weshalb er das ganze
Ausmaß und die Verzweigtheit seiner Beziehungen zu Bill Boyd

und der Boyd-Gruppe nicht aus eigenem Antrieb und nicht vor Prozeßbeginn offenlegte.

Möglicherweise wird man als Außenstehender nie in allen Einzelheiten erfahren, was sich im Gerichtssaal abspielte – unter anderem
weil Richter Leavitt Tonbandaufzeichnungen der Verhandlung un-
tersagte. Fest steht jedoch, daß die PETA-Anwälte nicht alle Zeugen,
die sie angeboten hatten, aufrufen konnten – unter anderem, weil
Richter Leavitt es ablehnte, bestimmte Ereignisse in Betracht zu ziehen, die länger als fünf Jahre zurücklagen. So konnte sich zwar Berosini den Geschworenen als der stolze Erbe einer in Generationen ak-
kumulierten Kunst der Tierdressur vorstellen, doch blieb es PETA
verwehrt, Zeugen aufzurufen, die Berosini während seines früheren
Engagements im MGM-Kasino gesehen hatten und bereit waren,
darüber auszusagen. Zudem hielten alle möglichen Gründe teils ver-
fahrensrechtlicher Natur – in mindestens einem Fall war es die
Furcht, sich selber eine Klage oder Klagen einzuhandeln – mit einer
einzigen Ausnahme alle Mitglieder der beeindruckenden Riege von
Fachgutachtern, an die die PETA sich gewandt hatten, davon ab, vor
Gericht auszusagen; die Ausnahme war der Veterinärmediziner Robert Stone. Dr. Stones Zeugnis standen die Aussagen der beiden von
Berosini aufgebotenen namhaften Fachgutachter – Kenneth Gould
vom Yerkes-Primatenforschungszentrum und Richard Simmons von
der University of Nevada in Reno – entgegen. Dr. Simmons, der im
Zeugenstand zugeben mußte, daß er vor der Aktion auf Berosinis
Anwesen noch nie einen Orang-Utan untersucht hatte, fühlte sich
befugt, von «wundervoll gepflegten Tieren» sprechen zu dürfen.

Als Zeugen gehört wurde eine Anzahl der Tänzer und Bühnenarbeiter, die ein Jahr zuvor eidesstattliche Erklärungen abgegeben hatten. Weitere Zeugen wurden aufgerufen. Der ehemalige Inspizient
Michael Bradshaw sagte aus, er habe einmal den schwarzen Schlag-
stock, den Berosini zur «Disziplinierung» seiner Orang-Utans benutzte, in die Hand genommen und dabei festgestellt, daß es sich um
mit Klebeband umwickeltes Metall handelte – also nicht, wie Berosini
behauptete, um mit Spraylack geschwärztes Holz. Bradshaws Aussage sollte allerdings in ein schiefes Licht geraten durch die Bekannt-
gabe des Umstands, daß der Zeuge zu einem früheren Zeitpunkt ge-

gen den Entertainer eine Klage wegen Körperverletzung angestrengt hatte: Berosini, so hatte Bradshaw damals vorgebracht, habe ihn im Verlauf einer lautstark ausgetragenen Meinungsverschiedenheit an der Gurgel gepackt und gewürgt. (Der Vorfall ereignete sich einige Zeit vor dem Skandal um die Videobilder. Zwar hatten viele Zeugen den Streit beobachtet, aber aufgrund der «weit auseinandergehenden Darstellungen» des Sachverhalts wurde die Klage schließlich abgewiesen.) Auch die ehemalige Garderobiere des «Lido de Paris», Jill Milane, sagte im Zeugenstand aus, sie habe gesehen, wie Berosini «wieder und wieder [...] mit der Faust» auf einen Orang-Utan «losdrosch». Das Tier habe «gestöhnt [...] wie jemand, dem die Seele aus dem Leib geprügelt wird». Zur Entkräftung von Milanes beeideter Aussage wurde von der klagenden Partei vorgebracht, sie sei eine Freundin von Michael Bradshaw.

Während die Beweisaufnahme noch in Gang war, so wurde mir berichtet, wandten sich fünf ehemalige Bühnenarbeiter des «Lido» von sich aus an die PETA-Anwälte. Es handelte sich um Leute, die sich aus Gründen, die mit ihrer beruflichen Aufgabe zu tun hatten, in einem Zeitraum von fünf Jahren – jeder während eines anderen Abschnitts dieses Zeitraums – Abend für Abend in einem dunklen Teil des Bühnenraums (der sehr viel isolierter war als die «Requisitenkammer», wo die Videobilder aufgenommen wurden) in zwei bis drei Meter Entfernung von Berosini und seinen Menschenaffen hatten aufhalten müssen. Zwei von ihnen unterzeichneten eidesstattliche Erklärungen; alle fünf waren sie bereit, vor Gericht zu bezeugen, daß Berosini seine Tiere fast jeden Abend während ihrer letzten Pause in jener dunklen Region des Bühnenraums heftig prügelte. Zuerst ließ Richter Leavitt diese Zeugenaussagen als Beweismittel zu. Aber dann machte er eines Tages verfahrensrechtliche Bedenken geltend und widerrief diese Zulassung. Er wolle, so meinte er, keinen «Prozeß per Hinterhalt».

Am Ende ging Berosini als Sieger und vollständig entlastet aus diesem Prozeß hervor. Wenn ich richtig informiert bin, umringten ihn die Geschworenen nach der Urteilsverkündung und gratulierten ihm zu ihrer eigenen Entscheidung. Die *Las Vegas Sun* berichtete: «Die hellen Tränen schossen Bobby Berosini in die Augen, und seine Unterlippe begann zu zittern», als die Geschworenen den ihm entstandenen Schaden auf 4,2 Millionen Dollar bezifferten. Berosini und seine Frau Joan lagen sich gerührt in den Armen. Ihr liege nichts an dem Geld, erklärte Joan Berosini. Nein, ihr sei es ums Prinzip gegangen: «Ich wollte, daß die alle ungespitzt in den Boden gerammt werden.» Sie stellte auch gleich weitere Prozesse gegen all jene Experten in Aussicht, die die Niedertracht besessen hatten, sich über ihre Eindrücke von den Videoaufnahmen zu äußern. Der Entertainer verließ das Gericht mit dem Stoßgebet «Ich danke dir, mein Gott! Ich danke dir, Amerika!» auf den Lippen, das ihm zufälligerweise just in Hörweite eines Reporters des *Las Vegas Review-Journal* entfuhr. Wenn Bohumil Berousek alias «Bobby Berosini» draufhaut, dann prügelt er nicht, sondern «nimmt in die Zucht», und der Prügel, den er nicht zum Prügeln, sondern In-die-Zucht-Nehmen benutzte, war nicht aus hartem Metall, sondern aus weichem Holz, und das Video, auf dem zu sehen ist, was er mit dem Prügel tat, obwohl er es doch nie und nimmer tut, zeigt nicht wirklich den Tatbestand, den es womöglich zu zeigen scheinen könnte, wenn wir uns einbilden, daß wir wirklich gesehen haben, was wir zu sehen glaubten.

Weil sie eine anderslautende Ansicht unter die Leute gebracht hatte, wurde Jeanne Roush, einer Ermittlerin der PETA, auferlegt, an Bobby Berosini eine Million Dollar zu zahlen. Pat Derby, die Vorsitzende der PAWS, erhielt die Auflage, an Bobby Berosini einhunderttausend Dollar zu zahlen. Den Körperschaften PETA und PAWS wurde auferlegt, zusammen zwei Millionen und einhunderttausend Dollar an Bobby Berosini zu zahlen. Linda Levine hatte keine so abträgliche Äußerung getan, daß man sie ihretwegen zum Schadenersatz hätte heranziehen können; sie durfte unbelastet von einer Zahlungsverpflichtung nach Hause gehen, wo sie in aller Ruhe den gehässigen Graffito im Lack ihres Autos polieren konnte. Anders jedoch im Fall des Tänzers Ottavio Gesmundo: weil er seine Videokamera in eine mit einem Loch versehene Kostümschachtel gesteckt und sich obendrein öffentlich darüber geäußert hatte, weshalb er so verfahren war und was die Bilder auf dem Videoband seiner Meinung nach zu bedeuten hatten, wurde er vergattert, an Bobby Berosini eine Million Dollar zu zahlen.

Oben: Wir blicken in Augen, die – ausdauernd und wißbegierig – unseren Blick erwidern. *(B. Keating)*

Unten: In verschiedenen Gegenden Afrikas treten bei Schimpansen unterschiedliche Traditionen des Werkzeuggebrauchs auf, die jede neue Generation von der vorangehenden durch Beobachtung lernt. Gremlin ist einer der geschicktesten Termitenangler am Gombe. *(Jane Goodall Institute)*

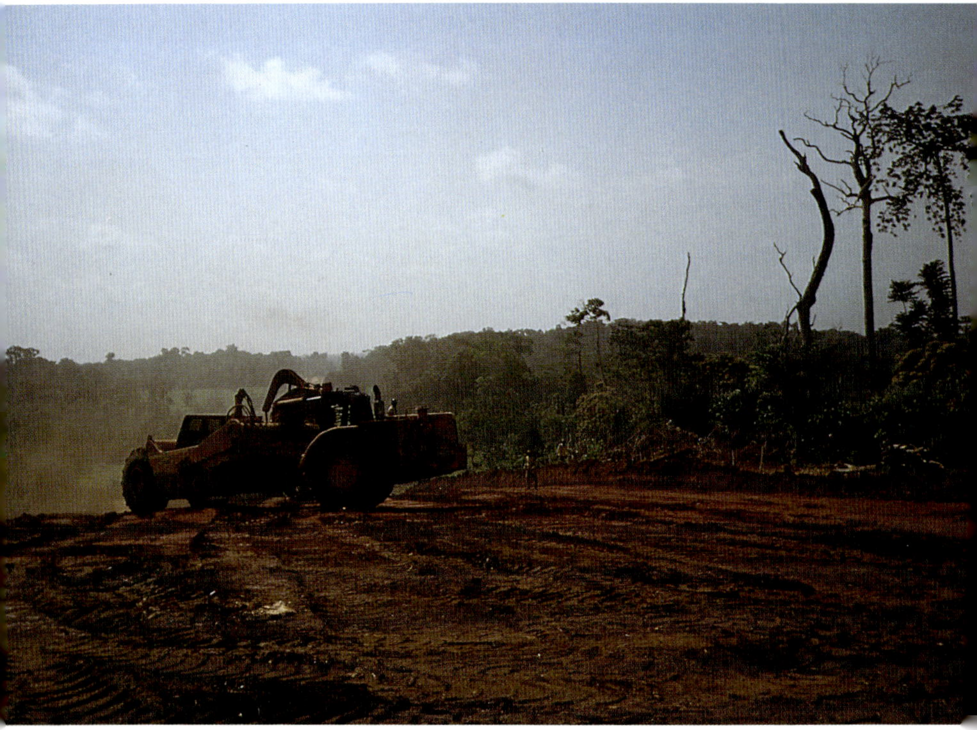

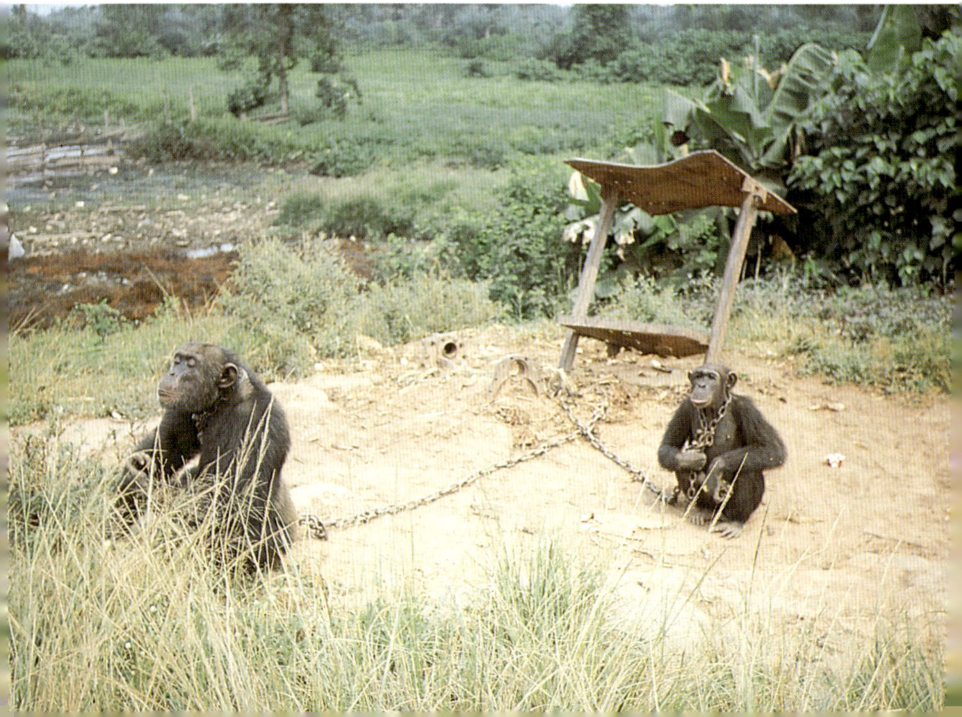

Fifi, die kinderreichste aller Mütter am Gombe, beim Groomen ihrer kleinen Tochter. *(Gerry Ellis)*

Links oben: Wir hörten das Quietschen und Klirren von Metallteilen und das Dröhnen der Dieselmaschine eines Bulldozers, der eine Piste durch die Trümmer eines Streifens Urwald bahnte. *(Dale Peterson)*

Links unten: Zwei ausgewachsene Schimpansen, ein Mann und eine Frau, kauern am Boden in der prallen Tropensonne, angekettet an ein großes Teil von verrostetem Schrott. *(Dale Peterson)*

Socrates war einst Angehöriger einer Menschenfamilie gewesen, wurde aber mit fünf Jahren in einen engen Käfig gepfercht, als er gefährlich zu werden drohte. *(Jane Goodall Institute)*

Oben: Mindestens zehn tote kommen schätzungsweise auf je ein überleben-
des Schimpansenkind, das von seiner toten Mutter weggerissen wurde und
seinen Bestimmungsort lebend erreichte.

Unten: Whiskey wurde uns von seinem Besitzer als «mein Sohn» vorgestellt. Sein Sohn? Und den legt er in einem ehemaligen Abort an eine elend
kurze Kette?

Ron Winters ist seit dreißig Jahren der Besitzer des Show-Schimpansen Mr. Jiggs («Der klügste Affe der Welt!»). Mister Jiggs ist eigentlich eine Schimpansen*frau*.

Unter allen gefangenen Schimpansen, die ich kennengelernt habe, ist Ai die intelligenteste. An ihrem Computer übertrifft sie bei zahlreichen komplizierten Aufgaben sogar High-School-Schüler. *(Jane Goodall Institute)*

Entzückt und träumerisch schauen wir uns die in ihrer Existenz
gefährdeten Tiere an, die man in Ballettröckchen oder Frack zwängt,
die man in possierliche Kinder oder drollige Clowns verwandelt, nur
damit wir noch ein Weilchen an unseren Traumbildern festhalten
können.

Die Begegnung mit Grégoire war wohl unsere quälendste Erfahrung mit einem Schimpansen in Afrika. Über seinem Käfig war auf einem Schild zu lesen: «Schimpanse. Grégoire. 1944.» *(Jane Goodall Institute)*

Bleibt die Frage, was schlimmer ist: lachen oder prügeln? Im Stardust Hotel in Las Vegas sah ich, wie fünf Menschenaffen – Vertreter einer vom Aussterben bedrohten Spezies, Kreaturen, die nach allem, was man weiß, zu den feinfühligsten und intelligentesten Wesen auf diesem Planeten gehören – kostümiert auf die Bühne gebracht und dort zu grotesk und plump unnatürlichem Verhalten veranlaßt und verlacht wurden. Ich glaube, die meisten Menschen wären entsetzt, wenn sie Hunde ihrer Lieblingsrasse derartiger Behandlung ausgesetzt sähen. Wieso bekundet dann das Publikum in Las Vegas nur höchstes Entzücken angesichts des kruden Spektakels mit Menschenaffen?

Meiner Meinung nach, weil es in seiner großen Mehrheit glaubt, einem Schauspiel beizuwohnen, das den Tieren selber Spaß macht, und nicht einem derben Spaß, der auf Kosten der Tiere geht. Schließlich ist Bobby Berosini ganz offenkundig mit Spaß bei der Sache. Die Kapelle ist ganz offenkundig mit Spaß bei der Sache. Die Tänzer sind ganz offenkundig mit Spaß bei der Sache. Die anderen Zuschauer haben ganz offenkundig Spaß an der Sache. Tatsächlich kommt man ja auch nach Las Vegas, um hier seinen Spaß zu haben. Und diese großen Affen grinsen und schlagen Kapriolen und tanzen herum – na, das muß denen doch auch Spaß machen.

Allerdings meine ich auch, daß die Zuschauer mit uns allen die gewöhnliche menschliche Scheuklappenmentalität teilen. Wir sind blind für die anderen, nichtmenschlichen Formen von Bewußtheit und Empfindungsvermögen um uns herum. Wir gehen davon aus, daß das Menschheitsdrama das einzige ist, das zählt, und daß Tiere nur in dem Maß von Bedeutung sind, wie sie zum Wohl oder zur Kurzweil von Menschen beitragen. Sollte es Tiere mit einem Gefühlsleben geben, so können dies nur unsere Intimfreunde unter den Haustieren sein: Hunde, Katzen, Pferde. Alle anderen Tiere sind lediglich unglückliche Halbgeschöpfe, Bewohner einer Welt, in der Bewußtseinsdumpfheit und Triebautomatismus herrschen. So höhnte denn auch ein Leitartikler des *Las Vegas Review-Journal*, nachdem er sich für die Auffassung entschieden hatte, daß Bobby Berosinis Orang-Utans keine Spuren physischer Mißhandlung aufwiesen: «Wenn keine physischen Anzeichen von Mißhandlung da sind, was bleibt dann noch? Psychische Mißhandlung? Bei einem Tier? Um hier von psychischer Mißhandlung auch nur hypothetisch reden zu dürfen, müßte man zuerst einmal voraussetzen dürfen, daß Orang-Utans eine Psyche *besitzen*.» Und so schlug denn auch ein anderer Leitartikler des *Review-Journal* auf Berosinis Kritiker mit dem Argument los, daß es «absurd ist, empfindungsunfähige Wesen vermenschlichen zu wollen» – eine eigenwillige Rechtfertigung für eine Nachtclubnummer, bei der kostümierte Tiere gezwungen werden, aufrecht zu gehen, auf Stichwort menschliche Mimik und Gestik zu imitieren, zu tanzen und zu grimassieren und auf den Ruf «peng!» hin umzufallen.

Kommen dieserart gewöhnlicher Wahrnehmungsblindheit für Tiere im allgemeinen Tier- und Menschenaffen in die Quere, sieht sie überwiegend nur Komik und Humor. Der Humor ist hier Sache eines reflektorischen, automatischen, unbewußten Mechanismus. Ein schwacher Intellekt gräbt bis hinunter auf den Boden seines Klischeevorrats und kramt eine Handvoll erstarrter Floskeln hervor, mit denen er zum Ausdruck bringt, wie ungeheuer komisch wir unsere Ähnlichkeit mit diesen Kreaturen finden: wir «lassen den Affen los», «geben unserem Affen Zucker», «machen einen Wald voll Affen verrückt», finden es «affengeil», mit einem «Affenzahn» durch die Landschaft zu brausen, haben genug von dem «Affentheater» und so weiter. Tatsache ist, daß Tier- und Menschenaffen uns irritieren und zuweilen auch zum Lachen bringen, weil wir uns in ihnen wiedererkennen. Sie teilen mit uns bis zu diesem oder jenem Grad eine Gestalt, die wir als die ehrenvolle Gestalt betrachten. Ihre Physiognomie und ihr Körper spiegeln unsere eigene Physiognomie und unseren eigenen Körper. Was wir jedoch geflissentlich übersehen – oder allenfalls unvollkommen und mit einer gewissen Beklemmung registrieren –, ist die Tatsache, daß in gleicher Manier ihr Geist unseren eigenen Geist spiegelt.

Es liegt höchste objektive Ironie darin, wenn Menschen über eine Gruppe vom Aussterben bedrohter Menschenaffen lachen – denn die großen Menschenaffen sind die einzigen Tiere der Welt, die so hochentwickelt sind und ein so ausgebildetes Gefühlsleben besitzen, daß sie zurücklachen können. Der Verhaltensforscher Konrad Lorenz charakterisierte einmal den Ausdruck der Freude im Gesicht eines Hundes als eine Art «Lachen». Aber diese physiognomische Aufhellung als Reaktion auf Lusterleben meine ich hier nicht. Ich meine auch nicht jene Form keckernder Lautbildung, die sich entfernt mit dem menschlichen Lachen vergleichen läßt (wie zum Beispiel das «Lachen» der Hyäne). Ich meine echtes Lachen, Lachen, das uneingeschränkt als solches zu erkennen ist, die Art Lachen, bei der man sich auf dem Boden wälzt und sich «ausschüttet» in einem Anfall von schierer Vergnügtheit und elementarer Lust. Ich habe im afrikanischen Urwald wilde Schimpansen lachen sehen, ich habe einen in Freiheit geborenen verwaisten Gorilla lachen sehen, und einmal habe ich einem in Freiheit geborenen verwaisten Bonobo beim Lachen zugesehen. Von einem Fachmann im Zoo von San Diego habe ich mir sagen lassen, daß auch Orang-Utans lachen, und zwar auf ziemlich genau die gleiche Weise. Und ich bin zu der Überzeugung gekommen, daß es außer dem Menschen nur noch vier Spezies gibt, die diese wunderliche Fähigkeit besitzen, blankes Vergnügen zu empfinden und diesem Vergnügen mittels partiell zur Lautbildung verwendeten konvulsivischen Muskelzuckungen Ausdruck zu verleihen.

Manche Menschen, die das Lachen der Menschenaffen kennen, denken es sich als eine einfache Reaktion auf eine einfache Stimulation wie beispielsweise Kitzeln, halten es jedoch für ausgeschlossen, daß es eine Reaktion auf differenzierte Situationen vom gleichen Typ sein könnte, wie er Menschen zum Lachen zu bringen vermag. In Wirklichkeit können selbst entfernte und vergleichsweise komplexe Geschehnisse das Schimpansenlachen auslösen. In Gombe lachen die Schimpansen zumeist, wenn sie im Spiel hintereinander herhetzen, um sich gegenseitig zu kitzeln. Wenn beispielsweise ein Schimpanse einen anderen endlos um einen Busch herumhetzt, lachen sie dabei womöglich auch ohne Körperkontakt. Das mag ein Lachen aufgrund eines antizipierten Kitzelns sein, ich habe jedoch auch schon miterlebt, wie Schimpansen über kompliziertere Gegebenheiten, etwa die unangenehme Lage eines Artgenossen, lachen. Manchmal benutzt ein älteres Jungtier zum Spielen mit einem jüngeren Geschwister einen Gegenstand wie zum Beispiel einen Zweig. Zwischen den beiden kommt es dann zu einer Art Tauziehen, bei dem das ältere Tier dem jüngeren wiederholt den Zweig entreißt. Ich kann mich an ein Spiel dieser Art zwischen den Geschwistern Michaelmas und Moeza erinnern. Moeza, die Ältere, foppte Michaelmas öfter, indem sie mit dem Zweig ins höhere Geäst entwischte, wohin ihr jüngerer Bruder ihr nicht zu folgen wagte. Er begann daraufhin vor ohnmächtiger Wut zu kreischen, und Moeza ließ dann zuweilen angesichts ihres verärgerten Brüderchens ein leises Lachen hören.

Menschenaffen sind außergewöhnliche Wesen, die vor allen Dingen Anspruch auf unseren Respekt haben. Da sie durch uns vom Aussterben bedroht sind, haben sie auch Anspruch auf Fürsorge von unserer Seite. Wir haben es in jedem einzelnen von ihnen mit einem physisch wie psychisch leidensfähigen Individuum zu tun; sie leben in einer intellektuellen und emotionalen Welt, die unmittelbar an die unsere grenzt – und eine Vorführung, die auf nichts weiter als die läppischste überhaupt nur denkbare Reaktion auf die äußere Erscheinung des Menschenaffen abzielt, auf hämisches Gelächter, erniedrigt letzten Endes uns alle, Zuschauer wie Akteure.

9 In meiner Zell'

PROSPERO (ZU CALIBAN):

Ich verpflegte,
Kot, wie du bist, dich menschlich; nahm dich auf
In meiner Zell', bis du versucht zu schänden
Die Ehre meines Kindes.

Die Frau meinte, doch doch, er würde schon mit mir reden, und dann erklärte sie mir den Weg zu seinem Anwesen. Er trägt einen Revolver, sagte sie, aber eigentlich ist er furchtbar nett, und Schimpansen mag er sehr. «Sie brauchen ihm bloß zu sagen, daß ich Sie geschickt habe.» Ob ich Bescheid wisse, wie er sich anzieht? Über sein... seinen Aufzug? Also, ich solle da ruhig mal rausfahren, einfach das Tor aufmachen und reinmarschieren. Es gibt da einen Hund, einen großen Hund – Dobermann oder so was, glaubt sie –, aber wegen dem soll ich mir mal keine Sorgen machen. Der Hund ist im Grunde ganz umgänglich. Das heißt, sie glaubt, daß er das ist. Sie und ihren Mann hat er jedenfalls noch nie angefallen, wenn sie da draußen waren. Klar, sie beide kennt er... aber egal, sie glaubt, ich brauche nicht vorm Tor zu warten, ich kann ruhig reingehen zu dem Haus, da finde ich ihn dann schon, ihn und die Schimpansen. Aber für den Fall, daß der Hund trotzdem angreift – weiß ich da Bescheid, wie ich meinen Hals schütze? Ich muß die Arme hochreißen und mit Händen und Unterarmen meinen Hals schützen. So macht man das. Glaubt sie jedenfalls. Sie wendet sich zu ihrem Mann: So macht man das doch, gelt? Man nimmt die Hände und die Unterarme vor den Hals? Der Mann denkt kurz nach: Ja, er schätzt, so ist es richtig.

Unter dem spätnachmittäglichen Himmel, an dem blaurosaviolette Wolken Oregami spielten, fuhr ich hinaus zu dem Anwesen des Schimpansenbesitzers in Nordlouisiana und kam an einem langen Zaun mit einem großen Tor an. Hinter dem Zaun war eine sauber

gemähte Rasenfläche zu sehen und hinter dieser wiederum eine
herrschaftliche Villa, halb fertig und halb noch im Rohbau, und vor
der Villa einige schöngebaute, geräumige schwarze Käfige. In den
Käfigen bewegten sich große Schimpansen, wie ich sehen konnte. Ich
sah sie zu mir herüberspähen und hörte sie gegen die Käfigstangen
trommeln. Das Tor war hoch und ein Meisterstück des Kunstschmie-
dehandwerks, und ich nahm mir einen Augenblick Zeit, die an verschiedenen Stangen angebrachten Schilder zu lesen. Auf einem
stand: «Achtung! Betreten bei Strafe verboten! Überlebende werden
erschossen!» Ein anderes gab es etwas kleiner: «Achtung! Privat-
grundstück! Betreten verboten!» Unter den Schriftzeilen prangte auf
diesem Schild als schwarzweißes Emblem ein Hundekopf, dem rotes
Blut von den Zähnen tropfte. Ein drittes Schild nahm Bezug auf das
Emblem auf dem zweiten: «Vergessen Sie den Hund! Aber hüten Sie
sich vor dem Besitzer!» Den Sinn der Aufschrift verdeutlichte das
Bild eines sechsschüssigen Colts, der genau auf den Betrachter gerichtet war: Aus dem Lauf stieg Pulverdampf auf, und in der Trommel befanden sich nur noch fünf schußbereite Patronen.

Andere Schilder boten weitere Variationen auf das Generalthema,
und schließlich hatte ich kapiert. Ich entschied mich dafür, das Tor
nicht zu passieren, sondern lieber hier draußen zu warten: Irgendwann, sagte ich mir, würde der Mann schon nachsehen kommen, wer
da vor seinem Zaun herumstrich. Und tatsächlich kam er nach ungefähr einer Stunde aus seinem Bau. Auf einem Gefährt, das wie ein
motorisiertes Kinderdreirad aussah, überquerte er den Rasen. Nachdem er sein Vehikel abgestellt hatte, kam er zu mir her.

Er hatte einen ergrauten Bart und stechende schwarze Augen. Auf
dem Kopf trug er eine kleine schwarze Mütze und an den Füßen große
schwarze Stiefel. Zwischen der Mütze und den Stiefeln hatte er weiter nichts an als eine weiße Unterhose und einen geflochtenen Ledergürtel, an dem ein Halfter mit einem gewaltigen Revolver darin baumelte.

«*Hi*», sagte er.

«*Hi*», sagte ich. Ich stellte mich vor. Und erklärte ihm, daß eine
gemeinsame Bekannte mir den Weg zu ihm gewiesen hatte, daß ich
an einem Buch schrieb und daß ich ihn und seine Schimpansen gern

kennenlernen würde, weil ich Material sammelte über Schimpansen als Haustiere. Ich sagte, unsere gemeinsame Bekannte sei der Ansicht gewesen, er würde sich mit mir unterhalten. «Also wenn Sie mit der gesprochen haben, müßte sie Ihnen eigentlich gesagt haben, daß ich für so was nicht zu haben bin.» «Aber nein, sie hat gemeint, Sie seien ein netter Mensch.» «Ich *bin* ein netter Mensch, aber ich interessiere mich kein bißchen für Bücher und solche Sachen.» Sprach's, machte kehrt, bestieg sein Dreirad und knatterte quer über den Rasen zurück zu seiner halbfertigen Villa und seinen Hausschimpansen in ihren schönen Käfigen.

1

Sich einen Schimpansen als Haustier zu halten, ist etwas ganz anderes, als sich einen Hund oder eine Katze zu halten. Während gewöhnliche Haustiere in erster Linie als Gesellschafter und Liebesspender gehalten werden, dienen Schimpansen in privater Hand – das gilt es in diesem Zusammenhang als erstes hervorzuheben – häufig dazu, persönliche Obsessionen und Phantasien zu kultivieren. Gewiß, der einzelne Schimpansenbesitzer versichert natürlich in vielen Fällen im Brustton der Überzeugung, daß er sein Tier liebt und Freude an seiner Gesellschaft und seiner Zuneigung hat. Gar keine Frage auch, daß nicht wenige gewöhnliche Haustierhalter mit ihrem Hund oder ihrer Katze in einer Phantasiewelt leben. Aber ein Schimpansenbaby kostet nun einmal seine zwanzigtausend bis dreißigtausend Dollar mehr als ein Welpe oder ein Katzenjunges, und nach meinem Dafürhalten ist dieser Preisunterschied nicht Ausdruck der größeren Liebeserwartung, die an ein Tier gerichtet wird, dem es bestimmt ist, vielleicht vier Fünftel seines Lebens hinter Gitterstäben zu verbringen – nein, die Preisdifferenz zeigt vielmehr an, wieviel mehr Potential zu Phantasiespielen man sich vom Besitz eines so großen Wesens von der ehrenvollen Gestalt verspricht. Schimpansenbabys sind teuer und selten, und ihr Erwerb wie ihre Haltung ist für Privatleute von Gesetzgebern und Behörden außerordentlich erschwert. Leute, die sich dennoch nicht abschrecken lassen, Schimpansen als Haustiere zu halten – was ja zunächst einmal bedeutet, einen horrenden Anschaffungspreis zu berappen sowie ihrerseits kostspieligen gesetzlichen und behördlichen Auflagen nachzukommen –, folgen dabei meistenteils dem Zwang einer psychischen Obsession. In gewisser Hinsicht erfüllen also Schimpansen, die dem Wohl der Menschheit durch Vermittlung des Haustierhandels dienen, eine ganz ähnliche Funktion wie die Schimpansen in der Unterhaltungsindustrie, auch wenn der Hausschimpanse seine Rolle vor kleinerem und exklusiverem Publikum spielt.

Obsessionen und Phantasien können vielerlei Formen annehmen. Manche sind nach recht einfachem Muster gestrickt: Ich bin eine interessante Persönlichkeit, gewissermaßen ein menschlicher Exote, weil ich mir ein interessantes und exotisches Haustier halte. Ich könnte mir denken, daß Michael Jackson, der Ex-Besitzer des Schimpansen Bubbles, sich an eine Logik dieser Qualitätsklasse hielt.

Im typischen Fall sind die Obsessionen und Phantasien komplexer strukturiert. Russ Cochran, wohnhaft in West Plains, Missouri, Besitzer zweier noch sehr junger Schimpansen namens Sammy und Sally, erzählte mir, er halte sich die Tiere «nur zu meiner eigenen Unterhaltung, um mit ihnen zusammensein und umgehen zu können, und weil ich wirklich große Hochachtung für diese Tiere als solche habe und soviel über sie lernen möchte, wie ich nur kann». Was ihn jedoch wirklich treibt, ist seine Phantasie, die in dem Kunstmythos von Tarzan gefangen ist. «In meiner frühesten klaren Erinnerung», schrieb er in einem Selbstporträt für eine Sammlerzeitschrift, «höre ich noch in utero Johnny Weissmullers wundervollen ‹Tarzanschrei›, und das muß der Grund für meine lebenslange Faszination durch Tarzan von den Affen sein.» Im Zuge eigener Nachforschungen will er ermittelt haben, daß seine Eltern sich irgendwann im Dezember 1936 im Davis Theatre in West Plains den Film *Tarzan Escapes* ansahen; seine Mutter war damals mit ihm schwanger, und bei dieser Gelegenheit, so seine Theorie, muß er als Fetus im Mutterleib jenen Schrei vernommen haben. Ernster zu nehmen ist Cochrans Auskunft, daß er sich als Junge – mindestens einmal, nicht selten mehrmals – jeden Tarzanfilm ansah, der in seiner Heimatstadt ins Kino kam. Hinterher pflegte er dann noch tagelang in einem Wildlederlendenschurz durch die Nachbarschaft zu streifen, auf Bäume zu klettern und an Seilen zu schaukeln. In den vierziger Jahren verschlang er die Tarzan-Comics in der Sonntagsbeilage der Zeitung und alle Bände von Edgar Rice Burroughs' Romanserie, die er in der Stadtbücherei auftreiben konnte. Er wurde erwachsen, heiratete, studierte, promovierte, und als er sich eines Tages mit seinem Doktorvater Louis Lund über ein Problem aus der chemischen Physik austauschte, entdeckte Cochran, daß auch Lund als Junge ein Tarzan-Fan gewesen war. Cochrans alte Phantasmagorie – Tarzan von den Affen – erwachte zu neuem Leben. Professor Lund lieh seinem Schüler eine Anzahl Tarzan-Bücher, die Cochran in der Stadtbücherei von West Plains niemals untergekommen waren; heute sinniert Cochran, daß er ohne den Auftrieb und die Rückzugsmöglichkeiten, die ihm die Tarzan-Phantasmagorie verschaffte, seine Dissertation vielleicht nie zu Ende geschrieben hätte. «Immer, wenn die theoretische Physik mich mal wieder so weit geschafft hatte, daß ich totalen Blackout hatte, schnappte ich mir ein Tarzan-Buch und marschierte mit Pfeil und Bogen und meiner Bulldogge Ginger in den Wald, und da versenkte ich mich so lange in die Tarzan-Welt, bis mein Kopf sich so weit erholt hatte, daß ich mich wieder mit Physikproblemen befassen konnte.»

Russ Cochran wurde 1964 Professor der Physik an der Drake University in Des Moines, Iowa. Elf Jahre später zog es ihn wieder nach West Plains, in die Stadt seiner Kindheit, und zu seinen Kindheitsträumen zurück. Er kaufte ein altes Geschäftshaus und gründete einen Verlag für Liebhaber- und Sammler-Reprints von Cartoon- und Comic-Kunst. Nebenher betrieb er auch einen Handel mit Original-Comic-Kunst und konnte im Lauf der Jahre für seine Privatsammlung eine Anzahl hervorragender Stücke erwerben: Prinz-Eisenherz- und Tarzan-Originalgrafiken von Hal Foster, Flash-Gordon-Originale von Alex Raymond, eine kleine Sammlung von Disney-Originalblättern («zum größten Teil Nebenarbeiten zu meinem Lieblings-Disneyfilm, *Schneewittchen und die sieben Zwerge*»), Frank Frazettas Originalvorlage für das Titelbild von *Tarzan and the Jewels of Opar*, einen Batman in Öl von Bob Kane und über hundert Dick-Tracy-Originalillustrationen von Chester Gould. Cochran sammelte auch Original-Filmplakate zu der Tarzan-Serie und besitzt

heute nicht nur ein Plakat zur Erstverfilmung von *Tarzan of the Apes*
von 1918, sondern auch – mit nur einer Ausnahme – sämtliche Pla-
kate zu den Tarzanfilmen mit Johnny Weissmuller. Er konnte seiner
Sammlung «Tausende und Abertausende» von Comicseiten aus den
Sonntagsbeilagen von Tageszeitungen der Jahre 1920–1950 einver-
leiben, darunter auch die Tarzan-Serie. Und er ist zugleich glück-
licher Besitzer einer Martin-D-45-Gitarre, des Konzertflügels Benny
Goodmans, einer Superman-Kolossalstatue aus Bronze, zweier
mannsgroßer Superman-Figuren von einem Karussell – nicht zu vergessen den prunkvollen Färbereichenholztisch, an dem J. Allen
St. John seine herrlichen Illustrationen zu einem Großteil der alten
Tarzan-Bücher schuf.

Mit einem Wort, Russ Cochran ist ein Sammler, und es muß für
ihn die natürlichste Sache der Welt gewesen sein, das Aktionsfeld
seines Erwerbstriebs auch in das Reich des Lebendigen auszudehnen.
Er besaß schon zwei seltene afrikanische Bulldoggen, und einen
Schimpansen zu besitzen, so schreibt er in dem bereits zitierten
Selbstporträt, war sein «Lebenstraum», ein Traum, für den das in
seiner Erinnerung unauslöschliche Bild von Tarzan und seiner Gefährtin Cheeta Modell gestanden hatte. «Ich habe es mir immer herr-
lich vorgestellt, eine kleine Kameradin zu haben so wie Tarzan in den
Filmen», erzählte er mir, «und natürlich war diese Schimpansin
Cheeta in den Filmen meistens die Heldin, weil nämlich Tarzan immer in irgendeinen Schlamassel geriet, aus dem sie ihn dann wieder
rausholen mußte.»

1989 stieß Cochran in einer Zeitung auf einen Bericht über eine
Frau namens Connie Braun, die in Festus, Missouri, nur zweihundert
Meilen von West Plains entfernt, Schimpansen züchtete: Er ent-
schloß sich, sie zu besuchen und Kaufinteresse anzumelden. Connie
Braun ist, laut Cochran, «eine dermaßen fürsorgliche Pflegemutter,
daß es eine Heidenarbeit macht, sie davon zu überzeugen, daß du und
nur du für ihren Chimp der bestmögliche Pflegevater bist.» Miss
Braun hatte zufällig ein Baby zu verkaufen, und Cochran gelang es,
sie von seinen Qualitäten als Pflegevater zu überzeugen. Wilde
Schimpansen saugen zwar bis zum Alter von zwei Jahren bei der
Mutter und bleiben bis ungefähr zum Abschluß des fünften Lebens-

jahres eng an die Mutter gebunden, aber bei Connie Braun war eines ihrer Schimpansenbabys zum Zankapfel für zwei im selben Käfig untergebrachte erwachsene Weibchen geworden, so daß sich für Cochran daraus die Möglichkeit ergab, den erst zwei Monate alten Sammy zu kaufen. Ein halbes Jahr später besuchte Cochran auf der Suche nach einem Gefährten für Sammy den Dresseur und Züchter Bob Dunn in Südkalifornien und kaufte von ihm schließlich ein einen Tag altes Schimpansenweibchen, das er Sally nannte. Dunn erklärte ihm, Sallys Mutter habe das Baby nicht angenommen. (Ob die nachfolgende Anmerkung auch für den vorliegenden Fall gilt oder nicht, steht dahin, aber trotzdem sei in diesem Zusammenhang nicht verschwiegen, daß es Schimpansenzüchter gibt, die das Baby schon bald nach der Geburt von seiner Mutter trennen – was zwar nicht entschuldbar, aber begreiflich ist in Anbetracht des Umstands, daß Schimpansen als Kleinkinder ihrem Verkäufer bis zu dreißigtausend Dollar einbringen können und daß erwachsene Schimpansenweibchen erst, wenn sie aufgehört haben zu säugen, wieder fortpflanzungsbereit sind. Die in solchen Fällen meistens aufgetischte Geschichte von der Mutter, die das Kind ablehnt, sollte man gleichwohl nicht prinzipiell von der Hand weisen, denn unter den abnormen Bedingungen der Gefangenschaft kann es manchmal durchaus sein, daß sie der Wahrheit entspricht.)

Cochran hat auch unter ethischem Aspekt über die Beziehung des Menschen zu dieser Geschwisterspezies nachgedacht. Er ist der festen Überzeugung, daß Schimpansen in Forschungslabors nichts zu suchen haben. Ein Individuum einer vom Aussterben bedrohten Menschenaffenart mit einer tödlichen Krankheit zu infizieren, um Heilungsmöglichkeiten für Menschen auf die Spur zu kommen, ist ein moralisches Unrecht, meint er. «Es ist nicht auszuschließen, daß es in hundert Jahren keinen einzigen Schimpansen mehr geben wird.» In seinen Augen ist es eine traurige Aussicht, daß die Schimpansen, die Gorillas und die anderen großen Menschenaffen eines Tages von der Erde verschwunden sein könnten, und vielleicht hat er deswegen nicht viel übrig für Laboratorien, in denen diese Tiere im Interesse der menschlichen Gesundheit leiden müssen. Nichts einzuwenden hat Cochran freilich gegen Schimpansen als Schauobjekte in

Zoos, als Artisten in Zirkussen und als Haustiere in Privathäusern. Der entscheidende Gesichtspunkt dabei ist für ihn, wie die Tiere behandelt werden. «Meine Chimps», beteuert er, «haben einen Vater und eine Mutter und ein Geschwister. Sie werden gepflegt. Sie sind geschützt. Für ihre Bedürfnisse ist gesorgt.»

Von anderen privaten Schimpansenbesitzern habe ich zu hören bekommen, daß sie mit ihrer Tierhaltung ihr Scherflein zum Überleben einer vom Aussterben bedrohten Spezies beizusteuern hoffen. Eine Frau in Texas, die ganz hervorragend nicht nur für ungefähr ein Dutzend Schimpansen, sondern darüber hinaus auch noch für zahlreiche Tieraffen und andere Tiere sorgt, gibt an, daß ihre Leidenschaft für Menschenaffen damit begann, daß sie und ihr Mann sich ein Äffchen als Haustier anschafften. Der Mann habe sich dann gedacht, «wenn ich das Äffchen so gern habe, würde ich vielleicht auch einen Chimp mögen. Also hat er mir einen Schimpansen gekauft.» In der Tat mochte sie diesen Schimpansen sehr, sehr gern und begann sich alsbald noch mehr Tier- und Menschenaffen zuzulegen, um so noch mehr Liebe zu erfahren. Bei Austin, Texas, ging ein kleiner Zoo pleite; als der Zoodirektor sich weigerte, der Frau seine Primaten zu verkaufen, kauften sie und ihr Mann den ganzen Zoo. «Wir kauften Alligatoren und Pumas und Löwen und Kojoten und Wölfe und Füchse und Schlangen und Affen und Schimpansen und... – wir kauften den ganzen kleinen Zoo.» Den größten Teil ihrer Erwerbungen verkauften sie weiter, aber die Tier- und die Menschenaffen behielten sie, und heute züchtet die Frau diese Tiere. «Affenbabys zu verkaufen halte ich für eine ganz wichtige Sache», eröffnete sie mir. «Ich halte es für ganz wichtig, daß man sich Mühe gibt, sie in einem guten Zuhause unterzubringen, bei einer richtigen Affenmama.» Ihre eigenen Affenbabys haben ihr so viel gegeben, daß sie sich geradezu schäbig vorkommen würde, wenn sie nicht alles daransetzte, diese Erfahrung auch anderen zu ermöglichen. «Und außerdem», fügt sie mit großem Nachdruck hinzu, «wenn sie erst einmal ausgestorben sind, läßt sich das nicht mehr rückgängig machen. Wenn nicht immer wieder Leute wie wir ein paar züchten und aufziehen, dann wird es eines Tages überhaupt keine mehr geben... Ohne den texanischen Rancher gäbe es heute keine Büffel und keine Elche mehr. Daß die heute wieder auf der Landkarte vertreten sind, hat der texanische Rancher geschafft.» Eine Tierart vor dem drohenden Untergang retten zu wollen, ist ein lobenswertes Ziel, und ganz ohne Zweifel könnte die Zucht in Gefangenschaft, wie Bobby Berosini es ausdrückte, «es uns ermöglichen, diese wunderbaren Tiere zu Nutz und Frommen künftiger Generationen zu erhalten». Die Frage ist nur: zu was für Nutz und Frommen, und: welcher Generationen? Für künftige Generationen wilder Menschenaffen wird die Zucht gefangener Menschenaffen nach meinem Dafürhalten keinerlei Nutzen bringen, aus dem einfachen Grund, weil es außerordentlich schwierig ist, in Gefangenschaft geborene Menschenaffen auszuwildern. In Gefangenschaft gezüchtete Vögel wurden in einigen Fällen erfolgreich ausgewildert; allerdings sind Vogeleier einfach zu transportieren und leicht in die Nester von Pflegeeltern zu schmuggeln. Erfolgreich ausgewildert wurden auch etliche in Gefangenschaft gezüchtete Huftierarten; aber in diesen Fällen bestand die Prozedur im wesentlichen in der Umsiedlung von umzäuntem Terrain auf gleichartiges Terrain ohne Zaun drumherum. In Gefangenschaft gezüchtete Individuen einer einzelnen Affenart, des Kleinen Löwenäffchens (*Leontocebus leoninus*), wurden in dem winzigen noch verbliebenen Rest ihres Habitats in Brasilien ausgewildert; aber Löwenäffchen vermehren sich schnell – das Weibchen wirft einmal pro Jahr in der Regel zwei Nachkommen –, und sie sind weit entfernt von der sozialen und psychologischen Komplexität der Menschenaffen. Bringt die Hundezucht Wölfe hervor? Ganz offenkundig nicht – und ebensowenig wird man mit der Nachzucht gefangener Schimpansen wilde Schimpansen hervorbringen. Die Zucht von Menschenaffen in Gefangenschaft wird in erster Linie zu Nutz und Frommen künftiger Menschheitsgenerationen beitragen: Die erhalten dadurch nämlich «Tiermaterial», das sie genauso einsetzen können wie wir heute – als Artisten, als Haustiere, als Labortiere. Tatsache ist, daß in Labors in den USA und anderswo bereits immer mehr Schimpansen gezüchtet werden zu Nutz und Frommen von immer mehr künftigen Menschheitsgenerationen.

Im quantitativ weitaus überwiegenden Regelfall jedoch dreht sich

die Obsession beziehungsweise das Phantasieren der Schimpansenbesitzer um das Thema Verwandtschaft. Die Schimpansen sind,
daran ist nicht zu rütteln, eine mit uns verschwisterte Spezies, und
Schimpansenbesitzer weben dieses Faktum in ihren Lebensteppich
mit hinein. Russ Cochran betrachtet seine zwei Schimpansenbabys
nicht eigentlich als Haustiere. «Für mich und meine Frau sind das
unsere Kinder – und das meine ich wirklich so.» Drei von den vier
menschlichen Kindern der Cochrans sind bereits erwachsen und haben das Elternhaus verlassen, deshalb «haben wir uns, als die Kinder
knapp wurden, auf Schimpansen umgestellt.» Gewiß, auch viele
Hunde- und Katzenbesitzer betrachten ihre vierbeinigen Lieblinge
als ihre Kinder, doch für Mrs. Cochran besteht zwischen Schimpansen und gewöhnlichen Haustieren ein radikaler Unterschied. «Manche Leute sagen: ‹Na ja, ich denke, das ist, wie wenn einer einen Hund
hat, an dem er besonders hängt.›» Da ist sie ganz anderer Meinung.
«Von wegen. Für mich sind das kleine Menschen, die nur ein bißchen
anders aussehen. Das ist aber auch das einzige. Sonst sind sie mir
genauso lieb. Sie haben mich lieb, sie küssen mich jeden Tag.»

Eine andere Schimpansenbesitzerin im Südosten der Vereinigten
Staaten gab dieses Phantasma mir gegenüber in knapperen und spon-
taneren Ausdrücken wieder: «Er ist sooo süß! Er ist ein richtiger kleiner Schatz – *mein* kleiner Schatz! Nein, was ist er bloß für ein Wonneproppen! Was für ein Wonneproppen!»

2

Das ist natürlich genau das Phantasma vom Schimpansen,
das die Unterhaltungsindustrie aufzubauen sucht – auf durchaus stabiler Grundlage übrigens. Schimpansen *sind* überaus menschenähnlich. Schimpansenbabys *sind* menschlichen Babys sehr ähnlich. Die
Verwandtschaft zwischen den Spezies ist ein Stück Realität. Zum
Phantasma wird sie erst in dem Moment, wo wir sie unterm Diktat
unserer Wünsche und Bedürfnisse zu etwas verbiegen, das sie *nicht*
ist. Ich erinnere mich an eine Begegnung mit einer jungen Schimpansin – einem Kinderstar – in Hollywood, die im Handumdrehen an
meinem Arm emporkletterte, auf meiner Schulter Platz nahm, ihre

kleinen Arme um meinen Kopf schlang, sich vorbeugte, mich sacht auf die Stirn küßte und mir mit schmelzendem Blick tief in die Augen sah. Ich bin mir völlig im klaren darüber, daß Schimpansenbabys im Menschen den Mutter- oder Vaterinstinkt wachrufen können. Menschliche Pflegemütter und Pflegeväter entwickeln zu Menschenaffenbabys die gleichen Bindungen, wie wenn die Kleinen Menschen wären. Junge Schimpansen – und Gorillas und Orang-Utans – bleiben viele Jahre lang an die Mutter gebunden, von ihr abhängig und auf sie angewiesen; an eine menschliche Pflegemutter binden sie sich, wie wenn es eine Schimpansenmutter wäre. Aber sie sind keine Menschenkinder. Sie sind und bleiben Schimpansenkinder, und die wohlmeinenden Menschen, die sie quasi als Kombination von «Kind» und «Haustier» adoptieren, sehen sich regelmäßig mit einer Reihe von Schwierigkeiten konfrontiert, wenn die Tiere heranzureifen beginnen. Ein nicht zu übersehendes Problem stellt sich, wie der Besitzer schon bald erfährt, in Gestalt der Frage, wie man es anfängt, die neuen Hausgenossen zu bändigen. Im Lauf meiner Unterhaltung mit Russ Cochran begab sich der vierzehn Monate alte Sammy in die Küche, wo er die Schranktüren aufriß und Töpfe und Pfannen herauszuzerren begann. Dazu Cochran: «Tja, das war Sammy, und jetzt wartet er darauf, daß meine Frau kommt und die Sachen wieder einräumt – das ist so ein Spiel, das die beiden spielen. Das heißt, für ihn ist das natürlich ein Spiel, nur meine Frau sieht das noch nicht so. Sie hält das für pure Aufsässigkeit.» Als ich mich später mit Mrs. Cochran unterhielt, schwärmte auch sie in den höchsten Tönen von Sammy und Sally, allerdings war ihre Haltung nicht frei von Ambivalenz. «Mit einem Wort, ich finde sie hinreißend, aber sie machen eine Menge Arbeit. Wenn ich ganz ehrlich sein soll, muß ich sagen, ich freue mich schon auf den Tag, wo wir einen Käfig haben, einen großen Zwinger, wo ich die zwei hineintun kann, wenn ich meine Hausarbeit mache, weil die mir dabei immer soviel helfen!»

Russ Cochran schläft nachts mit Sammy im selben Zimmer. Er ist ein großer und kräftiger Mann, aber er denkt mit Sorge daran, daß sein Schimpanse in fünf, sechs Jahren, wie er es ausdrückt, «das Potential in sich hat, nicht mehr lenkbar zu werden». Mrs. Cochrans

Sorge betrifft Näherliegendes. Einen Tag, bevor ich mit ihr sprach, hatte sie einen Zusammenstoß mit Sammy gehabt. Zum erstenmal sträubte er sich dagegen, sich windeln zu lassen. Ihr üblicher Trick, Sammy während des Windelwechselns zum Stillhalten zu bringen, bestand darin, ihn abzulenken. «Ich hab da so meine Spielchen, die ich mit ihm spiele. Jetzt, wo er älter wird, ist mir aufgefallen, daß solche Tricks, wie ihm einfach eine Rassel in die Hand geben, es bei ihm nicht mehr bringen. Also geb ich ihm jetzt die Schachtel mit den Kleenex-Tüchern zum Abwischen für den Hintern, die darf er aufmachen und die Tücher für mich herausholen.» Aber gestern ließ Sammy sich auch mit der Kleenex-Schachtel nicht ablenken. Er sträubte sich, berichtete Mrs. Cochran. «Nun ja, ich mußte den Kampf unbedingt gewinnen. Ich mußte ihm beibringen, daß er da liegenzubleiben hat und das über sich ergehen lassen muß, und mir ist da ziemlich klargeworden, daß ich ihn schon sehr bald physisch nicht mehr werde bändigen können. Also werd ich ihn einschüchtern müssen, wenn ich mit ihm klarkommen will. Ich weiß nicht, wie lange es noch gehen wird, aber – spätestens in sechs Monaten kann ich ihn physisch nicht mehr bändigen, wenn er aufsässig wird, da bin ich mir jetzt schon sicher. Also muß ich mich doppelt anstrengen, und wenn er schon gerissen ist, muß ich noch gerissener sein. Ich muß mich doppelt anstrengen, damit er kapiert, daß ich für ihn die Mutter und der Boß bin.»

Die Schimpansen der Cochrans werden sich zu kräftigen und, in ihrem Entfaltungsdrang beschnitten, wie sie sind, wahrscheinlich auch frustrierten und entsprechend unberechenbaren Heranwachsenden und Erwachsenen entwickeln: Was werden ihre Besitzer dann tun? Russ Cochran glaubt, daß er um eine große Käfiganlage nicht herumkommen wird. Ihm schwebt vor, eines von den nicht mehr benutzten Schlafzimmern im Haus in ein, wie er es nennt, «schimpansendichtes Zimmer» umzubauen, einen Käfig mit Metallstangen oder -gittern in den Tür- und Fensteröffnungen. Vielleicht baut er zu gegebener Zeit ein Oberlicht ein, damit mehr Tageslicht hereinkommt, und stattet den Käfig mit Schwingseilen und Spielgerät aus. Vorläufig bleibt jedoch das Problem: Wie kann man Sammy bändigen? «Hauen mit der Hand geht nicht», erklärte mir Cochran. «Das heißt, es geht natürlich schon, aber das tut einem selber mehr weh als ihm.» Ein Schimpansenkopf ist hart «wie eine Kokosnuß, und ihr Körper ist sehr kräftig gebaut». Einstweilen diszipliniert Cochran Sammy noch, indem er ihn am Hemd packt und hochhebt und anschreit oder ihn in einen Sessel drückt und zwingt, dort sitzen zu bleiben. Aber er hat sich auch schon umgehört, welche Bändigungsmethoden andere Schimpansenbesitzer anwenden. Er hat eine Frau kennengelernt, die einen kleinen Stachelstock verwendet, wie ihn Viehtreiber benutzen; nach Cochrans Informationen «richtet [er] keinen Schaden an, aber bringt ihnen Benehmen bei». Ein Ehepaar, das er kennengelernt hat, benutzt ein fernbedientes Elektroschockgerät. Er hat auch schon von Mr. Jiggs in New Jersey gehört und davon, daß der Elektroschockapparat, den der Besitzer von Mr. Jiggs benutzt, so gut wirkt, daß er nur noch ganz selten zu Hilfe genommen werden muß. Ihm ist klar, daß man beim Schimpansen von einer anderen Schmerzschwelle ausgehen muß als beim Menschen, deshalb würde er sich gern einmal genauer über das Angebot an Elektroschockgeräten informieren.

Die meisten Schimpansenbesitzer, die ich kennengelernt habe, sind der Überzeugung, daß sie einem ohnedies zur Gefangenschaft verurteilten Tier die beste aller möglichen Welten zu bieten haben – auf jeden Fall ein besseres Leben, als das Käfigdasein in seinem Forschungslabor es wäre, beteuern sie mir immer wieder. In der Mehrzahl bekennen sie sich zur lebenslangen Verpflichtung gegenüber ihren Tieren, zu der respektgebietenden Absicht, für dieses Baby da auch noch zu sorgen, wenn es zum Erwachsenen mit einer Lebenserwartung von bis zu fünfzig Jahren herangereift ist. Aber in der Mehrzahl besitzen sie Schimpansenkinder im Präadoleszenzstadium. Aus irgendeinem Grunde haben die größeren und älteren Schimpansen anscheinend die Tendenz, sich in Luft aufzulösen.

Die wenigen Privatpersonen, die einen ausgewachsenen Menschenaffen besitzen, können sich früher oder später der Einsicht nicht mehr verschließen, daß sie ihm ihre Fürsorge und Pflege unter eingeschränkten und mangelhaften Bedingungen angedeihen lassen – ich denke hier an das über alles geliebte Hätscheltier Denyse, das Gloria und Allen Painten aus Jacksonville, Florida, 1969 von Mae Noell, der Besitzerin der Noell's Ark Chimp Farm, kauften. «Als sie noch klein war, begleitete sie uns auf Reisen», erinnert sich Gloria Painten an Denysens frühe Jahre. «Sie speiste in den exquisitesten Restaurants und übernachtete in den besten Hotels und so weiter und so fort.» Denyse war zur Sauberkeit erzogen, trug Kleider, konnte mit Messer und Gabel essen, hatte tadellose Tischmanieren. Denyse versteht Zeichensprache, reagiert gut auf mündliche Direktiven und ist auch in jedem sonstigen Betracht eine intelligente und manierliche erwachsene Schimpansendame. Aber als Gloria Denyse letztes Mal an der Leine ausführte, zerrte Denyse Gloria quer über die Fahrbahn auf die andere Straßenseite; geistesgegenwärtig wickelte Gloria die lange Leine um einen Baum, doch Denyse, nicht minder geistesgegenwärtig, lief in derselben Richtung um den Baum herum und wickelte so die Leine wieder ab. Ein Hundertfünfzehn-Kilo-Mann hielt Denyse am Fuß fest: Denyse warf ihn zu Boden und schleifte ihn quer über den Rasen seines Vorgartens. Nachdem Allen von einer kurzen Reise nach Massachusetts zurück war, «hat mich die Schimpansin ein paarmal ziemlich übel zugerichtet». Als eine Nachbarin einmal mit Denyse schimpfte, riß ihr die Schimpansin die Haut vom Handrücken.

Einmal hatte Denyse Ausgang aus ihrem Käfig und durfte die Paintens im Haus besuchen, aber als die Besuchszeit um war, weigerte sie sich, das Haus zu verlassen und in ihren Käfig zurückzukehren. Nach drei Tagen riefen die Paintens ihren Tierarzt an und baten ihn um ein Betäubungsmittel. Da sie Denyse den Schuß mit dem Betäubungsgewehr ersparen wollten, baten sie um ein orales Mittel, das sie in Form von kandierten Pillen erhielten. Denyse leckte den Überzug von den Pillen und legte den Rest wieder zurück. Aber am Abend dieses dritten Tags kehrte die Schimpansin – womöglich weil sie spürte, daß die Spannung im Haus sich einem kritischen Punkt näherte – freiwillig in ihren Käfig zurück. Seitdem wurde sie nicht wieder herausgelassen. Man muß dazusagen, daß ihr Käfig sehr schön ist: ein mit Stahlstäben umgrenztes großes Freigehege mit Betonboden, darin eine aus Hohlblocksteinen gemauerte Hütte, die (bis auf die eine Wand aus Käfigstangen und die Gitter in den Fensteröffnungen) wie ein Jungmädchenschlafzimmer eingerichtet ist: mit Teppichen, Wanduhr,

Sofa, Gardinen, Bett, Tisch, Lampe und – hinter Metallgestänge plaziert – einem großen Farbfernseher. Von Zeit zu Zeit besucht einer von den beiden Paintens – Allen und Gloria wechseln sich dabei ab – Denyse in ihrem Käfig, und manchmal übernachtet Gloria auch bei Denyse, damit die Schimpansin nicht allzusehr vereinsamt.

Andere Schimpansen, die wie Kind im Hause aufwuchsen, hatten es nicht so gut getroffen. Prospero ließ Caliban in seiner Hütte – «in meiner Zell'» – wohnen bis zu dem Tag, an dem Caliban über Prosperos Tochter Miranda herfiel und sie zu vergewaltigen versuchte. Viele Schimpansen, die als verhätschelte Lieblinge in Privathäusern aufwachsen, führen sich auf, als ob sie die nur zufällig fellbedeckten Sprößlinge der tonangebenden nackten Affen wären, und entwickeln sich zu psychisch deformierten und sexuell frustrierten Jugendlichen. Zuletzt entledigt man sich ihrer, und zwar aus vielerlei leicht nachvollziehbaren Gründen. Was wird aus ihnen?

In den siebziger Jahren wurde eine Anzahl von Schimpansen, als sie in die Jahre kamen, die für ihre Spezies den Verlust des kindlichen Charmes und der kindlichen Fügsamkeit mit sich bringen, von ihren Besitzern der Primate Foundation of Arizona, einem von Jo Fritz und ihrem Ehemann Paul betriebenen Asyl, überlassen. 1975 hatte die Primate Foundation zweiunddreißig Schimpansen in ihrer Obhut, dazu zwei im Asyl selbst geborene Babys («Geronimo» und «Cochise»). «Jeder Chimp, der hier ankommt, hat eine herzzerreißende Lebensgeschichte hinter sich», schrieb Jo Fritz damals im Mitteilungsblatt einer Vereinigung von Tier- und Menschenaffenbesitzern. «Da haben wir zum Beispiel das vollkommen kahle Weibchen, das den lieben langen Tag nichts anderes zu tun hatte, als sich die Fellhaare auszureißen. Oder das total vermenschlichte Weibchen, das in seinem eigenen Zimmer in seinem eigenen Bett schlief und speziell für es selbst angefertigte Kleider trug; man hatte es zum Schluß in einen Käfig gesteckt, weil es seinen menschlichen Bruder aus Eifersucht heftig gebissen hatte. Oder das Männchen, das acht von seinen neun Lebensjahren in einem Labor verbracht hat und jetzt nur noch in einer Ecke sitzt und sich hin und her wiegt. Aus zweiunddreißig derartigen Geschichten setzt sich unsere Kolonie zusammen.» Jo Fritz hielt ihren Lesern vor Augen, daß es Schimpansenbesitzern womöglich überhaupt nichts ausmachte, wenn ihr «Baby» in Afrika durch Abschießen der Mutter besorgt worden war, daß es ihnen aber sehr viel ausmachte, «wenn dieser kleine Chimp anfängt zu beißen oder ihre Wohnung zu demolieren [...] Dann suchen diese Leute plötzlich hektisch nach einer anderweitigen Unterbringungsmöglichkeit für ihren Schimpansen. Sie wenden sich an Tiergärten, versuchen das Tier an ahnungslose Privatleute loszuschlagen, ja, bieten es sogar Labors an.» Ein Teil dieser Leute, so Jo Fritz, hatte das Glück, auf die Primate Foundation of Arizona zu stoßen, ein Asyl für Hausschimpansen, die ihren Besitzern über den Kopf gewachsen waren.

Zur damaligen Zeit bat Jo Fritz noch um Spenden für ihr gemeinnütziges, steuerbegünstigtes Tierheim: «Wollen Sie uns nicht helfen, einen Platz zu schaffen, wo gefangene Schimpansen ihren Lebensabend in den für sie besten überhaupt nur denkbaren Verhältnissen verbringen können?»

Das war im Jahr 1975. Mitte der achtziger Jahre versicherte die Buchautorin Emily Hahn die Tierheimleiterin Jo Fritz schulterklopfend ihres Mitgefühls angesichts «der sogenannten Tierfreunde, die den Tierschutz nur vom Blickpunkt der Sentimentalität aus betrachten», jener grämlichen Miesmacher, die ein Lamento darüber angestimmt hatten, daß die Primate Foundation of Arizona Forschungslabors mit Schimpansen belieferte. Sie habe mit Jo Fritz gesprochen, schreibt Emily Hahn in ihrem Buch *Eve and the Apes*, und sie beide seien sich einig darüber gewesen, daß es für diese Schimpansinnen, die zuvor Menschen als Kindersurrogat gedient hatten, eine Ehre sei, jetzt dem weiblichen Teil der Menschheit einen Dienst zu leisten als Probanden für die experimentelle Erkundung der Auswirkungen von Fremdkörpern *in utero*.*

---

* Bei manchen Mitgliedern der Gemeinde der Tier- und Menschenaffenhalter hat sich die Erregung über diesen Kurswechsel der Primate Foundation of Arizona noch heute nicht gelegt, doch muß zur Ehrenrettung von Jo und Paul Fritz gesagt werden, daß sie die Kooperationsverträge mit Forschungslabors primär aus einer ökonomischen Zwangslage heraus abschlossen. Die Leute, die ihnen so großzügig ihre heranreifenden Hätscheltiere überließen, haben sich in puncto finanzielle Unterstützung als sehr viel weniger freigebig erwiesen.

Mr. C., ein erwachsenes Schimpansenmännchen, das heute in einem privaten Tierheim in Südkalifornien lebt, wuchs bei Privatleuten als Kind im Hause auf. Bis zu seinem vierzehnten Lebensjahr sah Mr. C. niemals einen Käfig, allerdings meines Wissens auch niemals einen anderen Schimpansen. Er lernte sich selber anziehen, konnte sein Hemd zuknöpfen, sich die Schuhe schnüren und die Schnürsenkel zubinden; er putzte sich täglich die Zähne, benutzte das WC, schlief in einem Bett und entspannte sich vorm Fernseher. Doch mit zunehmenden Jahren wurde er schwieriger, anspruchsvoller, kräftiger. Seine Besitzer ließen ihn kastrieren, weil sie sich davon eine positive Wirkung auf seine Umgangsformen versprachen, aber umgänglicher wurde er trotzdem nicht. Schließlich brachten die Besitzer Mr. C. auf einer sogenannten Schimpansenranch im Südwesten der Vereinigten Staaten unter – dort, so dachten sie sich, würde man ihn wohl gewissermaßen generalüberholen und in einen Schimpansen zurückverwandeln können. Mr. C. sah sich mit einemmal aus einem Privathaus, wo er sein eigenes Zimmer mit Fernseher gehabt hatte und von liebevollen Eltern umsorgt gewesen war, in einen Einzelkäfig mit einer Anzahl anderer Schimpansen als Nachbarn versetzt, und die neue Lage muß ihm einen maßlosen Schrecken eingejagt haben. Eines Tages brachen ein paar von den anderen Schimpansenmännchen in seinen Käfig ein und brachten ihn beinahe um. Er verfiel in Depression. Er magerte ab; nach anderthalb Jahren auf der Schimpansenranch wog Mr. C. gerade noch etwas über 27 Kilogramm. Schließlich befand der Besitzer der Ranch, daß dieser Schimpanse keine Überlebenschance mehr hatte, und gab die unglückselige Kreatur an die Frau weiter, die das bereits erwähnte Tierasyl in Kalifornien betrieb. Die erinnert sich: «Er sah aus wie ein total ausgehungertes Kind... nein, ‹Kind› ist nicht das richtige Wort – für ein Kind war er schon zu groß.»

Heute lebt er zwar noch immer in einem Käfig, ist aber, wie ich höre, ein glückliches Tier. Er hat Leute, die ihn besuchen kommen, Spielgerät, einen eigenen Fernseher. Er mag gern vorgelesen bekommen. Er hat ein bißchen Zeichensprache gelernt, und von Zeit zu Zeit macht es ihm Freude, sich mit Zeichen verständlich zu machen. Die Kastration hat übrigens seiner Libido nichts anhaben können, und die ist nach wie vor auf die Körperformen des menschlichen Weibchens fixiert. Er sei ein «rechter Lüstling», hat man mir gesagt. Er kann «schon sehr in Hitze geraten», besonders wenn im Sommer die jungen freiwilligen Helferinnen in knappen Shorts oder im Badeanzug zur Arbeit im Tierheim erscheinen. Einmal hielt sich eine «sehr attraktive Helferin» nicht in gebührendem Sicherheitsabstand, als sie Mr. C. seine morgendliche Tasse Orangensaft reichte, und im Nu hatte er ihr die Shorts heruntergerissen. «Er macht einem schon klar, daß seine Libido noch funktioniert.»

Gus und Gabbie wuchsen als heißgeliebte Kinder des irgendwo im Mittleren Westen der Vereinigten Staaten angesiedelten Fernfahrerehepaars Ernst und Cheryle Berryman auf. Gus war noch kein Jahr alt, als er bereits seinen festen Platz in der Fahrerkabine des Lastzugs der Berrymans hatte und mit seinen Eltern kreuz und quer über den amerikanischen Kontinent gondelte. «Egal, wo wir hinkommen», schrieben die Berrymans einmal voller Stolz, «Gus steht immer und überall gleich im Mittelpunkt. Die Leute fragen einem regelrecht Löcher in den Bauch. Überall, wo wir hinkommen (und wir fahren eine Menge Orte an), sind die Leute alle gleich ganz vernarrt in Gus.» Sie «adoptierten» Gabbie, damit Gus ein Schwesterchen hatte. Im zweiten Halbjahr 1977 mußte sich Ernst Berryman einer Herzoperation unterziehen und war für die zweimonatige Dauer des Klinikaufenthalts von seinen «Kindern» getrennt. Während dieser Zeit, so die Berrymans in ihren publizierten Erinnerungen, «verkroch sich Gus sozusagen ganz in sich selbst; er war nämlich immer ein ‹Papakind› gewesen und konnte jetzt einfach nicht begreifen, wieso auf einmal sein Papa nicht mehr da war. Er guckte immerzu um alle Ecken, ob er nicht irgendwo wieder auftauchte.» Berryman wurde schließlich aus dem Krankenhaus entlassen, «und was da abging, als er nach Hause kam, war echt nicht zu glauben! Gus stand da und hat volle fünf Minuten an einem Stück nur geschrien, und Gabbie kriegte bloß noch so eine Art Lächeln oder Grinsen hin. Natürlich waren die zwei damals noch ein bißchen zu stark für ihn, als daß man sie direkt auf ihn loslassen konnte, deswegen konnte er bloß zu ihnen an den Käfig gehen und sie füttern. Aber so langsam kommt er wieder zu Kräften, und Gus und Gabbie kommen jetzt öfter wieder dahin und dorthin.» Leider zwangen Krankheit und Geldsorgen das Ehepaar, sich von ihren Schimpansen-Kindern zu trennen. Die Berrymans gaben Gus und Gabbie in die Hände einer Frau, die ihnen die Gewähr dafür zu bieten schien, daß Stiefbruder und Stiefschwester nicht auseinandergerissen würden – in die Hände von Connie Braun, der Schimpansenzüchterin in Festus, Missouri. Gabbie ist noch heute Mitglied der Zuchtkolonie – vier Weibchen, ein Männchen –, die in miteinander verbundenen Käfigen im dunklen und schlecht belüfteten Keller von Connie Brauns Haus, einer umgebauten Scheune, untergebracht ist. Gabbie war fünfzehn Jahre alt, als ich sie 1990 in Festus besuchte, und hatte zu diesem Zeitpunkt bereits fünf Babys produziert. (Eines davon war Sammy, der Schimpanse, den Russ Cochran als zwei Monate altes Wurm bei Connie Braun kaufte. Laut Auskunft der Züchterin mußte das Baby infolge eines bedauerlichen Konflikts zwischen zwei Weibchen vorzeitig von der Mutter getrennt werden. Ich nehme an, daß – natürlich aus nicht minder triftigen Gründen – auch Gabbies vier andere Babys ihr vorzeitig genommen werden mußten, denn unter normalen Umständen würde es einer Schimpansin sehr schwerfallen, innerhalb der Spanne ihrer Gebärfähigkeit so viele Nachkommen hervorzubringen.) Für Gus war jedoch kein Platz in der Zuchtkolonie, und möglicherweise deshalb vermietete Connie Braun ihn zusammen mit etlichen anderen von ihren Schimpansen – wie verlautet, gegen eine Gebühr von fünftausend Dollar pro Jahr – an ein Forschungslabor an der Ostküste. Dort, so hat man mir beteuert, werden die Tiere ausschließlich zur Zucht verwendet.

Wie Kind im Hause wurden Rachel und Aaron im südöstlichen Florida von ihrer Pflegemutter gehalten, die sich als Tierschützerin und Schimpansenliebhaberin versteht und sich der Aufgabe, für zwei aufwachsende und dabei ja naturgemäß auch größer werdende Schimpansen zu sorgen, vollauf gewachsen fühlte. Tatsächlich ist Cherie Gray – die beruflich in der Ausbildung zur medizinisch-technischen Assistentin steht – eine ausgeglichene und unverkennbar intelligente junge Frau, die Primaten schon als Kind liebgewann. Als kleines

Mädchen besaß sie ein Äffchen, doch ganz obenan auf ihrer Liste erstrebenswerter Besitztümer standen immer Schimpansen. Sie las alles über Schimpansen, was sie nur in die Finger bekommen konnte, übersiedelte von Michigan nach Florida, weil das Klima hier diesen Tieren zuträglicher ist, und kaufte gemeinsam mit ihrem Ehemann in Südostflorida fünf Morgen Land, die sie später einmal in eine «Tierfarm» verwandeln wollte. Nachdem sie alle für den Besitz eines Schimpansen erforderlichen Genehmigungen eingeholt hatte, erwarb sie 1983 von Dr. William Lemmon vom Institute for Primate Studies in Norman, Oklahoma, für zehntausend Dollar ihr erstes Schimpansenbaby. Das Baby war ein Weibchen namens Rachel, und Cherie Gray schloß es ins Herz, wie wenn es ihr eigenes Kind wäre. «Schimpansen sind fast so wie Menschenkinder – man kann das nur schwer beschreiben. Als ich Rachel bekommen habe, war sie gerade erst fünf Wochen alt und wog etwa viereinhalb Pfund, und da entwickelt sich eine Bindung – wie zu einem kleinen Menschenkind.»

Über viele der Probleme, die auf sie zukamen, war Cherie Gray sich durchaus im klaren. «Ich glaube, eine Menge Leute, die sie im Fernsehen sehen, die sie im Zoo sehen, die sagen dann: ‹Gott, sind die niedlich! So einen will ich auch haben!› Sie haben keinen Begriff davon, wie stark diese Tiere sind und was man tatsächlich erst einmal für eine Anlage haben muß, um sie überhaupt halten zu können.» Sie selbst hatte einen Begriff von allem, wovon man einen haben mußte (dachte sie), und die Anlage stand bei ihr bereit, lange bevor sie Rachel kaufte.

Zu der Anlage gehörte natürlich auch ein Käfig. Aber in diesem Käfig hielt Rachel sich nie auf. «Ich brachte es nicht fertig, sie in einen Käfig zu stecken. Sie kreischte und schrie, und ich wollte nicht, daß sie neurotisch wird.» Also nahm Cherie Gray die Schimpansin zu sich ins Haus. «Sie wurde nicht so sehr als Schimpanse, sondern mehr wie ein Mensch aufgezogen.» Es war zwar ein Kinderbettchen für die Kleine da, aber nachts schlief sie bei ihrer menschlichen Pflegemutter. Sie trug Windelhöschen und Babykleidung und zuweilen auch Wollschühchen. Sie hatte einen Spielzeughasen und eine Sicherheitsdecke. Sie war sehr sauber; Baden und Zähneputzen morgens und abends gehörten für sie mit zum täglichen Ritual. Vom Tierarzt

bekam sie alle Impfungen, die auch kleine Kinder bekommen; diszipliniert wurde sie auf dieselbe Weise, wie kleine Kinder diszipliniert
werden, nur energischer. «Und sie war sehr, sehr brav und manierlich.» Am Ende, sagt Cherie Gray, war es für sie so, als hätte sie ein
menschliches Baby adoptiert, nur daß Rachel «vielleicht ein bißchen –
ein bißchen langsamer war. Wie ein geistig behindertes Kind, könnte
man sagen. Und *viel* stärker als ein Kind.»

Cherie Gray hatte sich Rachel in der Überzeugung angeschafft, daß
sie jetzt eine Menge über Schimpansen lernen und, um ihre eigenen
Worte zu gebrauchen, «sie lieben» werde. Außerdem stellte sie sich
vor, daß sie mit einer Schimpansenzucht vielleicht etwas für den Fortbestand der Spezies tun könne. Unter anderem aus dieser Überlegung
heraus kaufte sie ungefähr ein Jahr nach der Anschaffung Rachels von
Dr. Lemmon für weitere zehntausend Dollar ein männliches Schimpansenbaby namens Aaron. «Er hatte ein wirklich hübsches Gesicht»,
berichtet sie. Er lutschte am Daumen genau wie ein menschliches
Baby. Für den Transport von Oklahoma nach Florida steckte sie Aaron
in Babykleidung, wickelte ihn in eine Babydecke, stopfte ihn mit
ausreichend Babynahrung voll, damit er zufrieden einschlief, und
schleuste ihn als menschliches Baby an Bord einer Inland-Linien-
maschine. Daheim in Florida zog sie Aaron nicht viel anders auf als
Rachel – «und ich dachte daran, mit den beiden vielleicht irgendwann
einmal, wenn sie mir über den Kopf wuchsen, zu züchten. Sie würden
ein Gehege ganz für sich haben und wären nicht einsam.»

Leider ging nichts von dem, was Cherie Gray sich so liebevoll aus-
gedacht hatte, in Erfüllung. Ihre Ehe zerbrach. Ohne finanziellen
Rückhalt von seiten ihres Mannes konnte sie den Aufwand für eine
fünf Morgen große «Tierfarm» nicht mehr bestreiten. Auf Anraten
des Scheidungsrichters trennte sie sich von ihren Menschenaffen.
Blutenden Herzens verkaufte sie Aaron an eine Bekannte – Schimpansenbesitzerin wie sie selbst – in St. Petersburg, Florida. Aber bei
der Bekannten wurde Aaron schon bald aggressiv gegen die vierjährige Tochter. «Bei jeder Gelegenheit, die sich ihm bot, griff er sie an»,
erzählte mir die Bekannte, als ich sie besuchte. «Er lief durchs ganze
Zimmer, um sie zu beißen. Beim drittenmal biß er sie in den Bauch,
und mein Mann war dabei, als es passierte. Der stellte mich dann vor

die Wahl: entweder – oder.» Aaron «war schön», erinnert sich die Bekannte, «und bindungsmäßig klappte es zwischen uns wirklich prima.
Mir hat das Herz geblutet, daß ich mich von ihm trennen mußte. Als er
fort war, hab ich vierzehn Tage lang bloß noch geheult.» Nichtsdesto-
trotz wurde das junge Männchen an die Tierdresseure Boone Narr und
Sled Reynolds in Südkalifornien verkauft. Ich bekam Aaron – oder
«A. J.», wie er jetzt hieß – bei meinen Recherchen im Raum Hollywood
zu Gesicht: Er saß gelangweilt in einem Käfig herum. Wie ich inzwischen gehört habe, nähert er sich dem Alter, in dem Schimpansen-Ar-
tisten in Pension geschickt werden, und wird als Pensionär wahrscheinlich noch einmal in Florida in Privathand übergehen.

Wenn sie schildern soll, wie es mit Rachel weiterging, kann Cherie
Gray kaum die Tränen zurückhalten. «Sie war so süß. Es gibt einfach
keine Worte dafür, *wie* sehr ich sie liebe... ja, so ist es – ich liebe sie
noch immer.» Nicht zuletzt in Anbetracht dessen, was mit Aaron
passiert war, widerstrebte es ihr, Rachel in private Hände zu geben.
Etliche Privatpersonen hatten Interesse an Rachel als Haustier bekundet, aber Cherie Gray konnte ihre Zweifel, ob diese Leute in der
Lage seien, ihrem Chimp die richtige Pflege angedeihen zu lassen, bei
keinem der Interessenten überwinden; sie befürchtete, ihre wunder-
schöne Tochter könnte am Ende womöglich in der schlechtesten aller
möglichen Welten landen, in einem Labor, wo Schimpansen als Versuchstiere bei der Experimentalchirurgie oder der Aidsforschung eingesetzt werden. Darum verkaufte sie Rachel schließlich an ein Labor,
von dem sie die Überzeugung gewonnen hatte, daß es ordentlich geführt wurde und daß man dort willens und in der Lage war, ein noch
im Wachstum befindliches Schimpansenweibchen unterzubringen,
um es späterhin ausschließlich für die Zucht zu verwenden. Sie stattete dem Labor einen Besuch ab. «Und ich muß sagen, ich war sehr
angetan. Ich habe mir dort alles, was es überhaupt zu sehen gibt, ganz
genau angesehen. Es gab da keine verschlossenen Türen, hinter die
man keinen Blick hätte tun dürfen. Und ich weiß auch, daß die da gewisse Forschungen betreiben, aber sie haben mir – sie haben mir fest
versichert, daß Rachel für so etwas nie eingesetzt wird.»

Cherie Gray bleibt unbeirrbar dabei, daß die Leute in dem Labor ihr
zugesichert hätten, Rachel werde lediglich für die Zucht und auf gar

keinen Fall für Forschungszwecke eingesetzt. Da muß sich irgendein Mißverständnis eingeschlichen haben. Als ich das Labor besuchte, versicherte mir derselbe Mann, mit dem Cherie Gray verhandelt hatte, er habe niemals zugesagt, Rachel würde nicht zu Forschungsexperimenten herangezogen. Bei ihrer Ankunft im Labor war Rachel ein gesundes Schimpansenkind – von den vielen Strandausflügen mit ihrer menschlichen Pflegemutter sogar sonnengebräunt. Im Einzelkäfig schwand ihre Sonnenbräune dahin. Sie durchlief eine ausgedehnte Depressionsphase, ehe sie sich langsam an die Tatsache gewöhnte, daß sie kein Menschenkind in den Armen seiner Mutter mehr war, sondern ein Laborschimpanse in seinem Käfig. Und sie wurde zum lebenden Objekt von Forschungsexperimenten, die unter anderem chirurgische Eingriffe im Zusammenhang mit der computergesteuerten Erprobung neuer künstlicher Süßstoffe für Nutra Sweet einschlossen. Im übrigen hat sie die besten Aussichten, zum Wohl der Menschheit auch als Versuchstier in der Aids- und der Hepatitisforschung beizutragen.

Als Kind wurde der Schimpanse Chuck in Kleider gesteckt, bekam Winstons zu rauchen, Whisky zu trinken und bei Tisch Steaks vorgesetzt und durfte tagsüber in dem Geschäft seines Besitzers, dem «Bel-Aire»-Schönheitssalon in Norfolk, Virginia, herumlungern. Aber mit sechs Jahren war Chuck dann für ein Hätscheltier zu stark geworden, also schenkte man ihn dem Lafayette-Zoo in Norfolk. Chuck war ein verwöhntes Menschenkind. Nun sollte er sich in ein gewöhnliches Zootier verwandeln, sich von Besuchern begaffen lassen und seinen gefängniszellenartigen Außenkäfig am «Affenhaus» und den dazugehörigen kleineren Käfig im Haus drin mit einem Schimpansenweibchen namens Judy teilen. Doch Chuck gewöhnte sich nie an die veränderten Lebensumstände, am allerwenigsten an die Hänseleien mancher Zoobesucher, die sich, einem Augenzeugen zufolge, «einen Spaß daraus machten, diese bedauernswerten Geschöpfe zu quälen, indem sie ihnen zuriefen, an den Käfigstangen rüttelten, ja die Chimps sogar mit Gegenständen bewarfen, bis sie wütend wurden». Chuck pflegte in solchen Fällen die Besucher mit seinem Kot zu bewerfen und, wenn die Wut ihn übermannte, seine Käfiggenossin

Judy zu attackieren. Wie eine ehemalige Mitarbeiterin des «Bel-Aire»-Salons einmal sagte: «Es war das gleiche, wie wenn man ein kleines Kind in den Zoo gesteckt hätte.»

Der Direktor des Lafayette-Zoos, Gary Ochsenbein, erkannte schließlich, wie qualvoll die Situation und wie mangelhaft die Unterbringung der beiden Schimpansen in seinem Institut war. Nachdem Chuck fünfzehn Jahre lang als Schaustück gedient hatte, bot Ochsenbein per Inserat in einem speziellen Informationsblatt Chuck und Judy auf dem Labortiermarkt an: Die Tiere seien gratis für «nichtinvasive, nichtterminale Forschungen» abzugeben. Die Tierfreunde in Norfolk und Umgebung tobten, und schließlich empfing Ochsenbein eine Abordnung von ihnen, der er klarmachte, daß er 1,25 Millionen Dollar benötigen würde, um für die Schimpansen ein geeignetes Quartier zu bauen. Diese Tiere, so Ochsenbein vor seinen versammelten Kritikern, seien «wie Adoptivkinder. Wir tun unser Möglichstes, um sicherzustellen, daß sie gut untergebracht werden.» Und zu guter Letzt fand sich auch ein geeigneter Unterbringungsort für Chuck und Judy: das Asyl für mißhandelte oder verstoßene Tier- und Menschenaffen Primarily Primates in San Antonio, Texas. Wally Swett, der Leiter von Primarily Primates, erklärte sich bereit, Chuck und Judy in seine Obhut zu nehmen, wies jedoch darauf hin, daß die Kosten der Überführung der Tiere von Norfolk nach San Antonio und der Ausstattung des Asyls mit einem zweckentsprechenden neuen Käfig – rund fünfzigtausend Dollar – von anderer Seite übernommen werden müßten. Primarily Primates sei lediglich in der Lage, die Kosten für voraussichtlich weitere dreißig Jahre Ernährung und Pflege zu tragen.

Die fünfzigtausend Dollar wurden zur Hälfte von Privatleuten und privaten Vereinigungen gespendet, zur anderen Hälfte von der Stadt Norfolk zugeschossen. Chuck und Judy wanderten zu Primarily Primates – allerdings nicht ohne daß irgend jemand zuvor in der Öffentlichkeit das Wort «Rehabilitation» fallen ließ, weil ihm plötzlich aufging, daß ein Tier, das als Menschenkind aufgewachsen und dann fünfzehn Jahre lang in einer Art Gefängniszelle im Zoo ausgestellt worden war, psychisch ganz schön verbogen sein müsse. In einem mehrteiligen Artikel Lawrence Maddrys in der Lokalzeitung *Virgi-*

nian-Pilot wurde aus der «Rehabilitation» eine «Therapie» für verrückt gewordene Tiere. Und aus dem Transport- und Unterbrin-
gungskostenzuschuß der Stadt Norfolk wurden bei einem anderen
Journalisten des *Virginian-Pilot* Mittel für eine «psychiatrische Behandlung». Als die Story dann in der Hauptstadt ankam, erfuhren die
Leser der *Washington Post*, daß in Virginia zwei Schimpansen in eine
«psychiatrische Anstalt» eingewiesen worden waren, weil sie «mit
dem Leben hinter Gittern einfach nicht mehr fertig werden». Und als
später auch noch Briefkastentante Ann Landers ihren Senf dazugab,
war aus der Geschichte bereits ein Fall von epidemischer Geistesver-
wirrung in der Stadt Norfolk geworden, wo die Stadtverordnetenver-
sammlung beschlossen hatte, fünfundzwanzigtausend Dollar für «die
psychiatrische Betreuung zweier verrückt gewordener Schimpansen
des städtischen Tiergartens» auszugeben. Frau Landers konnte sich
bei dieser Gelegenheit des köstlichen Bonmots nicht enthalten, daß
die Stadt Norfolk sich ihrem Eindruck nach hier wohl «selbst ein bißchen äffisch» aufgeführt habe.
    Wir sind mit diesen Wesen nicht im reinen. Wir benutzen sie als
Ersatzbabys, sie sind für uns die geliebten Kinder, solange uns dieses
Phantasma in den Kram paßt. Paßt es uns nicht mehr in den Kram,
werden sie umgehend wieder zu Tieren gemacht – zu lebenden Sachen ohne besonderen Wert, abgesehen von der Komik, die wir ihren
Daseinsumständen abgewinnen.

3

    Werden Schimpansen in Privathand einerseits bis zum Ex-
zeß wie menschliche Kinder behandelt, so gibt es andererseits auch
etliche schimpansenbesitzende Privatleute, die ihre Schützlinge unter Bedingungen halten, die sie keinem Hund zumuten würden. Ich
fürchte, das noch junge, offensichtlich unterernährte erwachsene
Männchen, das kürzlich in einer finsteren Ecke eines texanischen
Leihhauses gesichtet wurde, wo es einsam einen Käfig bewohnt,
dessen Abmessungen einhundertachtzig auf zweihundertfünfzig auf
einhundertachtzig Zentimeter betragen und in dem zum fraglichen
Zeitpunkt weder irgendein Einrichtungsgegenstand noch Spielzeug

noch Spuren von Nahrung oder auch nur eine Schüssel mit Wasser zu sehen waren – ich fürchte, diese Kreatur hat seit geraumer Zeit weder einen Fuß aus ihrem Gefängnis hinausgesetzt noch Zuwendung oder gar Liebe erfahren. Und auch wenn ich an die zwei Schimpansen namens Daphney und Sam denke, die vor nicht allzu langer Zeit auf einem Raststättengelände im Nordwesten der USA beobachtet wurden, habe ich so meine Zweifel, ob die beiden die richtige Pflege erhalten. Jemand, der den Betrieb 1989 inspizierte, berichtete anschließend: «Der Käfig war zwar sauber, aber die Schimpansen waren unverkennbar beide depressiv. Daphney war mit angetrocknetem Kot bedeckt. Sie lag, auf die Seite gerollt, auf dem Boden und starrte während der gesamten über zwei Stunden, die wir sie beobachteten, mit glasigen Augen vor sich hin. Sam saß apathisch auf einem großen Autoreifen und tat nichts weiter als sich kratzen und in der Nase bohren. Sein Fell war stumpf, und er wirkte sehr gedrückt.»

Ende der siebziger Jahre ließ ein Freizeitparkbesitzer bei der Auflösung seines Geschäfts die Schimpansenbrüder Sam und Rudy auf einer Farm in Boone County, Kentucky zurück. Die beiden Heranwachsenden landeten später in der Gegend von Cincinnati, wo jemand sie im Laderaum eines Transporters hielt und sie von jedermann besichtigen ließ, der bereit war, mit einer Geldspende zu ihrer Ernährung mit Süßigkeiten und Limonade beizutragen. Dann wurde Rudy an einen jungen Schweißer verkauft, der ihm als erstes einen Käfig schweißte, aber nach wenigen Wochen zu dem Schluß kam, daß er mit der Sorge für das Tier überfordert war, und daraufhin erwog, Rudy einschläfern zu lassen. Die Tierfreunde Jeremie und Jo Folger erboten sich, Rudys Leben zu retten. Sie riefen jeden größeren Zoo in den Vereinigten Staaten an und machten die Erfahrung, daß kein einziger ein heranwachsendes Schimpansenmännchen haben wollte. Schließlich baute das Ehepaar Folger in einem Erdgeschoßzimmer seines Hauses einen großen Käfig, den Rudy anderthalb Jahre lang bewohnte. Aber der Schimpanse konnte seine Arme nach oben aus dem Käfig hinausstecken und riß die Zimmerdecke herunter. Außerdem konnte Rudy seinen Käfig mittels Rukken und Gewichtsverlagerung im Zimmer herumbewegen, so daß er im Zuge der Aufregung, in die er regelmäßig bei Football-Übertragungen im Fernsehen geriet, mehr als einmal den Fernsehapparat zerdepperte. 1987 gaben die Folgers den Schimpansen in die Obhut von Primarily Primates.

Etwa um die Zeit, als Rudy in die Hände des Schweißers überging, wurde sein Bruder Sam an den Besitzer eines Kanuverleihs in Loveland, Ohio, verkauft. Der Kanuverleiher pflegte Sam an der Leine spazierenzuführen (mag sein, weil er sich dabei in seiner Phantasie als einen Clint Eastwood mit *Every-Which-Way-But-Loose*-Orang-Utan sehen konnte). Nachdem Sam eines Tages seinen Besitzer in die Hand gebissen hatte, wurde er weiterverkauft an Ken Harris, den Inhaber des Train Stop Inn, einer Bar in Foster, Ohio, nördlich von Cincinnati. Harris hatte keinen Zwinger, in dem er Sam hätte unterbringen können, aber vor dem Train Stop Inn gab es eine ausbetonierte Grube – eine ausgediente Zisterne vielleicht oder ein altes Fundament. Diese Grube wurde zu einer notdürftigen Unterkunft für Sam umfunktioniert, und als Tina Nelson, eine Ermittlerin der Humane Society of the United States, Anfang 1987 Anzeigen des Inhalts nachging, daß hier ein Schimpanse in einer Zisterne gehalten würde, fand sie an Ort und Stelle ein ausbetoniertes Erdloch vor, in dem es, wie sie sich erinnert, «so finster war, daß beim Aufmachen der Tür als erstes die Augen des Chimps zu sehen waren, die sich, während sie mitzukriegen versuchten, was da vorging, auf das eindringende Licht einstellten». Sams Besitzer Ken Harris reichte seinem Schimpansen erst einmal eine Zigarette, während es Tina Nelson beinahe schwarz vor den Augen wurde von dem Gestank, der in dem Loch herrschte: Es gab keine Fenster, kein Wasser, keine Lüftung, dafür aber massenweise leere Bierdosen, Papierbecher, Zigarettenkippen, Einwickelpapier und Schimpansenkot auf dem Boden.

Tina Nelson und die Humane Society erreichten, daß Sam am 15. April 1987 beschlagnahmt und vorläufig von der Ohio State University in Columbus in Gewahrsam genommen wurde. Gegen Ken Harris wurde, mit gleichzeitiger Festsetzung des Verhandlungstermins, ein Gerichtsverfahren wegen Tierquälerei eingeleitet. Das scheint dem Kneipier in die Knochen gefahren zu sein; jedenfalls ließ

er die Zisterne generalüberholen: säubern, ausbessern, anstreichen
und etliches mehr. Der Raum wurde mit Fernseher, Radio und Kühlschrank ausgestattet. Ein oberirdischer Käfig wurde aufgesetzt, so
daß der Insasse des unterirdischen Lochs künftig würde durch eine
Luke ins Freie kriechen können, um frische Luft zu schnappen und
den Ausblick zu genießen.

Harris' Anwalt beantragte Freispruch und verlangte ein Schwurge-
richtsverfahren. Der Presse teilte er mit, Sams Unterkunft sei sehr
geräumig, viereinhalb auf fünfeinhalb Meter im Grundriß, dazu mit
Fernseher, Radio und Kühlschrank ausgestattet. Die neue Anlage ließ
er vom US-Landwirtschaftsministerium absegnen. Und er begann
sich öffentlich den Kopf darüber zu zerbrechen, wie es wohl dem armen Sam an der Ohio State University ergehen werde, «hinter
Schloß und Riegel in einem Edelstahlkäfig, ohne seine Freunde und
die gewohnte Nahrung». Um gar nicht erst den Gedanken aufkommen zu lassen, Sam könne in seinem behördlich approbierten neuen
Quartier draußen vor der Bar vielleicht Einsamkeitsgefühle bekommen, trieben der Anwalt und Harris ein Schimpansenweibchen auf –
es hieß Susie – und arrangierten mit viel medienwirksamem Trara
eine «Heirat», die gleich bei Sams Rückkehr stattfinden sollte. Außer
dem Umstand, daß Sam in einem finsteren unterirdischen Loch gehalten wurde, hatte die Humane Society auch beanstandet, daß er
regelmäßig mit Zigaretten und Bier versorgt worden war – ein Kritik-
punkt, den der gerissene Anwalt vor Presseleuten geschickt ins Lä-
cherliche zu ziehen verstand: «Sam befindet sich zur Zeit in den Händen wohlmeinender Yuppies, von denen wir ihn, fürchte ich, zum
Zwiebelkuchenesser und Chablistrinker umerzogen zurückerhalten
werden. Über Bier, Kartoffelchips und Zigaretten wird er dann nur
noch die Nase rümpfen können.» Die Sottise schien den Zeitungs-
schreibern gefallen zu haben, denn sie beantworteten sie mit einem
Schwall von lustig-sein-sollenden Artikeln, die Überschriften trugen
wie Schimpansenbesitzer: «Hilfe, mein Chimp wird etepetete!»,
«Hat Lebemann Sam zu arg über die Stränge gehauen?», «Affenfut-
ter bringt Tierfreunde auf die Palme» oder «Sam der Chimp gewöhnt
sich in sechswöchiger Klausur das Lasterleben ab». Der Anwalt
kaufte sich einen aufblasbaren Gummiaffen und schnallte ihn aufge-

blasen auf den Rücksitz seines Motorrads, mit dem er regelmäßig durch die Stadt brauste. Ein «Rettet-Sam-den-Chimp»-Spendenfond wurde ins Leben gerufen, und in den Kneipen der Gegend standen Sammelbüchsen für Spenden auf der Theke. Auf allen Büchsen prangte das Foto einer üppigen barbusigen Schönheit mit der Unterschrift: «Hände weg von meinem Affen!»

Am Ende war ein mit ihresgleichen besetzter Geschworenenausschuß offenbar mit Harris und seinem Anwalt der Meinung, daß man die ganze Angelegenheit nur als Witz nehmen könne. Ken Harris wurde von der Anklage der Tierquälerei freigesprochen und Sam in sein aufgemöbeltes Quartier vor dem Train Stop Inn zurückverfrachtet.

An dem Abend, als ich zum Train Stop Inn hinausfuhr, ging draußen ein Gewitter nieder. Die Bar befindet sich im Erdgeschoß eines zweistöckigen Beton-und-Backstein-Gebäudes, das direkt neben einer lauten Fernstraße am Ufer eines trägen, blaßgrünen Flusses steht. Ich parkte auf einem nicht asphaltierten und nicht geschotterten Platz neben dem Haus. Vom geparkten Auto aus hatte ich Sams oberirdischen Käfig im Blick. Als der Regen ein wenig nachließ, sah ich Sam aus seinem unterirdischen Quartier ins Freie kriechen und zusammengeduckt durch die Gitterstäbe spähen, während mächtige Blitze den schwarzen Himmel hinter ihm spalteten und Donnerkrachen rundum die Luft erfüllte. Ich stieg aus und ging nach vorn zu dem Käfig mit Betonboden, von dem ein Kellerlukeneingang in den unterirdischen Teil des Quartiers hinabführte. Sam saß da und rührte sich nicht. Auf der Fernstraße brandete der Verkehr. Außen um den Käfig aus Stahlstangen war in einigem Abstand mit Maschendraht ein zweiter Käfig gezogen, der offenbar den Zweck hatte, Barbesucher auf Distanz zu halten. Trotzdem waren die Spuren der Großzügigkeit, die die Barbesucher Sam gegenüber walten ließen, nicht zu übersehen: zwei Dutzend Zigarettenkippen und ein paar abgerissene Bierdosenverschlüsse auf dem Käfigboden. Von drunten aus seinem Bunker drang durch die Kellerluke der Lärm des auf volle Lautstärke gedrehten Fernsehers herauf.

Ich betrat den Train Stop Inn – einen kleinen, verräucherten Raum mit einem Billardtisch, einem Hirschgeweih an der Wand und ein

paar kartenspielenden Gästen an einem der Tische – und setzte mich
an die Bar. Ich bestellte einen Drink und fragte die Frau hinter dem
Tresen, ob Ken Harris da sei. Sie sagte nein, aber ihr Mann wäre bald
wieder zurück. Sie wirkte ausgesprochen sympathisch, und während
sie Getränke ausschenkte und sich um das Essen auf dem Elektrobrä-
ter kümmerte, beantwortete sie mir ein paar Fragen zu Sam. Sie
sagte, ab und zu kommen die Pfadfindermädchen hier heraus, um
Sam etwas vorzusingen. Sam mag das. Sam mag Kinder. Einen
Schimpansen haben, meinte sie, das ist so, als ob man ein geistig
behindertes Kind hat. Wenn sie und ihr Mann das Gefühl haben, daß
Sam mal wieder ein bißchen frische Luft braucht, fahren sie den Kä-
fig-Anhänger mit dem Pkw im Rückwärtsgang an Sams Käfig heran.
Sam klettert hinein, und dann machen sie mit ihm eine Spritztour. Es
kommen Leute hierher, speziell um sich Sam anzusehen, und sie bieten ihm Bier und Zigaretten an. Sie kriechen unter dem Drahtzaun
durch und langen ihm Dosenbier rein. Sie mag das nicht, weil sie
hinterher den ganzen Müll wegräumen muß. Außerdem muß sie
Sam jede Woche sechs, sieben Feuerzeuge wegnehmen, denn die
Leute geben ihm erst Zigaretten, dann geben sie ihm ein Feuerzeug,
und er gibt natürlich das Feuerzeug nicht zurück. Sam ist unser
Haustier, sagte sie, er ist nicht für die Gäste da, damit die ihren Spaß
haben. Sie hat schon oft gedacht, daß viele von den Leuten, die Sam
ansehen kommen, eigentlich in den Käfig gehören und daß Sam nach
draußen gehört.

Nachdem ich eine halbe Stunde gewartet hatte, kam Ken Harris
herein, triefnaß, einen zerbeulten Military-Drillichhut auf dem
kurzgeschorenen grauen Haar, mich kaum eines Blickes durch seine
dicken Brillengläser würdigend, während er mir flüchtig die Hand
drückte. Er setzte sich neben mich an die Bar und sagte mir ein paar
Worte über Sam. Sam ist jetzt achtzehn Jahre alt. Er sieht sich gern
die Familienserien im Fernsehen an. Er ißt Fertigfutter für Affen,
dazu Obst und Früchte – Bananen, Äpfel, Trauben. Sie hatten eine
Freundin für Sam aufgetrieben – Susie – und hatten gehofft, die beiden paaren zu können, aber dann hat es sie bei einem Großbrand
Anfang des Jahres «erwischt».

Harris war höflich, aber nicht sehr gesprächig. Auf dem Weg zum

Auto verabschiedete ich mich von dem Menschenaffen, der draußen vor der Tür unter dem immer noch blitzespeienden und donnergrollenden Himmel saß, allein und wie auf verlorenem Posten, dachte ich, «in seiner Zell'».

10 Mit Worten versehen, in Fels gesperrt

PROSPERO (ZU CALIBAN):
Da du, Wilder, selbst nicht wußtest, was du
wolltest, sondern nur höchst viehisch kollertest,
versah ich dich mit Worten, deine Meinung
kundzutun.
Doch deiner niedern Art, obwohl du lerntest, hing
etwas an, das edlere Naturen nicht um sich leiden
konnten: darum wardst du verdienterweis' in
diesen Fels gesperrt.

Ich nahm auf der Couch Platz, und ein junges Schimpansen-weibchen wurde ins Zimmer komplimentiert. Seine Ersatzeltern, Jane und Maurice Temerlin, stellten sich ein wenig abseits, um zu beobachten, was passieren würde. Lucy kam zu mir, setzte sich dicht neben mich auf das Sofa und tat lange, lange nichts, als mir tief in die Augen zu blicken. Mir wurde dabei einigermaßen komisch zumute. Fragen drängten sich mir auf: «Was denkt sie wohl? Überlegt sie, wie sie mich einordnen soll? Fragt sie sich, wer ich bin? Was ich hier will? Was bringt ihr dieser eindringliche, forschende Blick?» Direkt in fremde Augen zu blicken, ist bei Tieren nicht gebräuchlich. Die wenigsten Tiere tun es. Doch Schimpansen lassen sich auf den forschenden Blick des Menschen direkt in die Augen ein und erwidern ihn. An jenem Tag fühlte ich mich bei Augenkontakt mit Lucy ein wenig entnervt. Ich verstand wenig von in Gefangenschaft gezogenen Schimpansen, und ich hatte noch niemals dicht an dicht neben einer fast ausgereiften Schimpansin auf einem Sofa gesessen. (Sie war etwa acht Jahre alt und körperlich so entwickelt wie eine Zehnjährige in freier Wildbahn.) Was mag sie von mir halten? dachte ich immer wieder. Anscheinend fiel das Ergebnis ihrer Inaugenscheinnahme zu ihrer Zufriedenheit aus, denn mit einemmal drückte sie mir ihre Lippen zu einem großen, feuchten Schimpansenschmatz auf die untere Gesichtspartie.

Dann verfügte sich Lucy in die Küche. Sie öffnete zwei Schränke und entnahm dem einen ein Glas, dem anderen eine Flasche Gin. Sie öffnete den Kühlschrank, griff sich eine Flasche Tonic Water und machte die Kühlschranktür so sorgsam und bedächtig wieder zu, als koste sie genüßlich jede Einzelheit einer lustvollen Aktivität aus. Nachdem sie mit den Zähnen gewandt den Kronkorkenverschluß von der Tonicflasche entfernt hatte, mixte sie sich einen hochprozentigen Drink. In der einen Hand das Glas, kam sie ins Wohnzimmer zurück und stellte den Fernseher an. Nachdem sie sich durch alle Kanäle gezappt hatte, ohne etwas nach ihrem Geschmack zu finden, machte sie den Apparat wieder aus und fläzte sich mit ihrem Gin-Tonic und einer Illustrierten in einen Sessel. Es war erstaunlich.

Hintergrund meines Besuchs war ein Vortrag, den ich an der University of Oklahoma halten sollte. Am Abend brach ich zur Universität auf, und da Lucys menschliche Eltern mitkommen wollten, um sich den Vortrag anzuhören, mußte Lucy in ihrem Zimmer eingeschlossen werden. Sie hatte natürlich ein sehr schönes Zimmer, aber eingeschlossen war eingeschlossen. Ich erinnere mich noch lebhaft daran, wie offensichtlich verstimmt Lucy war, als wir zurückkamen. Wie ein Kind, das sich von seinen Eltern schlecht behandelt fühlt, weigerte sie sich, mit den Temerlins zu «sprechen». Ich war natürlich prima und wurde mit Gunstbeweisen überschüttet. Aber «Mama» und «Papa» waren böse, weil sie die arme Lucy eingesperrt hatten, und wurden eine gute halbe Stunde lang einfach übersehen. Ich war baff angesichts dieses Verhaltens, denn in freier Natur benehmen sich junge Schimpansen zuweilen ganz ähnlich, wenn sie durch Zufall von der Mutter getrennt werden. Solange der Kontakt unterbrochen ist, bekunden sie mit lautem Schreien, ja Kreischen beträchtlichen Kummer. Kommt jedoch die Mutter wieder in Sicht, findet durchaus nicht die überschwengliche Begrüßung mit Umarmen und Küssen statt, mit der man als Beobachter vielleicht gerechnet hat. Vielmehr bewegt sich das Kind achtlos und wie von ungefähr auf die Mutter zu oder ignoriert sie sogar. Diese betonte Frostigkeit scheint die Botschaft übermitteln zu wollen: «Du bist böse, sonst hättest du mich nicht allein gelassen».

Lucy hätte etwas in diesem Sinne sogar tatsächlich sagen – oder zumindest in Zeichensprache ausdrücken – können, denn sie erhielt

Unterricht in der Taubstummensprache ASL (American Sign Language). Bei anderer Gelegenheit klagte sie, als sie in ihr Zimmer eingeschlossen worden war, einem Besucher ihr Leid, indem sie ihm in ASL signalisierte: «Lucy — traurig — weinen.» Während meines Besuchs beobachtete ich, wie Lucy beim Durchblättern ihrer Illustrierten gleichsam im Selbstgespräch wiederholt ASL-Zeichen machte. Jane Temerlin übersetzte für mich. «Blau» signalisierte Lucy beim Anblick eines Fotos, das eine Frau in blauem Kleid zeigte; «das: Hund», konstatierte sie, als beim Umblättern das Bild eines Spielzeugpudels zum Vorschein kam. Und so weiter, bis sie die Illustrierte durch hatte. Sie machte keinen einzigen Fehler, sie bezeichnete nur auf einem Teil der Seiten die dort abgebildeten Dinge, und sie war vollkommen in ihr Geschäft vertieft und zollte weder Jane noch mir die geringste Beachtung. Am Ende fragte Jane in ASL: «Wessen Illustrierte?», und Lucy antwortete: «Meine — Lucys.»

1

Lucy wurde 1964 in Bob und Mae Noells Kolonie von pensionierten Freizeitparkschimpansen in Tarpon Springs, Florida, geboren. Als Lucy zwei Tage alt war, betäubte man ihre Mutter mit einer präparierten Coca Cola und nahm ihr die Kleine weg. In eine Babydecke eingewickelt und in einer Babytragetasche verstaut, wurde sie als menschliches Baby verkleidet in einer Linienmaschine nach Oklahoma befördert. Mae Noell, die stets sehr auf das Wohlergehen der in ihrer Kolonie gezüchteten Menschenaffenbabys bedacht war, erzählte mir, daß Lucy an William Lemmon, den Leiter des Institute for Primate Studies in Norman, Oklahoma, unter der – schriftlichen – Bedingung verkauft worden sei, daß sie ausschließlich für ein nichtinvasives Verhaltensforschungsprojekt – für «sanfte» Forschung – verwendet und nach Beendigung des Projekts wieder nach Tarpon Springs überstellt würde. Sie wurde nie zurückgegeben.

Der neue Besitzer William Lemmon gab Lucy an seine Sekretärin Jane Temerlin und ihren Ehemann Maurice, einen klinischen Psychologen und Psychotherapeuten, weiter. Das Vorhaben der Temerlins war einfach: Lucy sollte ohne jeglichen Kontakt mit Artgenossen aufwachsen und soweit überhaupt nur möglich wie ein Menschenkind behandelt werden. Man würde sie zwingen, als Mensch aufzuwachsen.

Die kleine Menschenäffin wurde von ihrer Adoptivmutter mit einer Babyflasche gefüttert und an der Brust gewiegt. Sie wurde in Windeln gewickelt, zum Füttern in den Hochstuhl gesetzt und schrittchenweise an Babynahrung gewöhnt. Sie wurde auf die üblichen Kinderkrankheiten untersucht und erhielt die gleichen Impfungen wie ein Menschenkind, und zwar nicht von einem Tiermediziner, sondern von einem Kinderarzt. Sie schlief erst in einem Kinderbettchen im Schlafzimmer der Temerlins und später, von dem Zeitpunkt an, wo sie von allein aus dem Kinderbettchen klettern konnte, bei den Temerlins im Bett «auf der Ritze». Sie hatte ein Spielzimmer für sich, Spielsachen, Bücher, Illustrierte, ein Fernsehgerät und häufig auch Zugang zu den anderen Teilen des Hauses – beispielsweise zum Kühlschrank, aus dem sie sich mit ihren Lieblingsleckereien versorgte. Das leibliche Kind der Temerlins, Steve, wurde Lucys Bruder und der Hund der Familie, ein Chow-Chow namens Nanuq, ihr Haustier und Spielgefährte. Zeitweilig hatte Lucy auch ihr eigenes Kätzchen.

Als sie aus dem Hochstuhl herausgewachsen war, lernte sie auf einem normalen Stuhl bei der Familie am Essenstisch sitzen, mit Messer, Gabel und Löffel essen und aus dem Glas und der Tasse trinken. Lucy konnte den Wassertopf am Hahn füllen, den Gasbrenner in Gang setzen, sich eine Tasse und einen Teebeutel herbeiholen – kurz, wenn ihr der Sinn nach Tee stand, war sie in der Lage, sich ihn ohne allzu große Probleme selber zu machen. Sie lernte nicht nur mit Schraubenzieher, Schraubenschlüssel und Zange, sondern auch mit einem ganzen Schwung der gängigsten anderen Haushaltswerkzeuge und -utensilien umgehen: mit Bleistiften, Wachsfarbstiften, Spiegel, Kamm, Bürste, Papierkorb, Lichtschaltern, Staubsauger, Zündhölzern, Feuerzeug, Aschenbecher, Rechen, Schaufel, Eimer, Gartenschlauch, Schlüssel. Einmal verschaffte sie sich Zutritt zur verschlossenen Küche, indem sie die Türangeln abschraubte. Mehr als einmal befreite sie sich, wenn sie in ihrem Zimmer eingesperrt wurde, aus ihrem Gefängnis, indem sie die Tür mit einem im Maul versteckten

Zweitschlüssel öffnete, sobald die Temerlins aus dem Haus waren. Offenbar nicht ohne Vorbedacht schlug sie hinter Maurice Temerlin just bei der Gelegenheit die Verandatür von innen zu und drehte den Schlüssel um, als ihr Ziehvater aus irgendeinem Anlaß mal schnell im Adamskostüm nach draußen gehuscht war. Es blieb ihm nichts übrig, als eine Fensterscheibe einzuschlagen, um wieder ins Haus zu kommen.

Aber die «erfindungsreichsten Formen des Werkzeuggebrauchs», schreibt Temerlin in seinem Buch *Lucy: Growing up Human* (Lucy – Aufwachsen wie ein Mensch), reservierte die Schimpansin sich für die Erkundung des eigenen Körpers und das Masturbieren. Mit Hilfe eines Handspiegels nahm sie ihre Mundhöhle und ihre Vagina in Augenschein, mit den Griffen einer Zange spreizte sie zwecks genauerer Exploration ihre Vulva auseinander, und einen Bleistift verwendete sie dazu, ihre Klitoris zu bestreichen. Es kam vor, daß sie den Staubsauger aus dem Besenschrank holte, den Stecker in die Steckdose steckte, das Rohr mit der Saugdüse vom Schlauch löste, das Gerät anstellte und sich mit dem saugenden Schlauchstutzen genüßlich über den ganzen Körper fuhr, um sich schließlich ganz auf die Genitalien zu konzentrieren. Spätestens vom Adoleszenzalter an hatte Lucy dann eine ausgesprochene Vorliebe für die Nacktfotos von Männern in dem Magazin *Playgirl*, vor allem für die Penisse. (Die weiblichen Nackedeis im *Playboy* ließen sie kalt.) Maurice Temerlin zeichnet das anschauliche Bild einer Lucy, die das neueste *Playgirl*-Heft durchblättert und dabei mit der Zeigefingerkuppe enthusiasmiert über die Penisse der abgebildeten Herren streicht, manchmal auch mit dem Fingernagel so gierig daran schabt, daß es zu Kratzern oder regelrechten Verstümmelungen kommt, um dann zuletzt das in der Heftmitte befindliche Faltblatt auf dem Boden auszuklappen, sich darauf zu hocken und ihr Genitale rhythmisch an dem Penis des abgebildeten nackten Adonis zu reiben.

Lucy erwies sich als hochgradig sensibel und emotional differenziert. Bei einer bestimmten Gelegenheit fand Maurice Temerlin heraus, daß er sie dazu bringen konnte, von ihr nicht sonderlich geschätzte Speisen aufzuessen, indem er ihr eine Rolle vorspielte, die er im privaten Sprachgebrauch als «jiddische Momme» bezeichnete.

Das sah dann ungefähr so aus: «Um der Liebe Gottes willen, Lucy, denk an die armen hungernden Schimpansen in Afrika!» hob er an zu lamentieren – und Lucy begann zögernd ein paar Bissen zu nehmen. Als nächstes jaulte er vielleicht so etwas wie: «Iß wenigstens noch drei Bissen für deinen armen geplagten Vater, der dich liebt, obwohl du es nicht verdient hast» – woraufhin Lucy dann schon etwas eifriger zulangte. Er schließlich, mit aufgesetzter Theatralik: «Ich sehe schon, du bringst mich noch ins Grab» – mit dem Erfolg, daß Lucy ihren Teller leerputzte. «Die lebhaftesten Farben auf ihrer Gefühlspalette», beschließt Maurice Temerlin dieses Kapitel, «sind – neben vielen anderen – Zuneigung, Zorn, Furcht, Freude, Zärtlichkeit, Habgier, Eifersucht, Angst, Sorge und Fürsorglichkeit.» Die Zuneigung, die sie gegenüber den Mitgliedern ihrer unmittelbaren menschlichen Familie an den Tag legte, war «so stark, daß ich nicht zögern würde, ihr den Namen Liebe zu geben».

Lucy lernte sprechen. Schimpansen besitzen nicht die anatomische Ausstattung, um artikulierte Laute bilden zu können, dafür aber sehr geschickte Hände, so daß ihr «Sprechen» zwangsläufig Benutzung einer Zeichensprache ist. Doktoranden des Institute for Primate Studies, die schon am Institut Schimpansen in Zeichensprache unterrichtet hatten, kamen regelmäßig zu den Temerlins ins Haus und gaben Lucy Unterricht. Am Ende umfaßte ihr Vokabular über hundert Zeichen aus unterschiedlichen Wortarten: Nomina, Pronomina, Verben, Modifikatoren und so weiter. Nachdem sie diesen Grundwortschatz erworben hatte, war sie in der Lage, Fragen und direkte Aussagen zu formulieren, völlig neue Zeichen zu erfinden und alte Zeichen in kreativer Weise neu zu kombinieren. So zum Beispiel benannte sie, nachdem sie in einen Rettich gebissen hatte, dieses ihr bislang unbekannte Gemüse mit der Kombination der vertrauten Zeichen «weinen – wehtun – Nahrungsmittel». Eine Zwiebel wurde für Lucy zur «Weinen-Frucht». Zitrusfrüchte waren «Riech-Früchte». Eine Wassermelone erhielt den Namen «Bonbon-Frucht». Lucy war offenkundig auch des Doppelspiels und der Täuschung fähig – die Temerlins kannten mit der Zeit schon den schuldbewußten, heimlichtuerischen Ausdruck, den sie hatte, wenn sie wieder einmal verstohlen einen gemopsten Schlüssel oder Schraubenzieher beiseite

schaffte –, aber sobald sie die Zeichensprache erlernt hatte, konnte sie
auch mit Symbolen täuschen. Eines Tages hatte sie einen Haufen ins
Zimmer gemacht. Roger Fouts, ihr Lehrer, besah sich das Corpus
delicti und fragte sie in Zeichensprache: «Was ist das?»

> Lucy spielte die Ahnungslose: «Lucy nicht wissen.»
> Roger insistierte: «Doch, du weißt es. Was ist das?»
> Lucy begann einzulenken: «Schmutzig-schmutzig.»
> Roger weiter: «Von wem schmutzig-schmutzig?»
> Mit einer Lüge versuchte Lucy das Mißgeschick einer von Rogers
> Kolleginnen in die Schuhe zu schieben: «Von Sue.»
> Damit ließ Roger sich nicht abspeisen: «Das ist nicht von Sue. Von wem
> ist es?»
> Lucy verstieg sich zu einer noch frecheren Lüge: «Von Roger.»
> Roger blieb hartnäckig: «Nein! Von Roger ist es nicht. Von wem ist
> es?»
> Jetzt gab Lucy auf: «Lucy schmutzig-schmutzig. Leidtun Lucy.»

Wenn es Sinn und Zweck des Experiments war, Lucy zu vermenschlichen, so hatte es zumindest insoweit Erfolg, als die Probandin in
Maurice Temerlins Denken und Empfinden ganz zum Menschen
wurde. In seinem Buch erzählt Temerlin, wie er selber sagt, «die Geschichte meiner Tochter». Diese Gefühlsbindung entwickelte sich
schon sehr früh: «Bald nachdem wir Lucy adoptiert hatten, begann
ich sie rückhaltlos zu lieben. Ich weiß nicht mehr, wie lange es dauerte – ich nehme an, nicht länger als etwa eine Woche –, bis ich in
bezug auf Lucy die Mensch-Tier-Differenzierung aufgab. Sie war
meine Tochter, und damit basta!» So wurde aus dieser Schimpansin
nicht etwa «unser Chimp» Lucy, sondern Lucy Temerlin, «unsere
Tochter», wie Maurice Temerlin an mehreren Stellen seines Buches
erwähnt und wie er im täglichen Leben nicht müde wurde, allen möglichen Leuten klarzumachen – etwa dem Geschäftsführer eines Su-
permarkts, der Lucy den Zutritt zum Verkaufsraum verwehren
wollte, oder dem Kartenabreißer in dem Kino, wo er sich gemeinsam
mit Lucy den *Planet der Affen* ansah.

Wurde Lucy so einerseits schnell zur Tochter, so blieb sie doch
andererseits stets eine Tochter besonderer Art. Zum Beispiel war sich
Temerlin völlig im klaren darüber, daß sie sehr viel stärker und wohl

auch unberechenbarer war als ein Mensch. Folgerichtig ließ er für sie ein verschließbares Spielzimmer mit betonverstärkten Wänden und mit Stahltüren bauen. Lucy zeigte von früh an eine ausgeprägte Vorliebe für den Alkohol, und Maurice Temerlin, der seinen Sohn Steve im Teenie-Alter mit Rücksicht auf die Leber des Jungen und die Meinung der Nachbarn nach Möglichkeit vom Alkoholkonsum abzuhalten suchte, hatte keinerlei Skrupel, seine dreijährige Schimpansentochter mit Alkohol zu versorgen. Vom vierten Lebensjahr an trank Lucy abends Cocktails mit Mami und Papi und zur Hauptmahlzeit ihr Schöppchen Wein. Nach Maurice Temerlins Meinung war sie «der ideale Saufkumpan», einer, der, «selbst wenn er voll ist wie 'ne Strandhaubitze, niemals aus der Rolle fällt». Maurice Temerlin mußte zwar eingestehen, daß er die üblichen väterlichen Hemmungen hatte, mit seinem Sohn über das Thema Sex zu sprechen, kannte jedoch, was das betraf, seiner Adoptivtochter gegenüber offenbar nur wenig Scheu. Im Interesse des wissenschaftlichen Erkenntnisfortschritts, oder mit des Adoptivvaters eigenen, unverblümteren Worten gesagt: «um zu sehen, was passieren würde», onanierte er mehrere Male vor den Augen seiner Tochter. Lucy ignorierte ihn. Einmal forderte er seine Frau auf, in Lucys Beisein zu masturbieren. Lucy ignorierte sie. Als jedoch Mami und Papi zu wechselseitiger Masturbation übergingen, wurde Lucy «augenblicklich sehr erregt, packte unsere Hände und suchte den Genitalkontakt zu unterbinden».

Nach Maurice Temerlins Auffassung war Lucy aufgrund ihrer Intelligenz, ihrer emotionalen Wachheit und ihrer Sensibilität hocherhaben über den Status eines lebenden Besitztums – etwa eines Haus- oder Versuchstiers. «Der Gedanke, zu Lucy ein Besitzverhältnis zu haben, und sei es auch ein solches wie zu einem geliebten Hund», schrieb er einmal, «ist für mich dasselbe, wie einen Menschen als Besitztum vereinnahmen zu wollen, was schlechterdings nicht zu bewerkstelligen ist und auch nicht zu bewerkstelligen wäre, wenn die Institution der Sklaverei noch florierte. Köpfe und Herzen haben ihre eigene Art, wenn es ihr Wollen und Streben ist, noch auf der Folter frei zu bleiben.» Aber wenn Lucy kein Besitztum war, was war sie dann? Als Menschenaffe geboren, war sie veräußert und angeschafft und versuchshalber («um zu sehen, was passieren würde») mit viel

Geduld und Liebe in etwas verwandelt worden, das nicht mehr ganz Menschenaffe war – freilich auch nicht ganz Mensch, aber vielleicht doch mehr Mensch als Affe. Nachdem sie dergestalt umgebaut worden war, kamen ihre menschlichen Eltern eines Tages schließlich darauf, daß sie eigentlich ganz gern «jetzt wieder ein normales Leben führen» würden. Aller unbezweifelbaren Vermenschlichung zum Trotz war Lucy ein nicht immer ganz berechenbares Wesen von enormer Körperkraft geblieben und hatte in Wut oder großer Erregung schon mehrmals Menschen gebissen. Da blieb nichts übrig, als Lucy zu verkaufen – oder zumindest in sicheren Gewahrsam zu bringen.

Den Temerlins fiel dieser Schritt durchaus nicht leicht. Sie überlegten, welche Möglichkeiten in Frage kämen: eine Zuchtkolonie in privater Hand, ein Zoo, ein Forschungsprojekt? Aber Lucy hatte in ihrem inzwischen zehnjährigen Leben noch nie einen anderen Schimpansen gesehen. Sie in die Kolonie eines privaten Züchters einzugliedern, wäre für Maurice Temerlin so gewesen, wie wenn man einen begnadeten Geist in ein Konzentrationslager gesteckt hätte; er befürchtete, das Ergebnis könnte eine «Schimpansenpsychose» sein. Ein Zoo war seiner Meinung nach zu steril und zu langweilig. Obzwar ihm, wie er betonte, «das Wohl meiner Tochter» mehr am Herzen lag als «die Belange der Wissenschaft», konnte er sich durchaus das eine oder andere Forschungsvorhaben vorstellen, das nicht mit der Beschädigung des Probanden verbunden war und das er infolgedessen für Lucy hätte akzeptieren können – Studien zum Mutter-Kind-Verhalten beispielsweise, in deren Rahmen Lucy Gelegenheit bekommen hätte, ihr, wie das in Maurice Temerlins so sonnigem, wonnigem Jargon heißt, «Mutterschaftspotential zu realisieren». Allerdings hätte jeder Schimpansenfreier, bevor er sich mit Lucy hätte paaren dürfen, erst einmal vor den Augen eines überaus heiklen Schwiegervaters Gnade finden müssen. «Ich habe in der Tat eine sehr dezidierte Meinung darüber, welche Qualitäten der zukünftige Gatte meines jungfräulichen Herzblatts mitzubringen hat.»

Zuletzt kamen die Temerlins zu der Überzeugung, daß es für ihre zur Menschin metamorphosierte Menschenäffin das beste wäre, in eine Menschenäffin zurückverwandelt zu werden. Also expedierte man sie nach Afrika, auf daß sie dort nach gehöriger Vorbereitung ausgewildert werde. Zum fraglichen Zeitpunkt erfreute sich Lucy allerdings schon erklecklicher Berühmtheit als – nebenbei bemerkt, ziemlich verzogener – Halb- oder Dreiviertelmensch, der in Menschenmanier am Tisch saß und aß, menschliche Trink- und Schlafgewohnheiten kultivierte und sich mit Menschen in Zeichensprache unterhielt. Sie war mehrmals im Fernsehen aufgetreten, und auch für die Leser von *Life, Psychology Today* und *Parade,* des *Science Digest,* der *Los Angeles Times* und der *New York Times* war sie eine alte Bekannte. Kein Wunder also, daß der Plan, sie mit der Instruktion «Nun sieh mal zu, daß du schleunigst ein wildes Tier wirst!» in den afrikanischen Urwald zu schicken, einiges Befremden auslöste und Kritik auf sich zog.

Befremdet fühlte und Kritik übte unter anderen Mae Noell, die Besitzerin der Kolonie von Freizeitparkschimpansen im Ruhestand, der Lucy entstammte. Mae Noell hatte (zusammen mit ihrem verstorbenen Mann Bob) als Halterin und Züchterin und Abrichterin fünfzig Jahre lang eine Art Lebensgemeinschaft mit Schimpansen unterhalten; zur Zeit sorgt sie für die weltweit größte Gruppe von in Gefangenschaft gezogenen Menschenaffen in Privatbesitz – Schimpansen, Gorillas und Orang-Utans –, fast dreißig an der Zahl. Mae Noell kennt sich aus mit Schimpansen – zumindest mit Schimpansen, die in Gefangenschaft gezogen wurden.

Eines Morgens sagte sie mir bei einem gemeinsamen Frühstück, zu dem wir uns in einem Café in Florida getroffen hatten, unumwunden ihre Meinung über die Art, wie die Temerlins sich Lucys entledigt hatten. Einleitend bemerkte sie, daß sie zwar eine christliche Fundamentalistin, eine Baptistin, sei, daß sie aber bei ihrem lebenslangen vertrauten Umgang mit Schimpansen etwas begriffen habe, was für andere Baptisten vielleicht unfaßlich wäre: nämlich daß «diese Dinger ganz enge Verwandte von uns sind, *ganz, ganz* enge Verwandte. Abgesehen davon, daß sie nicht reden können und keinen Begriff von Moral haben, sind sie komplette Menschen. Sie wissen nichts von Moral und von der Bibel – aber sie sind ganz enge Verwandte von uns. Tatsache ist, daß sie genauso viele Zähne haben wie wir, und die sind die gleiche Sorte wie bei uns, und sie haben die gleichen Muskeln und die gleichen Knochen, und neulich hat man sogar herausgekriegt, daß sie die gleichen Blutgruppen haben. Noch ähnlicher geht's ja wohl nicht mehr!» Schimpansen, fuhr sie fort, sind «immerfort irritiert, daß unsereiner keinen Daumen am Fuß hat. Es geht ihnen einfach *gegen die Natur*, daß wir keinen Daumen am Fuß haben. Aber ich bin ehrlich überzeugt, daß sie Menschen sind – Menschen auf einer niedrigeren Stufe. Und deswegen habe ich mir schon allerhand an den Kopf werfen lassen müssen. Aber manchmal gebe ich diesen Bibelfreunden mit der Bibel heraus: Wir wissen, daß Gott der Herr zwei Menschen gemacht hat, Mann und Frau. Die hatten zwei Kinder, zwei Söhne. Von denen hat einer den anderen umgebracht. Der Mörder wurde in die Wildnis verbannt und nahm sich dort eine Frau. So steht es in der Bibel! Denkt mal darüber nach! sage ich – mehr nicht. Wissen Sie, das ist etwas, darüber kann man lange nachdenken. Das paßt genau mit der Evolution zusammen.»

Aber Lucy, so Mae Noell, gehörte von Rechts wegen ihr. Irgendwo im Haus hatte sie immer noch Dr. Lemmons förmliche Erklärung herumliegen – ein paar handschriftliche Zeilen auf einem Briefbogen des Institute for Primate Studies –, daß Lucy in dem Augenblick, wo die Temerlins ihr Experiment beendeten, an sie zurückgegeben würde. Zu der Idee, diesen jungen Menschenaffen nach Westafrika zu bringen, meinte Mae Noell: «Das ist das Grausamste und Beschissenste, was man so einem Tier überhaupt antun kann!» Warum? Sie erklärte es. «Sie sitzen jetzt da an diesem Tisch. Und genauso hat sie an einem Tisch gesessen. Sie haben Ihre Kleider an. Sie hatte ihre Kleider an. Sie trinken heißen Kaffee, Sie essen fix und fertig für Sie zubereitetes warmes Essen. Wie würden Sie sich vorkommen, wenn Sie jetzt alles ausziehen müßten, was Sie anhaben, wenn Sie auf diesem Baum da draußen unterkriechen müßten» – sie nickte mit dem Kopf in Richtung eines Baums vor einem der Fenster des Cafés – «und wenn Sie sich sagen müßten: ‹Hier herum gibt es nichts als Bäume, und ich muß mir jetzt überlegen, was ich fressen kann und wie ich irgend etwas auf den Leib kriege, damit ich nicht erfriere oder schutzlos dem Regen ausgeliefert bin?›»

Die nordafrikanische Wüste zieht im Eilmarsch südwärts: Jahr für Jahr dehnt sie sich weiter nach Süden aus, in Richtung der zunehmend ausdörrenden und seit neuestem entwaldeten Gebiete Westafrikas. Auf dem Weg dorthin muß sie durch ein Zwischenreich von rotem Staub und Buschwerk, Trockensavanne und flaschenförmigen Affenbrotbäumen. Während der Trockenperiode führt hier der heiße Wind einen feinen Staub mit, der überallhin dringt, und Paviangebell durchzieht die wie Puzzleteile übers Land verstreuten Inseln von Buschwerk und sprödem Gras. Dieses Trockengebiet erinnert an eine Mondlandschaft, der Boden ist eine harte Decke aus schwarzer Schlacke und narbigem Laterit – die unvermittelt an einem Absturz endet, über den man in eine Welt von Grün hinabgelangt: zu einem von dunkelgrünem Wald eingefaßten olivgrünen Fluß, von dessen Oberfläche am Morgen ein weißlicher Nebel aufsteigt; in der Flußmitte langgestreckte Inseln, jede eine grüne Masse von Bäumen, Kletterpflanzen und fächerförmig ausladenden Farnen.

Von den Inseln dort unten hört man das Flöten und Pfeifen von Vögeln, die Schreie und Rufe von rund fünfhundert Arten, die hier vor der Wüste und dem Trockengebiet Schutz gefunden haben, Dauerbewohner oder Durchreisende, die hier auf ihrer Wanderung von da nach dort eine Rast einlegen. Man hört Flußpferde im Wasser muhen und schnauben und schnorcheln. Im Schatten der Bäume am Inselrand sieht man Flußpferderücken sich langsam heben, langsam senken – rund und schwarzglänzend wie umgestürzte Keramikschüsseln.

Die Inseln sind die Pavianinseln. Der Fluß ist der Gambia, der westwärts zum Atlantischen Ozean fließt – aus Senegal kommend und hier der Länge nach Gambia durchmessend, das als langer, schmaler Streifen von der Küste her in das größere Senegal hineinragt.

Hier ist – «mit Worten versehen» – Lucy gelandet.

Die Temerlins schickten Lucy nach Gambia, weil sie sich für ein Projekt begeisterten, das hier im Gang war und das Ziel verfolgte, ehemals gefangene Schimpansen auf das Leben in der Wildnis umzustellen. Der Ursprung dieses Projekts datiert in die Mitte der sechziger Jahre, als in Banjul (Bathurst), der Hauptstadt Gambias, ein gui-

neischer Händler eintraf, der in einer winzigen Holzkiste ein zweijäh-
riges Schimpansenmännchen mitführte. Der Kleine hockte, zusam-
mengeklappt, so daß sein Gesicht die Knie berührte, und mit einem
Stück Leitungsschnur zum Bündel verschnürt, bewegungsunfähig in
seinem Behältnis. Erpicht darauf, die bejammernswerte Kreatur loszuschlagen, ehe sie ihm wegstarb, bot der Händler den Schimpansen
Eddie Brewer, dem Leiter der gambischen Naturschutzbehörde, und
seiner Tochter Stella zum Kauf an. Den Brewers tat der Kleine leid,
und deshalb kauften sie ihn für ein paar Dalasi. Bald kamen sie dahinter, daß im Land ein Schwarzmarkt für Schimpansenbabys, die durch
Abschießen der Mütter beschafft wurden, im Entstehen war. Die
gambischen Behörden bemühten sich, diesem Handelszweig durch
unnachsichtiges Konfiszieren aller ins Land eingeführten Schimpansenkinder das Wasser abzugraben, und die Brewers richteten ein
Waisenheim ein, in dem die beschlagnahmten Tiere versorgt wurden. Spätestens mit sechs, sieben Jahren waren die Pfleglinge dann
allerdings so stark und unternehmungslustig geworden, daß die
Möglichkeiten des Waisenheims mit ihrer weiteren Unterbringung
überfordert gewesen wären. Also startete Stella Brewer in einem
Waldstück des Niokolo-Koba-Nationalparks in Senegal ein Rehabilitationsprojekt, das darauf abzielte, eine Reihe junger Schimpansen
zum Wildtierdasein zurückzuführen.

Die Schimpansen dieses ersten Projekts waren größtenteils in Freiheit geboren und hatten eine vergleichsweise kurze Periode der Gefangenschaft hinter sich. Ihre Mütter waren abgeschossen, sie selbst
von einem afrikanischen Land in ein anderes verbracht und zuletzt
beschlagnahmt worden. Von den übrigen Schimpansen waren etliche
in britischen Zoos zur Welt gekommen; kein einziges Individuum
dieser Gruppe überlebte. Acht andere Schimpansen des Projekts –
möglicherweise von dem berüchtigten Franz Sitter illegal aus Sierra
Leone ausgeführte Tiere – waren beim Transit in Holland beschlagnahmt und nach Gambia gebracht worden. Bei wieder anderen
handelte es sich um Tiere, die auf dem Schmuggelweg nach Spanien
gelangt waren und dort kostümiert und mit Tranquilizern vollgepumpt von Strandfotografen vierzehn Stunden am Tag als Staffagefiguren für Touristenfotos eingesetzt wurden; auch sie waren

beschlagnahmt und nach Gambia überstellt worden. Doch kein einziges von all diesen Tieren war als Tochter eines Psychotherapeuten in einem amerikanischen Nobelvorort aufgewachsen, und keines konnte sich mit sprachlichen Mitteln mit Menschen verständigen. Lucy war der weiße Rabe des Projekts.

Im Sommer 1977 erklärten sich die Brewers bereit, Lucy und eine zweite in Gefangenschaft geborene Schimpansin aus den USA in das Rehabilitationsprojekt aufzunehmen. Im September des Jahres trafen – begleitet von einer jungen Frau namens Janis Carter – Maurice und Jane Temerlin mit zwei in Lattenkisten untergebrachten Schimpansen in Gambia ein. Eines der Tiere war die jetzt elfjährige Lucy, das zweite, Marianne, ein jüngeres Weibchen aus dem Yerkes-Primatenzentrum in Atlanta, Georgia, das seit kurzem Lucys Spielkameradin war.

Während der Zeit, in der sie sich an der University of Oklahoma auf die Promotion vorbereitete, hatte sich Janis Carter mit Babysitten und Käfigreinigen bei den Temerlins ein Taschengeld verdient. Sie hatte gelernt, sich mit Lucy in der Taubstummensprache ASL (American Sign Language) zu verständigen. Sie gehörte allerdings nicht zu Lucys Lehrern und beherrschte die Zeichensprache nicht so perfekt wie Lucy. Zwischen der jungen Frau und der Schimpansin hatte sich jedoch ein sehr gutes Verhältnis hergestellt, und deswegen engagierten die Temerlins Janis Carter für die – zu diesem Zeitpunkt von allen Beteiligten als nicht sonderlich langwierig veranschlagte – Überführung. Janis rechnete zunächst damit, daß sie etwa drei Wochen lang als Betreuerin bei Lucy in Afrika bleiben müsse, bis die Schimpansin sich an die neue Umgebung und die größere Freiheit akklimatisiert hätte. Dann, so dachte man sich, würden die Brewers die Betreuung übernehmen, um Lucy zu guter Letzt in Senegal in den halbwilden Daseinsstatus zu entlassen.

So einfach war die Umstellung dann freilich nicht. Lucy und Marianne bezogen als Übergangsquartier einen großen Käfig in einem winzigen bewaldeten Wildreservat vor der Stadt Banjul. Anschließend reisten die Temerlins nach Hause. Der Umstand, daß ihr neuer Käfig sehr geräumig war, verhinderte nicht, daß Lucy in Depression und schwere Krankheit verfiel. Unterdessen waren Stella Brewer gewisse Bedenken gekommen: Zwar hatten die Schimpansen ihres Rehabilitationsprojekts sich in Senegal gut eingelebt, aber trotzdem bestand die Gefahr, daß im selben Wald lebende – und naturgemäß territorial lebende – wilde Schimpansen die Neuankömmlinge angreifen könnten. Unter diesen Umständen brachte Janis Carter es nicht übers Herz, sich von Lucy zu trennen; sie verlängerte ihren Aufenthalt von den ursprünglich geplanten drei Wochen auf drei Monate.

Aus Monaten wurden Jahre. Nachdem die Brewers sich entschlossen hatten, ihr Rehabilitationsprojekt im Frühjahr 1979 aus Senegal abzuziehen, leitete Janis Carter die Überführung von Lucy, Marianne und sieben anderen Schimpansen von dem kleinen Reservat bei Banjul auf eine der zweihundert Meilen flußaufwärts im Gambia gelegenen Pavianinseln. Die sieben anderen Schimpansen waren sämtlich in Freiheit geboren. Zum Teil erinnerten sie sich, wie deutlich zu sehen war, wieder an Fertigkeiten, die sie in den ersten Lebensjahren erlernt hatten: auf Bäume klettern, die richtige Nahrung auswählen. Doch keiner hatte bereits alle erforderlichen Voraussetzungen, um in Freiheit überleben zu können, was Janis Carter bewog, den Umzug der neun Menschenaffen auf die Pavianinseln im Jahr 1979 zu ihrem eigenen Umzug zu machen. Britische Truppenkommandos, die Zeit übrig hatten, bauten ihr auf der Insel einen großen Käfig, in dem sie ihre spärlichen Habseligkeiten unterbrachte. Sie selbst zog sich zuweilen in den Käfig zurück und machte ihn späterhin zu ihrem Schlafplatz, doch in der ersten Zeit schlief sie auf einer Plattform in einem Baum und ermunterte damit Lucy, Marianne und die sieben anderen Schimpansen, sich für die Nacht Nester zu bauen und ebenfalls in den Bäumen zu schlafen. In einem Artikel, den sie für die Zeitschrift *Smithsonian* schrieb, erinnert sich Janis Carter: «Wir teilten die Insel mit Pavianen, Meerkatzen, Roten Kolobusaffen, Flußpferden, Speischlangen, Vipern, Hyänen und einer Vielfalt von Antilopen, Raubkatzen und Vögeln.» Die Insel war zwar «ideal für Chimps, doch dafür lebte ich unter primitivsten Bedingungen. Es gab weder elektrischen Strom noch fließendes Wasser; über Mangel an Wärme, Moskitos und Tsetsefliegen konnte ich mich allerdings nicht beklagen.»

«Mehr als Schimpanse denn als Mensch lebend», wie sie selber schrieb, streifte Janis Carter, die Umgebung erkundend, nach Nahrung suchend, auf der Insel umher, kletterte auf Bäume, aß unreife Feigen und reife Ameisen, legte sich bei Einbruch der Dunkelheit schlafen und erhob sich im ersten Morgengrauen – und das alles in Gesellschaft von Lucy und Marianne und sieben anderen Schimpansen.

Von den neun war Lucy für das Urwaldleben am wenigsten gewappnet, und unter normalen Umständen wäre sie wohl in der sozialen Rangordnung das Individuum mit dem niedrigsten Status gewesen und von den anderen entsprechend herumgeschubst worden. Doch statt dessen war Lucy dank ihrer mächtigen Statur und ihrer Sonderbeziehung zu dem einzigen Menschen im Areal der ranghöchste Schimpanse auf der Insel. Allerdings erwuchs gerade aus dieser Sonderbeziehung zum Menschen für sie jetzt auch ein ganz besonderes Problem. So zum Beispiel weigerte sich Lucy, wie die anderen Schimpansen aus dem Fluß zu trinken. Die anderen Schimpansen kletterten auf der Suche nach eßbaren Blättern, Blüten, Früchten und Rindenstücken ohne langes Gefackel auf Affenbrotbäume mit gewaltigen Stämmen – doch Lucy konnte entweder nicht auf Affenbrotbäume klettern, oder sie hatte keine Lust dazu. Während die anderen droben herumkletterten, saß sie am Fuß des Baums und wartete darauf, daß etwas Eßbares herabfiel. Einmal war Lucy anscheinend so enerviert darüber, Zeugin sein zu müssen, wie die anderen sich oben im Baum die besten Bissen ins Maul schoben, daß sie sich an ihre menschliche Gefährtin wandte und sie in Zeichensprache um Hilfe bat. Janis Carter zeigte ihr, wie sie mit ganz wenig Anstrengung auf dem Umweg über den Nachbarbaum in den Affenbrotbaum hinaufkommen könnte. Doch davon wollte Lucy nichts wissen. Sie nahm Janis bei der Hand, zog sie zu dem Affenbrotbaum, legte die Hand der jungen Frau auf den Stamm und bettelte in Zeichensprache: «Mehr Essen. Janis holen gehen.» Janis wurde schließlich immerhin so weich, daß sie mit Lucy ins Camp zurückging, dort aus dem übriggebliebenen Bauholz eine lange Bohle heraussuchte, die beide gemeinschaftlich zu dem Affenbrotbaum schleppten, wo die Bohle als Leiter für Lucy angelegt wurde.

Der Mensch hatte den ASL-Wortwechsel mit dem Schimpansen

gleich nach der Übersiedlung auf die Pavianinsel eingestellt, und später half Janis Lucy auch nicht mehr bei der Futtersuche. «Meiner Meinung nach würde Lucy überlebensuntauglich bleiben, solange sie sich in besondere Interaktionsformen flüchten konnte», sagte mir Janis Carter bei meinem Besuch auf den Pavianinseln im Jahre 1991. Doch dieser plötzliche Wandel der Verhältnisse stürzte die Betroffene in eine Krise. Lucy magerte zur Jammergestalt ab. Sie lungerte in der Nähe des Käfigs ihrer menschlichen Freundin herum und signalisierte ihr in Zeichensprache: «Essen... Trinken... Janis kommen... Lucy verwundet.» Kaum hatte sie eine kleine Schramme an sich entdeckt, signalisierte sie: «Verwundet! Verwundet! Verwundet!» Sie jaulte und riß sich Haare aus dem Fell und hockte völlig niedergeschlagen in Janis Carters Gesichtskreis herum. Janis erklärte ihr regelmäßig, sie möge sich gefälligst außer Sichtweite scheren, was Lucy dann auch tat, allerdings nur, um binnen kurzem wieder angekrochen zu kommen. So ging das etwa drei Monate lang. «Und eines Tages war sie dann völlig apathisch», berichtete Janis Carter einem Journalisten, der sie interviewte. «Ich war mit meinem Latein absolut am Ende. Ich hatte das Gefühl, sie ißt kein einziges Blättchen mehr. Ich hatte das Gefühl, sie rührt sich nicht mehr, und ich habe mit ihr gestritten und wieder gestritten und nochmal gestritten. Wir sind dann nebeneinander auf dem Boden eingeschlafen... ohne einander zu berühren... und wie ich wieder aufgewacht bin, sah es so aus, als hätte sie sich im Schlaf gesagt, daß sie noch einmal einen Versuch machen will. Sie hat sich aufgesetzt und den Arm nach dem nächsten Blatt in Reichweite ausgestreckt und es mir hingestreckt: ich sollte es kauen, und ich hab es gekaut und mir dann mit ihr geteilt. Danach hat sie noch einmal einen Versuch gemacht. Ich weiß nicht, wie lange sie es sonst noch gemacht hätte. Oder wie lange ich es noch gemacht hätte – ich war an der äußersten Grenze meiner Möglichkeiten angekommen.»

Lucy überlebte. Sie genas und kam wieder zu Kräften. Sie adoptierte einen verwaisten Schimpansenjungen. 1983 starb ihr Adoptivsohn an Parasitenbefall im Magen, und Lucy selbst wäre beinahe einer Ancylostomatose zum Opfer gefallen. Aber James Mahoney, ein Veterinärmediziner vom Laboratory for Experimental Medicine and Surgery in Primates (LEMSIP), überbrachte als Kurier auf dem direktesten Weg Schimpansenblutkonserven des New Yorker Forschungsinstituts, und mit häufig wiederholten Bluttransfusionen konnte Lucys Leben gerettet werden. Janis Carter verlegte 1985 ihren Aufenthalt von der Insel in das stromabwärts gelegene Basiscamp, besuchte jedoch danach die Insel in regelmäßigen Abständen per Boot, um nach den Schimpansen zu sehen. Ein halbes Jahr nach ihrem Wegzug von der Insel kam sie eines Tages wieder einmal zu einem solchen Inspektionsbesuch zurück. Lucy begrüßte ihre alte Freundin mit einem Kuß auf den Mund, umschlang sie mit den Armen und drückte den Kopf an ihre Brust. Janis hatte ein paar Sachen mitgebracht, die Lucy früher viel bedeutet hatten: einige Bücher, Papier und Schreibzeug, einen Hut, eine Puppe, einen Spiegel. Doch nach der Begrüßung und einer kurzen Musterung der Gerätschaften aus einer anderen Welt und einem anderen Leben trollte sich Lucy davon. In gewisser Weise war sie wieder Schimpanse geworden.

Obgleich ihr Gesundheitszustand nichts zu wünschen übrigließ und sie ein gesundes soziales und sexuelles Interesse für die anderen Schimpansen auf der Insel an den Tag zu legen begonnen hatte, starb Lucy überraschend im Alter von zweiundzwanzig Jahren. Ihr – bis auf die Hände und die Füße – komplettes Skelett wurde vollkommen intakt in der Nähe des Platzes gefunden, wo sich ehemals Janis Carters Camp befunden hatte. Es wies keinerlei Anzeichen einer Versehrung durch einen Sturz oder Spuren des Angriffs eines anderen Tiers auf. Ein Schlangenbiß oder eine plötzliche Virusinfektion schieden als Todesursache mit hoher Wahrscheinlichkeit aus: Lucy hätte in beiden Fällen noch Kraft genug gehabt, sich zu einem Versorgungsplatz zu schleppen, wo Projektarbeiter regelmäßig nach den Tieren sahen. Man hielt es nicht für ausgeschlossen, daß Lucy von menschlichen Eindringlingen niedergeschossen worden war. Von den Schimpansen war sie immer die erste, die sich auf die Insel kommenden Menschen näherte. Sie hatte keine Furcht vor Menschen. Schließlich war sie selbst als Mensch unter Menschen aufgewachsen. Sie war sogar «mit Worten versehen.»

2

Im Institute for Primate Studies in Norman, Oklahoma, wurden zu der Zeit, als Lucy gewissermaßen als Dauerleihgabe des Instituts bei den Temerlins lebte, an die dreißig weitere Schimpansen gehalten. All diese Tiere wurden in jungen Jahren in größerem oder geringerem Umfang in Zeichensprache unterrichtet – «mit Worten versehen» –, und fast alle machten sie als Erwachsene die Entdekkung, daß die Menschen jetzt keine Lust mehr hatten, mit ihnen zu kommunizieren. Anders als bei Lucy, die zuletzt noch ein gewisses Maß an Freiheit genoß, bedeutete das Erwachsenwerden für jene anderen Schimpansen den Übergang zu rigoroser Freiheitsbeschränkung. Nun ist natürlich Gefangenschaft für Wildtiere in den meisten Fällen identisch mit rigoroser Freiheitsbeschränkung. Aber in *diesem* Fall bestand zwischen den Gefangenen und den Menschen ein besonderes Verhältnis, das bis zu einem gewissen Grad auf Achtung, Liebe und Kommunikation gründete. Viele Gefangene hatten als Jugendliche eine gewisse Freiheit genossen – und als Erwachsene waren sie jetzt in gewissem Sinn und bis zu einem gewissen Grad allesamt in der Lage, um ihre Freiheit *zu bitten*. Ende der siebziger Jahre, kurz nachdem Lucy nach Afrika verbracht worden war, wurde die Arbeit mit ASL am Institut schließlich eingestellt und die große Mehrzahl der ASL-sprechenden Schimpansen von Oklahoma per Lkw in den Staat New York verfrachtet, wo sie als Forschungsobjekte im LEMSIP unterkamen, dem von Dr. Jan Moor-Jankowski geleiteten Labor des New York University Medical Center.

Die Geschichte der ASL-Schimpansen von Oklahoma und ihrer Diaspora ist Thema des 1986 veröffentlichten Buches *Silent Partners* von Eugene Linden. Linden zufolge war die Einstellung der ASL-Arbeit am Institute for Primate Studies die Folge eines bedauerlichen Mangels an zwei dringend benötigten Gütern, nämlich an Geldmitteln und an Fingern.

Für den Geldmangel waren großenteils zwei Schimpansen verantwortlich, der eine ein Wunderkind, der andere ein Versager. Das Wunderkind war ein Weibchen namens Washoe – mit der erste sprachlich kommunizierende Menschenaffe der Welt. Die 1965 in

Westafrika geborene Washoe erhielt zunächst von dem Forscherehepaar R. Allen und Beatrix T. Gardner in der zweiten Hälfte der
sechziger Jahre an der University of Nevada Unterricht in der Taubstummensprache ASL und lernte so schon in früher Kindheit Bedeu-
tungseinheiten mit Taubstummenzeichen auszudrücken: «Hund»
durch Klatschen auf die eigenen Schenkel, «Kleider», indem sie sich
mit den Fingern abwärts über die Brust strich, «Blume» durch Anle-
gen eines Zeigefingers an einen Nasenflügel, «Frucht», indem sie die
geballte Faust zum Mund führte, «Baby», indem sie ein imaginäres
Kleinkind auf den Armen wiegte, «Getränk», indem sie durch Ballen
der Faust mit gerecktem Daumen einen flaschenförmigen Gegenstand erzeugte und ihn, Daumen voran, zum Mund führte, und ähnliches mehr. Sie lernte auch, durch Kombination einzelner Zeichen
sinnvolle Ausdrücke zu bilden – zum Beispiel «Schnell gib mir Zahn-
bürste» oder «Baby in meinem Getränk» (letzteres beim Anblick
einer kleinen Puppe in einem Trinkbecher). Und sie lernte, Bedeu-
tungen zu verallgemeinern und zu übertragen – «schmutzig», zunächst für ihren Kot gebraucht, wurde zu einem Schimpfwort verall-
gemeinert, das zur Charakterisierung von Dingen und Menschen
diente, die sie nicht mochte.

Die Gardners gaben Washoe schließlich in die Obhut Roger Fouts',
ihres besten Schülers, der die Schimpansin begleitete, als sie 1970 von
der University of Nevada in das Institute for Primate Studies in Oklahoma umzog. (Washoe, die vor ihrem Umzug nach Oklahoma noch
nie einen anderen Schimpansen gesehen hatte, muß bei der ersten
Begegnung mit diesen angriffslustigen fellbedeckten Kreaturen
höchst verunsichert gewesen sein, denn zuerst bezeichnete sie
Schimpansen mit dem selbsterfundenen Namen «schwarzes Insekt».) Roger Fouts und seine Frau Deborah blieben beinah ein volles
Jahrzehnt an dem Institut, bis ein Dreihunderttausend-Dollar-Sti-
pendium der National Science Foundation ihnen die Möglichkeit verschaffte, mit Washoe und ihrem einjährigen Adoptivkind Loulis an
die Central Washington University in Ellensburg, Washington,
überzusiedeln, wo für bessere Arbeitsbedingungen gesorgt war. Damals meldete der Leiter des Institute for Primate Studies, William
Lemmon, Besitzanspruch auf Washoe an. Aus Furcht, Lemmon

könnte das Schimpansengenie freiwillig nicht herausgeben wollen, stahl sich Roger Fouts am 25. August 1979 mit Washoe und ihrem Adoptivsohn heimlich bei Nacht und Nebel aus dem Institut in Oklahoma. So verlor das Institute for Primate Studies auf einen Schlag seinen renommiertesten Mitarbeiter und seinen renommiertesten sprachlich kommunizierenden Schimpansen.

Dank dem Stipendium der National Science Foundation konnten Roger und Deborah Fouts an der Central Washington University ihre brillante Arbeit mit Washoe und (zur Zeit) einem halben Dutzend anderer zeichenbenutzender Schimpansen fortsetzen. Dem Institute for Primate Studies jedoch drehte der Staat Ende der siebziger Jahre den Geldhahn zu, aus dem bisher die Mittel für seine Arbeit mit sprachlich kommunizierenden Schimpansen geflossen waren. Die Streichung der Forschungsgelder, so Linden in *Silent Partners*, sei zumindest teilweise bedingt gewesen durch das Meinungsklima, das sich im Anschluß an den von einem anderen Schimpansen des Instituts, einem jungen Männchen namens Nim Chimpsky, produzierten Fehlschlag herausbildete.

Der im Institut geborene Nim war zwei Wochen alt, als er im Dezember 1973 von Dr. Lemmon nach New York in die Hände von Herbert Terrace, einem Psychologieprofessor der Columbia University, gegeben wurde, der ihm die Hauptrolle in einem unter seiner Leitung durchgeführten Experiment zuwies. Terrace, ein Vertreter der behavioristischen Psychologie (er studierte bei B. F. Skinner, dem Begründer und Wortführer der jüngeren behavioristischen Lernpsychologie), hatte vor, die Sprachschulung, wie sie bisher erfolgreich mit Washoe, Lucy und einer Anzahl anderer Schimpansen im Institute for Primate Studies und anderswo betrieben worden war, unter präziser kontrollierten Bedingungen zu reproduzieren. Nach dem Vorbild der erfolgreichen Naturwissenschaften verbietet sich die behavioristische Schulrichtung der Psychologie jedwedes kreative Operieren mit nichtbeobachtbaren Entitäten – mit so etwas wie «Denken» zum Beispiel. Alternativ dazu betont der Behaviorismus die Notwendigkeit einer rigorosen Versuchsanordnung, die es erlaubt, durch Beobachtungsergebnisse – mit anderen Worten: Verhaltensformen – Fragen begrenzten Umfangs zu beantworten. Terrace hatte bereits das Dressurverhalten von Ratten und Tauben untersucht. An Nim gedachte er den Spracherwerb eines Schimpansen zu studieren, ähnlich wie die Gardners es getan hatten und wie Roger Fouts und andere es noch immer taten – nur daß Terrace' Vorhaben, wo immer möglich, eine rigorosere Versuchsanordnung implizieren sollte.

Der theoretische Ansatz war an und für sich nicht so wichtig. Tatsächlich hat Professor Terrace für seine Person eine Horizontverengung aufgrund starr behavioristischer Ausrichtung stets eifrig bestritten. Doch in einer weniger theoretischen als vielmehr praktischen Beziehung unterschied sich die Vorgehensweise des Psychologieprofessors fundamental von den anderen Versuchen dieser Art. So gut wie jedem vorangegangenen Experiment zur Frage des Spracherwerbs bei Menschenaffen lag die Annahme zugrunde, daß die Probanden Sprache allenfalls unter den gleichen Voraussetzungen wie menschliche Kinder erwerben würden, nämlich indem sie im Rahmen irgendeines Typs von stabiler Familie aufwachsen, wobei die menschlichen Versuchsleiter für die Tiere zu Ersatzeltern oder -geschwistern werden und diese wiederum den Gebrauch sprachlicher Zeichen nicht lediglich als Reaktion auf einfache Belohnungen erlernen, sondern als eine umfassendere Reaktion auf das Sprachverhalten anderer in einer von Gefühlen durchherrschten Umgebung. Zwanzig Jahre bevor Allen und Beatrix Gardner ihre bahnbrechende ASL-Arbeit mit Washoe (und David und Ann Premack ihre Arbeit mit Sarah) begannen, hatte das Psychologenehepaar Keith und Catherine Hayes ein Schimpansenbaby als Kind im Haus aufgezogen und versucht, ihm das Sprechen beizubringen. (Auf die Idee, daß für Menschenaffen eine Zeichensprache vielleicht ein passenderes Ausdrucksmedium wäre als die gesprochene Sprache, war damals noch niemand gekommen, und so lernte die kleine Viki bei den Hayes', unter heftigem Gestikulieren vier Wörter zu artikulieren: «mama», «papa», «up» und «cup».) Sowohl in Oklahoma wie später in Washington wurde Roger Fouts bei seiner Arbeit mit Washoe stets von seiner Frau Deborah sekundiert. Der Gorilla Koko in Kalifornien erhielt seinen Unterricht in Zeichensprache im Rahmen der Lebens- und Arbeitsgemeinschaft von Francine Patterson und Ron Cohen. Und Lucy erlernte den Gebrauch der Zeichensprache bekanntlich im Haus von Jane und Maurice Temerlin.

Mit dem allen möchte ich keineswegs sagen, daß Herbert Terrace'
Experiment allein schon durch den Junggesellenstatus des Versuchs-
leiters zum Scheitern verurteilt war. In der Tat funktioniert das auf-
regendste Experiment in Sachen Spracherwerb bei Menschenaffen,
das heute außerhalb der USA im Gange ist, großenteils nur aufgrund
des Umstands, daß ein einzelner, der Japaner Tetsuro Matsuzawa
vom Primatenzentrum Kioto, es verstanden hat, eine starke Gefühlsbindung zwischen sich und dem Schimpansen Ai herzustellen.
Ausdrücklich betonen möchte ich jedoch, daß Terrace das Eltern-
Kind-Modell in toto beiseite schob, und zwar zum Schaden seines
Experiments. Zwar erklärte er später: «Nim wurde, soweit überhaupt
nur möglich, sozialisiert wie ein menschliches Kleinkind», Tatsache
ist jedoch, daß Nim während der dreijährigen Dauer des Experiments
das Kommen und Gehen, die Ansprüche und Temperamente, die
Ticks und Techniken von mehr als sechzig Lehrern über sich ergehen
lassen mußte, unter denen sich zahlreiche freiwillige Helfer befanden, die – nach Terrace' eigenen Worten – an einer «unprofessionel-
len Einstellung» krankten. Außerdem wechselte Nim innerhalb der
fraglichen Zeitspanne zweimal den Unterbringungsort und pendelte
noch dazu von seinem jeweiligen Unterbringungsort zu einem vierten Ort, wo er unterrichtet wurde; er hatte sich mit dem mehrma-
ligen Wechsel seiner Babysitter abzufinden und entwickelte an zwei
oder drei seiner wechselnden Ersatzmütter unverkennbar eine starke
Bindung, aber in all diesen Fällen schied die Mutter nach einer gewissen Zeit aus dem Mitarbeiterstab des Projekts aus, wonach das Ersatz-
kind jedesmal in Depression verfiel. Professor Terrace selbst ließ sich
angelegen sein, seinem Versuchsobjekt gegenüber eine überlegene
Haltung zu wahren. Natürlich empfand er «für Nim mehr Zuneigung als für die Tauben und Ratten, mit denen ich zuvor gearbeitet
hatte»; dessenungeachtet blieb der Schimpanse für den Wissenschaftler immer ein «experimentalpsychologisches Untersuchungs-
objekt». Überdies war Terrace normalerweise durch seine anderen
Pflichten an der Columbia University – Lehrveranstaltungen, Ver-
waltungstätigkeit, Überwachung seines Taubenlabors – so stark in
Anspruch genommen, daß er, wie er selber schrieb, «herzlich wenig
Zeit», nur «ein paar Stunden in der Woche» für den Schimpansen

erübrigen konnte. Nims Unterricht und die Experimente mit ihm erledigten größtenteils Assistenten, von denen der Schimpanse mit der Zeit einen ganzen Schwarm kennenlernte.

Unter dem Titel *Nim* veröffentlichte Terrace später ein Buch über dieses Experiment, das zum überwiegenden Teil während der Zeit geschrieben wurde, als der Verfasser noch der Überzeugung war, sein Versuchstier sei im besten Zuge, sich die Zeichensprache anzueignen.

Infolgedessen bekommen wir überschwengliche Erfolgsmeldungen zu lesen: Im Lauf der ersten vier Monate lernte Nim 125 verschiedene symbolische Zeichen gebrauchen, und zwar hauptsächlich als Reaktion auf den Beifall seiner Lehrer sowie aus reiner Lust am Kommunizieren; Nim stellte im Lauf des Experiments Zeichen aus seinem Grundvorrat fast zwanzigtausendmal in kreativer Weise zu einer sinnvollen Kombination zusammen (z. B. «mehr trinken» oder «mehr essen»), und manche dieser Zeichenkombinationen bestanden aus nicht weniger als sechzehn verschiedenen Elementen; Nim gebrauchte mindestens zwei Zeichen («beißen» und «wütend») in kreativer Weise als Ersatz für körperliche Aktionen – wenn es so aussah, als würde er gleich beißen, hielt er inne und machte statt dessen das Zeichen «beißen»; Nim verwendete Zeichen, um irreführende Darstellungen von Sachverhalten und seinen Bedürfnissen zu geben; eine weitere kreative Leistung Nims war die Erfindung origineller eigener Zeichen zur symbolischen Repräsentation zweier Dinge bzw. Konzepte (ein Zeichen für «Handcreme» und eines für «spielen»); bereits in einem sehr frühen Stadium des Experiments begann Nim «viele spontane Zeichen» zu machen.

Nach Ablauf von dreieinhalb Jahren wurde Nim im September 1977 (Lucy befand sich gerade auf dem Flug nach Westafrika) an das Institute for Primate Studies zurückgegeben. Der Versuch war abgeschlossen, und Herbert Terrace ging an die wissenschaftliche Auswertung der Daten, wozu auch die Sichtung von Videoaufnahmen des Schimpansen gehörte. Dabei machte der Psychologieprofessor die «unerwartete und bestürzende Entdeckung», daß Nim Zeichen größtenteils nur dann produzierte, wenn ihm dies von seinen Lehrern «souffliert» wurde, und daß die Zeichen, die er in solchen Fällen produzierte, «weitgehend Nachahmung» von Zeichen waren, die ihm gerade vorgemacht worden waren. Nims «unspontane und imitative» Zeichenproduktion – so Terrace' Schlußbilanz – stand in deutlichem Gegensatz zu dem «weitgehend spontanen und kreativen» Sprachverhalten menschlicher Kleinkinder.

Fortan sagte Herbert Terrace «hü!», wo er früher «hott!» gesagt hatte. 1987 erschien die zweite Auflage seines Buchs *Nim*, in dem er Material, das er vor seinem Sinneswandel geschrieben hatte, mit seiner späteren Sicht der Dinge konfrontiert. So schildert er in einem Abschnitt recht ausführlich mehrere Beispiele für Nims scheinbar kreativen Zeichengebrauch, während er in einem anderen Abschnitt über das «imitative» Wesen dieses Zeichengebrauchs klagt. Einmal vermeldet der Professor, daß Nim angefangen habe, «zahlreiche spontane Zeichen» zu machen; ein andermal wird diese Zeichenproduktion als «unspontan» denunziert. «Nims Belohnung, wenn er ein Zeichen machte, bestand hauptsächlich in Beifall von unserer Seite sowie darin, daß er jetzt über Dinge, die ihm wichtig waren, mittels Zeichen kommunizieren konnte», erklärt Terrace an einer Stelle seines Buchs, während er an einer anderen Stelle nicht nachdrücklich genug betonen kann, daß Zeichengebrauch für den Schimpansen nur die «ultima ratio» war, wenn es ihm nicht gelingen wollte, «seine Belohnung auf direktem physischem Wege zu erlangen».

Welcher der zwei Darstellungen des Sachverhalts in dem Buch sollen wir glauben? Oder was hier mehr interessiert: Woher dieser radikale Sinneswandel bei Herbert Terrace? Terrace selbst schreibt seine Umkehr den Wundern der Videotechnik zu: «Nur durch eine penible Bild-für-Bild-Analyse von Videoaufzeichnungen» konnte die Wahrheit über Nims Zeichengebrauch ans Licht gebracht werden. Für den außenstehenden Beobachter liegt jedoch auch der Gedanke nicht fern, daß Professor Terrace unter dem Druck seiner zahlreichen anderweitigen Verpflichtungen an «unprofessioneller Einstellung» krankendes Hilfspersonal allzu eigenmächtig zu Werke gehen ließ und zu keinem Zeitpunkt ein komplettes Bild davon hatte, wie sich die Dinge in seinem Forschungsprojekt abspielten.

Nim Chimpsky kehrte an das Institute for Primate Studies zurück, und Herbert Terrace veröffentlichte sein Buch, in dem er eingestand, daß sein Experiment mit einem Fiasko geendet hatte. Aber ein Fiasko war es natürlich nur in einer Beziehung. Es hatte im Fall eines individuellen Schimpansen nicht den Beweis zu erbringen vermocht, daß dieses Tier in der Lage war zu «sprechen» – das heißt Sprachverhalten zu realisieren. Andererseits schien es doch auch ein geglückter Beweis, nämlich dafür, daß dieser individuelle Schimpanse, auch wenn es so aussah, als ob er «spräche», nicht wirklich «sprechen» konnte. Wenn man dies als Indiz für die Richtigkeit der allgemeineren Behauptung werten durfte, daß überhaupt kein Schimpanse sprechen konnte, dann war das Experiment mit Nim letzten Endes doch ein bedeutender Erfolg. Terrace entwickelte sich binnen kurzem zum zünftigen Kritiker aller Sprachexperimente mit Menschenaffen. Er analysierte Videoaufzeichnungen von einschlägigen Unternehmungen anderer und kam regelmäßig zu dem Befund, daß die Experimentatoren ihre Probanden ungewollt mit Signalen steuerten, daß die Schimpansen lediglich ihre Lehrer nachahmten, und so weiter. Er schloß sich mit dem Linguisten und Semiotiker Thomas A. Sebeok und bei mindestens einer denkwürdigen Gelegenheit mit einem Zauberkünstler namens Amazing Randi zusammen, und gemeinsam vermochten die drei einige sehr suggestive Argumente dafür zu liefern, daß die Ergebnisse der bisherigen Sprachexperimente mit Menschenaffen in sämtlichen Fällen nicht die ihnen zugesprochene Beweiskraft hatten.

Skepsis ist ein äußerst wichtiger Pfeil im Köcher der Wissenschaft, doch Terrace' Einwände gründen in der Regel auf der Analyse von kurzen Videostreifen – Aufzeichnungen von ein- oder zwei- oder auch mehrstündiger Dauer –, die nur einen Bruchteil des bei dem jeweils kritisierten Projekt angefallenen umfangreichen Datenmaterials darstellen. Francine Patterson und Ron Cohen arbeiten seit zwanzig Jahren täglich mehrere Stunden lang mit ihrem zeichenbenutzenden Gorillaweibchen Koko. Roger und Deborah Fouts könnten an Datenmaterial für Washoe die Ernte dreißigjähriger Arbeit und für jeden von Washoes halbem Dutzend Schimpansengenossen die Ausbeute von mindestens einem Jahrzehnt Arbeit ins Feld führen. Überdies hat Terrace nie richtig erklärt, wieso Koko Menschen nachahmt, wenn sie, allein in ihrem Zimmer, nur für sich selbst Zeichen macht, während sie mit Puppen spielt oder eine Illustrierte durchblättert – Dinge, die mit versteckter Kamera aufgezeichnet

wurden. Ebensowenig hat Terrace jemals einleuchtend machen können, welcher menschliche Sprachbenutzer den Schimpansen Loulis,
Washoes Adoptivsohn, mit Signalen gesteuert haben könnte. Von
März 1979, dem Zeitpunkt der Adoption des zehn Monate alten Babys, bis Juni 1984 achteten die Menschen, die mit Loulis zu tun hatten, mit peinlichster Sorgfalt darauf, in seiner Gegenwart kein anderes Zeichen als lediglich die folgenden sieben zu benutzen: «wer»,
«was», «wo», «welcher» (welche, welches), «Name», «Zeichen» und
«möchte». Dennoch lernte Loulis in dieser Zeitspanne, sich eines
Zeichenvorrats zu bedienen, der außer diesen sieben noch fünfundfünfzig andere Elemente umfaßte. Welche Erklärung wäre plausi-
bler als die, daß Loulis seinen Wortschatz von den Schimpansen
übernahm, die den Käfig mit ihm teilten und sich gelegentlich durch
Zeichen verständigten, vor allem von seiner Mutter? Manchmal
wurde sogar beobachtet, wie Washoe Loulis einzelne Zeichen regelrecht lehrte. Terrace erklärte sich vor kurzem konform mit Sue Sa-
vage-Rumbaughs sorgfältigen Studien über die Symbolmanipula-
tionen von Schimpansen und Primaten im Yerkes-Primatenzentrum
in Atlanta. Sue Savage-Rumbaugh, so räumt er ein, habe zumindest
nachgewiesen, daß ein Schimpanse «ohne Anstoß von seiten des
Lehrers ein Symbol verwenden kann, um einen Meinungsaustausch
in Gang zu bringen und im selben Zug zu signalisieren, welches
Spiel er gern spielen möchte». Was die anderen Projekte mit zeichenbenutzenden Schimpansen angehe, so warte er, Terrace, noch
immer auf die Videoaufzeichnungen, die seine Auffassung widerlegen würden.

Sowohl die von Herbert Terrace, aber auch von Thomas A. Sebeok und Amazing Randi erhobenen nachdrücklichen und teilweise
auch plausiblen Einwände als auch Nims publizistisch ausgeschlach-
tetes «Fiasko» dürften einiges dazu beigetragen haben, den Pegel der
für Sprachforschungen an Menschenaffen fließenden Zuschüsse
landesweit zum Sinken zu bringen.* Spätestens Ende der siebziger

---

* Jedenfalls nach Meinung Eugene Lindens. Eine andere Sicht der Dinge vertrat
der Psychologe Mark Seidenberg 1983 in einem Leserbrief: «Es existiert keine
Verschwörung mit dem Ziel, der Sprachforschung an Menschenaffen das Wasser

Jahre saß man im Institute for Primate Research mit diesem For-
schungszweig vollends auf dem trockenen. Eine stattliche Zuwendung der National Science Foundation in Höhe von dreihunderttau-
send Dollar wanderte mit Roger und Deborah Fouts nach Norden zur
Central Washington University.

Die Einbuße von Forschungszuschüssen war nur das eine, allerdings
komplizierte Problem, dem man sich in Oklahoma gegenübersah.
Das zweite war die Einbuße von Fingern. Eingebüßte Finger waren
am Institut ein altes Kapitel. Schimpansen in freier Wildbahn greifen
nur in den seltensten Fällen einen Menschen an. Es ist mit Sicherheit
ein Gradmesser ihrer eingeschränkten Möglichkeiten, daß Käfigschimpansen mit einer gewissen Regelmäßigkeit Menschen anfallen
und beißen. Der berühmteste sprachlich kommunizierende Schimpanse des Institute for Primate Research, Washoe, hatte während seiner Zeit in Oklahoma mehrere Personen gebissen, und weder Lucy
noch die anderen Menschenaffen im Besitz oder im Umfeld des Instituts standen Washoe in diesem Punkt nach – Eugene Linden berech-
nete die Gesamtschadensmenge auf elf Finger plus einen Daumen.

Institutsleiter William Lemmon reicherte den Vorstellungskom-
plex «abgebissene Finger» noch mit einer Gruselgeschichte aus dem
persönlichen Erlebnishorizont an. Er verkaufte gelegentlich Schimpansen an Privatpersonen, die sich für diese Art Haustier entschieden
hatten. (Das vorige Kapitel schildert die Schicksale zweier Schimpansenbabys aus der Zuchtkolonie des Instituts, die nach einer kurzen
Karriere als Haustiere schließlich im Showgeschäft beziehungsweise
im Forschungslabor landeten.) Lemmon kaufte auch Schimpansen.
In seiner Eigenschaft als Händler, der kaufte und verkaufte, vermietete und leaste, kam der Institutsleiter auch mit Leuten aus dem
Showgeschäft in Kontakt – unter anderen mit Bob und Mae Noell,
von denen er seinerzeit die zwei Tage alte Lucy bezog. 1953 hatte
einer der Schimpansen, mit denen die Noells in ihrem Freizeitpark

abzugraben, es existiert lediglich die Einsicht, daß dieserart Forschung uns im
Lauf von mehr als zehn Jahren herzlich wenig über das Sprachvermögen nichtmenschlicher Spezies oder das Wesen der Sprache gelehrt hat.»

eine Dressurnummer vorführten, Bob Noell in zwei Finger der linken Hand gebissen und ihm an der rechten Hand zwei Finger glatt abgebissen. Damit war Noell, der nicht nur als Schimpansendresseur aufgetreten, sondern auch ein geschickter Jongleur und Zauberkünstler gewesen war, für den Rest seines Lebens ein Behinderter. William Lemmon, der offenbar stolz auf sein ungezwungenes Verhältnis zu Zirkusleuten und Schaustellern war, liebte es, die Geschichte von den abgebissenen Fingern zu erzählen, und schmückte sie sogar noch mit dem makabren Detail aus, Bob Noell habe seine abgetrennten Anhängsel stets in einem am Gürtel befestigten Lederbeutel bei sich getragen.

Einen tragischen Höhepunkt erreichte das Kapitel von den eingebüßten Fingern am Institute for Primate Studies jedoch an dem Tag, als Karl Pribram, ein Professor der Stanford University, zu Besuch kam, um sich die berühmte Washoe anzusehen. Aus unerfindlichen Gründen biß Washoe Pribram in einen Finger und verletzte diesen so schwer, daß er amputiert werden mußte. Washoe soll nach der Attacke auf Pribrams Finger ganz durcheinander gewesen sein und mit Zeichen «Leidtun! Leidtun! Leidtun!» signalisiert haben. Pribram war allerdings der Meinung, man hätte ihn warnen müssen, welche Gefahr von dem Käfigtier ausgehe: Er ging zu einem Anwalt und beauftragte ihn mit einer Multimillionen-Dollar-Klage gegen William Lemmon, Roger Fouts und die University of Oklahoma, die dem Institut bislang Prestige und akademische Legitimation geliehen hatte. Mit seinem Finger, so Pribram, habe er zugleich die Fähigkeit eingebüßt, in seinem Beruf als Neurochirurg zu praktizieren; dem hielt Fouts die Tatsache entgegen, daß Pribram seit dreißig Jahren keinen einzigen Menschen neurochirurgisch behandelt hatte. (In den fünfziger Jahren, wie es scheint, hatte sich Pribram ganz auf Experimente mit Affen verlegt. Zum Beispiel entfernte er im Rahmen eines seiner Forschungsprojekte den Tieren einzelne Gehirnpartien und beobachtete anschließend die Reaktion der solchermaßen verstümmelten Probanden auf diverse «unzuträgliche Reize», erzeugt etwa mittels scharfer Gegenstände, brennenden Papiers, brennender Streichhölzer oder bitteren Fressens.) Karl Pribram zog schließlich die angedrohte Klage zurück, allerdings nicht ohne daß zuvor die

University of Oklahoma die Gefährlichkeit der sprechenden Schimpansen des Institute for Primate Studies eingestanden hatte. Die Universität entschloß sich, die Verbindung mit dem Institut zu lösen. Woraufhin Dr. Lemmon sich entschloß, seine Verbindung mit all diesen Schimpansen zu lösen. Und so wurden denn im Jahr 1979 an die dreißig Schimpansen, sämtlich in höherem oder geringerem Grad «mit Worten versehen», kurzerhand verscherbelt.

3
Bevor die Europäer auf die Insel kamen, war Caliban stumm – allenfalls in der Lage, zu «kollern» wie ein Tier («höchst viehisch», wie Prospero es ausdrückt). Aus Erbarmen lehrte Prospero ihn sprechen, und Caliban wurde zu einer der eloquentesten Figuren des Dramas. (Er ist zudem die einzige Figur in dem Stück, die sowohl in Versen als auch in Prosa spricht. Die Europäer sprechen klassenspezifisch: die Adeligen nur in Versen, die Leute aus dem Volk nur in Prosa.) Man sollte eigentlich annehmen dürfen, daß seine Sprache Caliban auf das moralische Niveau der Europäer erhebt. Er formuliert Entschuldigungen, Argumente, Bitten, faßt seinen Schmerz und seine Verzweiflung in Worte. Er spricht über Gerechtigkeit und Ungerechtigkeit. Sprache ist das Medium seiner Individualität und seines Bewußtseins, Sprache die Seele seines Daseins, des Daseins einer ernstzunehmenden und leidenden Kreatur. Aus seiner Sprache bezieht Caliban seine große dramatische Wucht. Und seine Sprache unterstreicht für uns das Paradoxe der Behandlung, die ihm die Europäer angedeihen lassen. Er spricht ganz wie ein Mensch, wie ein intelligenter und kultivierter europäischer Landsmann – doch für die Europäer bleibt er Sklave und Tier, ein ärgerlich sperriges Ding, das man kaufen und verkaufen, besitzen und nach Gutdünken für eigene Zwecke benutzen kann, eine seltsame und mißgestaltete Bestie, die allein schon aufgrund ihrer natürlichen Beschaffenheit «verdienterweis'' in diesen Fels gesperrt» wurde.

Hier stoßen wir auf die fundamentale Paradoxie, die in unserer Behandlung der Menschenaffen im allgemeinen und der Schimpansen im besonderen liegt. Wir benutzen diese Kreaturen für unsere

Zwecke einzig deshalb, weil sie uns Menschen im Naturzusammen-
hang so nahe stehen, aber wie bequem ist es doch für uns, sie als
Wesen zu behandeln, die noch ganz dem Tierreich angehören, noch
ganz der tierischen Seinsform verhaftet sind. Nirgendwo zeigt sich
diese Paradoxie in krasserer Form als in biomedizinischen Forschungslabors. Selbst wenn wir bereit sind, die allerdestruktivsten
Laborversuche mit Schimpansen – die Sorte, bei der Schädel eingeschlagen und Herzen ausgerupft werden – als zwar bedauerliche, aber
seltene und insofern nicht repräsentative Exzesse zu betrachten, können wir die Tatsache nicht übersehen, daß Schimpansen in der juristischen Weltordnung ungefähr auf derselben Stufe stehen wie Labor-
mäuse. «Mit Worten versehen», besitzen sie in unseren Augen einen
überhöhten, fast magischen Status. «In Fels gesperrt», tendieren sie
für uns im Daseinsrang gegen null.

In der Forschung tätige Wissenschaftler wissen am besten, wie sehr
sich Schimpansen und die anderen großen Menschenaffen von den
meistverwendeten Labortieren – Mäusen und Ratten – unterscheiden. Robert Yerkes erklärte einmal, Schimpansen seien für die Forschung gerade deshalb wichtig, weil ihr Gefühlsspektrum in seiner
Substanz und seiner Reichhaltigkeit dem des Menschen ähnelt.
«Viele, wenn nicht alle Kategorien des menschlichen Gefühlsaus-
drucks finden sich im Verhalten des Schimpansen repräsentiert»,
schrieb der Forscher im Jahr 1943. «Der Gefühlsausdruck des Schimpansen fasziniert und verwirrt zugleich durch seine Vielschichtigkeit
und Wandlungsfähigkeit. Für den Tierliebhaber hält er eine reiche
Ausbeute an einfühlsamen Erkenntnissen und Einsichten bereit, für
den Wissenschaftler ist er wichtiges Forschungsmaterial. Langer und
vertrauter Umgang mit den Tieren ermöglicht dem Beobachter die
Wahrnehmung und Unterscheidung von Ausdrücken der Scheu, der
Zaghaftigkeit, der Furcht, des Schrecks; des Argwohns, des Miß-
trauens, der Abneigung, der Feindschaft, des Zorns, der Wut; des
Interesses, der Neugier, der Erregtheit, des Vergnügtseins, der Zufriedenheit, des Wohlbehagens; des Zutrauens, der Freundlichkeit,
der Vertraulichkeit, der Sympathie, der Zuneigung; der Enttäu-
schung, der Mutlosigkeit, der Einsamkeit, der Melancholie, der
Depression.» Schon zwei Jahrzehnte vor den ersten Sprachforschun-

gen an Menschenaffen hatte Yerkes die Ähnlichkeit zwischen der emotionalen, perzeptuellen und psychologischen Welt des Schimpansen und derjenigen des Menschen klar erkannt. Was den einzigartigen Wert der Schimpansen für die Forschung angeht, so hat den wohl kaum jemand deutlicher gesehen als er. Was aber den rechtlichen und ethischen Status von Käfigtieren betrifft, so sah Yerkes – nicht anders als offenbar die biomedizinische Forschung im allgemeinen es tut – in diesem Punkt keinen grundlegenden Unterschied zwischen Schimpansen und Nagetieren. Die einen wie die anderen waren Versuchstiere, für die einen wie die anderen erschöpfte sich der Sinn des Daseins darin – um es mit Yerkes' Worten zu sagen –, dem «Wissenschaftler [...] wichtiges Forschungsmaterial» zu liefern.

Im April 1982 war der Verkauf der Schimpansen des Institute for Primate Studies an das Laboratory for Experimental Medicine and Surgery in Primates (LEMSIP) im Staat New York bereits vertraglich fixiert, doch stand die Überführung der Tiere an den Käufer noch bevor. Zu diesem Zeitpunkt stattete der Publizist Eugene Linden dem Institut in Oklahoma einen Besuch ab. Er traf dort Schimpansen an, mit denen seit vielen Monaten kein Mensch mehr gesprochen hatte. Er trat an den Käfig eines großen Männchens namens Ally. Ein Institutsangestellter, der Linden begleitete, fragte den Schimpansen in Zeichensprache: «Wer ist das?» Ally hatte Linden schon bei früherer Gelegenheit gesehen, gab jedoch keine Antwort. Als nächstes fragte der Angestellte: «Was möchtest du?» Ally antwortete per Zeichen: «Schlüssel.»

In einem anderen Bau besuchte Linden ein anderes Männchen – Herbert Terrace' Ex-Studienobjekt Nim. Beim Näherkommen sahen die beiden Menschen den Schimpansen zusammengekauert in einer Käfigecke sitzen. Nach seinen Wünschen befragt, signalisierte Nim: «Essen», dann: «Getränk», zuletzt: «Schlüssel».

Am darauffolgenden Tag kam Linden wieder ins Institut, um sich noch andere von den Schimpansen anzusehen, die keine Ansprache von menschlicher Seite mehr hatten. Ein Weibchen namens Jezzabel machte im Lauf eines längeren ASL-Wortwechsels mit einem menschlichen Partner die Zeichen «Essen» und «Getränk» und

«Beere» und «Hut» und «Schlüssel». Ein anderer Schimpanse im selben Käfig – er hieß MacArthur – schaltete sich in die Unterhaltung ein mit den Zeichen «Essen» und «Schlüssel».

Warum wohl waren diese Käfigtiere so fixiert auf das Zeichen für «Schlüssel»? Als Dr. James Mahoney, ein Veterinärmediziner des LEMSIP, etwa zur gleichen Zeit das Institut in Oklahoma besuchte, um die Schimpansen zu inspizieren, die sein Labor gerade gekauft hatte, staunte er nicht schlecht über das Verhalten der Tiere. Der in Irland geborene Mahoney erzählte mir die folgende Anekdote mit leichtem irischen Zungenschlag: «Den Chimp Booee lernte ich kennen, da saß er in einem von den großen Käfigen in der Halle. Der Käfig war sehr geräumig, und sie waren da zu mehreren drin und hatten diese riesigen Zugmaschinenreifen zum Draufsitzen und Spielen. Ein junger Mann war noch da – ein Student, nehme ich an –, der sie fütterte. [...] Ich hatte eine Kamera um den Hals hängen und stand mit dem Rücken an der Hallenwand; der Abstand zwischen Hallenwand und Käfiggitter war so einszwanzig bis einsfünfzig [Meter]. Ich stehe also mit dem Rücken an der Wand und gucke zu, und schließlich hat der junge Mann sein Fressen ausgeteilt und geht. Ich war dann ganz allein da. Und Booee sitzt aufrecht auf diesem höllisch großen Zugmaschinenreifen und fängt auf einmal an, mir Zeichen zu machen. Und dann deutet er in einem fort auf irgendwas an mir. Ich gucke an mir runter, und zuerst dachte ich... ich dachte ganz zuerst, daß er noch was zu fressen haben will, also sage ich zu ihm auf englisch [in gesprochenen Worten]: ‹Es ist nichts mehr da.› Aber er hört und hört nicht auf und macht immerzu seine Zeichen und wird ziemlich aufgeregt. Und deutet auf etwas an mir. Also gucke ich noch mal an mir runter, und jetzt wird mir klar, daß ich die Kamera um den Hals hängen habe, und ich sage zu ihm: ‹Möchtest du die vielleicht haben?› Und da fährt der einfach aus der Haut! Und ist mit einem Satz von seinem Reifen runter! Ein Riesending von Reifen war das, sag ich Ihnen! Und nimmt den und wirft ihn durch die Gegend! Mir wurde auf einmal ganz anders, das können Sie mir glauben. Er hörte und hörte nicht auf [Zeichen zu machen], und ich gucke an mir runter, und da geht mir auf, daß ich ein Päckchen Zigaretten [aus der Tasche] rausgucken habe. Ich sage: ‹Möchtest du vielleicht eine von denen?› Da wird der friedlich wie ein Lamm. Und wackelt mit dem Kopf. Ich hole eine Zigarette aus dem Päckchen und gebe sie ihm und gebe ihm Feuer, und er nimmt einen Zug und gibt sie mir, und ich nehme einen Zug. Und wir teilen uns die Zigarette, einmal er, einmal ich. Hinterher gehe ich rein zu Lemmon und sage zu ihm: ‹Hören Sie, ich habe da eben was erlebt, das war das Erstaunlichste, was mir je vorgekommen ist›, und erzähle ihm die ganze Geschichte. Er sagt: ‹Das einzige Erstaunliche daran ist, daß er die Zigarette mit Ihnen geteilt hat, das ist nämlich einer von den hinterfotzigsten Rabauken hier.› Und das hat der wirklich getan, er hat sich die Zigarette mit mir geteilt. Aber vorher war der vielleicht wütend – mein lieber Herr Gesangverein. Einfach völlig ausgeflippt. Und ich konnte doch nicht verstehen, was er mir verklickern wollte.»

Es muß schon ein eigenartiges und wohl auch ein bißchen zwiespältiges Gefühl sein, sich eine Zigarette mit einem Wesen zu teilen, das man demnächst mit bösartigen Viren vollpumpen wird. Tatsächlich ist sich Dr. Mahoney des ethischen Dilemmas der biomedizinischen Forschung mit Schimpansen durchaus bewußt: daß man Geschöpfe, deren genetischer Code zu 98 Prozent mit dem des Menschen übereinstimmt, für Experimente benutzt, die man mit hundertprozentigen menschlichen Wesen aus ethischen Gründen nicht machen kann. Er bekennt selbst, daß er in einem tiefen Zwiespalt steckt, was seine Rolle als Tierarzt in einem Schimpansen-Forschungslabor angeht, eine Rolle, in der er von Berufs wegen für die Gesundheit fühlender Wesen zu sorgen hat, damit diese Gesundheit dann experimentell untergraben werden kann; aber er sagt sich, daß die Vorteile, die der Menschheit aus dieserart Forschung erwachsen, die gesundheitlichen Nachteile der Schimpansen überwiegen. Auf jeden Fall passierte kurze Zeit nach Jim Mahoneys Inspektion der Schimpansenkolonie ein Spezialfahrzeug das Tor des Institute for Primate Studies und nahm als erste von mehreren Fuhren Lebendfracht reichlich zwei Dutzend Schimpansen an Bord, um sie in ihre zweitausend Meilen weiter östlich gelegene neue Heimat zu überführen: das Laboratory for Experimental Medicine and Surgery in Primates – LEMSIP.

Die Überführung hätte reibungslos vonstatten gehen können, hätte nicht das CBS-Fernsehen sie für eine publikationswürdige Neuigkeit gehalten und ihr einen Platz in seinen Nachrichten eingeräumt. Der kurze Spot wirkte als Initialzündung für weitere Berichte in der Presse – in der *New York Times*, der *Washington Post*, der *Village Voice*. So bekam eine tierliebende Öffentlichkeit Wind davon, daß sprachlich kommunizierende Schimpansen in ein biomedizinisches Forschungslabor eingeliefert werden sollten. Besorgte Einzelpersonen und Tierwohl-Verbände begannen Briefe zu schreiben, Telegramme abzuschicken, Telefonanrufe zu tätigen, auf der Straße zu demonstrieren. Professor Herbert Terrace von der Columbia University stellte seine Autorität in den Dienst der Protestbewegung. Dr. Moor-Jankowski und Dr. Mahoney vom LEMSIP versicherten mir beide, daß Terrace bereits Monate, bevor die Sache dann über die Bühne ging und publizistisch ausgeschlachtet wurde, über den geplanten Verkauf Nims an das Labor restlos Bescheid gewußt habe, während der Psychologieprofessor seinerseits dabei bleibt, daß die Nachricht ihm erst von dem Augenblick an den Schlaf zu rauben begann, als sie ihm eines Abends im Mai 1982 von einem Fernsehkorrespondenten telefonisch übermittelt wurde. Terrace baute sich alsbald vor den Linsen mehrerer Fernsehkameras auf, protestierte gegen die moralisch empörende Behandlung seines berühmten Schimpansen und drohte mit juristischen Schritten gegen die Hauptverantwortlichen. Der ganze Wirbel veranlaßte schließlich das LEMSIP und das Institute for Primate Studies, ihr Geschäft, soweit es die bekannten Schimpansen, Nim und Ally, betraf, rückgängig zu machen, woraufhin die beiden in New York aus ihren Käfigen geholt und nach Oklahoma zurückgebracht wurden.

Nim erhielt zu guter Letzt einen Ruhesitz in einem geräumigen Käfig auf der «Black-Beauty»-Pferderanch in Texas, die dem Tierwohl-Verfechter Cleveland Amory gehört. So viel Glück hatte Ally nicht. Im Institut war er einer der erfolgreichsten zeichenbenutzenden Schimpansen gewesen. Als Jugendlicher war Ally ein «sommersprossiger Chimp mit dem Aussehen eines Gelehrten» und einer gewinnenden Persönlichkeit, der die sonderbare Gewohnheit hatte, das Kreuzzeichen zu schlagen (mag sein, daß er in einer frommen Familie aufwuchs, bevor er als Vierjähriger nach Oklahoma kam). Nachdem er nun vor den gemutmaßten Schrecken des LEMSIP in New York errettet worden war, wurde Ally abermals aus dem Institut in Oklahoma entfernt und den siebzig Schimpansen und fünfhundert Rhesusaffen des White Sands Research Center in Alamogordo, New Mexico, beigesellt, eines privaten Forschungslabors, das sich seiner Eigenwerbung zufolge auf «die Entwicklung neuer Arzneimittel, Insektenvertilgungsmittel, Kosmetika, medizinischer Präparate usw.» spezialisiert hat. Zumindest *hat es den Anschein*, als ob Ally nach White Sands geschickt worden wäre. Ganz bestimmt weiß das offenbar niemand. In White Sands will kein Mensch jemals etwas von einem Schimpansen gehört oder gesehen haben, der Zeichensprache kann. Und die zwei Schimpansenmännchen, die aus dem Institute for Primate Studies am 19. November 1982 in White Sands anlangten, kamen mit Frachtpapieren ohne Namen. Man hat sie inzwischen Harry und Midge getauft.

Ich kann verstehen, warum Dr. Lemmon sich dafür entschied, die Schimpansen seines Instituts an das LEMSIP zu verkaufen. Das Labor pflegt seit jeher eine Politik der offenen Tür. Im LEMSIP ist von Geheimniskrämerei wenig zu spüren, und der Leiter, Dr. Jan Moor-Jankowski, lehnt mit Todesrisiko verbundene Forschungen an Schimpansen konsequent ab. Auch manche Experimente des invasiven Typs kamen für ihn nie in Frage – was man nicht von allen seiner Kollegen behaupten kann.

In einem bestimmten Abschnitt seiner Laufbahn beschäftigte sich Moor-Jankowski mit Forschungen zur Organtransplantation zwischen artfremden Individuen, der sogenannten xenogenen Transplantation oder Heterotransplantation. Die xenogene Transplantation ist ein hochinteressantes und potentiell außerordentlich nutzbringendes medizinisches Instrument, da der Mensch-zu-Mensch-Transplantation Schranken gesetzt sind durch das Ungleichgewicht zwischen dem Bedarf und dem Angebot an Organen – anders gesagt: es gibt mehr Menschen, die ein neues Organ benötigen, als solche, die bereit sind, Organe zu spenden. Die xenogene Transplantation ist zum gegenwärtigen Zeitpunkt für die Humanmedizin noch ein bloßes Experimentierfeld, und zwar weitgehend deshalb, weil die Transplantation von artfremdem Gewebe beim Menschen (wie auch bei den höheren Säugetieren) eine heftige Immunreaktion hervorruft, die normalerweise zur Abstoßung führt. Im Jahr 1964 verpflanzte Dr. James Hardy am Medical Center der University of Mississippi ein Schimpansenherz in den Körper eines Vierundsechzigjährigen; das Herz schlug neunzig Minuten weiter, ehe sein neuer Besitzer starb. Doch mit der Entdeckung des Ciclosporins A (im Jahr 1972), das die Abstoßung von allogen (von Mensch zu Mensch) übertragenem Gewebe verhindert, wuchs auch die Aussicht auf erfolgreiche xenogene Organtransplantationen: Organverpflanzungen vom tierischen in den menschlichen Organismus. Als die dem Menschen nächstverwandte Tierart sind die Schimpansen die potentiellen Spender Nummer eins für einen allfälligen zukünftigen Bedarf an xenogenen Transplantaten. Tatsächlich verpflanzte vor kurzem Dr. Keith Reemtsma am Columbia-Presbyterian Medical Center in New York eine Schimpansenniere in den Körper eines mit Nierenversagen im Sterben liegenden Menschen und verlängerte so das Leben des Patienten um neun Monate. Am Milwaukee County Medical Complex in Wauwatosa, Wisconsin, beschäftigt sich Robert McManus seit einiger Zeit mit der Verpflanzung von Rhesusaffenherzen in Paviane. Bis zum September 1988 hatte er zehn solcher Transplantationen vorgenommen, und eines der transplantierten Herzen schlug im Empfänger noch achtundfünfzig Tage weiter. Sein Endziel sei es, so Dr. McManus, das Wissen zu erwerben, das ihn dazu befähigt, einem sterbenden Menschen das Herz eines lebenden Schimpansen einzupflanzen. «Heute wäre das unter ethischem Gesichtspunkt nicht zu vertreten», erklärte er. «Wir verstehen noch nicht genug davon.» Doch eines Tages wird seiner Überzeugung nach das technische Können so weit gediehen sein, daß die Verpflanzung zum ethischen Gebot wird: «Wir haben uns auf diese Forschungen eingelassen, um das akute Spenderproblem lösen zu können und nicht mehr zusehen zu müssen, wie Menschen unnötig sterben.»

Als Möglichkeit, das Spenderproblem zu lösen, bietet sich natürlich auch der Versuch an, mehr menschliche Spender zu aktivieren, aber falls das nicht gelingt, könnte man immer noch die nächsten biologischen Verwandten des Menschen rekrutieren. Folgerichtig haben die amerikanischen Gesundheitsinstitute vor kurzem dem Columbia-Presbyterian Medical Center in New York eine Unterstützung von 3,36 Millionen Dollar für Forschungen zur Verpflanzung von Schimpansenherzen in menschliche Organismen bewilligt. Dr. Moor-Jankowski, dessen LEMSIP mit seinen Schimpansen sich nur eine Busfahrt weit entfernt vom Columbia-Presbyterian Medical Center befindet, ist der Ansicht, daß Schimpansen als Lieferanten von Herzen, Lebern und anderen Ersatzorganen zum Nutzen der Menschheit ganz ähnlich wie Farmtiere gezüchtet werden könnten. Er hat sich jedoch aus ethischen Gründen entschlossen, sich auf dem Gebiet der xenogenen Transplantation und dem mit ihr verbundenen Einsatz von Schimpansen nicht zu engagieren.*

Die der Zeichensprache mächtigen Schimpansen, die im Frühjahr und Frühsommer 1982 aus dem Institute for Primate Studies ins LEMSIP übersiedelten, wurden für andere Dienste an der Menschheit rekrutiert. Sie wurden als Versuchstiere bei der Paretieprüfung eines Hepatitis-B-Vakzins eingesetzt. Da Schimpansen für Hepatitis B in der Form anfällig sind, daß sie zwar Antikörper, aber anders als Menschen keine handgreiflichen Symptome produzieren, mußten die

---

* Ich kann nur hoffen, daß Schimpansen in US-Labors nicht zu Kopfverpflanzungsexperimenten herangezogen werden. Die Bemühungen auf diesem Gebiet begannen schon im Jahr 1887, und zwar mit den Versuchen eines französischen Forschers, die Köpfe guillotinierter Zuchthäusler auf die Körper großer Hunde zu verpflanzen. 1912 demonstrierten russische Wissenschaftler, daß sie abgetrennte Hundeköpfe mit Hilfe einer Herz-Lungen-Maschine mehrere Stunden lang am Leben erhalten konnten. In jüngerer Zeit hielt Robert White an der medizinischen Fakultät der Case Western Reserve University in Cleveland, Ohio, im Experiment die abgetrennten Köpfe eines halben Dutzends Tieraffen am Leben, indem er sie an den Blutkreislauf unversehrter Artgenossen anschloß. «Die Affen[köpfe] erwachten und benahmen sich, wie Affen sich zu benehmen pflegen», erzählte Dr. White später einem Reporter der *Washington Post*. «Sie folgten einem [mit den Augen] durchs ganze Zimmer. Sie schnappten, wenn man ihnen mit der Hand nahe kam, und hätten einem wahrscheinlich den Finger abgebissen, wenn sie ihn zu fassen gekriegt hätten. Alles deutete darauf hin, daß das Gehirn genauso funktionierte, als ob es auf dem eigenen Körper säße.»

LEMSIP-Schimpansen bei ihrem Einsatz in der Forschung nicht einmal sonderlich leiden. Schlimmstenfalls mußten sie gelegentliche Injektionen und Blutentnahmen über sich ergehen lassen. Etliche dieser Tiere wurden dann später in der Aidsforschung und beim Test von Aids-Vakzinen eingesetzt; aber auch in diesem Fall war es so, daß zwar im Blut der Versuchstiere das Aidsvirus registriert wurde, an ihrem Körper sich jedoch nie das Vollbild der Krankheit zeigte.

Natürlich werden HIV-infizierte Schimpansen im LEMSIP wie anderswo häufig in strenger Quarantäne gehalten: isoliert voneinander und wohl auf Dauer gegen engen Kontakt mit Menschen abgeschirmt. Von der Fortpflanzung bleiben sie ausgeschlossen. Und was wird aus ihnen, wenn sie ihren Beitrag zur medizinischen Forschung restlos geleistet, aber immer noch einen bedeutenden Teil ihrer durchschnittlich fünfundfünfzigjährigen Lebensspanne vor sich haben? Dr. Moor-Jankowski und Dr. Mahoney tragen sich mit dem Plan, eine Insel bei Puerto Rico als Alterssitz für pensionierte LEMSIP-Schimpansen zu kaufen, doch zum gegenwärtigen Zeitpunkt – ein Jahrzehnt nach ihrem Erwerb von dem Institut in Oklahoma – sind die sprachkundigen Schimpansen noch im Labor zu Hause und tun hier nach wie vor ihr möglichstes, um bei der Lösung diverser humanmedizinischer Probleme mitzuhelfen. Sie sehen Menschen kommen und gehen: Menschen, die jetzt in steriles Papier – in Umhänge und Stiefeletten und Gesichtsmasken und Kopfbedeckungen aus Kreppapier – vermummt sind; Menschen, die ängstlich darauf achten, daß sie mit aidsinfizierten Wesen nicht in Berührung kommen, ja daß sie sich nicht einmal allzu nahe bei diesen Wesen aufhalten. In den vergangenen zehn Jahren sind die Schimpansen meines Wissens kein einziges Mal im Freien gewesen, noch haben sie das Tageslicht gesehen, denn die hangarähnlichen Bauten, in denen ihre Käfige untergebracht sind, haben keine Fenster, und einen Auslauf ins Freie haben die Tiere hier auch nicht. Und soweit ich weiß, hat auch kein einziger dieser Schimpansen in den letzten zehn Jahren den Bodenkontakt gehabt – denn aus (jedenfalls laut Dr. Moor-Jankowskis temperamentvoller Argumentation) zwingenden hygienischen Gründen schweben ihre großen Käfige, an der Decke befestigt, ein gutes Stück über dem Fußboden.

11 Dies Geschöpf erkenn' ich für meines an

PROSPERO:
Die drei beraubten mich; und der Halbteufel – denn
so ein Bastard ist er – war mit ihnen verschworen,
mich zu morden. Ihr müßt zwei von diesen Kerlen
kennen als die euern, und dies Geschöpf der
Finsternis erkenn' ich für meines an.

Um Genaueres über die «Aufpralltoleranz des Kopfes» in Erfahrung zu bringen, machten die Doktores Ayub Ommaya, Paul Corrao und Frank Letcher an den amerikanischen Nationalen Gesundheitsinstituten (U. S. National Institutes of Health; NIH) in Bethesda, Virginia, elf Schimpansen bewegungsunfähig, indem sie ihnen an allen vier Gliedmaßen einen Gipsverband anlegten und die Gipsverbände an einem aus Stahlrohr gefertigten Gestell befestigten. Dann schmetterten die Forscher bei zehn der Tiere, von denen keines anästhetisiert war, einen druckluftgetriebenen Kolben auf den Kopf, der in der Lage war, «mit hinreichender Zuverlässigkeit [...] eine Stoßbelastung von bis zu 1800 Kilogramm» zu erzeugen. Zwei der nicht anästhetisierten Schimpansen waren sofort tot. Fünf fielen nach einem oder mehreren Kolbenstößen für längere oder kürzere Zeit in Ohnmacht. Zwei weitere waren «betäubt». In zweieinhalbstündigem bis dreitägigem Abstand zu dieser Gewaltbehandlung wurden die einzelnen Tiere dann zwecks tiefergehender Untersuchungen nacheinander «geopfert».

Schimpansen wurden in diesem Fall ihres großen Gehirns wegen als Versuchstiere gewählt. Die Forscher hatten ähnliche Untersuchungen bereits an Tieraffen vorgenommen und waren zu der Überzeugung gekommen, jetzt mit einer Spezies arbeiten zu müssen, die in puncto Gehirngröße dem Menschen näherkam als der Rhesusaffe.

Als die in den siebziger Jahren durchgeführte NIH-Studie in den

neunziger Jahren die Drehbuchschreiber der amerikanischen Fern-
sehserie *Quantum Leap* zu einer Episode inspirierte – in der ein in
einem Schimpansenkörper steckender Mensch unverhofft die Entdeckung macht, daß sein Kopf drauf und dran ist, zu Forschungs-
zwecken mit einem Kolben bearbeitet zu werden –, rief das sofort
einige Sprecher der Forschungsindustrie auf den Plan, die nichts An-
gelegentlicheres zu tun hatten, als gegen Bilder zu agitieren, die in so
eindringlicher Weise das Leiden von Schimpansen mit menschlichem
Leiden gleichsetzten. Dr. Kenneth Gould, Leiter der Abteilung Fort-
pflanzungsbiologie am Yerkes-Primatenzentrum (und einer der zwei
soliden Forschungsprofis, die Bobby Berosini in seinem Prozeß gegen die PETA als Gutachter aufgeboten hatte), erhob, obwohl er das
Drehbuch überhaupt nicht kannte, den Vorwurf, daß die Episode
«offenkundig» von radikalen Tierschutzverbänden «gezielt da rein-
geschleust» worden sei. Ein anderer Forscher – James Parker mit Namen –, der ebenfalls das Drehbuch nicht kannte, äußerte gegenüber
dem Produzenten der Sendung die Ansicht, die Episode sei «ein pro-
pagandistischer Kniefall vor einer kleinen Gruppe von fanatischen
Gegnern der Forschung mit Versuchstieren». Auch Frankie Trull, die
Geschäftsführerin der National Association for Biomedical Research,
beschwerte sich bei dem Produzenten. Wie Miss Trull anderswo
schrieb, könnte der Einfall, in einem Fernsehstück einen Menschen
im Körper eines Schimpansen einzuquartieren, «dem Gedanken Vor-
schub leisten, daß zumindest einige Tiere moralisch auf eine Ebene
mit dem Menschen zu stellen sind».

Laborforscher sind, glaube ich, Helden. Aber wie Prospero sind sie
Helden, von denen erwartet wird, daß sie auf einer unvollkommenen
Insel Vollkommenes leisten, daß sie in einem ewig expandierenden
Kosmos in ihrem Handeln gültigen Einsichten folgen. Manche biomedizinischen Forscher erkennen an, welch komplexe ethische Problematik darin liegt, in hohem Maße mit Empfindung und Gefühl
begabte Lebewesen bei der Laborarbeit als Menschenersatz zu benutzen. Doch andere Vertreter der Zunft möchten anscheinend pauschal
bestreiten, daß die Verwendung von Schimpansen als Menschenersatz im Labor überhaupt nennenswerte ethische Probleme aufwerfen
kann.

1

Der Sturm handelt von Umstürzen und Umwälzungen. Prospero wurde gegen Recht und Ordnung aus seinem Herzogtum vertrieben; im Lauf der Dramenhandlung kehrt er das Ergebnis dieses Umsturzes um. Das ist der Hauptstrang der Fabel. Natürlich kann man auch sagen, daß Prospero seinerseits Caliban um seine rechtmäßige Herrschaft über die Insel gebracht hat. Im Rahmen einer komischen Nebenhandlung verbündet sich Caliban mit zwei Figuren aus dem einfachen Volk, einem Spaßmacher und einem Kellermeister, Strolchen, die sich aus dem Schiffbruch haben an Land retten können. Betrunken und bramarbasierend treten die drei zur Privatrevolte gegen Prosperos Regiment über die Insel an. Im fünften Akt bricht die Revolte zusammen, und Prospero führt der versammelten Schar der Edelleute aus dem untergegangenen Schiff die drei betretenen, kleinlauten Aufrührer vor. Zwei von ihnen gehören zur Gesellschaft der Schiffbrüchigen, bemerkt er. Was den dritten angeht: «dies Geschöpf der Finsternis», so Prospero, «erkenn' ich für meines an».

Wenn Prospero Caliban als «Geschöpf der Finsternis» bezeichnet und nicht etwa, wie es ja ebenfalls möglich wäre, als «finsteres» oder «schwarzes Geschöpf» oder ähnlich, charakterisiert er Caliban weniger anhand seines Aussehens als vielmehr anhand seiner Identität. Caliban, der regelmäßig mit Bildern aus dem animalischen und dem chthonischen Bereich gekennzeichnet wird, ist (Prospero zufolge) obendrein der Sohn eines Teufels, und wenn Prospero seinen Sklaven gelegentlich ein «Geschöpf der Finsternis» nennt, könnte es sein, daß er damit auf dieses Abstammungsverhältnis anspielt, denn der Teufel ist bekanntlich der «Fürst der Finsternis». Für das heutige Empfinden beschwört der Ausdruck «Geschöpf der Finsternis» womöglich eine Vorstellung mit herauf, die sich am besten mit einem Theorem aus der Tiefenpsychologie C. G. Jungs wiedergeben läßt, das besagt, daß jeder Mensch eine verhehlte und verleugnete «niedere» Zweitpersönlichkeit in sich birgt – seinen «Schatten». Und so stelle ich mir gern vor, daß Prospero, wenn er das Geschöpf der Finsternis im letzten Akt des Dramas als seines «anerkennt», damit zugleich auf der symbolischen Ebene des Dramas eine abschließende heilsame Ein-

sicht beweist, indem er sich nämlich zur Schattenseite seiner eigenen
Persönlichkeit bekennt.

Mir scheint jedenfalls in den Worten «erkenn' ich für meines an»
eine gewisse Emphase, ein gewisses Pathos nicht zu verkennen, Nu-
ancen, mit denen sich Prosperos Rede in diesem Augenblick der feier-
licheren Tonlage der Beichte und wohl auch der Aussöhnung und
Auflösung von Gegensätzen annähert. Prospero schließt Caliban
rhetorisch in die Arme; wir könnten uns den Vorgang auf der Bühne
sogar in einer Geste – etwa derart, daß eine Hand eine Schulter berührt – versinnbildlicht denken.

Bringt der fünfte Akt des Stücks einerseits die glanzvolle und
rundum zufriedenstellende Lösung des Knotens, zu dem sich die
Haupthandlung geschürzt hat – Prospero kehrt in seine rechtmäßige
Stellung als Herzog von Mailand zurück –, so schließt er andererseits
eine tiefgreifende, nachhallende Lösung auch für manche moralischen und psychologischen Fragen ein, die durch die Caliban-Ne-
benhandlung aufgeworfen wurden. Handelt *Der Sturm* einerseits
von Umstürzen und Umwälzungen, so schreitet das Bühnengeschehen andererseits das natürliche Spannungsfeld zwischen Anerkennung und Leugnung aus. Jawohl, Prospero erklärt vor aller Ohren,
daß Caliban sein Sklave ist – aber am Ende des Dramas erkennt er auf
einer tieferen Sinnebene an, was er vier Akte lang geleugnet hat: ein
Urgefühl der Verwandtschaft mit Caliban und eine gewisse Verantwortung für Calibans Elend. «Dies Geschöpf der Finsternis erkenn'
ich für meines an.»

Wir sind mit den Schimpansen nahe verwandt und für ihr Schicksal
zumindest teilweise verantwortlich. Diese Verwandtschaft und diese
Verantwortung können wir anerkennen, oder wir können sie leugnen.
Dieses Kapitel beschreibt das Spannungsfeld zwischen Anerkennung
und Leugnung; den Konflikt zwischen Kräften, die auf die Erhaltung
der Schimpansen, und Kräften, die auf ihre Vernichtung hinwirken;
den Kampf zwischen Wissenschaftlern, die die Schimpansen studieren, um sie zu verstehen, und Wissenschaftlern, die die Schimpansen
als Mittel zu dem Zweck benutzen, den Menschen besser zu verstehen und seine Probleme zu lösen. Bis zu einem gewissen Grad geht

es in diesem Kapitel um eine historische Divergenz in Haltung und Sehweise, die die Wissenschaftsgemeinde spaltet.

Die Spaltung zwischen den Wissenschaftlern, die die Schimpansen studieren, und denjenigen, die sie als Mittel zum Zweck benutzen, kann fundamentalen Charakter haben und sich über die intellektuelle Kontroverse hinaus in den Bereich theoretischer Grundannahmen, ja zuletzt sogar bis in Bau und Struktur der Sprache hinein erstrecken. Die köpferammende NIH-Studie damals in den siebziger Jahren betraf eine lebende Sache, ein abstraktes «Tier». Feldforscher würden den Forschern im biomedizinischen Labor ohne weiteres konzedieren, daß Schimpansen «Tiere» sind – allerdings würden Feldforscher den Menschen in diese Kategorie mit einbeziehen. Biomedizinische Forscher nehmen nach meiner Beobachtung das Wort «Tier» und die Sprache der Tierzucht sehr viel häufiger in den Mund als jedermann sonst, der berufsmäßig mit Menschenaffen zu tun hat, und anscheinend meinen sie mit diesem Wort etwas ganz anderes als die Feldforscher. Im Mund des Laborforschers bedeutet «Tier» offenbar «nicht menschlich». Damit wird es möglich, alle «Tiere» in ethischer Beziehung auf gleiches Niveau zu stellen: Katze ist gleich Maus ist gleich Ratte ist gleich Schimpanse. Diese Vorstellung ist natürlich auch außerhalb der biomedizinischen Forschergemeinde weit verbreitet, und die Tatsache, daß alle «Tiere» jemandes Eigentum sind und gekauft und verkauft werden, daß sie mit Ketten und Stricken gebändigt, in Käfige eingesperrt, im Bedarfsfall von Tierärzten behandelt und für wissenschaftliche Experimente benutzt werden, trägt nur zur Erhärtung der vorgefaßten Meinung bei.

Wenn jedoch die Laborratte in ihrem Laborkäfig eines Tages dazu überginge, dem Forscher direkt in die Augen zu blicken... Wenn die Ratte Interesse am Zigarettenrauchen entwickelte und dann gelegentlich auch ihre Zigarette mit dem Wissenschaftler draußen vor ihrem Käfig teilte... Wenn die Ratte plötzlich lachen, richtig und unverkennbar lachen könnte, sobald man sie kitzelt, ja gelegentlich sogar über komische oder aufreizende Vorfälle außerhalb ihres Käfigs lachte... Wenn die Ratte lernte, sich in Zeichensprache zu verständigen, und den Eindruck erweckte, daß sie eine Menge von dem versteht, was man in gesprochener Sprache zu ihr sagt... Wenn die

Ratte ihre Jungen auf die Arme nähme und ihnen hingebungsvoll in
die Augen sähe, sie an den Fußsohlen kitzelte und ihr Wohlergehen
nötigenfalls unter Einsatz ihres eigenen Lebens verteidigte... Wenn
die Ratte vor dem Spiegel Grimassen schnitte, sich vor dem Spiegel
putzte... Wenn die Ratte Anfälle von schlechter Laune hätte...
Wenn die Ratte Gefühle erkennen ließe, die ein Mensch intuitiv als
solche identifizieren kann... Wenn die Ratte Hände hätte... Wenn
die Ratte manchmal auf zwei Beinen stünde wie ein Mensch... Wenn
die Ratte mit dem Menschen die ehrenvolle Gestalt gemeinsam
hätte... Würde der Forscher dann zu dem Schluß kommen, diese
Ratte sei gar keine Ratte? Würde der Forscher sich überlegen, ob er
die Käfigtür aufmachen soll? Würde der Forscher das laufende Forschungsprojekt und die Notwendigkeit dafür noch einmal überden-
ken? Ich glaube, ja. Doch obwohl wir an Laborschimpansen alle genannten Eigenschaften und Verhaltensweisen wahrnehmen können,
sind sie für uns in fundamentalen Beziehungen noch immer Käfigrat-
ten.

Vielleicht ist unsere Gesellschaft nicht davon abzubringen, daß das
Wohl der Menschheit Experimente mit diesen «Tieren» «unumgänglich» macht. Man mag bestreiten, daß den Schimpansen in der Rangordnung der Labortiere eine Sonderstellung gebührt. Doch wer das
tut, sollte sich wenigstens Rechenschaft davon geben, was ihnen von
uns im Namen der «Wissenschaft» und des «Fortschritts» und der
«Gesundheit» und der «unumgänglichen Notwendigkeit» alles angetan wird.

2

In gut zwei Dutzend Labors der Welt werden insgesamt
etwa dreitausend Schimpansen bei der Erforschung menschlicher
Krankheiten beziehungsweise humanmedizinischer Probleme eingesetzt.* Manche dieser Einsatzarten haben für das Wohl der Mensch-

---

* Einige Schätzungen der Gesamtzahl der Labortiere in den USA sprechen von bis
zu einhundert Millionen. Eine konventionellere, aber wohl doch zu niedrig grei-
fende Schätzung kommt auf rund zwanzig Millionen. Das Gros von diesen zwan-

heit offenkundig mehr, andere weniger Bedeutung, doch während all diese Schimpansen in Laborkäfigen saßen und bei der Lösung von Menschheitsproblemen mitwirkten, hat in Afrika die Ausbreitung der Menschheit ihre einstmals weitverbreitete Spezies in eine vom Aussterben bedrohte Spezies verwandelt.

Die meisten biomedizinischen Forscher räumen heute ohne weiteres ein, daß die Schimpansen in der Wildnis vom Aussterben bedroht sind; doch einige Mitglieder der biomedizinischen Forschergemeinde bestreiten standhaft, daß der Einsatz von Schimpansen im Forschungslabor auch nur im mindesten an dem Überlebensproblem in Afrika mit schuld sein könnte. Die biomedizinische Forschungsindustrie hat sich allerdings in puncto wilde Schimpansen ihre gewohnte Sachkenntnis in behaglichem Abstand zur Sache erworben. Bevor das CITES-Abkommen und das US-Gesetz über die gefährdeten Arten Mitte der siebziger Jahre der Einfuhr wild geborener Schimpansen nach Nordamerika ein radikales Ende machten, langten Schimpansen in amerikanischen Labors häufig als Insassen einer Kiste an. Aus welcher Gegend Afrikas sie kamen, wie sie beschafft worden waren, wie sie in die Kiste gekommen waren, wie viele Insassen anderer Kisten nicht an den Bestimmungsort gelangten, weil sie unterwegs verendet waren – keiner wußte es, und wenige fragten danach.

Wer sich für genauere Informationen über diese Dinge interessiert, mag denken, daß vielleicht der Zwischenhändler – der Lebendtierimporteur in New York oder Miami oder irgendeinem anderen Einfuhrhafen – der richtige Adressat für seine Fragen wäre. Der wohl größte unter den Lebendtierimporteuren der Vor-CITES-Zeit, Henry

zig Millionen stellen die Nager; rund 60 000 – 0,3 Prozent der Gesamtzahl – sind Primaten (Tier- und Menschenaffen). Schätzungen speziell der Zahl der Schimpansen in US-Labors wollen von nicht mehr als 1200 wissen – dieser Wert liegt mit Sicherheit weit unter dem tatsächlichen Bestand; ich halte die folgenden Zahlen für realistisch: 1800 allein in den USA, dazu 500 in westeuropäischen und japanischen Labors, rund 500 in afrikanischen sowie grob gerechnet 200 in osteuropäischen und asiatischen (exklusive japanischen) Labors. Was die Labors in aller Welt nach meiner Schätzung zusammen an Schimpansen besitzen (3000 Individuen), ist, nebenbei bemerkt, mehr, als die meisten afrikanischen Länder heute noch an wildlebenden Schimpansen vorzuweisen haben.

Trefflich, führte von 1928 bis in die sechziger Jahre eineinviertel Millionen Tieraffen (größtenteils Rhesus), an die zweihundert Gorillas, rund zweihundertfünfzig Orang-Utans und viertausend Schimpansen in die Vereinigten Staaten ein. Aber in seiner 1967 veröffentlichten Autobiographie *Jungle for Sale* sagt Trefflich rein gar nichts darüber, auf welche Weise diese Tier- und Menschenaffen gefangen wurden – obwohl er gelegentlich schon mal selbst einen Trip nach Afrika machte (zu einer Zeit, als es noch gar nicht so lange her war, daß «der Löwe in Afrika noch ein bedeutendes Problem war», wie der Händler sich verständnisinnig ausdrückt). Über die Beschaffung zweier Gorillas, die bei einem «Green Stamps contest» in New York als Scherzpreise vergeben werden sollten, verrät Trefflich immerhin, daß diese «seltensten aller Tiere [...] in Westafrika von einem Trupp eingeborener Fallensteller gefangen wurden, mit dem meine afrikanische Zentrale schon seit langem in Geschäftsverbindung steht» – womit ohne Zweifel gesagt sein soll, daß die Tiere in Fallen gefangen wurden. Aber in dem Teil des Schwarzen Kontinents, der nach gängigem Sprachgebrauch Westafrika heißt, leben gar keine Gorillas, und auch im Umkreis selbst von tausend Meilen um Trefflichs afrikanische Tierfangzentrale im sierraleonischen Freetown hat es nie welche gegeben.

Robert Yerkes hat sich kein geringes Verdienst erworben, als er sich an einem bestimmten Punkt seiner Laufbahn einmal laut den Kopf darüber zerbrach, wie denn wohl in Afrika Schimpansen beschafft würden. Kann sein, daß er halb an die Version eines seiner Lieferanten glaubte, jenes J. L. Buck, der 1927 schilderte, wie er mit hundert Ortsansässigen, einigen riesengroßen Netzen, einem Schwamm und einer Flasche Chloroform auf Schimpansenfang gezogen war. Aber dieses Stück krudesten Jägerlateins würde heute nicht einmal mehr als passable literarische Erfindung durchgehen und war schon zu seiner Zeit von den bekannten afrikanischen Realitäten so weit entfernt, daß es für die Veröffentlichung in einer Zeitschrift mit dem Titel *Asia* untergebracht werden mußte.

Einen anderen Aspekt gewann der Tierfänger Phil Carroll dem Thema ab. Er gab sich tief bekümmert angesichts der grausamen Ironie, daß Gorillas zwar von Zentralafrikanern brutal hingemordet werden konnten, er jedoch noch immer die größten Schwierigkeiten hatte, die erforderlichen Ausfuhrbewilligungen zu erhalten, um Gorillababys durch Verkauf an nordamerikanische Tiergärten das Leben retten zu können. In diesem Argument steckt ein Körnchen Wahrheit, und es wird in den USA immer wieder aufgewärmt, um die Einfuhr von Gorillas und Schimpansen zu rechtfertigen. Die Afrikaner essen Gorillas und Schimpansen, so heißt es dann, und die Babys, die wir kaufen, sind lediglich das Abfallprodukt dieses gräßlichen Appetits. Und tatsächlich: von den afrikanischen Jägern, die ich kennenlernte, gab der einzige, der überhaupt bereit war, über das Töten von Schimpansen zu sprechen, zu verstehen, daß er die Jungtiere verkaufen würde, wenn sich Gelegenheit dazu böte. In Anbetracht solcher Umstände wird gelegentlich der Gedanke laut, daß die Einfuhr von Schimpansenbabys in die USA oder andere Länder gleichbedeutend mit deren Errettung vor dem Tod sei. Die Wahrheit ist jedoch, daß in Afrika der Kauf auch nur eines einzigen Schimpansenbabys einen Mini-Markt schafft und den Jäger veranlaßt, loszuziehen und die nächste Schimpansenmutter abzuschießen, um sich das nächste Baby zu beschaffen. Entsteht aber – etwa als Folge anhaltender Nachfrage aus US-Labors und in Schwung gehalten durch US-Dollars – in Afrika erst einmal ein echter Markt, dann wird die unter rückständigen Landbewohnern übliche Jagd zum Nahrungserwerb rasch zur Nebensache.* Hauptziel wird die Beschaffung von immer mehr Schimpansenbabys, und erwachsene Tiere, die auf dem Weg zu diesem Ziel ein Hindernis darstellen – im Regelfall Weibchen im fortpflanzungsfähigen Alter –, werden «weggepustet». Hinzu kommt,

---

* In einer anderen Variante der Geschichte hat man es mit «überzähligen» oder «urbanen» Schimpansen zu tun, denen das Abholzen der Wälder und der Brandrodungsfeldbau (slash-and-burn farming) zu diesen Eigenschaften verholfen haben. Das Labor «rettet» die Jungtiere, indem es sie zu Preisen ankauft, die niedrig genug sind, um vom gezielten Handel mit ihnen «abzuschrecken». Nun erspart zwar ein niedriger Einstandspreis dem Zwischenhändler Kosten und vergrößert dadurch seinen Profit, aber selbst ein Einstandspreis von fünfzig Dollar – wie ich ihn zuweilen habe nennen hören – ist für einen ländlichen afrikanischen Jäger ein Geldbetrag, der irgendwo zwischen einem normalen Monats- und einem normalen Jahresverdienst liegt. Solche Voraussetzungen schaffen einen Markt.

daß in Sierra Leone – dem Umschlagplatz für die Ausfuhr von Henry Trefflichs viertausend Schimpansen und weiteren tausend bis tausendfünfhundert, die in späteren Jahren Franz Sitter exportierte, plus weiteren siebenhundert, die Sitters Gelegenheitskonkurrent Suleiman Mansaray in den internationalen Handel brachte – die Einheimischen gar kein Schimpansenfleisch essen.

Daß der Schwund des Areals und die Jagd zum Nahrungserwerb die beiden Hauptursachen des plötzlichen Rückgangs des Wildschimpansenbestands sind, wird von niemandem bestritten. Allerdings spielt da mit Sicherheit noch eine dritte Ursache mit: der Tierhandel. Im Lauf dieses Jahrhunderts brachten drei Menschen allein (Trefflich, Sitter und Mansaray) von einem einzigen Platz in Westafrika aus etwa sechstausend lebende Schimpansen auf den internationalen – vorwiegend den amerikanischen – Markt. Ein bedeutender Teil der in die USA eingeführten Tiere landete im Labor. Wäre der durch den Handel bedingte Schwund über die genannte Zahl nicht wesentlich hinausgegangen, könnte man die nachteiligen Folgen des Handels für den Wildschimpansenbestand als vergleichsweise geringfügig veranschlagen.* Wenn jedoch – wie Feldforscher glauben

* Daß die genannten sechstausend Tiere die Ausbeute einer auf mehrere Jahrzehnte verteilten Fangtätigkeit waren, scheint wie so vieles in das ansprechende Bild von der gleichmäßigen «Auslese» aus einer «erneuerbaren natürlichen Ressource» zu passen. Doch selbst unter günstigsten Bedingungen ist das Fortpflanzungstempo wilder Schimpansen sehr langsam. Das Weibchen erlangt die Reproduktionsfähigkeit und gebiert sein erstes Kind mit elf oder zwölf Jahren; Schimpansenweibchen gebären im Normalfall ein einziges Kind, das erst mit fünf oder sechs Jahren entwöhnt wird. Pro Weibchen sind im Regelfall für die Dauer der Fortpflanzungsfähigkeit nicht mehr als fünf Lebendgeburten zu veranschlagen, und von diesen Nachkommen erreichen vielleicht zwei das Erwachsenenstadium, so daß die Wegnahme von sechstausend Kindern, sei's auch aus einer sehr viel größeren Population und über mehrere Jahrzehnte verteilt, eine bedeutende Beeinträchtigung des Bestands darstellt. Die Konsequenzen des Tierhandels betreffen vor allem die unterm Reproduktionsaspekt wichtigsten Mitglieder einer Population, fortpflanzungsfähige Weibchen und gesunde Kleinkinder, so daß die Zahl der tatsächlich verkauften Tiere, als Indikator für die langfristige Belastung des Bestands genommen, nur die sprichwörtliche Spitze des Eisbergs ist. Der Umstand, daß die Schimpansenpopulation Westafrikas bereits in geographische – und somit genetische – Inseln zersplittert ist, hat zur Folge, daß selbst vergleichs-

und einigermaßen plausibel belegen können – für jeden Schimpansen, den der Händler lebend und wohlbehalten bis in einen amerikanischen Käfig bringt, nicht weniger als zehn andere ihr Leben lassen müssen, dann dürften die aus dem Faktum des Tierhandels resultierenden Belastungen stellenweise wirklich gravierend sein.* Und die US-Forschungsindustrie könnte vielleicht doch Anlaß sehen, sich zu einer gewissen Mitverantwortung für den Rückgang des Wildschimpansenbestands in Afrika zu bekennen. Von derlei Bekennermut ist freilich wenig zu spüren. «Die Behauptungen sind absolut falsch», wehrte Dr. George Galasso, der Chef des «Aids-Tiermodell-Komitees» (AIDS Animal Model Committee) der NIH, verärgert ein dahingehendes Ansinnen ab. «Wenn

weise große (aber isolierte) Sozietäten von Auslöschung bedroht sein können, sobald durch «Tierfang» erst einmal das Zahlenverhältnis zwischen den Geschlechtern aus dem Gleichgewicht geraten ist. Eine Computersimulation der wahrscheinlichen Weiterentwicklung in diesem Bereich findet sich in: Oldfield, Folse und German (1992).
* Der Tierhandel ist im allgemeinen ein brutales Geschäft. Der Tierfänger Jean-Yves Domalain schätzte, daß ihm achtzig Prozent der Tiere, die er eigentlich lebend mit nach Hause bringen wollte, noch während seiner Unternehmungen verendeten. In den mittleren Jahrzehnten dieses Jahrhunderts exportierte die Forschungsstation des Institut Pasteur in Guinea rund siebenhundert Schimpansen nach Europa. Das Zahlenverhältnis zwischen geglückten Überführungen und auf dem Transport verendeten Tieren wurde damals auf etwa 1 zu 5 geschätzt; und zumindest in einer Phase der Operation kam etwa ein Drittel der Tiere auf dem Transport um. Der Zoologe Jorge Sabater Pi von der Universität Barcelona beobachtete, wie für Tierhändler arbeitende Angehörige in Äquatorialguinea mit Schlingen, Hunden, Schußwaffen und Giftpfeilen zum Schimpansenfang auszogen; nach Sabater Pis Schätzung mußten für eine Ausbeute von sechsundsechzig nach einer Woche Gefangenschaft noch lebenden Jungtieren rund zweihundert Schimpansen ihr Leben lassen – eine Verlustquote, die nach diesen ersten acht Tagen mit Sicherheit noch einmal deutlich gestiegen sein dürfte, da Wildschimpansenkinder sowohl physisch wie psychisch extrem mutterabhängig sind. Die von Geza Teleki 1979 in Sierra Leone durchgeführte Erhebung brachte die Bestätigung dafür, daß bereits der eigentliche Fangvorgang mit hohen Verlustquoten verbunden ist; diese Quoten müssen, wie Teleki anmerkte, wiederum mit den Verlustquoten multipliziert werden, die auf dem Transport zur Sammelzentrale und später beim Export entstehen. Was über die beim Gorillafang angewandten Praktiken bekannt wurde, deutet auf ähnlich verheerende Verluste hin.

wir sie für gefährdet erklärten, würden wir damit unsere Forschungen
gefährden.»

Der Gegensatz der Meinungen verwandelte sich in einen Gegensatz
der Rechtsauffassungen, als die Vereinigten Staaten 1975 die Convention on International Trade in Endangered Species of Wild Fauna and
Flora (Konvention über den internationalen Handel mit gefährdeten
Wildfauna- und Wildflora-Arten) – kurz CITES – unterzeichneten
und den Normen des Abkommens im eigenen Land mit einem «Gesetz
über gefährdete Arten» zur Geltung verhalfen. Wie ich bereits in
Kapitel 6 ausführte, räumt das CITES-Abkommen einer Anzahl Primatenspezies, darunter auch allen großen Menschenaffen, in Anhang
1 den höchsten Schutzwürdigkeitsstatus ein. Wenn es nach der CITES
geht, dürfen Schimpansen aus Afrika nur unter der Bedingung ausgeführt werden, daß eine wissenschaftliche Autorität im Ursprungsland
bescheinigt, daß die Tiere auf legale Weise gefangen wurden und daß
ihr Export die Überlebenschancen der Art nicht beeinträchtigt, und
irgendwoanders eingeführt werden dürfen sie nur, wenn eine wissenschaftliche Autorität des Bestimmungslands bescheinigt, daß die eingeführten Tiere nicht für «primär kommerzielle Zwecke» verwendet
werden und auch nicht in einer Weise, die für das Überleben der Art
eine zusätzliche Gefährdung bedeuten würde.

Das Abkommen, das gefährdete Arten vor den zerstörerischen Auswirkungen des internationalen Tierhandels schützen soll, weist eine
Anzahl von Schwächen auf. Eine davon liegt darin, daß einzelne For-
mulierungen Raum für divergente Auslegungen lassen. Was zum
Beispiel hat man unter «primär kommerziellen Zwecken» zu verstehen? Wenn ein profitorientierter Pharmakonzern Schimpansen zum
Testen von Impfstoffen einsetzt – ist das «Forschung» oder «Kommerz»? Die mit Abstand schwerwiegendsten Probleme rühren jedoch
daher, daß die Normen des Abkommens keine völkerrechtliche Ver-
bindlichkeit besitzen, sondern allenfalls auf der Ebene nationaler
Gesetzgebung Rechtsverbindlichkeit erlangen können. Das CITES-
Sekretariat verfügt über keinerlei Zwangsmittel, die Einhaltung des
Abkommens durchzusetzen; für die Durchsetzung der CITES-Nor-
men im eigenen Land zu sorgen, ist ganz allein Sache der einzelnen
Signatarstaaten.

In den USA ist die Durchsetzung der CITES-Schutzbestimmungen
für Schimpansen hochproblematisch, denn das Land ist seit langem
weltweit der größte Abnehmer für diese Tiere. Dennoch entschieden
sich die Verantwortlichen dafür, die CITES hier von Anfang an in
einer Fasson durchzusetzen, die zwei ihrer Natur nach einander aus-
schließende Zwecke gleichzeitig erfüllen sollte – nämlich erstens dem
verderblichen internationalen Tierhandel das Wasser abgraben und
zweitens alle möglichen Arten des «legalen» Erwerbs der Tiere auf
dem Binnenmarkt begünstigen. So zum Beispiel räumt die CITES den
Schimpansen durch Aufnahme in Anhang 1 den höchsten Grad an
Schutzbedürftigkeit ein, der US-Mechanismus zur Durchführung
des Abkommens (das «Gesetz über gefährdete Arten») hingegen stuft
sie auf Schutzbedürftigkeitspriorität 2 herunter: In den USA gilt die
Spezies *Pan troglodytes* kraft Gesetzes lediglich als «bedroht», nicht
als «gefährdet». Der Gesetzestext ist nicht ganz unkompliziert, aber
mit zulässiger Vereinfachung kann man sagen, daß die Klassifizierung als «gefährdet» den gesamten Binnen- und Außenhandel mit
Schimpansen sowie deren Transport von einem Ort zum anderen bis
auf einige genau geregelte und genehmigungspflichtige Ausnahmen
unterbunden hätte: Genehmigungsfähig wäre der Handel im Dienst
«wissenschaftlicher Zwecke» sowie im Dienst der «Fortpflanzung
und Vermehrung oder Erhaltung» der Art gewesen. Die Klassifizierung als «gefährdet» hätte wahrscheinlich das Aus für Schimpansen-
auftritte in Zirkussen und Nachtclubs bedeutet, und auch mit dem
Halten von Schimpansen als Haustieren wäre es dann wohl vorbei
gewesen. Was jedoch im gegenwärtigen Zusammenhang das Wichtigste ist: die Klassifizierung als «gefährdet» hätte der biomedizinischen Forschungsindustrie den Zugriff auf Schimpansen und die
eigenmächtige Verfügung über sie erschwert, denn um die Bewilligung zum Ankauf und/oder Transport von Schimpansen – einerlei
ob im In- oder Ausland – zu erhalten, hätten die Labors jetzt den
«wissenschaftlichen» Verwendungszweck oder die Verwendung zur
«Fortpflanzung und Vermehrung oder Erhaltung» der Art nachwei-
sen müssen.

Die Klassifizierung als «bedroht» durch das US-Artenschutzgesetz
(«Gesetz über gefährdete Arten») von 1973 ließ Tiergärten, Privat-

leuten, Zirkussen, Schaustellern, Varietékünstlern und Labors die
Möglichkeit, mit Schimpansen in ziemlich genau derselben Weise
wie bisher zu verfahren – mit einer einzigen, wichtigen Ausnahme:
Die Bundesbehörden hatten jetzt sicherzustellen, daß mit ihren eigenen oder von ihnen finanzierten Tätigkeiten in diesem Bereich «kein
absehbares Risiko für den Fortbestand» der Spezies verbunden war.

Mitte der siebziger Jahre flossen in den Vereinigten Staaten gut
neun Milliarden Dollar in die biomedizinische Forschung; davon waren mehr als ein Drittel Steuergelder, die ausschließlich von einer
einzigen Bundesbehörde, den Nationalen Gesundheitsinstituten
(U. S. National Institutes of Health; NIH), happenweise an diverse
Institutionen verteilt wurden. In einer Reihe großer US-Labors, die
allesamt Subventionen von den NIH empfingen oder beantragt hatten, wurden zur damaligen Zeit Schimpansen gehalten. Mit anderen
Worten, Schimpansen aus Afrika wurden mit Bundesmitteln gekauft. So verwandelte sich, wie gesagt, die Kontroverse darüber, ob
der Erwerb wild geborener Schimpansen Fragen des Artenschutzes
berühre oder nicht, aus einem Meinungsstreit in einen Streit über
Rechtsauffassungen.*

Das Problem war, daß niemand sich die Mühe gemacht hatte, Laborschimpansen zu züchten. Die amerikanische Forschungsindustrie
hatte Schimpansen lange Zeit als eine, um es mit den Worten eines
Laborleiters zu sagen, «wertvolle regenerative Ressource» behandelt.

* Die Bestimmung, daß Bundesmittel nur in einer Weise eingesetzt werden dürfen, mit der «kein absehbares Risiko für den Fortbestand» der Art verbunden ist,
war, soweit ich sehe, das einzige substantielle Moment des Gesetzes, das den
afrikanischen Schimpansen echten Schutz vor den Kräften des amerikanischen
Tiermarkts gewährte. Der ohnehin reduzierte Schutzeffekt der Klassifizierung
«bedroht» im US-Artenschutzgesetz wurde zudem noch weiter ausgehöhlt durch
eine spezielle «Ausnahme»-Klausel, derzufolge die gängigen «Verbote», die sogar bedrohte Arten in den USA schützen sollten, nicht anwendbar waren auf
bereits im Oktober 1976 oder davor in den USA in Gefangenschaft gehaltene
Schimpansen (und Bonobos) und deren Nachkommen und ebensowenig auf die
Nachkommen von Schimpansen und Bonobos, die nach dem Oktober 1976 legal
in die USA eingeführt wurden. Diese Verwässerung des ursprünglichen Gesetzes-
sinns erlaubte es den Forschungslabors, den Tiergärten und der Unterhaltungsindustrie beim «business as usual» zu bleiben, und das war ja wohl auch ihr Zweck.

In der Zeit vor der CITES und dem US-Artenschutzgesetz holte man sich diese Ressource einfach aus den afrikanischen Wäldern, statt sie nachzuzüchten. Labordirektoren sahen keinen besonderen Anlaß, im Tierzüchtermetier zu dilettieren, zumal das Selberzüchten mit Sicherheit weit kostspieliger gewesen wäre, als weiterhin Schimpansenbabys aus Afrika zu beziehen. Überdies waren viele der in US-Labors vorhandenen Schimpansen im Rahmen von Versuchen mit diversen Krankheiten infiziert worden, und fast alle waren sie sozial und psychologisch so anomal, daß sie wohl kaum große Neigung sich fortzupflanzen gezeigt hätten, selbst wenn man ihnen Gelegenheit dazu gegeben hätte.

Jan Moor-Jankowski vom LEMSIP war der letzte Laborleiter in den USA, der für sein Institut Schimpansen aus Afrika importieren konnte: 1975 erwarb er (mit NIH-Mitteln) zweiundsiebzig Tiere von Franz Sitter. Doch mit Ablauf des Oktober 1976 war der Mechanis-·mus des US-Artenschutzgesetzes gehörig geölt, und von da an mußte jedes mit Bundesmitteln geförderte Labor, das Schimpansen aus Afrika zu erwerben gedachte, vor der Transaktion dem U. S. Fish and Wildlife Service in gesetzlich vorgeschriebener Form dartun, daß und warum der Einkauf von Schimpansen «kein Risiko für den Fortbestand» der Spezies bedeute.

So zum Beispiel begleiteten 1977 Vertreter der Firma Merck Sharpe and Dohme und des Albany Medical College ihre Anträge auf Ermächtigung zum Ankauf von Schimpansen aus dem Bestand Franz Sitters mit der Erklärung, daß ein Teil der Tiere zur Verstärkung von Zuchtkolonien in den USA bestimmt sei (was bis zu einem gewissen Grad der Wahrheit entsprochen haben mag), und Alan Creamer von Merck erläuterte im Federal Wildlife Permit Office gegenüber dem Beamten Fred Bolwahnn pflichtgemäß, wieso der Fang wilder Schimpansen in Afrika keine nachteiligen Folgen für die Arterhaltung habe. Bolwahnn hielt die Auskunft in einer Aktennotiz fest: «Dr. Creamer trug vor, das Fangen von Chimps gehe [...] im allgemeinen so vor sich, daß eine Gruppe geortet, umstellt und dann gejagt wird. Die Jungtiere ermüden gewöhnlich als erste und werden dann mit der Hand gefangen. Weibchen, die ein Kind tragen, können entkommen. Weibchen, die ein Junges säugen, werden wieder freigelassen. Gele-

gentlich werden Chimps von den Eingeborenen zum Nahrungserwerb oder beim Ernteraub abgeschossen. Wenn ein Weibchen abgeschossen wird, das ein Junges hat, wird das Kleine an einen Händler
verkauft. [...] Quelle dieser Auskünfte ist Franz Sitter in Sierra
Leone.»

Als die Vereinigten Staaten die CITES ratifizierten und den Inhalt des
Abkommens per Bundesgesetz in heimisches Recht umsetzten,
wurde dieses Gesetz bereits mit speziellen Ausnahmeregelungen betreffend Schimpansen und Bonobos verwässert. Aber in dem Zeitraum von ungefähr eineinhalb Jahrzehnten im Anschluß an den
CITES-Beitritt der USA und die Schaffung des US-Artenschutzgesetzes unternahm die größte biomedizinische Forschungsorganisation
der Welt, die Nationalen Gesundheitsinstitute der USA (NIH), alle
möglichen offiziellen wie inoffiziellen Schritte, um das ohnedies
schon verwässerte US-Artenschutzgesetz in seiner Wirkung noch
weiter zu schwächen.

Der erste Schritt auf diesem Weg waren übertriebene Bedarfsbe-
rechnungen. Etwa um die Zeit, als die von Merck Sharpe and Dohme
sowie von dem Albany Medical College 1977 gestellten Anträge auf
Importbewilligungen abschlägig beschieden wurden, schufen die
NIH eine «Clearingstelle Primatensteuerungskomitee» (Interagency
Primate Steering Committee). Nachdem dieses Steuerungskomitee
den Auftrag erhalten hatte, «kurzfristige wie langfristige Bereitstel-
lung nichtmenschlicher Primaten für biomedizinische Zwecke zu sichern», setzte es eine Sonderkommission ein, die angesehene Wissenschaftler nach ihrem voraussichtlichen zukünftigen «Bedarf» an
Schimpansen befragte. Die Sonderkommission konstatierte, daß in
einigen Arbeitsbereichen «die Brauchbarkeit des Schimpansen als
Modell» noch nicht in vollem Umfang erkannt war, kam dann jedoch
1978 zu dem Ergebnis, daß in den USA ständig insgesamt 735 Schimpansen benötigt würden, um den aus Forschungs- und Testprojekten
resultierenden Bedarf zu decken. Um dieses Kontingent ständig verfügbar zu halten, würde man den voraussehbaren Schwund im Aus-
gangsbestand Jahr für Jahr auf die eine oder andere Weise mit 300 bis
350 Neuzugängen ausgleichen müssen.

Bei diesen Zahlen könnte es sich um absichtliche Übertreibungen gehandelt haben. Ein Wissenschaftler, der seinerzeit Mitglied der Sonderkommission war, erinnert sich heute: «Wir hielten mehrere Sitzungen ab, auf denen wir über den Schimpansenbedarf diskutierten, und wir kamen schließlich auf einen Jahresbedarf von etwas über hundert Schimpansen.» Doch die Mitglieder der Sonderkommission hatten Anweisung, ihre Notizen zu vernichten und ihre Berechnungen einem einzelnen aus ihrem Kreis auszuhändigen, der hinterher den Jahresbedarf an neuen Schimpansen mit feierlichen Worten offiziell auf 300 bis 350 Individuen bezifferte. Diese offizielle Bedarfsprognose lieferte ein sinnfälliges Argument für ein zweigleisiges Vorhaben der NIH: Zum einen sollte für Millionen Dollar in den USA eine Schimpansenzucht größeren Umfangs («ein Schimpansenproduktionsprogramm») in die Wege geleitet werden, zum anderen wollte man weitere Schimpansen aus Afrika beziehen. Die zwei Komponenten des Plans stützten und ergänzten sich gegenseitig: Schimpansen aus Afrika würden die Zuchtkolonie verstärken, und das Zuchtprojekt würde die Legitimation dafür liefern, die durch die CITES und das US-Artenschutzgesetz verhängten Verbote zu umgehen und weiterhin Schimpansen aus Afrika zu importieren. In dem Bericht der Sonderkommission hieß es, es bestehe «begründete Aussicht auf die Genehmigung zur Einfuhr einer begrenzten Anzahl, sofern die Tiere zum Aufbau von Zuchtkolonien verwendet werden».

Im selben Jahr 1978 gaben die NIH ihr Schimpansenzuchtprojekt, den «Nationalen Primatenplan», offiziell bekannt; bei dieser Gelegenheit bekräftigten sie noch einmal schwarz auf weiß ihre Überzeugung vom Schimpansen als einem «unersetzlichen Modell» für bestimmte Krankheiten und bezifferten den zukünftigen «Bedarf» auf 180 Neuzugänge pro Jahr – zwar nur etwa die Hälfte dessen, was die NIH-Sonderkommission gerade erst veranschlagt hatte, aber immer noch Bedarf genug, um zu bewirken, daß von 1986 an mehrere Millionen Aids-Forschungsgelder dafür verwendet wurden, in den USA in fünf verschiedenen NIH-subventionierten Institutionen Schimpansen zu züchten: im Yerkes-Primatenzentrum in Atlanta, an der New Mexico State University in Alamogordo, der University of Southwestern Louisiana in New Iberia, der University of Texas in

Bastrop und im Primatenzentrum Arizona in Tempe. Im Rahmen dieses auf fünf Institutionen verteilten Zuchtprojekts wurden rund 350 nicht durch Gefangenschaft oder Forschungsexperimente irreparabel geschädigte beziehungsweise unheilbar infizierte Schimpansen zusammengebracht, die aufgrund ihres Gesundheitszustands noch zur Fortpflanzung in der Lage waren; der nächste Schritt war die Produktion einer Nachfolgegeneration von ebenfalls fortpflanzungsfähigen Tieren mit seminormalem Status, der dadurch erzielt wurde, daß man diesen Schimpansen all die Schädigungen ersparte, die ihnen in Labors üblicherweise schon von frühester Kindheit an zugefügt werden. Einen seminormalen Schimpansen zu züchten, setzt unter anderem voraus, daß nicht bereits der Säugling von seiner Mutter getrennt und nicht bereits «das einjährige Tier in sozial isolierende oder mit der Injektion von Viren verbundene Experimente» eingespannt wird.

Das Fünf-Institutionen-Zuchtprojekt wurde tatsächlich ein Erfolg. 1986–1992 produzierte es jährlich etwa 50 neue Schimpansenbabys (von denen 25 der Forschung zugeteilt wurden und 25 die Zuchtkolonie verstärkten) und trug damit erheblich zur Stärkung der Laborschimpansenpopulation in den USA bei. Doch spätestens 1991 begann sich zu zeigen, daß eine Verstärkung der Laborschimpansenpopulation auch nur um 25 Individuen pro Jahr schon des Guten zuviel war. Das NIH-«Aids-Tiermodell-Komitee» konstatierte in einem internen Bericht, daß «Schimpansen in reichlichem Maß zur Verfügung stehen», und äußerte die Befürchtung, «manche Gutachter [die Forschungsvorhaben mit Schimpansen zu beurteilen haben] könnten in eine allzu ausführliche Beschäftigung mit der Wissenschaft verwickelt werden und aufgrund von Vorbehalten gegenüber der Wissenschaft zur Ablehnung raten». Dr. Milton April, zur fraglichen Zeit Leiter des NIH-«Aids-Tiermodell-Programms», teilte mir 1992 mit, man verfüge jetzt, was Schimpansen angehe, über «wirklich gute Reserven» – so viele, daß die NIH gar keinen Platz für die Unterbringung neuer Tiere mehr hätten und man deshalb das Zuchtprogramm «auf das Niveau bloßer Bestandserhaltung zurückgefahren» habe.

Kurzum, die im Jahr 1978 vorausberechnete «Knappheit» an Schimpansen, die für auf den Nägeln brennende Forschungszwecke

gebraucht würden, eine Knappheit, die Jahr für Jahr 300 bis 350 Neuzugänge «nötig» machen würde, schlug, nachdem die Laborschimpansenpopulation etliche Jahre lang um jährlich 25 Neuzugänge verstärkt worden war, spätestens im Jahr 1992 in einen Überschuß um.
Und während sich die NIH in jenen Jahren mit dem nach außen hin
plakatierten Problem herumschlugen, das «zu wenige Schimpansen»
hieß, hatte man intern bereits das entgegengesetzte Problem identifiziert: zu viele Schimpansen.* Im Jahresbericht 1990 der NIH-
«Arbeitsgruppe Schimpansen» hieß es: «Die Schimpansenhaltung
verschlingt gewaltige Summen unter hohem Konkurrenzdruck hart
erkämpfter Forschungsdollars. Das liegt in erster Linie an den hohen
Kosten der angemessenen Unterbringung und Betreuung. Kopfzer-
brechen macht aktuell auch die Frage, welche Richtung bezüglich der
unmittelbaren Versorgung der Schimpansen einzuschlagen ist, wenn
ihre Verwendbarkeit in Forschung und Zucht nicht mehr gegeben
ist.» Mit anderen Worten: Wohin mit den Schimpansen, wenn sie
erst einmal mit allen Krankheiten auf der Liste infiziert und nicht
mehr zu gebrauchen sind?

Eine naheliegende Lösung wäre, sie zu töten. Eine Entwurfsfassung des NIH-Zuchtplans aus dem Jahr 1984 hatte noch die «Eutha-
nasierung» überzähliger Schimpansen ins Auge gefaßt. Dieser erste
Gedanke wirbelte jedoch in der Öffentlichkeit so viel Staub auf, daß
die NIH alsbald einen Sinneswandel verkündeten. Ein Sprecher erklärte, daß «Euthanasie zwar finanzielle Vorteile mit sich bringen
könnte», der Gedanke jedoch aus Imagegründen nicht «aufrechtzuerhalten» sei – wegen der «starken Anteilnahme der Öffentlichkeit am
Schicksal dieser Tiere». Oder wie eine höhere Charge in der NIH-
Hierarchie, Dr. Thomas Wolfle, es einem Reporter gegenüber so plastisch formulierte: «Die Euthanasie-Idee ist tot und begraben.» Der
Chef des NIH-«Aids-Tiermodell-Komitees», Dr. George Galasso, bekräftigte 1988 dann seinerseits noch einmal gegenüber einem Journa-

---

* Knappheit und Überschuß zum selben Zeitpunkt schließen einander natürlich
nicht unbedingt aus. Eine Knappheit an verwendungsfähigen Schimpansen
könnte mit einem Überschuß an ausgebrauchten, nicht mehr verwendungsfähigen Tieren zeitlich Hand in Hand gehen.

listen, daß «wir niemals ein Forschungsvorhaben unterstützen würden, das auf terminales Experimentieren hinausläuft – bei dem ein Schimpanse in irgendeiner Form zu Schaden käme». Lange blieb die Euthanasie-Idee allerdings nicht tot und begraben, und auch das terminale Experimentieren erlebte eine wundersame Wiederauferstehung. Der interne Jahresbericht 1990 der NIH-«Arbeitsgruppe Schimpansen» holte die «Euthanasie» wieder aus der Versenkung und brachte «weiterhin Unterstützung» für «terminales Experimentieren» zum Ausdruck, diesmal freilich mit sorgfältig gewählten Worten: Euthanasie wurde empfohlen für einen Schimpansen, der «an einer letalen Krankheit oder schweren Schmerzen leidet»; terminales Experimentieren wurde empfohlen für Fälle, in denen «es aus wissenschaftlichen Gründen das einzige Mittel zu Erlangung der für eine Studie erforderlichen Informationen darstellt».*

---

* Der zitierte Jahresbericht 1990 nannte auch eine Versorgungsalternative für Schimpansen, die ihre Brauchbarkeit als Versuchstiere überlebt haben: «Langzeitfürsorge», finanziert aus «Pensionsfonds», die während des Versuchstierdaseins angelegt werden. Bei der Einrichtung von Pensionsfonds als Mittel zur Sicherung der lebenslangen Fürsorge für Laborschimpansen spielte Southwest Foundation for Biomedical Research in San Antonio, Texas, die Pionierrolle; dem Labor und seinem ehemaligen Leiter Dr. Jorg Eichberg gebührt das Verdienst, diese humane Praxis ins Leben gerufen zu haben. Doch die lebenslange Fürsorge für einen Schimpansen kann sich zu einer ausgesprochen kostspieligen Sache auswachsen, und demgegenüber bieten Euthanasie und terminales Experimentieren potentiell noch immer gewaltige «finanzielle Vorteile». Die Betreuung eines einzigen Schimpansen kostet nach NIH-Schätzungen mindestens fünftausend Dollar im Jahr. In den NIH-Unterlagen ist zudem «für den Schimpansen eine sehr begrenzte (1–2 Versuchsreihen) Periode der Verwendbarkeit für Forschungszwecke» ausgewiesen. Damit ist zwar meines Erachtens die tatsächliche «Periode der Verwendbarkeit für Forschungszwecke» erheblich unterschätzt, da aber ein Schimpanse in Gefangenschaft fünfundfünfzig Jahre alt werden kann, liegt es trotzdem durchaus im Bereich des Möglichen, daß auf staatliche und private Labors pro pensionierten Schimpansen Unterhaltskosten in Höhe von einer Viertelmillion Dollar zukommen. Eine Überschätzung des «Schimpansenbedarfs» mit daraus resultierender bedarfsüberschreitender Züchtung von Laborschimpansen könnte verheerende Folgen für den Staatssäckel haben; und dann hat man natürlich eine Menge «guter» Gründe der altmodischen Art, dem Problem des Schimpansenüberschusses mit der fortgeführten Anwendung der «Euthanasie» und des «terminalen Experimentierens» zu begegnen.

Als das Zuchtprojekt Ende der siebziger Jahre erstmals zur Sprache kam, befand sich die Laborschimpansenpopulation in den Vereinigten Staaten, jäh abgeschnitten vom Nachschub aus Afrika, in bedrohlicher Lage – eine Folge sowohl der Lebensbedingungen in den Labors als auch von deren Geschäftspolitik. Die US-Laborschimpansen waren psychisch und sozial anomal und infolgedessen nicht fortpflanzungsfähig; zu einem großen Teil waren sie bereits mit ansteckenden Krankheiten infiziert; und die Population im ganzen wurde, da sie sich nicht durch Nachwuchs regenerierte, zunehmend überaltert. Das Multimillionen-Dollar-Zuchtprojekt brachte hier eine radikale Wende. Mag sein, daß es im Ansatz richtig und vernünftig war.

Aber nachdem 1978 manche Leute auf dem Papier eine alarmierende Schimpansenknappheit geschaffen hatten (die sich dann zu guter Letzt als Hirngespinst entpuppte), posaunten im Lauf des darauffolgenden Jahrzehnts andere Leute der Öffentlichkeit immer wieder die Botschaft von dem nach wie vor bestehenden unheilvollen Schimpansenmangel in die Ohren, der die Kampfkraft unseres Landes in dem sehr ernsten Krieg gegen die schreckliche und furchteinflößende Menschheitsgeißel Aids in bedrohlichem Maß zu schwächen schien. 1984 hatte man die Anfälligkeit von Schimpansen für das HI-Virus entdeckt: Werden sie mit dem Virus inokuliert, reagieren sie mit der Bildung der spezifischen Antikörper – Anzeichen, daß die Infektion stattgefunden hat. Die Forscher fanden jedoch auch heraus, daß Schimpansen nicht das Vollbild der Krankheit entwickeln, so daß sie kaum taugliche Modelle zum Studium der Krankheit selber abgeben.* Aber da sie mit der Bildung von Antikörpern das Vorliegen der Infektion signalisieren, könnten sie sich immer noch zum Modell für Impfstofftests eignen.

Mit Blick auf die derzeitige Entwicklung kann man meines Erachtens guten Gewissens sagen, daß Schimpansen für das Testen von Aids-Impfstoffen zwar wichtig, aber nicht unentbehrlich sind. Zu-

---

* Bei HIV-infizierten Menschen kann die Latenzphase bis zu vierzehn Jahren dauern. Von den seit 1984 mit dem Virus infizierten Schimpansen hat bis jetzt keiner die klinischen Symptome von Aids ausgebildet; es besteht jedoch noch immer die Möglichkeit, daß dieser Fall eintritt.

nächst einmal stehen zusätzliche und alternative tierische Modelle zur Verfügung. Manche Tieraffenarten sind für ein verwandtes Virus anfällig und bilden eine ähnliche Krankheit, das sogenannte Affenaids, aus. Diese Affenarten werden in US-Labors für zusätzliche beziehungsweise parallele Vakzine-Partieprüfungen herangezogen. Zudem scheint aus allerneuesten Forschungen hervorzugehen, daß zumindest eine Tieraffenart, der Schweinsaffe, ebenfalls HIV-infizierbar ist, so daß Schweinsaffen in Teilbereichen als Alternative zu Schimpansen fungieren können.

Ein gängiges Argument für den Einsatz von Schimpansen beim Test möglicher Aids-Vakzinen stellt auf das Thema «Sicherheitstest» ab und nennt als leuchtendes Beispiel die Entwicklung des Salkschen und späterhin des Sabinschen Polio-Impfstoffs. Das Prinzip der Polio-Schutzimpfung besteht darin, den Impfling gerade so stark mit der Krankheit zu infizieren, daß sein Organismus die immunisierenden Antikörper bildet. Mit anderen Worten, Ausgangsmaterial des Impfstoffs sind echte Polio-Viren, die bei der Impfung in abgetöteter («deaktivierter») oder abgeschwächter Form zur Anwendung kommen. Vor dem Einsatz des Polio-Impfstoffs in der Humanmedizin war seinerzeit der Sicherheitstest an Rhesusaffen gesetzlich vorgeschrieben; dem lag die vollkommen berechtigte Befürchtung zugrunde, falls die Viren nach der «Abtötung» nicht vollständig «tot» beziehungsweise durch die «Abschwächung» nicht genügend «geschwächt» seien, könnte der Impfstoff die Krankheit, statt sie zu verhindern, überhaupt erst zum Ausbruch bringen. Nun war freilich zu der Zeit, als der Polio-Impfstoff entwickelt wurde, die Gentechnologie noch unbekannt – und eine mittels gentechnischer Rekombination hergestellte («rekombinante») und speziell auf Vermehrungsunfähigkeit angelegte Aids-Vakzine könnte die gleiche Wirkung wie ein herkömmlicher Impfstoff entfalten, ohne die mit abgetöteten oder abgeschwächten Viren verbundenen Sicherheitsprobleme aufzuwerfen, und dürfte deshalb umfangreiche Sicherheitstests im Tierversuch entbehrlich machen. *

* Entwicklung, Herstellung und Test des Polio-Impfstoffs kosteten zwischen eins bis drei Millionen Rhesusaffen das Leben und dürften die Ursache eines an-

Etliche Forscher arbeiten noch in der altmodischen Manier an der Entwicklung möglicher Aids-Vakzinen, das heißt mit abgetöteten oder abgeschwächten Viren als Ausgangsmaterial; indes die Sicherheits-, Verwaltungs- und haftungsrechtlichen Probleme, die sich aus der Verwendung solcher Vakzinen ergeben würden, könnten sich am Ende prohibitiv auswirken. Folgerichtig spielen gentechnisch hergestellte Impfstoffkandidaten derzeit die führende Rolle. Ein NIH-Sprecher meinte mir gegenüber vor kurzem, tierische Modelle seien wichtig beim Test von Vakzinen auf «Sicherheit und Wirksamkeit». So eine Floskel geht glatt von der Zunge. Aber nach Meinung von Forschern, die an der Entwicklung von Impfstoffen auf gentechnologischer Grundlage arbeiten, ist bei ihren Produkten die Frage der *Sicherheit* eigentlich schon gar kein Thema mehr. Etwas anderes ist die Frage der *Wirksamkeit*. Für den *Effektivitäts*test einer möglichen Aids-Vakzine einen Schimpansen als tierisches Modell zu verwenden, könnte als ebenso naheliegender wie entscheidend wichtiger Schritt erscheinen. Dem Tier wird der Impfstoff injiziert, und nachdem man dem Stoff Zeit genug zum Wirken gelassen hat, jagt man die Spritze mit dem abgemessenen Quantum Viren hinterher. Hat der Impfstoff den Schimpansen gegen die Viren immun gemacht? Das scheint doch ein ziemlich einleuchtendes Vorgehen zu sein. Aber das Schimpansenmodell birgt eine Reihe von Problemen, und eines davon könnte man folgendermaßen umschreiben. Wenn der Schimpanse insofern kein hundertprozentiges Modell des Menschen ist, als er nicht das Vollbild der Krankheit entwickelt, wieso sollten wir dann zu der Annahme berechtigt sein, daß seine Reaktion auf die Vakzine ein hundertprozentiges Modell der allfälligen menschlichen Reaktion ist? Wenn ein Impfstoff einen Schimpansen immunisiert, können wir immer noch nicht sicher sein, daß er auch einen Menschen immunisieren würde. Und umgekehrt wäre es denkbar, daß ein Impfstoff, der beim Schimpansen versagt, beim Menschen trotzdem wirkt. Die Testreaktion eines Schimpansen kann unser Hintergrundwissen ver-

sehnlichen Schwunds der Spezies in Indien sein. Da wild gefangene Tiere viel billiger waren, machte man sich in US-Labors nicht die Mühe, Rhesus selbst zu züchten, bis Indien 1977 den Handel mit den Affen einstellte.

mehren, aber letztlich gibt es keinen Ersatz für den Test eines Impfstoffkandidaten am Menschen.

Forscher holen aus allem, was sie so haben, das Höchstmaß an Erkenntnis heraus. Hätten sie keine Schimpansen, würde das Testen
ohne Schimpansen vonstatten gehen. Da sie Schimpansen haben,
geht es mit Schimpansen vonstatten. Unter normalen Umständen
würden Forscher den Wissenserwerb aus Experimenten an nichtmenschlichen Versuchsobjekten so weit wie überhaupt nur möglich
vorantreiben, ehe sie zu Menschenversuchen übergehen. Aber die
durch die Pandemie Aids geschaffenen Umstände kann man nicht als
normal bezeichnen, und schon im Jahr 1987 begannen einige Wissenschaftler die Frage zu diskutieren, wie sie die normale Prozedur ab-
kürzen könnten, um gleich zu Menschenversuchen überzugehen – zu
Effektivitätsstudien, bei denen mögliche Vakzinen einer großen Zahl
von Menschen mit erkennbar ausgeprägtem Infektionsrisiko verab-
folgt würden. Viele Angehörige von Risikogruppen brennen förmlich darauf, sich als Versuchspersonen für solche Tests zur Verfügung
zu stellen. Wie es scheint, haben in Europa bereits einige Forscher mit
der Erprobung von Impfstoffen an Menschen begonnen. Von Dr.
Allan Schultz, einem Sprecher der amerikanischen National Association of Infectious Diseases, erhielt ich 1992 die Auskunft, daß es in
der Forschergemeinde der USA in der Frage des Impfstofftests an
Menschen zwar noch immer «ein breites Meinungsspektrum» gebe,
aber auch «eine starke Tendenz zu der Auffassung, daß Menschen-
versuche irgendwelcher Art unerläßlich, sachangemessen und
ethisch vertretbar» seien. Die Weltgesundheitsorganisation nannte
vor kurzem vier Länder, die optimale Bedingungen für die massen-
hafte Erprobung von Aids-Vakzinen an Menschen bieten würden.
Und das bedeutet, wie ich höre, daß mit dem Test in den USA entwik-
kelter Impfstoffkandidaten im Menschenversuch schon in absehbarer
Zeit begonnen werden könnte.

Berechtigt ein – möglicherweise als unabweislich empfundenes –
Bedürfnis den Menschen dazu, jeder beliebigen Spezies alles anzutun, was er will? Die Frage, ob man das *überhaupt darf*: Schimpansen
zum Testen von Aids-Impfstoffen heranziehen, ist ein Problem für
sich, mit dem sich unsere Gesellschaft in Zukunft noch wird ausein-

andersetzen müssen. Aber nehmen wir für den Moment einfach einmal an, das sei geklärt und entschieden in dem Sinne, daß wir diese Tiere tatsächlich in der Aidsforschung und beim Impfstofftesten einsetzen dürfen: Unter dieser hypothetischen Voraussetzung habe ich drei Fachleute gebeten, für mich einmal ganz privat den derzeitigen zahlenmäßigen «Bedarf» an Schimpansen zu schätzen. Einer der Befragten, ein hochangesehener Wissenschaftler und Labordirektor, sagte mir, da von den gentechnisch hergestellten Impfstoffen keine Gefahr ausgehe, würden gegenwärtig in der ganzen Welt Möglichkeiten zur klinischen Erprobung (von Aids-Impfstoffen an Menschen) geschaffen. «Dieses umfassende Menschenversuchsprogramm macht die Chimps eigentlich entbehrlich. Natürlich wird es da noch den einen und anderen Fall geben – Leute, die irgendwo Chimps zur Verfügung haben [und] einen Impfstoff entwickelt haben, von dem sie meinen, das ist vielleicht das Ei des Kolumbus, werden ihn einfach an ihren Chimps ausprobieren.» Was die Zahl der tatsächlich benötigten Schimpansen angehe: «Da würde ich fast sagen: null.» Die Schätzung eines anderen Wissenschaftlers und Labordirektors belief sich auf «nicht mehr» als vierzig Tiere jährlich. Ein Vertreter der Nationalen Gesundheitsinstitute und genauer Kenner der Pläne dieses Bundesamts für die Zuteilung von Schimpansen an Forschungsinstitute schätzte, daß für die Aidsforschung in den USA in den nächsten zwei bis drei Jahren zwei- bis dreihundert Schimpansen benötigt würden.* Kurzum, in ihren Zahlenangaben weichen die drei Experten zwar erheblich voneinander ab, aber keiner von ihnen ist der Meinung, daß der gegenwärtig vorhandene Bestand an Laborschimpansen dem voraussichtlichen Bedarf nicht gerecht wird.

Kann sein, daß man Mitte der achtziger Jahre in der Forschung dazu neigte, die Bedeutung der Schimpansen im Krieg gegen Aids etwas höher zu veranschlagen, als man es in den neunzigern tut. Aber

---

* Dabei würde es sich nicht um frische oder von Laborerfahrungen unbeleckte Tiere handeln, sondern vielmehr um altgediente Laborveteranen. Mit Rücksicht auf die Sicherheit der Menschen, die mit den Tieren umzugehen haben, steht Aidsforschung am Ende der Laborschimpansenlaufbahn.

niemals gab es in der Wissenschaftsgemeinde einen Konsens des Inhalts, daß man nicht genügend gefangene Schimpansen zur Verfügung habe oder daß die neuentdeckte Bedeutung der Spezies für die wissenschaftliche Forschung das Abziehen weiterer Schimpansen aus Afrika erforderlich mache oder rechtfertigen könne. Einige prominente Hepatitis- und Aidsforscher – Alfred Prince vom New York Blood Center und von Vilab II in Liberia, Jan Moor-Jankowski vom LEMSIP, Jorg Eichberg von der Southwest Foundation for Biomedical Research, Huub Schellekens vom TNO-Primatenzentrum in den Niederlanden und Marc Girard vom Institut Pasteur in Frankreich – erklärten 1988 offiziell, der Aidsforschung stünden mehr als genug Schimpansen zu Gebote. Die «konservative» Schätzung dieser international anerkannten Experten lautete, daß die Hälfte aller weltweit vorhandenen Laborschimpansen «erforderlichenfalls der Aidsforschung zur Verfügung gestellt werden könnte». Falls es gelänge, einen gentechnisch hergestellten Impfstoff zu entwickeln, wäre die Zahl der daraufhin benötigten Schimpansen nach Meinung dieser Wissenschaftler «verhältnismäßig klein und würde das in biomedizinischen Forschungslabors verfügbare Potential bei weitem nicht erschöpfen».

Unter Wissenschaftlern bestand zu keinem Zeitpunkt ein vollständiger Konsens, daß Schimpansen ein wichtiges Forschungsmodell seien. Unter Wissenschaftlern bestand zu keinem Zeitpunkt Konsens, daß es unerläßlich sei, für die Aidsforschung weitere Schimpansen aus Afrika abzuziehen. In amerikanischen Labors lebten Hunderte von Schimpansen, und weitere Hunderte waren in Labors des Auslands vorhanden. Außerdem gab es gute Gründe, die afrikanischen Wälder mit der Jagd nach weiteren Schimpansen zu verschonen. Noch mehr wilde Schimpansen aus ihrer Heimat abzuziehen, könnte ohnehin hochgefährdete wildlebende Populationen in Westafrika vollends vernichten. * Noch mehr wilde Schimpansen aus ihrer Heimat abzuziehen, würde die schleichende Aushöhlung, wenn nicht

---

* Weitere wilde Schimpansen abzuziehen würde außerdem gegen eine von der Weltgesundheitsorganisation und der EWG 1982 ausgegebene Richtlinie verstoßen, die besagt, daß Schimpansen und andere gefährdete Primatenarten «für bio-

sogar eine glatte Verletzung des CITES-Abkommens und des US-Artenschutzgesetzes bedeuten.

Von daher gesehen bleibt es ein Rätsel, weshalb der bekannteste Aidsforscher der Vereinigten Staaten, Dr. Robert Gallo, 1986 nach Wien reiste, um dort eine Lanze für das Wiener Pharma-Unternehmen Immuno AG zu brechen, das soeben zwanzig wild gefangene Schimpansen aus Afrika importiert hatte. Die Transaktion der Firma Immuno war seinerzeit heiß umstritten. Vielen Beobachtern schien hier ein Verstoß gegen den Geist und wahrscheinlich auch den Buchstaben des CITES-Abkommens vorzuliegen. (Das CITES-Sekretariat bestätigte später, daß Immuno mit der Einfuhraktion gegen das Abkommen verstoßen hatte.*) Doch Gallo verkündete im Zuge seiner Hilfsaktion für die Immuno AG in aller Öffentlichkeit, daß das Aidsproblem eine ausreichende Legitimation für den Abzug weiterer Schimpansen aus Afrika darstelle und daß jeder, der in dieser Frage womöglich anderer Meinung sei, von Rechts wegen (wie er es einem österreichischen Journalisten gegenüber kurz und bündig formulierte) an unerfreulicher Stätte hinter Schloß und Riegel gehöre: «Ich bringe jeden ins Irrenhaus oder ins Zuchthaus, der uns am Import von Menschenaffen hindert.»

Manche Beobachter wollten gar zu gern wissen, ob Gallo, als er sich für das Privatunternehmen Immuno AG ins Zeug legte, dies als zufällig auf Urlaub in Europa weilender Privatmann tat oder im Auftrag der Nationalen Gesundheitsinstitute und damit letzten Endes des amerikanischen Steuerzahlers. Ein wenig Nachforschung in dieser

medizinische Forschungsvorhaben nur dann heranzuziehen sind, wenn sie einer aus Käfigtieren bestehenden Nachzuchtkolonie entstammen».

* Jacques Berney, Stellvertretender Generalsekretär im CITES-Sekretariat, in einem Brief vom 24. Januar 1989: «Ich komme zum Schluß: Das Sekretariat ist der Ansicht, daß die Schimpansen nicht nach Österreich hätten eingeführt werden dürfen, da die Transaktion einen Verstoß gegen die CITES und wahrscheinlich auch gegen sierraleonisches Recht darstellte. Allerdings spiegelt diese Ansicht nicht unbedingt die Auffassung sämtlicher CITES-Signatarstaaten und mit Sicherheit nicht den Standpunkt Österreichs wider.» Ein Auszug aus der Stellungnahme der Immuno AG zu dieser Erklärung: «Nach den CITES-Statuten besaß das CITES-Sekretariat [...] hier in Wirklichkeit keinerlei Zuständigkeit.»

Richtung brachte seinerzeit zutage, daß Robert Gallo zuvor mindestens einmal als Gast der Firma Immuno – die ihm die Reisekosten erstattet und ein Vortragshonorar gezahlt hatte – aus den USA nach Wien gereist war. Schriftliche und telefonische Anfragen bei höheren NIH-Chargen in Washington erbrachten gewundene Stellungnahmen und sorgfältig gedrechselte Verneinungen. NIH-Direktor James Wyngaarden bedauerte Gallos «überzogene und unbeherrschte öffentliche Stellungnahmen». Der Wien-Trip war zwar von den NIH «vorab klargemacht» worden, aber Gallo reiste «ohne geschäftlichen Auftrag». An einer tieferschürfenden Erörterung des Themas schien die NIH-Führungsriege nicht interessiert, aber eine förmliche Freedom-of-Information-Anfrage [Anfrage unter ausdrücklicher Berufung auf die gesetzliche Auskunftspflicht staatlicher Institutionen] brachte schließlich ans Licht, daß Beamte der US-Gesundheitsinstitute und Manager der Immuno Österreich am 23. Juni 1986 (eine Woche, bevor Franz Sitters zwanzig Schimpansen mit der Mitternachtsmaschine aus Freetown eintrafen) einen förmlichen Vertrag über einen gemeinsamen Pool rekombinanten Virenmaterials abgeschlossen hatten, und es ist durchaus denkbar, daß dieser Schritt Teil eines weiterreichenden Plans zu gemeinsamer Aidsforschung und / oder gemeinsamen Aids-Impfstofftests an den Immuno-Schimpansen war. Interessant ist ferner, daß die einfache Ausfertigung des Vertrags auf beiden Seiten des Atlantiks von beiden vertragsschließenden Parteien am selben Tag unterzeichnet wurde – ein bemerkenswerter Vorgang, wenn man bedenkt, daß die Frist, die bei derart wichtigen Dokumenten zwischen Unterzeichnung durch die eine und Gegenzeichnung durch die andere Partei verstreicht, im geläufigeren Fall etwa sechs Monate beträgt. Kann sein, daß hier jemand ein ungewöhnlich dringendes Verlangen hatte, die NIH-Immuno-Partnerschaft juristisch unter Dach und Fach zu bringen, ehe jene zwanzig Schimpansen Afrika verließen. Kann sein, daß man dem Abtransport der Schimpansen aus Sierra Leone in den USA genauso ungeduldig entgegensah wie in Österreich.

Gallo reiste heim in die USA und begann hier einem Kummer Ausdruck zu verleihen, von dem er sich gebeutelt fühlte – dem Kummer über den Mangel an US-eigenen Laborschimpansen, die für den Einsatz im Kampf gegen Aids rekrutiert werden konnten. «Wir sind [in der Forschung] vielleicht weiter, als wir wissen», eröffnete er einem Journalisten von Associated Press im Spätjahr 1987. «Weil nicht genug mit Tieren gearbeitet worden ist, wissen wir vielleicht gar nicht, in was für einer günstigen Situation wir uns befinden.» Er rief nach einer großangelegten Schimpansenzucht und behauptete, daß ihm seit seiner Entdeckung des Aidsvirus im Jahr 1984 weniger als ein Dutzend dieser Tiere für seine Forschungen zur Verfügung gestanden hätten. «Mit fünfzig Chimps hätten wir das Testmaterial, das wir brauchen», fügte er hinzu. Einen Monat später hatte sich der von Gallo empfundene Mangel laut den *American Medical News* noch weiter verschärft. Der berühmte Wissenschaftler erklärte jetzt, in den kommenden zwei Jahren benötige er fünfundsiebzig Chimps, dürfe sich jedoch «glücklich schätzen, wenn ich zwei oder drei bekomme». Schimpansen seien «knappste Mangelware», meinte er abschließend, und: «Wir haben die gesamte Tierschützerlobby gegen uns.»

Wie Robert Gallo damals auf einen «Mangel» an Schimpansen kommen konnte, ist für mich bis heute ein ungelöstes Rätsel geblieben. Er war zur fraglichen Zeit in jedermanns Augen der Mitentdecker des Aidsvirus. Er war in jedermanns Augen ein Nobelpreiskandidat. Er leitete den Feldzug einer Milliarden Dollar schweren amerikanischen Institution gegen die grauenhafteste Jahrhundertseuche. Bei der weltweiten Registrierung der Laborschimpansen im Rahmen der International Species Inventory System (ISIS) waren drei Jahre zuvor in den biomedizinischen Labors der USA weit über *eintausendzweihundert* Schimpansen gezählt worden. Man darf wohl mit Sicherheit davon ausgehen, daß dem schon angesichts von «zwei oder drei Schimpansen» sich glücklich schätzenden Gallo für seine eminent wichtigen Forschungen auf den leisesten Wink ein paar Tiere mehr zur Verfügung gestanden hätten. Man darf wohl auch davon ausgehen, daß nicht alle eintausendzweihundert in dem ISIS-Register aufgeführten Schimpansen aufgrund der gegebenen Zuchtbedingungen hoffnungslos verkorkst oder sonstwie vorbelastet waren. Zudem war der im ISIS-Register erfaßte Bestand an US-Laborschimpansen um ein sehr beträchtliches Quantum verkürzt, da man zur damaligen Zeit aus der Landkarte der Schimpansendistribution in den Vereinigten Staaten ein kleines Stück des Staates New York einfach herausgeschnitten und in den Papierkorb geworfen hatte. Die beachtliche Schimpansenkolonie des LEMSIP war für das ISIS-Register überhaupt nicht vorhanden. Tatsächlich war das ganze Labor schon eine Weile aus dem Subventionsprogramm der NIH gestrichen, als einige NIH-Verantwortliche den schrecklichen Schimpansenmangel entdeckten. Die Folge davon war, daß zwei- bis dreihundert Schimpansen, die gewöhnlich für derlei Projekte zur Verfügung standen, auf einmal auffallend unverfügbar waren.* So kam es, daß LEMSIP-Schimpansen zu Versuchsobjekten französischer Aidsforscher wurden, die mit Dr. Robert Gallo und der amerikanischen Forschungsindustrie eifrig um Entdeckerehren und profitable Patentrechte konkurrierten.

Während Dr. Robert Gallo von den NIH einem Reporter erzählte, daß «wir vielleicht gar nicht [wissen], in was für einer günstigen Situation wir uns befinden [...] weil nicht genug mit Tieren gearbeitet worden ist», erzählte Dr. William Gay, der Leiter des NIH-Animal Resources Program, einem anderen Reporter, ihm sei «nichts davon bekannt, daß irgendwelche projektierten Versuchsreihen nicht hätten ausgeführt werden können, weil wir zu wenige Schimpansen gehabt hätten». Während Dr. Robert Gallo erklärte, er dürfe sich «glücklich schätzen», wenn er zwei oder drei Schimpansen bekomme, und die «Tierschützerlobby» anprangerte, bedauerte NIH-Direktor Dr. James Wyngaarden, daß man nicht mehr als vier- bis sechshundert Schimpansen zur Verfügung hatte, und Dr. Patricia Fultz vom Yerkes-Primatenzentrum zeigte sich besorgt darüber, daß in den re-

---

* Die Tatsache, daß es seinerzeit im Staat New York mindestens zweihundert *nicht offiziell* erfaßte Schimpansen gab, läßt die Bewertung, die der weltweiten Schimpansenknappheit in Österreich zuteil wurde, noch verwunderlicher erscheinen, als sie ohnedies ist. In einer österreichischen Publikation heißt es: «Es ist eine Tatsache, daß in den USA alles in allem nur etwa hundert Schimpansen für Tierversuche zur Verfügung stehen. Demgegenüber besitzt allein die Firma Immuno deren mehr als zwanzig. Das würde höchstens ausreichen, um ein paar Vakzinen zu testen, jedoch nicht so viele, wie man vielleicht möchte.»

gionalen Primatenzentren der USA lediglich siebenhundert Schimpansen vorhanden waren (Zählungen, bei denen bedeutende Schimpansenbestände im LEMSIP, in White Sands, bei der Arizona Primate Foundation, bei der Southwest Foundation, bei der Sema Inc. und anderswo gar nicht berücksichtigt waren).*
In Europa erklärte Gallo gegenüber Pressevertretern, er sei nach Österreich gekommen, «um gemeinsam mit der österreichischen Firma Immuno AG etwas für die Entwicklung eines Impfstoffs gegen Aids zu tun». Und weiter meinte er mit Blick auf seine Zusammenarbeit mit Immuno: «Die Schimpansen sind wichtig, daran gibt es

* Die genaue Zahl der in US-Labors tatsächlich vorhandenen Schimpansen lag damals und liegt noch heute im dunkeln – meines Erachtens hauptsächlich deshalb, weil die NIH diese Information aus taktischen Gründen geheimhalten, ja sogar Fehlinformationen zu dem Thema in Umlauf setzen. Diese ganze Geheimniskrämerei wird ermöglicht durch den Umstand, daß das Hauptregister der Laborschimpansen in den USA in einer – unter dem Namen ISIS bekannten – Computerdatenbank geführt wird, die ehemals unter staatlicher Regie stand. Laut Protokoll der Sitzung des NIH-«Aids-Tiermodell-Komitees» vom 11. April 1988 machten sich bei den NIH einige Leute Sorgen wegen «der Freedom-of-Information-Auskunftspflicht des ISIS-Systems». (Staatsorgane sind verpflichtet, auf formelle Anfragen, die unter Berufung auf die verfassungsmäßig garantierte Informationsfreiheit erfolgen, wahrheitsgemäß Auskunft zu geben.) Also befürwortete die NIH-Führungsriege damals die Umwandlung des ISIS-Systems vom Regierungsorgan in eine «selbständige gemeinnützige Körperschaft, die nicht der FOI[Freedom of Information]-Regelung unterliegt». Im Februar 1992 rief ich Dr. Milton April, den Leiter des NIH-«Aids-Tiermodell-Projekts» an und fragte ihn nach den aktuellen Zahlen bei den US-Laborschimpansen. Aus den ihm vorliegenden Unterlagen über die «aktuellen» Zahlen zitierte er mir die folgenden Angaben: Im ganzen Land gibt es insgesamt (d. h. Zootiere und Labortiere zusammengerechnet) rund 1730 Schimpansen; davon sind etwa 1220 Labortiere. Man faßt es kaum, aber diese Zahlen sind nahezu identisch mit denen, die ISIS bereits Ende 1984, geraume Zeit vor dem Fünf-Institutionen-Zuchtprojekt, als «aktuell» meldete: 1770 in Zoos und Labors zusammen, davon insgesamt 1218 Labortiere (vgl. Seal und Flesness 1986). Und in den 1984er Zahlen sind die Schimpansen des LEMSIP und etlicher unabhängiger Labors gar nicht mitgerechnet – so daß bereits Ende 1984 in US-Labors 1400–1500 oder mehr Schimpansen vorhanden gewesen sein müssen. Nach meiner eigenen – auf der Auswertung vielfältigen Quellenmaterials beruhenden – Schätzung beläuft sich der Laborschimpansenbestand in den USA per 1992 auf ungefähr 1800 Individuen.

nichts zu rütteln. Wir haben in den USA nicht genügend Versuchstiere.» Einem amerikanischen Reporter präsentierte sich derselbe
Mann als «wirklich wütend über all diese Hypothesen und Unterstellungen. Man hat sich die Meinung über mich zurechtgelegt, daß ich
ein großer Fürsprecher der Firma Immuno bin und sehr dafür, daß
man Chimps aus der freien Natur holt und hierherschafft – aber das
ist nicht wahr.»

Betrachtet man Gallos öffentliche Jeremiade über den Schimpansenmangel, dem sich die Aidsforschung in den USA gegenübersehe,
und sein augenfälliges – am unverhohlensten in Wien zum Ausdruck
gebrachtes – Eintreten für die erneute Freigabe der Ausfuhr wild gefangener Schimpansen aus Afrika, außerhalb ihres ursprünglichen
Kontexts, dann kommt einem ein solches Verhalten vielleicht eher
kurios als besorgniserregend vor. Doch es gab einen Kontext. Gallo
war ein berühmter Wissenschaftler und bei den US-Gesundheitsin-
stituten (NIH) tätig, der Welt größtem und bedeutendstem Verbrau-
cher von Laborschimpansen. Und nach und nach konnte man in dem
fraglichen Zeitraum den Eindruck gewinnen, als habe die NIH-Führungsriege ihr spezielles Bild vom Schimpansen als einer «wertvollen
regenerativen Ressource» niemals völlig aufgegeben. Der Schutz,
den die CITES den Schimpansen und den Bonobos gewähren sollte,
wurde bereits bei der Umsetzung der CITES-Normen in amerikani-
sches Recht im US-Artenschutzgesetz mit Rücksicht auf die Interessen der biomedizinischen Forschungsindustrie verwässert. Als
dann Mitte der achtziger Jahre die Ungewißheit in bezug auf Ausmaß
und Schwere der Aidsepidemie zu Panikstimmung führte, sah es
mehr und mehr danach aus, als wolle die NIH-Führungsriege auch
noch den Rest von Artenschutz für Schimpansen über Bord werfen.

Eine von den NIH im Februar 1988, wenige Monate nach Gallos
öffentlicher Jeremiade über seinen Schimpansenmangel, für Kon-
greßmitglieder veranstaltete Frühstückskonferenz hinter verschlossenen Türen wurde mit der schwerwiegenden Behauptung eröffnet,
daß «Schimpansen noch keine gefährdete Spezies sind». Im Rahmen
seines Gastvortrags erläuterte Dr. Maurice Hilleman vom Merck Institute for Therapeutics in Pennsylvania den Konferenzteilnehmern,
daß «höchste Anstrengungen unternommen werden müssen», um

noch «Tausende» von Schimpansen aus der afrikanischen Wildnis zu beschaffen. «Die US-Regierung hat hier eine Pflicht zu erledigen», sagte Hilleman mit Nachdruck. Und genaugenommen würde man damit an den Tieren ein gutes Werk im Sinne der «Rettung» von Wildfauna vollbringen, denn diese Spezies werde dort drüben als «Schädling» betrachtet. Einen Monat später wurde auf einer Konferenz des NIH-«Tiermodell-Komitees» laut Protokoll «von vielen Teilnehmern angeregt, daß wir die Möglichkeit einer Zusammenarbeit mit afrikanischen Institutionen zwecks Forschung mit Schimpansen beziehungsweise zwecks Erschließung von Bezugsquellen für diese Tiere ventilieren». Drei Monate danach gestand NIH-Direktor James Wyngaarden einem Korrespondenten von Associated Press, daß man das CITES-Abkommen unter Forschern als Hemmschuh empfand. «Wir möchten bestimmt keinen Anlaß zu weltweitem Gezeter über scheinbares Unterlaufen von hierzulande gültigen Rechtsvorschriften geben», meinte der Herr Direktor, aber «wir liebäugeln schon sehr sehr stark mit Afrika». Nicht lange darauf traf ein Vertreter des NIH auf einer Dinnerparty in Los Angeles mit Jane Goodall zusammen und trug ihr den Plan vor, im Regenwald von Gabun ein großes Areal einzuzäunen, wo die Schimpansen gegen alle Störungen durch Menschen abgeschirmt sein sollten, mit Ausnahme lediglich des «Aussonderns» von «überzähligen» Jungtieren für biomedizinische Forschungszwecke. Jane Goodall bekam einen wichtigen Posten im Leitungskomitee dieses «Naturschutz»-Projekts in Gabun angetragen.

Als dann jedoch diese diversen Vorgänge und Verlautbarungen in der Öffentlichkeit mehr und mehr Staub aufwirbelten, wurden sie nach allen Regeln der Kunst dementiert. Zwar hatte Dr. Hilleman auf Einladung der NIH vor Kongreßmitgliedern gesprochen, doch die Ansichten, die er dabei geäußert hatte, hatte er laut einem NIH-Sprecher «als Privatmann» vorgetragen. Und die Äußerungen des NIH-Direktors Wyngaarden waren aus dem Zusammenhang gerissen zitiert worden. In der Tat gab sich die NIH-Führungsriege zutiefst gekränkt und bedauerte nach den Worten eines höheren Beamten, «daß es Leute gab, die so weit gingen, sich das Märchen von einer geplanten weltweiten Mauschelei der NIH aus den Fingern zu saugen. An der Geschichte ist kein wahres Wort.»

Aus der Sphäre der öffentlichen Rede verlagerten sich Dementis in die Sphäre der Justiz. Der Leser dürfte die Immuno AG als ein mächtiges internationales Pharma-Unternehmen in Erinnerung haben. Der Leser dürfte sich ferner an den Prozeß erinnern, den die Immuno AG vor amerikanischen Gerichten gegen – unter anderen – Shirley McGreal (die einen Leserbrief geschrieben hatte) und Jan Moor-Jankowski von der New York University und dem LEMSIP (der ihn zum Abdruck freigab) anstrengte. Die amerikanische Hintergrundszene dieses Prozesses wird nun für unsere Geschichte relevant. Während dieses sieben Jahre währende Meisterstück juristischer «Schikane und Drangsaliererei» (um die Worte des Vorsitzenden Richters der Berufungskammer des Supreme Court of New York Francis T. Murphy zu zitieren) über die Bühne ging, schlossen die US-Gesundheitsinstitute Verträge mit der Firma Immuno AG in Österreich und ihrer amerikanischen Tochter Immuno-U. S. Wenn man sich auf entsprechende Indizien verlassen kann, munitionierte ein NIH-Funktionär während des Prozesses heimlich die Immuno-Anwälte mit eventuell gegen McGreal und/oder Moor-Jankowski verwendbaren Informationen.

Nachdem Shirley McGreal durch Vergleich aus dem Prozeß ausgeschieden war, weil ihre Rechtsschutzversicherung das steigende Kostenrisiko nicht länger zu tragen bereit war – genauer gesagt: nachdem alle Beklagten bis auf Dr. Moor-Jankowski aus dem Verfahren ausgeschieden waren, stellte eine in den USA unter dem Namen National Association for Biomedical Research (NABR) bekannte Körperschaft bei Gericht den Antrag, ein sogenanntes amicus-curiae-Memorandum zugunsten der Immuno AG einreichen zu dürfen. (Da ein NABR-Funktionär inzwischen bestritten hat, daß dies der Fall war, muß man in alten Gerichtsakten nachgraben, um den unwiderleglichen Beweis zu finden: «Dieses Memorandum wird vorgelegt namens der National Association for Biomedical Research [...] zur Unterstützung des Rechtsstandpunkts der Berufungsklägerin Immuno AG.») Ich habe zwar über den Versuch der NABR, zugunsten der Immuno AG in das Prozeßgeschehen einzugreifen, schon in Kapitel 6 gesprochen, doch lohnt es, an dieser Stelle das Wesen und die damalige Rolle der NABR etwas genauer unter die Lupe zu nehmen.

Die National Association for Biomedical Research ist ein Organ der biomedizinischen Forschungsindustrie der USA, dessen Aufgabe die Interessenvertretung und Imagepflege der ganzen Branche ist. Als die NABR mit der Erklärung, sie «vertrete die Wissenschaftsgemeinde auf dem Gebiet bundesweiter Festlegungen betreffend den verantwortungsbewußten Einsatz sowie die humane Betreuung und Behandlung von Labortieren» und sie engagiere sich für die «Rückkehr zu den Prinzipien der Zivilität, der Moralität und zumal der Wahrhaftigkeit in der Darstellung der Forschungsaktivitäten unserer Mitgliedschaft und in der Berichterstattung über diesen Gegenstand» – ich sage: als die NABR mit dieser Selbstdarstellung als Visitenkarte in den Rechtsstreit «Immuno Inc. gegen Moor-Jankowski» hineinplatzte, war es zufällig so, daß zu den Mitgliedern der NABR auch die School of Medicine (Medizinische Fakultät) der New York University zählte. Dr. Moor-Jankowski war und ist noch heute Professor an der Medizinischen Fakultät der New York University, und das LEMSIP ist ein Fakultätsinstitut. Ich nehme an, daß die Immuno AG zum damaligen Zeitpunkt ebenfalls schon die Mitgliedschaft in der NABR erworben hatte, und daraus ergibt sich für mich eine ganz einfache Frage: Ist es nicht merkwürdig, daß die National Association for Biomedical Research in einen Rechtsstreit eingreift, um einem ihrer Mitglieder Schützenhilfe gegen ein anderes zu geben?

Über Verbindungen zwischen der NABR und den NIH existiert meines Wissens kein ausführliches Belegmaterial. Wie es scheint, war Frankie Trull, die Geschäftsführerin der NABR, eine persönliche Bekannte von James Wyngaarden, der zur Zeit des Immuno-Prozesses Direktor der NIH war. Wie es scheint, traf Miss Trull in ihrer Eigenschaft als Vertreterin der NABR im fraglichen Zeitraum offiziell mit «Direktoren und Subdirektoren staatlicher Forschungsorganisationen» zusammen, um mit ihnen laut einer auf Long Island erscheinenden Tageszeitung speziell über «Möglichkeiten der Bekämpfung» der «Tierrechte-Bewegung» zu konferieren. (Dr. Frederick Goodwin, der derzeitige Chef des National Institute of Mental Health, bemerkte 1989 im Hinblick auf Miss Trulls spezielle Beziehungen zu staatlichen Organisationen: «Wir dürfen uns nicht lobbyistisch betätigen. Das ist gesetzlich verboten. [Aber] alle staatlichen

Organisationen haben Verbindungen zu diversen Interessengruppen, deren Tätigkeitsfeld mit ihrem überlappt.») Und als 1990 der Öffentliche Gesundheitsdienst der USA mit dem Plan herausrückte, auf dem NIH-Campus für «Millionen Dollar» ein Office for Animal Affairs einzurichten, um über dieses Institut seine «Fundamentalphilosophie» unters Volk zu bringen, daß und warum noch viele Millionen Dollar mehr für den Einsatz von Tieren in der biomedizinischen Forschung ausgegeben werden müssen – da war, wie es scheint, auch eine mögliche Mitwirkung der NABR im Gespräch. Aber daran nun die Spekulation knüpfen zu wollen, daß irgendwer von den NIH, einer staatlichen Organisation, irgendwen von der NABR, einer privaten Körperschaft, angewiesen oder ermutigt habe, vor einem amerikanischen Gericht aufzutreten und hier den Versuch zu machen, die Waagschalen der Justiz zugunsten eines Labors und zuungunsten eines anderen Labors zum Ausschlag zu bringen – das hieße, sich eine Verschwörung vom Revolverblattkaliber auszumalen. Dergleichen liegt mir fern. Nein, ich halte es für wahrscheinlicher, daß wir es hier mit einem Fall von spontaner Gemeinsamkeit in Seh- und Denkweise, Interessen, Überzeugungen und Zielen zu tun haben – mit einer Trull und Wyngaarden, der NABR und der NIH-Führungsriege gemeinsamen Kultur. Moor-Jankowski hatte sich, wenn ich die Sache richtig sehe, unverzeihliche Verstöße gegen den Komment erlaubt. Moor-Jankowski war viel zu geradeheraus und unberechenbar. Moor-Jankowski war das Geschütz, das sich auf einem Schiff in schwerer See aus der Lafette gerissen hat, ein Heterodoxer in einer Welt der Orthodoxie. Nicht genug damit, daß er die Stichhaltigkeit der These, zur Bekämpfung von Aids müßten weitere Schimpansen aus Afrika abgezogen werden, öffentlich in Zweifel zog; nicht genug damit, daß er eisern die gegen Schimpansenexporte aus Afrika gerichtete Politik der Weltgesundheitsorganisation und die Restriktion solcher Exporte durch das CITES-Abkommen verteidigte – nein, er hatte obendrein auch noch einer ernstzunehmenden Kritikerin, die nicht aus den Reihen der biomedizinischen Forschungsindustrie kam, Zutritt zu einer normalerweise Insidern vorbehaltenen Arena gewährt. Ja, ich glaube, das war Moor-Jankowskis Kardinalsünde: daß er mit Shirley McGreal von der Internationalen Primatenschutz-Liga gemeinsame Sache machte und ihr ein bescheidenes Forum für ihren Diskussionsbeitrag zur Verfügung stellte. Ein Ausblick auf bestimmte Konstellationen im gesellschaftlichen Umfeld hilft uns vielleicht, Shirley McGreals Persönlichkeit und Rolle besser zu verstehen. Menschen, die Kritik an Tierversuchen üben, gibt es, seit – vereinfacht gesagt: im neunzehnten Jahrhundert – andere Menschen erstmals Tierversuche machten. Den Anfang der heutigen Tierrechte-Bewegung könnte man auf das Erscheinen des Buches *Animal Liberation* (1975) von dem australischen Philosophen Peter Singer datieren. In den achtziger Jahren kam die Tierrechte-Bewegung zu bedeutendem gesellschaftlichen und politischen Einfluß, insbesondere mit der Gründung einer Vereinigung, die sich People for the Ethical Treatment of Animals (PETA) nannte. Die PETA veröffentlichte gutdokumentierte Dossiers über besonders krasse Fälle von Tiermißhandlung in Labors und gewannen einen ansehnlichen Mitgliederstamm, der mit Beiträgen und Spenden die Aktivitäten des Vereins finanzierte – die Herausgabe einer monatlich erscheinenden Mitgliederzeitschrift mit eingeschlossen. Nachdem die PETA 1989 in den Besitz einer von dem Tänzer Ottavio Gesmundo aufgenommenen Videoaufzeichnung gekommen war, dokumentierte und publizierte sie ihre eigene Version von Bobby Berosinis Orang-Utan-Slapstick-Show in Las Vegas. In der zweiten Hälfte der achtziger Jahre näherte sich das Jahreshaushaltsvolumen der PETA dem Betrag von fünf Millionen Dollar, und der Verein war nur eine von vielen Gruppierungen einer massiven Tierwohl- und Tierrechte-Bewegung, deren Interessen und Ziele sich da und dort mit denen der traditionellen Tierschutzvereine verschränkten. Irgendwo in dieser umfassenderen sozialen Bewegung hat auch Shirley McGreals Primatenschutz-Liga ihren Platz.

Diese Bewegung wurde im fraglichen Zeitraum allerdings nicht nur von zwar leidenschaftlichen, aber friedfertigen Tierfreunden getragen. Eine extremistische Untergrundorganisation, die sich «Animal Liberation Front» nannte, hatte sich seinerzeit auf Einbrüche in Labors verlegt, bei denen die Einrichtung kurz und klein geschlagen, Feuer gelegt und – zweifellos höchst verwirrte – Kleintiere «befreit» wurden. Einige Forscher erhielten Morddrohungen; mehr und mehr größere Forschungsinstitute gaben Hunderttausende Dollar für Sicherheitsmaßnahmen aus. Shirley McGreal für ihre Person tritt nach wie vor leidenschaftlich für die Rechte und Interessen der Primaten ein. Aber sie ist nicht der Typ Mensch, der Mikroskope zertrümmert oder Laborschreibtische in Brand steckt. Sie kann sehr unverblümte und, da bin ich sicher, manchmal auch unbesonnene Sachen sagen, und ich nehme an, daß sie manchmal auch unrecht hat, aber mit ihrem Verein macht sie so vielen Leuten jetzt schon so lange eben darum so große Schwierigkeiten, weil sie auf der Einhaltung ethischer Normen und der Wahrung von Recht und Gesetz besteht.

Angesichts einer solch ungeheuer bunten Vielfalt von lautstark und drohend agitierenden, in manchen Fällen auch zerstörerisch zu Werke gehenden Interessengruppen wußte sich nun aber die National Association for Biomedical Research offenbar von einem bestimmten Zeitpunkt an nicht mehr anders zu helfen, als die ganze Chose dadurch zu versimpeln, daß sie alle Farben aus dem Universum austilgte. Auf einmal gab es im ganzen Universum nur noch Schwarz und Weiß. Die NABR, die faktisch die Interessen einer reichen und mächtigen Branche vertritt – Interessen, unter denen die an Umsatz und Profit nicht die geringsten sind –, begann sich mit einemmal in der Rolle der Sachwalterin von «Wissenschaft» und «Wissenschaftlern» zu sehen. Und aus dieser Sicht wurden ihre Kritiker – und zwar *sämtliche* Kritiker, einerlei, auf welchem Standpunkt sie standen, was ihr Anliegen war und welche Beglaubigung sie vorzuweisen hatten – (um noch einmal das NABR-Memorandum zu dem Streitfall «Immuno AG gegen Moor-Jankowski» zu zitieren) zu «einem Zusammenschluß fanatischer Vivisektionsgegner, die sich nicht selten hinter der Maske harmloser Tierschützer verstecken». Man sei für die «freie Diskussion, bei der kein Blatt vor den Mund genommen wird», ließ die NABR damals verlauten, aber da war auf einmal gar niemand mehr, der es wert gewesen wäre, daß man mit ihm diskutierte: «Die Bewegung, mit der wir es hier zu tun haben, teilt den Standpunkt der radikalen Vivisektionsgegner, die ein bedingungsloses Verbot anstreben», und um dieses «Endziel» zu erreichen, ist diversen Mitgliedern der Bewegung jedes Mittel recht, auch wenn es, wie «häufig der Fall», darin besteht, «einen gemäßigten Standpunkt vorzutäuschen». So erklärte denn die NABR, sie steht uneingeschränkt hinter Dr. Franz Sitter. Der war schließlich kein vorgetäuschter Gemäßigter. Und so sinnierte denn Dr. Frederick King, der Leiter des Yerkes-Primatenzentrums in Atlanta, Ende 1988 wehmütig: «Wo sind bloß die Gemäßigten geblieben?» Nun, der größte Teil von ihnen war soeben aus der Welt hinausdefiniert worden. Und ich könnte mir denken, daß die wenigen, die danach allenfalls noch übrig waren, sich angewidert verabschiedeten, als einige Monate später Dr. Frederick Gould vom Yerkes-Zentrum zweitausend Meilen weit nach Westen reiste, um in Las Vegas die «wunderbare» Versorgung und Betreuung von Orang-Utans zu attestieren, die nach wie vor in Käfigen von einem Drittel der gesetzlich vorgeschriebenen Mindestgröße gehalten wurden und die man Abend für Abend in Kostüme steckte und im Nachtclub eines Spielkasinos als Tänzer und Hanswurste auftreten ließ.

Das bißchen Diskussion, das dann überhaupt noch stattfand, verlagerte sich zuletzt aus der weltlichen in die spirituelle Sphäre, indem es – im Geiste eines manichäistisch-dualistischen Weltbilds – die Botschaft vom Kampf der Mächte des Lichts gegen die Mächte der Finsternis verkündete. Gemeinsam mit anderen Organisationen veranstaltete die NABR eine Pressekonferenz, auf der US-Gesundheitsminister Louis Sullivan die Tierwohl- und Tierrechte-Verfechter als «Terroristen» charakterisierte, denen «der Erfolg versagt bleiben wird, weil sie sich auf der falschen Seite der Moralität befinden. Es wäre schlimm, wenn wir lebenswichtige Forschungen mit Tieren aufgeben würden, an denen Menschenleben hängen.» Das war, wie nicht zu übersehen ist, die gleiche Sprache wie die, in der drüben in Las Vegas Bobby Berosini und sein Hauptanwalt, Harold Gewerter, ihre Sache vor Gericht darzustellen bemüht waren. Ihre Gegner, die PETA-Leute, waren üble «Terroristen». Trotz toter Vögel auf Gewerters Türschwelle und einem rätselhaften Feuerüberfall aus einem vorbeifahrenden Auto – der zwar keinen Schaden anrichtete, auf Videofilm gebannt werden konnte – wollte das Terroristen-Etikett in Las Vegas nicht recht kleben bleiben. Am Ende spielte das freilich keine Rolle, wie wir gesehen haben. Berosini und Gewerter gewannen ihren Prozeß gegen die PETA – und die National Association for Biomedical Research war davon immerhin so sehr beeindruckt, daß sie Harold Gewerter zu einer Tagung von Vertretern der biomedizinischen Forschungsindustrie, die sie im November 1990 veranstaltete, als Redner einlud. Das Thema von Gewerters Vortrag lautete: «Gegenangriffe auf die Tierrechte-Branche».

Nicht lange nach jener Tagung sah sich Shirley McGreal zum Ziel eines Gegenangriffs gemacht, der einmal mehr mittels eines unschönen Gerichtsverfahrens geführt wurde. Die Sache stellt sich aus heutiger Sicht so dar, daß drei Holzkisten mit der aufgestempelten Beschriftung «Vögel», die soeben aus Singapur in Bangkok eingetroffen waren, vom thailändischen Zoll zurückgehalten wurden. Die Kisten sollten nach Polen (und letzten Endes möglicherweise weiter in die Sowjetunion) gehen. Nachdem thailändische Zollbeamte aus dem Inneren der Kisten Schreie vernommen hatten, stoppten sie die Reise und ließen die Behältnisse durchleuchten. Das Röntgengerät identifizierte den Inhalt nicht als Vögel, sondern als Säuger: sechs Orang-Utan-Babys und zwei Gibbons – allesamt ohne Futter und Wasser, allesamt krank, abgemagert und ausgetrocknet, drei der Tiere am Verenden. Der Kurier, ein deutscher Tierhändler namens Kurt Schäfer, wurde in Singapur festgenommen und mit einer Geldbuße von 1200 US-Dollar belegt. Da Schäfer deutscher Bürger war, wurde die deutsche Tierschutzbehörde eingeschaltet; von ihr erhielt Shirley McGreal Kopien von Faxen, die zwischen Schäfer und einem mutmaßlichen Kompagnon in den USA gewechselt worden waren. Eines der Faxe war mit «M» unterzeichnet und enthielt eine Telefonnummer. Die Nummer ist inzwischen nicht mehr in Gebrauch, aber damals gehörte sie zu einem Anschluß in einem Haus bei Miami, der Residenz eines gewissen Matthew Block, des gutbetuchten und undurchsichtigen neunundzwanzigjährigen Inhabers der Firma Worldwide Primates, die die NIH belieferte und Jahr für Jahr etwa ein Viertel aller Importe von lebenden Primaten in die USA tätigte.

Shirley McGreal gab ihre Informationen an die Staatsanwaltschaft in Miami weiter, die ein Ermittlungsverfahren wegen des Verdachts krimineller Handlungen einleitete. Der junge Mr. Block gab zu, Absender der fraglichen Faxe zu sein, bestritt jedoch, daß sie irgend

etwas mit Menschenaffen zu tun hätten. Dann heuerte er ein An-
waltsteam an und verklagte Shirley McGreal wegen einer anderen
Sache. Wie es aussieht, hatte sie einem von Blocks Kunden, Dr.
Peter Gerone, dem Leiter des Primatenzentrums der Tulane University,
mehrere Inspektionsberichte des US-Landwirtschaftsministeriums
über die Verhältnisse in Blocks Betriebsräumen zugeleitet. In einem
Brief an Gerone erwähnte sie, daß das Center for Disease Control
dem Importeur zeitweilig die Gewerbeerlaubnis entzogen hatte,
nachdem bei Worldwide Primates sechsundvierzig Verstöße gegen
Hygienevorschriften festgestellt worden waren. Obschon diese
Informationen zutrafen, war Block nicht sonderlich erbaut davon,
daß Shirley McGreal sie weitergegeben hatte. Er verklagte sie wegen
vorsätzlicher, böswilliger und jeglicher Legitimation entbehrender
Geschäftsschädigung und verlangte für sich eine Entschädigung von
fünftausend Dollar; dazu beantragte er eine Geldstrafe in Höhe von
fünfhunderttausend Dollar.

Dr. Gerone vom Primatenzentrum der Tulane University räumte
schließlich ein, daß er sowohl vor wie nach dem Erhalt der Information von Shirley McGreal von Matthew Block Affen gekauft hatte
und daß er, statt McGreals Ausstellungen nachzugehen, Matthew
Block einfach nur eine Kopie eines ihrer Briefe gefaxt hatte. Von daher gesehen kann in diesem Fall von einer Geschäftsschädigung wohl
kaum die Rede sein. Gerone hatte freilich im November 1990 an jener
bereits erwähnten NABR-Tagung über Beleidigungsklagen und Tierrechte-Bewegung teilgenommen und sich daraufhin, wie er einem
Reporter der *Sacramento Bee* erzählte, längst vorgenommen gehabt,
wenn sich je einmal die Gelegenheit ergeben sollte, jemandem wie
Shirley McGreal «einen Knüppel zwischen die Beine zu werfen»,
diese Gelegenheit nicht ungenutzt zu lassen. Der Prozeß damals muß
ihm wohl als eine Eins-a-Gelegenheit vorgekommen sein, Shirley
McGreal «einen Knüppel zwischen die Beine zu werfen», und deshalb
scheint er sich reichlich Zeit gelassen zu haben, bis ihm wieder einfiel
und er zu Protokoll gab, daß Shirley McGreals Information keinerlei
geschäftsschädigende Wirkung entfaltet hatte.

Nachdem der Prozeß in die Ausmittelungsphase eingetreten war
und die Parteien Informationen und Unterlagen voneinander forder-

ten, begann Shirley McGreal sich Sorgen zu machen, weil Block und
seine Anwälte große Mengen von Dokumenten von ihr verlangten,
von denen ein Teil, wie sie glaubte, bei Bekanntwerden nicht nur die
Ermittlungen der Staatsanwaltschaft in Frage stellen, sondern unter
Umständen auch ihre Informanten in Übersee gefährden konnten.
Tatsache ist, daß Claudia Ross von der *Thailand Post*, die mitgeholfen
hatte, die Wildtierschieber in Thailand zu entlarven, um jene Zeit
ermordet wurde. Aber auch Shirley McGreal und ihre Anwälte forderten Unterlagen von der Gegenseite an. Leider waren da auf einmal
aus Blocks Lagerhaus in Miami wichtige Dokumente verschwunden;
vorangegangen war dem ein Einbruch, der so fix und perfekt ausgeführt worden war, daß sich die Ortspolizei am Tatort nur ratlos am
Kopf kratzen konnte. Bei seinen Bemühungen, den Fragen und Anfragen von Shirley McGreals Anwalt auszuweichen, hatte Matthew
Block neunundvierzigmal Gelegenheit festzustellen, welch wirksa-
men Schutz vor selbstbelastenden Aussagen und Auskünften einem
doch der fünfte Zusatzartikel der Verfassung der Vereinigten Staaten
gewährt.

Muß es nicht seltsam anmuten, daß jemand, der vor Gericht *als
Kläger* auftritt, neunundvierzigmal von seinem Recht Gebrauch
macht, Aussagen und Auskünfte zu verweigern, die ihn selbst bela-
sten würden? Aber wie dem auch sei – am 20. Februar 1992 wurde
Matthew Block von den Geschworenen eines Bundesgerichts für
schuldig befunden, im Zusammenhang mit dem Schmuggel von
sechs Orang-Utans vier Straftaten begangen zu haben. Mit einer
möglichen Haftstrafe von zwölf Jahren und möglichen Geldstrafen in
Höhe von insgesamt siebenhunderttausend Dollar vor Augen zog
Block seine Klage gegen Shirley McGreal großzügig zurück. Dr. Peter Gerone wandte sich wieder seinen Aufgaben als Leiter des Primatenzentrums Tulane University zu, Dr. Shirley McGreal wandte sich
wieder ihren Aufgaben als Vorsitzende der Internationalen Primatenschutz-Liga zu und begann sich den Kopf darüber zu zerbrechen,
wovon sie die Prämien ihrer Rechtsschutzversicherung bezahlen
sollte.

Aus dem Medium Rechtsstreit modulierten die Dementis in das Medium Lobbyismus hinüber.

1987 richteten das Jane Goodall Institute, die Humane Society of the United States und der World Wildlife Fund eine formelle Petition an den U. S. Fish and Wildlife Service, er möge den im Klassifikationsschema des US-Artenschutzgesetzes als «bedroht» festgesetzten Status der Schimpansen auf «gefährdet» anheben (vgl. Kapitel 6). Begleitet wurde die Petition von einem fünfzigseitigen Bericht, den Geza Teleki und das Committee for Conservation and Care of Chimpanzees auf der Basis aller erreichbaren aktuellen Feldstudien in Afrika erstellt hatten.

Der Fish and Wildlife Service regte die nationale und internationale Öffentlichkeit am 23. März 1988 zur Abgabe von Stellungnahmen zu der Petition an und setzte dafür eine Frist bis zum 21. Juli 1988. Bis zu deren Ablauf gingen bei dem Amt mehr als vierundfünfzigtausend Briefe und Postkarten aus der allgemeinen Öffentlichkeit ein, die Zustimmung zu dem Umstufungsantrag zum Ausdruck brachten; befürwortende Stellungnahmen kamen ferner von vierzig aktiv interessierten Organisationen, Fachleuten und afrikanischen Regierungen, darunter siebzehn Schimpansenexperten, die die Tiere aus eigenen Feldforschungen kannten. Fristgerecht erhielt der Fish and Wildlife Service auch sechs Zuschriften, deren Absender sich gegen die beantragte Umstufung aussprachen.

Nun kann man selbstverständlich niemandem einen Vorwurf daraus machen, wenn er eine Minderheitsmeinung vertritt. Minderheitsmeinungen erweisen sich häufig als recht interessant – und so meines Erachtens auch in diesem Fall. Von den sechs Antragsgegnern repräsentierte einer einen Zirkus. Zwei hatten ihre Einwände auf dem Briefpapier der NIH niedergelegt. Die übrigen drei vertraten das Yerkes-Primatenzentrum (2) und die Firma Immuno-U. S. Inc., zwei Körperschaften, die zum bewußten Zeitpunkt Vertragspartner der NIH waren, welche ihrerseits bekanntlich eine vollständig vom amerikanischen Steuerzahler finanzierte staatliche Einrichtung sind. Letzteres gilt auch für den Fish and Wildlife Service. Wir haben es hier also mit dem wahrscheinlich gar nicht so ungewöhnlichen Fall zu tun, daß ein Verwaltungsorgan Schritte unternimmt, um auf das

Vorgehen und die Geschäftspolitik eines anderen Verwaltungsorgans Einfluß zu nehmen. In der Tat sind jene fünf Briefe (neben einigen anderen, die nach Ablauf der Frist eintrafen) lediglich die Paradestücke in einem ganzen Paket von lobbyistischen Aktivitäten, die damals zwischen Vertretern der NIH und Vertretern des Fish and Wildlife Service abliefen.

Von den ablehnenden Zuschriften bemühte sich diejenige von NIH-Direktor James Wyngaarden am konsequentesten um eine rationale Argumentationsweise. Schimpansen werden «im Interesse der menschlichen Gesundheit» in der Forschung gebraucht, schrieb Wyngaarden. Für «nicht begründbar» hielt er die Meinung, die biomedizinische Forschung sei «verantwortlich für einen angeblichen Rückgang» des Wildschimpansenbestands, da US-Labors seit zehn Jahren keine Möglichkeit mehr hätten, Schimpansen aus Afrika zu importieren, und im übrigen die NIH vor kurzem ihr eigenes Zuchtprogramm initiiert hätten. Er befürchtete, der «gefährdet»-Status könnte zum «dauerhaften Hindernis» dafür auswachsen, daß von den heute vorhandenen Käfigschimpansen überhaupt noch einer in der Forschung eingesetzt werden könne, oder doch zumindest «einen endlosen zusätzlichen Papierkrieg» notwendig machen. Sein Standpunkt würde nicht nur von der gesamten biomedizinischen Forschergemeinde, sondern auch von zahlreichen Stellen in Washington unterstützt: von der Environmental Protection Agency, der NASA, der National Science Foundation, der Veterans Administration, dem Landwirtschaftsministerium, dem Verteidigungsministerium, dem Gesundheitsministerium, dem Innenministerium und dem Außenministerium. Ein großer Teil der amerikanischen Regierung, so will uns Wyngaardens eindrucksvolle Aufzählung bedeuten, hatte sich geschlossen hinter ihn gestellt, um die Umstufung der Schimpansen aus der Klasse «bedroht» in die Klasse «gefährdet» zu verhindern.

Wyngaarden war, wie gesagt, der Petitionsgegner, der noch am rationalsten argumentierte. Wenn man von der Prämisse ausgeht, daß die Menschheitsbedürfnisse Laborversuche an Schimpansen unvermeidlich machen, dann sind Vorbehalte gegen einen möglicherweise vermehrten Papierkrieg zumindest logisch schlüssig. Frederick King, der Leiter des Yerkes-Primatenzentrums, ging in seinem

Schreiben weniger umsichtig zu Werk und kam dafür auf dem kürzesten Weg zum Kern der Sache. An den Anfang seiner Ausführungen stellte er seine gewohnheitsmäßige falsche Schreibung des Akronyms CITES sowie eine gravierende Mißdeutung des so bezeichneten Abkommens.* Da die Vereinigten Staaten «die CITIES [!] bereits praktizieren» und seit zehn Jahren keine Schimpansen mehr importierten, schrieb er, würde die Umstufung der Tiere in die Klasse «gefährdet» für sie keinen verstärkten Schutz gegen die Ausfuhr aus Afrika in die USA mit sich bringen. Außerdem konnte King – «entgegen den von gewissen Tierrechte- und Tiersouveränitäts-Gruppen systematisch ausgestreuten Gerüchten» – fest versprechen und garantieren, daß «die Nationalen Gesundheitsinstitute nicht vorhaben, die Einfuhr von wilden Schimpansen wieder aufzunehmen».

Kings gravierende Mißdeutung der CITES könnte man etwa folgendermaßen zusammenfassen. Ja, die Vereinigten Staaten haben die CITES unterzeichnet. Ja, die Vereinigten Staaten «praktizieren» das Abkommen – in dem Umfang, wie sie es für richtig halten. Die Umsetzung des Abkommens in die amerikanische Rechtspraxis erfolgt über das US-Artenschutzgesetz. Und darum ging es ja gerade. Das US-Artenschutzgesetz in seiner damaligen Fassung gewährte Schimpansen und Bonobos nicht den vollen Schutz, der ihnen von der CITES zugedacht war.

Als weiterer Beweis für die lauteren Absichten der NIH in Sachen Wildschimpansen in Afrika zitierte King eine Äußerung von Dr. George J. Galasso, dem Vorsitzenden des NIH-«Aids-Tiermodell-Komitees»: «Die NIH bestreiten kategorisch die Unterstellung des Jane Goodall Institute, daß wir vorhaben, Schimpansen aus ihrem natürlichen Wohnraum in Afrika wegzuholen und auf Zentren in der ganzen Welt zu verteilen. Wir sind Signatar der CITIES [!], und wir

---

* Ich erwähne Kings «gewohnheitsmäßige falsche Schreibung» des Akronyms CITES nicht aus kleinlicher Beckmesserei, wie man mir hoffentlich glauben wird, sondern weil sie mir eine ziemlich nonchalante Einstellung zu dem Abkommen zu verraten scheint. Wenn mich nicht alles trügt, nimmt Dr. King es mit diesen Dingen normalerweise sehr genau, deshalb ist es um so bemerkenswerter, daß CITES in dem hier zitierten Brief dreimal und in einem Leserbrief an das Magazin *Science* vom Jahr 1988 (siehe King 1988) zweimal falsch geschrieben wird.

halten uns an deren Bestimmungen. Unsere Forschungstätigkeit beschränkt sich auf bereits vorhandene Käfigschimpansen und deren
Nachkommenschaft.»

Schon damals sorgten sich allerdings die wenigsten Leute darum,
daß die Nationalen Gesundheitsinstitute vorhaben könnten, wild gefangene Schimpansen direkt aus Afrika zu importieren. Vielmehr
gingen die Befürchtungen meistenteils dahin, die NIH könnten, ohne
formalrechtlich gegen die CITES zu verstoßen, das Abkommen unterlaufen, indem sie sich in Afrika selbst Stützpunkte schufen und
dort wild gefangene Schimpansen über Strohmänner für ihre Zwecke
benutzten, oder indem sie mit Vertragspartnern in Europa und Asien
zusammenarbeiteten, die sich wild gefangene Schimpansen beschafft
hatten. Letzten Endes hätten derartige Besorgnisse zumindest bei
einer Organisation von wissenschaftlichen Schimpansenexperten wie
dem Committee for the Conservation and Care of Chimpanzees
(CCCC) nur ein vergleichsweise geringes Echo gefunden, hätte es um
die fragliche Zeit nicht ganz danach ausgesehen, als ob das von der
Immuno AG ins Leben gerufene Committee for the Conservation of
Chimpanzees (CCC) vorhabe, gemeinsam mit dem Tierhändler Dr.
Franz Sitter in Sierra Leone eine Betriebsanlage für die «Schimpansennachzucht» einzurichten. Es gab Leute, die Franz Sitter nicht über
den Weg trauten, darunter auch solche, die argwöhnten, im tiefsten
Innern einer Sitterschen «Nachzucht»-Anstalt könnten wild gefangene Schimpansen, die in gewissem Umfang vom Gesetz geschützt
waren, zu «nachgezüchteten» Schimpansen umetikettiert werden,
die keinen derartigen Schutz genossen. Und wenn sie an die Gesetze
der Arithmetik dachten, sahen sich diese Skeptiker erst recht in ihrem
Argwohn bestärkt: Sitter hatte Anfang der achtziger Jahre bei
irgendeiner Gelegenheit erklärt, er habe fünfzig Schimpansen «auf
Lager», hatte dann im Lauf des Jahrzehnts mindestens fünfzig
Schimpansen offiziell exportiert und schien wunderbarerweise trotzdem eine genügend große Anzahl Käfigschimpansen übrigbehalten
zu haben, um an einen Nachzuchtbetrieb größeren Umfangs denken
zu können.*

---

* Gegenwärtig (Stand 1992) hat die Immuno AG ihre Pläne, in Sierra Leone eine

George Galasso muß schon bald eingesehen haben, daß seine ursprüngliche Grundsatzerklärung zur «Geschäftspolitik» der NIH – «Unsere Forschungstätigkeit beschränkt sich auf bereits vorhandene Käfigschimpansen und deren Nachkommenschaft» – einer Präzisierung bedurfte. In derzeit geltenden Grundsatzerklärungen kommt deutlicher zum Ausdruck, daß die NIH Versuchen an wild geborenen Schimpansen, die nach 1986 aus den Armen ihrer toten Mutter gerissen wurden, ihre Unterstützung versagt. Aber ungeachtet des allem Anschein nach ausreichenden heimischen Laborschimpansenbestands haben die NIH jetzt mit einem Labor im westafrikanischen

Nachzuchtkolonie aufzubauen, ad acta gelegt. Aber was die Firma Immuno in Sierra Leone plante, war niemals alleiniger Gegenstand der Besorgnis. Die Probleme sind viel breiter gestreut. Inzwischen wurden in Liberia, Gabun und Zaire Schimpansenlabors eingerichtet. Von europäischer Seite wurde versucht, ein solches Labor in Uganda zu gründen, doch die ugandische Regierung entschied sich gegen das Projekt. Von belgischer Seite wurde die Regierung des Kongo kürzlich um ihre Zustimmung zur Durchführung eines Forschungsvorhabens im Lande ersucht, bei dem lokale wildlebende Menschenaffen als Versuchstiere dienen sollen. Vor diesem Hintergrund zeigt sich das «joint venture» des White Sands Research Center in Alamogordo, New Mexico und der «Zuchtanstalt für seltene Tiere» bei Peking in aufschlußreicher neuer Beleuchtung – die chinesische Zuchtanstalt besaß keine Schimpansen und hätte folglich welche importieren müssen. Mit derartigen Unternehmungen wird die CITES ausgehöhlt oder könnte sie ausgehöhlt werden.

Gegen die Einrichtung von Schimpansenlabors in Afrika spricht ferner das Risiko, daß experimentell induzierte Infektionen in wildlebende Populationen verschleppt werden könnten (beziehungsweise daß spezifisch menschliche Infektionskrankheiten durch infizierte Schimpansen in bisher virusfreie menschliche Bevölkerungsgruppen verschleppt werden könnten). In der seinerzeit von der Immuno AG angestrengten Klage stand dieser Gedanke im Mittelpunkt – bei Immuno war man außer sich darüber, daß Shirley McGreal über das Risiko gesprochen hatte, nach Hepatitisforschungen freigesetzte Laborschimpansen könnten wild lebende Artgenossen mit Hepatitis infizieren. Ich möchte mich hier eines Kommentars zu diesem Streit enthalten. Tatsache ist jedoch, daß in Ostafrika Wildschimpansenpopulationen von Polio-Epidemien menschlichen Ursprungs gebeutelt wurden und daß es in Gabun mit dem Aidsvirus infizierte wilde Schimpansen gibt. An letztere, so mutmaßte Luc Montagnier vom Pariser Institut Pasteur einmal, könnte die Infektion von Artgenossen übertragen worden sein, die bei hämatologischen Forschungen des gabunischen Labors als Versuchstiere eingesetzt und hinterher in die Freiheit entlassen worden waren.

Liberia einen Vertrag über Versuche an Schimpansen abgeschlossen. *

3

Der Kampf um die Zukunft der Schimpansen in Afrika endete 1988 mit einem Waffenstillstand: Der U. S. Fish and Wildlife Service faßte den Beschluß, die Schimpansen in Afrika – einerlei, ob sie in freier Wildbahn lebten oder in Gefangenschaft gehalten wurden – als «gefährdet» und Schimpansen, die außerhalb Afrikas lebten, als «bedroht» einzustufen. Etwa um dieselbe Zeit entbrannte ein zweiter Streit ähnlicher Art, und zwar hauptsächlich infolge des Umstands, daß Senator John Melcher aus Montana, das einzige Kongreßmitglied, das sich vor dem Wechsel in die Politik als Veterinär betätigt hatte, eines Tages einen der üblichen Käfige für Laborschimpansen betrat und dabei feststellte, wie eng es darin war. Da war etwa soviel Platz wie in einer Duschzelle. Schimpansen, die gezwungen sind, ihr Leben in einem Labor zu verbringen, brauchen nach Melchers Meinung «Platz, Körpertraining und Dinge, die das Leben für sie interessant machen». Diese Erkenntnis hatte letztlich zur Folge, daß auf Betreiben des Senators in den 1985 verabschiedeten Zusatzartikel zum Tierwohl-Gesetz eine Klausel aufgenommen wurde, die es aus Bundesmitteln finanzierten Labors zur Auflage machte, «ein mate-

---

* Denkbar wäre, daß es sich bei einigen dieser Schimpansen um nach 1986 wild gefangene Tiere handelt; aber wenn dem so ist, dürfte deren Zahl so gering sein, daß man sie fast schon als quantité négligeable behandeln kann; und da während des jüngsten Bürgerkriegs in Liberia so viele Schimpansen getötet und gegessen wurden, läßt sich sowieso nicht sagen, ob eines dieser Labortiere in der Freiheit bis heute überlebt hätte. Das besagte Labor ist übrigens ein gut geführtes Institut, dessen Leitung in den Händen besonnener Menschen liegt, die im Bürgerkrieg unter heldenmütigem Einsatz zahlreichen Flüchtlingen Zuflucht und Versorgung gewährten. Die Schimpansen wurden nicht mit Aids-, sondern mit Hepatitisviren infiziert. Der Direktor des Labors erklärte mir, daß das gleiche Virus in der lokalen Bevölkerung verbreitet sei, so daß die Gefahr des Einschleppens einer neuen Krankheit nicht bestehe. «Außerdem kochen die Liberianer ihr Fleisch sowieso zu Tode», meinte er. Und: Solange er der Direktor dieses Labors sei, würde es hier niemals Aidsversuche an Schimpansen geben.

rielles Milieu [zu schaffen], das dazu angetan ist, das psychische Wohlbefinden der Primaten zu befördern».

Diese knapp anderthalb Dutzend Wörter zählende, scheinbar präzise und leichtverständliche Formel veranlaßte die National Association for Biomedical Research, einen Streit um die korrekte Auslegung vom Zaun zu brechen, der fünf Jahre dauern sollte. Die NABR befürchtete unter anderem, daß der Umbau von Labors im Sinne des «psychischen Wohlbefindens» der hier gehaltenen Primaten zu einem teuren Spaß werden könnte. Der Vollzug der Bestimmung stellte nicht zuletzt auch deswegen vor Probleme, weil die Gruppe der «Primaten» annähernd zweihundert Arten von Tieraffen, Menschenaffen und Halbaffen umfaßt; dreißig davon sind als Versuchstiere in Labors vertreten, und deren psychische Bedürfnisse können nicht nur von Art zu Art, sondern auch innerhalb derselben Art mit Geschlecht, Alter und Charakter von Individuum zu Individuum variieren. In allzu detaillierter Form für sämtliche Primaten geltende Anforderungen zu spezifizieren, könnte sich nicht nur generell als kostenträchtig, sondern im Einzelfall auch als falsch erweisen.

Aber Gesetz ist Gesetz. Das US-Landwirtschaftsministerium, in dessen Zuständigkeit der Vollzug der neuen Bestimmung im Tierwohl-Gesetz fiel, veröffentlichte im März 1987 den Vorschlag einer Ausführungsverordnung mit der gleichzeitigen Aufforderung zu Stellungnahmen. Nun wurde auf einmal offenbar, daß viele Vertreter der biomedizinischen Forschungsindustrie von einem Bedürfnis nach nennenswerten Änderungen am Status quo nichts wissen wollten. Manche waren anscheinend der Überzeugung, ihre Primaten seien schon jetzt ausgesprochen glücklich und zufrieden. Nancy Mello von der Medizinischen Fakultät der Harvard University warf den Gedanken in die Debatte, daß Käfigprimaten in puncto psychisches Wohlbefinden «besser gestellt sind als die Primaten in freier Natur, da sie von der Bedrohung durch Freßfeinde sowie von der Gefahr des Nahrungsmangels und des Verlusts des Lebensraums entlastet sind». Andere Experten hielten die derzeitigen Lebensbedingungen für aller Wahrscheinlichkeit nach vollkommen ausreichend, weil Primaten «außerordentlich gut dafür ausgestattet sind, auch radikale Milieuwechsel zu überleben». Wieder andere konnten sich nicht vorstellen, daß Tier- und Menschenaffen überhaupt psychische Bedürfnisse hatten. Für Charles Schuster und Lewis Seiden vom «Forschungszentrum für Drogenmißbrauch» an der University of Chicago ist «die Realität von psychologischen Ähnlichkeiten zwischen dem Menschen und anderen Primaten bisher nicht erwiesen und möglicherweise auch überhaupt nicht erweisbar». Für Roger Thomas von der University of Georgia «ist die Vermutung, ein nichtmenschlicher Primate habe ein inneres Bild von seiner eigenen Lage, absolut grundlos, und [...] nur wenn er ein solches Bild von seiner eigenen Lage hätte, könnte ein Primate in nennenswerter Weise von psychischem Wohlbefinden affiziert sein».

Den zuletzt erwähnten Standpunkt nimmt man nicht ohne ehrfürchtiges Staunen zur Kenntnis. Anfang der fünfziger Jahre begannen, von den NIH finanziert, Wissenschaftler der University of Wisconsin unter Leitung von Harry F. Harlow zu untersuchen, was mit dem psychischen Wohlbefinden von Affen passiert, wenn man die Tiere diversen Formen von Deprivation aussetzt. Die Experimentatoren trennten neugeborene Affen von ihren Müttern und gaben ihnen verschiedenerlei Ersatzmütter – mechanische Puppen aus Draht und Tuch, «Mütter» mit Schleudervorrichtungen, Druckluftdüsen, Stacheln und Vorrichtungen, die heftige Schaukelbewegungen oder extreme Schwankungen der Oberflächentemperatur hervorbrachten –, um alsdann die psychischen Reaktionen der Neugeborenen auf die jeweilige Form von Deprivation zu beobachten. Wissenschaftler der Universität Wisconsin führten Untersuchungen über klinische Depression durch, indem sie Affen einzeln, in totaler Isolation, auf den Grund unterirdischer Stahlkammern verbannten. Diese Verfahrensweise bewirkte nach einem Bericht der Forscher aus dem Jahr 1972 möglicherweise irreversible «schwere Verhaltensstörungen» wie «Sich-Hinkauern mit um den Oberkörper geschlungenen Armen und graduell unterschiedliches starkes Nachlassen des Bewegungsdrangs, der Neugierde und jeglicher Art sozialer Aktivität». Später ließen die Forscher die Stahlkammern beiseite und traktierten ihre Affen mit depressionserzeugenden Pharmaka, in willkürlichem Rhythmus wiederholter sozialer Isolation und unentrinnbaren Elektroschocks, um die Probanden in etwas hineinzutreiben, was man an der University of Wisconsin nach wie vor für klinische Depression hielt. Und nun werden wir aus Chicago darüber aufgeklärt, daß die «Realität von psychologischen Ähnlichkeiten» zwischen Menschen und Affen nicht im geringsten «erwiesen» ist. Und aus Georgia steckt man uns ein Licht darüber auf, daß die nichtmenschlichen Primaten mangels eines inneren Bildes von ihrer eigenen Lage von so etwas wie «psychischem Wohlbefinden» gar nicht nennenswert betroffen sein können.

Zuletzt schaltete sich das «Verwaltungs- und Haushaltsbüro» (Office of Management and Budget, abgekürzt: OMB) des Weißen Hauses in die Sache ein: Aufgrund seiner Befugnis, auf Bundesebene erlassene Verordnungen nachzuprüfen und nachzubessern, unterzog es die vom Landwirtschaftsministerium vorgeschlagenen Ausführungsverordnungen zum Tierwohl-Gesetz einer Nachprüfung und Nachbesserung. Unter Assistenz von Rechtsanwalt Michael Horowitz (einem ehemaligen Mitarbeiter des OMB, der sich nun im Auftrag des Amerikanischen Bildungsrats als Lobbyist beim OMB betätigte) machte das OMB «unter Ausschöpfung praktisch aller reglementarischen Mittel, die ihm zu Gebote standen» (wie ein Kommentator schrieb), den Vorschlag des Landwirtschaftsministeriums in den wesentlichen Punkten zu Makulatur. Die National Association for Biomedical Research hatte an dem Vorschlag moniert, daß er «ein sehr detailliertes Bild der Betreuung von Labortieren zeichnet. Er schreibt einem Punkt für Punkt vor, was zu tun ist – und dagegen erheben wir Einspruch.» In die mit der Überarbeitung der vorgeschlagenen Ausführungsverordnung befaßte Abteilung des OMB gelangte dieser Einspruch durch Vermittlung anderer Beratungsorgane der Exekutive – zum Beispiel des für das Weiße Haus tätigen «Büros für Wissenschafts- und Technologiepolitik», dessen Referat für biomedizinische Forschung damals in den Händen von Ex-NIH-Direktor Dr. James Wyngaarden lag. Rechtsanwalt Horowitz setzte sich dann mit dem Argument durch, in der Ausführungsverordnung zum Tierwohl-Gesetz solle man sich tunlichst auf Vorgaben für die angestrebte «Leistung» und nicht für «technische Einzelheiten» konzentrieren – was offenbar nur ein anderer Ausdruck dafür ist, daß, wenn die Labors von sich behaupten, sie förderten das psychische Wohlbefinden ihrer Primaten, es nicht sonderlich darauf ankommt, *wie* sie das machen.

Das Gesetz war vom Kongreß der Vereinigten Staaten erlassen worden. Aber die Ausführungsverordnung zu dem Gesetz wurde so gründlich abgeändert, daß Senator John Melcher – der Mann, der sich in einem der gängigen Schimpansenkäfige von Duschzellengröße umgesehen hatte und zu dem Schluß gekommen war, da müsse etwas Besseres her – am Ende erklärte, er habe «noch nie etwas so von jeglichem Sachverstand Unbelecktes gesehen» wie das, was das OMB des Weißen Hauses da «with a little help from its friends» fabriziert hatte.

4

Den Videofilm, der mein Leben verändern sollte, sah ich am 27. Dezember 1986. Ich hatte das Weihnachtsfest traditionsgemäß bei meiner Familie in Bournemouth verbracht. Wir sahen uns alle den Film an, und wir waren alle geschockt. Es dauerte eine Weile, bis wir hinterher die Sprache wiederfanden. Der Film war in einem biomedizinischen Forschungslabor aufgenommen worden und zeigte Tieraffen, die in unvorstellbar kleinen, übereinandergestapelten Käfigen immerzu rundherum, hin und her trotteten, und junge Schimpansen in ebenso winzigen Gefängnissen, die sich, in Trübsal und Verzweiflung versunken, vor und zurück oder von einer Seite zur anderen wiegten. Natürlich hatte ich schon vorher von den Schimpansen gewußt, die in medizinischen Labors hinter Schloß und Riegel gehalten werden. Aber ich hatte mich absichtlich von ihnen ferngehalten, weil ich wußte, daß sie einen in höchstem Grad deprimierenden Anblick bieten würden, und weil ich glaubte, ich würde ihnen auf keine Weise helfen können. Nachdem ich das Video gesehen hatte, wußte ich, daß ich es versuchen mußte.

Der Videofilm war kurze Zeit zuvor von Tierrechte-Aktivisten, die sich «True Friends» nannten, aufgenommen worden, und zwar bei Gelegenheit eines Einbruchs in ein unscheinbar aussehendes, auf der einen Seite von einem Steakhaus, auf der anderen von einer Bankfi-

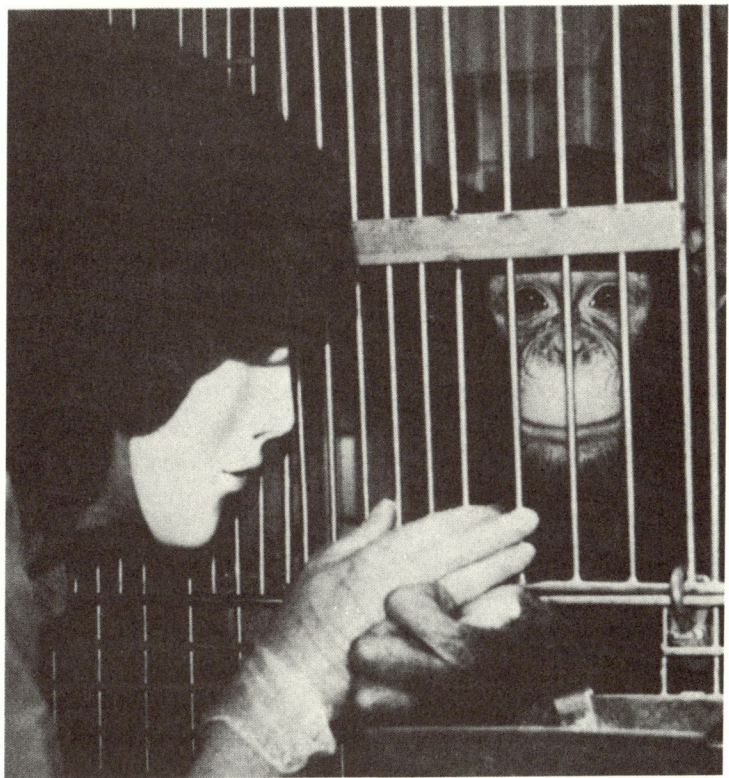

Tierrechte-Aktivisten sind in ein unscheinbares Gebäude in Rockville, Maryland eingebrochen und haben dort fünfhundert in Käfige eingepferchte Menschenaffen und Tieraffen gefunden, die dort für biomedizinische Forschungszwecke auf Lager gehalten wurden. *(© 1986 PETA)*

liale flankiertes einstöckiges Gebäude an einer Vorstadtstraße in Rockville, Maryland. Hinter den großen Flachglasfenstern verwehrten Vorhänge diskret den Einblick, und der einzige Hinweis darauf, daß im Inneren ungefähr fünfhundert Tier- und Menschenaffen lebten, war ein sehr kleines Schild an der Vorderfront mit dem Namen des Labors in erhabenen Buchstaben: Sema Inc.

Obwohl die Sema Inc. voll und ganz aus Steuergeldern des Bundes finanziert wurde (über die Nationalen Gesundheitsinstitute flossen ihr jährlich 1,5 Millionen Dollar zu), wurden die Vorgänge im Inneren des Labors als wichtiges Staatsgeheimnis behandelt und vor den meisten amerikanischen Steuerzahlern sorgfältig verborgen gehalten. Die «True Friends» machten ausgiebig Video-Aufnahmen von den Verhältnissen im Labor und ließen einige Akten über die Betreuung der Tiere sowie zwei Käfige und vier für die Aidsforschung bestimmte junge Schimpansen mitgehen. Die betreffenden Schimpansen waren wertvolles Staatseigentum. Die «True Friends» hatten augenscheinlich gegen Bundesrecht verstoßen, und damit wurde die Sache zu einem Fall für das FBI. Während das Bundeskriminalamt noch ermittelte, gaben die «True Friends» Akten und Videofilm an eine Organisation weiter, die wir bereits kennen: die People for the Ethical Treatment of Animals, kurz PETA. Die PETA stellte aus den ihr überlassenen Akten und eigenen Ermittlungsergebnissen einen Report über die Sema zusammen; gleichzeitig mit dessen Veröffentlichung begann der Vertrieb einer geschnittenen Fassung des Videofilms mit dem Titel *Breaking Barriers* (Schranken durchbrechen).

Der Report über die Verhältnisse bei der Sema konnte schon recht betroffen machen. Aus den laboreigenen Akten war eine ungewöhnlich hohe Mortalität bei den Tieren zu erkennen: Innerhalb von fünf Jahren waren insgesamt achtundsiebzig Primaten eingegangen. Ein Teil der Todesfälle war schlicht durch unglückliche Zufälle verursacht – wie etwa im Fall der sechsundzwanzig Affen, die bei einem Rohrbruch im ausströmenden Heißwasserdampf ums Leben kamen –, bei anderen indessen deutete alles auf mangelhafte tierärztliche Betreuung oder unsachgemäße Behandlung als Ursache hin. Im genannten Zeitraum starben zudem vier Schimpansen, und auch diese vier Todesfälle dürften sämtlich auf inadäquate Betreuung zurückzuführen sein. 1981 starb Schimpanse Nummer 56, und zwar weil der behandelnde Tierarzt sich über die angemessene chirurgische Vorgehensweise nicht ganz im klaren war. Im Februar 1983 starb Schimpanse 904, und zwar allem Anschein nach an nicht behandelter Blähsucht – nicht behandelt, weil wegen schlechten Wetters zu wenige Tierpfleger zum Dienst erschienen waren. Im August 1983 erstickte Schimpanse A-117; als ein NIH-Funktionär sich über diesen Todesfall offiziell «beunruhigt» zeigte, erklärte ein Sprecher des Labors, der Unfall sei passiert, weil der Käfig des Tiers zu klein gewesen sei, und dafür sei die Regierung «mitverantwortlich». Im November 1984 erstickte Schimpanse A-51 an seinem eigenen Erbrochenen; in den Laborakten wird für diesen Todesfall eine «Panne im normalen Ablauf» verantwortlich gemacht.

Die Akten wiesen nicht nur eine hohe Zahl von nicht natürlich bedingten Todesfällen aus, sondern begründeten auch den Verdacht, daß die Sema bundesweit geltende Bestimmungen betreffend die Tierhaltung in Laboratorien systematisch mißachtet hatte. Inspektoren des US-Wirtschaftsministeriums hatten im Zeitraum von zwei Jahren fünf Betriebsbesichtigungen vorgenommen und hinterher jedesmal schwere Verstöße gegen Bundesgesetze und -verordnungen in insgesamt fünfzehn Bereichen gemeldet: bei den räumlichen Erfordernissen, dem Futter, der Wasserversorgung, der tierärztlichen Versorgung, der Beleuchtung, der Belüftung und so weiter. Und jedesmal hatten die Inspektoren moniert, daß die Käfige für ihre Insassen zu klein waren. Verschiedentlich rügten sie auch «zahlreiche» leere Trinknäpfe, «stark verunreinigte» Futternäpfe, «eingetrocknete Ausscheidungen an den Stäben» vieler Käfige, «Schaben und Mäusedreck» in jeder dunklen Ecke und «allenthalben [...] Spuren von Ungeziefer». Und als ob es noch eines weiteren Beweises bedurft hätte, wie wenig Respekt man in diesem staatlich finanzierten Institut für das staatliche Reglement übrighatte, fanden zwei Tierärzte des Landwirtschaftsministeriums, die einige Monate nach der Veröffentlichung des PETA-Reports eines schönen Tages zur Inspektion des Sema-Labors angereist gekommen waren, bei der Rückkehr zu ihrem Wagen die Ausfahrt von dem Transporter eines Angehörigen des Betriebsschutzes blockiert; der Labordirektor drohte den beiden unerwünschten Besuchern ein Gerichtsverfahren an und verlangte die Herausgabe ihrer Kameras mitsamt Filmen. Das Landwirtschaftsministerium führte auf dem Dienstweg Beschwerde darüber, daß die Sema Regierungsinspektoren «wiederholt bedroht, schikaniert und anderweitig eingeschüchtert» hatte.

Indes das entscheidende Geheimnis, das sich hinter den Mauern dieses Laboratoriums verbarg, hatte so gut wie nichts mit unfallbedingten Todesfällen, systematischen Verstößen gegen die Bestim-

mungen in Sachen Tierpflege oder Schikanen gegen Regierungsinspektoren zu tun. Das entscheidende Geheimnis war etwas Einfache-
res, Elementareres und weit Beunruhigenderes: Die Sema hatte im
Lauf der Jahre die Gewohnheit angenommen beziehungsweise sich
die Praxis zu eigen gemacht, einen Teil ihrer Laborprimaten in Spe-
zialcontainern – sogenannten «Isoletten» – zu halten.

Isoletten sind Edelstahlboxen mit einem Fenster in einer Seitenwand. Da sie dazu da sind, ein absolut keimfreies Milieu zu erzeugen,
sind sie nach außen hermetisch abgedichtet (etwa wie eine Kühlbox
oder ein Mikrowellenherd); Luft wird von ununterbrochen laufenden starken Ventilatoren durch Filter ins Innere gepreßt. Bei der
Sema waren zum fraglichen Zeitpunkt insgesamt 325 Isoletten in Gebrauch, in 32 davon waren sehr junge Schimpansen untergebracht.
Üblicherweise verfuhr man in dem Labor so, daß man die Schimpansen gleich nach der Geburt kaufte; sie wurden von ihrer Mutter getrennt und während der nächsten achtzehn Monate anderswo in den
USA in der Kinderstube einer NIH-Zuchtkolonie aufgezogen. Mit
anderthalb Jahren wurden die Tiere paarweise zur Sema transportiert
und dort für ein halbes Jahr paarweise untergebracht: in Käfigen, die
mit sechzig Zentimeter Höhe und noch geringerer Seitenlänge kaum
Raum für nennenswerte Bewegung ließen. Mit Beginn der Versuchsreihe wurden die jetzt zweijährigen Schimpansen jeder für sich in
eine hermetisch abgedichtete Isolette (H × B × T = 100 cm ×
65 cm × 80 cm) gesteckt, wo sie für die gesamte Dauer des rund
zweieinhalb- bis dreijährigen «Forschungsprotokolls» blieben, und
während dieser Zeit bekamen sie, abgesehen von den dann und wann
erscheinenden Pflegern, andere Lebewesen kaum je zu sehen und
schon gar nicht zu riechen, zu schmecken, zu fühlen, ja nicht einmal
zu hören.

Die Verantwortlichen bei der Sema verteidigten die Isoletten unter
Hinweis auf wissenschaftliche und hygienische Belange, die über den
normalmenschlichen Horizont gingen. Junge Schimpansen in Stahl-
behälter zu stecken, so ließen sie verlauten, sei eine bedauerliche,
aber bei Versuchstieren, die wie die Sema-Schimpansen mit Krankheiten der Atemwege, Hepatitis und dem HI-Virus infiziert würden,
essentielle hygienische Vorsichtsmaßnahme. Doch einige der qualifi-

ziertesten Sachkenner zogen die Zweckmäßigkeit dieses Vorgehens rundheraus in Zweifel. Dr. Alfred Prince, Direktor der vom New York Blood Center in Liberia unterhaltenen «Vilabs» und Entdecker des Hepatitis-C-Virus (Non-A-Non-B-Hepatitisvirus), meinte gegenüber einem britischen Journalisten: «Isoletten braucht man für hepatitis- oder aidsinfizierte Tiere genausowenig, wie man sie für Menschen mit diesen Infektionen braucht.» Dr. Jan Moor-Jankowski, Direktor des LEMSIP in New York, war der gleichen Meinung: «Ich habe die meisten, wenn nicht alle Schimpansenlabors der Welt besucht, aber nirgendwo gesehen, daß man Isoletten benutzt hätte wie bei der Sema.» Junge Schimpansen zu drei Jahren Einzelhaft in einer Art kleinem Kühlschrank mit Fensteröffnung zu verurteilen, ist meines Erachtens eine eklatante Tierquälerei, und diese Tierquälerei war plastisch festgehalten auf dem Videofilm *Breaking Barriers*, von dem am 23. Dezember 1986 eine Kopie an Jane Goodall übersandt wurde.

Dr. Goodall sah sich veranlaßt, ihre Betroffenheit öffentlich zu machen. In einer notariell beglaubigten Erklärung bezeichnete sie die Verhältnisse bei der Sema als «vollkommen unannehmbar». Das Labor werde «nicht einmal den in Bundes- und Staatsgesetzen festgelegten Mindestanforderungen» gerecht, erklärte sie, und «die kahlen, tristen Lagebedingungen sind hochgradig schädlich für die Psyche der Tiere und bewirken unausweichlich schweren Streß, der zur Verzweiflung führt». Wie wohl kaum anders zu erwarten, bestritt Dr. John Landon, der Präsident der Sema Inc., die Existenz ernstlicher Probleme. «Unsere Betriebsbedingungen sind hervorragend», sagte er einem Journalisten. «Nichts spricht dafür, daß mit unserer Art, die Tiere zu behandeln, irgend etwas nicht in Ordnung wäre. Man darf nicht vergessen, daß wir ein Tierforschungslabor sind.» Landon äußerte ironisches Erstaunen darüber, daß eine so solide Wissenschaftlerin wie Jane Goodall zu gestohlenen Dokumenten Stellung beziehe, ohne zuvor den Versuch gemacht zu haben, sich vor Ort davon zu überzeugen, «wie die Dinge liegen». Tatsächlich hatte Jane Goodall Ende März 1987 die Genehmigung erhalten, den Betrieb der Sema zu besichtigen.

Selbst wiederholtes Betrachten des Videofilms hatte mich nicht auf die trostlose Realität dieses Labors vorbereiten können. Teils nervös lächelnde, teils finster dreinblickende Männer in weißen Kitteln geleiteten mich in eine Alptraumwelt. Hinter uns fiel die Tür ins Schloß. Draußen ging das Alltagsleben weiter wie gewohnt, mit der Sonne, den Bäumen, den Vögeln. Hier drinnen, wo noch niemals Tageslicht hereingedrungen war, herrschten Halbdunkel und Farblosigkeit. Man führte mich durch immer neue Gänge, und ich blickte in immer neue Räume, deren Wände mit übereinandergestapelten kahlen kleinen Käfigen bedeckt waren. Ich sah zu, wie Affen mit bizarren, abnormen Bewegungen in ihren winzigen Gefängnissen hin und her trotteten.

Dann kam ein Raum, wo noch ganz junge Schimpansen – ein- oder zweijährige Tiere – paarweise in winzig kleine Käfige mit einer Grundfläche von fünfundfünfzig auf fünfundfünfzig Zentimeter (wie ich später herausfand) gepfercht waren. Die Käfighöhe betrug sechzig Zentimeter. Wenn die Tür aufgemacht wurde, spähten diese Schimpansenbabys angestrengt aus dem Halbdunkel ihrer winzigen Gefängniszellen. Noch nicht für Versuche eingesetzt, harrten sie jetzt bereits seit vier Monaten in ihren engen Unterkünften aus. Sie waren schlicht und einfach Gebrauchsgegenstände, die man in denkbar wirtschaftlicher Weise auf dem kleinsten zum Überleben erforderlichen Raum gelagert hatte. Wenigstens hatte jeder seinen Kameraden, was allerdings nicht mehr lange so bleiben sollte. Sobald die Quarantäne vorüber war, sagte man mir, würden sie getrennt werden und jeder für sich in einen anderen kleinen Käfig wandern, um alsdann mit Hepatitis oder Aids oder einer anderen Viruskrankheit infiziert zu werden. Und all diese Käfige würden jeweils in einer Isolette untergebracht werden.

Was sahen sie, diese Kleinkinder, wenn sie durch die winzige Glasscheibe in der Tür der Isolette nach draußen spähten? Die nackte Wand gegenüber ihrem Gefängnis. Was gab es in ihrem Käfig, womit sie sich hätten beschäftigen, das ihnen hätte Anregungen vermitteln, Wohlbehagen spenden können? Nachdem sie von ihren Gefährten getrennt worden waren – nichts. Ich sah einen dieser Isolationshäftlinge, ein Weibchen im Jugendalter, sich in seinem Metallbehälter, abgeschottet von der Außenwelt, hin und her wiegen. Man brauchte eine Taschenlampe, um das Käfiginnere deutlich erkennen zu können. Alles, was die Insassin hören konnte, war das ununterbrochene laute Geräusch der Apparatur, die durch Löcher in der Wand ihrer Isolette für den Luftaustausch sorgte.

Ein «technischer Mitarbeiter» (so die Bezeichnung für das Tierpflegepersonal nach Abschluß der Ausbildung) erhielt die Anweisung, sie herauszuholen. Sie ruhte in seinen Armen wie eine Stoffpuppe, schlaff, apathisch. Er sprach nicht mit ihr. Sie sah ihn nicht an und machte keinerlei Versuch einer Interaktion mit ihm. Dann verstaute er sie wieder im Käfig, verriegelte ihn und schloß die Tür ihrer Isolette, die sie vom Rest der Welt abschottete.

Noch heute verfolgt mich die Erinnerung an ihre Augen und an die Augen der anderen Schimpansen, die ich an jenem Tag sah. Sie blickten stumpf und leer wie die Augen von Menschen, die jegliche Hoffnung verloren haben, die Augen von Kindern, denen man in Afrika begegnen kann – Flüchtlingskinder, die Eltern und Heimat verloren haben. Schimpansenkinder gleichen so sehr, in so vielen Beziehungen Menschenkindern. Sie drücken ihre Gefühle mit ganz ähnlichen Bewegungen aus. Und ihre emotionalen Bedürfnisse sind die gleichen – die einen wie die anderen brauchen freundlichen Kontakt und Rückhalt und Ermutigung und Spaß und Gelegenheit zum Spielen und Herumtollen. Und sie brauchen Liebe.

Dr. James Mahoney, Tiermediziner am LEMSIP, erkannte dieses Bedürfnis gleich, als er bei Jan Moor-Jankowski zu arbeiten begann. Vor Jahren richtete er in dem Labor für die frisch von ihrer Mutter getrennten Schimpansenkinder eine «Kinderstube» ein. Nicht lange nach meinem Besuch bei der Sema machte ich einen Besuch im LEMSIP, den ersten von mehreren.

Sobald ich in die gehörige Kleidung verpackt war – mit Atemschutz vor der unteren Gesichtshälfte, Kappe auf dem Kopf und Papierstiefeletten über den Schuhen –, führte mich Jim zu seiner Kinderstube, wo sich damals fünf junge Schimpansen im Alter von etwa neun Monaten bis zwei Jahren aufhielten. Sie hatten allesamt Kindersachen an – «eigentlich bloß, damit die Windeln halten», erklärte der anwesende Betreuer. (Den ganzen Tag war immer jemand bei ihnen.) Ich setzte mich inmitten von Spielsachen auf den weichen roten Teppichboden, und die Kleinen tollten ausgelassen um mich herum. Im Augenblick war ich interessanter als jedes Spielzeug, und in null Komma nichts war ich meine Kappe und meinen Atemschutz los. Durch ein Fenster hatten die Kleinen Ausblick auf einen Küchen- und Arbeitsbereich, wo die meiste Zeit irgendwelche Leute mit irgend etwas beschäftigt waren. Sie waren mit neun bis achtzehn Monaten von der Mutter getrennt worden, sagte mir Jim. Damit sie den ersten Schock gemeinsam mit Schicksalsgenossen durchleben, verlegt er sie gruppenweise in die Kinderstube, deshalb gibt es hier verschiedene Altersgruppen nebeneinander. Außerdem, so erklärte er weiter, erledigt er das nach Möglichkeit in den Sommer-Semesterferien, damit immer genügend studentische freiwillige Helfer da sind, die ihnen über ihre Angstzustände hinweghelfen können. Daß diese übermütige Rasselbande von Depression weit entfernt war, war nicht zu übersehen.

Ich blieb vierzig Minuten, dann kam Jim mich abholen. Er führte mich ein Stück weiter den Flur entlang in einen Raum, in dem sich acht junge Schimpansen aufhielten, die vor kurzem aus der Kinderstube entlassen worden waren. Dieser zweite Raum hieß «Junioren-Afrika», wurde ich belehrt. Teils allein, teils zu zweit in kleine, kahle Käfige eingesperrt, konnten die Jungtiere von hier durch ein Fenster in die Kinderstube sehen. So konnten sie unmittelbar in ihre verlorene Kindheit zurückblicken. Zum zweitenmal in ihrem kurzen Leben waren sie ohne eigene Schuld jäh ihrer Sicherheit und ihres Glücks beraubt worden. Junioren-Afrika: der Name kommt einem durchaus passend vor, bis einem all die Schimpansenkinder in Afrika einfallen, die von Jägern ihren Müttern entrissen werden, die gerettet werden und bei Menschen ein Heim und Pflege finden und die dann mit zunehmendem Alter in kleine Käfige verbannt oder an die Kette gelegt werden – nur aus anderen Gründen als hier, versteht sich. Selbst diese noch ganz jungen LEMSIP-Schimpansen müssen unter Umständen schon beschwerliche Versuchsprozeduren wie wiederholte Leberbiopsien oder Blutentnahmen über sich ergehen lassen. Jim plädiert immer wieder für eine mindestens vierjährige Phase unbeschwerter Kindheit vor dem Anlaufen der Forschungsprozeduren, aber nicht anders als die der anderen Versuchsschimpansen werden auch die Körper dieser Jungtiere an Forscher und Pharma-Unternehmen vermietet. Die

Schimpansen müssen scheint's ihren Lebensunterhalt vom frühest-
möglichen Alter an selbst verdienen.

Bei einem späteren Besuch im LEMSIP erkundigte ich mich nach dem
kleinen Josh, einem der Jungtiere, die ich bei meinem ersten Hiersein
in der Kinderstube kennengelernt hatte. Der Kleine war eine richtige
Persönlichkeit gewesen, der geborene Gruppenführer. Ich wurde zu
einem Käfig in Junior-Afrika geführt; hinter den Stäben saß der ehemals so selbstsichere, von Energie und Lebensfreude überschäu-
mende Kleine in einer Ecke seines Gefängnisses wie ein Häufchen
Elend. Von Freude war in seinen Augen nichts mehr wahrzunehmen.
«Wie halten Sie das aus?» fragte ich seine junge Betreuerin. Ihre Augen über dem Atemschutz füllten sich mit Tränen. «Gar nicht», sagte
sie. «Aber wenn ich weggehe, ist er noch schlimmer dran.»

Diese Scheu, die Schimpansen auch noch des wenigen zu berauben,
das sie haben, ist auch das Motiv, das Jim im LEMSIP zurückhält. Nachdem ich an jenem ersten Tag Junior-Afrika hinter mich gebracht hatte,
führte er mich in den fensterlosen Raum der zehn erwachsenen Schimpansen. Hier gab es weder Teppichboden noch Spielsachen noch Ab-
lenkung. Hier war die harte, kalte Welt der erwachsenen Forschungs-
schimpansen im LEMSIP. Jeweils fünf zu beiden Seiten des Mittel-
gangs, jeder für sich in seiner kleinen Gefängniszelle, ganz von Gitterstäben umschlossen – Gitterstäbe auf allen vier Seiten, Gitterstäbe
oben, Gitterstäbe unten. Die Käfige hatten einheitlich eine Grundfläche von eineinhalb auf eineinhalb Meter und waren zwei Meter und
fünfzehn Zentimeter hoch, was seinerzeit genau den gesetzlichen Min-
destmaßen für einen Schimpansenkäfig entsprach. Sie waren sämtlich
mit Bodenfreiheit an der Decke aufgehängt, damit Kot und Essensab-
fälle durch das Bodengitter nach unten fielen. Jeder Käfig enthielt
einen alten Autoreifen und einen Schimpansen. Sonst nichts.

JoJos Käfig war gleich der erste rechts, wenn man hereinkam. Mit
neuem Atemschutz und neuer Kappe da, wo sie hingehörten, dazu mit
Overall, Plastiküberschuhen und Plastikhandschuhen angetan, ging
ich in die Hocke. Ich schaute ihm in die Augen und sprach auf ihn ein.
Er lebte seit mindestens zehn Jahren in diesem Käfig. Geboren war er
im afrikanischen Urwald – nach Amerika geliefert hatte ihn wahrscheinlich Dr. Franz Sitter höchstpersönlich. Erinnerte er sich noch,

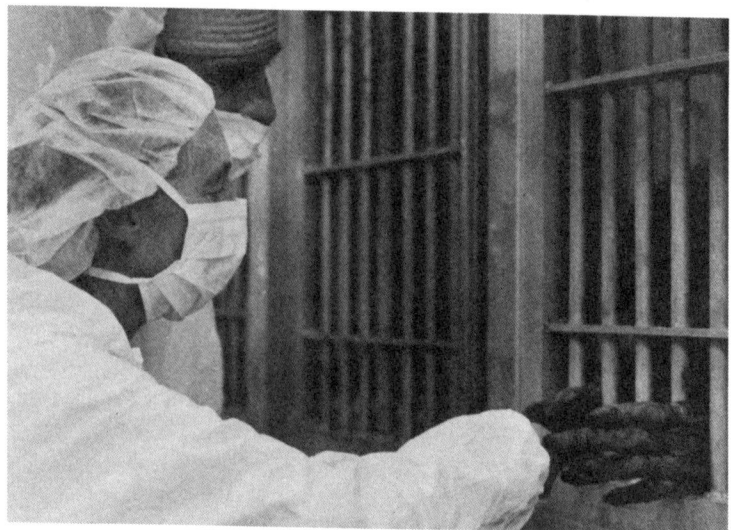

Jane Goodall besucht mit Dr. James Mahoney, Veterinärmediziner am LEM-SIP (Laboratory for Experimental Medicine and Surgery in Primates) in Tuxedo, New York, den Käfig des Schimpansen JoJo, der durch die Gitterstäbe hindurch ihren Handrücken zu groomen versucht. *(Susan Farley)*

fragte ich mich. Träumte er manchmal von den großen Bäumen mit dem Blattwerk, das im Lufthauch raschelte, vom Gesang der Vögel, dem Wohlbehagen in den Armen seiner Mutter? Ganz sanft steckte JoJo einen großen Finger durch die Stahlstäbe und berührte mit der Spitze eine von den Tränen, die sich oberhalb meines Atemschutzes davonstahlen, und ging dann dazu über, meinen Handrücken zu groomen. Unendlich sanft. Ohne auch nur die geringste Notiz zu nehmen von dem Begrüßungstaumel, den die Ankunft des Tierarzts bei den anderen Schimpansenmännchen auslöste – von dem Rasseln und Klappern der Käfige, dem Geklirr von Stahl auf Stahl, den heftig schwankend gegen die Käfigstangen prallenden Körpern der Häftlinge.

Nachdem er seine Runde beendet hatte, kam Jim an die Stelle zurück, wo ich noch immer vor JoJo kauerte. Die Tränen tropften jetzt schneller. «Jane, bitte, tun Sie das nicht», sagte Jim, während er neben mir in die Hocke ging und den Arm um mich legte. «Bitte nicht. Ich muß mich dem jeden Morgen, den ich lebe, stellen.»

Ich besuchte auch die zwei Labors der Immuno AG in Österreich. Das eine, in dem Hepatitisforschung betrieben wird und Schimpansen für die Partieprüfung von Impfstoff eingesetzt werden, war eine schon etwas ältere Anlage. Hier kam ich nur bis ins Verwaltungsgebäude. In die Schimpansenräume konnte man mich nicht einlassen, weil ich nicht hepatitisgeimpft war. Und leider! leider! funktionierte an jenem Tag Gott weiß warum die Video-Überwachungsanlage des Betriebs nicht. In der Eingangshalle waren allerdings zwei Musterkäfige ausgestellt, damit die Allgemeinheit sich mit eigenen Augen davon überzeugen konnte, was für prächtige und geräumige Quartiere die Firma Immuno ihrer Schimpansenkolonie für die Zukunft zugedacht hatte. (Man hielt diese Maßnahme für erforderlich wegen der Kritik, mit der man wegen des Kleinformats der vorhandenen Käfige überschüttet wurde – gefährlicher Kritik, die kostspielige Rechtsstreitigkeiten nach sich zog.) Die derzeitigen Käfige waren, wie ich wußte, nicht sehr groß. Die neuen sahen haargenau so aus wie die im LEMSIP.

Ich ging in einen der Käfige hinein und erlebte zum erstenmal, wie das ist, wenn man in einer einhundertfünfzig auf einhundertfünfzig auf zweihundertfünfzehn Zentimeter großen Zelle mit Gitterstäben auf allen Seiten steckt. Ich hielt mich nur wenige kurze Augenblicke da drinnen auf, aber die haben sich in mein Gedächtnis gegraben und mir schon während mancher langen Nacht den Schlaf geraubt. Ich habe mir vorzustellen versucht, wie es wäre, ein Leben lang ohne Aussicht auf Entrinnen in ein solches Gefängnis eingesperrt zu sein.

Weil mein Besuch vom österreichischen Umweltminister organisiert wurde und ich bisher noch keinen der Immuno-Schimpansen zu Gesicht bekommen hatte, wurde für mich eine Besichtigung des brandneuen Immuno-Labors direkt vor den Toren Wiens arrangiert, in dem Aidsforschung betrieben wurde. Gerald Eder höchstpersönlich geleitete mich in den Infekttrakt – ein verständlicherweise indignierter Dr. Eder, der auf Weisung des (von dem Ersuchen des Ministeriums wahrscheinlich ebensowenig erbauten) Labordirektors seinen Freitagnachmittag zu Hause hatte drangeben müssen. Man mußte Jane Goodall die sechs mit dem Aidsvirus infizierten Schimpansen zeigen.

Um die Schimpansen besichtigen zu können, mußte ich den größten Teil meiner Kleidung ablegen und mich in eine Art Astronautenanzug mitsamt Helm, Handschuhen und gigantischen Stiefeln quälen. Dr. Eder erklärte mir eingehend, daß ich bei jedem Betreten eines neuen Raums als erstes den Anschlußstutzen meines Luftschlauchs in das dafür vorgesehene Ventil an der Wand stecken müsse und wie ich dabei vorzugehen habe. Dann gab er mir ein Notrufgerät, dessen Knopf ich drücken sollte, wenn ich in Schwierigkeiten geriet, denn er selbst, so versicherte er, würde mich genausowenig hören können wie ich ihn. Ich muß gestehen, daß ich einen Moment lang von Panikstimmung überflutet wurde, als er anschließend den Helm über meinen Kopf stülpte und festschnallte. Wie um alles in der Welt sollte ich es mit meinen dicken Handschuhen fertigbringen, meinen Anschlußstutzen irgendwo anzuschließen? Wie leicht wäre es für Dr. Eder, mich hier einfach nicht mehr rauszulassen!

Er trat als erster in eine kleine Zelle, in der eine starke chemische Dusche sein Äußeres vollkommen sterilisieren würde. Ein Summton signalisierte mir, daß er fertig und die Reihe an mir war einzutreten. Die Tür zur rationalen Welt schloß sich hinter mir. Nachdem die Dusche abgeschaltet hatte, trat ich durch die zweite Tür in die dämmrige, unwirkliche Welt, wo sechs Schimpansen in Räumen mit je zwei Käfigen den Rest ihres Lebens verbringen würden. Im ersten Raum fummelte ich verzweifelt mit dem Stutzen meines Luftschlauchs herum und versuchte mich dabei krampfhaft daran zu erinnern, für wie viele Sekunden mein Atemluftvorrat ausreichte. Schließlich griff Dr. Eder ein und brachte die Sache für mich in Ordnung. Er begann mir einen kleinen Vortrag über die Schimpansen in den Käfigen zu halten. Seine Stimme war ziemlich gut zu verstehen, wenn auch entstellt und hohl, so unwirklich wie alles hier drinnen.

Die Käfige hatten dieselbe Größe wie der, in dem ich gewesen war. In jedem hing, an den oberen Stangen befestigt, eine Glasfaser-Hängematte, deren Form einen liegenden Schimpansenkörper nachbildete. Zwei Gefangene blieben in ihrer Hängematte liegen, gleichgültig, wie es schien, gegenüber den zwei bizarren Störern ihrer Einsamkeit. Einer näherte sich mit einem breiten Grinsen im Gesicht. Signalisierte es Furcht oder Erregtheit? Ich konnte es nicht sagen. Er preßte den weit geöffneten Mund mit entblößtem Vordergebiß gegen die Käfigstangen. Dr. Eder rieb ihm kurz die Nase. Eine halbe

Stunde später waren wir wieder in der Außenwelt. Eder und der Labordirektor konnten nach der unliebsamen Unterbrechung ihres Wochenendes zur Tagesordnung zurückkehren. Ich konnte zu einem Interview mit dem Österreichischen Fernsehen nach Wien hineinfahren. Die sechs Schimpansen allerdings mußten bleiben, wo sie waren. Erst der Tod würde sie aus ihrem trostlosen Dasein erlösen.

Die beiden anderen Labors, die ich noch besuchte, ließen zwar vieles zu wünschen übrig, waren jedoch alles in allem entschieden «schimpansenfreundlicher». Das TNO ist ein großes niederländisches Labor. Ich besuchte es in Begleitung von Ignass Spruit von Pro Primates und Dr. Huub Schellekens, einem angesehenen niederländischen Immunologen. Mit einer einzigen Ausnahme lebten die Schimpansen hier paarweise oder in Gruppen zusammen. Die Zuchtweibchengruppen ließen sich, auf Autoreifen gelagert, von der Morgensonne bescheinen. Aber die Kleinen, die man von ihrer Mutter getrennt hatte, wirkten niedergeschlagen, ja verschreckt. Sie waren in einem keimfreien Drahtkäfig zusammengepfercht. Eine neue Schimpansenanlage befindet sich allerdings schon im Bau, und es steht zu hoffen, daß sie bessere Unterbringungsmöglichkeiten für diese beklagenswerten Kleinen schaffen wird.

Die Southwest Foundation for Biomedical Research ist in San Antonio, Texas zu Hause. Dr. Jorg Eichberg, der ihr jahrelang als Direktor vorstand, beschäftigte in Dr. Linda Brent eigens eine wissenschaftliche Ganztagskraft mit der Aufgabe, das Leben seiner Laborschimpansen abwechslungsreicher zu gestalten – und das lange, bevor in der Öffentlichkeit Klagen über die Behandlung von Laborschimpansen laut wurden. Dr. Eichberg wirkte außerdem bahnbrechend mit der Einrichtung eines Pensionsfonds für Schimpansen, der die Voraussetzung dafür bot, die Tiere, wenn sie nicht mehr in der Forschung einsetzbar waren, beziehungsweise zwischen zwei Testphasen aus dem Labor in «Kondominien» verlegen zu können. Die Kondominien waren kleine Räume mit einem Auslauf ins Freie, die jeweils vier Schimpansen beherbergen konnten – nicht unbedingt das, was ich mir unter einem idealen Seniorenheim vorstelle, aber mit Sicherheit ein Schritt in die richtige Richtung. Zwar lebten die Schimpansen während des Einsatzes im Experiment meist noch in Einzelunterkünften, doch war man

jetzt dazu übergegangen, Fenster in die Wände der zuvor fensterlosen
Bauten zu brechen, und auch für Frischluftzufuhr ins Innere wurde gesorgt. Ein zweites Mal besuchte ich die Southwest Foundation, um die
neugebaute «Spielwiese» zu besichtigen, ein grasbewachsenes und
hoch überdachtes weitläufiges Freigehege, wo jeweils aus einem
Männchen und seinem Harem samt Nachwuchs bestehende Schimpansengruppen draußen in der Sonne spielen, einander groomen
oder einfach nur ruhen konnten. Ähnliche Spielwiesen hatte Dr. Eichberg auch für die «Seniorenheime» und die Aids-Schimpansen geplant. Leider schied er bei der Southwest Foundation aus, bevor mit
der Realisierung dieser Projekte begonnen worden war. Die neue La-
borleitung zeigt sich, wie ich höre, in dieser Beziehung weniger aufgeschlossen.

Zwei Fragen sind es, die ich am häufigsten zu hören bekomme, wenn
ich anderen von meinen Besuchen in diesen Labors erzähle. Die erste
lautet: «Jane, wie schaffst du es, dabei die Ruhe zu bewahren?» Die
zweite: «Wieso lassen die dich da überhaupt rein?» Ich glaube, die
beiden Fragen hängen miteinander zusammen. Die Ruhe bewahre ich
– oder suche ich jedenfalls zu bewahren – nicht zuletzt deshalb, weil
ich aus Erfahrung weiß: Sobald ich die Beherrschung verliere, wird es
schwierig, klar zu denken. Wenn ich zornig werde und das auch noch
durchblicken lasse, ist eine vernünftige Auseinandersetzung schlecht
möglich. Mein Gegenüber, einerlei ob ein einzelner oder mehrere
Personen, wird aggressiv und abwehrend und kann oder will nicht
weiter zuhören. Und ich bewahre die Ruhe – oder suche sie jedenfalls
zu bewahren –, indem ich mir sage, daß die Grausamkeit und Gefühllosigkeit der Laborpraxis größtenteils aus Unberatenheit resultiert.
Das trifft zwar nicht immer, aber doch in vielen Fällen zu.

Nehmen wir Jan Moor-Jankowski zum Beispiel. Er hat sehr dezidierte Ansichten über die maßgebliche Stellung von Mensch und Tier
in dieser Welt. Er besitzt Hunde, für die er herzliche Zuneigung empfindet und um deren Wohl er aufrichtig besorgt ist, wenn sie krank
sind. Aber das ändert für ihn nichts daran, daß sie «nur» Tiere sind. Er
räumt zwar ein, daß Tiere Schmerz empfinden können, ist jedoch
überzeugt, daß sie keine Seele haben. Menschen haben eine Seele,

Tiere nicht. Und Schimpansen sind auch «nur» Tiere. Erst als mir diese Dichotomie seines Bilds von der Welt der Lebewesen aufging – hier Mensch, dort Tier –, begriff ich, wie eine scheinbar so humane Persönlichkeit ein Labor leiten konnte, in dem es an jeglicher Einsicht in die sozialen und psychologischen Bedürfnisse unserer nächsten biologischen Verwandten fehlte. Und an diesem Weltbild liegt es auch, daß er das helle Entsetzen und die Empörung, die mich bei meinem ersten Besuch in seinem Labor packten, nicht zu begreifen vermochte. Er konnte und kann es einfach nicht glauben, daß mangelnde Geselligkeit, Langeweile und Frustration für Schimpansen genauso schlimm sind wie für Menschen – oder möglicherweise noch schlimmer.

Oder nehmen wir die Firma Immuno. Wenn die im Immuno-Labor in Österreich für die Öffentlichkeitsarbeit Zuständigen auch nur den mindesten Begriff vom wahren Wesen und den wahren Bedürfnissen eines Schimpansen gehabt hätten, hätten sie dann wohl voller Stolz jene zwei Käfige öffentlich ausgestellt und geglaubt, mit diesen Gefängniszellen von einhundertfünfzig Zentimetern im Geviert bei der Allgemeinheit Eindruck schinden zu können?

Die Anekdote, die diese allenthalben anzutreffende Unberatenheit vielleicht am besten veranschaulicht, spielt in einem unterirdischen Labor, das acht Schimpansen beherbergt. Mein Informant (dem ich die Wahrung seines Inkognitos zugesagt habe) ging in besagtem Institut einen Flur entlang, als er auf einmal Seifenblasen aus einer offenstehenden Tür schweben sah. Er stoppte, um nachzusehen, was drinnen in dem Raum vor sich ging. In einem sehr kleinen Käfig saß ein Schimpansenmännchen, wiegte sich hin und her und schlug dabei verzweifelt den Kopf gegen die Käfigstangen. Neben dem Käfig saß eine junge Frau und machte Seifenblasen. «Was machen Sie denn da?» fragte mein Informant. «Ich mache Seifenblasen», war die Antwort. «Das sehe ich selbst. Wozu machen Sie Seifenblasen?» Die junge Frau erklärte, sie habe die Anweisung erhalten, den Schimpansen «abzulenken», weil es da irgend so eine neue Verordnung über psychisches Wohlbefinden gebe.

Aus dieser Anekdote ist zweierlei zu ersehen, beides wichtige Dinge. Erstens: Die Botschaft von der besseren Lebensgestaltung für Laborschimpansen ist angekommen und wird angenommen – sogar in unterirdischen Geheimlabors. Zweitens: In diesem Bereich herrscht eine exorbitante Unberatenheit. Niemand käme auf die Idee, ein psychotisches Kind, das eingesperrt ist und obendrein viel zu gestört, als daß es auf derlei Darbietungen überhaupt achtgeben könnte, mit Seifenblasen aufheitern zu wollen. Man würde es mit ganz anderen Mitteln zu trösten versuchen. Die Menschen haben immer noch nicht begriffen, wie ähnlich die emotionalen und intellektuellen Bedürfnisse von Schimpansen den unseren sind.

Zutritt zu Labors wurde mir nicht zuletzt deshalb gewährt, weil den Verantwortlichen wirklich die Einsicht fehlte in die spezifische Eigenart, die ganze Grauenhaftigkeit des Verbrechens, das dort an den Insassen verübt wird. Aber die Zeiten ändern sich. Sie ändern sich zuallererst infolge der schlechten Presse, die sich mit der Verbreitung von Informationen über die tatsächlichen Vorgänge zwischen Laborwänden einstellte, und sie ändern sich, weil mehr und mehr Leute in den Labors selbst die Dinge in anderem Licht zu sehen beginnen – endlich zu begreifen beginnen, was das für Wesen sind, über die sie ihre Macht ausüben. In den vergangenen Jahren fand eine Reihe von Workshops zu der Frage statt, wie die Verhältnisse in den Labors zu verbessern wären. Der erste davon war ein direktes Ergebnis meines Besuchs bei der Sema im Jahr 1987.

Nachdem ich an jenem Tag erschüttert und verstört das Labor verlassen hatte, fand ich mich im Kreis von Sema- und NIH-Mitarbeitern an einem Konferenztisch wieder. Ich merkte plötzlich, daß alle mich fragend ansahen. Einen Moment lang war ich in Panik, doch wie es in solchen Momenten, wo alle geistigen Fähigkeiten blockiert sind, so häufig vorkommt: auf einmal wußte ich, was ich zu sagen hatte.

«Ich glaube, Sie alle wissen, was ich dort drinnen empfunden habe», sagte ich. «Und da Sie alle menschliche Wesen voll Anstand und Mitgefühl sind, gehe ich davon aus, daß Sie so ziemlich dasselbe empfinden.» Niemand sagte etwas. Ich redete weiter, erzählte ein wenig über wilde Schimpansen, ihren engen Familienzusammenhalt, ihre lange, unbeschwerte Kindheit, die Buntheit und Erlebnisträchtigkeit ihres sozialen Lebens. Über die Herausforderungen, denen Schimpansen sich stellen müssen, ihren Werkzeuggebrauch, ihre Liebe zum Komfort, den Abwechslungsreichtum ihres Speisezettels. Ich ging kurz auf einige unserer neuesten Einsichten in die Funktionsmechanismen von Geist und Psyche der Schimpansen ein. Und als dann meine grauen Zellen langsam wieder zu arbeiten begannen, brachte ich die Idee eines Workshops aufs Tapet, einer Konferenz, auf der Biomediziner, Veterinärmediziner und Laboranten mit Feldforschern, Ethologen und Tierwohl-Verfechtern über realistische Möglichkeiten diskutieren würden, die Lebensbedingungen der Laborschimpansen zu verbessern. «Realistisch», weil es wenig Sinn hätte, auf dem Reißbrett ein optimal auf die Interessen der Schimpansen zugeschnittenes Labor zu entwerfen, wenn man damit rechnen müßte, daß am Ende die aktiven Forscher mit dem Einwand kommen: Das ist ja alles schön und gut, aber in einem Labor dieser Sorte können wir die Forschungen, um derentwillen die Schimpansen überhaupt hier sind, beim besten Willen nicht realisieren.

Ursprünglich hatten sich die NIH bereit erklärt, diesen ersten Workshop zu finanzieren, aber die Beziehung ging in die Binsen. Daraufhin taten sich das Jane Goodall Institute (JGI) und die Humane Society of the United States zusammen, und wir hielten eine Konferenz in sehr viel kleinerem Rahmen als ursprünglich geplant ab. Wir schafften es, daß sich mit uns, die wir sozusagen die Vertreter der Schimpansen waren, einige Wissenschaftler der ersten Garnitur an den Konferenztisch setzten: Jorg Eichberg von der Southwest Foundation for Biomedical Research, Jan Moor-Jankowski vom LEMSIP, Alfred Prince vom New York Blood Center und Huub Schellekens vom TNO. Ein zweiter Workshop (in teilweise identischer personeller Besetzung) fand im folgenden Jahr unter der Ägide des TNO in den Niederlanden statt. Und für eine später im selben Jahr abgehaltene dritte, sehr viel größere Veranstaltung dieser Art, an der auch die Spitzen einiger NIH-Forschungsinstitute teilnahmen, übernahm die Tufts University die Schirmherrschaft.

Ergebnis dieser Workshops, die unterschiedlichste Interessen repräsentierten, waren einige Papiere, die in Form von Empfehlungen spezifizierten, welcherlei Bedingungen wir für die Käfighaltung unserer nächsten biologischen Verwandten für sachgemäß hielten. Die Vorschläge wurden dem US-Landwirtschaftsministerium zugeleitet in der Hoffnung, daß sie ihren Niederschlag finden würden in der seinerzeit in Arbeit befindlichen Ausführungsverordnung zu dem von Senator Melcher initiierten Zusatzartikel des Tierwohl-Gesetzes (der für die Käfighaltung nichtmenschlicher Primaten Bedingungen vorschreibt, die das psychische Wohlbefinden der Tiere fördern). In Wirklichkeit nahm das Landwirtschaftsministerium von unseren Empfehlungen wenig Notiz. Sie behalten dennoch ihren Wert als Richtlinien für die schonendste Art und Weise, Schimpansen in biomedizinischen Labors zu halten. Richtlinien, die vor allem das Bedürfnis der Tiere nach Platz, Geselligkeit und Stimulation sowie nach frischer Luft und einer Lebensperspektive über das Häftlingsdasein im Labor hinaus betonen. Jeder einzelne Vorschlag beruhte auf einer in mindestens einem Institut irgendwo im Land tatsächlich gebräuchlichen Praxis, denn es gab Labors wie das in Bastrop (University of Texas) oder die Southwest Foundation, die bereits in Eigeninitiative Verbesserungen eingeführt hatten.*

Die neuen Verordnungen in Sachen Tierwohl gehen vielen von uns längst noch nicht weit genug. Trotzdem ist nicht zu verkennen, daß die offene Erörterung dieser Fragen im Verein mit Pressebulletins, der Artikulation unserer Besorgnisse im Fernsehen und ausgiebigem «Lobbying» auf dem Kapitolshügel sowohl bei Regierungsstellen als auch bei Wissenschaftlern in zahlreichen anderen Labors ihre Wirkung nicht verfehlt hat. Die Standpunkte ändern sich.

Bei der Sema Inc., dem NIH-finanzierten Labor, das zu trauriger Berühmtheit gelangte, weil es Schimpansenbabys in mikrowellenherdähnlichen «Isoletten» hielt, sind die Dinge in Fluß geraten. Das Unternehmen firmiert jetzt unter dem Namen Diagnon. Und was das Bezeichnendste ist: die Isoletten sind verschwunden. Die zwei Dutzend ganz junger Schimpansen, die das Labor heute besitzt, leben nicht in Isolierboxen und noch nicht einmal in Stahlkäfigen, sondern in großzügig bemessenen, in Tages- und Nachtbereich unterteilten Plexiglaskammern, die deutlich mehr Platz als das in den derzeit gültigen Verordnungen vorgeschriebene Minimum bieten. Die Tiere können einander jederzeit sehen und in beschränktem Umfang auch

* Der Wortlaut der Empfehlungen ist hier als Anhang 2 abgedruckt.

hören. Sie genießen beträchtliche Bewegungsfreiheit. Zu geregelten Zeiten kommen menschliche Betreuer, nehmen die kleinen auf den Arm und spielen mit ihnen. Zwar leben die Schimpansen im allgemeinen noch immer in Einzelunterkünften, doch auf bestimmten Etappen des Versuchsprogramms werden sie vorübergehend zusammengelegt, so daß sie physischen Kontakt miteinander haben können.

Im Dezember 1991 lernte ich Dr. John Landon, den Präsidenten von Diagnon (ehemals Sema Inc.), persönlich kennen, und er lud mich herzlich ein, ihn zu besuchen und mich davon zu überzeugen, wieviel besser es den Schimpansen jetzt gehe. Er bedankte sich sogar bei mir, weil ich mitgeholfen hätte, die Verhältnisse zu schaffen, die es ihm ermöglichten, seine Verbesserungen einzuführen. Ich meinerseits sagte ihm, ich hätte vollstes Verständnis dafür, daß er aufgebracht war, als ich seinerzeit erst mit seiner Zustimmung sein Labor besichtigte und dann – auf einer landesweiten Vortragsreise und in einem so vielgelesenen Medium wie dem Sonntagsmagazin der New York Times – die Verhältnisse kritisierte, die ich dort vorgefunden hatte. Zum Zeitpunkt meines Besuchs bei der Sema war er erst seit kurzem deren Präsident, so daß er sich in der wenig beneidenswerten Lage befand, eine Sachlage rechtfertigen zu müssen, für die er nicht persönlich verantwortlich war. Ich möchte die Gelegenheit nutzen, ihn an dieser Stelle zu beglückwünschen zu den Dingen, die unternommen wurden, um die Lebensbedingungen der Schimpansen um so vieles zu verbessern. Ich habe mir die neuen Unterkünfte noch nicht ansehen können, aber Dale Peterson hat sie gesehen – ich für meinen Teil plane, das bei nächster Gelegenheit nachzuholen. Ich habe auch vor, die brandneue Anlage zu besichtigen, die für die Immuno-Schimpansen in Wien gebaut wurde. Von Jorg Eichberg habe ich gehört, daß die Tiere dort jetzt sehr viel besser – wenn auch noch jedes separat – untergebracht sind.

Die Schimpansen im LEMSIP sind nicht im selben Umfang Nutznießer solcher Verbesserungen. Nach meinem ersten Besuch in dem Labor hatte Dr. Moor-Jankowski eingewilligt, daß ein – aus einer moderaten Beihilfe des Jane Goodall Institute entlohnter – Student ein halbes Jahr im Haus verbrachte, um Möglichkeiten zur Verbesserung der Lebensqualität der Schimpansen zu entwickeln. Mark Bodemar, ein Schüler von Roger Fouts, arbeitete eng mit Jim Mahoney und dem technischen Personal zusammen. Sein Aufenthalt hat zweifelsohne etwas bewirkt. Er dachte sich eine Reihe wirkungsvoller und gar nicht teurer Maßnahmen aus, Farbe in das Leben der Schimpansen zu bringen, zum Beispiel, indem man ihnen mit Rosinen und Marshmallows vollgestopfte Röhrchen überließ und dazu einen Weidenzweig, mit dem sie die Leckerbissen aus dem Behältnis herauspolken konnten. Und in regelmäßigen Abständen erhielten die Schimpansen von Mark Zahnbürsten, Kämme und Spiegel. Nach Marks Ausscheiden gab Moor-Jankowski Anweisung, die von dem Studenten entwickelten Animationsverfahren in die Alltagsroutine der Tiere einzubauen; doch wenn ich richtig informiert bin, macht sich lediglich ein um die Tiere besonders besorgter Teil des technischen Personals diese Mühe.

Was in der Diskussion über diese Dinge ebenfalls zum Tragen kommt, ist der Umstand, daß viele Wissenschaftler, die Arzneimittel oder Impfstoffe an Schimpansen erproben, noch niemals ein Schimpansenlabor von innen gesehen haben. Sie haben es nicht mit konkreten Lebewesen zu tun, sondern mit abstrakten Versuchsergebnissen, die auf Papier oder in Reagenzgläsern protokolliert zu ihnen ins Forschungslabor kommen. Nehmen wir Robert Gallo zum Beispiel. Seine Auslassungen betreffend einen angeblichen Schimpansenmangel in der Aidsforschung, an sich schon sonderbar genug, wirken noch sonderbarer im Licht der Tatsache, daß er in eigener Person nur mit einem einzigen Schimpansen gearbeitet hat, und auch das nur bei einer einzigen Gelegenheit. Und diesen Schimpansen sah er nicht ein einziges Mal in seinem Käfig. Mehr noch: Nur wenige Monate, nachdem er proklamiert hatte, der Fortschritt bei der Aufklärung von Aids werde zum Erliegen kommen durch eine gefährliche Gesetzgebung, die den Import weiterer Schimpansen aus Afrika verbiete, hielt er auf einer internationalen Aids-Konferenz in Arusha (Tansania) einen Vortrag, in dem er bekanntgab, der Fortschritt der Aidsforschung sei jetzt «aufgrund der an Schimpansen und Gibbons gewonnenen unsachgemäßen Resultate in einen Engpaß geraten».

Auf Gallos Einladung hin sprach ich auf einer seiner großen Aids-

Konferenzen in Washington, D. C.. Hinterher schrieb mir eine ganze Anzahl von Wissenschaftlern, daß es ihnen jetzt nicht mehr möglich sei, ihre bisherige Einstellung zu Versuchstieren, insbesondere zu nichtmenschlichen Primaten, unverändert aufrechtzuerhalten. Nach meiner Meinung müßte von allen Wissenschaftlern, die mit Labortieren gleich welcher Spezies arbeiten, nicht nur verlangt werden, daß sie über die Tiere und ihr natürliches Verhalten einigermaßen Bescheid wissen, sondern auch, daß sie sich selbst ein Bild davon verschaffen, welche Konsequenzen ihre Programme für das einzelne Tier haben. Forscher sollten sich anhand eigener Beobachtung über alle Leiden informieren, die sie verursachen, damit sie den Nutzen, den sie der Menschheit bringen (beziehungsweise zu bringen hoffen), besser gegen die Kosten abwägen können, die sie gleichzeitig in Form von Leiden den Tieren aufbürden. Laborschimpansen sind Häftlinge, aber sie haben sich keines Verbrechens schuldig gemacht. Vielmehr helfen sie – unter Umständen – mit, menschliches Leiden zu mildern. Dennoch sind sie in einigen der Labors, von denen ich gesprochen habe, wie auch in anderen rund um die Welt weit gefühlloserer Behandlung ausgesetzt, als wir sie selbst den hartgesottensten Verbrechern würden zuteil werden lassen. Wir schulden ihnen ganz bestimmt mehr als nur das.

Selbst wenn alle Forschungslabors so umgebaut werden könnten, daß sie den Versuchsschimpansen das denkbar beste Milieu bieten, wäre da immer noch die quälende Frage: Soll man Schimpansen überhaupt als Versuchstiere benutzen? Haben wir wirklich das Recht, unsere nächsten Verwandten im Tierreich im Interesse der menschlichen Gesundheit in Käfige zu stecken und einem Sklavendasein zu überantworten? Nur weil wir es moralisch nicht vertreten können, menschliche «Versuchskaninchen» zu benutzen? Wir haben mit den Schimpansen viel mehr gemein als die physiologischen Merkmale, die sie in den Augen mancher Wissenschaftler so geeignet für bestimmte Forschungszwecke machen. Wir sollten nicht vergessen, daß zwischen dem Menschen und dem Schimpansen im Sozialverhalten, im Intellekt und im Gefühlsleben ebenso eindrucksvolle Ähnlichkeiten bestehen. Und sollten wir Menschen eine Seele haben, dann haben nach meiner persönlichen Überzeugung die Schimpansen wahrscheinlich auch eine.

Von dem Leiter einer großen Schimpansenkolonie bin ich einmal als
«fanatische Antivivisektionistin» charakterisiert worden. Dieser Sprache bedienen sich einzelne Extremisten beider Lager in der Tierrechte-
Debatte regelmäßig, um dem Andersdenkenden Irrationalität, ja Gefährlichkeit zu unterstellen. Häufig drückt man sich mit derartigen
Kraftausdrücken nur vor der sachlichen Auseinandersetzung. Nütz-
lich sind sie jedenfalls nicht.

Natürlich wünsche ich mir, ich hätte einen Zauberstab, den ich nur
zu schwenken bräuchte, damit die Laborkäfige auf einen Schlag leer-
stehen. Natürlich ist mir der Gedanke an das Leiden, das sich hinter
den verschlossenen Türen von Tierlabors abspielt, in tiefster Seele zuwider. Noch mehr zuwider ist mir die Fühllosigkeit, die das Laborpersonal so häufig gegenüber den Tieren in seiner Gewalt an den Tag
legt – eine zweifellos bewußt kultivierte Fühllosigkeit, die gegen jeglichen Gewissensbiß panzern soll. Aber es wäre nicht konstruktiv,
würde ich herumgehen und diese Menschen als «sadistische Vivisek-
tionisten» (oder was immer das Gegenstück zu einer «fanatischen Antivivisektionistin» sein mag) denunzieren. Die Tierrechte-Bewegung
wird bleiben, und da durch wissenschaftliche Untersuchungen neuerdings schlüssig bewiesen ist, daß die höheren Tiere Geist und Gefühl
besitzen und komplexe Entscheidungen zu treffen vermögen, wird die
Bewegung weiter wachsen. Zu lange schon nutzen wir die nichtmenschlichen Lebewesen, mit denen wir diesen Planeten teilen, unter
Mißhandlungen für unsere Zwecke, ohne uns auch nur das geringste
dabei zu denken – nicht nur im Labor, sondern auch im Schlachthaus,
im Jagdrevier, im Zirkus und so weiter. Von klein auf werden unsere
Kinder nach und nach gegen das Leiden von Tieren desensibilisiert.
(«Da ist nichts weiter dabei, Schätzchen, das ist doch bloß ein Tier.»)
Der Prozeß geht weiter in der Schule und erreicht seinen Höhepunkt in
den Scheußlichkeiten, die Zoologie-, Psychologie-, Tiermedizin- und
Humanmedizinstudenten im Rahmen ihrer Ausbildung Tieren anzutun
gezwungen sind. Sie müssen jegliche Empathie in sich abtöten, wenn
sie sich in ihrem jeweiligen Fach behaupten wollen, denn Wissenschaftler tun Tieren Dinge an, die aus dem Blickwinkel des Tiers gesehen Torturen sind und, von Nichtwissenschaftlern ausgeführt, auch
von jedermann als solche empfunden würden.

Im Labor werden Tiere für die verschiedensten Zwecke eingesetzt. Zum Zwecke der Wissensvermehrung setzt man sie bestimmten Einwirkungen aus, um zu sehen, welche Folgen diese nach sich ziehen. Zur Prüfung der Unbedenklichkeit aller möglichen Produkte werden diese unterschiedlichen Tieren in unterschiedlichen Mengen parenteral oder oral verabreicht, anschließend registriert man, ob und welche Krankheitserscheinungen auftreten, beziehungsweise ob die Tiere überhaupt überleben. Die Wirksamkeit von ärztlichen Behandlungsmethoden und von Arzneimitteln wird an Tieren erprobt. Chirurgen üben ihr handwerkliches Geschick an Tieren. Theorien aller Art, deren Gegenstandsbereich sich von den Wirkungen dieser oder jener Substanz bis hin zu den Folgen psychischer Traumata erstreckt, werden im Tierexperiment überprüft. Das Empörende dabei ist der Mangel an Respekt für die Opfer, die nahezu totale Mißachtung ihrer Lebensform, ihrer Gefühlswelt, zuweilen auch ihres gemarterten Körpers. Und nicht selten werden die Martern für nichts und wieder nichts zugefügt. Um die Bedeutung der Tiere für die Medizin tobt ein nicht enden wollender, in schneidendem Ton ausgetragener Meinungsstreit. Wenngleich ich nicht kompetent bin, in einer von so radikal polarisierten Standpunkten aus geführten Debatte um eine so gewichtige Frage in der Schiedsrichterrolle aufzutreten, scheint mir doch auf der Hand zu liegen, daß die Extremisten auf beiden Seiten unrecht haben. Die Wissenschaftler, die behaupten, daß ohne den Einsatz von Versuchstieren in der medizinischen Forschung ein Fortschritt überhaupt nicht stattgefunden hätte, befinden sich genauso im Irrtum wie die Tierrechte-Aktivisten, die forsch verkünden, kein einziger Fortschritt in der Medizin sei auf Tierversuche zurückzuführen.

Kehren wir zu den Schimpansen zurück und zu der Frage, ob wir das Recht haben, sie bei der Suche nach neuen medizinischen Erkenntnissen als Versuchsobjekte zu benutzen. Ungefähr dreitausend Individuen schmachten in medizinischen Forschungslabors rund um die Welt, etwas mehr als die Hälfte davon (etwa eintausendachthundert) in den USA. Schimpansen werden heute vor allem in der Infektforschung und bei der Impfstofferprobung eingesetzt, wie wir gesehen haben; obgleich sie in den seltensten Fällen sei's auch nur geringfügige Symptome von Aids oder Hepatitis ausbilden, sind die Versuchsprozeduren doch häufig strapaziös und die Bedingungen, unter denen die Tiere gehalten werden, im Normalfall trostlos – Tiere, die uns Menschen so ähnlich sind, daß manche Menschen es für richtig halten, das zoologische System zu ändern und die Schimpansen samt den anderen großen Menschenaffen gemeinsam mit dem Menschen in die Gattung Homo einzustufen. Die lateinische Bezeichnung für den Schimpansen würde dann nicht mehr *Pan troglodytes*, sondern *Homo troglodytes* lauten. Die Verfechter dieses Plans sind überzeugt, daß eine solche Änderung der Taxonomie die zunehmende Anerkennung der Menschenaffen als fühlende und intelligente Wesen nach sich ziehen würde – was ich für meinen Teil allerdings bezweifle. Die Wahrscheinlichkeit spricht eher dafür, daß die Maßnahme sich als Bumerang erweisen und Tausende von Menschen, zumal die Mitglieder bestimmter Religionsgruppen, auf die Zinne bringen würde.

Ich halte es für wichtiger, die Menschen zur besseren Einsicht in die wahre Natur der Schimpansen (wie auch anderer nichtmenschlicher Lebewesen) zu erziehen, ihnen vor allen Dingen begreiflich zu machen, wieviel *Empfinden* diese Tiere besitzen – Schmerzempfinden, Gefühlsempfinden. Wir Menschen sind eine Spezies, die des Mitgefühls fähig ist, und wir sollten für Wesen, die uns so sehr gleichen, eine gesteigerte moralische Verantwortung entwickeln. Schimpansen entwickeln untereinander enge Gefühlsbindungen, die unter Umständen ein Leben lang halten. Wie wir empfinden sie Freude und Trauer und Verzweiflung. Sie beweisen intellektuelle Fähigkeiten, von denen wir noch bis vor kurzem annahmen, sie seien allein unsere Vorrechte. Sie erkennen sich beim Blick in den Spiegel als Individuum – Wesen mit «Ich»-Bewußtsein. Haben sie also nicht ein Anrecht darauf, mit der gleichen Rücksichtnahme behandelt zu werden, die wir anderen hochsensiblen, ihrer selbst bewußten Wesen zugestehen – uns selbst? Zugegeben, wir zeigen uns gegeneinander nicht immer sehr rücksichtsvoll. Deshalb gibt es soviel Besorgnis um die Menschenrechte. Deshalb liegt auch wenig Sinn darin, von «Rechten» der Schimpansen zu reden. Aber wenigstens sollten wir die Dinge, die wir aus ethischen Gründen anderen Menschen nicht antun, auch Schimpansen nicht antun. Aus ethischen Gründen führen wir bestimmte Versuche nicht mehr an Menschen durch. Ich meine, daß es konsequent wäre, diese Versuche auch nicht mehr an Schimpansen durchzuführen.

Warum kümmert mich das so sehr? Warum setze ich mich, um eine Veränderung der Einstellung und der Praxis in den Labors zu erreichen, immer wieder dem Alptraumerlebnis aus, das der Besuch dieser Orte für mich bedeutet, wo ich doch weiß, daß die Erinnerung an die Begegnungen mit den Häftlingen dort mich unaufhörlich verfolgen wird? Ganz besonders die Erinnerung an ihre Augen, diese verstörten oder traurigen oder zornigen Augen. Die Antwort ist einfach. Ich habe so viele Jahre in den Wäldern von Gombe verbracht, bin dort so viele Jahre mit den Schimpansen zusammengewesen und habe von ihnen gelernt. Ich zähle mich zu den glücklichsten Menschen auf der Welt. Es ist an der Zeit, daß ich den Schimpansen einiges von dem zurückzahle, was ich ihnen schulde für das, was sie mich gelehrt haben – über sich, über mich, über den Platz der Menschen und der Schimpansen im Naturreich.

Wenn ich JoJo in seinem winzigen stählernen Gefängnis besuche, denke ich oft an David Greybeard, jenen ganz besonderen Schimpansen, der mit seiner ruhigen Duldung meiner Gegenwart mir erstmals die Tür zur Wunderwelt der Schimpansen von Gombe aufstoßen half. Was habe ich nicht alles durch ihn gelernt! Er war es, der die Bekanntschaft zwischen mir und seinen Gefährten Goliath und Mike und der Flo-Familie und all den anderen einzigartigen, faszinierenden Persönlichkeiten, die damals zu seiner Gemeinschaft zählten, herstellte. David ließ sich sogar von mir groomen. Ein vollerwachsenes Schimpansenmännchen, das sein ganzes Leben in der Wildnis zugebracht hatte, duldete die Berührung einer menschlichen Hand.

Ich entsinne mich eines besonders denkwürdigen Vorfalls. Einmal hatte ich mich auf den Spuren von David durch dichtes Gestrüpp bei einem Wasserlauf durchkämpfen müssen. Ich war froh, als er eine Rast einlegte, und setzte mich neben ihn. Nicht weit weg sah ich die rote, nußartige Frucht einer Ölpalme auf dem Boden liegen, einen von Schimpansen besonders geschätzten Leckerbissen. Ich hob sie auf und streckte sie David auf der flachen Hand entgegen. Im ersten Augenblick dachte ich, er würde meine Geste übersehen. Doch dann nahm er die Palmfrucht, ließ sie zu Boden fallen und schloß mit derselben Bewegung seine Finger um meine Hand. Er sah mir ins Gesicht, ließ meine Hand los und wandte sich ab. Ich verstand, was er sagen wollte: «Ich möchte die Palmfrucht nicht, aber es war nett von dir, daß du sie mir angeboten hast.» Wir hatten uns wirklich und wahrhaftig miteinander verständigt, verständigt mit allen Primaten gemeinsamen Signalen, die tiefer verwurzelt und älter sind als Worte. Es war ein Augenblick der Offenbarung. Ich folgte David nicht, als er sich in den Wald davontrollte. Ich wollte allein sein, um über die Bedeutung des Vorgefallenen in Ruhe nachdenken und diese Momente für immer in meinem Inneren verwahren zu können.

Und so erinnere ich mich, wenn ich bei JoJo bin, an David Greybeard und das Pensum, das ich bei ihm gelernt habe. Ich empfinde tiefe Scham – Scham darüber, daß wir, die wir den höher entwickelten Intellekt besitzen, in höherem Maß zu Einsicht und Mitgefühl befähigt sind, JoJo so gut wie alles genommen haben. Nichts ist ihm geblieben von den weichen Farben des Waldes, dem Ineinander matter Grün- und Brauntöne, von der friedlichen Stille des Nachmittags, wenn das Sonnenlicht das Blätterdach sprenkelt und Kleingetier durchs Laubwerk raschelt und huscht und kriecht. Nichts ist ihm geblieben von der Freiheit, sich Tag für Tag selbst auszusuchen, wie und wo und mit wem er sich die Zeit vertreiben will. Die Stimmen der Natur sind weg, die Stimme des fließenden Wassers, des Winds in den Zweigen, die klaren Schimpansenrufe, die bis über die Baumwipfel aufsteigen, um sich in den Bergen zu verlieren. Die Annehmlichkeiten sind weg, der weiche Blätterhumus des Waldbodens, die federnden Zweige, aus denen sich Schlafnester bauen lassen. Das alles ist weg. Hier im Labor besteht die Welt aus Stahl und Beton; hier ist es laut, die Geräusche sind gräßlich: klirrende Käfigstangen, Türenknallen und das ohrenbetäubende Dröhnen von Schimpansenrufen, die sich an den Wänden unterirdischer Verliese brechen. Eine fensterlose Welt, in der es nichts zu betrachten gibt, nichts, womit man spielen könnte. Eine Welt, wo Familien und Freunde auseinandergerissen und gesellige Wesen, ohne sich einer Verfehlung schuldig gemacht zu haben, in Einzelhaft gesteckt werden.

Die Schuldbeladenen sind wir. Ich blicke wieder in JoJos klare

Augen. Ich gestehe meine Mitschuld ein an dieser von Menschen gemachten Welt, und ich empfinde das Bedürfnis nach Vergebung. Er streckt einen großen, sanften Finger aus und berührt noch einmal die Träne, die in meinen Atemschutz rollt.

12 Schonung

PROSPERO:
Geh, Schurk', in meine Zelle; nimm deine Spieß-
gesellen mit; wenn du dir Schonung* von mir
wünschest, schmücke nett sie aus.

Das gedämpfte Licht der Sturmlaterne, bei dem ich diese Worte schreibe, überstrahlt kaum den Schein des zunehmenden Monds. Die Wellen des Tanganjikasees schlagen plätschernd ans Ufer, ein Kleintier raschelt geräuschvoll im gefallenen Junilaub, und in seinem Schlafbaum oben am Hang hinter meinem Haus bellt ein vereinzeltes Pavianmännchen – verbellt ein Nachttier oder vielleicht auch einen Traum.

Ich bin erst seit ein paar Tagen wieder hier, aber was für wundervolle Tage… Den ersten Morgen verbrachte ich bei Gremlin, ihrem jüngeren Bruder Gimble und ihrem zauberhaften Sohn Galahad, der jetzt vier Jahre alt ist. Er steckt voller Unternehmungslust und Unfug, führt, auf den Boden stampfend und patschend, einen Scheinangriff auf mich aus, entert dann eine Kletterpflanzenranke auf und schwingt sich an ihr hin und her, so daß er mit den Zehen meine Hände streift. Mit einem charakteristischen Stimmungswechsel taucht er in die Kindheit zurück und läuft zu seiner Mutter, um zwischendurch mal rasch die Brust zu nehmen. Im nächsten Moment ist er ganz Erwachsener, übt sich an Onkel Gimble im Groomen und tunkt anschließend mit einem kleinen Blätterschwamm Wasser aus einer Höhlung in einem Baum-

---

* Bei Shakespeare: *my pardon.* A. W. Schlegel übersetzt: «Vergebung». Wenn ich Peterson und Goodall richtig verstehe, haben wohl eher die Schimpansen uns als wir ihnen zu «vergeben»; das Wort *pardon* gebrauchen die Autoren in der Bedeutung «Schonung». – Anm. d. Übs.

stamm – genau wie Mutter es macht. Von einem Energieausbruch er-
faßt, fährt er plötzlich herum und stürzt sich auf Gimble, um ihn zum
Spielen anzuregen, zu einem Scheinringkampf mit Kitzeln, bei dem
Galahad sich binnen kurzem ausschüttet vor Lachen. Mit einemmal
löst sich Gimble aus dem Spiel und läuft davon, um Wilkie, den neuen
Alpha, zu begrüßen, der mit gesträubtem Fell und bereit, seine Spit-
zenposition zu verteidigen, daherkommt. Auch Galahad begrüßt Wilkie und entfernt sich dann, um den entthronten Alpha, seinen Onkel
Goblin, zu umarmen.

Gestern schlugen mich Fifi und ihre Familie stundenlang in Bann.
Fifis Sprößlinge sind jetzt fünf an der Zahl, vom über zwanzigjährigen
Freud bis zum kleinen Faustino, der mit seinen dreieinhalb Jahren
schon energisch entwöhnt wird. Er ist an sich noch zu jung dafür, aber
es muß sein, denn seine Mutter ist hochschwanger. Fifi ist überhaupt
das in puncto Reproduktion erfolgreichste Weibchen, das ich während dreißig Jahren am Gombe kennengelernt habe. Ihre älteste
Tochter Fanni kam vor zwei Monaten nieder, und gestern hatte ich
meine erste Begegnung mit ihrem frühgeborenen Sohn. Da ich von
seiner Geburt und seinem Geschlecht per Fax erfahren hatte, tauften
wir ihn Fax! Die achtjährige Flossi ist noch nicht in die Pubertät eingetreten und hält sich nach wie vor die ganze Zeit bei Fifi und Faustino
auf – und gewöhnlich sind auch Fanni und Fax mit von der Partie. Der
fünfzehnjährige Frodo ist der Rabauke der Gemeinschaft, der einzige
Gombe-Schimpanse, der konsequent Menschen angreift und schlägt.
Er und Freud sind viel zusammen und ziehen dann mit anderen erwachsenen Männchen herum. Aber gestern war die ganze Familie
beisammen.

Am Abend auf dem Heimweg pausierte ich unweit des Sees, um dem
Abendkonzert der Vögel zu lauschen. Auf einmal hörte ich leichte
Tritte. Ich verhielt mich vollkommen still. Im nächsten Moment erschien
eine Buschbockgeiß auf der Szene. Sie wußte, daß ich da war – oder
vielmehr, sie wußte, daß da irgend etwas war, konnte aber nicht genau ausmachen, was ich war. Als sie bis auf ungefähr sechs Meter
herangekommen war, blieb sie, die Ohren abgespreizt, stehen und
spähte aus schwarzen Augen unverwandt, ohne zu blinzeln, zu mir
herüber; das einzige, was sich an ihr bewegte, war die ruckende

Nase, die in der Luft nach irgendwelchen Anhaltspunkten fahndete. Aber der Wind, soweit überhaupt vorhanden, trug meinen verräterischen Geruch in die andere Richtung. Sie war schon eine recht alte Dame, das Fell am Hals ziemlich schütter und am Körper auch schon etwas mottenzerfressen. Sie verharrte in ihrer Stellung ohne die mindeste Bewegung bis auf die forschende Nase. Die Minuten verstrichen, das Abendkonzert der Vögel hüllte uns ein, die sinkende Sonne leuchtete auf ihrem Weg in den See jetzt blutrot durch die Bäume. Keine von uns beiden rührte sich.

Nach dreiundzwanzig Minuten wedelte sie ein erstes Mal kurz mit den Ohren. Dann machte sie eine Kaubewegung. Sie zuckte mit der Haut längs des ganzen Rückgrats, um eine Fliege zu verscheuchen. Sie blinzelte. Und erstarrte wieder, spähte, schnüffelte weitere zehn Minuten lang. Sie wandte kurz den Kopf, um nach hinten zu sehen. Mit schnellen Seitwärtsbewegungen des Unterkiefers begann sie erneut zu kauen. Leckte sich mit dunkelvioletter Zunge das Maul. Machte dann ganz geruhsam drei Schritte und verschwand hinter einem Baum. Ganz, ganz langsam beugte ich mich zur Seite, um nachzusehen, was sie trieb. Sie stand hinter dem Stamm und linste zu mir herüber! Dann bellte sie, zweimal hintereinander. Zu guter Letzt – zweiundfünfzig Minuten, nachdem sie die Bildfläche betreten hatte – trollte sie sich ganz langsam davon. Blieb dabei alle nasenlang stehen, drehte sich um, sah zu mir her und bellte. Und zog wieder weiter, bis ihr Bellen in der Dämmerung verklang. Eine ganze Stunde hatte ich damit zugebracht, ein Spielchen mit einer angejahrten Buschbockgeiß zu spielen. Es war ein Messen der Willenskräfte gewesen – wer würde länger stillhalten können? Ich hatte gewonnen und fühlte mich unsinnig vergnügt, während ich jetzt den steilen Hang hinter meinem Haus hinunterkraxelte, in den Sonnenuntergang hinein. Ja, ich war wirklich zurück in Gombe. Für einen kurzen Augenblick wieder in einer Welt, wo zwischen Morgen- und Abenddämmerung Zeit dafür bleibt, eine ganze Stunde lang still und stumm zu verharren und einfach nur da zu sein.

Die Waldesruhe ist heilsam. Wir alle, die wir unser Leben in Übergeschäftigkeit hinbringen, brauchen irgendeine Methode, wie wir unsere schwächer werdenden Batterien neu aufladen können. Für mich sind das diese Intermezzi in Gombe, während deren ich für einige Zeit wieder nach dem Rhythmus der auf- und untergehenden Sonne, des zu- und abnehmenden Monds leben kann. Leben kann in einer Welt mit echter Zeit, nicht der rasenden künstlichen Zeit, die mit den Uhrzeigern weiterläuft und -rückt und -hüpft und -springt. Einer Welt, wo ich durch alle Poren die unberührte Schönheit des Waldes in mich aufnehmen kann, des Waldes und seiner Bewohner, die hier ein Leben in Freiheit führen. Hier brauchen sie nicht das Gewehr noch den Speer des Jägers zu fürchten; hier werden sie niemals Bekanntschaft mit der langen Todesqual in der Falle machen. Welch ein Günstling des Schicksals bin ich doch, daß ich diesen Ort kennenlernen durfte, ihn meine Heimat nennen darf, hier die Möglichkeit habe, meine Zeit unter Schimpansen zu verbringen, die mir mit den Jahren so vertraut geworden sind wie meine Familienangehörigen.

Dennoch, selbst im Gombe macht sich die Außenwelt bemerkbar. In Wildnisgebiete quer über ganz Afrika wirkt die Außenwelt hinein; und zumindest die afrikanische Außenwelt stellt Menschen und Tieren keine Verbesserung ihrer Lage in Aussicht. Die menschliche Bevölkerung und deren Bedürfnisse verdoppeln sich mit jeder Generation. Die Urwälder, die den Schimpansen die Lebensgrundlage bieten, schrumpfen. Der Ackerboden, der den Menschen die Lebensgrundlage bietet, schrumpft – die menschliche Umwelt ist ebenso störanfällig. Die Schimpansen sind in Afrika am Verschwinden, und ich sehe vor meinem inneren Auge die gefangenen, aus den schrumpfenden Urwäldern weggeführten und per Flugzeug in Länder der gemäßigten Zone verfrachteten Exemplare der Spezies unter beklagenswerten Umständen in Laborkäfigen verkümmern, wo sie diesen oder jenen Impfstoff für uns erproben, oder sehe sie in aberwitziger Kostümierung im Scheinwerferlicht herumspringen, um das Unterhaltungsbedürfnis irgendwelcher Leute zu befriedigen.

Bis vor kurzem war es so, daß «zivilisierte» abendländische Anthropologen, wenn sie sich zu «primitiven» Völkern in anderen Weltgegenden aufmachten, es nicht für nötig hielten, bei diesen Völkern vorher anzufragen, ob ihr Besuch willkommen wäre oder nicht. Auf den Gedanken, daß man die Betroffenen eigentlich vorher fragen müßte, wäre niemand gekommen. Diese Einstellung hat sich bis in die allerjüngste Zeit erhalten. Es ist dieselbe Einstellung, mit der wir auch den Schimpansen begegnet sind. In gewisser Beziehung sind auch die trennenden Faktoren dieselben: Sprache, Kultur und all die anderen Divergenzen, von denen wir nicht so recht wußten, wie wir sie anpacken sollten, und die uns auch gar nicht so sehr interessierten, daß wir uns unbedingt mit ihnen hätten aufhalten wollen. Wenn die Schimpansen sich völlig im klaren darüber wären, was wir ihnen antun, und wenn sie sprechen könnten – was würden sie sagen? Sind wir in der Lage, die Beziehung Mensch–Schimpanse vom Standpunkt des Schimpansen aus zu sehen? Wie denken die Schimpansen über uns? Sind wir ihnen willkommen?

Die Fragen sind meines Erachtens zu abstrakt, als daß man sie einem Schimpansen, der sich in Zeichensprache auszudrücken vermag, vorlegen könnte, selbst wenn außer Zweifel steht, daß der Zeichensprache mächtige Menschenaffen gegenüber dem oder jenem einzelnen Menschen ganz spezifische Gefühle entwickeln. Der Zeichensprache mächtige Menschenaffen legen sich in der Regel ein Repertoire von Flüchen und Kraftausdrücken – gewöhnlich aus dem Fäkalwortschatz – zu, mit dessen Hilfe sie Menschen, die sie (aus welchen Gründen auch immer) nicht mögen, unmißverständlich klarmachen, was sie von ihnen halten. Der Zeichensprache mächtige Menschenaffen können auch angeben, welches Verhalten ihnen gegenüber sie bei Menschen am liebsten sähen. Ich habe meinen Studenten und Helfern in Gombe immer eingeschärft, sie sollten im Beisein von Schimpansen nicht aufrecht stehenbleiben, sondern sich lieber hinsetzen, weil ich von der Annahme ausging, daß es für Menschenaffen bedrohlich wirken muß, von jemandem überragt zu werden, zumal wenn man bedenkt, daß in Anthropoidensozietäten das Sich-Erheben auf die Hinterbeine häufig als Drohgebärde eingesetzt wird. In diesem Zusammenhang schrieb ich einmal an Francine Patterson, die Wissenschaftlerin, die zwei Gorillas, Koko und Michael, die amerikanische Taubstummensprache ASL (American Sign Language) beigebracht hat. Ich bat sie, sie möge doch Koko einmal fragen, was ihr lieber wäre: wenn die Leute in ihrer Nähe sitzen oder wenn sie stehen. Kokos – vehement vorgetragene – Antwort: Am liebsten wäre ihr, die Leute würden sich hinlegen!

Schimpansen geben oft sehr deutlich zu verstehen, ob sie jemanden mögen oder nicht. Und in Gefangenschaft gehaltene Schimpansen wissen sehr schnell, was sie von ihrem Gegenüber zu halten haben. Eine meiner liebsten Anekdoten handelt von Ai. Sie ist der intelligenteste in Gefangenschaft lebende Schimpanse, den ich jemals kennengelernt habe, und daß dies so ist, liegt nach meinem Dafürhalten zum großen Teil an den Unterrichtsmethoden, der Feinfühligkeit und der Freundlichkeit ihres «Partners» (wie er sich selbst nennt) Tetsuro Matsuzawa. Über die Mauer des Geheges hinweg, in dem sie gemeinsam mit sechs anderen Schimpansen lebt, macht er mich mit Ai bekannt. Wir schauten einander kurz in die Augen, dann ging sie nach drinnen an ihren Computer zurück. Von einem kleinen Glaskasten aus durfte ich ihr bei ihrer Verrichtung zusehen. Zuvor hatte man mich gewarnt, daß sie nicht gern beim Fehlermachen beobachtet wurde: Wenn ihr ein Fehler unterliefe, würde sie auf mich losgehen und gegen die Scheibe schlagen. Es dauerte lange, bis sie sich vertat (bei einigen komplizierten Operationen schneidet sie besser ab als mancher Oberschüler). Aber schließlich passierte es doch, und sofort stürzte sie auf mich zu. Doch statt gegen die Scheibe zu hauen, hielt sie inne, sah mich an und küßte mich dann durch die Glasscheibe. Sie vertat sich dreimal, und dreimal erhielt ich einen Kuß von ihr. Alle im Labor waren sprachlos.

Die Schimpansen in Gombe lassen ebenfalls keinen Zweifel daran, welche Beobachter sie mögen und welche nicht. Manche bekunden ein ausgesprochenes Interesse für Menschen, zumal wenn ein Trupp unpassenderweise aberwitzig bunt aufgeputzter Touristen eintrifft. Besonders bei Fifi und Goblin muß man dann damit rechnen, daß sie sich einer solchen Gruppe bis auf wenige Meter nähern, sich hinsetzen und die Besucher minutenlang betrachten. Wenn ich nach längerer Abwesenheit wieder in Gombe bin, kommen manche Schimpansen zu mir her und setzen sich ganz dicht bei mir hin, sobald ich mich draußen im Wald bei ihnen zeige. Und als Goblin einmal nach einem Kampf mit Wilkie übel zugerichtet war, so daß es ihm wirklich schlecht ging, entwickelte er eine enge Beziehung zu den Leuten vom Hilfspersonal, die einander abwechselten, um tagsüber auf ihn aufzupassen und ihn zu verarzten. Wenn sie ihn einmal aus den Augen verloren, stellte er sich unweigerlich in ihrem Camp ein, so als ob er sich wieder ihrer Gesellschaft versichern wolle. Manchmal ergriff er die Hand des Helfers, der ihm Bakterizidpuder auf die Wunden streute, und führte sie zu einer bestimmten Körperstelle. Genauso offensichtlich ist es, wenn Schimpansen jemanden nicht mögen oder es satt haben, daß man ständig hinter ihnen her läuft und sie beobachtet. Verärgert zeigen sie sich insbesondere, wenn sie still und leise ihres Wegs ziehen und man hinter ihnen aus Unachtsamkeit ein Geräusch macht: Dann muß man damit rechnen, daß sie sich umdrehen und eine Drohgebärde machen. Eines der erwachsenen Männchen, Humphrey, konnte keine Frauen leiden. Wenn ich oder eine meiner Studentinnen uns an seine Fersen hefteten, zeigte er seine Verärgerung nicht selten in unmißverständlicher Weise, indem er sich umdrehte und mit Steinen nach der Verfolgerin warf! Die Ausnahme war eine junge Frau, die er nicht ein einziges Mal bedrohte. Und auch männlichen Verfolgern drohte er so gut wie nie. Das hatte zur Folge, daß ich nur ganz selten als Beobachterin hinter Humphrey herzog, denn ich hielt es für unfair, mich ihm gegen seinen Willen aufzudrängen und ihm so vielleicht den ganzen Tag zu verderben.

Schimpansen fühlen sich im allgemeinen unbehaglich in der Gegenwart von Menschen mit lauter Stimme oder der Neigung zu plötzlichen Bewegungen. Ich hatte einmal eine Studentin von extrem überempfindlicher, reizbarer Gemütsbeschaffenheit, der gelegentlich die Pferde durchgingen. Zwar passierte es ihr nie, daß sie im Beisein von Schimpansen die Beherrschung verlor, aber die Tiere spürten die Eruptivität in ihr, und Fifi, damals noch ein Kind, drohte ihr immer wieder. Einmal biß sie der Studentin sogar in den Finger – eine Aufforderung, Distanz zu wahren.

Ein unter Schimpansen überall sehr verbreitetes und gebräuchliches Verständigungssignal ist ein Laut, der sich wie ein leiser Huster anhört und gewöhnlich vom ruckartigen Erheben eines Arms begleitet wird. Dieser Wink mit dem erhobenen Arm hat große Ähnlichkeit mit einer nicht minder charakteristischen menschlichen Geste, und auch die Botschaft, die das Signal übermittelt, scheint bei Menschen und Schimpansen so ziemlich dieselbe zu sein: «Laß mich in Ruhe!» Wenn es möglich wäre, diese Geste in eine überdimensionale Form zu bringen,

in der sie als die quintessentielle Botschaft der Schimpansenheit,
wenn man so sagen darf, an die Menschheit aufgefaßt werden könnte,
dann würden uns die Schimpansen vielleicht nicht mehr sagen wollen
als: «Laßt uns in Ruhe!»

1

Menschlicher Dünkel. Menschliche Raffgier. Menschliche
Grausamkeit. Dazu eine erstaunliche Fähigkeit, die Augen vor der
Wahrheit zu verschließen und in einer Welt der Täuschungen und des
trügerischen Scheins zu leben. Diese Eigenschaften, die in höherem
oder geringerem Maß jeder von uns besitzt, haben mitgeholfen, einen
kranken Planeten zu schaffen und viel Leiden über Menschen wie
nichtmenschliche Lebewesen zu bringen. Wir denken mit Schmerzen
an das verstümmelte Kriegsopfer, das geschlagene Kind, den Krebs-
kranken. Manche von uns denken mit Schmerzen an den vernachläs-
sigten, halbverhungerten Hund, an die von Elfenbeinjägern abge-
schlachteten und achtlos der Verwesung überlassenen Elefanten, den
Schimpansen, der sein Leben lang an eine Kette von einem halben
Meter Länge gefesselt ist. So ist der Mensch: auf der einen Seite gerissen, selbstsüchtig und voll selbstgerechter Intoleranz, auf der anderen
aber auch voller Weisheit, Liebe, Mitgefühl. Welche Seite wird die
Oberhand gewinnen? Für alle von uns, die sich über die Zukunft unserer Welt Gedanken machen, eine enorm wichtige Frage. Glücklicherweise beginnen die Menschen zu begreifen, worum es geht, und unsere Einstellung zur Umwelt und zu den wunderbaren Geschöpfen, mit
denen wir sie teilen, beginnt sich zu wandeln. Wenn der Einstellungswandel künftig nicht nur den Wandel individueller Lebensstile nach
sich zieht, sondern auch den Wandel politischer Zielsetzungen auf pri-
vatwirtschaftlicher wie staatlicher Ebene, dann haben wir in der Tat
Grund zur Hoffnung.

Dieses Buch handelt von der Beziehung zwischen den Menschen
und den Schimpansen, unseren nächsten lebenden Verwandten im
Tierreich. Hier im Schlußkapitel sollten wir darum vielleicht ein wenig
über die Zukunft dieser Tiere spekulieren. Besteht die Wahrscheinlichkeit, daß sich an unserer Behandlung in Gefangenschaft lebender

Schimpansen etwas ändert? Werden die Schimpansen als Wildtiere überleben? Wie lange noch? Können wir den ungeheuren Schaden, den wir bereits angerichtet haben, rückgängig machen? Können wir jetzt endlich einer – uns nächstverwandten – mißhandelten Tierart «Schonung» gewähren?

Ein erster Schritt in diese Richtung muß darin bestehen, daß die Einstellung des Menschen zur nichtmenschlichen Kreatur sich ändert. In allen Weltgegenden können wir Belege für die erbarmungslose Grausamkeit der Menschheit gegen Lebewesen finden – und ich schließe hier die Menschenwesen mit ein. In seinem Roman *Der Herr der Fliegen* – einem modernen Klassiker, der dem Leser Schauer über den Rücken treibt – legt William Golding mit ungeschminkter Direktheit diese in uns allen tiefverwurzelten aggressiven Tendenzen bloß, jenen Einschlag von Grausamkeit, aus dem die «Unmenschlichkeit des Menschen gegen den Menschen» erwächst und der ein Teil unserer Erbanlage ist, den wir leider nicht sonderlich gut zu beherrschen verstehen. Im großen und ganzen haben nichtmenschliche Lebewesen unter der Unmenschlichkeit des Menschen mehr zu leiden als Menschen. Auf den vorangehenden Seiten wurden zahllose Beispiele menschlicher Unmenschlichkeit gegen Schimpansen geschildert, angefangen beim Kindesraub aus den Armen ermordeter Mütter im afrikanischen Urwald bis hin zur Einkerkerung von Kindern in Käfigen von wenig mehr als einem halben Meter Seitenlänge, wie sie in amerikanischen Labors an der Tagesordnung ist. Natürlich mag eine Handlung, die vom Standpunkt des Betroffenen eine große Grausamkeit ist, dem, der sie begeht, überhaupt nicht grausam vorkommen. Wenn Menschen ein barbarisches Tun mit den Worten «Es ist doch nur ein Tier» entschuldigen, wollen sie damit vielleicht sagen, sie wüßten zwar, daß sie einem Wesen Schmerzen zufügen, doch spiele das keine Rolle, da dieses Wesen kein Mensch ist – oder aber sie sind der aufrichtigen Überzeugung, daß Tiere kein Schmerzempfinden haben. Es ist daher äußerst wichtig, ein Wissen davon unter die Leute zu bringen, daß Schimpansen und andere nichtmenschliche Wesen von Natur aus echte Gefühle und Empfindungen haben.

Dank dem Engagement einer wachsenden Zahl von aktiven Tierfreunden rund um die Welt ist hier ein Einstellungswandel in Gang gekommen. Besonders ermutigend ist die Tatsache, daß es Menschen unterschiedlichster Couleur sind, die an diesem Wandel mitwirken. Die Palette reicht von Tierrechte-Aktivisten bis zu Wissenschaftlern, von Fernsehleuten bis zu Tierärzten, von Tierpflegern bis zu Politikern, von Schullehrern bis zu Schulkindern. Allerdings gibt es auch ein Netzwerk von Personen, die ein tiefverankertes Interesse daran haben, eine neue Ordnung der Dinge zu verhindern und die alte aufrechtzuerhalten. Diesen Leuten ist es lieber, wenn die große Allgemeinheit in nichtmenschlichen Lebewesen «nur» Tiere sieht. In ihren Reihen finden sich profitgierige und nicht selten skrupellose Händler und Geschäftemacher, Varietékünstler, in der Tierforschung aktive Wissenschaftler, Vertreter von Pharma-Unternehmen, Leute, die Rinder-, Schweine- oder Hühnerfarmen auf intensivwirtschaftlicher Basis betreiben, und viele andere, die ihren Lebensunterhalt aus der fortgesetzten Ausbeutung nichtmenschlicher Lebewesen bestreiten. Diese Menschen haben im Lauf der letzten Jahrzehnte in Afrika den Tod von Tausenden von Schimpansen verschuldet und weitere Tausende außerhalb Afrikas in Gefangenschaft gebracht. Unsere Unmenschlichkeit gegen Menschen verschleppte in den Zeiten des Sklavenhandels Menschen aus ihrer Heimat und erniedrigte sie auf untermenschlichen Status. Unsere Unmenschlichkeit gegen wilde Tiere sperrt heute Hunderte von Schimpansen in kahle Käfige, legt sie an die Kette, martert sie an Leib und Seele – um nur einige der einschlägigen Untaten aufzuzählen.

Welche Hoffnung besteht für diese Gefangenen – für Individuen, die entweder brutal aus ihren afrikanischen Territorien verschleppt oder fern der Heimat in die Sklaverei hineingeboren wurden, um ihren menschlichen Herren als Haustiere oder als Spaßmacher oder als lebende Reagenzgläser zu dienen? Wenn wir davon ausgehen, daß es so gut wie unmöglich ist, sie in ihre angestammte Heimat zurückzubringen und dort auszuwildern, was können wir hier und jetzt tun, um ihre Lebensbedingungen zu verbessern?

Von Nutzen wären drei gesetzgeberische Maßnahmen. Erstens gehört in Anbetracht der Tatsache, daß die Schimpansen unsere nächsten lebenden Verwandten im Naturreich sind, der Privatbesitz dieser Tiere (beziehungsweise das Privateigentum an ihnen) von Rechts wegen verboten. Ebensowenig wie es ein «Besitz»- oder «Eigentumsrecht» an anderen Menschen gibt, sollte es diese Rechte in bezug auf ich-bewußte Wesen geben dürfen, die dem Menschen so nahe verwandt sind. Ich will damit nicht sagen, daß Schimpansen, die derzeit von Menschen im Haus gehalten werden, auf der Stelle eingezogen werden müßten (es sei denn, sie werden unter schlimmsten Bedingungen gehalten). Dieses Vorgehen würde nur zusätzliche Leiden schaffen, da zwischen Schimpansen und ihren Besitzern im Normalfall eine starke warmherzige Gefühlsbindung besteht. Doch in Zukunft müßte der Erwerb der Tiere durch Privatpersonen verboten sein.

Zweitens sollte der Gesetzgeber dem Einsatz von Schimpansen im Unterhaltungsgewerbe einen Riegel vorschieben, weil diese Form der Ausbeutung zu häufig mit roher und entwürdigender Behandlung verbunden ist. Mein Vorschlag zielt nicht darauf ab, Filmaufnahmen des natürlichen Verhaltens von Schimpansen, sei's in freier Wildbahn, sei's in Gefangenschaft, unter Verbot zu stellen. Aber die Tiere sollten nicht gezwungen werden können, als Menschen kostümiert andressierte Routinen vorzuführen, egal ob im Zirkus oder Varieté, zu Reklamezwecken, für Ansichtspostkarten, Kalender und dergleichen oder für Spielfilme. Auch sollten sie weder von Fotografen noch in anderen Gewerben zum Kundenfang eingesetzt werden dürfen.

Drittens sollten Schimpansen schnellstmöglich aus der medizinischen Forschung abgezogen werden. In Anbetracht unserer engen Verwandtschaft mit diesen Menschenaffen verstößt ihr weiterer Einsatz in diesem Bereich schlichtweg gegen Ethik und Moral. Bei der Entwicklung von Alternativen zum Einsatz lebender Tiere sind bereits viele Fortschritte zu verzeichnen. Mit vermehrten psychologischen und ökonomischen Anreizen wird ihre Zahl fraglos noch ansteigen. Wenn solche Alternativen vorliegen und ihre Effizienz und Gefahrlosigkeit erwiesen ist, müßten Forscher und Arzneimittelhersteller von Rechts wegen verpflichtet sein, sich ihrer zu bedienen.

Das Endziel ist natürlich, überall in der Welt einen vergleichbaren Rechtszustand zu schaffen. Tatsächlich gibt es bereits Stellen auf dem Globus, wo ein aufgeklärtes Bewußtsein diese Verbote betreffend die Nutzung von Schimpansen zumindest teilweise realisiert hat. In Großstädten wie zum Beispiel Toronto dürfen keine Zirkusse mit Dressurakten exotischer Tiere im Programm gastieren. In Schweden gelten für den Einsatz nichtmenschlicher Lebewesen in der medizinischen Forschung strenge Gesetze, mit dem Erfolg, daß in schwedischen Labors keine Schimpansen eingesetzt werden. Auch britische Labors verwenden keine Schimpansen, allerdings nur wegen der hohen Kosten, die ihre Haltung verursacht. Britische Wissenschaftler, die der Meinung sind, für ihre speziellen Forschungszwecke auf Schimpansenversuche nicht verzichten zu können, nutzen die Serviceleistungen ausländischer Labors.

Wenn die genannten Restriktionen weit und breit durchgesetzt werden, wie dies letzten Endes kommen muß und auch kommen wird, werden zu guter Letzt alle gefangenen Schimpansen in Zoos oder Asylen leben. In einer Menge Zoos jedoch werden Schimpansen (wie auch andere Tiere) nach wie vor unter ganz unsachgemäßen Bedingungen gehalten. Das gilt sogar für die Vereinigten Staaten, ebenso für Großbritannien und andere reiche Länder Westeuropas. Aber allenthalben bessern sich jetzt in den Zoos die Verhältnisse, und zwar großenteils weil eine zunehmend besser informierte Öffentlichkeit beharrlich nach Änderung ruft. In beinah allen Zoos, wo ich bei meinen Besuchen in jüngerer Zeit noch die indiskutablen altmodischen Käfige vom Typ Gefängniszelle vorfand, existieren Pläne für den Bau neuer Schimpansenanlagen, und mancherorts hat man sogar schon begonnen, sich um die Beschaffung der Mittel für die Verwirklichung dieser Pläne zu bemühen.

Schimpansen im Zoo zu besuchen, ist für mich kein Vergnügen. Am liebsten sähe ich alle Schimpansen in afrikanischen Urwald-Naturparks in Freiheit leben. Selbst im besten Zoo, wo sie reichlich Platz und reichlich Anregung haben und in Sozialverbänden von ansehnlicher Größe zusammenleben, ist ihr Dasein öd im Vergleich zu dem Leben in einem Wald wie dem von Gombe. Niemals werden gefangengehaltene Schimpansen die schiere Lust kennenlernen, die es bedeutet, nach langer Wanderung an einem Platz anzukommen, wo über und über mit den ersten köstlichen Früchten der neuen Saison beladene Bäume stehen. Sie können nicht am Abend hoch hinauf in Baumkronen klettern und aus frischgebauten Nestern von federnden grünbelaubten Zweigen die Blicke über Berge und Täler ihres Territoriums schweifen lassen. Unbekannt bleibt ihnen die Freude und Ausgelassenheit der Teilnehmer eines Massentreffens, zu dem sich die Mitglieder einer wildlebenden Sozietät zeitweilig zusammenfinden und das den erwachsenen Männchen Gelegenheit gibt, ihre Tapferkeit zu demonstrieren, und den Jüngeren Gelegenheit zum Spielen. Niemals werden gefangengehaltene Schimpansen das Abenteuer der Jagd kennenlernen oder den Kitzel der Gefahr, von dem Begegnungen zwischen den Mitgliedern zweier selbständiger Sozialverbände begleitet sind. Ein gefangenhaltenes Männchen kann niemals – sei's allein oder mit seiner augenblicklich Erwählten – seine eigenen Wege gehen.

Wir sollten uns allerdings stets daran erinnern, daß das Leben in der Wildnis nicht immer ganz leicht ist. In Gombe wie andernorts werden Schimpansen manchmal Opfer schmerzhafter Verletzungen oder Erkrankungen. Nie werde ich die Schreckenszeit der Polio-Epidemie vergessen oder den gebrochenen Arm von Mandys Kind oder die Marter, die Passion während der letzten Tage vor ihrem Tod in den Klauen einer unbekannten Krankheit zu erdulden hatte. Und gemütlich ist es in der freien Natur auch nicht immer, am allerwenigsten in der feuchten Jahreszeit, während der die Schimpansen unter Umständen tagelang, nächtelang frieren und frösteln. Sich auch eine Lungenentzündung holen und daran sterben können. Ja, selbst in dem mustergültigen Naturschutzgebiet Gombe hat das Leben seine Härten. Trotzdem ist die Situation der Gombe-Schimpansen eine paradiesische, verglichen mit derjenigen der Schimpansen in ungeschützten Gebieten, die ständig dem Risiko ausgesetzt sind, von Wilderern gejagt zu werden. Nicht nur drohen diesen Tieren schmerzhafte Verstümmelungen durch Fallen und Gewehrkugeln, sondern insbesondere die Mütter kleiner Kinder müssen unablässig aufpassen, ob nicht irgendwo ihre gerissenen menschlichen Feinde zu sehen, zu hören oder zu riechen sind. Abgesehen von wenigen Naturparks, werden die wilden Schimpansen in ihrem gesamten Verbreitungsgebiet durch die unbarmherzige Abholzung der afrikanischen Urwälder auf immer kleiner und kleiner werdende Areale verbannt. Ich frage mich, ob sich nicht vielleicht viele, wenn nicht sogar die meisten dieser unter wachsender Verfolgung leidenden Tiere, wenn sie die Wahl hätten, für das Leben in einem der besseren Zoos entscheiden würden. Dieser Gedanke ging mir neulich durch den Kopf, als ich ein erwachsenes

Schimpansenmännchen mit glattem und glänzendem Fell in selbstbewußter, stolzer Haltung auf einem Hochplateau seines weitläufigen Freigeheges sitzen sah, während drunten sein Harem und zwei rangniedrigere Männchen in der Nachmittagssonne friedlich ihr Futter verzehrten und Fellpflege trieben. Der Pascha sah so aus, als sei er restlos zufrieden mit seinem Schicksal. Er ist in Gefangenschaft geboren; den Reiz des Lebens in freier Wildbahn hat er niemals kennengelernt. Seine Lebenswelt ist das Schimpansengehege eines europäischen Zoos.

Tatsache ist, daß viele Zoos sich ausgezeichnete Schimpansengehege zugelegt haben, in denen die Tiere in Gruppen leben. Und im Lauf der vergangenen Jahre hat der Brauch, die Umwelt gefangengehaltener Schimpansen anregend und unterhaltsam auszugestalten und damit die Lebensqualität der Tiere zu steigern, immer weiter um sich gegriffen. Letztes Jahr besuchte ich den Tama-Zoo bei Tokio. Hier lebt eine vielköpfige Schimpansenhorde in einem Gehege, das zwar zu klein ist, dafür jedoch zu den bestausgestatteten auf der ganzen Welt zählt. Die Tiere haben Kletterbäume und -seile und -reifen. Treppenförmig angeordnete dicke Plattformen aus Beton spenden reichlich Schatten, und in die Pfosten, die die Plattformen tragen, sind Löcher eingebohrt, die von den engagierten Pflegern jeden Morgen mit Rosinen vollgestopft werden. An einem Amboß aus Stein ist mit einer Kette ein steinerner Hammer befestigt, und immer mal wieder wird den Schimpansen eine Handvoll hartschaliger Nüsse zum Knacken vorgeworfen (am Tag meines Besuchs waren es *Queensland nuts* von der *Macadamia ternifolia*). Das faszinierendste Animationsgerät war in meinen Augen jedoch ein trommelförmiger Gegenstand von etwa einem Meter Höhe und fünfundvierzig Zentimeter Durchmesser, innen hohl und mit einer Anzahl Löcher in der Betonwandung. Der Kurator machte mich auf eine große Informationstafel bei dem Gehege aufmerksam, auf der drei gemalte Schimpansen zu sehen waren, die eifrig mit Stöcken in die Betontrommel hineinstocherten, um den Inhalt – was immer der sein mochte – herauszupulen. Er übersetzte mir die japanische Bilderklärung, in der die Besucher darüber belehrt wurden, daß es sich bei dem trommelförmigen Gegenstand um einen künstlichen Termitenhügel handle; er war geschaffen worden, nachdem der Kurator den Bericht einer jungen Engländerin namens Jane Goodall über termitenfischende Schimpansen in Afrika gelesen hatte. 1963 angefertigt (und mit Honig anstelle von Termiten gefüllt), war dies der erste in einem Zoogehege installierte künstliche Termitenhügel. Inzwischen haben die Schimpansen eine wirklichkeitsgetreuere Variante bekommen, aber der Prototyp ist immer noch da.

Als ich 1961 zum erstenmal von Gombe nach England heimkehrte, erinnerte ich mich an zwei arme Schimpansen in einer Betonzelle im Londoner Zoo und entwarf für sie eine «Honig-Angelkiste». Ein Bekannter im Londoner Naturgeschichtlichen Museum baute sie für mich: mit zinkausgeschlagenem Innenraum, Löchern im Deckel und zwei Bolzen, mit denen sie im Betonboden verankert werden konnte. Voller Spannung präsentierte ich sie dem damaligen Kurator des Londoner Zoos, Desmond Morris. Aber meine Honig-Angelkiste wurde nie benutzt, weil der Revierpfleger zu dem Schluß kam, Honig-Nachfüllen und Sauberhalten würden zuviel Arbeit machen. In der Tat haben diese Reviertierpfleger der alten Schule aufgrund ihrer beachtlichen Machtstellung in vielen Fällen mit ihrem starren Festhalten am Hergebrachten die Einführung von Verbesserungen in den Lebensbedingungen der Zooschimpansen verzögert. Eine der effektivsten Bereicherungen der Lebensqualität ist «frisches Grün» – von ungiftigen Bäumen und Sträuchern genommene Äste und Zweige. Die Blätter können gegessen oder in gekautem Zustand oder zusammengeknüllt als Trinkschwämme benutzt werden; von den Ästen kann die Rinde abgeknabbert werden; und von den dickeren Zweigen lassen sich Gerten abreißen, die als Werkzeuge benutzt werden können. Die Einführung des frischen Grüns brachte für manche Schimpansengruppe große Veränderungen mit sich. So zum Beispiel führte sie zu einem Rückgang der unschönen Gewohnheit des Kotessens. Aber in vielen Zoos mußte erst eine Mauer des Widerstands überwunden werden, ehe diese nützliche und preiswerte Regelung eingeführt werden konnte. Der Abfall würde die Kanalisation verstopfen, lautete ein Einwand.

In manchen Zoos kostet es zwar immer noch Kampf, neue Ideen irgendwelcher Art zu realisieren, aber im ganzen gesehen sind Kuratoren und Tierpfleger heute aufgeschlossen für Veränderungen. Wir wissen inzwischen über das natürliche Verhalten von Wildtieren sehr viel besser Bescheid als früher, und entsprechend besser sind wir in der Lage, ihren – körperlichen, seelischen und sozialen – Bedürfnissen in der Gefangenschaft gerecht zu werden. Viele Tierpfleger sind in Ethologie ausgebildet und hochmotiviert, für ihre Schutzbefohlenen ihr Bestes zu geben, selbst wenn das mit Mehrarbeit verbunden ist. Ich erinnere mich an einen Besuch bei meinem inzwischen verstorbenen guten Freund Sheldon Campbell, kurz nachdem er Direktor des Zoos von San Diego in Kalifornien geworden war. Er wollte mir unbedingt das neue Bonobogehege zeigen. Es gab darin einen künstlichen Termitenhügel und auch einen Baumstamm mit mehreren Höhlungen, die gerade mit Wasser gefüllt worden waren. Einer der Bonobos (Zwergschimpansen) griff sich eine Handvoll Blätter, knüllte sie zusammen und benutzte sie als Schwamm, mit dem er Wasser zum Trinken auftunkte. Sheldon wandte sich zu mir: «Vor fünfzehn Jahren, liebe Jane, haben wir beide uns diese Bonobos in ihrer alten Felsengrotte angesehen. Du hast damals gesagt: ‹Wäre es nicht schön, wenn man ihnen Vertiefungen für Trinkwasser in den Betonboden machen würde und wenn sie einen Termitenhaufen hätten, damit sie etwas zu tun haben?› Ist es nicht ein Jammer, daß es so lange gedauert hat, bis eine derart simple Sache realisiert war?»

Wir alle sind, jeder auf seine Weise, konservativ, sperren uns gegen Veränderungen – genau wie übrigens auch die meisten Schimpansen. Doch die Welt ändert sich, und auch wir *müssen* uns ändern.

Afrikanische Zoos sind im großen und ganzen niederschmetternde Orte, wo die Tiere in Betonzellen hausen und meist sehr wenig zu fressen kriegen. Nicht unbedingt, weil die Direktoren und das Personal Unmenschen wären. Vielmehr ist es manchmal einfach so, daß sie sich mit den Bedürfnissen der Tiere nicht auskennen, und noch häufiger sind die fehlenden Geldmittel für die skandalösen Zustände verantwortlich. Ich besuchte einmal einen Zoo – es war der von Brazzaville in Kongo –, wo weder die Leitung noch die Mitarbeiter etwas von den Tieren verstanden oder sich überhaupt für sie interessierten und wo das Geld hinten und vorn nicht reichte. Was dabei herauskam, war für die Tiere eine Hölle. Der Direktor – heute nicht mehr im Amt – füllte seine Bestände regelmäßig mit Tieren auf, die er für ein paar Dollar von heimischen Jägern kaufte. Die hielt er zur Unterhaltung einiger Wochenendbesucher, bis sie an Unterernährung eingingen. Dann wurden sie ersetzt. Das Verfahren war billiger und sparte Arbeit.

Die Schwierigkeit beginnt natürlich schon damit, daß in Städten wie Brazzaville die meisten Menschen sich nicht mehr als eine Mahlzeit pro Tag leisten können. Wert und Kaufkraft der kongolesischen Währung sind direkt vom Kurs des französischen Franc abhängig, deshalb sind die Lebenshaltungskosten in Kongo horrend. Wie sollen wir es vertreten, so werde ich andauernd gefragt, daß wir Nahrungsmittel für nichtmenschliche Wesen im Zoo bereitstellen, während gleichzeitig Menschen verhungern? Die Antwort ist meines Erachtens ganz einfach. Diese Tiere sind von Menschen in ihre Käfige gesteckt worden. Sie können sie nicht verlassen, um selbst nach Nahrung zu suchen. Sie sind auf uns angewiesen. Wenn wir sie nicht füttern wollen, müssen wir sie entweder freilassen oder töten.

Bei meinem ersten Besuch im Zoo von Brazzaville begegnete ich dort Grégoire. Das ist jetzt schon eine ganze Weile her, aber ich erinnere mich noch heute an die aus ungläubigem Staunen und Entrüstung gemischte Empfindung, die mich beim Anblick dieser einsamen Gestalt in ihrem kahlen Käfig mit Betonfußboden überkam. Die fahle, fast völlig nackte Haut umspannte den abgemagerten Körper so straff, daß jeder Knochen zu sehen war. Während die dünne, knochige Hand nach dem dargebotenen Brocken griff, blieb der Blick stumpf. War das wirklich ein Schimpanse? Offenbar doch: «Chimpanzé» vermeldete ein Schild über dem Käfig mit dem Zusatz: «GRÉGOIRE – 1944». Neunzehnhundertvierundvierzig! Es war kaum zu fassen. In diesem düsteren, unwirtlichen Käfig schmachtete Grégoire seit sechsundvierzig Jahren!

Eine Schar kongolesischer Kinder näherte sich still. Ein Mädchen von ungefähr zehn Jahren hielt eine Banane in der Hand. Sie beugte sich über das Sicherheitsgeländer und rief laut: «Danse, Grégorie, danse!» Mit bizarren mechanischen Bewegungen stellte sich der alte Schimpansenmann aufrecht hin und wirbelte um seine eigene Achse – einmal, zweimal, dreimal. Dann trommelte er, immer noch aufrecht stehend, mit beiden Händen auf das einzige Inventarstück seiner

Bleibe, ein schiefhängendes Regal an der Wand. Er beendete seine wunderliche Darbietung mit einem Handstand, bei dem er mit den Füßen die Gitterstäbe zwischen sich und den Zuschauern umschlang. Das Mädchen streckte ihm die Banane hin, und daraufhin kehrte er in Normalhaltung zurück und langte hinaus, um seinen Lohn in Empfang zu nehmen.

Die Begegnung fand statt, kurz nachdem Nelson Mandela von der weißen Regierung Südafrikas aus langer Haft entlassen worden war. Ich wurde damals von einem kongolesischen Beamten begleitet, der nicht das geringste von Schimpansen verstand. Nachdem er Grégoire eine Weile betrachtet hatte, wandte er sich mit ernstem Gesichtsausdruck zu mir: «Ich glaube, der da ist unser Mandela .» Ich war gerührt von diesen Worten, weil ich das Mitgefühl spürte, von dem sie getragen waren.

In der Nacht schob sich das Bild des ausgemergelten Grégoire zwischen mich und den Schlaf. Wie hatte er diese langen verdrießlichen Jahre, entblößt von fast allem, was dem Leben eines Schimpansen seinen Sinn gibt, überstehen können? Welche innere Beharrlichkeit hatte ihn am Leben erhalten? War es nicht, als ob er – und mit ihm all die anderen ausgehungerten, verwahrlosten Schimpansen in mittellosen afrikanischen Zoos – die ganze Zeit auf Hilfe wartete?

Ermutigend ist es, wie Menschen reagieren, wenn sie erst einmal von einer Situation wie der im Zoo von Brazzaville Kenntnis erhalten haben. Zwei britische Organisationen – die Royal Society for the Prevention of Cruelty to Animals (Königliche Gesellschaft zur Unterbindung der Tierquälerei) und die World Society for the Protection of Animals (Welt-Tierschutzgesellschaft) – überwiesen eine finanzielle Soforthilfe. Ortsansässige eilten zu Hilfe, an erster Stelle der britische Botschafter Peter Chandley und seine Ehefrau Jane sowie der amerikanische Botschafter Dan Phillips und seine Ehefrau Lucie. Wir stellten einen Pfleger an, damit jemand da war, der Grégoire und die sechs anderen Schimpansen fütterte und betreute. Jean Maboto, der diese Aufgabe übernahm, hatte zwar zuvor noch nie mit Tieren gearbeitet, entwickelte jedoch in kurzer Zeit eine wunderbare Beziehung zu seinen Schützlingen. Mit dem Anwachsen der Schimpansenkolonie durch Neuzugänge (unter anderen die sieben Emigranten aus Zaire, von denen in einem früheren Kapitel die Rede war) mußten zwei weitere Pfleger eingestellt werden. Und wie ebenfalls schon erwähnt, stieß dann auch noch Graziella Cotman aus Zaïre zu unserem Mitarbeiterstab. Heute sind alle Schimpansen gesund und wohlgenährt, und Grégoire trägt wieder ein ansehnliches Quantum Fellhaar auf dem ansehnlich gerundeten Leib.

Wir können uns nicht aller Schimpansen in allen an Geld- und Arbeitskräftemangel krankenden afrikanischen Zoos annehmen. Unser schmales Budget ist bereits bis an die Grenze der Belastbarkeit strapaziert. Keine Frage, es muß eine langfristig wirksame Lösung her, Hunger und Elend so vieler Tiere abzustellen. Dessenungeachtet sind wir auch in anderen afrikanischen Tiergärten, wo unsere Hilfe verlangt war, aktiv geworden – so zum Beispiel in einem kleinen Zoo in Tansania, wo seit neun Jahren ein erwachsenes Männchen in vollkommener Einsamkeit lebt: In Zusammenarbeit mit der Regierung bauen wir dort ein größeres Gehege, in dem wir das einzige illegal im Land befindliche Schimpansenkind zusammen mit dem Erwachsenen unterzubringen vorhaben. Im Zoo von Entebbe hilft ein Vertreter des Jane Goodall Institute bei der Betreuung der von der ugandischen Regierung beschlagnahmten Schimpansenkinder mit. Im Zoo von Entebbe baut die Conoco Angola ein großes Gehege für die drei dort lebenden Schimpansen, in dem auf längere Sicht auch beschlagnahmte Jung- und Haustiere aus dem bewaldeten nördlichen Landesteil Unterkunft finden sollen. Und dann ist da noch der sogenannte Zoo von Pointe-Noire in Südwestkongo.

Über die schauerlichen Zustände in Pointe-Noire hörte ich zum erstenmal von Ian Redmond, der für die BBC die Sendung *Wildlife Magazine* macht. Er zeigte mir das Foto eines ausgemergelten und niedergedrückten Schimpansen, der allem Anschein nach am Verhungern war. Ian erzählte mir, daß es in dem «Zoo» sieben erwachsene Schimpansen gebe, von denen keiner regelmäßig gefüttert oder getränkt werde, dazu zwei am Rande des Tods stehende Kleinkinder. Neben etlichen Jammergestalten von Tieraffen und einer großen Schildkröte waren diese Schimpansen (glücklicherweise) die einzigen Tiere in dem Etablissement.

Gleich beim ersten Blick auf jenes Foto wußte ich, daß wir uns hier um Abhilfe bemühen mußten. Karen Pack, die fließend Französisch sprach und bereits einen Besuch in Kongo hinter sich hatte, war die ideale Sendbotin für die Durchführung der Rettungsaktion. Schon zehn Tage nach meinem Gespräch mit Ian traf sie in Pointe-Noire ein. Von den Kleinkindern war eines bereits gestorben, aber das zweite war dem Zoo entzogen und in die Obhut der einheimischen Geschäftsfrau Aliette Jamart und ihres Ehemanns gegeben worden. Wir konnten für Karen nur sehr wenig Geld erübrigen, und Kongo ist ein teures Pflaster. Zum Glück für uns und die Schimpansen nahm Roger Simpson, der Präsident der Conoco Kongo (einer der konzessionierten Ölgesellschaften in der Region), Karen unter die Fittiche der Conoco und geizte nicht mit logistischer Unterstützung. Nicht lange, und die Zustände im Zoo hatten sich enorm gebessert. Regelmäßig gefüttert und getränkt, ging die ausgemergelte «La Vieille» (Die Alte), deren Foto die ganze Aktion in Gang gebracht hatte, binnen kurzem regelrecht auf, und es zeigte sich, daß sie gar nicht so alt war. An der Größe der – viel zu kleinen – Käfige konnte Karen nichts ändern, aber sie ließ Verbindungstüren aufmachen, so daß zumindest einige der vormaligen Einzelhäftlinge zusammenkommen konnten. Und sie knöpfte sich die Pfleger vor und arbeitete mit ihnen, brachte ihnen Kenntnisse über Schimpansen bei, erklärte ihnen die verschiedenen Persönlichkeitstypen. Die beiden Männer, die sich vorher vor den Tieren gefürchtet und sie mehr gehänselt und gepiesackt als gefüttert und getränkt hatten, wandelten sich nach und nach zu engagierten Tierpflegern.

Ich werde nie den Besuch vergessen, den ich ein halbes Jahr nach Karens Ankunft machte. Ich sah zu, wie einer der Pfleger sich einem Käfig näherte, in dem ein erwachsenes Männchen und zwei Weibchen untergebracht waren. Das große Männchen ging ihm sofort bis zu den Stangen entgegen, streckte beide Arme nach draußen, zog den einstigen Quälgeist zu sich her und küßte ihn. Das eine Weibchen kam eilends herbei, sich ihren Anteil von Zuwendung abzuholen. Das zweite Weibchen, schon immer scheu, hielt sich im Hintergrund. Der Pfleger hielt den Blick auf sie gerichtet und sprach auf sie ein, und nach einigen Minuten kam auch sie vorsichtig und schüchtern näher. «Ô ma chérie», sagte er und langte behutsam durch die Käfigstangen, um sie

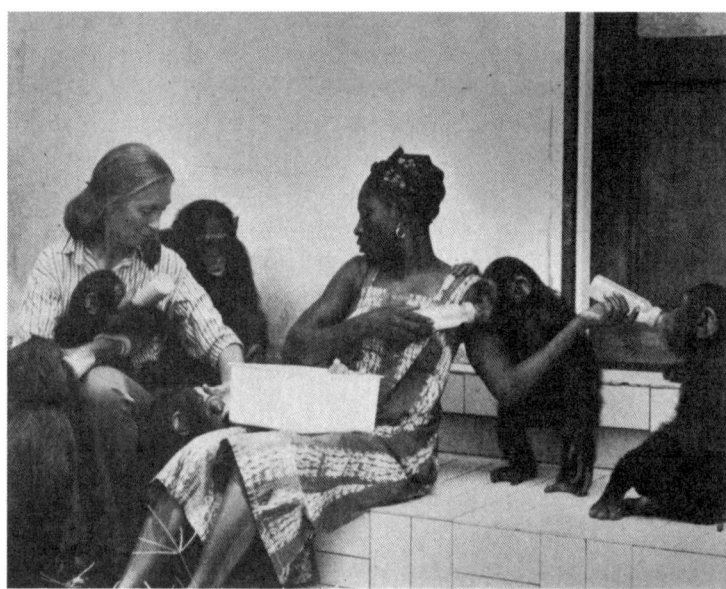

In Pointe-Noire, Republik Kongo, wurden Schimpansen aus einem Horror-Zoo befreit und in einem Privathaus gehalten, während Jane Goodall (links) und ihre Mitstreiter sich um die Einrichtung einer dauerhaften und sicheren Bleibe für sie bemühen. *(Steve Metthews)*

am Kopf zu streicheln. Der Ton seiner Stimme und die Geste trieben mir die Tränen in die Augen – das war Liebe.

Nachdem die Dinge in Pointe-Noire erst einmal in Fluß geraten waren, begannen die Ortsbehörden im Zuge striker Anwendung der Gesetze Schimpansenkinder im Besitz einheimischer Jäger zu beschlagnahmen. Das Jane Goodall Institute kümmerte sich weiterhin um die Zooschimpansen, aber die Betreuung der beschlagnahmten Kleinen hätten Karens Möglichkeiten überstiegen; daraufhin erklärte Aliette Jamart sich bereit, sie in Pflege zu nehmen. Sie übernahm auch von allen möglichen dankbaren Vorbesitzern die bisherigen Haustiere. Binnen kurzer Zeit hatte sie in Haus und Hof vierundzwanzig Jungtiere beisammen und zu versorgen. Wir unterstützten sie, so gut wir konnten, und begannen uns den Kopf darüber zu zerbrechen, wie man ein Asyl für ihre Schützlinge schaffen könnte. Die Conoco Kongo erklärte sich großzügig bereit, den Bau zu übernehmen. Aber dann brauchten wir so lange, um mit der Sache in Gang zu kommen (aus den verschiedensten Gründen mußten wir dreimal auf einen definitiv gewählten Standort letztlich doch wieder verzichten), daß eine verzweifelte Madame Jamart ihre Menschenaffensippe auf einer Flußinsel bei der gabunischen Grenze aussetzte. Dort gibt es nicht genügend Nahrung für die Tiere, so daß jetzt eine bezahlte Hilfskraft täglich Futter dorthin bringt. Während der Niederschrift dieser Zeilen befindet sich das Conoco- / Jane-Goodall-Institute-Asylum endlich im Bau, und spätestens bei Erscheinen dieses Buches werden die Schimpansen aus dem Zoo von Pointe-Noire zu guter Letzt eine richtige Heimat haben.

Viele Tierschützer halten es für Geldverschwendung, in Afrika die Unterbringungsbedingungen in den Zoos zu verbessern und Asyle für verwaiste Schimpansen zu bauen. Sie meinen, die Mittel wären für den Schutz vorhandener Naturlandschaften und freilebender Schimpansen besser eingesetzt. In der Tat sind Asyle teuer. Allerdings gibt es nicht viele Menschen, die, nachdem sie einem verwaisten Schimpansenkind begegnet sind und ihm in die verzweifelten Augen gesehen haben, noch imstande wären, sich unbekümmert anderen Dingen zuzuwenden.

Tatsache ist, daß der Bau von Asylen dem Tierschutz über die Rettung einzelner Schimpansenleben hinaus noch auf mannigfache andere Weise nützen kann. Nur da, wo die Behörden ohne amtliche Genehmigung gefangene, gehandelte oder gehaltene Schimpansen rigoros konfiszieren, besteht Aussicht, dem nach wie vor quer durch ganz Afrika betriebenen illegalen Schimpansenhandel Einhalt zu gebieten. Und solange es keinen Ort gibt, wo beschlagnahmte Schimpansenwaisen untergebracht und betreut werden können, sind Beschlagnahmungen kaum sinnvoll durchzuführen. Entscheidend wichtig ist, daß keiner der Beteiligten auch nur einen einzigen Pfennig Geld erhält – der Jäger nicht, der Mittelsmann auf dem Markt nicht und der Haustierhalter nicht. Alles andere würde den Handel perpetuieren.

Asyle können einer begrüßenswerten Variante des Tourismus Auftrieb geben und zudem eine wichtige Bildungsaufgabe erfüllen. Wir hoffen, daß die zwei bislang in Afrika vorhandenen Asyle – das «Chimfunshi» in Sambia und das «Schimpansen-Rehabilitationsprojekt» in Gambia – bald durch ein quer über den ganzen Kontinent sich erstreckendes Netz von Asylen und Rehabilitationsprojekten ergänzt und verstärkt sein werden. Wir hoffen, daß sich viele Besucher – Touristen wie Ortsansässige und vor allem Kinder – einstellen werden, um die Schimpansen zu besichtigen und Kenntnisse über sie zu erwerben. Für afrikanische Stadtkinder ist es nicht leicht, die Wildfauna, die etwas so Großartiges in ihrem nationalen Erbe darstellt, auch einmal zu Gesicht zu bekommen. Und für Kinder, die im Busch leben, sind alle Tiere in der Regel zunächst einmal nichts als Jagdwild und Fleischlieferanten. Wir werden in jedem unserer Asyle Einrichtungen für die Erziehung zum Tierschutz schaffen. Wir wollen den Besuchern die Möglichkeit geben, sich das natürliche Verhalten von Tieren (selbstverständlich nicht nur das von Schimpansen) auf Videofilm anzusehen, Bücher darüber zu lesen und Fragen dazu zu stellen. Die Einheimischen müssen die Chance erhalten, etwas über die staunenswerten Geschöpfe zu lernen, die Mitbewohner ihres Landes sind.

Asyle sind wichtig für die Rettung von Individuen und notwendig für die Unterbindung des grausamen und verderblichen Handels mit lebenden Schimpansenbabys. Dieser Handel zählt zusammen mit der Jagd zum Nahrungserwerb und dem Schwund des Lebensraums zu den drei größten Bedrohungen, denen das Überleben der Schimpansen in Afrika ausgesetzt ist. Freilich verlangt die Erhaltung der Schimpansen als Wildtierart in Afrika auch Schutz und Erhaltung ihres natürlichen Lebensraums.

Einigen afrikanischen Staaten und ihren Regierungen gebührt große Anerkennung für die Erhaltung von Teilstücken des Schimpansenlebensraums durch deren Umwandlung in Naturparks oder Urwaldreservate; anerkannt werden sollte jedoch auch die Tatsache, daß durch Wissen und Einsicht dem Handeln der Boden bereitet wird: Lebensraum wird erhalten, weil Wissenschaftler aus aller Welt nachgewiesen haben, wie wichtig dies ist. Gombe war zwar schon Urwaldreservat, bevor Jane Goodall dorthin kam, doch der Anklang, den ihre frühen Arbeiten weltweit fanden, dürfte es gewesen sein, was die Tansanier bewog, Gombe zum Nationalpark und damit für alle Zeit zum Naturschutzgebiet zu machen. Und die bahnbrechenden

Forschungen des Primatologen Toshisada Nishida dürften es gewesen sein, aus denen die Einsicht hervorging, wie wichtig es war, einen «Nationalpark Mahale-Berge» zu schaffen. Den Menschen in Elfenbeinküste ist der Zauber des Tai-Walds seit langem bekannt, aber welche Bedeutung der «Nationalpark Tai-Wald» als Herzstück des Naturschutzes in Westafrika hat, das bestätigt sich in den laufenden Forschungen des Ehepaars Christophe und Hedwige Boesch zur Schimpansenkultur.

Auch anderswo, in anderen Teilstücken des verbliebenen Schimpansenlebensraums, studieren Forscher das Verhalten wilder Schimpansen, und es steht zu hoffen, daß ihre Anwesenheit und ihre Arbeit die Notwendigkeit der Rettung dieser Teilstücke klarmachen. Der Kibale-Wald in Uganda ist selbstverständlich vom ugandischen Staat unter Naturschutz gestellt worden, doch die Anwesenheit von Isabiriye Basuta, Richard Wrangham und anderen Forschern von der Harvard University und der ugandischen Makere-Universität unterstreicht doch immer wieder, welchen Wert Kibale für die internationale Scientific community hat. In Guinea trägt die Forschungsarbeit von Tetsura Matsuzawa und Yukimaru Sugiyama mit dazu bei, einen kleinen Wald und seine empfindliche Schimpansenpopulation zu schützen. Im gabunischen Lopé-Okanda-Urwaldreservat führten Michel Fernandez und Caroline Tutin eine Reihe von Umweltstudien durch: Lopé ist noch heute eine urtümliche Wildnis und geradezu prädestiniert, zu einem der großen afrikanischen Nationalparks zu werden. Wenn in Zaire erst einmal die derzeitigen politischen Wirren beendet sind, werden die Menschen dieses Landes vielleicht den Entschluß fassen, die eintausendsiebenhundert auf der Erde noch vorhandenen Bonobos in den erstmals von den Primatologen Takayoshi Kani, Richard Malenky und Nancy Thompson-Handler eingehend untersuchten Gebieten unter Schutz zu stellen. Und das im Norden an Zaire angrenzende Kongo besitzt etwas, das man einmal «das letzte Paradies» genannt hat – ein riesiges Stück Wildnis, das vor menschlichem Eindringen so geschützt ist, daß die Tiere dort bis jetzt noch keine Scheu vor Menschen kennen. Dieses – Ndoki genannte – Gebiet müßte «eigentlich» Nationalpark werden; und wenn es das wird, dann gebührt das Verdienst dafür dem Weitblick des kongolesi-

schen Volks und einer Handvoll kongolesischer, japanischer und
amerikanischer Wissenschaftler – namentlich Michael Fay, Suehisa
Kuroda, Masazumi Mitami und Antoine Ruffin Oko.

Der Öko-Gipfel 1992 in Rio de Janeiro hat zwar nicht die von vielen
Umweltschützern ersehnten Resultate erbracht, aber immerhin gezeigt, daß Regierungen in aller Welt den Umweltfragen jetzt mehr Bedeutung als früher beimessen. Nur allzuoft freilich erschöpft sich das
Engagement für den Umweltschutz in – gesprochenen oder gedruck-
ten – Worten, und wenn's ans Handeln geht, bleibt alles beim alten. In
Afrika werden die bislang noch unberührten Naturlandschaften
schonungslos ausgebeutet, nicht nur weil ständig wachsende Men-
schenmassen ständig mehr Bedürfnisse produzieren, sondern auch
um die – sowohl für Entwicklungsaufgaben wie für die Abtragung der
Auslandsschulden – dringend benötigten Devisen zu beschaffen. Wir
Bewohner der Industrieländer, aus denen, was an Natur in urtümlicher
Wildheit und Schönheit hier einmal vorhanden war, zum allergrößten
Teil längst verschwunden ist – wir zeigen scheinheilig mit dem Finger
auf die Entwicklungsländer, weil sie ihr Holz und ihre Wildfauna ver-
schachern, fahren aber fort, ihnen diese Waren abzukaufen. Wir stellen einen großen Teil des Markts, dessen Existenz die tropische Natur
zerstört. Und indem wir sowohl unsere Technologien als auch unsere
«Fachleute» in eben jene Entwicklungsländer exportieren, sorgen wir
dafür, daß sie ihre Naturschätze zu unserem Nutzen immer schneller,
effizienter und aggressiver zerstören.

In den meisten afrikanischen Ländern lebt das einfache Volk im großen und ganzen in bedrückender Armut – einer Armut, wie man sie
sich, wenn man den Kontinent nicht aus eigener Anschauung kennt,
schwerlich vorstellen kann. Der Dorfbewohner, der in der Umgebung
Waldland rodet, um Ackerfläche zu gewinnen, ist sich möglicherweise
im klaren darüber, daß er den Boden ruiniert und daß die Erde hier
bald überhaupt nichts mehr tragen wird. Aber was soll er machen?
Das vorrangige Problem, mit dem er sich jeden Tag aufs neue konfrontiert sieht, besteht für ihn darin, seinen Hunger und den Hunger
seiner Familie zu stillen. Er lebt von Tag zu Tag, jederzeit nur damit
beschäftigt, für den Augenblick zu überleben. Und in strukturell haar-

genau der gleichen Problemlage befinden sich auch die politischen Führer, zumal in den allenthalben in Afrika neu aufkommenden Demokratien.

Den Gedanken an eine Wiederwahl könnte sich jeder Politiker abschminken, der sich im Interesse von Tieren und Vögeln für Naturschutzgebiete stark machen wollte, während gleichzeitig die Ortsansässigen hungern, weil sie nicht genügend Ackerland haben, oder der die Leute an der Wildtierjagd zum Nahrungserwerb hindern wollte.

In Anbetracht der drückenden Not der Menschen in Afrika kommt man an der Einsicht nicht vorbei, daß kaum Hoffnung auf Erhalt und Schutz der wenigen noch verbliebenen Naturlandschaften besteht, solange die menschliche Lebenswelt sich nicht in drei entscheidenden Punkten gewandelt hat. Erstens muß eine andere Einstellung zur Umwelt und zur Bedeutung des Umweltschutzes Platz greifen. Und dieser Einstellungswandel ist im Gang, wie wir gesehen haben. Zweitens muß die Bevölkerungsexplosion gestoppt werden. Drittens sind solide strukturelle Aufbaumaßnahmen vonnöten, die den Menschen in Afrika helfen, sich dem Würgegriff der Armut zu entwinden.

Zweifellos das verhängnisvollste Problem, dem man sich im größten Teil Afrikas heute gegenübersieht, ist die Bevölkerungsexplosion. Sie ist in vieler Beziehung als unmittelbares Erbe des Kolonialismus der Eroberer und Landgewinnler, Kaufleute und Missionare zu begreifen. Wie oft haben nicht die neuen Religionen und die neuen Kulturformen bodenständige Kultur und bodenständiges Brauchtum, die im Einklang mit der Umwelt entstanden waren, beiseite gedrängt. So zum Beispiel war es in vielen traditionellen afrikanischen Gesellschaften Brauch, daß Mütter ihre Kinder mindestens bis zur Vollendung des dritten Lebensjahrs stillten, und bei Frauen, die gerade soviel zu essen haben, daß es für das nackte Überleben reicht, ist die Wahrscheinlichkeit gering, daß sie während der Stillzeit erneut schwanger werden. Eine zusätzliche Gewähr dafür, daß die Menschen nicht mehr Kinder in die Welt setzten, als sie versorgen, nicht mehr Mäuler, als sie ernähren konnten, schuf das vielerorts bestehende Verbot des Geschlechtsverkehrs mit einer stillenden Frau. Doch die Begegnung mit westlicher Technik während der Kolonialzeit resultierte nicht zuletzt auch in reichhaltigerer Ernährung und besserer medizinischer Versorgung.

Die Frauen kamen jetzt sehr viel öfter nieder, und wenngleich die Kindersterblichkeit in ländlichen Gebieten nach wie vor hoch war, blieben dank modernen Arzneimitteln und Massenschutzimpfungen viel mehr Babys am Leben als früher. Moderne Arzneimittel und Massenimpfung waren fraglos positive Neuerungen – bis auf den Umstand, daß sie eine im traditionellen Afrika beispiellose Bevölkerungszunahme mitbewirkten. Gleichzeitig wandelten sich unter dem Einfluß westlicher Technologie die Landbau-, Fischerei- und Jagdmethoden, während Holzwirtschaft und viele andere Formen der Umweltausbeutung zum gewinnträchtigen Geschäft wurden, einem Geschäft freilich, das in vielen Fällen die einzelnen Länder um ihre Naturschätze brachte.

Die Landverwüstungen rund um Gombe liefern mir ein ungeschöntes Abbild dessen, was überall in Afrika passiert. Nachdem jetzt alle Bäume weg sind, werden die Bauern in zehn Jahren keine Feldfrüchte mehr ernten und keine Fische mehr fangen, denn die Ackerkrume wird fortgespült und die Laichplätze werden verschlammt sein. (Übrigens werden dank dem Einsatz von Treibnetzen – die von einer Industrienation in allerbester Absicht gespendet wurden – auch nicht mehr viele Fische da sein, die Plätze zum Laichen benötigen.) Was werden diese Menschen dann tun? Ihre Zahl nimmt ständig zu, ihre Ressourcen nehmen ständig ab, beides in alarmierendem Tempo. In anderen Ländern, wo die Menschen jahrhundertelang von der Jagd auf Wildtiere gelebt haben, ist das Generalthema das gleiche, nur die Einzelheiten sind andere: Hier herrschen das gleiche rapide Bevölkerungswachstum und die gleiche Erschöpfung der natürlichen Ressourcen, deren Tempo sich mit zunehmender Perfektionierung der Jagdwerkzeuge ständig beschleunigt. Wild wird nun nicht mehr nur für die Eigenversorgung des Jägers, seiner Familie und seiner Dorfgenossen erbeutet, sondern für die Belieferung der ständig expandierenden Städte. Kein Wunder, daß der Tierbestand und die Wälder so rasch dahinschwinden.

Viele Jahre lang war es unter Naturschützern tabu, von Familienplanung auch nur zu sprechen. Und aus ideologischen Gründen strichen die Vereinigten Staaten vor kurzem im Regierungshaushalt die finanziellen Mittel zur Unterstützung internationaler Organisationen für Familienplanung zusammen. Obendrein ließen sich in Industrieländern wie Entwicklungsländern immer wieder Stimmen vernehmen, die behaupteten, hinter jedweder Propaganda für Familienplanung stecke lediglich die Absicht, die Bevölkerungszahlen in der Dritten Welt zu drücken, um so die Überlegenheit der Industrienationen abzusichern. Inzwischen haben die afrikanischen Führer die Verfehltheit dieses Arguments sehr wohl erkannt, haben sehr wohl erkannt, daß es die immer raschere Zunahme der Bevölkerungszahlen ihrer Länder ist, die zusammen mit der immer rascheren Vernichtung der natürlichen Ressourcen strukturellen Fortschritt und bessere Lebensbedingungen verhindert. Überall in Afrika und zumal in den urbanen Zentren, wo Kinderreichtum eine große ökonomische Belastung darstellt, findet ein Einstellungswandel statt. In ländlichen Gebieten ist es allerdings immer noch häufig der Fall, daß mehr Kinder in die Welt gesetzt werden, als die Erzeuger ernähren können. Nicht zu übersehen ist daher das dringende Bedürfnis, der verbesserten medizinischen Versorgung die Instruktion im Was und Wie der Geburtenbeschränkung mit gleichzeitiger Vermittlung eines neuen Wertekanons, in dem Kinderreichtum eine stark verminderte Priorität besitzt, zur Seite zu stellen. Auf diesem wie auch auf zahlreichen anderen Gebieten von großem Belang für den Naturschutz könnte die in ganz Afrika allmählich erstarkende Frauenbewegung viel bewirken.

Afrika ist in einem Teufelskreis gefangen. Einzig die Beseitigung der lähmenden Armut, die so große Teile des Kontinents in ihrem Würgegriff hält, schafft die Voraussetzung dafür, daß die Menschen hier anfangen können zu leben, statt lediglich zu vegetieren, daß sie anfangen können, für die Zukunft ihrer Kinder zu sorgen, statt sich unter dem lastenden Druck der Umstände nur um das Überleben von heute auf morgen zu kümmern, daß sie anfangen können, nachzudenken und durchdachte Entscheidungen zu treffen. Die Armut kann durch solide strukturelle Aufbaumaßnahmen beseitigt werden. Ein solider struktureller Fortschritt ist schwierig, solange derart große Armut herrscht. Die Armut verschärft sich, je mehr infolge des rapiden Bevölkerungszuwachses die Ressourcen dahinschwinden. Explosives Bevölkerungswachstum ist zumindest teilweise ein Ausfluß der lähmenden Armut, die im Endeffekt das entschlossene Streben nach Lageverbesserung und strukturellem Fortschritt abwürgt. Nehmen wir zu dieser Mixtur noch die heutzutage schon chronischen Dürren, die sich über den ganzen Erdteil ausbreiten zu wollen scheinen, nehmen wir die Revolutionen und die Kriege hinzu, dann erhalten wir in der Tat ein düsteres Bild.

Gibt es noch Hoffnung für die Menschen und die Schimpansen Afrikas? Es gibt immer Hoffnung, und in diesem Fall liegt sie in der Förderung der neuerdings so genannten «verkraftbaren oder nachhaltigen Strukturentwicklung» (*sustainable development*) – einer Entwicklungsarbeit, die auf die Hege der Umwelt, des langfristigen Reichtums des Kontinents abzielt und nicht auf deren Ausbeutung um kurzfristiger Profite willen. Es könnte sein, daß man in diesem Zusammenhang zu Landbaumethoden wird zurückkehren müssen, die es einstmals den Menschen erlaubten, im Einklang mit der Natur zu leben, die aber dann durch westliche Konzepte verdrängt wurden. Oder daß man auf Methoden wird verzichten müssen, die funktionierten, solange noch nicht so viele Menschen da waren und die Gerätschaften noch nicht so perfektioniert, die jedoch im heutigen Afrika allzu destruktive Auswirkungen haben. Man wird sich neue Ideen aneignen und alte über Bord werfen müssen. Und man wird neue Formen der Zusammenarbeit zwischen Afrika und der industrialisierten Welt, neue Mittel und Wege, Devisen ins Land zu locken, finden müssen. Es könnte sein, daß die Industrienationen nicht darum herumkommen werden, Sanktionen gegen den Import tropischer Edelhölzer zu verhängen, während die afrikanischen Länder ihrerseits nicht umhinkönnen werden, gegen ökologisch unverantwortliche holzwirtschaftliche, Bergbau- und Ölbohrunternehmungen einzuschreiten und Firmen, die sich nicht an international akzeptierte ökologische Normen halten, mit Strafen zu belegen. Die Ortsansässigen sollten in finanziell sinnvoller Weise zur Mitarbeit an strukturellen Aufbauprojekten herangezogen werden. Wenn Naturschutzmaßnahmen die Menschen an der Nutzung des Bodens für ihre unmittelbaren Bedürfnisse hindern, dann genügt es nicht, die Betroffenen lediglich auf den langfristigen Nutzen zu verweisen. Man muß ihnen auch einen unmittelbaren, handgreiflichen Nutzen bieten können, sei's in Form von neuen Arbeitsplätzen, sei's in Form eines Anteils an neu anfallenden finanziellen Erträgen (zum Beispiel aus Tourismus).

Sieht man ab von dem durch eine ständig wachsende Bevölkerung und ihren Viehbestand geschaffenen ständig zunehmenden Bodenbedarf, dann gehen die ärgsten Umweltschäden heute von der Holzwirtschaft aus. Jeglicher Holzeinschlag in tropischen Regen- oder Trockenwäldern ist zwangsläufig ein störender Eingriff in das komplexe und von Natur aus fragile Gefüge des Ökosystems. Manche Pflanzen- und Tierarten werden damit zum Untergang verurteilt. Und leider ist, wenn erst einmal Schäden größeren Ausmaßes angerichtet sind, die Natur nicht mehr imstande, die Verluste zu ersetzen. Manche Länder haben ein Experimentieren mit verkraftbarem, selektivem Holzfällen angekündigt, und in der Tat ist Holzeinschlag in Sekundärwäldern ohne weitergehenden bleibenden Schaden möglich. In Gabun, das nach wie vor riesige Urwaldflächen und eine der größten noch verbliebenen Schimpansenpopulationen Afrikas besitzt, untersuchen Michel Fernandez, Caroline Tutin und Lee White die Auswirkungen von leichtem selektiven Holzeinschlag auf die Bewegungen nichtmenschlicher Primaten im Aktionsraum. Bestimmte Arten zeigen sich durch das plötzliche Auftauchen von Menschen und Maschinen im Wald stärker beunruhigt als andere, aber in manchen Fällen ist es so, daß Arten, die während der eigentlichen Abholzarbeiten das Feld räumen, hinterher wieder zurückkommen. Gleichzeitig bleiben in Gabun Urwald-Kerngebiete von holzwirtschaftlichen Eingriffen unberührt, zum einen um dem Land sein nationales Erbe ungeschmälert zu erhalten, zum anderen, weil unser Wissen über den Funktionszusammenhang tropischer Ökosysteme noch lückenhaft ist. In Uganda wurde – mit gemischten Ergebnissen – jahrelang selektiver Holzeinschlag praktiziert, doch hat man jetzt den größten Teil des noch verbliebenen tropischen Regenwalds im Westen des Landes unter Naturschutz gestellt. Statt auf die Holzwirtschaft setzt man hier neuerdings auf energische Ankurbelung des Tourismus, und in diesem Zusammenhang wurden sämtliche neun Waldblöcke zum Schimpansen-Besichtigungsgebiet erklärt.

Zum Schutz des Urwalds trägt es auch bei, wenn die Bauern dazu angehalten werden, «Agroforstwirtschaft» zu betreiben, das heißt neben Feldfrüchten auch Bäume in ihr Anbauprogramm aufzunehmen. Damit vermindert sich nämlich ihr Bedürfnis, sich die entsprechenden Produkte aus dem Wald zu besorgen. In allen Ländern, wo das Jane

Goodall Institute aktiv ist – Tansania, Burundi, Kongo, Uganda und Angola –, laufen Programme zur Propagierung der Agroforstwirtschaft, und die Landbewohner entdecken hier, wie viele Vorteile es ihnen bringt, Bäume für alle möglichen Zwecke anzupflanzen: zur Bauholz-, Brennholz-, Holzkohle- und Stickstoffgewinnung, als Schattenspender, als Obstlieferanten.

Bekanntlich helfen Bäume mit, die Erosion zu verhindern und das Niveau des Grundwasserspiegels zu halten; was Wunder also, daß Baumanpflanzungsprogramme allerorten in Afrika immer populärer werden. In Kongo hat sich eine Gruppierung gebildet, die den Kindern in der Schule beibringt, wie vorteilhaft und wichtig es ist, zur Aufforstung entwaldeter Gebiete einheimische Baumarten zu verwenden. Und in Uganda verwendet der «Bund ugandischer Frauen für das Anpflanzen von Bäumen» ebenfalls bevorzugt einheimische Arten. Diese energischen und resoluten Frauen organisieren offizielle Baumpflanz-Zeremonien, wie sie im Lande inzwischen Teil fast jeder öffentlichen Feier sind; sie haben sogar die ugandische Armee soweit gebracht, daß sie bei der Wiederaufforstung von Waldland mithalf, das im Zuge militärischer Operationen kahlgeschlagen wurde. Es liegt auf der Hand, daß es unmöglich ist, einen abgeholzten Wald exakt so wiederherzustellen, wie er vorher war; die ursprüngliche biozönotische Mannigfaltigkeit ist großenteils unwiederbringlich dahin. Dennoch bedeutet das Anpflanzen einheimischer Arten ganz sicher eine gewaltige Verbesserung gegenüber den Pflanzungen von Exoten wie Eukalyptus und Kiefer, die in Afrika noch bis vor kurzem von den Forstministerien der Industrieländer gefördert wurden. (Keine Frage: Wo bei nahezu totaler Verwüstung – wie beispielsweise im Umland von Gombe – eine massive Aufforstungsanstrengung verlangt ist, führt unter Umständen an Exotenpflanzungen kein Weg vorbei, denn die Spenderländer haben Erfahrung im Pflanzen und Aufziehen dieser Bäume, und jede Walddecke ist besser als gar keine Walddecke. Aber in diesen neugeschaffenen Revieren nehmen, wenn überhaupt, nur ganz wenige Tiere und Vögel Wohnung. Die Pflanzungen sind, im Gegensatz zu den Bäumen selbst, fast unbelebt.)

Wird in einem bisher finanzschwachen afrikanischen Land ein kommerziell ausbeutbares Ölfeld entdeckt, ist das etwa so, wie wenn ein armer Schlucker unverhofft einen vergrabenen Schatz in seinem Garten findet. Der Verkauf des «schwarzen Goldes» bringt Devisen ins Land, die auf vielen Gebieten Entwicklungssprünge bewirken. Freilich, da Erdöl so oft unter den schönsten Wildtierhabitaten lagert und da sowohl das Raffinieren des Rohöls als auch die Herstellung und die anschließende Verwendung von Erdölprodukten mit Umweltverschmutzung verbunden ist, steht die Erdölindustrie bei Umweltschützern in denkbar schlechtem Ruf. Und das mit Recht, denn das Umweltsündenregister der Branche ist insgesamt keine erfreuliche und hie und da eine abscheuerregende Lektüre. Doch selbst in diesem Bereich sind Veränderungen im Gang. Von Anfang an wurde das Jane Goodall Institute bei seinen Bemühungen, die Schimpansen und ihren Lebensraum in Kongo zu schützen, von der Conoco Oil unterstützt. Viele Leute sind entsetzt beim bloßen Gedanken an ein Zusammengehen mit einer Ölgesellschaft; viele versuchten mich zu überzeugen, daß eine Beziehung zu Conoco dem JGI nur schaden könne. Aber wir alle in den Industrieländern verwenden Erdölprodukte. Wir alle benutzen elektrischen Strom, wir alle fahren Auto oder lassen uns in ihnen fahren; viele von uns fliegen mit dem Flugzeug. Selbst in den entlegensten Gebieten der Dritten Welt benutzen die Menschen heutzutage Industrieprodukte, und das können sie nur, weil diese Dinge mit motorisierten Transportmitteln irgendwelcher Art zu ihnen befördert werden. Zwar haben die Ölgesellschaften in der Tat eine führende Rolle bei der Ausplünderung und Zerstörung der Natur gespielt, aber sie befinden sich auf dem Weg der Besserung. Alle großen internationalen Ölkonzerne haben Grundzüge einer neuen «grünen Strategie» formuliert und verkünden (in der Öffentlichkeit) ihre Besorgnis um die Umwelt. Leider ist die Strategie, nach der einige dieser Konzerne in den tropischen Ländern, fern den wachsamen Augen von Umweltschützergruppen, bei ihrer Arbeit vorgehen, nicht selten skandalös. Riesige Naturlandschaftsgebiete werden im Zuge von Explorationsunternehmungen um und um gewühlt; Umweltschutz- und Sicherheitsvorkehrungen beim Betrieb von Bohrvorrichtungen sowie beim Raffinieren und Transportieren des Öls erfüllen bei weitem nicht die in den Industrieländern geltenden Normen.

Die Conoco Kongo bekennt sich nicht nur mit Worten nachdrücklich zum Umweltschutz, sondern – wie der für das Ressort Exploration zuständige Vizepräsident Max Pitcher sagt – «wir handeln nach dem, was wir sagen». Ich habe die seismischen Explorationslinien der Conoco in Kongo überflogen, und was ich dabei mit eigenen Augen gesehen habe, war beeindruckend. Die Conoco setzte bei der Exploration keine Bulldozer ein; der Arbeitstrupp ging zu Fuß. Die Leute schlugen keine Schneise in den Wald, sondern fällten hier ein paar Bäume und da ein paar Bäume, wo dann Hubschrauber an langen Seilen Gerätschaften herunterlassen konnten. Auch sonst wurde auf vielfältige Weise Umweltschutz praktiziert – was sogar soweit ging, daß eigens zu diesem Zweck eingestellte Botaniker mit der Aufgabe betraut wurden, Stellen, wo es sich nicht hatte vermeiden lassen, die Vegetation zu zerstören oder zu beschädigen, neu zu bepflanzen. Wo die Conoco eine seismische Exploration durchgeführt hatte, war ein halbes Jahr später praktisch nichts mehr davon zu erkennen. Ich habe die Leiter von Conoco-Explorationsunternehmungen in tropischen Regenwäldern in anderen Weltgegenden kennengelernt, und ich habe Fotos gesehen, die mich davon überzeugt haben, daß sie sich an die Prinzipien, zu denen sie sich bekennen, auch halten.

Wird tatsächlich Öl in solcher Menge gefunden, daß die kommerzielle Ausbeutung lohnt, sind natürlich Zerstörungen gewissen Ausmaßes unvermeidlich. Im tropischen Regenwald ist das ein besonderes Unglück. Dennoch wird, allen Einwänden der Umweltschützer zum Trotz, weiter exploriert werden, und statt nun über allen Ölgesellschaften pauschal den Stab zu brechen, scheint es doch pragmatischer und ehrlicher, sich in speziellen Fällen mit denjenigen unter ihnen zusammenzutun, die ihr Geschäft umweltbewußt betreiben.

Sobald ein Festland-Erdöllager entdeckt ist und die Gesellschaft von der Exploration zur Extraktion übergeht, ist als nächstes unter anderem der Bau einer guten Straße fällig. Das bedeutet in der Regel, daß der Urwald zum erschlossenen Gelände wird – gleichermaßen für Jäger wie für Siedler. Wenn jedoch die Regierung sich dazu bewegen läßt, das Gebiet zum Nationalpark zu erklären, ist allen geholfen. Die Ortsansässigen gewinnen Arbeitsplätze sowohl bei der Ölgesellschaft als auch im Nationalpark und dazu einen neuen Absatzmarkt für ihre Erzeugnisse; die Tiere und deren Lebensraum sind gerettet.

Volksbildungsprogramme zum Thema Naturschutz können in Angriff genommen werden. Die Regierung hat nicht nur volle Kassen dank reichlich Deviseneinnahmen aus dem Erdölverkauf, sondern erhält auch gute Noten von der internationalen Naturschützergemeinde. Die Ölsuche der Conoco in Kongo blieb erfolglos, und die Gesellschaft hat sich inzwischen aus dem Land zurückgezogen (allerdings muß – in Anerkennung des Engagements der Conoco – dazu gesagt werden, daß ein ganzer Arbeitstrupp dablieb, um das Schimpansenasyl zu bauen). Wir hoffen nun auf eine Zusammenarbeit mit Chevron und möglicherweise auch anderen Ölgesellschaften, um mit ihrer Hilfe in jener herrlichen Region des Kontinents, wo es nicht nur immer noch Schimpansen, sondern auch Gorillas, Elefanten und andere Tiere des Waldes und der Savanne gibt, einen Nationalpark schaffen zu können.

Für ein Entwicklungsland kann der Tourismus ein bedeutender Erwerbszweig sein. In Ruanda, wo einige der letzten noch existierenden Berggorillas leben und Scharen von Besuchern aus dem Ausland anlocken, ist der Tourismus Devisenbringer Nummer eins. Das Gorilla-Projekt bietet den Ruandern Arbeitsplätze, und vielleicht nicht weniger, als eine Holzhandelsgesellschaft geboten hätte, wenn sie auf dem Gelände des heutigen Nationalparks aktiv geworden wäre und alles kahlgeschlagen hätte. Der Unterschied besteht darin, daß der Tourismus – vorausgesetzt, er wird mit Verstand betrieben – dauerhafte Arbeitsplätze schafft, während es, wenn die Wälder erst einmal weg sind, auch mit der Holzfällerei aus ist.

Die inhärente Gefahr des Tourismus liegt in der Versuchung, Serviceeinrichtungen für so viele Besucher zu schaffen, wie ihrer nur kommen wollen. Denn schließlich: je mehr Ausländer ins Land strömen, desto mehr ausländisches Geld strömt auch herein – und um es noch einmal zu betonen: die Länder, von denen wir hier sprechen, sind erschreckend arm. In Ruanda beläuft sich das jährliche Pro-Kopf-Einkommen auf nicht mehr als den Gegenwert von 290 US-Dollar. Weshalb also nicht immer mehr Hotels bauen und den Bulldozer nicht immer mehr Trassen für Zufahrtsstraßen in die Naturschutzgebiete planen lassen? Wir wissen natürlich, daß Überausbeutung einen blühenden Landstrich mit der Zeit in eine Einöde verwandeln kann, die weder für Besucher noch für Tiere einen Reiz hat. Aber schwierig ist es doch für einen Politiker, Touristendollars auszuschlagen! Zwar weiß er, daß ein Übermaß an Besuchern am Ende den Vogel umbringen wird, der die goldenen Eier legt, aber er braucht Geld, und er braucht es jetzt. Es ist schwierig für ihn, eine Politik zu vertreten, die sich ohne Rücksicht auf die unmittelbaren Bedürfnisse des Volkes gegen die Aussicht auf sofortigen Reichtum sperrt. Denn diese Bedürfnisse sind großenteils solche dringlichster Art: nach Nahrung, nach Krankenhäusern, Kliniken und Arzneimitteln, nach Schulen, Lehrern und Lehrmitteln, nach Bussen für den Massenverkehr, nach der Instandsetzung von Straßen – die Aufzählung ließe sich noch lange fortsetzen.

Die Dringlichkeit ihrer Bedürfnisse ist der Grund, weshalb viele afrikanische Länder von erschreckend hohen Auslandsschulden gedrückt werden. Schon immer, seit der «weiße Mann» Afrika kolonisierte, beuten die reichen Nationen der industrialisierten Welt die gewaltigen Naturschätze des Kontinents schamlos aus. Doch statt einen Teil des solchermaßen erbeuteten Reichtums in Form von Entwicklungshilfe zurückzuzahlen, gaben die reichen Nationen Geld an Entwicklungsländer bislang gewöhnlich in Form von Krediten – Krediten, die, aus Not und Verzweiflung angenommen, den Empfängern eine Schuldenlast aufbürden, die ihnen über Jahre hinweg wie ein Mühlstein am Hals hängt. Selbst wenn die Hilfe einmal in Form einer Spende gewährt wird, ist das Motiv der Spendernation selten ein rein altruistisches; vielmehr ist die Zahlung meist ein taktischer Schachzug im Rahmen einer Strategie, die dem Wohltäter die Möglichkeit verschaffen soll, die Naturschätze des Empfängerlandes auszubeuten und dieses so auch noch um den letzten Rest seines natürlichen Reichtums zu bringen.

Immerhin gibt es Anzeichen dafür, daß man in der industrialisierten Welt die Notwendigkeit einer symbiotischeren Partnerschaft mit der sogenannten Dritten Welt als Voraussetzung für die dringend gebotene Rettung unseres Planeten einzusehen beginnt. Stärker denn je zuvor ist man sich in den Industrienationen heute des Zusammenhangs zwischen menschlichem Wohlergehen und der Natur im ganzen bewußt. Und dieses geschärfte Bewußtsein ermöglicht es den politischen Führern in afrikanischen Ländern, großzügige Entwicklungshilfen für mannigfache landwirtschaftliche Strukturreformen zu erwirken, deren Gewährung an die Bedingung geknüpft ist, daß im Empfängerland solider Umweltschutz praktiziert wird. Damit ist es für die Verantwortlichen hier leichter, Umweltschutzbestimmungen durchzusetzen. «Ihr seht ja selbst, was es uns alles Gutes einbringt, wenn wir den Urwald erhalten.» Und die zahlreichen begeisterten und idealistischen jungen Umweltschützer, die im heutigen Afrika heranreifen, arbeiten jetzt in einem politischen und wirtschaftlichen Klima, das es ihnen erlaubt, in ihrem selbstgewählten Aufgabenbereich neue Ideen zu entwickeln.

Unmittelbare und praktische Lösungen der durch die Entwaldung und das Vorrücken der Wüste gestellten gewaltigen Probleme müssen unbedingt mit ökonomischen Vorteilen für alle Beteiligten sowohl auf staatlicher wie auf kommunaler Ebene verbunden sein. Was vielleicht das Wichtigste ist: wir dürfen niemals vergessen, daß nur solche Naturschutzmaßnahmen Aussicht haben, dem Zahn der Zeit zu widerstehen, die von der Bevölkerung selbst vorbehaltlos getragen und unterstützt werden. Nicht nur findet eine selbstherrliche Bevormundung von westlicher Seite bei den Betroffenen wenig Anklang, sondern es ließe sich auch eine umfangreiche Chronik fehlgeschlagener Projekte schreiben, deren Scheitern darauf zurückzuführen ist, daß Westler in ihrem Dünkel, sie wüßten alles am besten, es versäumten, auf die Weisheit der Ortsansässigen zu hören. Warum wird dann aber Entwicklungshilfe dieser Art – Hilfe für ein Projekt, von dem den Ortsansässigen von vornherein schwant, daß es zum Scheitern verurteilt ist – überhaupt angenommen? Weil sie den Ortsansässigen wenigstens zeitweilig Arbeit und Nahrung verschafft. Doch sie schafft auch einen tiefsitzenden, dumpfen Groll, der, wenn er hochkommt, nur Spott und Geringschätzung für die huldvolle Hand übrig hat, die mit derart unzulänglichen Brotkrumen abspeist. Sie verletzt ebenso die Selbstachtung wie den Nationalstolz.

Fassen wir also zusammen: Die ständig wachsende Not und die berechtigten Hoffnungen der Menschen, die hier leben, machen in Afrika die ökonomische Erschließung des Landes im Zeichen des strukturellen Fortschritts unvermeidlich. Ganz ohne Zweifel wird Quadratmeile um Quadratmeile Regen- und Trockenwald den Ketten- und

Brettsägen zum Opfer fallen und durch Kahlschlag völlig vernichtet werden: Für die Schimpansen, die dort leben, gibt es keine Hoffnung. Aber wenn es gelingt, der westlichen Raffgier Schranken zu setzen, und wenn die Lehren aus dem Beispiel der industrialisierten Welt beherzigt werden, dann ist es möglich, einen Teil der Urwälder unbeschädigt zu erhalten. Und selbst bei der gegebenen, ständig dringlicher werdenden menschlichen Bedürfnislage ist es immer noch möglich, dem Land und den Geschöpfen, die es bevölkern, mit Achtung zu begegnen. Für die Wildfauna des Kontinents wie für die menschliche Population besteht noch Hoffnung, wenn der strukturelle Fortschritt mit Familienplanung und verkraftbarer Ausbeutung der Naturschätze einhergeht. Wenn die Menschen ihren langfristigen Reichtum hegen, wenn sie sich bemühen, ausgelaugten Boden zu neuer Fruchtbarkeit zu regenerieren, statt immerfort nur Wald zu roden und auf diese Weise immer neues Ödland zu schaffen. Und wenn die Industrienationen ihre unbarmherzige Ausbeutung beenden.

Die Schimpansen – zumindest einige Schimpansen – können überleben, wenn die Menschen ihnen die Chance dazu geben. Und die Menschen werden ihnen diese Chance nur geben, wenn sie begreifen, daß sie mit dem Kampf für das Überleben der Schimpansen zugleich für das eigene Überleben kämpfen.

2

Am Ende von Shakespeares Stück hängt Prospero seine Zauberkunst an den Nagel und trifft Vorkehrungen, mit seiner Tochter und den anderen Europäern nach Italien zu segeln. Seine Tochter wird den Thronerben von Neapel heiraten. Prospero gedenkt in seine rechtmäßige Stellung als Herzog von Mailand zurückzukehren. Was Caliban betrifft, so scheint Prospero bereit, ihm «Pardon» zu gewähren, was möglicherweise heißt, daß er beabsichtigt, dem Sklaven mit der ehrenvollen Gestalt die Freiheit zu schenken und ihn unbehelligt auf der Insel zurückzulassen.

Der Sturm bietet eine aufs Ganze gesehen stimmige und überzeugende Parabel über menschliches Verhalten in bestimmten Situationen. An Plausibilität mangelt es vor allem dem Einfall, daß Prospero freiwillig der Magie abschwört und daß die Europäer freiwillig von der Insel abziehen und dabei Caliban freilassen. Ich könnte mir ein realistischeres Ende vorstellen: Prospero hält – mit einer Geste des Bedauerns – an seiner Zauberkunst fest, und die Europäer segeln zwar ab nach dem heimatlichen Italien, hissen jedoch ihre Flagge über der Insel und lassen zu Schutz und Bewachung ein kleines Truppenkontingent zurück, das hier die Stellung hält, bis sie auf Handelsschiffen wiederkommen – mit Glasperlen zum Tauschen und dergleichen. Freiwillig auf Macht zu verzichten, freiwillig einen Sklaven freizulassen, sich freiwillig der Möglichkeit zum Geschäftemachen zu begeben oder irgendwen oder irgend etwas ohne Zweifel Marktbaren beziehungsweise Marktbares achtlos am Wegrand liegenzulassen, freiwillig einem Geschöpf der Finsternis Schonung zu gewähren – das sind keine gängigen menschlichen Verhaltensweisen.

Doch die Menschen sind kreative Wesen, und ethischer Fortschritt hat zwar nie auf gänzlich freiwilliger Basis stattgefunden, aber *daß* er stattgefunden hat, ist nicht zu leugnen. Der Gang der Weltgeschichte hat das Ende (beziehungsweise zumindest einen merklichen Rückgang) der schlimmsten und augenfälligsten Formen der Ausbeutung des Menschen durch den Menschen mit sich gebracht: der Sklaverei, des Imperialismus, des Kolonialismus. In Afrika erleben wir heute, so steht zu hoffen, die letzten Zuckungen der Apartheid mit. Sich klarzumachen, daß diese Errungenschaften im Bereich des ethischen Verhaltens und Bewußtseins der Menschen das – von Vollkommenheit noch weit entfernte – Ergebnis schmerzhafter Prozesse sind, heißt nicht ihre Realität oder das Wunder, das sie darstellen, bestreiten.

Die neue Ethik, die wir anstreben, wird ebenfalls keine leichte Sache sein, aber auch hinter ihr wird als Triebkraft und Rückhalt die Notwendigkeit stehen. Was wir anstreben, ist eine neue Achtung vor den unberührten Naturlandschaften der Erde und vor den fühlenden und empfindenden Wesen, die sie bewohnen. Im Verein damit wollen wir der Einsicht in die Grenzen der Expansion des Menschen zur Geltung verhelfen. Wir im Westen denken offenbar, die planetarische Vorratskammer sei unerschöpflich: Wir müssen uns bei der

Ausbeutung der Naturschätze nur schlauer anstellen, noch gründlicher recyceln, dann – so stellt man sich das bei uns offenbar vor – können wir unbegrenzt weiter wachsen. Wir sind anscheinend des Glaubens, daß eine expandierende Wirtschaft eine gesunde Wirtschaft ist und daß eine stabile Wirtschaft stagniert. Aber im Westen hat kontrolliertes Wachstum bereits die Ozonschicht der Erde geschwächt, hat eine schädliche Schicht von Treibhausgasen in der Atmosphäre und vergiftete Flüsse, Seen, Meere geschaffen, hat offene Landschaftsräume und die Ruhe, die sie schenken, zerstört. In Afrika frißt unkontrolliertes Wachstum rapide die großen Wälder und die Wildfauna und den Ackerboden – das ökologische Milieu, das Afrika und die Afrikaner seit Jahrtausenden ernährt. Selbst die sinnreichsten technischen Verbesserungen werden es uns mit Sicherheit nicht erlauben, unbekümmert immer weiter zuzunehmen an Zahl und Bedürfnissen. Manche Leute verweisen auf dichtbesiedelte Länder wie Japan, England und die Niederlande als anschauliche Beispiele dafür, auf welch gelungene Weise Nationen nach wie vor zahlenmäßig expandieren können. Doch diese kleinen Länder halten sich über Wasser, indem sie in genialer Manier auf Naturschätze außerhalb ihrer eigenen ökologischen Basis zugreifen. Sie sind Ausnahmen, und ersichtlich gibt es keine Rohstoffbasis außerhalb des Planeten selbst. Wenn die Erdatmosphäre und die Meere vollends vergiftet, die Ackerflächen vollständig ausgelaugt, die Wälder und Naturlandschaften unwiederbringlich dahin sind, auf welche Ziele können wir dann noch unsere zerstörerischen Energien lenken?

In der Schlußszene des Stücks wendet sich Prospero, jetzt allein auf der Bühne, direkt an das Publikum. Nun, da seine Zauberkräfte weg sind, so erklärt er den Zuschauern, benötigt er ihre Hilfe, um sich aus der Gefangenschaft auf dieser Insel befreien zu können; der Wind, den sie mit Beifallklatschen und -rufen erzeugen, kann seine Segel blähen. Er bittet: «Wo ihr begnadigt wünscht zu sein, laßt eure Nachsicht mich befrein.» Prospero und Caliban sind beide Gefangene und Sklaven, und beide wollen sie frei sein – frei voneinander und von den Umständen, in die das Drama sie gestellt hat.

Prospero und Caliban, so erkennen wir zum Schluß, sind alle beide

Sklaven, alle beide Herren. Sklaverei schändet gleichermaßen den Sklavenhalter wie den Versklavten. Indem wir Caliban versklaven, versklaven wir uns selbst. Nur wenn wir Caliban freilassen, befreien wir uns selbst.

Anhang A

Schimpansenbestand in Afrika 1990

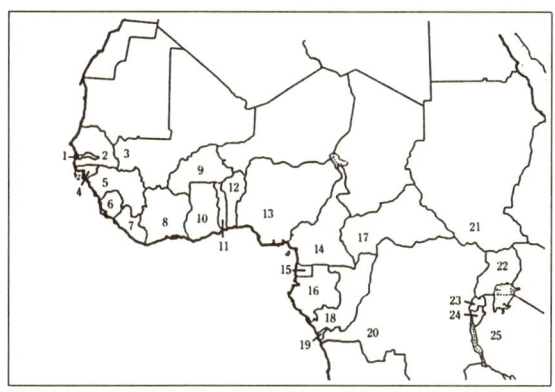

1. Gambia	0	14. Kamerun	8 000
2. Senegal	200	15. Äquatorial-Guinea	2 000
3. Mali	700	16. Gabun	64 000
4. Guinea-Bissau	100	17. Zentralafrikanische Republik	900
5. Guinea	3 000	18. Kongo	4 000
6. Sierra Leone	2 000	19. Angola (Cabinda)	400
7. Liberia	3 000	20. Zaire	90 000
8. Elfenbeinküste	11 700	21. Sudan	300
9. Burkina Faso	0	22. Uganda	4 000
10. Ghana	400	23. Ruanda	150
11. Togo	0	24. Burundi	400
12. Benin	0	25. Tansania	2 000
13. Nigeria	200		

Anmerkung: Die obigen Zahlen sind Schätzwerte. Die Schätzungen beziehen sich ausschließlich auf die verbreitetste Art *Pan troglodytes.* In Zaire lebten damals zusätzlich rund 17 000 Bonobos *(Pan paniscus),* die sonst nirgendwo vorkommen.

Erstellung der Zählung: Committee for Conservation and Care of Chimpanzees, 3841 48th Street, NW, Washington, DC 20016, USA

Unterstützt durch: The Jane Goodall Institute, 2200 East Speedway Boulevard, Tucson, AZ 85719, USA

Anhang B

Empehlungen an das US-Landwirtschaftsministerium zur Schaffung besserer Bedingungen für das psychische Wohlbefinden in Gefangenschaft lebender Schimpansen *

Die Bundesverordnungen und -richtlinien betreffend Betreuung und Versorgung von Primaten, die zum Einsatz in der experimentellen Forschung in Gefangenschaft gehalten werden, berücksichtigen in ihrer gegenwärtigen Formulierung und Handhabung nicht in adäquater Weise das psychische Wohlbefinden der Tiere. Deshalb wurde vom 1. bis 3. Dezember 1987 ein Workshop abgehalten, auf dem eine repräsentative Auswahl der im Studium sowohl normaler wie abnormer Schimpansen erfahrenen Fachleute zusammentraf, um diesen Mangel auszuleuchten und vernünftige Empfehlungen zu erarbeiten, wie das psychische Wohlbefinden in Labors und anderen Einrichtungen gehaltener Schimpansen zu steigern wäre. Die kollektive Sachkompetenz des buntgemischten Teilnehmerkreises erstreckte sich auf zahlreiche Aspekte des Verhaltens und der Biologie der Schimpansen, angefangen von der biomedizinischen Forschung und der veterinärmedizinischen Versorgung im Labor über psychologische und ethologische Studien sowohl in freier Natur wie in Gefangenschaft bis hin zur Zooverwaltung und zur Koloniehaltung. Auch die Tierschutz-*(conservation)*- und Tierwohl-*(animal welfare)*-Interessen waren vertreten.

Schimpansen sind – in Erbgut, Physiologie, Anatomie und Gehirnstruktur – menschenähnlicher als alle anderen Lebewesen. Wilde Schimpansen haben eine lange Kindheit von ungefähr sieben Jahren, gefolgt von einer etwa sechsjährigen Adoleszenzphase, während welcher die für ein erfolgreiches Erwachsenenleben benötigten Fertigkeiten durch Erfahrung und von ande-

---

* Quelle: Journal of Medical Primatology 14 (1988), S. 113–122.

ren Gruppenmitgliedern erlernt werden müssen. Das Fehlen normaler Entwicklungsmöglichkeiten kann diesen Lernprozeß aufs schwerste beeinträchtigen.

Schimpansen zeigen sich im Besitz zahlreicher kognitiver Fähigkeiten, die früher als singuläre Fähigkeiten des Menschen galten. Sie verfügen beispielsweise über schlußfolgerndes Denken, Generalisierungs- und Abstraktionsfähigkeit, Symbolisierungsvermögen und Ich-Bewußtheit. Sie kennen viele Gefühlszustände, die den unseren sehr ähnlich sind, so etwa Freude und Traurigkeit, Furcht und Angst, ja sogar Sinn für Humor. Außerdem bekunden sie Einfühlungsvermögen und Freundschaft, vollbringen Akte wahren Altruismus und betrauern den Tod von Gefährten. Auch im Sozialverhalten gibt es zahlreiche Übereinstimmungen; hierher gehören unter anderem kommunikative Gesten wie Küsse, Umarmungen und Bei-den-Händen-Halten. Während langer gemeinschaftlich verbrachter Stunden werden zwischen Individuen beiderseits aufbauend und rückenstärkend wirkende enge Freundschaftsbande unterhalten und – durch soziale Fellpflege und andere entspannte gesellige Aktivitäten – verstärkt. Solche Beziehungen währen ein ganzes vierzig- bis fünfzigjähriges Leben lang. Die Trennung von einem Beziehungspartner kann selbst beim Erwachsenen ausgeprägten Kummer zur Folge haben. Ein Jungtier unter fünf Jahren wird beim Verlust der Mutter mit hoher Wahrscheinlichkeit Opfer einer klinischen Depression; sein Zustand kann sich sogar so weit verschlechtern, daß er zum Tod führt. Schimpansenkind und menschliches Kind gleichen einander in vieler Beziehung, so in ihrer Fähigkeit, unaufhörlich herumzutollen und zu spielen, ihrer Wißbegier, ihrer Befähigung zum Beobachtungs- und Imitationslernen sowie vor allem in ihrem Bedürfnis nach Ermutigung und Zuneigung.

Auf dem Dezember-Workshop waren sich sämtliche Fachleute einig darin, daß in Anbetracht der engen evolutionären Verwandtschaft zwischen Schimpansen und Menschen für diese unsere Geschwisterspezies besondere Bedingungen gelten müssen, wenn sie im Labor zum Einsatz kommt oder unter anderweitigen Umständen in Gefangenschaft gehalten wird.

Ungeachtet der Schwierigkeiten, die es macht, die Seelenzustände und psychischen Bedürfnisse einer anderen Spezies adäquat zu bestimmen, kamen die Teilnehmer des Workshops auf der Grundlage kollektiver Sachkompetenz und der besten erreichbaren Informationen des weiteren zu dem einhelligen Befund, daß das psychische Wohlbefinden des Schimpansen auf dem Vorhandensein von folgendem beruht: von Raum für lebhafte Aktivitäten wie Laufen, Klettern und Schaukeln, damit die Möglichkeit zu ausreichender körperlicher Übung gegeben ist; von Material zum Bau bequemer Lager als Ersatz für Baumnester; von häufigem sozialen Kontakt mit anderen Schimpansen und menschlichem Pflegepersonal; von Gelegenheit zum Aufbau enger sozialer Bindungen in Gruppen gemischten Alters und Geschlechts; von Abwechslung im Alltagsschema, unter anderem bei der Kost, der sozialen

Interaktion und der Objektmanipulation; und von geistigen Anregungen und Herausforderungen.

Gerade weil Schimpansen den Menschen in physiologischer Beziehung so ähnlich sind, gelangen sie in der medizinischen Forschung zum Einsatz bei dem Bemühen, für menschliche Leiden und Krankheiten Abhilfe zu schaffen. Und gerade weil sie uns sowohl in emotionaler und kognitiver Beziehung als auch im Verhalten so ähnlich sind, müssen wir ihnen für die Dauer ihrer langjährigen Einkerkerung und Knechtschaft zu mehr Lebensqualität verhelfen.

Als Handreichung für die Formulierung von Richtlinien, die im Einklang stehen mit dem Geist des neu erlassenen Gesetzes über das psychische Wohlbefinden von Schimpansen und anderen in Gefangenschaft gehaltenen Primaten, unterbreiten wir dem US-Landwirtschaftsministerium die folgenden Empfehlungen:

Allgemeines Wissenschaftler, die Tierversuche an Schimpansen planen, müssen in der Lage sein, jeden vernünftigen Zweifel daran auszuräumen, daß der Versuchszweck weder unter Verwendung einer niederen Spezies noch durch Anwendung einer nicht auf Tierversuchen beruhenden Alternativmethode, noch durch sorgfältig kontrollierte klinische Studien zu erreichen ist. Schimpansen sollten nur bei außergewöhnlich wichtigen Laborforschungen zum Einsatz kommen dürfen. Alle mit dem Einsatz von Schimpansen verbundenen Arbeitsprojekte müssen einer strengen Prüfung durch unabhängige Sachverständige unterzogen werden, unter gebührender Berücksichtigung der Frage, ob ähnliche Untersuchungen schon früher unternommen wurden oder bereits andernorts im Gange sind. Es ist eine Güterabwägung zu treffen zwischen dem wissenschaftlichen Wert der projektierten Arbeit und ihrem voraussichtlichen Nutzen einerseits und den nachteiligen Folgen, die sie aller Voraussicht nach für die eingesetzten Schimpansen haben wird, andererseits. Unnötiges und grundloses Duplizieren von Versuchen ist wissenschaftlich und ethisch ebensowenig vertretbar wie terminale Untersuchungen an Schimpansen. Ist die Genehmigung für ein Projekt mit Schimpansen von den zuständigen Behörden erteilt, ist das Versuchsprotokoll in regelmäßigen Abständen auf Abänderungen mit Konsequenzen für das psychische Wohlbefinden der Versuchstiere zu überprüfen und nach denselben Normen neu zu bewerten.

Der Einsatz von Schimpansen in der Laborforschung ist ein internationales Problem und sollte nicht ausschließlich im nationalen Kontext betrachtet werden. Wir halten es für unzulässig, daß einzelne Wissenschaftler, Institutionen, Körperschaften oder geldgebende Regierungsorgane sich an Schimpansenforschungen in Ländern beteiligen, wo sowohl für die wissenschaftliche Überwachung als auch für die Unterbringung, Pflege und Beschaffung der

Tiere laxere Vorschriften gelten. Unzulässig ist ferner die Entnahme von
Schimpansen aus Afrika, gleichviel aus welchen Gründen.

Jeder Schimpanse, der einmal bei schmerzhaften und/oder mit extremer
Streßbelastung verbundenen Versuchen eingesetzt wurde, sollte danach für
weitere derartige Einsätze nicht mehr zur Verfügung stehen.

Ausbildung des Personals Wissenschaftler, die – zu welchem Zweck
auch immer – mit Schimpansen arbeiten, müssen etwas von der Schimpan-
sennatur verstehen, um bei der Versuchsplanung die Auswirkungen von
Versuchsprotokollen auf einzelne Schimpansen richtig abschätzen zu können.

Zusätzlich zu der für die Pflege anderer Labortierarten (einschließlich Primaten) erforderlichen Standardausbildung benötigen Schimpansenpfleger
eine Spezialausbildung, die sie zur Erfüllung der ganz besonderen Aufgabe
befähigt, für die physischen und psychischen Bedürfnisse von Schimpansen
zu sorgen. Solche Speziallehrgänge müssen in jedem Betrieb, der Schimpansen beherbergt, zur festen Einrichtung werden. Über die Teilnahme an der
Ausbildung und den erfolgreichen Abschluß ist in jedem Einzelfall ein Nachweis zu führen. Außerdem muß eine staatliche Approbationsordnung geschaffen und die Zulassung zur Berufsausübung von der Bewilligung des US-
Landwirtschaftsministeriums abhängig gemacht werden. Zur Erleichterung
der Ausbildungspraxis sollte die National Agriculture Library in Zusammenarbeit mit der National Library of Medicine Lehrbücher und Videobänder
sowie andere Bücher und Broschüren als Pflichtlektüre für angehende
Schimpansenpfleger bereitstellen.

Bei der Einstellung von Pflegern ist nicht nur auf die üblicherweise vom
Laborpersonal dieser Sparte verlangte Qualifikation Gewicht zu legen, sondern darüber hinaus auch darauf, daß die Bewerber Mitgefühl, Engagement
und Einfühlungsvermögen für Schimpansen mitbringen. Das Zahlenverhältnis von vorhandenen erwachsenen Schimpansen zu vorhandenen Pflegern sollte auf keinen Fall den Wert 10:1 überschreiten. Für Jungtiere unter
sieben Jahren sind zusätzliche Pfleger erforderlich, damit die Gewähr für
häufige Interaktionen gegeben ist.

In jedem Betrieb ist der Leiter verantwortlich für die lückenlose Instruktion des gesamten Personals einschließlich der Tierpfleger über die vom Tier-
medizinischen Dienst des US-Landwirtschaftsministeriums und anderen
zuständigen Regierungsstellen erlassenen Vorschriften und Verordnungen
betreffend Haltung und experimentelle Verwendung von Schimpansen.
Jeder Verstoß gegen die geltenden Normen ist dem US-Landwirtschaftsministerium sowie gegebenenfalls den geldgebenden Regierungsorganen zu
melden.

Unterbringung Schimpansen sind in verträglichen Gruppen zu halten, bei gemeinschaftlicher Unterbringung von mindestens zwei Individuen. Die Trennung von engen Gefährten löst in der Regel Psychostreß aus, der sowohl physiologische als auch Verhaltensänderungen bewirkt; dadurch wird nicht nur das Wohlbefinden beeinträchtigt, sondern unter Umständen auch das Ergebnis der mit dem betreffenden Individuum angestellten Versuche verzerrt.

Schimpansen dürfen auf gar keinen Fall einzeln untergebracht werden, es sei denn, sie wären krank und bedürften einer Spezialbehandlung. Verlangt das Versuchsprotokoll unter Berufung auf außergewöhnliche Umstände die Einzelunterbringung, ist die Unumgänglichkeit der Maßnahme vom Versuchsleiter zweifelsfrei zu beweisen. Es ist keinerlei medizinischer oder anderweitiger wissenschaftlicher Grund bekannt oder plausibilisierbar, weswegen ein Schimpanse in einer Isolette gehalten werden müßte – mit anderen Worten, ein Schimpanse darf niemals so untergebracht werden, daß er nicht nach mindestens zwei Seiten seiner Behausung hin auditiven und visuellen Kontakt mit Artgenossen hat.

Eine Schimpansenunterkunft sollte eine Grundfläche von nicht weniger als 36 Quadratmeter haben und mindestens 214 Zentimeter hoch sein; sie sollte aus zwei bis vier in verschiedenen Räumen installierten und durch Türöffnungen miteinander verbundenen Zwingern bestehen. Die Unterkunft muß so angelegt und so eingerichtet sein, daß sie reichlich Gelegenheit bietet, sowohl lebhafte Aktivitäten zu entfalten als auch sich abzusondern und zurückzuziehen, sowie die Möglichkeit, soziale Gruppen von wechselnder Größe zu bilden.

Die Größe der Behausung sollte mit der Zahl der gemeinschaftlich untergebrachten Tiere auf gleitender Skala wachsen. Zwei erwachsene Schimpansen benötigen 36 Quadratmeter Nutzfläche, aber in einer Behausung gleicher Größe können bei erwiesener Verträglichkeit vier Erwachsene und sechs Jugendliche gehalten werden. Weist ein Wissenschaftler ein umstandsbedingtes Bedürfnis nach Einzelunterbringung zu Versuchszwecken nach, darf die Unterkunft keinesfalls weniger als 18 Quadratmeter (4,25 m × 4,25 m) Nutzfläche haben und sollte so hoch sein wie in Räumlichkeiten mit Standardabmessungen bei vernünftiger Beurteilung überhaupt nur möglich (mindestens 214 cm).

In allen neu zu erbauenden Anlagen ist für die Schimpansen ein Auslauf ins Freie mit einzuplanen. Auf keinen Fall dürfen Schimpansen in fensterlose Räume gesperrt werden, wo sie keinen Ausblick ins Freie haben.

In Altbauten untergebrachte Betriebe, die den neuen Verordnungen in puncto Behausungsgröße nicht ohne weiteres nachkommen können, haben gleichwohl während der Übergangsfrist bis zur vollständigen Erfüllung der im vorstehenden genannten Normen für die Schimpansen Gymnastikräume von 18 Quadratmeter Grundfläche bereitzustellen.

Milieufaktoren   Im Rahmen des Bemühens, die Qualität des Lebens in Gefangenschaft soweit wie nur irgend möglich zu verbessern, ist den Schimpansen ein abwechslungsreiches Angebot von Beschäftigungsmöglichkeiten und Möglichkeiten zur Objektmanipulation zu machen. Zur Lebensqualität gehören ferner eine abwechslungsreiche Ernährung, ein abwechslungsreicher Tageslauf mit überraschenden Naschereien und Zerstreuungen, die Versorgung mit Dingen wie Illustrierten, leeren Eierschachteln usw. Diverse Geräte, die Problemlösungsverhalten verlangen, geben den Tieren Gelegenheit, sich ihr Essen zu erarbeiten, statt es lediglich aus einer Futterkiste herauszuklauben. Man könnte sich beispielsweise eine Reihe von Knöpfen denken, die dergestalt mit einem Computerterminal verbunden sind, daß auf Knopfdruck entweder etwas zu trinken oder eine Rosine oder ein Spielzeug usw. in Reichweite befördert wird. Derlei Apparate könnten zu unregelmäßigen Zeiten auf Betriebsbereitschaft geschaltet werden, worüber die Schimpansen dann jeweils durch einen Pfleger oder irgendeine Signalvorrichtung informiert würden. Über die täglich angewandten Verfahren zur Verbesserung der Lebensqualität ist genauestens Buch zu führen, und diese Unterlagen sind den Inspektoren des US-Landwirtschaftsministeriums vorzulegen. Auch sollten die einzelnen Betriebe zum regelmäßigen Informationsaustausch über Verfahren zur Verbesserung der Lebensqualität angehalten werden.

Apparaturen oder maschinelle Prozeduren zur Verbesserung der Lebensqualität wie die eben erwähnte dürfen nicht als Ersatz für soziale Aktivitäten mit Pflegern betrachtet werden.

Unbedingt notwendig ist Material zum Lagerbauen wie zum Beispiel Decken. Jungen Schimpansen ist mühelos beizubringen, diese Dinge morgens im Austausch gegen irgend etwas anderes, beispielsweise eine kleine Nascherei, herauszugeben, damit sie gewaschen werden können.

«Handling»-Prozeduren wie Betäubung, Einfangen, invasive Maßnahmen, Verlegung in eine andere Unterkunft sind so auszuführen, daß Streß, Furcht und körperliche Beeinträchtigung auf ein Minimum beschränkt bleiben. So kann man beispielsweise in großen Käfigen lebenden Schimpansen beibringen, für experimentbedingte Maßnahmen wie etwa eine Injektion in einen separaten kleineren «Handling»-Käfig überzuwechseln. Wo die Schimpansen routinemäßig in kleineren Käfigen schlafen, die an die größeren Zwinger angebaut sind, läßt sich das zu Versuchszwecken erforderliche «Handling» leicht morgens nach dem Aufwachen durchführen.

Für junge Schimpansen ist zudem die freundliche Interaktion mit dem Pfleger ungeheuer wichtig; sie muß mit offizieller Unterstützung zur regelmäßigen Praxis gemacht werden, damit Bindungen entstehen, die streßmindernd wirken, wenn das Versuchsprotokoll ein «Handling» des Individuums erfordert.

Um das psychische Wohlbefinden von Primaten gemäß den geltenden

Verordnungen und Normen zu gewährleisten, soll das Institutional Animal Care and Use Committee in Absprache mit dem Betriebstierarzt vor Ort schriftliche Verhaltensmaßregeln und Richtlinien ausgeben und zur Kontrolle von deren Einhaltung ein zweckentsprechendes Berichtssystem einführen.

Der Faktor soziale Geborgenheit   Die Mutter-Kind-Bindung ist für die normale psychische Entwicklung eines Schimpansenkinds unabdingbar. Außerdem setzt der Erwerb der normalen sozialen und elterlichen Kompetenz Beziehungen zu anderen Schimpansen während der Kindheit voraus. Deshalb muß alles dafür getan werden, daß Schimpansenkinder in einer Gruppe aufwachsen, die mehrere Mütter und auch verträgliche Männchen umfaßt.

Schimpansenkinder müssen so lange wie möglich – mindestens bis zur Vollendung des achtzehnten Lebensmonats – bei ihrer Mutter bleiben. Ist die Trennung vor diesem Zeitpunkt unvermeidlich, weil die Mutter nicht in der Lage ist, sich um das Kind zu kümmern, sollte versucht werden, ein anderes milchproduzierendes Weibchen als Pflegemutter für das Kleine zu gewinnen. Ist das nicht möglich, muß das Kleine in der Gesellschaft von etwa Gleichaltrigen untergebracht werden. Säuglinge, die im Alter von weniger als achtzehn Monaten von der Mutter getrennt und von menschlichen Pflegern aufgezogen werden, müssen mehrere Monate lang rund um die Uhr individuell betreut werden. Macht das Versuchsprotokoll die Trennung von Mutter und Kind unvermeidlich, soll die Maßnahme so durchgeführt werden, daß Zeit bleibt für die allmähliche Übertragung der emotionalen Bindung von der Mutter auf den menschlichen Pfleger.

Jungtiere gleich welchen Alters, die für den Einsatz im Experiment von ihrer sozialen Gruppe getrennt werden müssen, müssen mindestens drei Monate Frist zur Eingewöhnung in die neue Lage erhalten, ehe sie in eine Ernstfallsituation verbracht werden.

Nach Abschluß des Versuchsprogramms muß alles darangesetzt werden, Jugendliche und Kinder mit ihren Müttern wieder in der ursprünglichen sozialen Gruppe zu vereinen.

Ortswechsel   Einzig unter dem Druck unausweichlicher Notwendigkeit sollten Schimpansen von einem Forschungsinstitut in ein anderes verlegt werden. Wenn es wirklich unumgänglich ist, ein Individuum oder eine Gruppe umzusiedeln, sollten die Schimpansen von einem ihnen vertrauten Pfleger begleitet werden, der bei ihnen bleibt, bis sie sich in die neue Umgebung eingewöhnt und neue Bindungen zu den neuen Pflegern angeknüpft haben.

Ruhestand   Schimpansen, die sich nicht mehr für den Einsatz in der biomedizinischen Forschung eignen, müssen in den Ruhestand geschickt und, wenn nötig, auch rehabilitiert werden, damit sie ihren Lebensabend bis zum natürlichen Tod unter Bedingungen verbringen können, die eine Gewähr für psychisches Wohlbefinden bieten. Ein Forschungsvorhaben, das Schimpansenversuche einschließt, sollte erst dann in Angriff genommen werden dürfen, wenn gewährleistet ist, daß eine Altersversorgungskasse existiert, deren Mittel ausreichen, jedem einzelnen Versuchstier für die Dauer der normalen Lebensfrist den Unterhalt zu sichern.

Anmerkungen

Mensch oder Fisch?

Die von Bauman ermittelten Daten über die Körperkräfte der Schimpansen nach: Bauman 1926. Das Premack-Zitat aus: Premack und Premack 1983, S. 2.

Daß Shakespeare von dem 1607 nach England heimgekehrten Andrew Battell und seiner Geschichte von den zweierlei menschenähnlichen «Ungeheuern» in Afrika beeinflußt war, als er 1610/11 die Gestalt des Caliban schuf, ist mein eigener Einfall. Meines Wissens wurde dieser Gedanke bislang noch von niemandem vorgetragen, auch nicht – was mich beinah erstaunt – von den Verfassern der besten neueren Monographie über Caliban (Vaughan und Vaughan 1991). Zumal während der Periode, als Darwins Ideen den Zeitgeist prägten, kehrte manche schauspielerische Interpretation des Caliban-Parts in Erscheinungsbild und Gebarung äffische Momente hervor. Daß die europäische Zoologie und Mythologie (Disziplinen, die in früherer Zeit nicht säuberlich geschieden waren) von der Antike bis zur Renaissance mit unterschiedlichen Graden von Ernsthaftigkeit auch jede Menge halbmenschlicher Wesen beschreiben, ist eine Binsenwahrheit. Ganz unverkennbar stützte Shakespeare sich auf zeitgenössische Reisebeschreibungen, am augenfälligsten auf Berichte über einen Schiffbruch vor den Bermudas. Einen ausgezeichneten Überblick über die bisher eruierten Quellen von *Der Sturm* gibt: Langbaum 1987 (Erstveröffentlichung 1964); über die möglichen Quellen der Caliban-Figur informiert: Vaughan und Vaughan 1991 (auf diese Studie stützt sich meine Darstellung). Die geistvolle Quelle meiner allgemeineren Ansichten zu *Der Sturm* sind Leo Marx' erhellende Ausführungen aus dem Jahr 1964. Die kurze Fußnote über den historischen Wandel des Regiekonzepts von Caliban basiert weitgehend auf: Barnet 1987; Vaughan und Vaughan 1991.

Vaughan und Vaughan nehmen übrigens die *honored-shape*-Passage in Prosperos Rede als Beweis dafür, daß Caliban ein Wesen von letztlich menschlicher Natur und daher eventuell nach irgendeinem realen menschlichen Urbild gestaltet war. Meines Erachtens haben sie in dieser Frage den eigenen Gedankenhorizont unnötigerweise allzu eng gezogen, was möglicherweise auch für Bernheim 1979 (Erstveröffentlichung 1952) gilt. Der *honored-shape*-Passage ist zu entnehmen, daß Caliban einen menschenähnlichen Körperbau hatte. Offenbar war er von seinem Schöpfer nicht als halber Fisch oder als eine Art Schildkröte gedacht, wie manche Interpreten des Stücks irrtümlich annahmen. Aber aus unerfindlichem Grund übersehen Vaughan und Vaughan die Tatsache, daß ein Wesen die «ehrenvolle Gestalt» besitzen kann, ohne deswegen unbedingt ein Mensch sein zu müssen (vgl. Vaughan und Vaughan 1991, S. 10 f. u. 248). Das Battell-Zitat aus: Purchas 1905 (Erstveröffentlichung 1625), Bd. 6, S. 398. Zu Shakespeares Abhängigkeit von Hakluyt siehe Vaughan und Vaughan 1991; daß Shakespeare «allem Anschein nach ein eifriger Leser von Erlebnisberichten und Reisebeschreibungen» war: ebd., S. 44. Mehr über Hakluyt in: Masefield 1927. Es ist nicht auszuschließen, daß Battells Bericht schon einmal veröffentlicht worden war, ehe er von Purchas zum Abdruck gebracht wurde, allerdings ist es mir trotz intensiver Suche nicht gelungen, einen älteren Druck als den von 1625 ausfindig zu machen. Das Tyson-Zitat nach: Yerkes und Yerkes 1929, S. 14 f. Das Darwin-Zitat aus: Darwin 1872, S. 34. Die Darstellung von Gallups Spiegel-Experimenten nach: Gallup 1970; vgl. auch Gallup 1977. Die Frage, ob Schimpansen in der Lage seien, sich selbst im Spiegel zu erkennen, dürfte als erster Wolfgang Köhler gestellt haben, in: Köhler 1963 (Erstveröffentlichung 1921).

Das «Heraustreten des Menschen aus der übrigen Natur» ist ersichtlich ein zu umfangreiches Thema, als daß es im Rahmen dieses Kapitels sachgemäß abzuhandeln wäre. Meine *tour d'horizon* verarbeitet Material aus: Calder 1983, Diamond 1984 und 1989, Ronan 1982; vgl. auch Byrne und Whiten 1988, Ciochon und Corrucini 1983, Sibley und Alhquist 1984. Von dem Anthropologen Kevin Hunt (Indiana University) habe ich mich belehren lassen, daß wir keine historischen Zeugnisse besitzen, die uns eindeutige Auskunft über die Entstehung der Sprache geben könnten; von daher gesehen ist der Gedanke, daß Sprache und Symbolisierungsvermögen die Erklärung für unser Heraustreten aus der Natur bieten, natürlich hochgradig spekulativ. Hunt hält es für ratsamer, das Augenmerk auf die Auswirkungen des seßhaften Landbaus zu richten, «bei dem die Menschen so ziemlich aufhörten, sich in die Natur zu begeben, und die natürliche Flora zurückzudrängen begannen, damit sie Kulturpflanzen in ihre Umwelt einbürgern konnten. In dieser Weltsicht wird die natürliche Fauna und Flora dann zu Schädlingen und Unkraut, und die menschlichen Kulturinteressen liegen völlig außerhalb der Natursphäre.» Das Luther-Zitat nach: Ronan 1982, S. 330.

Die hurt'ge Meerkatz' fangen

Der kurze Überblick über Werkzeuggebrauch bei Tieren (Eisbären, Seeottern usw.) nach: Griffin 1984, S. 118–127. Die Angaben zum Termitenangeln des Mordkäfers nach: McMahan 1983. Materialien zu den variantenreichen Jagdtechniken der Schimpansen in: Boesch 1990; Boesch und Boesch-Achermann 1990. Jagen und Fleischfressen sind zunächst einmal seltene Aktionen und sicher nicht unbeeinflußt von Faktoren wie der Verfügbarkeit von Beutetieren und alternativer Nahrung sowie dem Vorhandensein konkurrierender Räuber. In einer gründlichen, auf dem Vergleich von Langzeitbeobachtungen in sechs verschiedenen Feldforschungsgebieten beruhenden Studie stellte William McGrew fest, daß die Speisezettel von Schimpansengruppen in puncto Fleisch stark differierten, selbst zwischen Gruppen, denen dieselben Beutetierarten zur Verfügung standen – eine generelle Bestätigung von Boeschs Beobachtungen in Sachen Beutetierarten (in: Boesch 1990). Geza Teleki untersuchte 1978/79 ein Jahr lang das Raubtierverhalten der Schimpansen in Gombe und kam in bezug auf gemeinschaftliches Jagen und Teilung des erbeuteten Fleischs nach der Jagd zu Befunden, die dem, was Boesch über die Gombe-Schimpansen herausbrachte, zu widersprechen scheinen. In acht der zwölf im fraglichen Zeitraum beobachteten Fälle erfolgreichen Zur-Strecke-Bringens von Beutetieren wurde die Jagd von mehreren Männchen gemeinschaftlich ausgeführt, die sich hinterher die Beute teilten (Teleki 1973). Unumstritten ist, was Boesch speziell über die Tai-Schimpansen berichtet.

Die Auführungen über Richard Wrangham und die Pharma-Kultur der Schimpansen basieren auf einem Gespräch, das ich 1990 mit Wrangham führte; ferner auf: Maugh o. J., Merewood 1991, Newton und Nishida 1989, Wrangham und Goodall 1989, Wrangham und Nishida 1983, Wrangham und Rodriguez o. J. Das erste Wrangham-Zitat stammt aus dem erwähnten Gespräch von 1990; das Rodriguez-Zitat nach: Merewood 1991, S. 56; das zweite Wrangham-Zitat nach: ebd., S. 58. Die Anmerkung über die Aufnahme von Wirkstoffen durch die Mundschleimhaut basiert auf: Newton und Nishida 1989. Die Angaben über das Nüsseknacken beruhen auf persönlichen Gesprächen mit diversen Informanten; siehe auch Boesch-Achermann 1990.

Calibans Insel

In diesem Kapitel geht es um das Arterhaltungsproblem, soweit es die Spezies Schimpanse (*Pan troglodytes*) betrifft; zu den generellen Aspekten des ähnlich gelagerten Überlebensproblems der schwer gefährdeten Spezies Bonobo (gelegentlich auch als Zwergschimpanse bezeichnet; lat. Name *Pan paniscus*) siehe insbesondere Malenky, Thompson-Handler und Susman 1989; siehe auch Badrian und Badrian 1977, Mubalamata 1984, Kano 1984, MacKinnon 1976, Susman und Mubalamata 1984, Susman u. a. 1981.

Marx (1964) setzt uns darüber ins Bild, daß sich in der in *Der Sturm* geführten Debatte über die Insel die im Elisabethanischen England verbreiteten gegensätzlichen Auffassungen und Vorstellungen von der Beschaffenheit der Natur in der Neuen Welt artikulieren. Nach Marx findet diese Debatte ausschließlich unter dem europäischen Personal des Stücks statt, nach meinem Dafürhalten jedoch auch zwischen Caliban und den Europäern. Meine Kenntnis der Etymologie des Worts «Dschungel» verdanke ich Newman 1990, S. 14. Myers (1980 und 1984) eruierte vielbeachtete Fakten über die Entwaldung, aus denen er die Schlußfolgerung zog, daß die Tropenwälder im Tempo von 80000 Quadratmeilen pro Jahr «verändert» werden und auf 36000 Quadratmeilen davon die Veränderung eine dauerhafte ist – Kahlschlag. Daß bis zum Ende des Jahrhunderts eine Million Arten ausgerottet sein werden, wurde erstmals von Norman Myers errechnet; zitiert ist dieser Schätzwert in: Newman 1990, S. 129. Das Rodriguez-Zitat nach: ebd., S. 129; die drei anderen Zitate nach: ebd., S. 10. Die Angaben zum Brennholzbedarf in Afrika, zum nigerianischen Holzexport und zur Erosion des bestellten Bodens in Äthiopien nach: ebd., S. 117, 140 und 153. Sämtliche bevölkerungsstatistischen Angaben (Verdopplungszeiten) nach: World Population Data Sheet 1990. Genauere Angaben zur Abholzung der Urwälder in Nordamerika in: Connelly 1991, Zuckerman 1991.

Die Annahme, daß Schimpansen nur in tropischen Primärwäldern vorkommen (Hartmann 1886, Hill 1969), hat neuerdings der Erkenntnis Platz gemacht, daß diese Tiere in vielerlei Lebensräumen in Afrika die Bedingungen zum Überleben finden und daß sie, umgekehrt, sich nicht unbedingt in allen Primärwaldgebieten zu Hause fühlen (siehe z. B. Kortlandt 1972, McGrew, Baldwin und Tutin 1981, Teleki 1980). Schimpansen sind sehr viel anpassungsfähiger als früher angenommen. Doch die Zerstörung des afrikanischen Regenwalds (MacKinnon und MacKinnon 1986, Myers 1979, 1980, 1984 und 1985, Salati und Vose 1984) ist begleitet von einem Rückgang der Schimpansenzahlen überall in dem einstmals ausgedehnten und sicheren Verbreitungsgebiet der Tiere. Von manchen Leuten im Umkreis der biomedizinischen Forschung kann man zwar die Vermutung hören, in dem weitgehend unerforschten Zaire-Becken lebten auch heute noch riesige Mengen von Schimpansen (Johnsen 1987), aber so gut wie überall in Afrika erzählen die verfügbaren Fakten die immergleiche Geschichte vom dahinschwindenden Lebensraum der Tiere.

Globalinformation über die gefährdete Lage der Schimpansen in Afrika vermittelt: Teleki 1986 und 1989; siehe auch *Chimpanzee Experts* 1978, Harrisson 1971, Mack und Mittermaier 1984, Oates 1985, Suzuki 1971, Wolfheim 1983. Gezieltere Berichte a) für das ostafrikanische Verbreitungsgebiet: Baldwin und Teleki 1973, Ghiglieri 1984, Goodall 1986, Hiraiwa-

Hasegawa, Hasegawa und Nishida 1984 (vgl. auch Harako 1981, Hart 1978, Hart und Thomas 1986); b) für das westafrikanische Verbreitungsgebiet: Albrecht und Dunnett 1971, Boesch und Boesch-Achermann 1981, Bournonville 1967, Kortlandt und Holzhaus 1987, McGrew, Baldwin und Tutin 1981, Struhsaker und Hunkeler 1971, Sugiyama 1984 (vgl. auch Jeffrey 1977, Robinson und Peale 1981, Teleki 1980, Teleki und Baldwin 1980, Teleki und Bangura 1981); c) für das zentralafrikanische Verbreitungsgebiet: Jones und Sabater Pi 1971, Kortlandt 1962, Sabater Pi 1978, Sabater Pi und Jones 1967, Sugiyama 1985 (vgl. auch Gandini 1979, Harcourt und Stewart 1980, Sabater Pi 1979, Tutin und Fernandez 1988). Mit statistischen Erhebungen verbundene allgemeine Forschungen (Albrecht 1976, Baldwin, McGrew und Tutin 1982, Bournonville 1967, Jones und Sabater Pi 1981, Kano 1972, Moore 1985, Sugiyama und Souman 1988, Teleki 1980, Trenchard 1988, Tutin und Fernandez 1983 und 1984) und beiläufige Beobachtungen von Forschern, deren Interesse auf andere Spezies gerichtet war (z. B. Carroll 1986, Fay 1987), liefern zuverlässige Informationen über 32 Areale in mehr als der Hälfte der Länder, in denen heute noch Schimpansen leben. Diese Studien dokumentieren einen alarmierenden Rückgang der Schimpansenzahlen.

Allgemeine Informationen über die von Afrikanern betriebene Jagd zum Nahrungserwerb sind vielerorts verfügbar. Als Quellen benutzte ich unter anderen: Asibey 1974, Goodall und Teleki o. J., Mittermaier u. a. 1986, daneben Jeffrey 1970, Lowes 1970. Weitere Informationen über die von Europäern betriebene Sportjagd auf große Menschenaffen in: Merfield und Miller 1986; siehe auch Du Chaillu 1861. Die Angaben über das liberianische Jagdwesen größtenteils nach: Robinson und Peale 1981; das Material über die Vorstöße liberianischer Jäger nach Sierra Leone stammt aus: Teleki 1980. Adriaan Kortlandts Beobachtung in Elfenbeinküste nach: Wolfheim 1983, S. 709. Einzelheiten über die Jagd in Nordghana in: Sabater Pi und Groves 1972, S. 242; siehe auch Asibey 1978. Über die Lage der BaAka: Carroll 1990; über die Mbuti: Hart 1978. Über den Verzehr von Menschenaffenfleisch in Gabun: Harcourt und Stewart 1980; über die Auswirkungen der Jagd zum Nahrungserwerb in Gabun: Tutin und Fernandez, zitiert in: Ghiglieri 1988, S. 273. Der Bericht über die Tötung von ernteschädigenden Schimpansen in Westuganda nach: ebd., S. 266 f.

«Schimpansen stehen vielerorts unter dem Schutz der Gesetze [...] Gesetze freilich, die keinen Rückhalt in Brauchtum und Herkommen finden, bleiben gewöhnlich wirkungslos»: siehe z. B. Asibey 1978, Dossi, Guillaumet und Hadley 1971, Happold 1971, Harcourt und Stewart 1980, Jeffrey 1975, Lamotte 1983, Spinage 1980, Struhsaker 1987, Suzuki 1971. Ghiglieris Ausführungen über die Auswirkungen des Fallenstellens auf die Schimpansen von Kibale in: Ghiglieri 1988, S. 166–172; das wörtliche Zitat: ebd., S. 166. Ursula Rahms Erfahrungen nach: Rahm 1967; die wörtlichen Zitate: ebd., S. 195 u. 206.

He, Sklave!

Die Angaben über «Primaten als Haustiere oder dienstbare Geister» nach: Morris und Morris 1966, S. 240–247. Das Dapper- und das Garner-Zitat nach: ebd., S. 246; die Wiedergabe der Ideen Meuniers, einschließlich der wörtlichen Zitate, nach: ebd., S. 240 f.

Ohne Zweifel marktbar

Die Angaben in diesem Kapitel basieren zum großen Teil auf unveröffentlichten Materialien – Gesprächen, Privat- und Geschäftskorrespondenz, Zoll- und Gerichtsakten usw. –, die ihrer Natur nach weder ins Literaturverzeichnis Eingang finden noch in diesen Anmerkungen jeweils mit vollständiger Beschreibung, einschließlich «Fundort», identifiziert werden konnten. Diese Materialien sind sämtlich in meinem Archiv vorhanden.

Das Fernsehinterview mit Franz Sitter war Teil einer 1987 ausgestrahlten Folge der «National-Geographic-Explorer»-Dokumentarserie mit dem Titel *Brutal Kinship*. Die geschätzte Zahl der Schimpansen in amerikanischen biomedizinischen Labors nach: Institute 1986, Prince u. a. 1988, Seal und Flesness 1986; siehe auch meine diesbezüglichen Ausführungen in Kapitel 11 sowie die Anmerkungen dazu. Eine Auflistung der zuverlässigsten wissenschaftlichen Schätzungen der Wildschimpansenpopulationen in diversen Regionen Afrikas in: Teleki 1989. Franz Sitter bestreitet, daß er mit seinen Handelsgeschäften die Populationsstärke wilder Schimpansen beeinträchtigt hat. Ja, als die Zeitschrift *Geo* 1981 schrieb, er sei verantwortlich für den Rückgang der sierraleonischen Schimpansenpopulation von geschätzten einhunderttausend auf ungefähr zweitausend, strengte Sitter eine Klage an. Die Behauptung, in Sierra Leone hätten ursprünglich einhunderttausend Schimpansen gelebt, beruhte in der Tat auf einem Irrtum, wie von niemandem bestritten wurde; doch Sitter gelang es nicht, das Gericht davon zu überzeugen, daß er durch den Bericht im ganzen einen regreßpflichtigen Schaden erlitten habe. Er verlor seinen Prozeß und hatte die Kosten des Verfahrens zu tragen.

Yerkes' ursprüngliches Manifest: Yerkes 1916; die wörtlichen Zitate daraus: S. 233 f. u. 232. Die andere zitierte Yerkes-Publikation: Yerkes 1943 (siehe dort S. 1–11). J. L. Bucks Geschichte findet sich in: Buck 1927. Zum Beleg meiner Behauptung, daß Afrika zur damaligen Zeit für Amerikaner und Europäer «als bequem verfügbare Traumkulisse fungierte», verweise ich auf: «Along the Trail with the Editor», 1927 (im selben Jahrgang der Zeitschrift *Asia* wie Bucks Jägerlatein): Die Herausgeberin Mary Hastings Bradley posiert auf einem Foto als «Gast vergnügter, unbeschwerter Dorfbewohner in Belgisch-Kongo»; wir erfahren, daß Carl Akeley, dem die belgische

Kolonialregierung den Abschuß von zehn Berggorillas für das Amerikanische Museum für Naturgeschichte in New York bewilligt hatte, dann doch nur fünf von diesen Tieren abschoß, «so sehr war ihm die Vernichtung des seltenen Menschenaffen zuwider», usw. Man braucht nach Vorgängen der von Buck berichteten Art nicht lange zu suchen. Etliche afrikanische Stämme jagten zumindest bis vor kurzem Gorillas in ähnlicher Manier, wie Buck den Schimpansenfang schildert – nur daß die Tiere sämtlich getötet wurden; siehe Denis 1963, Merfield und Miller 1956. Was Ursula Rahm (1967) über eine kostspielige und bis ins kleinste durchorganisierte Fangexpedition in Ostzaire schreibt, sieht vielleicht noch am ehesten nach einer Bestätigung von Bucks phantastischer Geschichte aus. Die ortsüblichen Methoden zur Beschaffung lebender Primaten waren in Wirklichkeit recht blutrünstig; siehe Robinson 1971, Tappen 1964, Teleki 1980. Yerkes' zuletzt zitierte Äußerung über Buck in: Yerkes 1943, S. 23.

Meine Angaben zu Sitters Biographie stützen sich großenteils auf regulär nicht oder nicht ohne weiteres zugängliches Material: das Curriculum vitae im Anhang seiner Wiener Doktordissertation, NS-Akten aus dem Berliner Archiv, briefliche Äußerungen von ihm usw. Das wenige, das an Publiziertem über Sitter vorliegt (z. B. Duberley 1988b), arbeitet, wo es den biographischen Hintergrund nachzeichnet, mit Teilen derselben Quellen. Die Zollakten über Sitters Exporte lebender Schimpansen aus Sierra Leone sind aufgeschlüsselt in: Teleki 1980, Tabelle 1 und 2.

Meine Angaben zum biographischen Hintergrund Telekis und Moor-Jankowskis beruhen größtenteils auf persönlichen Gesprächen mit den beiden. Mein Bericht über den Bewilligungsantrag von Merck Sharpe and Dohme und des Albany Medical College beruht zum Teil auf einer persönlichen Mitteilung Geza Telekis; zudem habe ich die Originalunterlagen des U. S. Fish and Wildlife Service zu dem Vorgang eingesehen. In letzteren ist auch die statistische Erhebung Adriaan Kortlandts zitiert.

Faktenmaterial zur Situation in Sierra Leone Mitte der siebziger Jahre war dünn gesät, und Kortlandts Studie scheint das Beste gewesen zu sein, was damals an Einschlägigem zu haben war. Freilich gab es noch andere Auskünfte: Tappen (1964) ging in seinem kurzen Überblick über die möglichen Primatenexporte aus Sierra Leone nicht auf die Schimpansen ein; Jones (1966) konstatierte, man bekomme in dem Land Schimpansen «nicht oft zu Gesicht, es sei denn in Gefangenschaft»; nach Robinson (1971) «deuten alle Anzeichen darauf hin, daß die Schimpansen in sämtlichen von mir besuchten Regionen ihres Verbreitungsgebiets an Zahl abnehmen»; Harrisson (1971) bestätigte die unheilvolle Lage unter Hinweis auf eine persönliche Mitteilung Kortlandts und einen Bericht des Leiters des sierraleonischen Amts für den Schutz der Wälder. Auf den vorliegenden Zahlenangaben über örtliche Populationsdichten und verfügbaren Wohnraum basierende Studien mehr theoretischen Charakters bestätigten das Gesamtbild von nicht mehr verkraftbarer Naturausbeutung (Bournonville 1967, Harrisson 1971, Kortlandt und von Zon 1969, Robinson 1971, Teleki, Hunt und Pfifferling 1976).

Die Beteuerungen der Firma Merck, daß «humane» Fangmethoden angewandt werden würden, hatten keine andere Grundlage als das, was Franz Sitter in Afrika und sein Mittelsmann in den USA, Mike Nolan (von der Firma Primate Imports) den Leuten bei Merck erzählten. Andere Auskünfte zeichnen ein bei weitem blutrünstigeres und verheerenderes Bild: Tappen (1964) schilderte eine Methode, bei der Primaten anderer Arten in Netze getrieben und anschließend zu Tode geknüppelt werden; Robinson (1971) registrierte, daß dieselbe Technik auch zur Beschaffung von Schimpansenbabys eingesetzt wurde, wobei die ungebärdigen älteren Tiere «gewöhnlich an Ort und Stelle umgebracht» wurden. Zur ‹Bündelung› der «Probleme Westafrikas» in Sierra Leone siehe Teleki 1980, S. 2, 6 u. 60 f.

Über die «Probleme Westafrikas» informieren noch zahlreiche andere Quellen; einige davon habe ich in den vorangegangenen Kapiteln zitiert. Hier noch nicht erwähnte Probleme sind benannt in: Teleki und Baldwin 1981; siehe auch Teleki 1980, S. 10 u. 19. Informationen speziell über Sitters Methoden: Teleki 1980, S. 10 u. 34–36, Teleki und Baldwin 1981, Teleki und Bangura 1981. Telekis Befund, daß in Sierra Leone noch 2000 ± 500 Schimpansen lebten, bestätigte, nebenbei bemerkt, einen aus privater Initiative hervorgegangenen, niemals publizierten Bericht anderer Feldforscher (T. S. Gartlan, C. J. Jones, A. Kortlandt und T. T. Struhsaker) an die National Institutes of Health aus dem Jahr 1978, der nicht nur von «sehr wenigen» Schimpansen in Sierra Leone sprach, sondern auch davon, daß Tiere aus Guinea ins Land geschmuggelt wurden, um den von der Basis Sierra Leone aus noch immer florierenden Exporthandel in Gang zu halten: «Die meisten Exporte [sind] guineischen Ursprungs.»

Ein gedrängter Überblick über Hintergrund und Bedeutung der CITES in: Dunlop 1989; siehe auch Inskipp und Wells 1979, Mack und Eudey 1984. Eine maßgebliche Rolle für die politische Grundeinstellung der USA in Fragen des Imports lebender Tiere spielt außerdem der Lacey Act von 1900, der späterhin abgeändert wurde zu einem Verbot der Einfuhr von Tieren, mit deren Ausfuhr ein Verstoß gegen geltendes Recht anderer Länder verbunden war. Die US-Bundesverordnungen zum Schutz der Volksgesundheit wurden 1975 ergänzt durch ein *bedingungsloses* Verbot des Imports wild gefangener Primaten für den Zoohandel. Die Änderungen der sierraleonischen Gesetzgebung sind erwähnt in: Kavanagh und Bennett 1984, S. 30.

Große Teile des interessanten Briefwechsels zwischen Sitter, Stehlik, Bieber und anderen wurden im Zuge des langwierigen Rechtsstreits, den die Immuno AG in den USA führte, mit der Aufhebung des Gerichtsbeschlusses auf Geheimhaltung publik. Die Korrespondenz zwischen Bieber und Stehlik wurde größtenteils auf deutsch geführt, alle Briefe von und an Sitter, einschließlich desjenigen von Dr. Eder, waren in Englisch abgefaßt. Die Immuno-Planungen wurden im Zuge des Verfahrens ebenfalls publik. Die Hintergrundinformationen über Bieber finden sich zum Teil in: Teleki 1983, S. 2; siehe auch Greisenegger 1986, S. 4. Die Vorgänge in Wien 1986 im Überblick in: Teleki 1986 (enthält auch ein zusammenfassendes Referat von Gallos Aussage). Weitere Dokumente und Materialien wurden vom World Wildlife Fund Österreich und anderen zusammengetragen und fanden dann den Weg zu mir. Man kann zahlreiche sekundäre Quellen zu der Angelegenheit finden (z. B. Greisenegger 1986, oder: Immuno. Neue Entwicklung in der Affen-Affäre, 1986). Die «publizistische Anrempelung» Moor-Jankowskis («Und wieder erschallt [...] ein ähnliches Gezeter») in: Tödlich, 1986. Der Wirbel von 1986 hatte übrigens einen Vorläufer. Zwei Tage, nachdem (im April 1982) Österreichs CITES-Mitgliedschaft wirksam geworden war, versuchte die Immuno AG, via Belgien zwei wild gefangene Schimpansen aus Afrika zu importieren; die Tiere wurden konfisziert und dem Wiener Tierschutzverein übergeben (siehe Chimpanzees in Danger, 1989).

Shirley McGreals Leserbrief: McGreal 1983. Die Stellungnahme von Alfred Prince, dem Entdecker des Hepatitis-Non-A-Non-B-Virus: Prince 1984. Zusammenfassende und kommentierende Darstellungen des Falls in: Cherfas 1989, Decisions of the Day (1989), Frey 1992, Gest 1988, Lewis 1991, Redmond 1986, Schmidt 1992, Strausbaugh 1991. Später wurde vor Gericht vorgetragen, Shirley McGreal habe aus böswilliger Absicht den Plan der Immuno AG totgeschwiegen, auf Franz Sitters Hühnerfarm bei Freetown eine Nachzuchtanstalt einzurichten. Doch wie ich bereits im Text anmerkte, hatte McGreal ihren Leserbrief geraume Zeit vor der Konferenz vom 18. April 1983 abgefaßt, auf der allem Anschein nach Abass Bundu erstmals den Traum von der Nachzuchtanstalt ins Gespräch brachte – womöglich nur, damit man etwas in der Hand hatte, womit man in Zukunft allfällige Einwände von Naturschützern würde abschmettern können. Shirley McGreal hatte jedoch bei der Niederschrift ihres Briefs ganz eindeutig nur den ursprünglichen Planungsentwurf von 1982 vor Augen und blieb so der Aufgabe enthoben, herausstellen zu müssen, wie unausgegoren dieser Traum vom Nachzüchten war.

Sitter, der verschiedentlich behauptete, er habe nicht weniger als fünfzig Schimpansen «auf Lager», hatte zu keinem Zeitpunkt mehr als ein paar Dutzend Schimpansenbabys auf seiner Farm. Er arbeitete vielmehr nach dem Prinzip «production on demand», indem er Bestellaufträge, die seine aktuelle Lieferkapazität überstiegen, mittels ad hoc durchgeführter Fangtätigkeit erfüllte. Aber wie dem auch sei – etwa zur selben Zeit, als Bundu mit der Immuno AG ins Gespräch über einen Zuchtbetrieb in Freetown eintrat, der es auf der Basis von fünfzig bis sechzig Schimpansen binnen drei Jahren zu einem Ausstoß von sechzig bis achtzig Schimpansen pro Jahr bringen würde, kamen in den USA Wissenschaftler der Nationalen Gesundheitsinstitute, wo man ebenfalls über die Möglichkeit der Schimpansennachzucht nachdachte, zu dem Befund, daß eine Population von dreihundertfünfzig erwachsenen Individuen im Rahmen eines Multimillionen-Dollar-Projekts unter Umständen so weit gebracht werden könnte, jährlich fünfzig neue Schimpansen zu produzieren. Mit welcher durchschlagenden Zauberkunst sollten Sitters paar Dutzend Schimpansenbabys, die im allgemeinen noch zehn Jahre vom fortpflanzungsfähigen Alter entfernt waren, binnen drei Jahren in die Lage versetzt werden, in einer Umgebung, die im Grunde nach wie vor nichts weiter als eine Hühnerfarm war, sechzig bis achtzig neue Schimpansen pro Jahr hervorzubringen?

Das amerikanische Recht unterscheidet beim Tatbestand der Beleidigung (der üble Nachrede und Verleumdung mit einschließt) zwischen Tatsache und Meinung. Meinungsäußerungen und zutreffende Tatsachenbehauptungen sind nicht strafbar. Selbst unzutreffende Tatsachenbehauptungen gelten nicht als justitiabel, sofern sie Personen des öffentlichen Lebens oder Sachverhalte von öffentlichem Interesse betreffen und nicht «mit bösem Vorsatz», das heißt in voller Kenntnis ihrer Unwahrheit oder in fahrlässiger Unbekümmertheit um Wahrheit oder Unwahrheit vorgebracht wurden. Die Tatsachen sind in Shirley McGreals Leserbrief offenbar vollkommen richtig wiedergegeben. Meinungen sind im Brieftext mit Wendungen wie «vermutlich», «scheint [...] zu sein», «könnten [...] leicht [...] werden» oder «müßte» generell als solche gekennzeichnet. Eine – von der Immuno AG sogleich als solche erkannte – Blöße gab sich McGreal mit der Behauptung, die Freilassung ehemals hepatitisinfizierter Schimpansen könnte unter Umständen zur Ausbreitung von Hepatitis in Wildschimpansenpopulationen führen. Laut McGreal «existiert kein Nachweisverfahren, das uns die Gewißheit geben könnte, daß ein Tier definitiv kein Krankheitsüberträger ist». Aus praktischer Sicht traf das nach meiner Überzeugung zu; rein formal gesehen mag es unrichtig gewesen sein. Theoretisch kann man einem möglichen Überträger Blut abzapfen und es einem nichtinfizierten Schimpansen injizieren. Wird der zweite Schimpanse daraufhin zum Infektionsträger, ist der erste ein Übertrager. Das Problematische an dem Verfahren ist natürlich, daß es unter Umständen die gesunden Tiere auslöscht. Heute verfügt man über eine bessere Methode, einen Virusüberträger zu identifizieren. Zudem müßte der Umstand, daß McGreals Stellungnahme in einer Leserbriefspalte veröffentlicht wurde, schon Klarstellung genug gewesen sein, daß hier großenteils eine Meinungsäußerung vorlag, der Beitrag einer Staatsbürgerin zum freien Gedankenaustausch über so wichtige Themen wie Fragen der Ethik, den Tierschutz und die Umgehung eines internationalen Übereinkommens zum Schutz gefährdeter Arten. Obendrein wurde der Immuno AG ausgiebig Gelegenheit geboten, auf Shirley McGreals Leserbrief an der gleichen Stelle zu antworten oder ihre Tatsachenbehauptungen zu widerlegen, was beides jedoch die Firma unterließ. Es ist schwer vorstellbar, wie ein einzelner Leserbrief einen Schaden in solcher Millionenhöhe angerichtet haben könnte. Schwer vorstellbar sind auch gute Gründe dafür, daß amerikanische Gerichte bis hinauf zum Obersten Bundesgericht der Klage eines österreichischen Unternehmens beinahe sechseinhalb Jahre intensiver Arbeit widmen. Der Rechtsstreit «Milkovitch gegen *Lorain Journal*» erwuchs aus einem Tumult, zu dem es auf einer Ringkampfveranstaltung der Maple Heights High School in Maple Heights, Ohio, gekommen war. Am Ende mußten der Mannschaftstrainer von Maple Heights, ein Mann namens Milkovitch, und der Schulinspektor der Stadt, der Donald Scott hieß, zur Vernehmung vor einem Staatsgericht erscheinen. Der Auftritt inspirierte einen Lokalberichterstatter, in einem Artikel, der in einer der Lorain Journal Company gehörenden Tageszeitung erschien, Sätze zu schreiben wie: «Jeder Besucher der [Ringkampf-]Veranstaltung [...] weiß im Grunde seines Herzens, daß Milkovitch und Scott bei der Vernehmung logen, nachdem sie zuvor einen feierlichen Eid geschworen hatten, die Wahrheit zu sagen.» Diese und ähnliche Äußerungen brachten dem Zeitungsschreiber eine Verleumdungsklage ein. Nachdem der Prozeß sich durch die Gerichte des Staates Ohio gequält hatte, landete er schließlich beim Obersten Bundesgericht der Vereinigten Staaten. Das Gericht entschied (nachdem es den inkriminierten Zeitungsartikel einer sorgfältigen Textanalyse unterzogen hatte, die jedem Doktoranden der Literaturwissenschaft Ehre gemacht hätte) per Mehrheitsvotum für Trainer Milkovitch und gegen den Journalisten mit der – von Oberrichter William Rehnquist abgefaßten – Begründung, der Tenor des Artikels und die Qualität seiner Sprache (die weder verschwommen noch blumig noch übertreibend sei) gäben *nicht als Meinung* zu verstehen, daß Milkovitch und Scott vor Gericht gelogen hätten, sondern ließen es vielmehr *als Tatsache* erscheinen, daß die beiden einen Meineid geschworen hätten. Wenn ich also richtig verstehe, kann der Schutz der freien Meinungsäußerung durch Zusatzartikel eins der Verfassung fortan nicht mehr ohne vorherige kunstgerechte Analyse der Sprache inkriminierter Äußerungen gewährt werden. Ist die Sprache zuchtlos genug (verschwommen oder blumig oder übertreibend genug), um eine Meinung zu signalisieren, genießt die Äußerung den Schutz des Grundrechts; ist die Sprache maßvoll und besonnen genug, um als Tatsachenbehauptung gelten zu können, ist möglicherweise eine Verleumdung gegeben.

Raymond S. Fersko, der von der Immuno AG in den USA überwiegend beschäftigte Anwalt, erklärte in einem eigenen, in der *New York Times* vom 15. Juni 1991 abgedruckten Leserbrief, der Fall werfe «in bezug auf Zusatzartikel eins die entscheidende Frage [auf]: ‹Wer ist der Boß?› Fersko hatte geglaubt, der Boß sei das Oberste Bundesgericht, doch anscheinend wollte sich der New York State Court of Appeals den Titel «krallen». Aber nicht genug damit, daß er die bedeutsame Frage aufwarf, wer denn in Sachen verfassungsmäßig garantierte Meinungsfreiheit nun eigentlich das Sagen habe, nein, Fersko meinte darüber hinaus, dieser und andere Fälle ähnlicher Art hätten uns eine «wichtige Lehre» über die «Ineffizienz unseres Rechtsprechungsverfahrens» zu vermitteln. Wenn es nach ihm ginge, würden wir «ein System, das den Prozeßparteien eine von zügiger Verfahrensabwicklung weit entfernte zeitraubende und kostspielige Streitprozedur – z. B. die Eingabe langatmiger Schriftsätze und nicht minder langatmiger schriftlicher Entgegnungen – aufnötigt, mit kritischeren Augen betrachten». Noch im Jahr 1992 bestritt die Immuno AG viele Einzelheiten der Geschichte – so zum Beispiel verlangte sie auf einen in der *Frankfurter Rundschau* veröffentlichten Artikel des Journalisten Marc Frey hin einen umfangreichen Widerruf. Unter anderem monierte der Immuno-Anwalt, Frey habe Sitter als Tierhändler von zweifelhaftem Ruf dargestellt, habe die Finanzmacht der Firma ebenso übertrieben wie Moor-Jankowskis Prozeßkosten usw. Frey und die *Frankfurter Rundschau* blieben hart gegenüber diesem Einschüchterungsversuch.

Die österreichische und die liberianische Delegation auf der CITES-Konferenz 1987 sind nach dem Konferenzprotokoll zitiert. Der Projektvorschlag des CCC ist unveröffentlicht; große Teile davon sind resümiert in: Redmond 1991, ich stütze mich jedoch auf eine in meinem Besitz befindliche Kopie des Originaltexts. Äußerungen von Ferskos Kompagnons sind teils wörtlich, teils paraphrasierend zitiert in: Strausbaugh 1991. Kopie des Sitter betreffenden Archivmaterials befindet sich in meinem Besitz.

Stoff zu Träumen

In diesem Kapitel mache ich unter anderem von Informationen Gebrauch, die ich in zahlreichen persönlichen Gesprächen mit Schimpansenabrichtern und -besitzern im ganzen Land sammelte. Mein Bericht über die «Affenkamera»-Episode der David Letterman Show basiert auf einer Videoaufzeichnung. Lee Ecuyer, Erfinder der Gestalt «Zippy the Chimp» und nach wie vor Inhaber des Unternehmens, erzählte mir, er habe seine Schimpansen ausschließlich unter Einsatz von Liebe und Zuneigung abgerichtet und niemals ein Elektroschockgerät verwendet. Ich möchte ihm da nicht widersprechen. Aber Ecuyer ist zwar der Besitzer des Geschäfts, beschäftigte aber auch noch andere Leute als Dresseure und Tierpfleger. Meine Angaben über die Vorgänge bei der fraglichen Letterman Show beruhen auf Gesprächen mit Augenzeugen.

Jeder Intendant, der ein Shakespeare-Stück auf den Spielplan setzt, wird sich als erstes fragen, ob er es in schlichter Inszenierung oder als Ausstattungsstück produzieren soll – doch *Der Sturm* eignet sich zum Ausstattungsstück besonders gut. Die Komödie wurde erstmals im Herbst 1611 am Hof aufgeführt, dann nochmals im darauffolgenden Winter im Rahmen der Feierlichkeiten zum Auftakt einer Hochzeit im Königshaus; man darf also wohl guten Gewissens davon ausgehen, daß die ersten Inszenierungen fürwahr von prunkvollster Art waren. Der Text des Stücks enthält zahlreiche

Anlässe zu optischen und akustischen Ausschmückungen. Prospero manipuliert seine Mitfiguren mit hypnosegleicher Zauberkunst, läßt sie nach Belieben einschlafen und aufwachen, träumen und halluzinieren, mitten in der Bewegung erstarren und dann vom Bann gelöst ihr ursprüngliches Vorhaben weiterverfolgen. Die Figuren berichten von traumhaft-wundersamen Erlebnissen. Die Bühnenanweisungen verlangen Musik und Gesang, ein «Wetter mit Donner und Blitz», ein «seltsames dumpfes und verworrenes Getöse», ein «Getöse von Jägern» (und wahrscheinlich auch von Hunden). Laut Bühnenanweisung sind manche Figuren für andere unsichtbar oder lösen sich in Luft auf; an anderer Stelle verschwindet «vermittels einer zierlichen Erfindung» (mit Hilfe irgendeines Bühnenmechanismus) auf wundersame Weise eine ganze Festtafel; da und dort ist außerordentlich aufwendige Kostümierung verlangt. Thomas Shadwell inszenierte den *Sturm* 1674 als regelrechte Oper, mit allen Schikanen bis hin zu Teufelschor und ballettanzenden Tritonen und Winden. William Charles Macready brachte 1838 ein großes Schiff auf die Bühne und ließ einen von Prosperos Sklavengeistern in der Luft herumfliegen. Charles Kean setzte 1857 so viel Theatermaschinerie ein, daß «Bühneneffekte umfangreicherer Art, als man sie in irgendeinem anderen europäischen Theater wagt», plakatiert werden konnten. Gasbeleuchtung seit 1817, der Drummondsche Brenner seit 1826, gegen Ende des Jahrhunderts das elektrische Licht – alle wurden sie im neunzehnten Jahrhundert zu Hilfsquellen für Bühneneffekte. 1904 brachte dann Herbert Beerbohm Tree in seiner *Sturm*-Inszenierung einen Schiffbruch auf die Bühne, überraschte das Publikum mit einem jähen Blackout und ließ während einer Szene, in der Nymphendarstellerinnen hinter einem Gazevorhang an Drähten hängend durch die Luft schwebten, die Beleuchtung langsam von violett zu bernsteinfarben mutieren. Siehe Barnet 1987 (Erstveröffentlichung 1964).

Wer in Prospero einen Hypnotiseur sieht, findet diese Auffassung durch jedes wissenschaftliche Werk über hypnotische Phänomene bestätigt. Von letzteren schätze ich für meinen Teil besonders: Haley 1967. Über die Geschichte des Hypnotismus, des Mesmerismus und der Vorläuferphänomene informiert am besten: Ellenberg 1973. Zumindest einige Reden in *Der Sturm* sind glänzende Beispiele für die hypnotische Induktion, einschließlich jener Form von verdeckter hypnotischer Induktion, für die der amerikanische Psychotherapeut und klinische Hypnotiseur Milton Erickson den Ausdruck «Interspersionshypnosetechnik» geprägt hat (Erickson 1966; vgl. auch Erickson 1964).

Mehr über Bob und Mae Noells Gorillaschau in: Noell 1979. In meinen Angaben sind außerdem Informationen aus einem Gespräch mit Mae Noell verarbeitet. Über Menschenaffendarstellung durch kostümierte Schauspieler im Film: Sibley 1990. Ein Beispiel für das emphatische Bekenntnis von Abrichtern zu «weichen» Bändigungsmethoden in: Belcher 1992. Ich kann nicht sagen, daß es mit den behaupteten weichen «Methoden» – «Liebe» und «humaner» Dressur – nie weit her war, denn ich kenne nicht den gesamten Hintergrund jeder einzelnen Menschenaffen-Show. Ich kann nur extrapolieren auf der Grundlage dessen, was ich durch zahlreiche persönliche Gespräche mit Eingeweihten und auf anderen Wegen über die Situation hinter den Kulissen diverser Shows in Erfahrung gebracht habe. Kenneth DeCroos Aussage über die Prügel, die Buddha bezog, nach: O'Neill und Fitz 1985; andere wörtliche Zitate stammen aus eidesstattlichen Erklärungen der betreffenden Personen. Die Geschichte des Tierschutzes in der Filmindustrie im Abriß in: Pequet 1989, Donner 1989. Die Vermutung, das Hollywooder Büro der American Humane Association fungiere auch als «Arbeitsvermittlungsagentur für Tierausbilder», wurde in einem Privatbrief eines Untersuchungsbeauftragten der Regierung an einen AHA-Funktionär ausgesprochen. Ein ausführlicheres Resümee der Hintergrund-Story von *Project X* in: Peterson 1989, S. 267f. u. 273–275. Produzent Walter Parkes wurde nach einer Pressemitteilung seiner Produktionsfirma zitiert; andere Angaben in dem Abschnitt über *Project X* stammen aus beziehungsweise basieren auf diversen eidesstattlichen Erklärungen und einem persönlichen Gespräch, das ich mit Bob Parker führte. Siehe auch Caulfield 1987, Klein 1987. «Schockiert» waren Parkes und Lawrence Lasker nach eigenen Worten laut: Caulfield 1987; ebenda ist auch der Bericht eines AHA-Repräsentanten über die «rückhaltlose Untersuchung» der Vorgänge durch seinen Verein zitiert.

Meine Bemerkung: «Trotzdem würde sich wohl kaum ein Menschenaffe freiwillig einer Lebensweise anbequemen» usw. ist eine freie Paraphrase einer Äußerung von Cooper (1989). Die kurzen Hinweise auf die Methoden, mit denen ein «bestimmter Schimpansen-Showstar» und «drei Schimpansen, die man aus einer beliebten Fernsehshow kennt», abgerichtet wurden, basieren auf: Burnet 1989; im Gegensatz zu Burnet habe ich es jedoch vorgezogen, die Identität jenes Showstars und den Titel jener Show im dunkeln zu lassen, weil ich von der Stichhaltigkeit des Beweismaterials nicht restlos überzeugt bin. Nick Connell erinnert sich an Mickey Antalek in: Connell 1986; siehe auch Johnson 1990. Mehr über die Schimpansen an spanischen Stränden in: Boroviczeny, Carwardine und Watkins 1985; siehe auch Elliott 1992, ferner: List 1991; A Visit 1985.

«Wo enden vertretbare Bändigungsmaßnahmen, und wo beginnt die Mißhandlung?» Der geriebene Exotendresseur wird uns mit dem Argument kommen, wir hätten keine Ahnung, was exotische Tiere wirklich brauchen, und aufgrund unserer Ahnungslosigkeit hätten wir auch kein Recht, uns ernstlich eine Meinung zu diesem Thema anzumaßen, und Tierdresseure seien eine besondere Menschenklasse, Menschen mit dem informellen Auftrag und der Befugnis, gewisse Unterhaltungseffekte zu erzielen, ohne die unappetitlichen Details, wie sie das machen, offenzulegen. Dieses und weitere mögliche Argumente des geriebenen Tierdresseurs finden sich ausführlicher behandelt in: Hearne 1986, S. 175.

Dunn kommt zu Wort in: Schlosberg 1988. Über Bubbles in Dunns Obhut: Castro 1991. Jemand aus Michael Jacksons nächster Umgebung, der gegenüber Klatschreportern tratscht, wird geschildert in: Michael Jackson, 1991.

Lachen, prügeln

Dieses Kapitel beruht zum Teil auf einer Reihe persönlicher Gespräche. Die Orang-Utan-Show im «Lido de Paris» habe ich aus dem Gedächtnis geschildert, nachdem ich freilich zuvor mein Gedächtnis mit Hilfe einer wenige Monate alten Videoaufzeichnung der Show aufgefrischt hatte. Die wörtlichen Zitate sind naheliegenderweise dem Video entnommen, kommen allerdings nach meiner Erinnerung dem, was während des Auftritts gesprochen wurde, den ich selbst gesehen habe, ziemlich nahe. Bei dem Referat meines Gesprächs mit Berosini konnte ich mich an ausführliche Notizen halten, die ich unmittelbar nach der Unterhaltung angefertigt hatte. Ich glaube, daß ich Inhalt und Ton und, wo ich Anführungszeichen benutzte, auch den Wortlaut des Gesprächs fair und genau wiedergegeben habe.

Harold Gewerters Ausdruck «Feiglinge» zitiert nach: Harris 1989a. Der Artikel in der *Las Vegas Sun* mit Berosinis Dementi: No Aping, 1989; der zweite Artikel: Shemeligian 1989a. Die Aussagen der diversen Fachleute, Tänzer, Bühnenarbeiter und so weiter finden sich in einem von den PETA zusammengestellten Dossier zu dem Fall, das für Interessenten bei der Organisation erhältlich sein dürfte. Im Text habe ich lediglich eine kleine Kostprobe der vorliegenden Expertenmeinungen gegeben. Außer den erwähnten nahmen noch viele andere Fachleute Stellung. So zum Beispiel kam Robert Stone, selbständig praktizierender Tierarzt mit über fünfunddreißigjähriger Berufserfahrung nicht zuletzt auch in der Behandlung von Primaten, beim Betrachten des Videos zu dem Ergebnis, daß die Orang-Utans «versteinert» waren und «zur Unterordnung geprügelt wurden». Robert Agramonte, seit zwanzig Jahren Tierarzt mit eigener Praxis, sprach in seinem Gutachten von «physischer und psychischer Mißhandlung» und einer «himmelschreienden regelrechten Tierquälerei». Michael Wolff, Veterinärmediziner kurz vor dem Abschluß der Assistenzarztzeit (abgeleistet im National Zoo, Washington, D. C.), erklärte in seiner «Eigenschaft als Fachmann», daß auf dem Videoband «klare Fälle» von «exzessiven, jedes äußeren Anlasses entbehrenden gewalttätigen, einschüchternden und behavioral deprivierenden Handlungen» zu sehen seien, die den Zweck verfolgten, «Furcht, Schmerz und Angst» zu erregen. Glenn Benjamin, seit siebenundzwanzig Jahren selbständig praktizierender Tierarzt und bestens vertraut mit der Behandlung von Exoten in Tierparks und aus der Unterhaltungsbranche, schrieb in seiner Stellungnahme, bei der Exotendressur müsse zwar «gelegentlich Zwang» ausgeübt werden, doch was er in der Videoaufzeichnung gesehen habe, sei

ihm «als Mißhandlung vorgekommen». Was Dr. Benjamin offenbar besonders erschreckt hatte, waren die wiederholten Schläge mit einem Gegenstand, der wie eine Metallstange aussah, das Reißen am Fell und die Fußtritte
und Kniestöße. Michael Fox, Veterinärmediziner und Verfasser von über
dreißig Büchern, befand, das Videoband dokumentiere, daß «diesen unschul-
digen und gutartigen Geschöpfen vorsätzlich, berechnend und methodisch
physisches und psychisches Leid zugefügt» wurde. Alan Boessman, seit über
acht Jahren approbierter und praktizierender Tierarzt, erblickte «aus fach-
männischer Sicht» Szenen von «grober Mißhandlung und Quälerei mittels
jeglichen äußeren Anlasses entbehrender systematischer körperlicher Züchtigung und psychischer Einschüchterung».
    Die zwei Zeitungsartikel von Dick Morris: Morris 1989a und b. Der *Show-
biz*-Artikel: Bobby Berosini, 1989; das Weihnachtsgrußfoto: Thank You,
Las Vegas, 1989; die Schüler-Interviews in: Kid Talk, 1990. Stilkritische
Analysen der sprachlichen Behandlung von Berosini-Kritikern in: Frederick
1990, Harris 1989a, Kerr 1989a, Maurice 1989a; ferner in: Rush to Judgment, 1989. Zum forensischen Sprachstil im Berosini-Prozeß siehe Bates
1990a u. b. Der *Las-Vegas-Review-Journal*-Artikel, demzufolge die Ein-
wohner von Las Vegas «geschlossen hinter» Berosini standen: Bates 1990a.
    Ich habe den Bericht des Landwirtschaftsministeriums sowie ein Schreiben
des Ministeriums an die Berosinis (vom November 1989) eingesehen; beide
Dokumente sind nicht allgemein zugänglich und deshalb auch nicht im Literaturverzeichnis aufgeführt. Das Schreiben enthält zwar zum einen die Mitteilung, daß bei der Inspektion «kein Verstoß» gegen das Tierwohl-Gesetz
festgestellt wurde, zum anderen aber auch den angelegentlichen Hinweis,
daß die «körperliche Mißhandlung» von Tieren bei Dressur oder Betreuung
ein Gesetzesverstoß genaugenommen erst seit Inkrafttreten der Tierwohl-
Gesetzesnovelle am 30. Oktober 1989 ist. Einer der Journalisten, die über den
Inspektionsbericht schrieben, zitiert auch Berosinis Ausführungen über die
Ruhelage der Orang-Utans: Roderick 1990. «USDA sagt: Keine Anzeichen
für Orang-Utan-Mißhandlung»: Kerr 1989b. Ein weiteres Beispiel dafür,
wie der hochkomplexe Inspektionsbericht zur schlichten Ehrenrettung um-
gebogen wurde: Gang 1990a. Zur Inspektion der Humane Society of Northern Nevada: Kerr 1989a (daraus das Anthony-Zitat), Harris 1989b (daraus
das Brink-Zitat). Anthonys eigene Einschätzung seiner Qualifikation ist zitiert in: Bates 1990c, wo auch Anthonys persönlicher Hintergrund ausge-
leuchtet wird.
    Nebenbei bemerkt: Bald nach seiner öffentlichen Verlautbarung über die
offizielle Inspektion der Humane Society of Northern Nevada wurde Vizepräsident Brink entweder gefeuert oder trat freiwillig von seinem Posten zurück, wobei er sich beschwerte, man habe ihn im unklaren gelassen über
«Schwere und Ausmaß der finanziellen Mißwirtschaft, zweifelhaften Au-
ßenstände und Gerichtsurteile», die gegen die Organisation ergangen waren.

Wenige Tage nach seinem Ausscheiden brach ein Unbekannter in das Büro der Gesellschaft an der West Tropicana Street in Las Vegas ein und ließ Akten und Computer-Hard- und -Software im Wert von zehntausend Dollar mitgehen. Ein Teil der entwendeten Akten wurde umgehend einem ortsansässigen Journalisten zugespielt, der dann berichtete, weniger als ein Prozent der 1983–1985 getätigten Gesamtausgaben der Gesellschaft in Höhe von mehr als zweihunderttausend Dollar sei tatsächlich für Zwecke des «Tierwohls» verwendet worden. Brinks Beschwerde in: Humane Society Exec, 1989; frühere Angaben zu dem Einbruchsdiebstahl in: Shemeligian 1989b. Diese Angaben sind präzisiert und erweitert um Informationen über Dart Anthony in: Greenspun 1989b.

Über die im Auftrag von Berosini selbst von Gutachtern der University of Nevada und des Yerkes-Primatenzentrums vorgenommene Inspektion informiert: Finnigan 1989. Im Interesse der bei der Untersuchung anwesenden Journalisten richtete Dr. Richard Simmons von der University of Nevada in Reno das Scheinwerferlicht seines eigenen Sachverstands auf die unklare Kompetenz der PETA-Gutachter. «Ich halte sie für nicht ganz unqualifiziert», ließ er naserümpfend wissen. «Aber zur Weltklasse würde man sie als Experten meiner Meinung nach nicht gerade zählen.» Das sollte wohl heißen, daß Simmons selbst Experte genug war, um die «Weltklasse» beurteilen zu können. Allerdings konnte es mit seinem Expertenwissen speziell in puncto Orang-Utans nicht weit her sein, denn wie er ein knappes Jahr später zugab (siehe Bates 1990b), hatte er vor jenem Tag noch kein einziges dieser Tiere untersucht.

Der «Terroristen»-Artikel im *Washingtonian*: McCabe 1990. Zur Klage der PETA gegen McCabe und den *Washingtonian*: PETA Wins, 1991. Zum Widerruf des *Washingtonian*: Correction and Clarification, 1991. Eine Erwähnung der «Morddrohungen» in: Harris 1989b. Anfangs wurde die Berosinische Tatbestandsversion von einer obskuren Gestalt gestützt, einer jungen Frau, die sich erstmals im Fernsehen zu Wort meldete, wo sie anonym und in Verkleidung auftrat, so sehr fürchtete sie anscheinend Vergeltungsmaßnahmen wegen ihrer Bereitschaft, gegen «Terroristen von der Tierrechte-Bewegung» auszusagen. Die Frau entpuppte sich dann als Schwester Linda Levines, der mitbeklagten Repräsentantin der PETA in Las Vegas. Linda Levines Schwester trat allerdings nie als Zeugin vor Gericht auf – möglicherweise, weil Zweifel an ihrer Glaubwürdigkeit gerechtfertigt zu erscheinen begannen, nachdem die PETA-Anwälte moniert hatten, daß sie eine Liaison mit Berosinis Anwalt Harold Gewerter unterhielt. Eine Stellungnahme zu dieser Beziehung in: Gang 1990a; siehe auch Bates 1990a. Den Feuerüberfall und die toten Vögel erwähnt: Bates 1990a; Berosinis Jeremiade im Zeugenstand dokumentiert: Bates 1990d. Die Aussage der seit kurzem alleinstehenden älteren Dame ist in einer gegenüber PETA abgegebenen eidesstattlichen Erklärung niedergelegt.

Zu «Kapitalismus» und dem Vorwurf, das Videoband sei manipuliert, siehe Bates 1990a; zur Aussage des Gutachters, das Band sei nicht manipuliert, siehe Bates 1990h. Zu Gewerters Vorwurf, PETA und PAWS wollten «eine Goldgrube [...] ausbeuten», siehe Bates 1990e. Informationen zum Thema Geld in Las Vegas enthält: Leershen und Burbank 1990; die meisten Informationen über die Boyd-Gruppe und Richter Leavitts Beziehungen zu Bill Boyd finden sich in diversen Gerichtsakten, allen voran dem Antrag der PETA-Anwälte auf Ablehnung wegen Befangenheit; siehe auch Gang 1990e. Der Leitartikel, in dem die PETA als «verzogene Kinder» apostrophiert werden: PETA Becomes Shrill, 1990. Mehr über Richter Leavitts verzweigte Beziehungen zu Bill Boyd und der Boyd-Gruppe in: Gang 1990c u. f, German 1990 u. 1991.

Zur Aussage des tierärztlichen Entlastungszeugen siehe Bates 1990g, zu den Aussagen der tierärztlichen Belastungszeugen siehe Bates 1990b. Die Zeugenaussagen von Michael Bradshaw und Jill Milane in: Gang 1990b. Ausführlicher über die Machart des verschwundenen Schlagstocks: Gang 1990a. Die Bemerkung über den «Prozeß per Hinterhalt» ist zitiert in: Bates 1990f.

Berosini obsiegte. Ein Teil meiner Angaben und Zitate nach: Gang 1990d. Joan Berosini ist zitiert nach: McKinnon 1990; nach dieser Quelle auch weitere Bobby-Berosini-Zitate. Die später erwähnten *Review-Journal*-Leitartikel: Berosini Gets Bum Rap (wo die Frage aufgeworfen wird, ob Orang-Utans eine Psyche haben [auf meinem Ausriß fehlt das Erscheinungsdatum; Greenspun (1989a) nimmt Bezug auf diesen Artikel]); Rush to Judgment, 1989 (enthält die Bemerkung, daß es «absurd» sei, «empfindungsunfähige Wesen vermenschlichen zu wollen»). Konrad Lorenz' Mutmaßungen über das «Lachen» des Hundes finden sich in dem Buch *So kam der Mensch auf den Hund* (1950), auf das eingegangen wird in: Douglas 1975. Der Fachmann im Zoo von San Diego ist Marvin Jones.

Noch eine Anmerkung zum Humor der Menschenaffen. Die meisten Leute denken, daß nur der Mensch lustige Streiche aushecken kann, aber ich für meinen Teil bin mir nicht so sicher, ob wir diese Sonderstellung beanspruchen dürfen. Nehmen wir nur mal die Anekdote von der Schimpansin, die in Westafrika als Haustier gehalten wurde, und zwar in einem Alter, wo sie noch den Vorzug genoß, ungehindert in Haus und Garten ihres Besitzers umherstreifen zu dürfen. Eines Tages durchwühlte das Tier heimlich die Handtasche einer älteren Dame, die zu Besuch da war, und stibitzte eine Sonnenbrille. Als andere Gäste bemerkten, wie sie sich mit der Sonnenbrille davonmachen wollte, liefen sie ihr natürlich nach. Bei der Hetzjagd flüchtete die Schimpansin zum Swimmingpool, wo sie die Brille versehentlich ins Wasser fallen ließ; anschließend beobachtete sie entzückt den herrlichen Tumult, zu dem es kam, als mehrere Leute gleichzeitig aufgeregt nach dem rapide versinkenden Gegenstand angelten. Damit war der Vorfall zu Ende, und die Übeltäterin erhielt Schelte. Etwa vierzehn Tage später machte sich die Schimpansin wieder über eine Handtasche her und stibitzte eine Sonnenbrille. Mit der lief sie geradewegs zum Swimmingpool. Dort angekommen, hielt sie inne und wartete, bis sie Menschen auf sich zurennen sah, hielt dann die Brille mit Bedacht über das Wasser und ließ sie fallen. Und stürzte im nächsten Moment lachend davon.

Die Menschen denken, daß nur der Mensch Witze erzählen kann, und da wildlebende Menschenaffen nicht sprechen können, erzählen sie natürlich auch keine Witze. Aber es gibt Anhaltspunkte dafür, daß die Zeichensprachebenutzer unter den in Gefangenschaft lebenden Menschenaffen ausgeprägten Humor besitzen. Ein Beispiel liefert Koko, das Gorillaweibchen, das von Francine Patterson in der amerikanischen Taubstummensprache unterrichtet worden war. Die Episode, an die ich denke, ereignete sich im Rahmen einer lockeren Unterhaltung zwischen Koko und Barbara Hiller, einer neuen Mitarbeiterin des Projekts. Koko hatte sich aus weißen Handtüchern ein Nest gebaut, und Barbara forderte sie auf, ihr die Farbe des Stapels zu nennen. Koko signalisierte: «Rot.» Die junge Frau meinte: «Nein, Koko, das ist falsch. Welche Farbe ist das?» Koko signalisierte zurück: «Rot.» Sie bekam Schelte für ihr unartiges Benehmen, und die Frage wurde wiederholt. Erneut signalisierte Koko: «Rot.» Jetzt wurde Barbara ärgerlich, denn sie wußte, daß Koko die richtige Farbe kannte; also bekam Koko ein Ultimatum gestellt. Das Gorillaweibchen grinste, klaubte einen winzigen roten Fussel von dem Berg weißer Handtücher, hielt ihn empor und signalisierte: «Rot, rot, rot.»

In meiner Zell'

Dieses Kapitel basiert weitgehend auf Informationen, die ich einer Reihe von offiziellen wie inoffiziellen Gesprächen verdanke, sowie auf etlichen Büchern und Veröffentlichungen in Periodika. Russ Cochrans autobiographische Reminiszenzen finden sich in: Cochran 1990. Meine Ausführungen über die Primate Foundation of Arizona basieren weitgehend auf: Fritz 1975 (wörtliche Zitate: S. 3–5), Hahn 1988 (das wörtliche Zitat: S. 165). Die Geschichte von Gus und Gabbie nach persönlichen Gesprächen und zwei kurzen Veröffentlichungen: Berryman und Berryman 1977 u. 1978; siehe auch Koenig 1991. Bezüglich Gabbies Alter erzählte mir Connie Braun im Herbst 1990, die Schimpansin habe fünf Nachkommen zur Welt gebracht und sei achtzehn Jahre alt. Ich neige jedoch zu der Ansicht, daß ihr Alter damals eher bei fünfzehn lag, da die Berrymans, die sie im Sommer 1978 als Zweijährige bezeichneten, über das tatsächliche Alter genauer Bescheid gewußt haben dürften. Was die Käfiganlage im Keller angeht, so erklärte mir Connie Braun, daß sie vorhabe, dem Schimpansenquartier im Hausinneren bei Gelegenheit einen Außenkäfig anzugliedern, den die Tiere bei schönem Wetter als Auslauf ins Freie benutzen könnten.

Die einzelnen Komponenten der Geschichte von Chuck und Judy entnahm ich einem an mich gerichteten Privatbrief (des im Text erwähnten «Augenzeugen») sowie Artikeln in diversen Periodika. Die ehemalige Mitarbeiterin des «Bel-Aire»-Salons zitiere ich nach: Lackey 1985; Gary Ochsenbein, den Direktor des Lafayette-Zoos, nach: Alley 1985. Zu den Artikeln, die aus «Rehabilitation» nach und nach «Psychotherapie» machten, zählen (in der Reihenfolge, in der sie im Text zitiert sind): Maddry 1986a u. b, Novek 1986, Eisen 1986, Landers 1986.

Die Situation des jungen erwachsenen Schimpansenmännchens in einem texanischen Leihhaus ist in einem mir übermittelten ungedruckten Augenzeugenbericht geschildert. Die Frau, die den Raststättenbetrieb im Nordwesten der USA inspizierte, beschrieb ihren Eindruck von Daphney und Sam in einem Privatbrief. Die Geschichte von Sam und Rudy basiert auf diversen Gesprächen und Zeitungsartikeln. Tina Nelson gab mir eine Schilderung von Sams Zisterne; zu Rate gezogen habe ich ferner einen privaten Bericht von Sarah Boysen, einer Tierpsychologin der Ohio State University. Die Befürchtungen von Harris' Rechtsanwalt, Sam könne «hinter Schloß und Riegel in einem Edelstahlkäfig» zum «Zwiebelkuchenesser und Chablistrinker» werden, sind zitiert nach: Wright 1987b. Die vier Artikel mit den lustig-sein-sollenden Überschriften sind: Love 1987, Switzer 1987, Wright 1987a u. b. Weiteres Material zu dem Fall bezog ich aus: Beyerlein 1987, Turmell 1987, Wright 1987c; ferner aus: Case of Chimp, 1987; Chimp Returning, 1987; Judge Orders, 1987; Judge Signs, 1987.

Mit Worten versehen, in Fels gesperrt

Besonders verpflichtet bin ich Eugene Lindens hervorragendem Buch *Silent Partners* (1986), das mir die in diesem Kapitel erzählte Geschichte in Umrissen erstmals zu Bewußtsein brachte. Ich habe natürlich meine eigene Version der Geschichte erarbeitet, unter anderem durch Interviews mit einem Teil der Akteure, allen voran Janis Carter, Roger Fouts, James Mahoney, Jan Moor-Jankowski und Mae Noell. Herbert Terrace hielt unsere Verabredung zu einem telefonischen Interview nicht ein.

Meine Darstellung der Geschichte Lucys ist im ersten Abschnitt sehr stark Maurice Temerlins Buch *Lucy* (1975) verpflichtet; Zusatzinformationen über den Verkauf Lucys erhielt ich von Mae Noell. Die Anleihen bei Temerlin (1975) im einzelnen: die «erfindungsreichsten Formen des Werkzeuggebrauchs» (S. 104); «jiddische Momme» (S. 31–45); Lucys Gefühlsleben (S. 164); Lucy lernt sprechen (S. 113–125); der Wortwechsel mit Roger Fouts (S. 122f.); «die Geschichte meiner Tochter» (S. XXII); «Sie war meine Tochter» (S. 127); Alkoholkonsum (S. 49); Masturbation vor Lucys Augen (S. 89); «wie einen Menschen als Besitztum vereinnahmen zu wollen»

(S. 89); «wieder ein normales Leben führen» (S. 212); «Schimpansenpsychose» (S. 210); «die Belange der Wissenschaft» (S. 211); «Mutterschaftspotential zu realisieren» (S. 211); «mein jungfräuliches Herzblatt» (S. 212).
Über die Anfänge von Stella Brewers Arbeit in Gambia: Brewer 1978; siehe
auch Duberley 1988a. Über Janis Carters Leistung in Gambia ist mehr zu
erfahren aus: Carter 1988 («Wir teilten die Insel»: S. 39). Siehe auch Linden
1986, S. 183; Linden war der «Journalist», der das lange Carter-Zitat überlie-
ferte (1986, S. 85 f.).
Hielt das Institute for Primate Studies zur fraglichen Zeit dreißig Schimpansen? Laut Linden (1986, S. 30) gab es im ganzen Land mehr als dreißig der
Zeichensprache mächtige Schimpansen; James Mahoney vom LEMSIP, das
die Schimpansen des Institute for Primate Studies kaufte, erzählte mir, das
Institute habe «ungefähr dreißig» Schimpansen besessen, die «alle in höherem oder geringerem Grad die Zeichensprache beherrschten». Die präziseste
Zahlenangabe, die mir unterkam, lautet «schätzungsweise siebenundzwan-
zig» und findet sich in: Minty 1991. Über die Rahmenbedingungen auf der
ersten Etappe von Washoes Ausbildung: Crail 1983, S. 87–90; Linden 1986,
S. 45. Fouts' Auszug aus dem Institute for Primate Studies mit Washoe und
Loulis schildert: Linden 1986, S. 106; Fouts selbst hat mir einige Aspekte des
Geschehens noch genauer verdeutlicht. Eine Horizontverengung durch den
Behaviorismus bestreitet Terrace für seine Person in: Terrace 1987, S. IX.
Eine populäre Darstellung des Experiments der Premacks: Premack und Pre-
mack 1983; zu dem Experiment der Hayes' siehe Hayes 1951; Hintergrund-
informationen zu Koko in: Patterson und Linden 1981. Das aus Terrace
(1987) herangezogene Material im einzelnen: «Nim wurde [...] sozialisiert»
(S. V); «unprofessionelle Einstellung» (S. 134); «für Nim mehr Zuneigung»
(S. 41); «herzlich wenig Zeit» (ebd.); «ein paar Stunden» (S. 46); erste
Wortschatzstatistiken und Bemerkungen über Nims Motivation (S. 137 u.
145); Zeichenkombinationen (S. 179); Wörter als Ersatz für Handlungen
(S. 150); Irreführung mit Wörtern (ebd.); Erfindung eigener Zeichen
(S. 154); «viele spontane Zeichen» (S. 39); die längere Schilderung von Ter-
race' Sinneswandel (S. VI). Im vollen Ornat des akademischen Jargons prä-
sentiert sich der Fall in: Terrace 1985. Zu Washoe und Loulis siehe Fouts
1987; ferner: Fouts und Fouts 1989, Fouts, Fouts und Van Cantfort 1989,
Gardner und Gardner 1989, Stokoe 1989. Terrace' Stellungnahme zu Sue
Savage-Rumbaugh in: Terrace 1987, S. X.
    Lindens Bilanz der beschädigten Finger in: Linden 1986, S. 107. Zur Ge-
schichte von Bob Noells Verstümmelung siehe Noell 1979, S. 89–96.
Washoes «Leidtun!»-Bekundung erwähnt: Crail 1983, S. 90. Weitere Hin-
tergrundinformationen über das Pribram-Fiasko in: Linden 1986, S. 107.
Meine Parenthese über Pribram als Affenexperimentator stützt sich auf:
Chimpanzee Center, 1989.
    Robert Yerkes' Bemerkungen über den Gefühlsausdruck der Schimpansen

stammen aus: Yerkes 1943, S. 28 f. Lindens Besuch im Institute for Primate Studies vor der Übersiedlung der Schimpansen ins LEMSIP wird berichtet in: Linden 1986, S. 144 f. Den Telefonanruf, der ihn nachts aus dem Schlaf riß, erwähnt Terrace in: Terrace 1987, S. X; siehe auch Linden 1986, S. 155 f. Als «sommersprossiger Chimp mit dem Aussehen eines Gelehrten» wird Ally geschildert in: Linden 1986, S. 143. Allys Gewohnheit, das Kreuzzeichen zu schlagen: ebd., S. 49. Die Eigenwerbung des White Sands Research Center: Chimpanzees, 1988. Zu Harry und Midge in White Sands siehe Linden 1986, S. 159 f.

Über die Anfänge von Hardys Arbeit auf dem Gebiet der xenogenen Transplantation: Eyre 1988; Reemtsmas Nierentransplantation erwähnt: Bluestone 1989; zu McManus' Arbeit siehe Manning 1988; die von den Nationalen Gesundheitsinstituten bewilligten Forschungsgelder erwähnt: Taylor 1987. Die Fußnote verarbeitet unter anderem Material aus einem Zeitungsartikel über Christian Barnaard: Dont Use Chimps, 1977. Die Angaben über das Experimentieren mit abgetrennten Köpfen basieren auf: Thompson 1988, McNulty 1981. Das wörtliche Zitat nach: Thompson 1988. Thompsons Bericht über Whites Experimente mit abgetrennten Affenköpfen wurde in der *Washington Post* veröffentlicht. Es fällt mir schwer, einem Artikel in den *Weekly World News* zu glauben, demzufolge nach Angaben eines kürzlich nach Deutschland emigrierten russischen Chirurgen in einem russischen Forschungsinstitut im Experiment ein Schimpansenkopf auf einen Menschenkörper verpflanzt wurde. Auf dem Artikel beigegebenen Zeichnung hat der Mann seinen Kopf – von dem man annehmen muß, daß er abgestorben ist – behalten, und auf diesem ist nun unter Verwendung von allerlei Schläuchen und Kabeln der Schimpansenkopf befestigt; siehe Dunn 1988. Weitere Informationen über White in: Tidyman 1992. Meines Wissens haben Bruno und Booee im LEMSIP ihre Versuchstierlaufbahn hinter sich; Bob Ingersoll, ein Mann aus Oklahoma, der früher einmal mit den beiden Schimpansen gearbeitet hat, bemühte sich, ein Heim für sie zu finden. Der Zoo von Oklahoma, dem sie als Geschenk angeboten wurden, hat abgewinkt, angeblich, weil die zwei für Zuchtzwecke nicht zu gebrauchen seien; siehe Minty 1991 u. 1992; ferner: Ex-Trainer, 1991.

Dies Geschöpf erkenn' ich für meines an

Dieses Kapitel basiert auf einer Reihe persönlicher Gespräche, veröffentlichten und unveröffentlichten Regierungsberichten, unveröffentlichten Korrespondenzen und veröffentlichtem Material wie Büchern, Zeitungs- und Magazinartikeln.

Die köpferammende NIH-Studie ist beschrieben in: Ommaya, Corrao und Letcher 1973; ferner in: Letcher, Corrao und Ommaya 1973. Die Proteste der Forschungsindustrie gegen das geplante Fernsehskript sind zitiert nach: Rosenberg 1991. Frankie Trulls Bedenken fanden Ausdruck in: Scientists Fear, 1991.

Meine Anmerkung zum unterschiedlichen Sprachgebrauch von Laborforschern und Feldforschern beruht auf eigener Beobachtung. Jeder, der sich auf dem angesprochenen Gebiet auskennt, wird die Formel «Katze ist gleich Maus ist gleich Ratte ist gleich Schimpanse» als – bis auf einen sehr bezeichnenden Schlenker weitgehend originalgetreue – Variation einer berüchtigten Äußerung Ingrid Newkirks von den PETA identifizieren. «Tier» und «Tiermodell» sind, überflüssig zu sagen, allgemein verbreitete Kategorien, in die wir die Schimpansen stecken; sie spiegeln den übersimplifizierten Denkansatz, mit dem wir uns diesem Thema nähern. Man hat für die Schimpansen gelegentlich die Bezeichnung «subhumane Primaten» verwendet (Swyers 1990, S. 4), die entschiedener auf eine Wertehierarchie abhebt als der gängige Ausdruck «nichthumane Primaten».

Zur Fußnote: Was die Gesamtzahl der Labortiere in den USA betrifft, so liefern King u. a. (1988) mit ihrer konservativen Schätzung von zwanzig Millionen eine brauchbare Diskussionsgrundlage. Mich würde es freilich nicht wundern, wenn die Zahl doch näher bei dem von Rowan (1984, S. 71) nach sorgfältiger Kleinarbeit genannten Schätzwert von insgesamt 71 Millionen läge. Allseits einig ist man sich jedenfalls darin, daß die Zahl sehr hoch sein muß.

Über die Zahl der von ihm gehandelten Tiere gibt Trefflich Auskunft in: Trefflich und Anthony 1967, S. IX. Die wörtlichen Trefflich-Zitate: ebd., S. 10 u. 172. Auf der afrikanischen Landkarte die am weitesten im Norden und Westen gelegene Region, wo jemals wilde Gorillas angetroffen wurden, ist der Südosten von Nigeria. (Nigeria ist etwa 1600 Kilometer von Sierra Leone entfernt.) J. L. Bucks Jägerlatein: Buck 1927. Phil Carrolls Klage findet sich in: Noell 1979 (auf den letzten Seiten). Zur Fußnote über das begrenzte Fortpflanzungstempo wilder Schimpansen siehe Clark 1977, Goodall 1983, Hiraiwa-Hasegawa, Hasegawa und Nishida 1984, Nishida 1985, Sugiyama 1984, Teleki 1989, Teleki, Hunt und Pfifferling 1979. Zur allgemeinen Information über die Brutalität des Lebendtierhandels siehe Domalain 1978. Angaben betreffend das Institut Pasteur nach: Harrisson 1971, Kortlandt 1965 u. 1966. Sabater Pis Bericht in: Sabater Pi 1979; Telekis Angaben in: Teleki 1980. Entsprechende Angaben über Gorillajagd und -fang in: Denis 1963, Merfield 1954, Merfield und Miller 1956, Schaller 1963 u. 1964. George Galassos verärgertes Dementi ist zitiert nach: Booth 1988.

Über die Anlage der CITES in gedrängter Form: Dunlop 1989; vgl. auch Inskipp und Wells 1979, S. 83 f. Karno (1991) erwähnt das Problem der sprachlichen Unschärfen in der CITES. Die Formel von der «wertvollen regenerativen Ressource» wird zitiert in: Booth 1988, S. 778; ich habe auch die ursprüngliche Quelle eingesehen. Nebenbei bemerkt: Waren Schimpansen

eine «wertvolle regenerative Ressource», so Tieraffen anscheinend eine wohlfeile. Von Roy Henderson, dem Leitenden Labortierpfleger der University of California/Berkeley, ist der Ausspruch überliefert (Blum 1991a): «Als ich vor zwanzig Jahren anfing, kosteten Affen fünfundzwanzig Dollar das Stück. Man benutzte sie einmal, und dann weg mit ihnen!» Die zitierte Auskunft Dr. Creamers von der Firma Merck Sharpe and Dohme findet sich in: Merck, 1978; die Aktennotiz des Federal Wildlife Permit Office, die ich ebenfalls konsultiert habe, ist hier originalgetreu wiedergegeben.
Die Überlegungen der NIH-Sonderkommission sind protokolliert in: Interagency Committee, 1978. Der «Nationale Primatenplan» der NIH von 1978 mit seiner Bedarfsschätzung von jährlich 180 Neuzugängen ist besprochen in: Whitney, Wolfle und Blood 1978. Mehr über das Fünf-Institutionen-Zuchtprojekt in: Johnsen 1987; vgl. auch Swyers 1990b; ferner: Progress Report 1990. Verlautbarungen der NIH-«Arbeitsgruppe Schimpansen» aus dem Jahr 1990 sind nach einer unveröffentlichten Entwurfsfassung des Jahresberichts wiedergegeben. Wörtliche und sinngemäße Zitate aus einer Sitzung des NIH-«Aids-Tiermodell-Komitees» folgen dem Protokoll der Sitzung vom 21. März 1991. Die zitierte Stellungnahme Milton Aprils aus dem Jahr 1992 erhielt ich in einem persönlichen Gespräch.
Zur Frage der «Euthanasie» und des «terminalen Experimentierens» siehe Eckholm 1985; der NIH-Sprecher sowie Thomas Wolfle sind zitiert nach: ebd. Galassos Stellungnahme zum terminalen Experimentieren ist zitiert nach: Luoma 1989, S. 57. Die in der Fußnote erwähnte «humane Alternative» (Pensionsfonds usw.) ist ausgeführt in: Eichberg und Speck 1988. Jorg Eichberg, Leiter der Abteilung Veterinärmedizinische Hilfsquellen bei der Southwest Foundation for Biomedical Research in San Antonio, Texas, ist in Little (1990) mit folgenden Worten zitiert: Das Ruhestandsprogramm «ist aus dem Mitgefühl für die Tiere geboren. [...] Hat man mit diesen Tieren erst einmal über längere Zeit gearbeitet, hat sich eine starke Bindung herausgebildet. Man sieht die Ähnlichkeit, die zwischen ihnen und dem Menschen besteht. Nach allem, was sie für die Menschheit getan haben, sollten wir ihnen ein gutes Zuhause geben – das beste, das unter den Bedingungen der Gefangenschaft möglich ist.» Im Rahmen früherer NIH-Diskussionen über das «Euthanasieren» von «überzähligen» Schimpansen kam übrigens von irgend jemandem die Empfehlung, man solle die Tiere vor der Tötung noch einmal bei einer letzten wissenschaftlichen Untersuchung einsetzen, «und sei es auch eine ganz belangloser Art»; siehe Linden 1986, S. 205.
Was den Wert des Zuchtprojekts als eines «richtigen und vernünftigen Ansatzes» betrifft: soweit es den Bedürfnisdruck zur Entnahme weiterer Schimpansen aus der freien Natur minderte, war es ein Positivum. Aber die so gezüchteten Schimpansen werden niemals etwas zur Regeneration des Wildtierbestands beitragen. Die vollständige Eingliederung nachgezüchteter Individuen in wilde Populationen ist bei einer Anzahl von Vogelarten und

mindestens einer Tieraffenart, aber nicht bei Schimpansen gelungen – aus mehreren klar zutage liegenden Gründen. Die später von diversen Vertretern der biomedizinischen Forschungsindustrie vorgetragenen Behauptungen, man trage de facto zur Erhaltung des Wildtierbestands bei, nehmen es mit den Tatsachen nicht so genau. Bestenfalls läßt sich sagen, daß das Zuchtprojekt die gängige Ausblutung des Wildtierbestands gemindert hat. Man begegnet allerdings zuweilen schon recht sonderbaren Vorstellungen. Als ihr Labor von einem einheimischen Lieferanten mehrere Schimpansen für Impfstofftests bezog, meldete sich die Direktorin mit folgender Logik zu Wort: «In gewisser Weise zahlen die Schimpansen mit diesen Tests ihre Schuld gegenüber einer Gesellschaft ab, die sie vor dem Aussterben rettet» (zitiert nach: Linden 1986, S. 150).

Zum Faktenhintergrund des Themas Aids und Schimpansen siehe Alder u. a. 1984, Barnard 1988; vgl. auch Cohen 1989 u. 1991, Swyers 1990a u. b.; ferner: Chimps Suffer, 1988. Zur Geschichte der Polio-Schutzimpfung siehe Dowling 1977, S. 202–219. Meine Ausführungen zur derzeitigen Situation basieren größtenteils auf persönlichen Gesprächen. Dr. Anthony Fauci, der Chef des National Institute for Allergy and Infectious Diseases, kündigte 1987 an, daß mit Impfstofftests an freiwilligen Versuchspersonen vor dem im ursprünglichen Zeitplan vorgesehenen Termin begonnen würde (siehe AIDS Vaccine Test, 1987). Laut Boffey (1987) wurde bereits im Sommer 1987 Aidsimpfstoff an freiwilligen Versuchspersonen aus besonders stark exponierten französischen und zairischen Risikogruppen getestet. Im Sommer 1989 wandte sich dann Robert Gallo öffentlich gegen Jonas Salks altmodischen Versuch, einen Aids-Impfstoff aus abgetöteten Viren zu entwickeln (siehe Dr. Salk's Research, 1989; vgl. auch Altman 1989, Specter 1989).

Zum fehlenden Konsens über die Bedeutung von Schimpansen für den Kampf gegen Aids siehe für die Mitte der achtziger Jahre z. B. Montgomery (1988), wo Robert Couch vom Baylor College of Medicine in Houston mit der Äußerung zitiert wird: «Es gibt derzeit keinen Konsens über die Rolle von Schimpansen bei der Bewertung von Impfstoff-Kandidaten.» Es stand noch nicht einmal fest, ob Schimpansen für den Impfstofftest die richtigen Modelle waren oder ob sie dazu unbedingt benötigt wurden. So vertrat beispielsweise Arie Zuckerman, ein Virologe der London School of Hygiene, die Ansicht, es gebe überhaupt keinen triftigen Grund für den Einsatz von Schimpansen in der Aidsforschung: «Für die Aidsforschung gibt es kein geeignetes Tiermodell» (zitiert nach: Woolf 1988). Die formelle Erklärung, daß auf jeden Fall genügend Schimpansen zur Vefügung stünden, findet sich in: Prince u. a. 1988. Die in der Fußnote zitierte Richtlinie der Weltgesundheitsorganisation ist vielerorts abgedruckt; siehe z. B. Prince u. a. 1988. Gallos bekanntgewordene Äußerung («Ich bringe jeden ins Irrenhaus» usw.) ist zitiert nach: *Ein Herz für Tiere*, 1986. Weitere Äußerungen

Gallos über seine Zusammenarbeit mit der Immuno AG in: Luoma 1989.
Zum Thema «Knappheit» wurde Gallo erstmals zitiert in: Chimpanzee
Shortage, 1987; Animal Shortage, 1987; Bree 1987. Die (in der Fußnote
zitierte) europäische Stimme zur Knappheit: Gergely 1987a.
William Gay ist zitiert nach: Junkin 1987; James Wyngaarden nach: Rosenblum 1988; Patricia Fultz nach: Thompson 1988b. Gallos Äußerungen
gegenüber der Presse in Europa sind wiedergegeben in: Gergely 1987b; in
englisch zitiert sind sie (ebenso wie Gallos öffentliche Äußerungen in den
USA) in: Luoma 1989; siehe auch Immuno AG, 1987.

Zur Fußnote über die Geheimniskrämerei um die Zahl der in den USA
vorhandenen Laborschimpansen: Die von Seal und Flesness (1986) genannte
Zahl ist einigermaßen verläßlich für die Zeit vor Beginn des Zuchtpro-
gramms, wobei man freilich bedenken sollte, daß in den ISIS-Daten die
Schimpansen des LEMSIP und bestimmter Privatlabore nicht mitgezählt waren; siehe auch Chimpanzees an Important Model, 1990; Institute of Medicine 1986; Progress Report, 1990. Die m. E. genaueste publizierte Angabe
findet sich im *AIDS Research Exchange*, einem kleinen Informationsblatt,
das offensichtlich Zugang zu den ISIS-Daten hat (siehe Chimpanzees an Important Model, 1990).

Maurice Hillemans Verlautbarungen auf der Frühstückskonferenz sind zitiert nach: Montgomery 1988, S. 21; mehr Hilleman-O-Ton in: Luoma
1989, S. 46; siehe auch NIH Holds Briefing, 1988. Das Protokoll einer Konferenz des NIH-«Tiermodell-Komitees» ist zitiert nach: Luoma 1989, S. 45. Zu
«Wir liebäugeln schon stark mit Afrika» siehe AIDS Research, 1988; Rosenblum 1988. Zur Reaktion der NIH auf diese Stellungnahmen siehe Rovner
1988, Luoma 1989, S. 46. Das «Märchen von der weltweit geplanten Mauschelei»
erwähnt Luoma (1989, S. 47).

Zu den Prozessen der Immuno AG in Europa siehe Slama Acquitted, 1989;
Wrussing 1986. Die Firma Immuno blieb natürlich immer bei ihrer Ansicht,
daß diese Prozesse voll und ganz gerechtfertigt waren. Noch etwas zur
«American connection» des Immuno-Prozesses: Richard Parsons, der sich
bei dieser Gelegenheit als ehemaliger Leiter des Federal Wildlife Permit Office vorstellte, wartete in dem Streitfall «Immuno AG gegen Shirley
McGreal» mit einer eidesstattlichen Erklärung zugunsten der Immuno AG
auf. In der genannten Position war Parsons letztinstanzlich verantwortlich
für die Regulierung des US-Imports von gefährdeten und bedrohten Arten,
doch hatte er zu dem Zeitpunkt, als er seine Erklärung zu Lasten Shirley
McGreals abgab, offenbar die Seiten gewechselt. Er war Verwaltungsdirektor
des Fur Retailers' Information Committee (FRIC), eines Organs des Pelz-
einzelhandels, das die Öffentlichkeitsarbeit der Branche besorgte; zeitweilig
war er auch Repräsentant des Safari Club International, einer Großtierjäger-
vereinigung, die 1978 nicht wenige Menschen in Erstaunen versetzt hatte, als
sie um eine Einfuhrbewilligung für Jagdtrophäen von vierzig gefährdeten

Tierarten – darunter auch Gorillas und Orang-Utans – nachsuchte (siehe Revolving Door, 1988; Secret Memo, 1988).

Die National Association for Biomedical Research (NABR) streicht ganz natürlicherweise die idealistischsten Elemente ihres Interessenspektrums heraus. Aber zweifellos gehört zu ihren Interessen der Kommerz nicht weniger als die menschliche Gesundheit. Die NABR wurde 1979 von einem Zusammenschluß von Tierzüchtern und -verwendern in der Forschungsindustrie gegründet, die auch und insbesondere die Charles River Breeding Laboratories zu den ihren zählten. Mit einem Ausstoß von zwanzig Millionen Vertebraten jährlich (Stand 1988) war und ist Charles River der Welt größter Labortierzüchter und -lieferant. Zur Zeit des bewußten Gerichtsverfahrens führte den Vorsitz im Verwaltungsrat der NABR Craig Burrell, der gleichzeitig bei der Firma Sandoz Pharmaceuticals in East Hanover, New Jersey, den Posten des Vizedirektors bekleidete. Ich bin überzeugt, daß die Firmen Charles Rivers und Sandoz uneingeschränkt und bedingungslos für die Wissenschaft, die Rationalität und die menschliche Gesundheit sind. Selbstverständlich sind sie das. Und mit Recht. Nichtsdestoweniger sind sie in erster Linie kommerzielle Unternehmen, und für das solide finanzielle Fundament, auf dem die NABR steht, sorgt der kommerzielle Zweig des wissenschaftlichen Fortschritts. Die Verbindung zwischen NABR und Charles River ist erwähnt in: Society for Legislation o. J.; dort wird auch festgestellt, die NABR sei ein «Geistesprodukt» von Charles River, Frankie Trull sei zeitweilig bei Charles River angestellt gewesen, und die NABR sei «zu der Zeit, als sie bei Charles River arbeitete, in ihrem Wohnzimmer ins Leben gerufen worden». Zum geschäftlichen Kaliber der Charles River Breeding Laboratories siehe Stevens 1984; vgl. auch Minetree und Guernsey 1988, S. 159.

Zur Verbindung zwischen der NABR und den NIH: Die persönliche Bekanntschaft zwischen Trull und Wyngaarden ist erwähnt in Society for Legislation (o. J.) und inzwischen auch bestätigt worden. Trulls Anwesenheit bei einer Konferenz «hochrangiger Direktoren und Subdirektoren staatlicher Forschungsorganisationen» ist verzeichnet in: Mental Health Shake-up 1992; Dr. Frederick Godwin, 1989 (die zuletzt genannte Quelle begnügt sich damit, einen Artikel der *Long Island Newsday* zu zitieren). Über den Plan des Öffentlichen Gesundheitsdiensts schrieb: Anderson 1990b. Hintergrundmaterial zur Geschichte des Antivivisektionismus und zur aktuellen Tierrechte-/Tierwohl-Bewegung findet sich in: Rowan 1984.

Wer mehr über die Anfänge der PETA erfahren will, muß bis zur Geschichte Edward Taubs und der Affen von Silver Spring zurückgehen; siehe Kilpatrick 1984, Minetree und Guernsey 1988, Torrey 1984. Zur allgemeinen Information über die Tierrechte-Bewegung siehe Cowley u. a. 1988; vgl. auch Zak 1989.

Daß die biomedizinische Forschung unter Verwendung von Tiermodellen zu ungeheuer wertvollen Erkenntnissen geführt hat, ist nicht zu übersehen.

Eine populäre Darstellung der Vorzüge der Primatenforschung gibt: King
u. a. 1988. Genaugenommen schufen die Tierrechte- und Tierwohl-Protest-
ler bestenfalls ein ernstes Problem für die Öffentlichkeitsarbeit der Branche;
schlimmstenfalls ließen sich einige Gruppen zerstörerische Übergiffe gegen
fremdes Eigentum zuschulden kommen (siehe z. B. Budiansky 1987). Die
aus der Forscherperspektive von der Tierrechte-Bewegung ausgehende Bedrohung schildert in besonnener Form: Kaplan 1988. Mir geht es hier nicht
darum, zu zeigen, daß die Tierrechte-Verfechter im Recht und die Forscher
im Unrecht waren oder umgekehrt. Die Lage der Dinge auf diesem Gebiet ist
seit eh und je viel komplexer. Die Denkfaulen beider Parteien erleichterten
sich schon immer das Leben mit einem vereinfachten Bild der Verhältnisse.
Dr. King («Wo sind bloß die Gemäßigten geblieben?») ist zitiert nach: Animal Activists, 1989; Louis Sullivan nach: June 1990 Press Briefing, 1990
(vgl. auch Sullivans Denkschrift an den Vatikan, zitiert in: Pope, 1991). Das
ganze Gerede von der «Moralität» aller Versuche, «an denen Menschenleben
hängen», ist hohles Pathos, wie man zunächst einmal feststellen muß; zum
kompletten Unfug wird es, wenn man es in Beziehung setzt zu den einstmals
vom US-Verteidigungsministerium gesponserten Tierversuchen – auch an
Primaten –, die der Entwicklung und Erprobung von Waffen und Einsatzsy-
stemen der biologischen Kriegführung dienten (siehe Hatch 1991).

Matthew Blocks Prozeß gegen Shirley McGreal ist nahezu vollständig dokumentiert in: Labbee 1991; vgl. jedoch auch Worldwide Primates, 1992;
Peter Gerone's Deposition, 1992. Peter Gerones «Knüppel-zwischen-die-
Beine»-Bemerkung (zitiert nach Blum 1991b) im vollen Wortlaut: «Menschen wie Shirley schrecken vor nichts zurück, wenn es darum geht, die Forschung anzuschwärzen. Und da sage ich mir, wenn ich denen einen Knüppel
zwischen die Beine werfen kann – warum sollte ich es nicht tun?» Das Attribut
«undurchsichtig» lege ich Block aufgrund eigener Erfahrung während der
kurzen Begegnung bei, die ich im Sommer 1989 in Miami mit ihm hatte: Der
Mann, der mir damals die Auskunft gab, Matthew Block befinde sich vorübergehend außer Landes, war niemand anderer als Matthew Block selbst.

Von den sechs ablehnenden Zuschriften an den Fish and Wildlife Service –
die zwar nicht veröffentlicht wurden, aber öffentlich zugängliches Material
sind – monierten diejenigen von seiten der NIH vorgebliche Unzulänglich-
keiten des CCCC-Berichts. Die Immuno AG klagte in ihrem Schreiben über
«Voreingenommenheit», «mangelnde Objektivität» usw. Der U. S. Fish and
Wildlife Service beantwortete diese Einwände in aller Form im Federal Register (Bundesanzeiger): «Der Service stellt mit Genugtuung fest, daß der Bericht des Committee for the conservation and Care of Chimpanzees zuverläs-
sig ist und ein hohes Maß an wertvollen Informationen weitgehend aus der
Hand von Personen enthält, die mit der Situation im Gelände aus eigener
Anschauung vertraut sind. [...] Bei den monierten Versehen scheint es sich
größtenteils um unbedeutende Druckfehler zu handeln. Der Bericht ver-

schweigt nicht, daß für einige Territorien Datenmaterial nur in begrenztem Umfang zur Verfügung steht und daß dringend zusätzliche Erhebungen benötigt werden. [...] umfangreiche neue Erhebungen im Gelände würden aber noch Jahre bis zum Abschluß benötigen, und das Gesetz verlangt, daß die Einstufung auf die besten verfügbaren Daten gegründet wird.» Eine alternative «Feldstudie» anzufertigen, wie Wyngaarden in seinem Schreiben vorschlug, hätte Jahre gedauert; überdies wäre der Vorschlag sicherlich in dem Geist realisiert worden, in dem er bei den NIH inoffiziell betrachtet wurde, nämlich als eine Erfassung potentieller Ressourcen: «Ein weiterer Vorschlag betraf eine Feldstudie der Schimpansenpopulationen in verschiedenen afrikanischen Regionen. Der Ausschuß beschloß einhellig die Erarbeitung einer Bitte um Vorschläge betreffend die Durchführung einer Feldstudie in Afrika, die uns Erkenntnisse über Tierbestände, serologische Sachverhalte und die Lage der Schimpansen bringt» (Zitat nach: HSUS Works, 1988).

George Galassos (und Robert Whitneys) Grundsatzerklärungen zur «Geschäftspolitik» der NIH sind vielerorts abgedruckt; siehe Rovner 1988; NIH Denies, 1988. Die präzisierte Grundsatzerklärung findet sich (u. a.) in: Booth 1988, S. 777. Zu dem Vertrag zwischen den NIH und dem liberianischen Labor siehe Junkin 1989, S. 26. Zu der chinesischen «Zuchtanstalt für seltene Tiere» siehe Chuan 1988; Chimp Lab, 1988; Local Firm, 1988. Zum Thema HIV-infizierte wilde Schimpansen siehe Kingman 1988.

Die problematische Formulierung des Zusatzartikels zum Tierwohl-Gesetz ist vielerorts behandelt; ein Beispiel: Pressure, 1988. Meine Ausführungen zum Streit über die korrekte Auslegung des neuen Zusatzartikels folgen streckenweise Montgomery (1988); siehe auch Anderson 1990a. Die NABR wartete mit alarmierend ausufernden Kostenschätzungen auf, die bei 150 Millionen Dollar anfingen und zuletzt bei zwei Milliarden Dollar anlangten; siehe Montgomery 1988, S. 20; Holden 1987, S. 881; Holden 1988, S. 1753; Haveman 1989. Zu einem bestimmten Zeitpunkt schätzte der Plant and Animal Inspection Service des Landwirtschaftsministeriums den aufgrund der Neuregelung erforderlichen Kapitalaufwand für die Verbesserung von Primatenunterkünften auf 111 Millionen Dollar. Eventuell müßten nach der Neuregelung auch Hunde besser untergebracht werden, was schätzungsweise weitere 138 Millionen Dollar kosten würde. Die Pflicht, auch Katzen-, Meerschweinchen-, Hamster- und Kaninchenkäfige abzuändern, hätte die Kosten noch weiter in die Höhe geschraubt, so daß sich am Ende der gesamte einmalig erforderliche «Kapitalaufwand» auf 885 Millionen Dollar belaufen hätte, mit jährlich 207 Millionen Dollar an erhöhten Betriebsausgaben als Folgekosten (siehe Holden 1988).

Daß etwa dreißig Primatenarten als Versuchstiere in Labors eingesetzt werden, entnehme ich: King u. a. 1988. Nancy Mello und Gleichgesinnte sind zitiert nach: McArdle 1987. Zu den Depressionsexperimenten siehe Monkey Depression, 1981; Sumoi 1981. Gute Wissenschaft hat anscheinend nicht sonderlich viel mit Tierliebe zu tun. Harry Harlow meint: «Mich interessiert bloß, ob die Affen irgendein Ergebnis produzieren, über das ich etwas publizieren kann. Irgendwelche Liebe zu ihnen habe ich nicht. Auch nie gehabt. Im Grunde mag ich Tiere nicht.»

Zur Debatte über das psychische Wohlbefinden von Primaten siehe Bloomsmith, Alford und Maple 1988, Bloomsmith, Keeling und Lambeth 1990, Fajzi, Reinhardt und Smith 1989, Maki und Bloomsmith 1989, Markowitz und Spinelli 1986, Moor-Jankowski und Mahoney 1989, Novak und Suomi 1988, Prince u. a. 1989. Der in Parenthese genannte «Kommentator» des Vorgehens des OMB ist Anderson (1990a).

Über die Sema generell und die Verhältnisse in dem Labor: Dumanoski 1987c, Goodall 1987, PETA 1986. Zu den Schikanen der Sema gegen Inspektoren des Landwirtschaftsministeriums siehe Levy 1988. Prince' und Moor-Jankowskis Ansichten zu den Isoletten sind zitiert nach: Redmond 1988, S. 188. NIH-Funktionäre fanden bei der Sema nichts zu beanstanden. So schrieb Katherine Bick (NIH) im September 1987 in einem Brief an Robert Byrd, den Führer der Mehrheitsfraktion im Senat: «Es gibt keinen Anhaltspunkt dafür, daß die SEMA gegen geltende Gesetze, Verordnungen oder Grundsätze betreffend die Durchführung von Forschungen unter Verwendung von nichtmenschlichen Primaten – einschließlich Schimpansen – verstoßen hätte.» Am Ende wurde das US-Landwirtschaftsministerium zusammengestaucht. Im Zuge einer Umorganisierung wurde die Gesamtzahl der Inspektoren auf zweiundvierzig reduziert. Einer der in die Sema-Geschichte verwickelten Inspektoren wurde ganz wegorganisiert. Bert Hawkins, der für die Inspektionstätigkeit des Ministeriums zuständige Ressortchef, wurde durch einen verbindlicheren Zeitgenossen namens James Glosser ersetzt. Und James Glosser annoncierte die neue Leitlinie seines Ressorts mit den Worten: «Wir müssen uns von der Vorstellung befreien, daß wir Vollstreckungsbeamte seien» (zitiert nach: Society of Legislation o. J.). Sema-Präsident John Landon ist zitiert nach: Redmond 1988, S. 188. Expertenmeinungen zur Frage der Isolation von Schimpansen während Aids- oder Hepatitis-Versuchen und zu der damit zusammenhängenden Frage der Atemluftfilterung in: Prince u. a. 1989. Die Empfehlungen des Jane Goodall Institute zur Behandlung von Laborschimpansen sind hier in Anhang 2 abgedruckt. Siehe Maintenance of Chimpanzees, 1988; vgl. auch Holden 1988.

Schonung

Mehr Informationen über afrikanische Naturparks und Wildreservate, wo Schimpansen geschützt sind, in: Heltne und Marquardt 1989; mehr Informationen speziell über Ndoki in: Linden 1992.

Dank

Ohne die großzügige Hilfe vieler Menschen hätte dieses Buch nicht geschrieben werden können. Jeden einzelnen von ihnen namentlich anzuführen ist unmöglich, doch sind im folgenden diejenigen genannt, deren Mitwirkung für uns am bedeutsamsten war.

In der Vereinigten Republik Tansania sind Schimpansen heute dank der Naturschutzpolitik der Regierung gut geschützt. Wir danken insbesondere dem tansanischen Präsidenten Hassan Ali Mwinyi. Sodann dem Director of Wildlife, Costa Mlay, dem Direktor der Nationalparkverwaltung, David Babu, sowie dem Leiter der Parkaufsicht, Stefan Qoli, und seinen Mitarbeitern; ferner Dr. Anthony Collins, Ramji Dharsi, Asgar Remthulla und Jayant und Kirit Vaitha. Informationen von unschätzbarem Wert erhielten wir von Dr. Jeannette Wallis und den Hilfskräften in Gombe, von denen hier insbesondere Yahaya Alamasi, Hilali Matama, Hamisi Mkono, Eslom Mpongo, Gabo Paulo und der verstorbene David Mussa zu nennen sind; ferner von David Gardner-Roberts, Sally Anne McOwan, Wolfgang Knoepfler, Bill Wallaner und James Murray; sowie von Dr. Toshisada Nishida und Mitgliedern seines Teams im Mahale-Berge-Nationalpark.

Anderswo in Afrika stehen wir in der Schuld zahlreicher Feldforscher, Beamten der staatlichen Wildtieraufsicht und anderer Fachleute, die uns an ihrem Wissen über das Verhalten wilder Schimpansen und Fragen des Tierschutzes partizipieren ließen; es sind dies: in Burundi Peter Trenchard (U. S. Peace Corps und New York Zoological Society Biodiversity Program); in Gabun Michel Fernandez und Dr. Caroline Tutin (beide im Lopé-Okanda-Reservat tätig); in Guinea Dr. Yukimaru Sugiyama (Universität Kioto); in Elfenbeinküste Dr. Christophe Boesch und Dr. Hedwige Boesch (Centre Suisse de Recherches Scientifiques [CSRS] und Universität Basel), Denis Lia (CSRS), Dr. Paul und Nathalie Marchesi (CSRS); in Liberia Alexander Peale (Direktor der Forstentwicklungsbehörde); in Uganda Dr. Isabiriye Basuta (Forschungsprojekt Kibale-Wald [FPKW] und Universität Makerere), Dr. Kevin D. Hunt (FPKW und Indiana University) und Dr. Richard Wrangham (FPKW und Harvard University); in Zaire Dr. Takayoshi Kano (Universität Kioto). Wir danken auch Mike Garner (Mike Garner Safaris, Nairobi,

Kenia), Dr. Franz Sitter (Horseshoe Farm, bei Freetown, Sierra Leone) und Peter dem kleinen Jäger.

Dank gebührt allen, die sich in Zoos und Asylen für verwaiste Schimpansenkinder engagierten, und jenen, die diesen Einsatz unterstützten. In Burundi wurde uns große Unterstützung durch Präsident Mbuyoya zuteil, ebenso durch Umweltminister Hon. Louis Nduwimana und INECN-Generaldirektor Laurent Ntahuga; weiterhin durch Dr. Susanne und Dean Anderson (Repräsentanten des Jane Goodall Institute [JGI]), Geoff Cresswell, Dr. Ken Pack, Johanna Wenburg, Susan Stenquist, Charlotte Uhlebroek (jetzt Gombe Wildlife Research Institute), Karen Winter und durch die burundischen Hilfskräfte, die bei der Schimpansenbetreuung mitarbeiten. In Kongo-Brazzaville schulden wir besonderen Dank nicht nur Graziella Cotman, die nach den Unruhen in Kinshasa sieben junge Schimpansen aus der zairischen Hauptstadt rettete und sich heute als JGI-Repräsentantin in Kongo im Zoo Brazzaville um vierundzwanzig Schimpansen kümmert, sondern auch Jean Mabotot und den anderen Tierpflegern im Zoo Brazzaville. Für Unterstützung danken wir auch dem britischen Botschafter Peter Chandler, seiner Frau Jane, dem Botschafter der Bundesrepublik Deutschland, Adolf Ederer, sowie Vince Smith und John Stronge. Weiterhin gilt unser Dank Jean Jacques Bazonguisa, Aliette Jamart, Steven Matthews, Serge Ouamba, Karen Pack, André Picque und Patrice Simon. In Gambia flossen uns Informationen und Hilfe zu dank der freundlichen Vermittlung von Dr. Camara (Wildtierschutzamt) sowie von Janis Carter, Boiro Samba und Jim Zinn (sämtlich Schimpansen-Rehabilitationsprojekt Gambia). Für ihren tatkräftigen Einsatz danken wir in Tansania Maria Finnigan (Sanaane Island Sanctuary), in Uganda Tim Holmes (ehemals im Zoo Entebbe tätig) und Christine Manning (Zoo Entebbe) sowie Oscar und Linda Rothen (JGI-Repräsentanten in Kampala), in Sambia David und Sheila Siddle (Wildtier-Waisenheim Chimfunshi) und in Zaire Richard Hamer (Chevron Oil), Dr. Delfi Messenger und Chris Rules (Amerikanische Schule Kinshasa, Zoo Kinshasa, Zoo N'Sele).

Danken möchten wir auch dem US-Außenministerium, speziell Außenminister James A. Baker III., für vielerlei unschätzbar wertvolle Unterstützung sowohl in den USA wie in Afrika. Besonders gedankt sei Botschafter James «Dan» Phillips und Lucie Phillips für ihre wundervolle Hilfe zuerst in Burundi, dann in der Republik Kongo, Botschafter Edmund de Jarnette und Katia de Jarnette sowie Botschafter Don Petterson und Julia Petterson in Burundi und Botschafter William C. Harrop und Janet Harrop in Zaire. Auch viele Botschaftsangestellte in den genannten Ländern haben uns spontane Hilfe zukommen lassen und uns damit zu Dank verpflichtet, so insbesondere Christopher Bane, Ralph und Barbara Bressler, Mimi Brian, Dr. Cedric Dumont und Ruth Dumont, Stevenson und Penelope McIllvaine, Sarah Rosenberry und Sarah und Lawrence Stone.

Ganz besonderer Dank gebührt unseren Freunden bei der Conoco, die so viel für uns getan haben: Präsident Dino Nicanderos und Max Pitcher, dem Vizepräsidenten für Exploration, sowie Jack Blackshear, Mike Johnson, Mary Lewis, Ladislau Silva, Dee Simpson und Terry Thoem; Dank zumal all jenen, die uns beim Bau des Asyls in Pointe-Noire unter die Arme greifen: Roger Simpson, der die Arbeit begonnen hat, inzwischen jedoch weggezogen ist, aber auch Michel Bercut, René Beghara, Marco Besseling, Klaus Dinse, Rod MacAllister und Rodrigue Tiaku.

Für die großzügige Gewährung von Auskünften, Ratschlägen und Hilfe danken wir auch vielen Menschen in den USA und anderen Weltgegenden außerhalb Afrikas: Dr. Milton April (Direktor des NIH AIDS Animal Models Program, Bethesda, Maryland), Bob Parker (Hollywood, Kalifornien), Dr. Donald Barnes (National Anti-Vivisection Society, Washington, D. C.), Elaine Bennett (Lefaria, Texas), Bobby Berosini (Las Vegas, Nevada), Gwenna Blackmore (Rolling Hills Estates, Kalifornien), Tim Bleach (eifriger freiwilliger Helfer im Waisenheim Chimfunshi), Dr. Sarah T. Boysen (Primate Cognition Project, Ohio State University), Connie Braun (Festus, Missouri), Nancy Burnet (Coalition to Protect Animals in Entertainment, Riverside, Kalifornien), Adele Caramanian (Cincinnati, Ohio), Dr. und Mrs. Russ Cochran (West Plains, Missouri), John Cohen (Washington, D. C.), James Cronin (Monkey World, Dorset, England), Pat Derby (Performing Animals Welfare Society, Kalifornien), Roseanne D'Ercole (Ramsey, New Jersey), Bob Dunn (Bob Dunn's Animal Rentals, Sylmar, Kalifornien), Lee Ecuyer (Besitzer von «Zippy the Chimp», St. Petersburg, Florida), Dr. Jorg Eichberg (ehemals Southwest Foundation for Biomedical Research, San Antonio, Texas), Dr. Joseph M. Erwin (Diagnon Corporation, Rockville, Maryland), David Fischer (ehemals Rent-a-Chimp, West Palm Beach, Florida), Jo Folger (Cincinnati, Ohio), Dr. Roger Fouts (Central Washington University, Department of Psychology), Tony Gentry (Besitzer von «Cheeta», Thousand Oaks, Kalifornien), Ottavio Gesmundo (Las Vegas, Nevada), Cherie Gray (West Palm Beach, Florida), Ken Harris (Besitzer von «Sam» und Wirt des Train Stop Inn, Foster, Ohio), Philip und Roberta Herman (Besitzer von «Charlie the Chimp» und Inhaber der Party Productions, Hilburn, New York), Liam Hussey (Marine World/Africa USA, Vallejo, Kalifornien), Susan Hyndman (Monterey, Kalifornien), Marvin Jones (Tiergarten San Diego), Dr. John Landon (Diagnon Corporation, Rockville, Maryland), Dr. Bernie Levine (Parrot Jungle, Miami, Florida), Linda Levine (PETA, Las Vegas, Nevada), Greg Lille (Lille's Performing Animals, Auburn, Kalifornien), Dekan Franklin Loewe (Tufts School of Veterinary Medicine), Dr. James Mahoney (Laboratory for Experimental Research and Surgery in Primates, Tuxedo, New York), Stacey M. Maloney (Southwest Foundation for Biomedical Research, San Antonio, Texas), Dr. Tetsuro Matsuzawa (Universität Kioto, Institut für Primatenforschung), Shirley McGreal (International Primate Protection League), David McKenna (Rumford Point, Maine), Dr. Moor-

Jankowski (Laboratory for Experimental Research and Surgery in Primates, Tuxedo, New York), Dr.

Thomas Moser (Stanford University, Department of English), Tina Nelson (ehemals Humane Society of the United States, Ohio), Mae Noell (Noell's Ark Chimp Farm, Tarpon Springs, Florida), Carol Noon (Gainsborough University), Dr. John Oates (Hunter College, Department of Anthropology), Gloria und Allen Painten (Besitzer von «Denyse», Jacksonville, Florida), Dr. Alfred Prince (New York Blood Center und Vilab II, Liberia), Ian Redmond (BBC Wildlife, England), Sled Reynolds (Hollywood Animal Rentals, Los Angeles, Kalifornien), Valerie Rohy (Tufts University, Department of English), Dr. Andrew Rowan (Tufts University, Tufts Center for Animals and Public Policy), Robert Rush (Los Angeles City Department of Animal Regulations), Dr. Albert Sabin (Washington, D. C.), Dr. Huub Schellekens (TNO-Primatenzentrum, Niederlande), Les Schobert (Tiergarten North Carolina), Gene und Rusty Schuler (Wild Animal Retirement Village, Waldo, Florida), Dr. Allan Schultz (NIH-NAID, Bethesda, Maryland), Ignass Spruit (Pro-Primates, Niederlande), Dr. Martin L. Stevens (Humane Society of the United States, Washington, D. C.), Christine Stevens (Animal Welfare Institute, Washington, D. C.), Michael Stower (ehemals Rent-a-Chimp, Richardson, Texas), Wally Swett (Primarily Primates, San Antonio, Texas), Dr. Geza Teleki (Committee for Conservation and Care of Chimpanzees), Simon Templar (Spanien), Virginia Valbuena (Valbuena Chimps, Clearwater, Florida), Mr. und Mrs. Vivier (Simian Lodge, Tennessee), John Waugh (International Union for the Conservation of Nature, Washington, D. C.), Daniel Westfall (Inhaber von Marquee Chimpanzees, Palm Springs, Florida), Ron Winters (Besitzer von «Mr. Jiggs», Ramsey, New Jersey), Jean Wright (ehemals bei Marquee Chimpanzees).

Auf weite Strecken beruht der Inhalt dieses Buches auf den Akten des Committee for Conservation and Care of Chimpanzees, zu dessen Archiv die Verfasser Zugang hatten. Das CCCC ist ein in über fünfundzwanzig Ländern vertretener Zusammenschluß von Fachgelehrten, der sich mit den Überlebensproblemen der Schimpansen in freier Wildbahn und in Gefangenschaft befaßt. Seine Hauptaufgabe sieht das CCCC in der wissenschaftlichen Beratung von staatlichen Stellen und Privatorganisationen, die mit dem Schutz von Wildfauna und Naturlandschaften befaßt sind; daneben bestimmt es Populationsstärken, beobachtet Handelstrends, wirbt für Schutz- und Rehabilitationsprojekte, bietet Richtlinien für die Behandlung und Pflege von Käfigtieren an und bemüht sich um die Einleitung von legislativen und volkspädagogischen Maßnahmen. Den Wissenschaftlern, die ihr Wissen und ihre Kräfte in den Dienst dieser Organisation stellen, sind wir zu tiefstem Dank verpflichtet.

Ich danke allen ehemaligen und heutigen Mitarbeitern, Direktoren und Kuratoren des Jane Goodall Institute. Geschäftsführende Kuratoren in den Vereinigten Staaten sind Prinzessin Genevieve di san Faustino (Gründerin), Mary

Smith (Präsidentin des Kuratoriums), Edward P. Bass (Vizepräsident) und Leslie Groff (Sekretär). Robert Edison, Schatzmeister und zugleich Verwaltungsdirektor, widmet sich mit großer Zielstrebigkeit dem Ausbau unseres Büros in Tucson, des Hauptquartiers des JGI (International), und ich weiß kaum, wie ich ihm danken soll. Dankbar bin ich auch unserem Finanzmanager Nick Leon sowie Susan Butterfield, Gillian Dundas, Cathy Frachey, Jennifer Kenyon, Lorraine Robinson und Dr. Virginia Landau. Ich danke den Kuratoriumsmitgliedern Anthony Athaide, Larry Barker, Dr. Eugene Bonham, Hugh Caldwell, Roger Caras, Joan Cathcart, Bart Deamer, Robert Fry, Gordon Getty, Vanne Goodall, Margaret Gruter, Dr. Sally Kirkham, Dr. Henry Klein, Claire Pollack und Elizabeth Strode, ebenso unseren Rechtsberatern in den USA, der Kanzlei McCutcheon, Doyle, Brown & Emerson. Im Vereinigten Königreich danke ich unseren geschäftsführenden Kuratoren Dr. Karsten Schmidt, OBE (Kuratoriumsvorsitzender), Guy Parsons (Schatzmeister) und Robert Vass (Sekretär). Eine außerordentliche Dankesschuld empfinde ich gegenüber unserer Verwaltungsdirektorin Dilys Vass, die nicht selten ganz allein dafür sorgte, daß das JGI (UK) sich über Wasser halten konnte. Danken möchte ich auch Andrea Jones und Rebecca Wood-Robinson. Weitere Kuratoriumsmitglieder, denen ich zutiefst zu Dank verpflichtet bin, sind Clive Hollands, Steve Matthews, Michael Neugebauer, Virginia Pleydell-Bouverie, Suzan Pretzlick, David Shepherd und John Tandy. In Tansania danke ich unseren geschäftsführenden Kuratoren Jeetu Patel (Schatzmeister) und Steven Sabaini (Sekretär) sowie den Kuratoriumsmitgliedern Girish Chande, Ramji Dharsi, Abdul Haji, Addie Lyaru, Oosha Semi und Iddi Simba. Das Engagement und die harte Arbeit aller ehemaligen und heutigen Mitarbeiter und Geschäftsführer des JGI ermöglichten es mir, zahlreiche Projekte zu initiieren, die heute Schimpansenleben retten helfen oder in vielen Ländern zur Volksbildung und Bewußtseinsänderung in Sachen Natur und Tierwelt beitragen. Ein ganz großes Dankeschön an die Angehörigen des JGI in aller Welt!

Bestimmte Menschen haben mir während der Abfassung dieses Buches beim Erschließen von Geldquellen sowie mit moralischem Beistand und mit ihrer Freundschaft geholfen. Ihnen allen sage ich Dank: Robert Bateman, Dr. Eugene und Alynda Bonham, Dr. James Caillouette, Toni Carmichael, Dr. John «Jack» Conaghan, Dr. John Conaghan jr., Neva Folk, Neil Furman, Milton Harris, Dr. Junichero Itani, Chitra und Jagan Jagganathan, Olwen «Olly» Joseph, Dr. Wayne und Dr. Sally Kirkham, Gary Larson, Dr. Martin Lazar, Jack und Felicia Lemmon, Botschafter Christopher Liundi, Cecilia Liungman, Dimitri Mantheakis, Stevie Nicks, Guy Odom, Robert Schad, Virginia Schwien, Austin und Martha Weeks, Richard und Mollie Williford. Und daß ich unsagbar viel meiner bewunderungswürdigen Mutter zu danken habe, versteht sich von selbst.

Für die in diesem Buch zum Ausdruck gebrachten Ansichten und Meinungen sind selbstverständlich einzig und allein die Verfasser verantwortlich,

512   **Dank**

doch haben wir hier auch den Fachleuten zu danken, die Teile des Manuskripts vor der Drucklegung lasen und kommentierten: Prof. Kevin Hunt (Indiana University), Dr. Wyn Kelly (Massachusetts Institute of Technology), Prof. Ron Rebholz (Stanford University), Dr. Andrew Rowan (Tufts University), Dr. Mark Savin (Minneapolis, Minnesota), Dr. Geza Teleki (Committee for Conservation and Care of Chimpanzees) und Prof. Richard Wrangham (Harvard University).

Andere Experten unterstützten uns auf andere Weise und haben gleichfalls Anspruch auf unsere aufrichtige Dankbarkeit: Peter Matson (Literarische Agentur Sterling Lord Literistic) und Harry Foster (Verlag Houghton Mifflin), die dafür sorgten, daß das Buchprojekt überhaupt vom Stapel lief; Barbara Williams, die es wasserdicht machte; Dwight Peterson, der sich um die Fahnen kümmerte; und Wyn Kelly, der bei jedem Wetter wichtige Navigationshilfen gab. Das Jane Goodall Institute, die Baker Foundation und die Arlington Arts / Massachusetts Arts Lottery gewährten in kritischen Stadien der Abfassung des Buches Arbeitsstipendien, und daher sind wir auch diesen Körperschaften zu tiefstem Dank verpflichtet.

Literatur

Adler, Jerry, and Mary Hager. 1988. «Emptying the Cages.» *Newsweek,* May 23, pp. 59, 60.

«African Rainforest Threatened.» 1991. *EDF Letter* 22 (2): 8.

«AIDS Research Plan Threatens Last Wild Chimps, Experts Say.» 1988. *Tucson Citizen,* June 10.

«AIDS Vaccine Tests on Humans May Come Soon, Scientists Say.» 1987. *Boston Globe,* Jan.

Albrecht, Helmut. 1976. «Chimpanzees in Uganda.» *Oryx* 13 (July): 357–361.

Albrecht, Helmut, and S. C. Dunnett. 1971. *Chimpanzees in Western Africa.* München: Piper Verlag.

Alley, Jerry. 1985. «Animal Lovers Join to Send Chimps to ‹Paradise›.» *Virginian-Pilot,* Jan. 29.

«Along the Trail with the Editor.» 1927. *Asia* 27 (2): 89.

Alter, Harvey J., and others. 1984. «Transmission of HTLV-III Infection from Human Plasma to Chimpanzees: An Animal Model for AIDS.» *Science* 226 (Nov.): 549–552.

Altman, Lawrence K. 1989. «Salk Says Tests of Vaccine Show Halt of AIDS Infection in Chimps.» *New York Times,* June 8.

Anderson, G. Christopher. 1990a. «White House Says No.» *Nature* 344 (Apr. 26): 804.

— 1990b: «U. S. Takes the Offensive on Animal Research.» *Nature* 344 (Apr. 5): 477.

«Animal Activists.» 1989. Associated Press, Jan. 3.

«Animal Shortage May Slow AIDS Vaccine – Dr. Gallo.» 1987. *American Medical Association News,* Nov. 13.

Animal Welfare Institute. 1985. *Beyond the Laboratory Door.* Washington.

Asibey, Emmanuel O. A. 1974. «Wildlife as a Source of Protein in Africa South of the Sahara.» *Biological Conservation* 6 (1): 32–39.

— 1978. «Primate Conservation in Ghana.» In *Recent Advances in Primatology: Conservation,* vol. 2, ed. D. J. Chivers and W. Lane-Petter, pp. 55–74. New York: Academic Press.

Badrian, Alison, and Noel Badrian. 1977. «Pygmy Chimpanzees.» *Oryx* 13 (Feb.): 463–468.

Baldwin, Lori A., and Geza Teleki. 1973. «Field Research on Chimpanzees and Gorillas: An Historical, Geographical, and Bibliographical Listing.» *Primates* 14: 315–330.

Baldwin, P. J., William C. McGrew, and Caroline E. G. Tutin. 1982. «Wide-ranging Chimpanzees at Mt. Asserik, Senegal.» *International Journal of Primatology* 3 (Dec.): 367–385.

Barnard, Neal D. 1988. «AIDS Research: Problems with the ‹Animal Model›.» *Reverence for Life* (Mar.–April): 4–7.

Barnet, Sylvan. 1987 (1964). «The Tempest on Stage.» In *William Shakespeare, The Tempest*, ed. Robert Langbaum, pp. 217–226. New York: New American Library.

Bates, Warren. 1990a. «Ill Will Flows as Berosini Trial Starts.» *Las Vegas Review-Journal*, July 9.

— 1990b. «Veterinarian Applauds Berosini's Care of Apes.» *Las Vegas Review-Journal*, July 24.

— 1990c. «Ex-Producer Says Berosini's Image Tainted.» *Las Vegas Review-Journal*, July 26.

— 1990d. «Berosini Says He ‹Wanted to Die›.» *Las Vegas Review-Journal*, July 29.

— 1990e. «Charges Dismissed in Berosini Trial.» *Las Vegas Review-Journal*, July 31.

— 1990f. «Renowned Ape Expert Jane Goodall Approved as Witness in Berosini Trial.» *Las Vegas Review-Journal*, Aug. 2.

— 1990g. «Veterinarian Claims Apes Ill-Treated.» *Las Vegas Review-Journal*, Aug. 4.

— 1990h. «Berosini Ends Four Days on the Witness Stand.» *Las Vegas Review-Journal*, Aug. 1.

Bauman, John. 1926. «Observations on the Strength of the Chimpanzees and Its Implications.» *Journal of Mammalogy* 7 (1): 1–9.

Beck, B. 1980. «Chimpocentrism: Bias Cognitive Ethology.» *Journal of Human Evolution* 11: 3–1.

Belcher, Walt. 1992. «‹Today's Missing Link›.» *Tampa Tribune*, Jan. 14.

Bernheimer, Richard. 1979 (1952). *Wild Men in the Middle Ages: A Study in Art, Sentiment, and Demonology*. New York: Octagon Books.

«Berosini Gets Bum Rap.» 1989. *Las Vegas Review-Journal*. Nov. 29.

Berryman, Ernst, and Cheryl Berryman. 1977. Letter to the editor. *Simian* (Feb.): 12.

— 1978. Letter to the editor. *Simian* (July): 13.

Beyerlein, Tom. 1987. «Humane Societies File Suit for Custody of Chimpanzee.» *Dayton Newshn,,5 / hn,,5Journal Herald*, June 17.

Bloomsmith, M. A., P. L. Alford, and T. L. Maple. 1988. «Successful

Feeding Enrichment for Captive Chimpanzees.» *American Journal of Primatology* 16: 155–164.

Bloomsmith, M. A., M. E. Keeling, and S. P. Lambeth. 1990. «Videotapes: Environmental Enrichment for Singly Housed Chimpanzees.» *Lab Animal* (Jan./Feb.): 42–46.

Bluestone, Mimi. 1989. «Spare Parts for Humans: Science Steps up the Search.» *Business Week*, Feb. 27, pp. 65–66.

Blum, Deborah. 1991a. «The Monkey wars.» *Sacramento Bee*, Nov. 25.

— 1991b. «Protester Runs into Foes Who Play Hardball.» *Sacramento Bee*, Nov. 25.

«Bobby Berosini Sets Record Straight.» 1989. *Showbiz*, Dec. 10.

Boesch, Christophe. 1990. «First Hunters of the Forest.» *New Scientist* (May 19): 38–41.

Boesch, Christophe, and Hedwige Boesch-Achermann. 1981. «Sex Differences in the Use of Natural Hammers by Wild Chimpanzees: A Preliminary Report.» *Journal of Human Evolution* 10: 585–593.

— 1990. «Adventures in Eating.» *BBC Wildlife* (Oct.): 668–672.

Boffey, Philip M. 1987. «U. S. Announces Decision to Test AIDS Vaccines.» *New York Times*, Aug. 19.

Booth, William. 1988. «Chimps and Research: Endangered?» *Science* 241 (Aug. 12): 777, 778.

Boroviczeny, Imre de, Mark Carwardine, and Victor Watkins. 1985. «IUCN Calls Spain to Stop Chimp Trade.» *TRAFFIC Bulletin* 7 (Apr. 19).

Bournonville, D. de. 1967. «Contribution à l'étude du chimpanzee en République de Guinée.» *Bulletin de l'Institute Français d'Afrique Noire* 29: 1188–1269.

Bree, Dennis. 1987. «Robert C. Gallo, M. D.» *American Medical News* (Dec. 4): 3, 21, 22.

Brewer, Stella. 1978. *The Chimps of Mt. Asserik*. New York: Alfred A. Knopf.

«Brutal Kinship.» 1987. *National Geographic Explorer*. Film documentary.

Buck, J. L. 1927. «The Chimpanzee Shaken out of His Nest.» *Asia* 27 (4): 308–313, 326, 328.

Budiansky, Stephen. 1987. «Winning throught Intimidation?» *U. S. News and World Report*, Aug. 31, pp. 48, 49.

Burnet, Nancy. 1989. «And That's Entertainment?» *Animals' Voice* 2 (5): 27–28.

Byrne, Richard W., and Andrew Whiten, eds. 1988. *Machiavellian Intelligence: Social Expertise and the Evolution of Intellect in Monkeys, Apes, and Humans*. Oxford: Clarendon Press.

Calder, Nigel. 1983. *Timescale: An Atlas of the Fourth Dimension*. New York: Viking Press.

Carroll, Richard W. 1986. «Status of the Lowland Gorilla and Other Wildlife

in the Dzanga-Sangha Region of Southwestern Central African Republic.»
Primate Conservation 7: 38–41.

— 1990. «In the Garden of the Gorillas.» *Wildlife Conservation* 93 (May/
June): 50–63.

Carter, Janis. 1988. «Freed from Keepers and Cages, Chimps Come of Age on
Baboon Island.» *Smithsonian*, June, pp. 36–49.

«Case of Chimp Still Hangs in Balance.» 1987. *Columbus Dispatch*, July 1.

Castro, Tony. 1991. «Bubbles Dumped!» *Globe*, Nov. 12.

Caulfield, Deborah. 1987. «New Charges of Animal Abuse in ‹Project X›.»
Los Angeles Times, Nov. 2.

Cherfas, Jeremy. 1989. «Pharmaceuticals Company ‹Coerced› the Press.»
New Scientist (Apr. 22): 32.

«Chimp Lab Planned for China.» 1988. *International Primate Protection
League Newsletter* * 15 (Aug.): 4.

«*Chimp Returning to Bar after Verdict on Abuse.*» 1987. *Newark Advocate*,
June 15.

«Chimpanzee Center of Multi-Million Dollar Lawsuit.» 1981. *IPPL Newsletter* 8 (Sept.): 10.

«Chimpanzee Experts Meet.» 1978. *IPPL Newsletter* 5 (Aug.): 14.

«Chimpanzee Shortage May Hurt Research.» 1987. *Los Angeles Times*,
Oct. 22.

«Chimpanzees an Important Model for HIV.» 1990. *AIDS Research Exchange* (Jan./Feb.): 6–9.

«Chimpanzees and Other Non-Human Primates Available for Biomedical
Research.» 1988. *Alamogordo Daily News*, May 22. Advertisement.

«Chimpanzees in Danger.» 1989. *IPPL Newsletter* 16 (Dec.): 7.

«Chimps Suffer in AIDS Tests, Doctor Warns.» 1988. *Rochester Times-Union*, June 17.

«Chimps to Be Half-Upgraded?» 1989. *IPPL Newsletter* (Mar.): 15.

Chuan, Yan. 1988. «Rare-Animal Breeding Center.» *China Reconstructs*,
Nov., p. 17.

Ciochon, Russell L., and Robert S. Corruccini, eds. 1983. *New Interpretations of Ape and Human Ancestry*. New York: Plenum Press.

Clark, C. B. 1977. «A Preliminary Report on Weaning among Chimpanzees
of the Gombe National Park, Tanzania.» In *Primate Bio-Social Development*, ed. Suzanne Chevalier-Skolnikoff and F. E. Poirier. New York:
Garland.

Cochran, Russ. 1990. «Tarzan of the Ozarks.» *Inside Collector* 1 (4): 42–48.

Cohen, Jon. 1989. «Shorts in the Dark.» *Washington City Paper* 9
(Oct. 13–19): 18 ff.

---

* Im folgenden zitiert als IPPL Newsletter.

— 1991. «Is NIH Failing an AIDS ‹Challenge›?» *Science* 251 (Feb.): 518–520.

Connell, Nick. 1986. «I Remember... Those Circus Chimps.» *Hudson News*, Aug. 8.

Connelly, Joel. 1991. «The Big Cut.» *Sierra* 76 (May / June): 42–53.

«Correction and Clarification.» 1991. *Washingtonian* 27 (Dec.): 35, 36.

Cowley, Geoffrey, and others. 1988. «Of Pain and Progress.» *Newsweek*, Dec. 26, pp. 50–59.

Crail, Ted. 1983. *Apetalk and Whalespeak: The Quest for Interspecies Communication*. Chicago: Contemporary Books.

Darwin, Charles. 1872. *The Descent of Man*. New York: D. Appleton and Company. Deutsch: *Die Abstammung des Menschen und die geschlechtliche Zuchtwahl*. 2 Bände. Stuttgart: Schweizerbarth 1875.

«Decision of the Day.» 1989. *New York Law Journal* (Jan. 30).

Denis, Armand. 1963. *On Safari: The Story of My Life*. New York: E. P. Dutton.

Diamond, Jared. 1984. «Making a Chimp out of Man.» *Discover* 5 (Dec.): 55–60.

— 1989. «The Great Leap Forward.» *Discover* 10 (May): 54–60.

Dolan, Carrie. 1989. «Life Is a Jungle for Some Animals Kept behind Bars.» *Wall Street Journal*, Jan. 12.

Domlain, Jean-Yves. 1977. *The Animal Connection: The Confessions of an Ex-Wild Animal Trafficker*. New York: William Morrow.

Donner, Jill. 1989. «Lassie, Stay Home.» *WGAW Journal* (Apr.): 23, 47.

«Don't Use Chimps, Top Scientist Tells Barnard.» 1977. *Cape Times*, Sept. 10.

Dossi, H., J. L. Guillaumet, and M. Hadley. 1981. «The Tai Forest: Land Use Problems in a Tropical Forest.» *Ambio* 10: 120–125.

Douglas, Mary. 1975. «Do Dogs Laugh?» In *Implicit Meaning*. London: Routledge & Kegan Paul.

Dowling, Harry F. 1977. *Fighting Infection: Conquests of the Twentieth Century*. Cambridge, Mass.: Harvard University Press.

«Dr. Frederick Goodwin.» 1989. *Animal Welfare Institute Quarterly* 38 (Spring): 4.

«Dr. Salk's Research on AIDS Important But No Breakthrough.» 1989. *Williamsport Sun-Gazette*, June 9.

Duberley, Linda. 1988 a. «Sanctuary of the Apes.» *Mail on Sunday*, Mar. 27.
— 1988 b. «The Evil Trade of Dr. Sitter.» *Mail on Sunday*, Apr. 3.

Du Chaillu, Paul B. 1981. *Explorations and Adventures in Equatorial Africa: With Accounts of the Manners and Customs of the People...* London: John Murray.

Dumanoski, Dianne. 1987 a. «Chimps Mistreated at Md. Lab, Researcher Goodall Charges.» *Boston Globe*, Jan. 31.

— 1987 b. «Goodall Going Public in Chimp Rights Fight.» *Detroit Free Press*, Mar. 17.

— 1987 c. «The Animal-Rights Underground.» *Boston Globe Magazine*, Mar. 22.

— 1988. «Researchers Grapple with Primate Law.» *Boston Globe*, Sept. 18.

Dunlop, Becky Norton. 1989. «Endangered and Threatened Wildlife and Plants; Proposed Endangered Status for Chimpanzee and Pygmy Chimpanzee; Proposed Rule.» *Federal Register* (Feb. 24): 8152–57.

Dunn, Ragan. 1988. «Medical World Enraged at Latest Soviet Experiment.» *Weekly World News*, Oct. 18.

Eckholm, Erik. 1985. «Will There Be Enough Chimps for Research?» *New York Times*, Nov. 19.

Eichberg, Jorg W., and John T. Speck. 1988. «Establishment of a Chimpanzee Retirement Fund: Maintenance after Experimentation.» *Journal of Medical Primatology* 17: 71–76.

Eichberg, Jorg W., and others. 1988. «In Utero Infection of an Infant Chimpanzee with HIV.» *New England Journal of Medicine* 319 (Sept. 15): 722.

Eisen, Jack. 1986. «Electronic Intrusion.» *Washington Post*, Mar. 6.

Ellenberger, Henri F. 1971. *The Discovery of the Unconscious: The History and Evolution of Dynamic Psychiatry.* New York: Basic Books. Deutsch: *Die Entdeckung des Unbewußten.* Zürich: Diogenes.

Elliott, Harvey. 1992. «Benidorm Ends Chimpanzee Abuse.» *Times*, Jan. 15.

Elon, Amos. 1991. «Report from Vienna.» *New Yorker*, May 13, pp. 92–102.

Erickson, Milton H. 1964. «The ‹Surprise› and ‹My-Friend-John› Techniques of Hypnosis: Minimal Cues and Natural Field Experimentation.» *American Journal of Clinical Hypnosis* 6: 293–307.

— 1966. «The Interspersal Hypnotic Technique for Symptom Correction and Pain Control.» *American Journal of Clinical Hypnosis* 8: 198–209.

Eudey, Ardith, and David Mack. 1984. «Use of Primates and Captive Breeding Programs in the United States.» In *The International Primate Trade*, vol. 1, ed. David Mack and Russel A. Mittermeier, pp. 153–180. Washington, D. C.: Traffic (U. S. A.).

«Ex-Trainer of Chimps Hopes They'll Be Freed.» 1991. *Dallas Morning News*, Dec. 30.

Eyre, Kathy. 1988. «Animal-Human Transplants.» Associated Press, Sept. 5.

Fajzi, K., V. Reinhardt, and M. D. Smith. 1989. «A Review of Environmental Enrichment Strategies for Singly Caged Nonhuman Primates.» *Lab Animal* (Mar.): 23–25.

Fay, J. M. 1987. *Partial Completion of a Census of the Lowland Gorilla (Gorilla g. gorilla Savage & Wyman) in Southwestern Central African Republic.* St. Louis: Washington University. Special report.

Fersko, Raymond S. 1991. Letter to the editor: «Chimpanzee Case Tests Libel Jurisdiction.» *New York Times*, June 15.

Finnigan, David. 1989. «Berosini's Orangutans Get Clean Bill of Health after Inspection by Vets.» *Las Vegas Review-Journal*, Sept. 13.

Fouts, Deborah H. 1987. «Signing Interactions between Mother and Infant Chimpanzees.» *Friends of Washoe* 6 (Winter): 4–8.

Fouts, Roger S., and Deborah H. Fouts. 1989. «Loulis in Conversation with the Cross-Fostered Chimpanzees.» In *Teaching Sign Language to Chimpanzees*, ed. R. Allen-Gardner, Beatrix T. Gardner, and Thomas E. Van Cantfort, pp. 293–307. Albany, N. Y.: SUNY Press.

Fouts, Roger S., Deborah H. Fouts, and Thomas E. Van Cantfort. 1989. «The Infant Loulis Learns Signs from Cross-Fostered Chimpanzees.» In *Teaching Sign Language to Chimpanzees*, ed. R. Allen Gardner, Beatrix T. Gardner, and Thomas E. Van Cantfort, pp. 280–292. Albany, N. Y.: SUNY Press.

Fouts, Roger S., and others. 1989. «Signs of Enrichment toward the Psychological Well-Being of Chimpanzees.» In *Housing, Care, and Psychological Well-Being of Captive and Laboratory Primates*, pp. 376–388. Park Ridge, N. J.: Noyes Publications.

Frederick, Sherman R. 1990. «Animal Crackers.» *Las Vegas Review-Journal*, Feb. 11.

Frey, Marc. 1992. «Affen für den Nobelpreis.» *Frankfurter Rundschau*, Apr. 11.

Fritz, Jo. 1975. «Dream or Nightmare–Which Will It Be?» *Simian* (Aug.): 3-5.

Galdikas, Biruté M. F., and Geza Teleki. 1981. «Variations in Subsistence Activities of Female and Male Pongids: New Perspectives on the Origins of Hominid Labor Division.» *Current Anthropology* 22 (3): 241–256.

Gallup, George G., Jr. 1970. «Chimpanzees: Self-Recognition.» *Science* 167 (Jan.–Mar.): 86–87.

— 1977. «Self-Recognition in Primates.» *American Psychologist* 32: 329–338.

Gang, Bill. 1990a. «Berosini: As the Judge's Temper Turns.» *Las Vegas Sun*, July 25.

— 1990b. «Berosini's ‹Punch› Told.» *Las Vegas Sun*, Aug. 2.

— 1990c. «Lawyers Facing New Battle.» *Las Vegas Sun*, Aug. 9.

— 1990d. «Berosini Case Not Over.» *Las Vegas Sun*, Aug. 13.

— 1990e. «Leavitt Charged with Boyd Conflict.» *Las Vegas Sun*, Dec. 14.

— 1990f. «PETA Motion against Leavitt Tossed Out.» *Las Vegas Sun*, Dec. 27.

Gardner, R. Allen, and Beatrix T. Gardner. 1989. «A Cross-Fostering Laboratory.» In *Teaching Sign Language to Chimpanzees*, ed. R. Allen Gardner, Beatrix T. Gardner, and Thomas E. Van Cantfort, pp. 1–28. Albany, N. Y.: SUNY Press.

Gergely, Stefan M. 1987a. «Wettlauf mit dem Tod.» *Profil* (Mar. 16): 34–36.
— 1987b. «‹Ich werde den ersten Aids-Impfstoff entwickeln›.» *Profil* (9. Nov.): 87.
German, Jeff. 1990. «Free Speech Attacked in Berosini Case.» *Las Vegas Sun*, Aug. 12.
— 1991. «Judge Purges PETA Fines in Berosini Case.» *Las Vegas Sun*, Apr. 30.
Gest, Ted. 1988. «A Chilling Flurry of Lawsuits.» *U. S. News and World Report*, May 23, pp. 64–65.
Ghiglieri, Michael P. 1984. *The Chimpanzees of Kibale Forest: A Field Study of Ecology and Social Structure*. New York: Columbia University Press.
— 1988. *East of the Mountains of the Moon: Chimpanzee Society in the African Rain Forest*. New York: Free Press.
Goodall, Jane. 1971. *In the Shadow of Man*. Boston: Houghton Mifflin. Deutsch: *Wilde Schimpansen. Verhaltensforschung am Gombe-Strom*. Reinbek bei Hamburg: Rowohlt 1971.
— 1983. «Population Dynamics during a 15-Year Period in One Community of Free-Living Chimpanzees in the Gombe National Park, Tanzania.» *Zeitschrift für Tierpsychologie* 61: 1–60.
— 1986. *The Chimpanzees of Gombe. Patterns of Behavior*. Cambridge, Mass.: Harvard University Press.
— 1987. «A Plea for the Chimps.» *New York Times Magazine*, May 17, pp. 108–110, 118, 120.
— 1990. *Through a Window: My Thirty Years with the Chimpanzees of Gombe*. Boston: Houghton Mifflin. Deutsch: *Ein Herz für Schimpansen. Meine 30 Jahre am Gombe-Strom*. Reinbek bei Hamburg: Rowohlt 1991.
Goodall, Jane, and Geza Teleki. N. d. «Chimpanzee Survival: A Global Challenge.» Unpublished.
Gore, Al. 1992. *Earth in the Balance: Ecology and the Human Spirit*. Boston: Houghton Mifflin. Deutsch: *Wege zum Gleichgewicht. Ein Marshallplan für die Erde*. Frankfurt am Main: S. Fischer 1992.
Greenspun, Janie. 1989a. «Horizons.» *Las Vegas Sun*, Aug. 10.
— 1989b. «Horizons.» *Las Vegas Sun*, Nov. 2.
Greisenegger, I. 1986. «Tarzans Geschäfte.» *Profil* (20. Okt.): 60–62.
Griffin, Donald R. 1984. *Animal Thinking*. Cambridge, Mass.: Harvard University Press. Deutsch: *Wie Tiere denken. Ein Vorstoß ins Bewußtsein der Tiere*. München: BLV Verlagsgesellschaft 1985.
Hahn, Emily. 1988. *Eve and the Apes*. New York: Weidenfeld & Nicolson.
Haley, Jay, ed. 1967. *Advanced Techniques of Hypnosis and Therapy: Selected Papers of Milton H. Erickson, M. D.* New York: Grune & Stratton.
Happold, David C. D. 1971. «A Nigerian High Forest Reserve.» In *Wildlife Conservation in West Africa*, ed. David C. D. Happold. Gland, Switzerland: International Union for the Conservation of Nature.

Harako, Reizo. 1981. «The Cultural Ecology of Hunting Behavior among Mbuti Pygmies in the Ituri Forest in Zaire.» In *Omnivorous Primates*, ed. R. S. O. Harding and Geza Teleki, pp. 499–525. New York: Columbia University Press.

Harcourt, A. H., and K. J. Stewart. 1980. «Gorilla-Eaters of Gabon.» *Oryx* 40 (3): 248–251.

Harris, Warren. 1989a. «Strip Show Must Go On, But without Orangutans.» *Las Vegas Sun*, July 29.

— 1989b. «Witness Disputes Berosini's Claim of Animal Harassment.» *Las Vegas Sun*, Aug. 2.

Harrison, Barbara. 1971. «Conservation of Nonhuman Primates in 1970.» In *Primates in Medicine*, vol. 5. Basel: S. Karger.

Hart, John A. 1978. «From Subsistence to Market: A Case Study of the Mbuti Net Hunters.» *Human Ecology* 6 (3): 325–353.

Hart, John A., and S. Thomas. 1986. «The Ituri Forest of Zaire: Primate Diversity and Prospects for Conservation.» *Primate Conservation* 7: 42–43.

Hartmann, R. 1888. *Anthropoid Apes*. New York: D. Appleton.

Hatch, Richard. 1991. «Cancer Warfare.» *Covert Action* 39 (Winter): 14–19.

Havemann, Judith. 1989. «Animal Rules Uncage Scientists' Complaints.» *Washington Post*, July 9.

Hayes, Cathy. 1951. *The Ape in Our House*. New York: Harper & Brothers.

Hearne, Vicki. 1986. *Adam's Task: Calling Animals by Name*. New York: Alfred A. Knopf.

Heaton, Tom. 1989. In *Teleki's Footsteps: An East African Journey*. London: Macmillan.

Ein Herz für Tiere. 1986. Dez.

Hill, W. C. O. 1969. «The Nomenclature, Taxonomy, and Distribution of Chimpanzees.» In *The Chimpanzee*, vol. 1. ed. Geoffrey H. Bourne. Basel: S. Karger.

Hilts, Philip J. 1988. «Mice Implants Create Model of Human Immune System.» *Washington Post*, Sept. 15.

Hiraiwa-Hasegawa, M., T. Hasegawa, and T. Nishida. 1984. «Demographic Study of a Large-Sized Unit-Group of Chimpanzees in the Mahale Mountains, Tanzania: A Preliminary Report.» *Primates* 25 (4): 401–413.

Holden, Constance. 1987. «Animal Regulations. So Far, So Good.» *Science* 238 (Nov.): 880–882.

— 1988. «Experts Ponder Simian Well-Being.» *Science* 241 (Sept.): 1753–55.

«HSUS Works to Prevent the Taking of Chimpanzees from the Wild.» 1988. *HSUS News* (Fall).

«Humane Society Exec Resigns.» 1989. *Las Vegas Review-Journal*. Oct. 29.

«Immuno: Neue Entwicklung in der Affen-Affäre.» 1986. *Kurier*, 8. Nov.
«Immuno AG Seeks to Test AIDS Vaccine on Humans.» 1987. *Wall Street Journal*, June 16.
«Immuno's New York Lawsuit Dismissed.» 1989. *IPPL Newsletter* 16 (Mar.): 9–10.
Inskipp, Tim, and Sue Wells. 1979. *International Trade in Wildlife*. London: Earthscan.
Institute of Medicine/National Academy of Sciences. 1986. *Confronting AIDS: Directions for Public Health, Health Care, and Research*. Washington, D. C.: National Academy Press.
Interagency Primate Steering Committee. 1978. *Report of the Task Force on the Use of and Need for Chimpanzees*. Bethesda, Md.: National Institutes of Health.
Jackson, Joe. 1986. «Norfolk Praised for Funds to Help Rehabilitate Chimps.» *Ledger-Star*, Mar. 18.
Jeffrey, Sonia M. 1970. «Ghana's Forest Wildlife in Danger.» *Oryx* 10 (May): 240–243.
— 1975. «Ghana's New Forest National Park.» *Oryx* 13 (Apr.): 34–36.
— 1977. «How Liberia Uses Wildlife.» *Oryx* 14 (Dec.): 168–173.
Johnson, Dennis O. 1987. «The Need for Using Chimpanzees in Research.» *Lab Animal* (July–Aug.): 19–23.
Johnson, Peter. 1989. «Melcher Says He's ‹Nosing Around, Looking for Ways to Help›.» *Great Falls Tribune*, Jan. 11.
Johnson, William. 1990. «Happy Menageries and Flying Pigs.» *BBC Wildlife* (May): 320–325.
Johnston, Robin. 1988. «Using Chimpanzees for AIDS Study.» *Christian Science Monitor*, July 12.
Jones, Clyde, and Jorge Sabater Pi. 1971. «Comparative Ecology of *Gorilla gorilla* (Savage and Wyman) and *Pan troglodytes* (Blumenbach) in Rio Muni, West Africa.» *Bibliographia Primatology* 13: 1–96.
Jones, T. S. 1966. «Notes on the Commoner Sierra Leone Mammals.» *Journal of the Nigerian Field Society* 53 (Jan.): 4–18.
«Judge Orders Return of Smoking Chimp to Owner.» 1987. *Cleveland Plain Dealer*, July 8.
«Judge Signs Release for Smoking Ape.» 1987. *Cleveland Plain Dealer*, June 23.
«June 1990 Press Briefing.» 1990. *Foundation for Biomedical Research Annual Report*, p. 5.
Junkin, Elizabeth Darby. 1989. «Solomon's Child.» *Buzzworm: The Environmental Journal* 1 (Spring): 20–29.
«Jury Says Chimp Was Not Abused.» 1987. *Mansfield News Journal*. June 15.
Kano, Takayoshi. 1972. «Distribution and Adaptation of Chimpanzees on

the Eastern Shore of Lake Tanganyika.» *Kyoto University African Studies* 7: 37–129.

— 1984. «Distribution of Pygmy Chimpanzees *(Pan paniscus)* in the Central Zaire Basin.» *Folia Primatologica* 43: 36–52.

Kaplan, John. 1988. «The Use of Animals in Research.» *Science* 242 (Nov.): 839, 840.

Karno, Valerie. 1991. «Protection of Endangered Gorillas and Chimpanzees in International Trade: Can CITES Help?» *Hastings International and Comparative Law Review* 14 (4): 989–1015.

Kavanagh, Michael, and Elizabeth Bennett. 1984. «A Synopsis of Legislation and the Primate Trade in Habitat and User Countries.» In *The International Primate Trade*, vol. 1, ed. David Mack and Russell A. Mittermeier, pp. 19–48. Washington, D. C.: TRAFFIC (U. S. A.).

Kerr, John, 1989a. «Berosini Plans to File Lawsuit.» *Las Vegas Review-Journal*, Aug. 1.

— 1989b. «USDA: No Sign of Orangutan Abuse.» *Las Vegas Review-Journal*, Aug. 3.

«Kid Talk.» 1990. *Las Vegas Sun*, Feb. 27.

Kilpatrick, James J. 1986. «Caged in Poolesville.» *Washington Post*, May 12.

King, Frederick A. 1987. Letter to the editor. *New York Times Magazine*, June 21, p. 86.

— 1988. Letter to the editor: «Chimps and Research.» *Science* 242 (Dec.): 1227.

King, Frederick A., and others. 1988. «Primates.» *Science* 240 (June): 1475–81.

Kingman, Sharon. 1988. «Virus Develops Even with Antibodies Presenthn,,5 / hn,,5 Chimpanzee Theory.» *New Scientist* (May 26).

Klein, Karen E. 1987. «No Criminal Charges Filed against Trainer.» *Daily News*, Nov. 13.

Koenig, Marcia L. 1991. «Apes Are All in the Family.» *St. Louis Post-Dispatch*, Jan. 10.

Köhler, Wolfgang. 1925. *The Mentality of Apes*. London: Routledge and Kegan Paul. Zuerst auf deutsch: *Intelligenzprüfung am Menschenaffen*. Berlin 1921.

Kortlandt, Adriaan. 1962. «Chimpanzees in the Wild.» *Scientific American* 206 (5): 128–138.

— 1965. «Some Results of a Pilot Study on Chimpanzee Ecology.» Amsterdam: University of Amsterdam. Unpublished.

— 1966. «Chimpanzee Ecology and Laboratory Management.» *Laboratory Primate Newsletter* 5: 1–11.

— 1972. *New Perspectives in Ape and Human Evolution*. Amsterdam: Stichting voor Psychobiologie.

— 1983. «Marginal Habitats of Chimpanzees.» *Journal of Human Evolution* 12: 231–278.

Kortlandt, Adriaan, and Ewald Holzhaus. 1987. «New Data on the Use of Stone Tools by Chimpanzees in Guinea and Liberia.» *Primates* 28 (Oct.): 473–496.

Kortlandt, Adriaan, and J. C. J. van Zon. 1968. «The Present State of Research on the Dehumanization Hypothesis of African Ape Evolution.» *Proceedings of the Second International Congress of Primatology* 3: 10–13.

Labbee, William. 1991. «The Primate Debate.» *New Times* 6 (Nov. 20): 20–26.

Lackey, Patrick K. 1985. «Chuck the Chimp Loves His TV.» *Virginian-Pilot / Ledger-Star.*

Lamotte, M. 1983. «The Undermining of Mt. Nimba.» *Ambio* 12: 174–179.

Landers, Ann. 1986. «Ann Landers Says Norfolk Has Gone Ape over Chimps.» *Virginian-Pilot / Ledger-Star.* May 25.

Langbaum, Robert. 1987 (1964). «The Source of ‹The Tempest›», in *William Shakespeare. The Tempest,* ed. Robert Langbaum, pp. 125–139. New York: New American Library.

Leerhsen, Charles, with Jeff Burbank. 1990. «Gambling on the Future.» *Newsweek,* Oct. 29, pp. 82, 83.

Letcher, Frank A., Paul G. Corrao, and Ayub K. Ommaya. 1973. «Head Injury in the Chimpanzee. Part 2: Spontaneous and Evoked Epidural Potentials as Indices of Injury Severity.» *Journal of Neurosurgery* 39 (Aug.): 167–177.

Levy, Claudia. 1987. «Rockville Lab Accused of Threatening Inspectors.» *Washington Post,* Dec. 1.

Lewis, Anthony. 1991. «Abusing the Law.» *New York Times,* May 10.

Linden, Eugene. 1986. *Silent Partners: The Legacy of the Ape Language Experiments.* New York: Times Books.

— 1990. «The Last Eden.» *Time,* July 13, pp. 62–68.

«List of Chimpanzee Sightings Available.» 1991. *IPPL Newsletter* 18 (Nov.): 23.

Little, Linda. 1990. «Swinging Singles: Lab Chimps Retire to Condos in the Sun.» *American Medical News* (Jan. 19): 9–10

«Local Research Firm to Develop Chimp Facility in China.» 1988. *Alamogordo Daily News,* May 22.

Love, Steve. 1987. «Was Life Too Wild for Sam?» *Akron Beacon Journal,* June 21.

Lowes, R. H. G. 1970. «Destruction in Sierra Leone.» *Oryx* 10 (Sept.): 309, 310.

Luoma, Jon R. 1989. «The Chimp Connection.» *Animal Kingdom* (Jan. / Feb.): 38–51.

Mack, David, and Ardith Eudey. 1984. «A Review of the U. S. Primate Trade.»

In *The International Primate Trade*, vol. 1, ed. David Mack and Russell A. Mittermeier, pp. 91-136. Washington, D. C.: TRAFFIC (U. S. A.).

Mack, David, and Russell A. Mittermeier, eds. 1984. *The International Primate Trade*, vol. 1. Washington, D. C.: TRAFFIC (U. S. A.).

MacKinnon, John. 1976. «Mountain Gorillas and Bonobos.» *Oryx* 13 (4): 372–382.

MacKinnon, John, and K. MacKinnon. 1986. *Review of the Protected Areas System in the Afrotropical Realm*. Gland, Switzerland: International Union for the Conservation of Nature.

Maddry, Lawrence. 1986a. «Bachelor Swings to the Aid of 2 Chimps.» *Virginian-Pilot*.

— 1986b. «Chimps Deserve Guided Tour of San Antonio Digs.» *Virginian-Pilot*.

«Maintenance of Chimpanzees in Captivity for Biomedical Research.» 1988. *Journal of Medical Primatology* 17: 113–122.

Maki, S., and M. A. Bloomsmith. 1989. «Uprooted Trees Facilitate the Psychological Well-Being of Captive Chimpanzees.» *Zoo Biology* 8: 79–87.

Malenky, Richard K., Nancy Thompson-Handler, and Randall L. Susman. 1989. «Conservation Status of *Pan paniscus*.» In *Understanding Chimpanzees*, ed. Paul G. Heltne and Linda A. Marquardt, pp. 362–368. Cambridge, Mass.: Harvard University Press.

Manning, Joe. 1988. «Transplants of Monkey Hearts Aim at Organ Shortage.» *Milwaukee Sentinel*, Sept. 8.

Markowitz, H., and J. S. Spinelli. 1986. «Environmental Engineering for Primates.» In *Primates: The Road to Self-Sustaining Populations*, ed. Kurt Benirschke, pp. 489–498. New York: Springer-Verlag.

Marx, Leo. 1964. *The Machine in the Garden: Technology and the Pastoral Ideal in America*, chap. 2. Oxford: Oxford University Press.

Masefield, John. 1927. Introduction. In Richard Hakluyt, *The Principal Navigations Voyages Traffiques and Discoveries of the English Nation Made by Sea or Overland to the Remote and Farthest Quarters of the Earth at any Time within the Compass of These 1600 Years*, vol. I, pp. v–xviii. New York: E. P. Dutton.

Maugh, Thomas. N. d. «Search for New Medicine Leads Scientists to the Plants of Apes.» *Los Angeles Times*.

Maurice, Dick. 1989a. «Lido's Bobby Berosini's Orangutan Story a ‹Monkey Smear›.» *Las Vegas Sun*, Aug. 1.

— 1989b. «Vegas Animal-Lover Forced to Sue to Protect His Name.» *Las Vegas Sun*, Aug. 14.

McArdle, John. 1987. «Primate Psychological Well-Being: Passive Suffering in Research Laboratories.» *Reverence for Life* (May–June): 8–10.

McCabe, Katie. 1990. «Beyond Cruelty.» *Washingtonian* (Feb.): 73–77, 185–195.

McGreal, Shirley. 1983. Letter to the editor: «A Project with Potential to Spread Non-A, Non-B Hepatitis in West Africa.» *Journal of Medical Primatology* 12: 280–281.

McGrew, William C. 1983. «Animal Foods in the Diets of Wild Chimpanzees (*Pan troglodytes*): Why Cross-Cultural Variation?» *Journal of Ethology* 1: 46–61.

McGrew, William C., and Caroline E. G. Tutin. 1978. «Evidence for a Social Custom in Wild Chimpanzees.» *Man* 13: 234–251.

McGrew, William C., P. J. Baldwin, and Caroline E. G. Tutin. 1981. «Chimpanzees in a Hot, Dry, and Open Habitat: Mt. Asserik, Senegal, West Africa.» *Journal of Human Evolution* 10: 227–244.

McKinnon, Shaun. 1990. «Berosini Awarded $4.2 Million.» *Las Vages Review-Journalhn,,5 / hn,,5Las Vegas Sun*, Aug. 12.

McMahan, Elizabeth. 1983. «Bugs Angle for Termites.» *Natural History* 92 (5): 40–47.

McNulty, Timothy. 1981. «Human Chimp.» *Miami Herald*, Feb. 12.

«Mental Health Shake-up.» 1992. *Animal Welfare Institute Quarterly* 41 (Spring): 15.

«Merck Sharp and Dohme Applies to Import 125 Chimpanzees.» 1978. *IPPL Newsletter* (Apr.): 9, 10.

Merewood, Anne. 1991. «Plants of the Apes.» *Wildlife Conservation* 94 (2): 54–59.

Merfield, Fred C. 1954. «The Gorilla of the French Cameroons.« *Zoo Life* 9 (Autumn): 84–94.

Merfield, Fred G., and Harry Miller. 1956. *Gorilla Hunter*. New York: Farrar, Straus and Cudahy.

«Michael Jackson Fires Bubbles – And He's Bringing in a Lookalike for Liz's Wedding.» 1991. *Star*, Sept. 3.

Minetree, Harry, and Diane Guernsey. 1988. «Animal Rights – And Wrongs.» *Town and Country* (May): 158–161, 230–238.

Minty, Chip. 1991. «Norman Man Urges Ex-OU Chimps EscApe.» *Daily Oklahoman*, Dec. 29.

— 1992. «City Zoo Rejects Chimps Trained in Sign Language.» *Daily Oklahoman*, Jan. 15.

Mittermeier, Russell A., and others. 1986. «Primate Conservation.» In *Comparative Primate Biology*, ed. G. Mitchell and J. Erwin, vol. 2A, pp. 3–72. New York: Alan R. Liss.

«Monkey Depression Experiments as University of Wisconsin.» 1981. *IPPL Newsletter* 8 (May): 8, 9.

Montgomery, Cy. 1988. «Chimpanzees: Endangered by Demand.» *Animals* (May–June): 17–22.

Moor-Jankowski, Jan, and C. James Mahoney. 1989 «Chimpanzees in Captivity: Humane Handling and Breeding within the Confines Imposed by Medical Research and Testing.» *J. of Medical Primatology* 18: 1–26.

Moore, J. 1985. «Chimpanzees Survey in Mali, West Africa.» *Primate Conservation* 6: 59–63.

Morris, Ramona, and Desmond Morris. 1966. *Men and Apes*. New York: McGraw-Hill.

Mubalamata, Kabongo Ka. 1984. «Will the Pygmy Chimpanzee Be Threatened with Extinction like the Elephant and the White Rhinoceros in Zaire?» In *The Pygmy Chimpanzee: Evolutionary Biology and Behavior*, ed. Randall L. Susman, pp. 415–419. New York: Plenum Press.

Myers, Norman. 1979. *The Sinking Ark: A New Look at the Problem of Disappearing Species*. New York: Pergamon Press.

— 1980. *Conversion of Tropical Moist Forests*. Washington, D. C.: National Academy of Sciences.

— 1984. *The Primary Source: Tropical Forests and Our Future*. New York: W. W. Norton.

— 1985. «Tropical Deforestation and Species Extinctions.» *Futures* 17 (Oct.): 451–463.

Newman, Arnold. 1990. *Tropical Rainforest*. New York: Facts on File.

Newton, Paul N., and Toshisada Nishida. 1989. «Possible Buccal Administration of Herbal Drugs by Wild Chimpanzees, Pan troglodytes.» *Animal Behavior* 39 (4): 798–801.

«NIH Denies Plans to Import Chimps for AIDS Research.» 1988. *ILAR News* 30 (Summer).

«NIH Experimenter Tortures Chimpanzee.» 1988. *PETA News* (Sept. / Oct.): 19.

«NIH Holds Chimpanzee Briefing.» 1988. *IPPL Newsletter* 15 (Apr.): 13.

Nishida, Toshisada. 1985. «The Mahale Mountains Declared a National Park.» *IPPL Newsletter* 12 (Dec.): 9.

Nishida, Toshisada, and Shiego Uehara. N. d. «Import and Use of Anthropoid Apes in Japan before Her Signature to the Washington Convention (CITES): A Preliminary Report.» Unpublished.

«No Aping Berosini's Orangutans.» 1989. *Las Vegas Sun*, Feb. 10.

Noell, Anna Mae. 1979. *The History of Noell's Ark Gorilla Show*. Tarpon Springs, Fla.: Noell's Ark.

Novak, M. A., and S. Suomi. 1988. «Psychological Well-Being of Primates in Captivity.» *American Psychologist* 43 (10): 765–773.

Novek, Ellie. 1986. «City Will Spend $25,000 to ‹Rehabilitate› Chimps.» *Virginian-Pilot*, Mar. 5.

Oates, John F. 1985. *Action Plan for African Primate Conservation: 1986–1990*. Washington, D. C.: IUCN / SSC PSG. Special report.

Oldfield, Margery L., L. Joseph Folse, and Duane German. 1992. «Population Dynamics and Demography of the Common Chimpanzee (*Pan troglodytes*) in West Africa.» Unpublished.

Ommaya, Ayub K., Paul G. Corrao, and Frank S. Letcher. 1973. «Head Injury in the Chimpanzee. Part 1: Biodynamics of Traumatic Unconsciousness.» *Journal of Neurosurgery* 39 (Aug.): 152–166.

O'Neill, Bill, and Reginald Fitz. 1985. «TV and Movie Animal Stars Beaten and Abused.» *National Enquirer*, May 14.

Patterson, Francine, and Eugene Linden. 1981. *The Education of Koko.* New York: Holt, Rinehart and Winston.

Pepys, Samuel. N. d. *Diary and Correspondence of Samuel Pepys.* New York: Bigelow, Smith. Deutsch: *Das geheime Tagebuch.* Ditzingen: Reclam.

Pequet, Barbara. 1987. «Animals in the Movies.» *Animals' Agenda* (May): 26–28.

«PETA Becomes Shrill in Berosini Lawsuit.» 1990. *Las Vegas Review-Journal*, Aug. 6.

PETA Department of Research and Investigations. 1986. *Investigative Report: SEMA Laboratory, Rockville, Maryland.*

«PETA Wins One.» 1991. *Nature* 353 (Oct. 24): 687.

«Peter Gerone's Deposition.» 1992. Special Supplement to *IPPL Newsletter* 19 (Apr.): 7–12.

Peterson, Dale. 1989. *The Deluge and the Ark: A Journey into Primate Worlds.* Boston: Houghton Mifflin.

Piccoli, Sean. 1986. «Theft of Four Chimps Puzzles Lab Officials.» *Washington Times*, Dec. 9.

«Pope Urged to Support Animal Experimentation.» 1991. *IPPL Newsletter* 18 (Apr.): 15.

Premack, David, and Ann James Premack. 1983. *The Mind of an Ape.* New York: W. W. Norton.

«Pressure for Better Care for Chimpanzees in Captivity.» 1988. *ATLA: Alternative to Laboratory Animals* 15 (3).

«Primate Centre Ready to Begin Tests.» 1987. *New Scientist* (Dec. 10): 21.

Prince, Alfred M. 1984. Letter to the editor. *Journal of Medical Primatology* 13: 169–170.

Prince, Alfred M., and others. 1988. «Chimpanzees and AIDS Research.» *Nature* 333 (June): 513.

— 1989. «Appropriate Conditions for Maintenance of Chimpanzees in Studies with Blood-Borne Viruses: An Epidemiologic and Psychosocial Perspective.» *Journal of Medical Primatology* 18: 27–42.

— 1990. «Enrichment, Rehabilitation, and Release of Chimpanzees Used in Biomedical Research.» *Lab Animal* 19 (July / Aug.): 29–37.

Progress Report: NIH Chimpanzee Breeding and Research Program. 1990.

Purchas, Samuel. 1905 (1625). *Hakluytus Posthumus or Purchas His Pilgri-*

mes, Contayning a History of the World in Sea Voyages and Lande Travells by Englishmen and Others. Glasgow: James MacLehose and Sons.

Rahm, Ursula. 1967. «Observations during Chimpanzee Captures in the Congo.» In *Progress in Primatology*, ed. D. Starck, R. Schneider, and H. J. Kuhn, pp. 195–207. Stuttgart: Gustav Fischer Verlag.

Redmond, Ian. 1986. «Law of the Jungle.» *BBC Wildlife* (June): 300.

— 1988. «Aren't Chimps God's Children Too?» *BBC Wildlife* (Apr.): 187–191.

— 1991. «A Tale of Seven C's.» *BBC Wildlife* (Apr.): 285–286.

«The Revolving Door.» 1988. *IPPL Newsletter* 15 (Aug.): 15.

Robinson, Philip T. 1971. «Wildlife Trends in Liberia and Sierra Leone.» *Oryx* 11 (Sept.): 117–122.

Robinson, Philip T., and Alexander Peale. 1981. «Liberia's Wildlife: The Time for Decision.» *Zoonooz* 54 (10): 7–20.

Roderick, Kevin. 1990. «Spectacle, Complete with Apes, in Las Vegas Courtroom.» *Los Angeles Times*, Aug. 8.

Ronan, Colin A. 1982. *Science: Its History and Development among the World's Cultures*. New York: Facts on File.

Rosenberg, Howard. 1991. «‹Quantum› Leaps into Biomedical Fray.» *Los Angeles Times*, Aug. 12.

Rosenblum, Mort. 1988. «U. S. Institute May Go ‹Offshore› with AIDS Research on Chimps.» Associated Press wire Report, June 8.

Rovner, Sandy. 1988. «Humans, Chimps, and AIDS: Matters of Survival.» *Washington Post*, June 14.

Rowan, Andrew N. 1984. *Of Mice, Models, and Men: A Critical Evaluation of Animal Research*. Albany, N. Y.: SUNY Press.

— 1989. «The Development of the Animal Protection Movement.» *Journal of NIH Research* 1 (Nov.–Dec.): 97–100.

— 1991. «Animal Experimentation and Society: A Case Study of an Uneasy Interaction.» In *Biosciencehn,,5/hn,,5Society*, ed. D. J. Roy, B. E. Wynne, and R. W. Old, pp. 261–282. New York: John Wiley & Sons.

Rubinstein, Gwen. 1990. «Creature Discomforts.» *Government Information Insider* (June).

«Rush to Judgment in Orangutan Affair.» 1989. *Las Vegas Review-Journal*, Aug. 2.

Sabater Pi, Jorge. 1978. *El Chimpance y los Origenes de la Cultura*. Barcelona: Promocion Cultural.

— 1979. «Chimpanzees and Human Predation in Rio Muni.» *IPPL Newsletter* 6 (Aug.): 8.

Sabater Pi, Jorge, and Colin Groves. 1972. «The Importance of Higher Primates in the Diet of the Fang of Rio Muni.» *Man* 7 (June): 239–243.

Sabater Pi, Jorge, and Clyde Jones. 1967. «Notes on the Distribution and

Ecology of the Higher Primates of Rio Muni, West Africa.» *Tulane Studies in Zoology* 14 (Sept.): 101–109.

Salati, E., and P. B. Vose. 1983. «Depletion of Tropical Rain Forest.» *Ambio* 12 (2): 67–71.

Schaller, George B. 1963. *The Mountain Gorilla: Ecology and Behavior.* Chicago: University of Chicago Press.

— 1964. *The Year of the Gorilla.* Chicago: University of Chicago Press.

Schimmell, Wolfgang. 1988. «Der Schimpansen-Krimi.» *Express* (Okt.).

Schlosberg, Suzanne. 1988. «Chimps Bred for Show Business Are Stars of Animal-Rights Battle.» *Los Angeles Times*, July 20.

Schmidt, Christian. 1992. «Sieben Jahre Affentheater durch alle Gerichtsinstanzen.» *Weltwoche* (16. Apr.): 27, 28.

«Scientists Fear TV Show Will Be Backward Leap for Animal Research.» 1991. *FBR Newsletter* 8 (Sept. / Oct.): 1, 2.

Seal, Ulysses S., and Nathan R. Flesness. 1986. «Captive Chimpanzee Populations–Past, Present, and Future.» In *Primates: The Road to Self-Sustaining Populations*, ed. Kurt Benirschke, pp. 57–55. New York: Springer-Verlag.

«Secret Memo Made Public.» 1988. *IPPL Newsletter* 15 (Apr.): 10.

Seidenberg, Mark. 1983. Letter to the editor. *New York Times Magazine*, Jan. 23.

Shakespeare, William. 1987 (1611). *The Tempest*, ed. Robert Langbaum. New York: New American Library. Deutsch: *Der Sturm*. Vgl. Anm. d. Übers. auf Seite 9.

Shemeligian, Bob. 1989a. «Animal Abuse Charges Devastate Berosinis.» *Las Vegas Sun*, Aug. 1.

— 1989b. «Stolen Papers Raise Humane Society Payment Questions.» *Las Vegas Sun.*

Sibley, Adrian. 1990. «Ape Actor: Peter Elliott.» *Premiere* (Sept.).

Sibley, Charles G., and Jon E. Ahlquist. 1984. «The Phylogeny of the Hominoid Primates, as Indicated by DNA-DNA Hybridization.» *Journal of Molecular Evolution* 20: 2–15.

Singer, Peter. 1975. *Animal Liberation: A New Ethics for Our Treatment of Animals.* New York: Avon Books. Deutsch: *Befreiung der Tiere. Tierschutz, gegen Tierversuche, für Vegetarismus.* München: F. Hirthammer 1980.

«Slama Acquitted.» 1980. *IPPL Newsletter* 16 (Mar.): 11.

Smith, Richard. 1986. «Up-Tight Chimps Coming Here for a Cure.» *San Antonio Express News*, Mar. 7.

Society for Animal Protective Legislation. N. d. *The Animal Welfare Act Is in Danger.* Brochure.

Specter, Michael. 1989. «Work on AIDS Vaccine Showing More Promise.» *Washington Post*, June 9.

Spinage, C. A. 1980. «Parks and Reserves in Congo Brazzaville.» *Oryx* 15 (3): 292–295.

«State Department Papers Show How U. S. Tried to Overturn India's Primate Ban.» 1979. *IPPL Newsletter* 6 (Dec.): 7–9.

Stevens, Christine. 1984. «Mistreatment of Laboratory Animals Endangers Biomedical Research.» *Nature* 311 (Sept. 27): 295–297.

Stokoe, William C. 1989. «Comparative and Developmental Sign Language Studies: A Review of Recent Advances.» In *Teaching Sign Language to Chimpanzees*, ed. R. Allen Gardner, Beatrix T. Gardner, and Thomas E. Van Cantfort, pp. 308–316. Albany, N. Y.: SUNY Press.

«Storm over Primate Housing Standards.» 1990. *IPPL Newsletter* 17 (Nov.): 7:27.

Strausbaugh, John. 1991. «Monkey Business.» *New York Press* 4 (Mar. 6–12): 17 ff.

Sruhsaker, Thomas T. 1987. «Forestry Issues and Conservation in Uganda.» *Biological Conservation* 39: 209–234.

Struhsaker, T. T., and P. Hunkeler. 1971. «Evidence of Tool-Using by Chimpanzees in the Ivory Coast.» *Folia Primatologica* 15 (3–4): 212–219.

Sugiyama, Yukimaru. 1984. «Population Dynamics of Wild Chimpanzees at Bossou, Guinea, 1976–1983.» *Primates* 25: 391–400.

Sugiyama, Yukimaru, and Aly G. Soumah. 1988. «Preliminary Study of the Distribution and Population of Chimpanzees in the Republic of Guinea.» *Primates* 29 (Oct.): 569–574.

«Suomi Denounces Harlow Techniques.» 1981. *IPPL Newsletter* 8 (Sept.): 13.

Susman, Randall L., and K. M. Mubalamata. 1984. «Update on the Pygmy Chimpanzee in Zaire.» *Primate Conservation* 4: 34–36.

Susman, Randall L., and others. 1981. «Pygmy Chimpanzee in Peril.» *Oryx* 16 (2): 179–183.

Suzuki, Akira. 1971. «On the Problems of Conservation of the Chimpanzees in East Africa and the Preservation of Their Environment.» *Primates* 12 (Dec.): 415–418.

Switzer, John. 1987. «Sam the Chimp to Leave Vices Behind in 6-Week Quarantine.» *Columbus Dispatch*, Apr. 18.

Swyers, James P. 1990a. «Animal Models Offer Hope for AIDS Vaccines.» *Research Resources Reporter* 14 (Apr.): 1–5.

— 1990b. «Successful Breeding Program Benefits Chimpanzee Conservation and Research.» *Research Resources Reporter* 14 (June): 1-6.

Tappen, N. C. 1964. «Primate Studies in Sierra Leone.» *Current Anthropology* 5 (4): 339–340.

Taylor, Nick. «Heart to Heart: Can a Chimp Transplant Save a Human Life?» *New York Magazine*, July 13, pp. 44–48.

Teleki, Geza. 1973. *The Predatory Behavior of Wild Chimpanzees*. Lewisburg, Penn.: Bucknell University Press.

— 1980. «Hunting and Trapping Wildlife in Sierra Leone: Aspects of Exploitation and Exportation.» Report submitted to Office of President, Sierra Leone; World Wildlife Fund–U. S.; World Wildlife Fund–International.

— 1981. «The Omnivorous Diet and Eclectic Feeding Habits of Chimpanzees in Gombe National Park, Tanzania.» In *Omnivorous Primates*, ed. R. S. O. Harding and Geza Teleki. New York: Columbia University Press.

— 1983. «Confidential Supplement to Progress Report # 3», *IUCN/WWF Project 1993*.

— 1986, 1989. *Threats to the Survival of the No Longer «Common» Chimpanzee (Pan troglodytes) of Equatorial Africa*. Washington, D. C.: Committee for the Care and Conservation of Chimpanzees. Special report.

— 1989. «Population Status of Wild Chimpanzees *(Pan troglodytes)* and Threats to Survival.» In *Understanding Chimpanzees*, ed. Paul G. Heltne and Linda A. Marquardt, pp. 312–353. Cambridge, Mass.: Harvard University Press.

Teleki, Geza, and Lori Baldwin. 1981. «Sierra Leone's Wildlife Legacy: Options for Survival.» *Zoonooz* 54 (10): 21–27.

Teleki, Geza, and Ibrahim Bangura. 1981. «Outamba-Kilimi National Park: Cornerstone for Conservation.» *Zoonooz* 54 (10): 28–31.

Teleki, Geza, E. E. Hunt, Jr., and J. H. Pfifferling. 1976. «Demographic Observations (1963–1973) on the Chimpanzees of Gombe National Park, Tanzania.» *Journal of Human Evolution* 5: 559–598.

Temerlin, Maurice K. 1975. *Lucy: Growing up Human*. Palo Alto, Calif.: Science and Behavior Books.

Terrace, Herbert S. 1985. «In the Beginning Was the ‹Name›.» *American Psychologist* (Sept.): 1011–28.

— 1987 (1979). *Nim*. New York: Columbia University Press.

«Thank You, Las Vegas.» 1989. *Las Vegas Sun*, Dec. 18.

Thompson, Larry. 1988a. «The Eerie World of Living Heads.» *Washington Post*, Feb. 14.

— 1988b. «The Absence of a Good Animal Model Stymies Vaccine Researches.» *Washington Post*, June 21.

Tidyman, John. 1992. «Brain Man.» *Cleveland Edition* (Jan. 30): 1, 6, 8.

«Tödlich: Das ‹Affen-Theater› und die Immuno AG!» 1986. *Bezirksjournal* 10: 6, 7.

Torrey, Lee. 1984. «The Agony of Primate Research.» *Science Digest* (May): 70–72.

Trefflich, Henry, and Edward Anthony. 1967. *Jungle for Sale*. New York: Hawthorne Books.

Trenchard, Peter C. 1988. *Ecology and Conservation of the Kibira National Park, Burundi*. Washington, D. C.: U. S. Peace Corps. Special report.

Turmell, Mike. 1987. «Chimp's Release Delayed.» *Cincinnati Enquirer*, June 17.

Tutin, Caroline E. G., and Michel Fernandez. 1983. «Gorilla and Chimpanzee Census in Gabon.» *Primate Conservation* 3: 22–23.

— 1984. «Nationwide Census of Gorilla (*Gorilla gorilla*) and Chimpanzee (*Pan troglodytes*) Populations in Gabon.» *American Journal of Primatology* 6: 313–336.

Vaughan, Alden T., and Virginia Mason Vaughan. 1991. *Shakespeare's Caliban: A Cultural History*. Cambridge: Cambridge University Press.

«A Visit with the Beach Chimps.» 1985. *IPPL Newsletter* 12 (Apr.): 3.

Whitford, Walter A. 1976. «Sweating Responses in the Chimpanzee (*Pan troglodytes*).» *Comparative Biochemistry and Physiology* 53 A: 333–336.

Whitney, Robert A., Thomas J. Wolfe, and Benjamin D. Blood. 1991. «Planning and Development of the Chimpanzee Breeding and Research Program» (abstract). In *Chimpanzee Conservation and Public Health: Environments for the Future*. Rockville, Md.

«William Elementary Students Enjoy Berosini Visit.» 1990. *Las Vegas Sun*, Feb. 27.

Wolfheim, Jaclyn H. 1983. *Primates of the World: Distribution, Abundance, and Conservation*. Seattle: University of Washington Press.

Woolf, Gerry. 1988. «Chimps Are No Use to AIDS Workers.» *Laboratory News* 399 (June 13): 3.

«World Population Data Sheet.» 1990. Washington, D. C.: Population Reference Bureau.

«Worldwide Primates versus Shirley McGreal: Anatomy of the Block Lawsuit.» 1992. *IPPL Newsletter* 19 (Apr.): 1–6. Special supplement.

Wrangham, Richard, and Jane Goodall. 1989. «Chimpanzee Use of Medicinal Leaves.» In *Understanding Chimpanzees*, ed. Paul G. Heltne and Linda A. Marquardt, pp. 22–37. Cambridge, Mass.: Harvard University Press.

Wrangham, Richard, and Toshisada Nishida. 1983. «*Aspilia* spp. leaves: A Puzzle in the Feeding Behavior of Wild Chimpanzees.» *Primates* 24: 276–282.

Wrangham, Richard, and Eloy Rodriguez. «Zoopharmacology: Can Animals Doctor Themselves?» Unpublished.

Wright, Irene. 1987a. «Monkeyshines Rile Animal Lovers.» *Cincinnati Enquirer*, Apr. 18.

— 1987b. «Owner Fears Good Habits for His Chimp.» *Cincinnati Enquirer*, Apr. 22.

— 1987c. «Judge Delays Ruling on Custody of Chimp.» *Cincinnati Enquirer*, July 1.

Wrussnig, Manfred. 1986. «Geheimimport für ‹Immuno›: 13 Affen kamen nach Wien.» *Kurier*, Aug. 13.

Wurtz, Robert. 1991. «Different Groups, Common Goal.» *Foundation for Biomedical Research Newsletter* 8 (May / June): 5, 8.

Yerkes, Robert M. 1916. «Provision for the Study of Monkeys and Apes.» *Science* 43 (1193): 231–234.

— 1925. *Almost Human.* New York: Century.

— 1943. *Chimpanzees: A Laboratory Colony.* New Haven: Yale University Press.

Yerkes, Robert M., and Ada W. Yerkes. 1929. *The Great Apes: A Study of Anthropoid Life.* New Haven: Yale University Press.

Zak, Steven. 1989. «Ethics and Animals.» *Atlantic Monthly*, Mar., pp. 69–74.

Zonana, Victor F. 1988. «Monkey Doctors on Front Line in War against AIDS.» *Los Angeles Times*, Dec. 4.

Zuckerman, Seth. 1991. *Saving Our Ancient Forests.* Los Angeles: Living Planet Press.

Register

JANE GOODALL

Ein Herz für Schimpansen

Meine 30 Jahre am Gombe-Strom
Deutsch von Ilse Strasmann
320 Seiten mit Tafeln. Gebunden

Als die junge Engländerin Jane Goodall im Jahre 1960 am Ostufer des Tanganjikasees ihr Zelt aufschlug, begann eines der größten Forschungsabenteuer unseres Jahrhunderts. Dreißig Jahre erforschte und beobachtete sie die wilden Schimpansen im afrikanischen Urwald. In ihrem Buch beschreibt sie das Leben der Primaten über mehrere Generationen. Dabei breitet sie ein soziales Gewebe von großartiger Komplexität vor uns aus, zeigt, wie Familienallianzen und Herrschaftsdynastien entstehen und vergehen. Jane Goodall mit ihren «Chimps» am Gombe gehört zu den Jahrhundertgestalten biologischer und anthropologischer Forschung.

«Über die Früchte jahrelanger Forschungsarbeit berichtet Jane Goodall in ihrem Buch. Doch keine Spur von trockenen Zahlen und dürren Tabellen, sie greift hinein ins volle Schimpansenleben, erzählt anschaulich und einfühlsam, ohne aber die Menschenaffen zu vermenschlichen.»
Dietmut Klärner, «Frankfurter Allgemeine Zeitung»

Wilde Schimpansen

Verhaltensforschung am Gombe-Fluß
Deutsch von Mark W. Rien
rororo sachbuch 8838

Jane Goodalls «Wilde Schimpansen» ist längst ein Klassiker der Verhaltensforschung. Ihr Buch wurde mittlerweile in 48 Sprachen übersetzt.

«‹Wilde Schimpansen› ist nicht nur ein einzigartiger und fesselnder Bericht über das Verhalten freilebender Schimpansen, sondern auch ein großartiges menschliches Dokument, in dem sich Jane Goodall selber als eine der interessantesten, mutigsten und gefühlsmäßig engagiertesten Forscherpersönlichkeiten unserer Zeit darstellt.» *Herbert Wendt, Chefredakteur von «Grzimeks Tierleben»*

ROWOHLT

ROBERT ORNSTEIN / RICHARD F. THOMPSON

Unser Gehirn: das lebendige Labyrinth

Deutsch von Hainer Kober
Mit Illustrationen von David Macaulay
228 Seiten. Gebunden und als rororo science Band 9571

«Das Gehirn», so die Autoren, «gleicht einem alten, baufälligen Haus, das man im Laufe der Jahre recht planlos mit Anbauten versehen hat. Wir beschäftigen uns mit der Architektur dieses Hauses. Wir werden zunächst einen Rundgang durch die verschiedenen Zimmer unternehmen und dann immer genauer das Material betrachten, aus dem diese Zimmer gemacht sind.»

Wir erfahren, aus welchen Teilen das Gehirn besteht und wie sie sich entwickelt haben. Wir schauen durchs Mikroskop und erkunden, wie die Nervenzellen, die Neuronen, Informationen verarbeiten. Wir verfolgen ihre elektrischen Impulse. Wir beobachten, wie sie mit Hilfe der chemischen Botenstoffe, der Neurotransmitter, weitergeleitet werden. Wir erfahren, wie das Gedächtnis funktioniert, wie die Hirnhemisphären zusammenarbeiten, welche wichtige Rolle das Gehirn für die hormonelle Balance, für die Stärke des Immunsystems, kurz: für die Aufrechterhaltung der Gesundheit spielt.

«Dieses Buch ist sehr zu empfehlen, wenn man allgemein, ohne Spezialisierungen, in die Grundlagengebiete der Gehirnforschung eingeführt werden möchte.»
Norddeutscher Rundfunk

ROWOHLT